普通高等教育"十二五"规划建设教材

西方经济学

（第 2 版）

王　健　修长柏　主编

中国农业大学出版社
·北京·

内容简介

本书分为上、下两篇，详细而又系统地介绍了现代西方经济学理论。上篇包括绪论、微观经济理论及微观经济政策等，共计10章。微观经济部分的主要内容是以均衡价格理论为核心展开的，涵盖了效用论、生产理论、厂商均衡理论和要素价格理论，以及博弈论与信息经济学、一般均衡理论和福利经济学、市场失灵与微观经济政策等内容；下篇是宏观经济理论和宏观经济政策部分，包括国民收入总量核算、国民收入决定理论和总均衡分析、失业与通货膨胀理论、开放经济理论、宏观经济政策，以及基于国民收入长期和动态分析的经济增长与经济周期理论，共计9章。另外，在本次教材再版修订中，每章都增加了一个延伸阅读部分，以便进一步扩展教材内容、联系实际或者吸收经济学理论的新进展。

本书可作为高等院校经济与管理类本科生的教材，也可供经济与管理部门的实际工作者、研究人员和广大经济学爱好者参考。

图书在版编目(CIP)数据

西方经济学/王健，修长柏主编. —2版. —北京：中国农业大学出版社，2011.3
ISBN 978-7-5655-0212-5

Ⅰ.①西… Ⅱ.①王…②修… Ⅲ.①现代资产阶级经济学-高等学校-教材
Ⅳ.①F091.3

中国版本图书馆CIP数据核字(2011)第012040号

书　名　西方经济学(第2版)
作　者　王　健　修长柏　主编

策划编辑　魏秀云　　**责任编辑**　邝华穆
封面设计　郑　川　　**责任校对**　陈　莹　王晓凤
出版发行　中国农业大学出版社
社　址　北京市海淀区圆明园西路2号　　**邮政编码**　100193
电　话　发行部 010-62818525,8625　　读者服务部 010-62732336
编辑部 010-62732617,2618　　出　版　部 010-62733440
网　址　http://www.cau.edu.cn/caup　　**e-mail** cbsszs@cau.edu.cn
经　销　新华书店
印　刷　北京时代华都印刷有限公司
版　次　2011年3月第2版　2016年1月第4次印刷
规　格　787×980　16开本　38.5印张　705千字
定　价　49.80元

第 2 版编委会

主　编　王　健（河北农业大学）
修长柏（内蒙古农业大学）

副主编　刘　树（河北大学）
刘　旗（河南农业大学）
王广斌（山西农业大学）
刘建华（山东农业大学）

参　编　（按姓氏拼音排序）
包利民（内蒙古农业大学）
曹建民（内蒙古农业大学）
李　辉（河北农业大学）
刘文超（河北农业大学）
苏国贤（山西农业大学）
田艳丽（内蒙古农业大学）
王承武（新疆农业大学）
王云霞（内蒙古农业大学）
杨海芬（河北农业大学）
赵君彦（河北农业大学）

第 2 版前言

21 世纪高等农业院校经管类教材《西方经济学》经过两个“五年规划”的实践历练，作为中国农业大学出版社于 2010 年 3 月公布的“全国高等农林院校‘十二五’规划教材”建设征集的教材之一，通过一年半的再版修订和编写工作，在送别快速发展的“十一五”之际即将付梓了。

六年多来，该教材经由多所高等农业院校使用，曾进行过几次重印修订。如今，为了深入贯彻落实教育部《关于进一步深化本科教学改革　全面提高教学质量的若干意见》、十一届全国人大三次会议《国家中长期教育改革和发展规划纲要》等文件的精神，本着教材建设“有依据，有依靠，有定位，有目标”的基本原则，经过反复征询有关一线教师的意见，进行了再版修订。本次再版除了在结构和编排上进行了适当调整，在内容和篇幅上也进行了补充，增加了延伸阅读的部分，以体现新版的实践性及教学引申和前沿拓展的功能。这一变化是为了适应国内高校在西方经济学教学上的新要求，即学时不断增加，教材越来越厚，内容更加丰富，日益强调与中国经济改革与发展实践相结合的大趋势。

“教材是教授知识和培养能力的载体，是教学的基本工具，也是深化教育教学改革，全面推进素质教育，培养具有创新精神和实践能力人才的重要保证。”认识到这一点，就必须努力进一步提高我国高等院校经济学教育教学平台的现代化和国际化水平，把教材建设的方向朝着打造精品、高质量、创新型、国际化作为不断追求的目标。

总之，这次教材的再版是面向“十二五”的，面对的将是社会主义市场经济发展的又一个新阶段。我们寄希望该教材能够适应学校对于西方经济学教学发展的新需要，也企盼它能够经得起市场经济的检验，起到不断传承与促进发展的作用。

本教材再版编写工作得益于中国农业大学出版社的精心组织和策划，多所高校参编教师的共同努力以及河北农业大学等单位的鼎力支持，在此，谨对所有参与支持和帮助本教材修订再版工作的领导、教师和同学们表示深深的谢意！然而，由于时代发展的更高要求和限于作者的水平，书中的不足与错漏之处在所难免，敬请读者不吝赐教！

王　健　修长柏

2010 年 12 年 15 日

第 1 版前言

为了贯彻落实国家教育部《高等教育面向 21 世纪教学内容和课程体系改革计划》及《关于“十五”期间普通高等教育教材与改革的意见》，由中国农业大学出版社组织出版了这套 21 世纪高等农业院校经管类教材。这本《西方经济学》是其中的主要教材之一。

在本教科书的编写过程中，综合考虑了高等农业院校学科建设和教学改革的要求。目前，越来越多的学科专业要求开设西方经济学课程，多层次办学、扩大招生规模已经成为近几年的发展趋势。由中国农业大学、河北农业大学（主编）、内蒙古农业大学（主编）、河南农业大学（副主编）、山东农业大学（副主编）、山西农业大学、四川农业大学、北京农学院、黑龙江八一农垦大学等高校的经济学课程任职教师组成了编写组。同时，还邀请河北大学的经济学教授（副主编）参加了部分章节的编写和定稿。

全书的主编由王健、修长柏担任。具体分工是：王健撰写第 1、14、19 章；修长柏、田艳丽、魏丽颖撰写第 6 章；刘树撰写第 16、17 章；刘旗撰写第 4、5 章；刘建华撰写第 13 章；王广斌、乔旭华撰写第 2、8、11 章；王云霞撰写第 3、10 章；包利民撰写第 12、18 章；王芳撰写第 15 章；刘宇鹏撰写第 7 章；申鹏撰写第 9 章。这样，全书共 19 章，包括西方经济学的微观和宏观两大部分。

本书编写过程中，为了提高教材的编写质量，2003 年 10 月在中国农业大学召开了“21 世纪高等农业院校经管类系列教材”主编研讨会，拟定了编写大纲，确立了“因需而编、突出‘新’字、形成特色、打造精品”的思想，在会后的分工写作中，建立了专门的信箱，进行了组织、协调、修纂和编审。经过 8 个月左右时间的交流，各位参编教师先后拿出了自己多年的教学精品和经验，促使本书今天的编写成功。最后，于 2004 年 7 月 29 日到 30 日，由两位主编和河北大学刘树教授在中国农业大学进行了统编和定稿。

总之，本教材应该说是全国众多高等农业院校协作的成果，包括参加过教材研讨会的许多同志，如山东农大的陈盛伟、北京农学院的陈跃雪等同志，都对教材编写大纲提出过宝贵意见。河北农业大学研究生付建全、韩倩、赵启然等在文档处理方面协助做了大量工作。在此，对所有帮助和支持本教材编写、出版工作的同志，特别是中国农业大学出版社的魏秀云、赵中、孙勇等老师表示深深的谢意！

进入21世纪，西方经济学出现了许多新的研究方向和内容，这门学科沿着历史的轨迹在演进和发展。尽管我们做了大量的工作，但因时间较紧，加之编写人员的知识和教学经验有限，错误、疏漏和不当之处仍难避免。对此，应由主编负责。敬希各位使用或阅读本书的师生多提宝贵意见，以便将来再版时进行更正和增删。

王 健 修长柏

2004年6月30日于中国农业大学

目　　录

上篇　微观经济学

1　绪论 …… 3
1.1　西方经济学的研究对象 …… 3
1.2　西方经济学的研究方法 …… 10
1.3　西方经济学的发展简史 …… 17
2　均衡价格理论 …… 32
2.1　需求与需求定律 …… 32
2.2　供给与供给定理 …… 36
2.3　均衡价格的决定 …… 40
2.4　弹性理论及其应用 …… 44
3　效用论 …… 59
3.1　效用与偏好 …… 59
3.2　消费者均衡的选择 …… 71
3.3　消费者均衡变动分析 …… 75
4　生产理论 …… 90
4.1　生产函数 …… 90
4.2　边际收益递减规律 …… 93
4.3　两种可变投入的生产 …… 97
4.4　规模报酬 …… 106
4.5　规模经济与范围经济 …… 109
5　成本与收益理论 …… 116
5.1　成本与成本函数 …… 116
5.2　短期成本分析 …… 119
5.3　长期成本分析 …… 129
5.4　收益与利润最大化 …… 136

6 不同市场结构下的厂商均衡 …… 146
6.1 完全竞争条件下的厂商均衡 …… 146
6.2 完全垄断下的厂商均衡 …… 157
6.3 垄断竞争条件下的厂商均衡 …… 170
6.4 寡头垄断下的厂商均衡 …… 181
7 信息与博弈论 …… 200
7.1 风险、不确定性与信息 …… 200
7.2 博弈论概述 …… 211
7.3 完全信息条件下的静态博弈与动态博弈 …… 215
7.4 不完全信息条件下的静态博弈与动态博弈 …… 225
8 生产要素的价格决定 …… 234
8.1 生产要素的市场价格 …… 234
8.2 工资理论 …… 241
8.3 利息理论 …… 245
8.4 地租理论 …… 247
8.5 利润理论 …… 249
8.6 洛伦茨曲线与基尼系数 …… 251
9 一般均衡理论与福利经济学 …… 259
9.1 一般均衡理论 …… 259
9.2 福利经济学 …… 266
9.3 福利经济政策 …… 284
10 市场失灵与微观经济政策 …… 292
10.1 垄断 …… 292
10.2 公共物品 …… 296
10.3 外在性 …… 301
10.4 信息不完全(信息不对称) …… 305
10.5 微观经济政策 …… 308

下篇 宏观经济学

11 国民收入核算 …… 319
11.1 国内生产总值 …… 319
11.2 国内生产总值的核算方法 …… 322

11.3　国民经济几个总量指标 …… 325
11.4　国民收入的基本公式 …… 328
12　国民收入决定理论 …… 338
12.1　有别于古典宏观经济模型的凯恩斯宏观经济理论 …… 338
12.2　均衡产出与凯恩斯的消费理论 …… 341
12.3　两部门、三部门和四部门经济中的国民收入决定 …… 356
12.4　乘数理论 …… 365
13　产品市场与货币市场同时均衡 …… 379
13.1　产品市场的均衡：*IS* 曲线 …… 379
13.2　货币市场的均衡：*LM* 曲线 …… 388
13.3　产品市场与货币市场同时均衡 …… 397
14　总供给曲线和总需求曲线 …… 410
14.1　总供给曲线 …… 410
14.2　总需求曲线 …… 418
14.3　总供给与总需求分析 …… 421
15　失业与通货膨胀理论 …… 429
15.1　失业理论 …… 429
15.2　通货膨胀理论 …… 438
15.3　失业与通货膨胀的关系 …… 450
16　开放经济理论 …… 461
16.1　开放经济的基础知识 …… 461
16.2　汇率与对外贸易 …… 476
16.3　*IS-LM-BP* 模型 …… 483
17　宏观经济政策 …… 496
17.1　宏观财政政策 …… 497
17.2　宏观货币政策 …… 506
17.3　宏观经济政策的影响及效果 …… 516
17.4　开放经济条件下的宏观经济政策 …… 532
18　经济增长理论 …… 545
18.1　经济增长的一般概念 …… 545
18.2　哈罗德-多马模型 …… 549
18.3　新古典经济增长模型 …… 554

18.4 经济增长因素分析…… 562
18.5 经济增长理论的最新进展…… 567
19 经济周期理论…… 581
19.1 经济周期的概念…… 581
19.2 经济周期理论回顾…… 584
19.3 现代经济周期理论…… 586
19.4 经济周期与经济危机…… 594
参考文献…… 599

上　篇

微观经济学

1 绪　　论

经济学是一门社会科学,它研究的对象是人类社会系统。

——迈克尔·P·托达罗

当代西方经济学实质上是一种市场经济学说,它是在既定社会制度下,在完备的市场机制和市场体系中构造的有国家适度干预的经济运行机制。如果说,西方经济学企图抛开生产关系来研究经济问题,掩盖经济学的阶级性和历史性,也是不客观的。在当代西方经济理论中有两个基本特征需要注意:第一,西方经济理论本质上是为巩固、完善现代西方的经济、政治和社会制度服务的,是资本主义制度发展的产物。西方许多经济学教科书中往往开宗明义,当代西方经济理论体系是适合以私有制为前提的现代资本主义制度的。第二,当代西方经济理论在技术和方法方面具有广泛的适用性。它的一般概念、理论和方法不但能研究和表述西方经济制度中各种经济变量之间的内在联系,也能说明建立在大生产基础上商品经济发展的基本特征和共同规律。因此,学习、借鉴当代西方经济理论必须首先明确当代西方经济理论的研究内容和研究对象。

1.1　西方经济学的研究对象

1.1.1　经济学的概念

经济(economy)的英文意思有"节约"、"节省"、"有效率"或"国民经济"之意,在我国的经济研究中又意味着寻求"经世济民"之道。然而,什么是经济学(economics)?这个问题在学术界有不同的表达。迄今经济学界没有一个被普遍接受的定义。不同的经济学家从不同角度提出了许多不同见解和看法,使得经济学在各种不断的争议中得到了不断的发展和完善。尽管经济学的定义歧义纷繁,但是人们对于经济学所包含的基本内容的认识大致相同。一般认为,经济学根源于人类的无限欲望、资源的稀缺性以及所产生的行为选择。经济学之所以会产生和存在是由于物质客观上的稀缺性(scarcity)及由此所引起的选择(choice)的需要。

人类消费各种物品的欲望(wants)是无穷的,而满足人们欲望的物品以及生产它们所需的资源总是不足的。欲望是指人们心理上具有的一种缺乏与不满足的感觉以及求得满足的愿望。人类的欲望是多种多样的,并且从人的生理本能、生活质量、衣食住行、安全等生存方面的需求,到对自然环境、社会决定或历史形成的需求,如交友或归属感、社会荣誉、自身价值实现等分为不同的需求层面。

人们的欲望表现为对物品(goods)和劳务(service)的不断需求。在获取人们所需的物品上存在着一种自然的限制称为"稀缺性"。关于稀缺性具有相对稀缺性和绝对稀缺性两种认识,当稀缺不是就资源和物品的绝对数量而言,而是就有限的资源和物品相对于人类无限的欲望而言,称为相对的稀缺性。当稀缺是相对于资源和物品的绝对数量和物理限制,它可以存在于人类社会的任何时期和任何地方,就如阳光、空气和水也将会被最终耗尽,稀缺便成为人类社会面临的永恒的普遍现象,称为绝对稀缺性或物理稀缺性。

社会生产以及提供物品或劳务往往需要耗费大量的资源。资源概念是非常广泛的,广义上包括了自然资源、资本资源、人力资源以及时间和信息资源等。自然资源主要是指自然界的产物,包括土地、矿藏、森林、能源、野生动植物、淡水资源、海洋资源、风力资源等。资本资源包括建筑物、机器设备、道路桥梁等有形资本以及知识产权、商标商誉等无形资产,是国民财富的一个重要组成部分。人力资源则包括劳动、技能、知识以及创新能力等。

稀缺性是经济学的根本。因此,在经济学意义上,这些对于人们的经济行为表现为稀缺性的资源及其物品可被分为:自由品(free goods),没有价格;经济品(economic goods),有正的价格;废品(waste goods),有负的价格。也就是说,如果说所有物品都像空气一样,可以自由取用,那就没必要节省资源和研究经济问题了。所谓"自由品",是指世界的某些地方一些资源是可以不付出任何代价就能随意取之用之的物品。然而,目前世界上绝大多数资源和物品都不是"自由品"。如今甚至获得充裕的阳光和新鲜的空气,也需要做出一定的努力或花费一定的代价,这些包括对废品的处理和循环利用问题,显然是可持续性(sustainable)发展研究的重要问题,但也同时表明人类的劳动和经济行为对于世界环境的影响日益变得更为意义深远了。所谓"经济品",是指用稀缺资源生产出来的物品。为了满足人们的欲望,人们必须将资源转化为人们需要的物品和劳务。这种转化过程被称为生产过程。而生产过程中投入的各种资源被称为生产要素(production factor)。经济学中,常常把生产要素归结为土地、资本和劳动三大要素。当我们在讨论土地、资本、劳动等市场要素的有效利用时,实际上就是在讨论资源的有效利用问题。

由于人们的欲望是无限的,而生产满足人们欲望的物品和劳务所耗费的各种资源都是有限的。一种物品或资源常有不同的用途,人类的欲望也有轻重缓急之分，因此，如何有效地利用有限的资源来更好地满足人们的各种欲望，是人类必须面对的课题。为此，基于稀缺性这一基本事实，人们必须做出各种选择，以决定如何有效地配置稀缺的资源，生产出更多更好的物品和劳务，最大限度地满足人们的欲望。

选择在解决资源的稀缺性与生产和需求欲望之间的矛盾时，使每个民族、任何社会、任何国家、任何历史时期都必须解决日常生活的三个基本经济学问题：①生产什么物品和劳务？各生产多少？②如何来生产这些物品和劳务？③为谁生产，以及怎样在社会成员中分配这些物品和劳务？这是一切经济体制所共有的问题，虽然不同经济体制以不同的方式来解决这些问题。这三个问题理所当然是经济学家最关心的问题。所以，正是由于稀缺性的存在，资源和物品相对于人类无限欲望的有限性，产生了对资源和物品的合理利用和有效配置的经济学问题。

西方的经济学家一般认为经济学起源于经济中客观存在的欲望、稀缺性和选择问题。因此，经济学也就可以定义为："研究如何有效地利用可供各种选择的有限资源，以求人类现在和将来无限欲望的最大满足。"经济学要研究个人、企业、政府以及其他组织如何在社会发展中进行选择，以及这些选择如何决定社会稀缺资源配置的科学理论与方法。

由于在不同的社会制度下，解决经济问题可以采用不同的方式，于是，萨缪尔森（P. A. Samuelson），曾给"经济学"下了一个试图适用不同社会制度的定义："经济学研究人和社会如何做出最终抉择，在使用或不使用货币的情况下，来使用可以有其他用途的稀缺的生产性资源来在现在或将来生产各种商品，并把商品分配给社会的各个成员或集团以供消费之用。它分析改善资源配置形式所需的代价和可能得到的利益。"

1.1.2 微观经济学

西方经济学按照其研究范围和出发点不同，可以分为微观经济学（microeconomics）和宏观经济学（macroeconomics），相应地采用个量分析方法和总量分析方法对其进行研究。所谓微观经济学，又称市场经济学或价格理论。它以市场价格为中心，采用个量分析法，以单个经济单位为研究对象，研究其在市场机制作用下的经济活动和经济变量的单项数值如何确定。因此，微观经济分析又叫个量经济分析或个体经济分析。

微观经济学研究的经济单位，是指构成市场机制运行主体的居民户（households）和厂商（firms）。微观经济活动经由产品市场和生产要素市场形成循环流动。产品市场中的居民户是商品的消费者，即买方；厂商是商品生产者，即卖方。

而在生产要素市场上，居民户是生产要素（土地、劳动、资本、企业家才能）的供给者或卖方；厂商则是生产要素的需求者或买方。于是这就构成了一般经济分析中的一个称为微观经济循环的基本框架。理解和掌握这个循环关系对于微观经济分析是非常重要的。

一般地，图 1-1 中的实线标出的是物品和劳务流与其方向；虚线标出的是货币流与其方向；二者呈反向流动表明了通过市场实现了商品的交换。市场上的货币流动作为市场中交换的媒介，对于经济能够起到记录、激励、加速和约束导向的控制作用。需要指出，居民和企业的储蓄与投资，即货币流实际上是由现代的专业金融机构（银行）来管理的，政府也会通过税收等手段对于居民和企业的各种经济活动产生重要的影响，然而，微观经济学把市场主体进行了简化，只考虑了厂商与居民的关系，忽略了许多影响货币流动的重要机制，而把它们作为主要问题放在宏观经济学中加以深入的讨论。

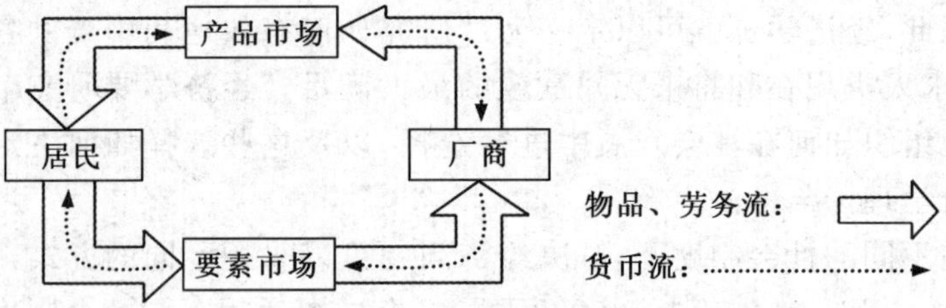

图 1-1　微观经济循环

从逻辑上看，微观经济学首先要研究商品的消费者（consumers）和生产者（producers），他们是要素的所有者和购买者。在两个市场上，他们依一定行为准则和目的做出自己的选择与决策。微观经济分析必须根据各相应经济变量之间的关系。研究产品的供给与需求、要素的供给与需求，以及商品价格、要素价格、收入、支出及成本的单项数值决定。并且还要研究厂商和居民户所做出的各种选择与决策之间的相互作用、相互影响等，以便说明经济学中的三个基本问题在市场经济中如何得到合理的解决。

微观经济学研究的基本内容主要有：①均衡价格理论。也称价格理论，是市场机制的核心，研究商品价格如何形成、决定与调节。②消费者行为理论。研究消费者怎样把有限的收入分配到各种物品和服务的消费上，以实现其效用的最大化。③生产理论。生产者要把有限的资源用于各种物品的生产上以实现最大的利润。所以，必须研究生产要素与产量之间的关系，研究成本与收益的关系，形成了生产者的理论。④厂商理论。厂商既是生产者、又是经营者。厂商为了适应市场经济机制,分析不同市场条件下的收益规律,研究均衡条件及其变化与价格决定问题。⑤分配理论。研究产品按什么原则分配给社会各集团与个人,即工资、地租、利息和利润的决定等问题。⑥一般均衡理论与福利经济理论。研究社会资源配置的最优化,以及社会福利经济的原理。⑦微观经济政策。研究政府有关价格管理、消费与生产调节、市场失效或失灵的补救措施,以及实现收入分配平等化和兼顾效率与公平的措施。

随着历史发展到21世纪,西方发达国家大多于20世纪90年代已经进入了后工业化社会,新经济的突起体现着信息、网络、知识经济的革命性进步。世界经济出现了一体化的发展趋势,伴随经济全球化的浪潮冲击着经济学的传统内容体系,西方经济学的教学内容有了进一步的发展。新的西方经济学教科书中不断增加着新的内容,以不确定性分析方法的引入为重点,如信息经济学、博弈论、保险经济学、虚拟经济、激励机制设计、社会选择理论等构成了西方经济学的新进展或前沿内容,潜移默化地融入到当代西方经济学的传统构架之中。这也是我们这次教材编写中所注意增加的部分新内容。

1.1.3 宏观经济学

宏观经济学是相对于微观经济学而言的,它们是两种不同的数量分析方法。宏观经济学以整个国民经济活动为考察对象,研究经济中各有关总量的决定及其变化,又称为总量分析的方法或宏观分析的方法。

总量分析或宏观分析是指以整个国民经济为考察对象和出发点的,其所注重的不是单个经济单位及其单一经济变量的变化规律,而是一个国家经济运行中经济活动的总体或宏观经济总量的变动。例如,要用总收入、总支出、总消费、总储蓄、总投资等国民经济总量指标,分析国民收入的决定、就业量、总体价格水平、经济增长、经济周期等国民经济全局性的问题;研究制定税收与税率、利息率、货币与公债发行、国际收支与汇率的政策,必须分析财政收支与货币供求的变动对经济总量之间关系的影响;发现通货膨胀与失业、经济周期性波动、经济增长的规律。因此,宏观经济分析就是要研究上述各总量之间的相互关系、相互影响,为宏观经济政策的制定提供依据。于是,宏观经济学被看成为广泛研究各经济总量之间关系的科学,也称为总量经济学。

美国经济学家夏皮罗(E. Shapiro)指出:“宏观经济学考察的是国民经济作为一个整体的功能,包括国民经济中物品与劳务的总产量和资源的总利用量是如何决定的,以及引起这些总量波动的原因是什么”。宏观经济学的理论体系于1936年凯恩斯(J. M. Keynes)《就业、利息和货币通论》的发表而形成,并为以后宏观经济学的不断发展奠定了基础，成为当代西方经济学的一个重要组成部分。

在宏观经济理论体系中，政策分析占有重要地位。美国经济学家J·托宾(J. Tobin)指出："宏观经济学的重要任务之一就是要表明如何能够运用中央政府的财政工具和货币工具来稳定经济。"因此，宏观经济学的基本内容包括：①国民收入核算与国民收入决定理论。以国民收入的核算为基础，从总需求和总供给的角度出发，分析国民收入决定与变动的规律。②希克斯-汉森模型，又称为"IS-LM"模型。是由英国著名经济学家约翰·希克斯(John Richard Hicks)和美国凯恩斯学派的创始人汉森(Alvin Hansen)，在凯恩斯宏观经济理论基础上概括出的一个研究包括货币市场均衡，产品市场均衡，两个市场同时均衡的经济分析模式。③失业与通货膨胀理论。该理论是各国经济中最主要的问题，在宏观经济分析中要把失业与通货膨胀和国民收入联系起来，研究问题产生的根源，失业与通货膨胀的关系，找出解决问题的途径。④开放经济理论。要分析开放经济下国民经济的调节与实现国民收入的均衡问题；分析国际收支、国际贸易对国民收入的决定与变动的影响。⑤经济周期与经济增长理论。经济周期指国民收入的短期波动，经济增长指国民收入的长期增长趋势；这些理论要分析国民收入波动的原因，以及国民收入增长的源泉，以期实现经济的长期稳定发展。⑥宏观经济政策。包括宏观财政政策和宏观货币政策、宏观经济政策的目标等。宏观经济理论是宏观经济政策制定的依据，是为国家干预经济服务的。

1.1.4 宏观经济学与微观经济学的关系

经济学在西方国家产生并发展起来，反映的是西方资产阶级的意识形态，资本主义制度形成与西方社会历史发展的产物，最初并未分成微观和宏观，这从经济学说史发展的轨迹可以看得很清楚。例如，在古典学派和重农学派那里，威廉·配第、亚当·斯密和大卫·李嘉图不仅研究了国民收入、国民财富、货币流通总量等问题，而且也研究了微观经济学领域的价值和分配问题。凯恩斯的《通论》问世后，受到西方经济学家的极大重视，甚至对凯恩斯这本书最初进行严厉批评的经济学家，都皈依于凯恩斯经济学。以后的经济学家多是在《通论》的基础上修改完善，并把经济学分成微观和宏观。但西方经济学是强调实证的，实证经济学的发展可以分为三个部分：微观经济学、宏观经济学和制度经济学。宏观经济学是相对于微观经济学而言的，它们是两种不同的数量分析方法。微观经济学研究既定制度安排下资源在不同经济个体间的配置问题；宏观经济学研究既定制度安排下的整体经济现象(如产出、失业和一般价格水平的变动)；制度经济学研究制度的选择和变迁问题。

微观经济学是以单个经济单位为研究对象，通过研究单个经济单位的经济行为和相应的经济变量单项数值的决定来说明价格机制如何解决社会资源配置问题的经济理论。微观经济学的理论是以如下三个基本假设条件为前提的：第一，市场出清。在这种状态下，资源通过价格机制进行配置，可以得到充分利用，不存在资源闲置或浪费问题。第二，完全理性。即消费者和厂商都是以利己为目的的理性人，他们自觉地按利益最大化的原则行事，既能把最大化作为目标，又知道如何实现最大化。第三，完全信息。即消费者和厂商可免费而迅速地获得各种市场信息。只有在这种条件下，微观经济学关于价格调节实现资源配置最优化，以及由此引出自由放任的经济政策，才是正确的。

宏观经济学是以国民经济总过程的活动为研究对象的，它主要考察就业总水平、国民总收入等经济总量。研究把国民经济作为整体活动，使用国民收入、投资和消费等总体性的统计概念来分析经济运行的规律。在这一经济学领域既包括国民收入决定理论、消费函数理论、投资理论、货币理论、失业与通货膨胀理论、经济周期和经济增长等理论，也包括宏观经济政策目标、政策工具、政策机制、政策效应与运用等国民经济宏观总量的复杂性综合分析问题。

在宏观经济学与微观经济学的关系上我们应该看到：第一，它们是整体与其构成的个体之间的关系。第二，微观经济学与宏观经济学两者是互为前提互相补充的。第三，微观经济学与宏观经济学可以使用同样的分析方法。第四，微观经济学是宏观经济学的基础。在研究方法上，由于历史的原因，宏观经济学一直在寻找自己的微观经济学基础及其二者的结合点。例如，边际理论与方法是微观经济学成熟的研究基础，但同样它也被广泛地使用在宏观经济学的研究之中。微观经济学和宏观经济学中都要使用边际效用的理论和方法，运用边际生产力理论来进行经济分析，这在方法本身的使用上是相同的。如果考虑把微观和宏观问题都纳入到同一个经济问题的理论体系时，为了理论上的无矛盾性所定义的概念和原理应该是一致的。但有时把它们进行简单的综合则有可能是行不通的。著名的阿罗定理就是其中的一例，实际上不可能将每个人的效用归结综合为全社会的效用。如果在微观上建立个人效用的原则，效用本身应服从偏好公理，但当建立全社会的宏观效用概念时，这一效用公理在微观和宏观都应是一致而无矛盾的，然而此时不能简单地将个人的效用加总成为宏观的社会效用，尤其更不可能将宏观的效用平均地分配给个人。事实上，这样做也是毫无意义的。于是，同样的概念和经济原则可以在宏观和微观领域来分别使用，但不能简单地进行加总或综合。

微观经济学和宏观经济学虽然有明显的区别，但作为经济学的不同分支，共同点也是明显的。一方面，二者要从不同角度对经济现象进行分析，采用的都是实证分析方法，即都把社会经济制度作为既定的，不涉及制度因素对经济的影响，从而与制度经济学区分开来。另一方面，微观经济学先于宏观经济学产生，发展得比较成熟，因而是宏观经济学的基础。两者互相补充，互相渗透，共同组成了经济学的基本原理。仅就一致性的角度看，经济学是研究经济行为和经济运行的规律的学问。经济活动是一个有机的整体，因此，微观经济学和宏观经济学并不是截然分开的，在经济学中，它们是相互补充的两个组成部分。微观经济学在研究经济的周期波动时，必须考察消费者和企业的行为、劳动力市场的组织、产业的结构以及金融市场的行情。宏观经济学在研究稀缺资源的有效配置时，必须把经济达到充分就业水平作为研究的前提。

宏观经济学与微观经济学既有联系，又有区别。尽管宏观经济学以分析总体为主，但总体可以分解为个体，从总体的经济规律也可以大概看到个体的经济规律。反之，微观经济学虽以分析个体为主，但个体的综合就是总体，从个体的经济规律也可以大致能够看出或推演出总体的经济规律。因此，宏观经济状况的好坏，经常决定或制约着微观经济状况的好坏，而且有时微观经济对于宏观总体经济的变化会做出相应的反应。但是，宏观经济行为一般并不等于微观经济行为的简单总和，尽管两者使用了某些相同的概念和方法，但对微观经济来说是正确的东西，对宏观经济则不一定正确。在研究当代经济问题时，我们既应看到它们的联系，又应看到它们的区别，在对实际问题进行综合性的系统分析时，应使微观分析与宏观分析有机结合。也正是因为如此，斯蒂格利茨的经济学批判了他的老师萨缪尔森经济学，认为经济学只有一个，不再分为微观经济学与宏观经济学，这也代表了当代西方经济学教科书的一个新的发展趋势。而我们出于考虑教学过程的逻辑性和连续性，本教材的体系仍将经济学分为微观和宏观两大部分。

1.2 西方经济学的研究方法

经济学的研究方法总的可以分为实证分析方法与规范分析方法。用实证方法来分析经济问题称为实证经济学，用规范方法来分析经济问题称为规范经济学。实证经济学与规范经济学之间的混淆在某种程度上是不可避免的。为此我们先对两个概念进行介绍。

1.2.1 实证经济学与规范经济学

实证分析是在给出假定的前提下，研究经济现象之间的关系，分析经济活动的运行过程，预测经济活动的结果。实证分析企图拒绝一切价值判断（value judgment)，即不对产生结果的好、坏、当、否等，做出主观判断。实证分析只回答“是什么”(what is)的问题。例如：经济的现状如何？有几种可能的抉择？每种抉择会带来的结果是什么？但是，它拒绝回答经济现状是好还是坏，应该如何抉择，结果怎样才好等价值判断问题。因此，研究经济分析中实证性质命题的经济学称为“实证经济学”(positive economics)。

实证经济学原则上独立于任何特别的伦理观念或价值判断。它是关于“是什么”的系统知识体系，而不是“应该是什么”的问题。应用这个知识体系可对环境的任何变化所致后果做出正确的预测，其结果如何是通过它所得的预测与经验事实相对照的精确度、涵盖率及一致性等来加以评判的。所以，实证经济学研究的内容具有客观性，它提出的用于解释经济现象、经济行为和运行结果是否正确，可以用经济过程的事实进行检验。从这个意义上说，实证经济学企图像自然科学那样成为一门“客观”的科学。

规范分析是指以一定的价值判断为基础，提出行为准则，研究怎样才能使理论和政策相符合的原则和措施。规范分析目的在于回答“应该是什么”(what ought to be)，例如，“垄断应该受到限制”，“什么样的利润是合理的”，“通货膨胀率应该在什么范围才是理想的”等。显然，由于人们的立场、观点、伦理和道德观念不同，对同一经济现象、同一经济结果、同一经济政策会有截然不同的意见和价值判断。对于应该做什么，应该怎样去做的问题，不同经济学家可能会得出完全相反的结论。

研究经济分析中规范性质命题的经济学称为“规范经济学”(normative economics)。规范经济学是关于“应该是什么”一类问题的标准的系统知识体系。它要以一定的价值判断为基础，提出某些分析处理问题的标准，建立经济理论前提作为制定经济政策的依据，并研究如何才能达到或符合这些标准。

一些人坚持认为经济学应当是一门纯实证科学，但更多的人认为，既然经济学是一门社会科学，因此，经济学既可以像自然科学一样运用实证分析方法，又可以像社会科学一样采用规范分析方法。不管怎样，在西方经济学中，除少数内容外，绝大多数都是运用实证分析的方法进行研究的。而且，在这些少数内容中间，除了制度经济学基本属于规范经济学以外，其他内容，如消费者的偏好、收入分配、充分就业、经济增长的后果等，也只是具有规范分析的含义，不能属于规范经济学的范畴。

其实，“经济学是一门研究财富的学问，同时也是一门研究人的学问”。经济学涉及的是人与人之间的关系，经济学家也很难得到一类如同自然科学家所得到的数据，使其达到客观性的目标。因此，规范经济学的存在是必然的。

经济规律也并非总是普遍有效的，很难说一个理论适用于社会发展的所有阶段，受历史的限制它可能只适用于特定的阶段。所以在制度经济学问题上兰格(Qsakar Lange，1904—1965 年)认为："在资本主义制度下，经济规律是'自发地'起作用的，而在社会主义制度下，经济规律是以'人为的'方式起作用。"自动调节的市场经济与中央指导的计划经济之间存在着根本性的差别。

总之，经济学又常被冠以"社会科学的皇后"，与自然科学相比，两类科学仍存在着根本性的差别。实证经济学很难使得自己的结论与政策结论存在一一对应的关系，规范经济学也不可能独立于实证经济学，任何政策结论一般都基于应该这样做而不那样做将产生的后果的预测。实证经济学与规范经济学尽管要解决的问题不同，客观性不同，价值判断不同，但它们并非互相排斥的。一般说来，规范经济学要以实证经济学为基础，而实证经济学则离不开规范经济学的指导。

1.2.2 实证分析的方法

在形成经济理论时，实证方法首先要对所研究的经济变量进行定义和条件假设。其次，根据定义和假设提出假说。根据假说联系经济系统过去和当前运行的资料、数据，对系统未来的发展进行预测。最后，通过事实来验证预测的正确与否，如果预测是正确的，就要接受这一假说，形成经济理论。如果预测是错误的，就要放弃原假说，或进行修改。这就是实证分析的方法，常由如下几个部分组成：

(1)定义(definition)。是对经济学所研究的各种经济变量所规定的明确的含义。经济量是经济学中可以取不同数值的量，通常分为内生变量、外生变量、存量、流量等。以下我们将给出专门的解释。

(2)假设或假定(assumption or supposition)。是指经济理论适用的条件。这可由经济问题的边界条件或理论形成所必须做出的假设确定。任何理论没有一定的假设或条件，甚至是非现实的假设，理论就很难形成或得出正确的结论。例如：需求定律是假设影响需求的其他因素(诸如商品消费者的收入、相关商品的价格、人口因素等)都不变化，只考察商品自身的价格变动对需求量的影响，需求量与价格将呈反方向变动的规律。假设或假定在许多理论建立时都是必要的，是理论推导的前提。如许多的理论是针对一般商品而言的，数值上具有非负性的假设，生产函数具有一阶齐次性和需求函数具有 0 阶齐次性的假定等；在经济理论建立时往往考虑经济人(economic man)假定、完全信息(perfect information)假定、产权(property rights)明晰假定等，这是因为在理论研究中利用假定可以简化关系，放松假定可能逼近现实。

(3)假说(hypothesis)。是对两个或更多经济变量之间关系的阐述，即未经证明的理论。假说通常是对经济现象所作的经验性概况或总结。只有经过实际验证才能说明其是否具有普遍意义。例如,需求定律能否成为一个具有普遍意义的定理,要经过大量的、各种商品的实际交换才能看出来,在需求理论中人们曾经发现一些违反需求定律的特例。同时,假说的产生并不是凭空想象的,而要来源于实践。

(4)预测(prediction)。就是根据假说对经济现象未来的预期。预测对经济过程往往是有条件性的说明,其一般形式为"如果……就会……"。预测的正确与否,要经过事实来验证。正确的预测所确定的正确假说会形成经济学的理论。

(5)理论(theory)。是对经济现象及其规律的科学描述。理论的内容可用不同的方法来表述,如叙述法、列表法、图形法和模型法。它们适用于不同的经济分析并得到了广泛运用。

1.2.3 对经济量的有关说明

在经济理论的实证研究和经济分析模型中,无论是描述或解释经济现象,讨论和定义经济过程,还是对经济主体的行为后果进行预测时,都涉及经济量。实证分析中的常用的经济量可分为常量与变量、内生变量和外生变量、存量与流量等。

常量(constant)是指在一定时期内、一定条件下不发生数值变化的经济量。例如,在考察简单的需求函数时,一般假定人的偏好、收入以及其他产品价格等都是不变的,是常量。

变量(variable)是指在一定时期内、一定条件下会发生数值变化的经济量。例如,随着市场供求关系发生变化,市场的需求量、供给量、价格等都在随之变化。因此,在考察需求函数时,需求量、供给量、价格都是变量。

内生变量(endogenous variable)是指经济系统内部或经济模型本身所能够说明和决定的变量。外生变量(exogenous variable)是指所研究的经济系统内部或经济模型不能够说明和决定的常量和变量。例如,在分析商品市场均衡价格变动时,该商品的供给和需求都是由经济中供给与需求方面的复杂因素决定的,如其他价格和制度方面的既定条件、消费者的欲望、购买力、生产该商品的技术条件、投资能力等。这些不可以在均衡变动模型中进行解释或给以决定的量属于外生变量,供给与需求则为内生变量。反过来,商品自身的价格则能够由供求双方的数量变动来解释,并由该模型所决定,价格则成为需求量的函数 $P=f(Q_d)$,属于内生变量。

所以,一个变量究竟是内生变量还是外生变量不是一成不变的,关键要看变量在经济模型中所起的作用和经济关系的表述。在一个经济模型中属于外生变量,在另一个经济模型中可能是内生变量。另外，外生变量虽然不能由模型解释和确定，但外生变量的变化会引起内生变量或模型结果的变化，而内生变量的变动一般不会对外生变量产生影响。明显的例子是，经济周期的波动属于内生变量，而太阳黑子和气象的变化是外生变量，但经济周期的波动不会构成对于太阳活动和天气变化的影响。又如，当生产的技术条件发生变化时，会对供给曲线产生直接影响而导致均衡价格和均衡数量的变化，但均衡价格或均衡数量的变化，往往不会对生产的技术条件产生影响。一般地，经济理论中的内生变量通常可表示为因变量，外生变量表示为自变量。但是应特别地警惕无区别地将价格或数量当作自变量使用的做法。

存量(stock)是指某些经济量只能通过经济现象在某一时点上的量值来反映其特征，代表了某一时点上发生的经济现象的量值，量值大小与时间无关。例如，一个国家的人口数、企业的库存量以及企业拥有的资本量等。因为，人们所说一个国家的人口或一个企业某商品的库存量，都是指它们在某一时点上的量值，而不是指这些量值的变化与时间变化的直接关系。

流量(flow)是指在某一时期内发生的量值变化，量值大小与时间有关。例如，某一国家一年内的人口出生数、某企业的月产量、某种生产要素的投入量等，这些量值都是反映了经济现象在某一段时期内发生变化的总量，是各个时点上发生的量值的总和。

1.2.4 实证分析工具

用实证分析方法分析经济问题时，广泛地运用了各种经济分析工具，如常见的边际分析法、均衡分析法、静态与比较静态分析法、动态分析法、长期与短期分析法、个量分析、总量分析与结构分析法等。

(1)边际分析法。边际分析法(marginal analysis)是利用边际概念对经济行为和经济变量进行数量分析的方法。所谓"边际"(marginal)经常被称为"增量"(additional)，表现为经济分析过程中的一、二阶条件。常用自变量的边际数值发生小量的变化，因变量在边际上的变动率来表示。

例如，分析生产理论中劳动投入的小量增加 ΔL，与产出产品的增量 ΔQ 之比，记为 $MPP=\Delta Q/\Delta L$，称为产品对于劳动投入变化的边际产量。如果对平均变动率取极限，则可表示为生产函数 $Q=f(L)$ 的一阶导数，即

$$MPP=\lim_{\Delta L\to 0}\Delta Q/\Delta L=\mathrm{d}Q/\mathrm{d}L$$

边际分析方法几乎在所有近、现代经济理论分析中都得到了应用。"边际革

命”(marginal revolution)兴起于19世纪70年代,形成了以瓦尔拉(Le'on Walras,1834—1910年)、马歇尔(Alfred Marshall,1842—1924年)、帕累托(Vilfredo Pareto,1848—1923年)为代表的边际主义学派。这种严密的数量分析与现代数学理论紧密结合,构成了当代西方经济学的方法论基础。

(2)均衡分析法。均衡(equilibrium)是来自于力学中的概念。引入经济学后,均衡指的是经济体系中各种相互对立或相互关联的力量在变动中处于相对平衡稳定的状态。对经济均衡的形成与变动条件的分析方法叫做均衡分析法。经济学中的均衡是指这样一种状态:经济主体在权衡选择其资源的方式或方法时,通过调整选择已经不可能获得更多的好处,从而不再改变其经济行为,达到某种相对稳定状态。

均衡价格论是新古典经济自由主义的核心和基础,马歇尔是其集大成者。它吸取了边际主义经济学的某些内容与方法,加强了对生产合理性和分配公平性的论证。均衡分析的研究对象所涉及的经济变量中,自变量被假定为已知和固定不变时,考察当因变量达到均衡状态时会出现的情况以及为此所具备的条件,即所谓均衡条件。例如,在考察某种商品的市场均衡时,假定作为自变量的需求状况(需求函数、需求曲线)和供给状况(供给函数、供给曲线)是已知和固定不变的,并假定市场价格是由供求关系决定的。当市场的供给量大于需求量,市场价格将下跌;当供给量小于需求量,价格上涨;只有当供给量恰好与需求量相等时,市场价格不再变动,处于一种相对静止状态,即市场达到均衡。均衡分析就是分析该商品的供给量与需求量相等时的均衡数量(equilibrium quantity),以及这时的市场均衡价格(equilibrium price)。均衡分析不论在微观经济学还是在宏观经济学中,运用都非常广泛。

但是,均衡分析只是分析达到均衡状态时出现的情况以及实现均衡应具备的条件,并不论及均衡的过程。实际上,在从非均衡到均衡的整个过程中,诸经济变量要经过一系列的相互作用、不断变动的时间过程。而过程分析正是研究这一变化过程。过程分析是指把经济运动过程划分为连续的不同时期,考察研究有关变量在不断变化的各个时期的变化情况。过程分析又称为“时期分析”或“时序分析”。例如,人们在考察农产品的市场供求关系时,常常采用过程分析。由于农产品生产的阶段性特征,当某一时期的供求非均衡必然会导致市场价格的涨跌。那么,考察研究这种价格的涨跌又是怎样引起了各生产时期的供求关系变化和价格变化,就是一个典型的微观经济学的动态过程分析。又如,在考察经济周期时,分析研究国民经济怎样经历繁荣、危机、萧条和复苏四个阶段的周期波动,是一个典型的宏观经济过程分析。

均衡分析法又分为一般均衡分析法和局部均衡分析法。一般均衡分析(general equilibrium analysis)，是指对整个经济体系的各个市场、各种商品的供求同时达到均衡的条件与变化的分析，分析较全面，但牵一发而动全身，应用的数学方法也较为复杂；局部均衡分析(partial equilibrium analysis)则是相对于一般均衡分析而言的，是指在不考虑经济体系某一局部以外的因素影响的条件下，分析这一局部本身所包含的各种因素的相互作用过程中，均衡的形成与变动的规律。这种分析方法不去考虑各部分之间的联系，不太全面，但比较简单，易于理解。但它不适宜分析全局性、综合性的问题。

(3)静态、比较静态与动态分析法。西方经济学分析方法按照研究的时间是否变动，可以分为静态分析、比较静态分析和动态分析。由此建立的经济理论分别称为静态经济学、比较静态经济学和动态经济学。静态、比较静态与动态分析是与均衡分析法密切相关的。

静态分析(static analysis)，是完全抽象掉时间因素和经济变动过程，如同观察一张不动的幻灯片，仅就这个均衡状态加以分析。静态分析不考虑时间因素，不考虑均衡达到和变动的过程，只是在假定条件下分析均衡达到和变动的条件。因而，静态分析是一种状态分析。显然，静态分析总是与均衡分析联系在一起的。例如，假定一个社会的资本数量、人口的数量和质量、生产技术、生产组织以及需求状况固定不变，在此条件下，考察研究该社会起作用的经济规律就是静态分析。

比较静态分析(comparative static analysis)，是对个别经济现象的一次变动的前后，以及两个或两个以上的均衡位置进行比较而撇开转变期间和变动过程本身的分析方法。如同观察不同时点的几张幻灯片，分析、比较新旧均衡状态之间的变化。所以，比较静态分析是在静态分析的基础上，考察当原有的条件(变量)发生变化时，原有的均衡状态将如何变化，并分析比较新旧均衡状态。例如，由于技术进步引起劳动生产率发生变化，导致商品的供给状况或供给曲线发生变化，从而打破原有均衡，达到新的均衡。那么分析考察新均衡产量和均衡价格，并与原有均衡进行比较分析，就是比较静态分析。

动态分析法(dynamic analysis)，是考虑到时间因素，把经济现象看成随时间变化的连续过程，对从原有的均衡过渡到新的均衡的实际变化过程进行分析的方法。如同观察一系列连续移动的幻灯片——电影，即分析达到均衡状态的整个过程。因此，动态分析是指在引进时间变量的基础上，考察研究不同时点上诸变量的相互作用在均衡的形成和变化过程中所起的作用，以及在时间变化过程中的均衡状态的实际变化过程。动态分析与过程分析总是联系在一起的。例如，当一个社会的资本数量、人口的数量和质量、生产技术、生产组织以及需求状况都处于不断变化之中,即这些变量在随时间的推移而变化的条件下,考察研究该社会所起作用的经济规律就是动态分析。

(4)长期与短期分析法。西方经济学中长期(long-run 或 long-term)与短期(short-run 或 short-term)的概念,一般不是根据时间的长短来区别的,而是针对厂商为调整其生产量而改变生产要素的投入的状况而划分的。在厂商的生产过程中,全部投入要素都因产出的增长而发生了变化。因此,分析过程中的全部生产要素都可以看成是变动的,这种分析方法就是长期分析法。当厂商的生产过程中,仅考虑部分生产要素的投入发生变动,而另一部分生产要素的投入不变。因此,产出的变动被看成是由部分投入要素的变动引起的,全部生产要素可以被分为变动的投入要素和固定的投入要素两部分,这种分析方法就被称为短期分析法。

(5)个量分析、总量分析与结构分析。西方经济学分为微观经济学和宏观经济学,相应地采用个量分析方法和总量分析方法。个量分析或微观分析是指以单个经济主体作为考察的出发点,研究单个消费者、单个厂商以及单个生产要素所有者的经济行为,并通过单个经济主体行为的叠加,研究单个市场以及整个国民经济的变化规律。

总量(aggregate)是由许多个量(individual)所组成的,个量分析是总量分析的基础。但是,国民经济总量并不是所有个量的简单代数和。从系统论的观点来看,国民经济是一个大系统。系统的好坏并不完全取决于单个元件的优劣。例如,垄断厂商一般具有较高的垄断利润,但是垄断利润高却意味着整个国民经济资源配置的低效率。在经济学研究中,常常遇到对于个体来说是对的东西,对整个社会来说却并不总是对的;对大家来说是对的东西,对任何个人来说可能是十分错误的。这就是所谓的"合成推理的谬误"。但目前微观经济学与宏观经济学之间的相互脱节现象,不属于个量分析与总量分析关系的范畴,而是由历史原因造成的西方经济学的一大缺憾。

结构分析又称为部门分析或总量分解,是指以国民经济各个行业或地区作为考察的出发点,研究各个行业或地区的经济结构、生产结构以及经营绩效等问题。结构分析把国民经济分解为不同的几个部分进行分析,每个部分相对于个体而言是总量,相对于整个国民经济来说,又不是总量,而是总量的一个构成部分。产业组织理论和区域经济理论的研究都属于结构分析。

1.3 西方经济学的发展简史

1.3.1 经济学的起源

关于"经济学"(economics)一词的起源,最早可以追溯到古希腊的亚里士多德

(Aristotle)时代。希腊文中的 economy 一词是 oikonomia,由 oikos(房子,家产)和 nomos(规律,管理)组成,其意思是指“家庭管理”,即奴隶主家庭经济。而 economy 一词的直接词义就是“经济”或“节约”。为什么人们总是要考虑经济或节约问题,因为对人类有用的物质财富是缺乏的。因而,经济学曾被理解为“能够指导人们在资源稀缺、竞争激烈的条件下,为创造最多的财富而对资源进行最优分配的科学。”[德]威廉·罗雪尔(Wilhelm Georg Friedrich Roscher,1817—1894 年)曾经指出:“对财产的维持、增加和利用的持续行为叫做经济。”

17 世纪的法国经济学家蒙克莱斯钦(Antoine de Montchrestien)首次提出了“政治经济学”(political economy)一词。在希腊语中,political 一词来源于 politics,意思是“社会”。经济学的概念因此从“家庭管理”上升到了“社会财产管理”。于是,人们在过去大约一个多世纪中普遍使用“政治经济学”一词。直到 1890 年英国经济学家马歇尔的《经济学原理》一书问世,人们才逐渐用“经济学”一词代替“政治经济学”,虽然在马克思主义经济学文献中,“政治经济学”一词一直沿用至今。但是,直至当代美国的著名经济学家米尔顿·弗里德曼(Milton Friedman,1912—2006 年)仍认为:“最困难的是把经济学和政治学区别开。”难怪古典政治经济学家威廉·配第(William Petty,1623—1687 年)曾提出,“经济学是政治算数”的观点。

好在今天随着科学的细分和发展,经济学与政治学已被分为具有相互联系而又不同的社会科学门类。我们可以按照历史的方法,将经济学划分为重商主义时期、古典经济学时期、新古典经济学时期和当代经济学时期等的发展阶段。

经济学的萌芽时期被称为重商主义(mercantilism)。重商主义是资本主义生产方式的形成与确立时期,产生于 15～16 世纪,终止于 17 世纪中期。早在 14 世纪末 15 世纪初就已经出现了一些重商主义的思想。重商主义在其发展过程中经历了两个历史阶段,早期的重商主义约从 15 世纪到 16 世纪中叶,晚期重商主义从 16 世纪下半期到 17 世纪中叶。早期的主要的代表人物有英国经济学家约翰·海尔斯(John Hales,?—1571 年)和威廉·斯塔福德(William Stafford,1554—1621 年),主要著作是《对我国同胞某些控诉的评述》,他们在书中关心本国货币的保持,主张保护贸易,禁止外国工业品进入英国,防止贸易逆差等。在法国则是安·德·孟克列钦(Montchretien,1575—1662 年)第一个提出了“政治经济学”,代表著作是《献给国王和王后的政治经济学》(1615),他虽没有创立起政治经济学的理论体系,但他提出了整个国家的经济问题,如工场手工业、商业、航海和国王的经济政策等。晚期重商主义的代表人物是英国的托马斯·曼(Thomas Mun,1571—1641 年)和法国的让·巴蒂斯特·柯尔培(J. B. Colbert,1619—1683 年)等人。托马斯·曼的代表作是《论英国与东印度公司的贸易》(1621)和《英国得自对外贸易的财富》(1664)。

从15世纪开始,西欧封建制度进入了瓦解时期。封建自然经济日趋衰落和解体,商品货币关系日益发展,城市和农村出现了手工业者和农民的急剧分化,在封建社会的内部,资本主义关系开始萌芽和成长。到了15世纪末,西欧主要国家由于生产力的发展,需要同东方进行频繁的贸易。但是,通商路线受到阻隔,寻找通往印度的新航线成为迫切的要求。同时,由于商品经济的发展,封建统治阶级的开支不断增加,为此西欧各国迫切需要黄金。而在当时欧洲人同东方的贸易中,向外输出的黄金远远地超出了流入的黄金数量,大批黄金流出欧洲造成了西欧各国黄金的短缺,于是在这些国家里产生了炽烈的"黄金渴望"现象。

早期重商主义主张采取行政手段禁止货币的输出和积累货币财富。在贸易上,他们主张多卖少买或不买。为增加货币和限制货币的输出,当时许多国家,如英国、西班牙等,就根据早期重商主义的主张颁布了各种法令,甚至规定了严厉的刑罚禁止货币输出国外。晚期重商主义认为,国家应该允许将货币输出国外,以便扩大国外商品的购买量。不过他们要求在对外贸易中必须谨守"购买外国商品的货币总额必须少于出售本国商品所取得的货币总额"。晚期重商主义认为货币是财富的唯一形态,从而把财富同货币混为一谈。其目的仍然是要保证有更多的货币流回本国。晚期重商主义者为了鼓励输出,实现"出超"(输出超出输入)主张国家必须实行保护关税的政策。

无论是早期还是晚期的重商主义者,都把货币看做是财富的唯一形态,都把货币的多寡看做是衡量国家富裕程度的标准。但是,在如何增加货币上两者之间存在着分歧。重商主义把金银货币作为唯一形态,认为一国的财富来自于对外贸易,主张用扩大出口、限制进口的办法增加财富。另外因为商业资本和商业的发展,引起了社会分工的扩大,进一步引起对商品需求的增长,从而加速了商品生产的发展。同时也扩大了原有市场和开辟了新的市场,促进了国内市场的统一和世界市场的形成。世界市场推动了对外贸易的迅速发展。由于商业资本的发展以及国家实际采用了重商主义的政策和措施,产生了从理论上阐述这些经济政策的要求,于是逐渐形成一种重商主义理论。重商主义仅限于对流通领域的研究,并没有形成一个完整的经济学体系,只能说是经济学的萌芽时期,是资产阶级最初的经济学说。随着资本主义生产逐渐居于统治地位,资本原始积累逐渐让位给资本主义积累,资本主义的生产成为人们注意的中心,以流通领域为研究中心的重商主义就必然趋于崩溃,而为资产阶级古典经济学所代替。

1.3.2 经济学的形成

经济学的形成时期被称为古典经济学(the classical school)时期。古典经济学从17世纪中期开始,到19世纪70年代前为止。

继重商主义之后,在17世纪出现了弗朗斯瓦·魁奈(Francois Quesnay,1694—1774年)等以研究农业和总资本的再生产为中心的重农主义,也称古典经济学的前期。从17世纪下半期以后,法国出现了反对重商主义的政策,他们主张经济自由和重视农业,随之产生了重农学派。重农学派的创始人魁奈生于法国的一个地主家庭,他一生中研究过许多科学,擅长医学,曾任宫廷御医,写过关于医学和生理学方面的著作。他研究经济问题是在他60岁左右(1753—1756年),1757年曾写出两篇经济学论文《农民论》和《谷物论》,后来又写出《人口论》。在论文中提出与重商主义相对立的观点,在同年又写出《赋税论》(当时未发表),1758年发表了著名的《经济表》。

魁奈创立了一整套重农主义的经济理论,提出了发展法国资本主义的经济政策并形成了一个独立的学派,自称为经济学。由于重农学派是最早系统地研究了资本主义的生产方式,所以马克思把重农学派称之为近代资产阶级经济学的真正鼻祖。他们对社会财富来源的看法与重商主义是针锋相对的。在重农主义看来,货币并不是国民的真正财富。因为它既不能供人们直接消费,又不能不断再生产财富。积累货币未必是好事,货币积累越多,国家就越贫困,货币除了供商品买卖时使用之外,别无它用,即货币不能产生货币。他们认为社会的财富就是从土地中产生出来的农产品,农业是社会财富的真正源泉,如果没有这种财富的不断产生,也就没有一切其他财富。认为货币的职能只是作为流通的手段,货币如果被置于流通之外不能与其他财富相交换,便不能促进国家财富的经常再生产。他们还认为,工业不是社会财富的源泉,而只不过是农业原料的加工部门;加工业不过是农业的附属物,它也不生产新的物质。同时,重农主义还否认对外贸易是社会财富的源泉,他们认为,对外贸易无非是以一种具有出售价值的产品,去交换另一种价值相等的产品。在交换中当事者双方既无损失,亦无好处。

古典经济学的真正形成是从英国经济学家威廉·配第开始的。作为英国资产阶级古典经济学的创始人,他生于一个手工业者家庭,一生中从事过商船的服务员和水手,作过医学、解剖学以及音乐教授。作为由重商主义向古典经济学过渡时期的经济学家,他的经济理论清楚地反映出这种过渡的特点。他的重商主义见解,只是到了晚年才被完全克服,他对经济学的主要贡献是最先提出劳动价值论,同时他还提出过地租论。

亚当·斯密(Adam Smith,1723—1790 年)于 1776 年出版了《国民财富的性质和原理的研究》(简称《国富论》),标志着经济学真正成为一门独立的社会科学。该书集当时一切经济思想之大成,形成了统一和完整的经济学体系,成为资本主义经济学的"鼻祖",产生了西方经济学说史上的"第一次革命"。因此斯密本人也被认为是"经济学之父"。

亚当·斯密是英国古典经济学的主要代表之一。出生在苏格兰的一个海关官吏家庭。曾先后在格拉斯哥和牛津大学学习,主要研究哲学。毕业后长期在大学任教,教授修辞和文学。住在格拉斯哥对他的经济学说的形成起了重要的作用,因为该地当时是苏格兰的工业中心。直到 1764 年,亚当·斯密辞退大学教授的工作,到欧洲大陆旅行,在巴黎结识了重农主义者魁奈。由于受魁奈的影响,亚当·斯密在法国旅游期间决定写一部经济学著作。1767 年他回到家乡后开始专心从事写作著名的《国民财富的性质和原因的研究》,但是这部建立古典经济学理论体系的著作写了近 10 年的时间,经多次修改后终于在 1776 年出版。《国富论》是亚当·斯密一生中唯一出版过的经济学著作。但是该著作出版后,立即轰动一时,并被译成许多国家的文字。在我国该书于 1901 年最先由严复译成中文,题为《原富》,1963 年又由郭大力、王亚南重译出版题为《国富论》。

古典经济学时期以亚当·斯密和大卫·李嘉图(David Ricardo,1772—1823 年)为代表。李嘉图进一步发展了斯密的劳动价值论,认为劳动时间决定商品的价值,指出商品具有两个因素——价值和使用价值,成为古典经济学的另一个主要代表人物。大卫·李嘉图 1772 年出生于伦敦一个有钱的交易所经纪人家庭。早年受到的教育很不完备,14 岁起随父从事交易所的活动。25 岁时由于交易所的投机而致富,成为拥资百万英镑的大资产者,才开始致力于学习和科学研究。他最初热心于自然科学,1799 年当他阅读了《国富论》后,从此对经济学问题发生了兴趣,但真正研究经济学问题是在 10 年以后,即 1809 年。他的第一篇经济论文是《黄金的价格》,匿名发表在 1809 年 8 月 29 日的英国晨报上。该论文批评了当时英格兰银行滥发纸币的政策,这奠定了他的货币数量论的基础。在 1810 年他又将其改写成小册子,名为《金块价格高昂是银行券贬值的证明》,为此博得货币流通理论家的声誉。

斯密以后的西方经济学沿着两条不同的路线向前发展,一是李嘉图的科学路线,另一是萨伊(Jean Baptiste Say,1767—1832 年)和马尔萨斯(T. R. Malthus,1766—1834 年)的庸俗路线。资本主义经济学的产生是通过对亚当·斯密和李嘉图学说的庸俗化实现的。这有两条主要途径:一是萨伊和马尔萨斯打着斯密学说的幌子,分离出其中的庸俗部分,拼凑出庸俗经济学体系;二是詹姆斯·穆勒

(James Mill,1773—1836 年)和约翰·麦克库洛赫(John Ramsay Maclulloch,1789—1864 年)在维护李嘉图学说的旗帜下,通过“解决”李嘉图理论体系中的某些矛盾,将李嘉图学说庸俗化。他们在古典经济学的全盛时期是与作为古典经济学的最杰出的代表人物李嘉图直接对立的。古典经济学的代表人物除亚当·斯密和大卫·李嘉图外,马尔萨斯以及法国的经济学家让·巴蒂斯特,萨伊及詹姆斯·穆勒也常被称为庸俗经济学的鼻祖。之后还有庸俗政治经济学西尼尔(N. W. Senoir,1790—1864 年)、巴师夏 (Frederic Bastiat,1801—1850 年)和李嘉图学派的最后代表约翰·穆勒 (John Stuart Mill,1806—1873 年)。

19 世纪,随着第一次产业革命的完成,经济危机的产生,阶级斗争的激化和社会主义思想的发展,古典学派分为根本对立的两大学派。即由李嘉图到马克思为一大学派,发展为社会主义经济学;由马尔萨斯到凯恩斯为一大学派,沿着庸俗经济学路线发展为资本主义经济学。古典经济学的中心是研究国民财富如何增长。他们强调了财富是物质产品,因此,增加财富的方法是通过进行资本的积累来促进生产的发展。而要发展生产就应实行自由放任的原则,让价格这只看不见的手,来调节经济。可见自由放任是古典经济的核心。古典经济学内容很多,既有对国民收入决定经济增长这些宏观经济问题的研究,又有价格、价值、分配这些微观经济问题的研究。但当时还没有微观经济学与宏观经济学之分。

1.3.3 近代经济学的发展

近代西方经济学的发展被称为新古典经济学(the neoclassical school)时期。新古典学派理论是指 19 世纪末以来,西方经济学中具有广泛影响、占有重要地位的经济理论。它源于 19 世纪 70 年代的所谓“边际革命”,到 20 世纪 30 年代结束。

19 世纪 70 年代奥地利的经济学家,卡尔·门格尔(Carl Menger,1840—1921 年)、英国经济学家 W·S·杰文斯(William Stanley Jevons,1835—1882 年)和法国经济学家 L·瓦尔拉斯几乎在同时提出了以边际效用决定商品价值的理论(即边际效用价值论)。他们使用抽象演绎法、边际分析法、心理分析法或数理分析法建立包括边际效用价值论、时差利息论和一般均衡论等在内的理论体系。所以,经济学说史家称他们为边际效用学派。边际效用价值论的出现被称为西方经济学史上的“第二次革命”,即为边际革命。这次革命就是新古典经济学的开始。

这一时期经济学的中心仍然是自由放任的,从这种意义上说,它是古典经济学的延续。但它又用新的方法、从新的角度来论述自由放任思想,所以在古典经济学前加上一个“新”字。以剑桥大学马歇尔为首的新古典学派,将新古典经济学加以“改装”,反对劳动价值论,提出均衡价格论,主张增加“国民分配额”,调和劳动者阶级和资本家阶级之间的矛盾。1890 年马歇尔出版了《经济学原理》，该书综合了当时的各种经济理论，被称为新古典经济学的集大成者。

新古典经济学已不像古典学派那样只重视对生产的研究，而是转向了消费、需求。他们把资源配置作为经济学研究的中心，论述了价格如何使社会资源配置达到最优。他们把消费、需求分析与生产、供给分析结合在一起，建立了现代经济学体系和基本内容。这种微观经济学体系是以完全竞争为前提的。

新古典经济学是微观经济学的形成与建立时期，其主要特点表现在以下几个方面：

(1)新古典经济学是一些不同学派思想的集成。由于受到边际学派产生时的具体影响，新古典经济学不是一个单一学派的理论，而是各学派思想的松散集成。每一个学派都有自己公认的代表。有的学派一直沿袭下来，目前还有继承者。这些学派是：

①英国的剑桥学派。马歇尔的《经济学原理》一书于 1890 年出版，标志着这个学派的建立，也使得他成为这个学派的当然领袖。他在边际学派主观边际效用价值论和传统的三要素生产价值立足点基础上，形成他的供求双方共同决定价格的均衡价值论。继承马歇尔学说的是庇古、罗伯逊(Robertson, D. H., 1890—1963 年)和霍特里(R. Hawtrey)等人。

②洛桑学派。它的代表人物是边际学派创始人——法国的瓦尔拉斯和意大利的帕雷托。由于建立这个学派时，他们相继在瑞士洛桑大学任教而得名。代表作是瓦尔拉斯 1874 年发表的《纯粹政治经济学纲要》。此书以边际效用价值论为基础，运用数理方法，从交换、生产、资本形成和货币流通四个方面，创立了一般均衡理论体系。帕雷托在《政治经济学讲义》(1890—1897 年)和《政治经济学教程》(1906)中以序数效用指数代替了瓦尔拉斯的基数效用，并首次提出无差异曲线，用数学公式推证了瓦尔拉斯的一般均衡理论体系。

③奥地利学派。门格尔在任教于维也纳大学之前，于 1871 年出版了《国民经济学原理》，从而建立了奥地利学派。继承他的也都是维也纳大学的教授，他们是维塞尔(Friedrich Von Wieser, 1851—1926 年)和庞巴维克(Eugen Von Böhm-Bawerk, 1851—1914 年)。维塞尔首创了"边际效用"一词。

除上述几个学派外，有影响的还有瑞典学派和美国学派等，在 20 世纪初垄断出现之后，这一体系已不能完全与现实一致。20 世纪 30 年代，英国经济学家 J·罗宾逊(J. Robbins)和美国经济学家 E·张伯伦(E. Chamberlin)论述了不同条件下的资源配置问题，对这种微观经济体系作了进一步的补充。

(2)新古典经济学主张经济和谐观。新古典经济学认为，经济体系的变动和发展是渐进的而不是突变的，是和谐的而不是冲突的，对经济刺激的反应是灵活的而不是不易变动的。但是这种经济和谐观与当时充满着冲突、经济衰退和大量失业以及通货膨胀的资本主义实际情况并不吻合。

(3)新古典经济学的价值论是主观价值论。新古典经济学认为，商品和要素的价格决定于市场上的供求力量。市场上的理性行为是在需求一方消费者寻求最大的满足，在供给一方生产者追求最大的利润，通过价格的变动使供求量调整到双方相等时的均衡状态。新古典经济学家利用马歇尔的局部分析方法在其他条件不变的假定下，分析一种商品的供求达到均衡时的价格决定问题，或者利用瓦尔拉斯的一般均衡分析方法，在市场上所有商品的供求和价格具有相互依存性的前提下，考察全部商品同时达到均衡状态时的价格决定问题。因此，可以说，新古典经济学的价值论主要研究是在一个静态经济中关于稀缺资源配置的理论。

(4)新古典经济学研究的前提是完全竞争经济。新古典经济学的一切经济理论研究都是建立在完全竞争市场的前提之上，它的均衡价值论也是建立在完全竞争的基础上的，认为资本主义经济是一个完全竞争并趋向于均衡状态的经济。这一前提是与19世纪70年代资本主义已经进入垄断阶段的事实相悖的。

(5)新古典经济学的假设是充分就业的经济。充分就业是指所有的生产要素都已经分派上用途，不存在任何的闲置。新古典经济学认为市场供求力量能够使一国的经济实现充分就业，因此经济学的任务不是去研究资源如何才能充分利用，而是研究如何使资源得以合理的或最优的配置。实际上，20世纪30年代，资本主义社会出现了严重的经济危机，大批的工人失业和大量的工厂、设备闲置。

1.3.4 当代西方经济学的建立

当代西方经济学的建立与发展是以20世纪30年代的凯恩斯主义的出现为标志的。这一时期，经济学得到全面深入的发展，无论是在研究的内容、方法还是研究的深度与广度方面，都是过去所无法比拟的。该时期的中心问题是宏观经济学的建立与发展。按照这一时期经济学的发展可以把现代经济学分为三个时期。

第一个时期是凯恩斯革命时期(20世纪30～50年代)。新古典经济学把资本主义经济描绘成一部能够自行调节的机器，认为市场调节是完善的，通过价格的调节可以实现充分就业。但是20世纪30年代，传统经济理论与经济现实发生了尖锐的冲突，经济学面临着有史以来的第一次危机。这时，英国经济学家凯恩斯发表了划时代的《就业利息和货币通论》(简称《通论》)。这本著作在理论上把产量与就业水平联系起来，从总需求与总供给两个方面来说明产量水平(即国民收入)的决定，并用有效需求不足来说明失业存在的原因；在政策上则提出放弃自由放任，由国家干预经济的主张。凯恩斯的这些观点被认为是西方经济学史上的“第三次革命”——凯恩斯革命(the Keynesian revolution)。

第二个时期是凯恩斯主义发展时期(20世纪50～70年代)。战后西方各国都加强了国家对经济生活的全面干预,凯恩斯主义得到了广泛的传播与发展。美国经济学家P·萨缪尔森等人把凯恩斯主义的宏观经济学与新古典经济学的微观经济学结合在一起,形成了新古典综合派(Neo-classical Synthesis)。新古典综合派全面发展了凯恩斯主义的宏观经济理论,并把这一理论应用于美国经济政策实践,被认为是战后对凯恩斯主义的重大发展。在英国,以J·罗宾逊为首的新剑桥学派则主张把凯恩斯主义与新古典经济学的联系进一步切断,以分配理论为中心完成凯恩斯革命。他们对分配理论的论述以李嘉图的劳动价值论为基础,并由另一个英国经济学家P·斯拉伐(P. Sraffa)发展了这种劳动价值。斯拉伐对劳动价值的发展则被认为是西方经济学史上的“第四次革命”——斯拉伐革命。新古典综合派与新剑桥学派对凯恩斯主义的理解与发展,存在着原则性的分歧。

第三个时期是自由放任思潮复兴,凯恩斯主义与自由放任并存争论的时期(20世纪70年代之后)。战后,西方各国对经济生活的全面干预一方面促进了经济的发展,另一方面也引发了许多经济问题。20世纪70年代初出现在西方各国的“滞涨”,即经济停滞与通货膨胀严重并存,引起了凯恩斯主义的危机,即西方经济学史上的第二次经济学危机。这次危机使得自由放任的思想得以复兴。作为自由放任思想中坚的,是以美国经济学家M·弗里德曼为首的货币主义。货币主义在20世纪60年代的形成被认为是西方经济学史上的“第五次革命”——货币主义革命,或称对抗凯恩斯革命的革命。在70年代之后,又出现了以美国经济学家R·卢卡斯(Robert Lucas,1937—)为首的理性预期学派,这一派的出现被称为西方经济学史上的“第六次革命”——理性预期革命。这些主张自由放任的经济学家把凯恩斯主义的国家干预作为滞涨的根源。他们论述了市场机制的完善性,说明了国家干预经济政策的无用性,提出减少国家干预,充分发挥市场机制的作用,实现自由放任的主张。70年代末,西方各国采用了这种主张,实行经济自由化的政策,并对经济的复兴起了一定的作用。这就是现在人们所说的“自由放任”的复兴。

1.3.5 经济学在经济危机中接受新的历史考验和发展

自从凯恩斯《通论》发表以来,宏观经济学一直是经济学中一个激动人心的领域。虽然,近70年来在经济增长和经济波动等研究领域,宏观经济学都取得了许多重大的进展。但可以肯定的是,宏观经济学仍然存在许多重要的问题有待解决,比如说如何使理论更加逼近现实，如何处理技术进步和增长的关系等。值得关注的是，现代宏观经济学在致力于构建宏观经济学的微观基础，从逻辑结构的角度讲，就是将模型建立在经济学共同的个人最大化选择的基础上。这一新的发展趋势就是使宏观经济学和微观经济学建立起共同的基础假设和逻辑起点。

值得一提的是，当前人类遇到的世界性经济危机是经济学的危机。还是经济增长的危机呢？1998 年以来，世界经济一直处在一种不稳定和对广泛的通货紧缩的恐惧之中，最终由美国从 2006 年春季开始逐步显现的"次贷危机(subprime crisis)"转化为当今世界性的金融危机。以至于有人说，凯恩斯的幽灵又在向我们靠拢。然而，经济学作为历史的科学，很难找到一劳永逸的"灵丹妙药"。如同新古典经济学在凯恩斯宏观经济学产生时遇到的危机一样，当代宏观经济学理论体系同样在经受着新的历史考验，经济学家在探索着解决宏观经济问题的新途径。

在 20 世纪 80 年代，货币主义理论和供给理论曾被美国的里根政府和英国的撒切尔政府奉为官方经济学，这些学派大有取代凯恩斯主义之势，但这些学派都由于各自理论的局限性，一经实践立即暴露了出来。理性预期学派的"政策无效论"最早在经济实践面前陷入困境；20 世纪 80 年代初货币主义在美国的实践就趋于失败；供给学派的减税政策使美英两国税收大量下降，造成财政赤字剧增。然而，新自由主义经济学派经过短暂的辉煌后，都不同程度在实践面前暴露出了各自的局限性，要想取代凯恩斯主义而成为主流经济学已不大可能。

20 世纪 80 年代后期至今，新凯恩斯主义复兴和学派林立。最引人注目的是新凯恩斯主义(the New Keynesianism)的重新抬头，由于认为旧凯恩斯主义的理论存在缺陷，同时又对其他非凯恩斯主义理论不满，许多西方经济学家致力于修正凯恩斯主义理论的缺陷，由此，新发展起来的这一学派又被称为新凯恩斯主义。由于 20 世纪 80 年代末至 90 年代初，失业与经济停滞再度成为困扰西方的主要问题，而新自由主义的理论又在实践面前相继失色，新凯恩斯主义在美国曾成为"克林顿经济学"的理论基础。这一学派同其他 20 世纪 70 年代发展起来的学派一样，也尚未形成完整的理论体系，一般是从非瓦尔拉均衡着手研究，发展凯恩斯《通论》中的观点。由于"凯恩斯主义"的标签太过泛泛，许多经济学者都将这一标签贴在他们的理论上，他们所坚持的只是"凯恩斯主义"的一个核心前提，即经济的波动是由于市场失效，市场经济是不完全的，短期内价格和工资是黏性的，市场并非能迅速出清。这显然是与 20 世纪 60 年代以前的观点相一致的一个关键假设前提，但由于这一假设前提缺乏足够的理论基础，所以潜伏着致命的缺陷。因此，新凯恩斯主义学派在坚持这一前提的基础上，致力于构建微观基础，补救传统凯恩斯主义的缺陷。同时这一学派还吸收了新古典宏观经济学派的理性预期和理性经济人等前提和研究方法，所以，许多传统的凯恩斯主义者认为还不能称这一学派为“新凯恩斯主义”。

马克思曾经说，经济学是一门历史的科学。因此，西方经济学是随着资本主义的发展而逐步形成的。经济学既然是研究一定的社会中，人们有效地取得和利用各种经济品的一切活动的科学，它与人类的社会发展、生产方式的变革以及社会制度进步的历史密不可分。纵观人类社会发展的历史，以生产方法为标准看人类社会的发展，它已从渔猎、游牧、农业、工业社会走到了今天的信息（后工业）社会；以生产方式为标准看，它已从原始、奴隶、封建、资本主义社会，走向社会主义和共产主义社会；从交换方式为标准来看，交换的范围已从家庭、城市、区域、国家，扩大到了全球一体化（the global integration）的时代；以生产要素为标准看，从运用自然、劳动、资本、技术，到运用知识（信息）取代物、能的消耗，人类的社会生产力在加速地发展着。而社会经济制度也曾以奴隶经济制度、封建经济制度、资本主义市场经济制度、社会主义计划经济制度、混合经济制度、社会主义市场经济制度等不同的经济制度形态出现在人类的过去和现在。因此，我们必须从生产力和生产关系的矛盾运动中来考察经济学说的演变历史和规律。

经济学之所以出现派系林立，并促进其产生与发展是由于各个历史时期的特殊背景决定的。私有制条件下的经济理论在一定历史时期促进了西方社会生产力的发展，但随之带来的是资源浪费、阶级矛盾加剧、道德沦丧、效率和公平矛盾的激化，最终桎梏了生产力的发展。许多理论假设一旦结合现实必须放宽条件或者进行修正才能合理运用，从实证意义上讲，就如许多物理常数一样，需要按照物理实验条件的改变加以实际的调整后才能够应用。现代经济学中的有限理性假设就是对完全理性假设的修正，信息不完全和非对称性的现实则是对完全竞争市场模式的否定，仅就这两个基本问题的出现和重新认识，几乎动摇了整个西方经济学理论的根基。尽管西方经济学家在追求一般均衡与福利经济目标的实现，但现实社会经济问题的发展路径却使其变得遥遥无期，由于不确定性又是普遍存在的，供求通常是不稳定的，市场也是难于清销的，经济危机的一再发生使得人们必须重新审视西方经济学的理论与方法。

总之，本书所要介绍的西方经济学是以当代西方经济学理论体系为主要对象的。我国经济学界对马歇尔以后的经济学，特别是将凯恩斯学说产生以后的“西方经济学”统称为“当代西方经济学”。因此，虽然经济学、政治经济学、西方经济学、当代西方经济学等都是我们涉猎的经济学范畴，但本教材不再加以规范而继承沿用“西方经济学”一词作为教材的名称。为了展现近 30 年来有关经济学研究的新成果，我们采取了补充案例教学和阅读延伸的形式，并在章节内容方面加以调整和扩充,以帮助同学们尽可能地将经济理论学习与社会实践相联系,从而希望达到抛砖引玉的学习效果。

延伸阅读

1.经济学的概念和学科性质

经济学有许多定义,《简明牛津字典》给经济学下的定义是:“关于财富的生产与分配的实用性科学。”“所谓财,是指一切可以满足人类欲望的东西。”罗雪尔说:“经济财分为三类:①物;②劳役;③关系。”他同时指出,“对财产的维持、增加和利用的持续性行为叫做经济。”马歇尔曾说:“经济学是一门研究人类一般生活事务的学问,它研究个人和社会活动中与获取和使用物质福利必需品最密切相关的那一部分。”并进一步强调“经济学是一门研究财富的学问,同时也是一门研究人的学问。”罗宾斯则说:“经济学是研究一种人类行为,即目的与具有多种用途的稀缺的手段之间关系的科学。”于是,萧伯纳说:“经济学是一门最大限度地创造生活的艺术。”

经济学作为一门社会科学,其研究对象是把人类及其社会活动组织起来,以满足社会的基本物质需要和非物质需要的社会系统。所以,经济学是具有很强社会实践性的科学,托达罗认为“经济学的研究对象是人以及怎样提供物质手段以便帮助人类实现其全部的潜力”。因而,作为社会科学的经济学很难孤立地去完成社会发展所赋予的全部经济目标,它经常作为一门交叉的学科出现。经济学经常把社会中的一些因素作为市场的外生变量,而经济学的逐渐发展又把其中某些外生因素看成内生变量。例如,早期的马歇尔认为,政治学和经济学两种学科根本的不同在于追求的目标的性质上,经济学涉及“物质需求”,而政治学涉及“非物质需求”。弗里德曼也注意到:“最困难的是把经济学和政治学区别开。当然,政治学所研究的那种政治制度是一个特定的社会使用稀缺的手段来达到各种目的的方式。”他认为马歇尔的看法已经过时了,现代经济学涉猎包括“非物质需求品”的极其广泛的领域。所以,应该把经济学看做是与政治密切相关的、关于资源及其最佳利用的兼容性科学。

西方经济学讲求实证研究。因为经济研究中有时缺少价值判断,在某种程度上,实证经济学与规范经济学之间的混淆难于避免。经济学通常“强调节约或最大化”,所以,西方经济学家企图排斥价值判断而使其成为一种实证的科学。用弗里德曼的话讲,“从原则上说,实证经济学是独立于任何特别的伦理观念或规范判断的。正如凯恩斯所说,他要解决的是‘什么是’,而不是‘什么应该是’一类的问题。它的任务是提供一套一般化体系,这个一般化体系可以被用来对环境发生变化所产生的影响作以正确的预测。这一体系的运行状况可以通过它所取得的预测与事实情况相比的精确度、涵盖率及一致性等指标来加以考察”。因此，在所有人文社会科学中经济学研究是最重视定性分析与定量分析相结合，运用数学工具最多的学科。

2.经济学的学科地位

经济学通常被誉为人文社会科学的皇后。它的研究的领域日趋广泛，触角已经深入到我们社会经济生活的各个角落，从宏观到微观、从制度到行为、从政府到厂商、从公共服务到私人消费、从预期到博弈。无论是正在大学深造的学子，还是从事经济学教学与研究的学者，以及期望获得经济学指引的经济政策制定者和企业的管理者，心中都无不关切：如何了解和把握当代经济学的发展主流与方向，经济学对经济政策与实践到底有何影响和成效，怎样才能进一步完善现有的经济学理论或进行经济学理论创新等。这样的关切，不仅中国有，在全世界范围也是普遍存在的。因此，要回答或者搞清这些问题必须深入学习和把握经济学的知识与原理，同时，积极地参与到社会经济发展的实践中去。世界经济经历半个多世纪的持续繁荣，目前呈现出全球经济发展一体化的趋势，这不仅为经济学的研究提供了无比丰富的素材和养料，也为经济学的广泛应用——指导各国政府经济政策的制定和微观经济主体的实践提供了前所未有的舞台，使得经济学成为当前社会科学领域中发展最为迅速、流派众多、名家辈出的研究领域之一。另外，经济学之所以引人入胜，还在于诺贝尔奖作为人类最高的科学研究贡献奖励之一，自 1969 年开始授予了经济学领域的突出成就者，截止到 2009 年全世界共有 62 人获此殊荣。

3.当代西方经济学的体系

经济学的教育作为一种高等教育，不像数理化和语言学的教育从中小学就开始了，经济学是到了大学阶段才开始系统学习的课程。作为职业性的高等教育，经济学是一切经济类、管理类专业的必修学科。仅对初学西方经济学的人来说，不妨先看一些初等的西方经济学教材。目前，国际上占有半个多世纪历史舞台的，最有影响的经济学教材当是萨缪尔森的《经济学》(麦格劳-希尔出版公司出版，1948)。这本教材至今在世界上已经出版了 19 版，被誉为第三本具有里程碑意义的教科书。第一本是 19 世纪英国著名经济学家和哲学家约翰·斯图亚特·穆勒(1806—1873 年)的《政治经济学原理》(1848)，该书曾被认为是资产阶级经济学出现以来最流行的经济学教科书之一，西方一些经济学家称其为 19 世纪下半期西方国家一本无可争议的经济学的“圣经”。他没有留下所谓的“穆勒主义”一类的系统遗产，但是在他之后的 200 年里，其自由主义思想仍然影响着世人；第二本是英国剑桥大学教授马歇尔于 1890 年发表的《经济学原理》，其首创意义在于提出了均衡价值论，使他成为经济学说史上第一个真正的集大成者。马歇尔把均衡概念和均衡分析引入经济学中，将原本完全对立的世界观、价值论折中为一体。他从方法论上，使革命者——边际主义和被革命者——古典经济学从对立、互斥变成互补，把经济理论重新团结在“看不见的手”的旗帜下，被称为“新古典经济学”(Neo-classical Economics)。

然而，20 世纪 30 年代之前，新古典经济学坚信资本主义经济通过市场上自由竞争总会自动调节达到充分就业的均衡，在西方经济学界居于正统的、起着支配地位的影响。但和谐均衡毕竟未能经受住 30 年代资本主义世界经济大萧条的考验，新古典经济学濒临崩溃的边缘。凯恩斯 1936 年发表的《就业、利息和货币通论》正是当时西方经济理论危机的产物，一般来说，凯恩斯在理论、方法和政策三个方面都提出不同于传统的观点和主张，因而被称为“凯恩斯革命”。萨缪尔森《经济学》则开始了经济学上的第三次折中。他把整个凯恩斯的理论和新古典的理论结合在一起，并首创“新古典综合”一词来概括这种理论体系上的结合。从形式上看，随着凯恩斯的理论命名为宏观经济学，最终确立了凯恩斯理论在西方经济学中的主流地位，新古典经济学则以微观经济学的新名称而出现。这就基本确定了我们这本教科书所要介绍的主要微观和宏观经济学内容体系。

4. 经济学的理论前沿

新的经济危机或许能够为经济学在 20 世纪 90 年代中后期以来的世界经济发展划分出一个新的历史时期。如不确定性经济学和信息经济学的产生与发展、WTO 与全球经济一体化和克服当前经济危机带来的各种挑战，以及抵御经济危机的制度经济模式创新、节能减排和发展绿色循环经济等，已经为经济学家们提供某些新的机遇。经济理论的发展在很大程度上，再一次表现为是对传统资本主义经济理论假设或假说带来的历史性的冲击或者否定。这些问题已促成了当今西方经济学研究的理论前沿，如货币经济学、经济增长理论、资本资产定价模型与期权理论、新制度经济学、劳动经济学、信息经济学、个人收入分配理论、博弈论与公共选择理论等成为当代经济学热门研究领域。

否定西方经济学的传统假说集中体现在三个方面：第一是针对理性人假设，认为自私自利是不变的人性。事实上，不论是任何社会任何个人都不可能是孤立的个人存在，尤其是社会发展到今天，人们的社会存在乃至不同社会及其政治经济制度的共同存在是一个基本的客观现实。特别是高科技发展和经济全球一体化的发展趋势，深刻表明了人类社会存在的整体意义。新制度经济学已经突破了“理性人”假设的局限性，把人看做是“社会的人”，而承认了“理性的不完全性”。第二是针对私有制是最有效率的，是永恒的，是最符合人性的，是市场经济的唯一基础这一不符合历史事实的观点或经济学假设。当今人类社会发展的现实是，世界上不存在单一所有制成分的社会制度，就是在以宪法保护私有制的国家中，或者说，高度私有制的资本主义国家，凯恩斯主义也没有让资本完全变得私有，相反，国家垄断资本的实力越来越强。对生产资料的个人占有早已被社会化大生产，通过市场和商品交换把人们凝结在了一起，社会经济发展的有效率不是由于生产资料的私有制还是公有制，而是取决于资源是否能够通过市场和社会进行优化配置，以及由此所需的社会经济制度设计是否能够带来成本最低。新制度经济学家[美]埃里克·弗鲁博顿和[德]鲁道夫·芮切特指出："私有化本身不是一个终点。私有化应被看做是提高效率的手段而不是削减或破坏政府地位的途径。"科斯定理所揭示的交易成本和制度变革成本的客观存在是一个社会现实。因此，人类社会发展越来越表现为自然选择与历史演化过程中的一种混合经济制度。第三是针对迷信市场自由化、市场原教旨主义，迷信完全竞争的假设和完全信息的假设。其实这些假设与经济现实是不相符的，特别是在新的经济危机中显现出来。

实际上，由于经济中不确定性因素的存在，信息完全或对称的假设是没有现实基础的，完全竞争与一般均衡也是难以实现的，使得新经济学理论得到了发展。因此，促进沟通，追求和谐，改善竞争关系，实现共享和共赢成为经济发展的更高目标。在克服各种不平衡发展和矛盾运动的过程中，一种新的和谐发展的经济理论在指导现实经济活动过程中将会发挥革命性的作用，必将推动整个经济学理论的发展达到一个更加接近于揭示社会经济发展现实的科学理论高度。如何对新的理论加以整理和概括有待学术界的共识和努力，寄希望当代经济理论与实践的成果将会极大地丰富整个经济学理论体系。

概念与习题

1. 解释如下概念：经济学；稀缺性；微观经济与宏观经济；实证经济学与规范经济学；假设与假说；内生变量与外生变量。

2. 西方经济学及其研究的对象是什么？

3. 什么是经济学的基本问题？

4. 西方经济学的主要实证分析工具是什么？

5. 什么是边际分析法与均衡分析法？

6. 谈谈你对西方经济学说史上"六次革命"的认识。

2　均衡价格理论

19 世纪有一句妙语：教会鹦鹉说“供求”，也就教会了它经济学。

——劳埃德·雷诺兹

微观经济学的核心是价格理论，在市场经济条件下，价格机制对社会资源实行优化配置具有重要作用。供给和需求是决定市场价格的关键因素，实现供需均衡也是经济发展的目标。本章从需求、供给分析开始，研究均衡价格的形成过程，并分析了弹性理论及其应用。本章是西方经济学的理论基础部分之一，应重点掌握其基本原理。

2.1　需求与需求定律

2.1.1 需求及其影响因素

2.1.1.1　需求

需求(demand)是指消费者在某一特定时期内，在各种可能的价格水平下愿意并能够购买的商品数量。

需求必须具备两个条件：一是消费者有购买愿望；二是消费者有购买能力。二者缺一不可。

人们由欲望的动机产生具体的需求。欲望(需要)是无限的，但需求却是现实的，是指人们有支付能力的需求，失去了购买能力，其需求只是潜在的，只表现为欲望或需要。

需求分为个人需求和市场需求。

个人需求：就是单个消费者对应于某商品每一可能的价格愿意并能购买的数量。

市场需求：就是把某种商品所有的个人需求的加总。市场需求是决定商品价格的关键因素。

2.1.1.2　影响商品需求的因素

(1)商品本身的价格。商品的价格越高，需求量越小；商品的价格越低，需求量就越大。二者呈反向变化。

(2)相关商品的价格变化。即替代品价格和互补品的变化。

替代品:指两种商品都能满足某一欲望,可以互相替代。如:茶叶与咖啡。在替代品中一种商品的价格提高或下跌,会引起另一种商品需求量的增加或减少。

互补品:指两种商品共同满足一种需要,缺少任何一种都难以达到消费的目的。如:汽车与汽油、胶卷与相机等。

一般两种替代商品之间价格与需求呈同方向变动;两种互补商品之间价格与需求呈反方向变动。

(3)消费者的收入水平。一般消费者收入增加,对商品需求量就会增加;收入下降,需求也就下降。但对低档商品来说,消费者收入增加,其消费量反而减少。

(4)消费者的偏好。消费者的偏好指消费者对某种商品的嗜好和爱好。它表示在不考虑预算约束的条件下消费者对各种商品和劳务喜欢和愿意消费的程度。一般偏好大的商品需求量大,反之需求量小。

(5)消费者对未来价格和收入水平的预期。如果预期未来收入水平(或商品价格水平)上升则会增加现在的需求;如果预期未来的收入水平下降(或商品价格下降)则会减少现在的需求。

2.1.2 需求表、需求曲线与需求函数

一般对商品需求量影响最大的就是价格。商品价格与需求量之间的关系可以通过需求表、需求曲线和需求函数表示出来。

2.1.2.1 需求表

在其他因素不变的情况下,把消费者在不同价格水平下对某种商品的需求量用表格表示,就称需求表(demand schedule)。表 2-1 就是描述某商品的个人需求和市场需求。

表 2-1 需求表

价格	个人需求量			市场需求量
	A 消费者	B 消费者	C 消费者	
10	5	10	…	500
20	4	8	…	400
30	3	6	…	300
40	2	4	…	200
50	1	2	…	100

由表 2-1 可以看到,随着商品的价格不断提高,商品的个人需求量和市场需求量逐渐下降。

2.1.2.2 需求曲线

需求曲线(demand curve)就是表示商品价格与需求量之间关系的一条曲线。可分为个人需求曲线与市场需求曲线。如果把上表的数据绘制在平面坐标系上就可得到需求曲线。

图 2-1 为市场需求曲线。图中,纵坐标 $0P$ 表示商品的价格,横坐标 $0Q$ 表示商品的需求量,D 为商品的市场需求曲线。

从图中可以看出,需求曲线是一条由左上方向右下方倾斜的一条曲线,其斜率为负值,反映了价格与需求量之间的反向变动关系。

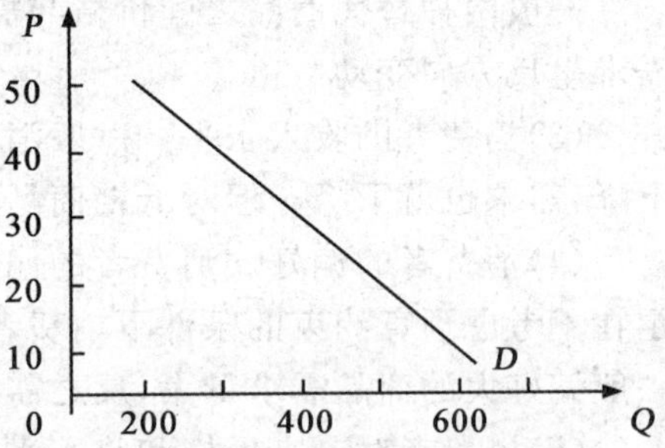

图 2-1 市场需求曲线

一般市场需求曲线的形状和位置主要取决于价格、需求量和其他因素的影响。需求曲线可以是曲线,也可以是直线,为简化分析通常采用线性的需求曲线。

2.1.2.3 需求函数

需求函数(demand function)就是用来表示一种商品的需求数量和影响该需求数量的各种因素之间的相互关系。

如果把影响需求数量的各个因素作为自变量,需求量作为因变量,一种商品的需求数量是所有影响这种商品需求数量因素的函数。公式表示:

$$Q_d = f(P, P_r, M, F, T, \cdots)$$

式中:Q_d 为需求量;P 为产品价格;P_r 为相关产品价格;M 为收入;F 为个人嗜好;T 为时间的变化等。

影响商品需求的因素是多方面,但最主要的因素是商品本身的价格,假定影响需求的其他因素不变,只考虑商品本身价格对该商品需求量的影响,这样可把需求函数简化为单一的自变量与因变量的关系,即:

$$Q_d = f(P)$$

通常为简便起见,我们假定需求量与需求价格之间具有线性函数关系,则需求的价格函数可以表述为

$$Q_d = \alpha - \beta \cdot P \quad (\alpha > 0, \beta > 0)$$

式中：α 为常数，表示当 $P=0$ 时的需求量；系数 $-\beta$ 为斜率，表示当 P 发生微小变化时所引起 Q_d 的反向变化。即：

$$-\beta=\frac{\Delta Q_d}{\Delta P}\text{或}-\beta=\lim_{\Delta P\to 0}\frac{\Delta Q_d}{\Delta P}=\frac{\mathrm{d}Q_d}{\mathrm{d}P}$$

2.1.3 需求定理

2.1.3.1 需求定理

在其他因素不变的情况下，商品价格越低，商品需求量越大；商品的价格越高，商品的需求量就越小。商品的价格与需求量呈反方向变动的规律称为需求定理。

2.1.3.2 收入效应与替代效应

商品的需求与其价格呈反方向变动可用收入效应与替代效应来说明。

(1)收入效应。指消费者在货币收入不变的情况下，某种商品价格的上升或下降会引起实际货币收入相对减少或增加，导致对其需求量减少或增加。

收入效应的出现是以消费者的名义货币收入不变为前提条件的。

(2)替代效应。指由于商品价格相对变化，对相同用途的商品消费者会放弃价格上涨的商品，而增加购买价格下跌的商品以替代其他商品。替代效应的出现必须是互替商品。如：大米和面粉等。

2.1.3.3 需求定理的例外现象

在一般情况下，商品价格与其需求量呈反方向变化，需求曲线是从左上方向右下方倾斜的，但并不是所有的商品都遵循这一规律，也有许多例外。

(1)某些炫耀性商品。例如：珠宝、项链之类的装饰品，它们是代表一定社会地位和身份的，在一定程度上满足着消费者的虚荣心，这类商品的价格越高，越能显示其代表的社会地位和身份。因此，此类商品的价格上涨会导致需求量的增加。

(2)某些珍贵稀罕性商品。例如：像古玩古董、古画这些珍品，因制作工艺已经失传，往往是价格越高越能显示其珍贵性，而当其价格上升时需求量反而增大，具有了收藏价值。

(3)某些低劣品。低劣商品是那些人们不喜欢消费的商品。在低劣品中有一个特例，称为“吉芬商品”。吉芬(Giffen)是英国经济学家，他发现在1854年爱尔兰发生的大饥荒中，尽管土豆价格大涨，但许多爱尔兰的低收入家庭不是少吃土豆而是更多地消费土豆，于是土豆的需求量反而增加了。这种现象是吉芬发现的，所以对这种价格上升，购买数量随之上升，价格下降，购买数量随之也下降的现象，叫做“吉芬现象”(有人称吉芬矛盾)，类似的商品就叫做“吉芬商品”。发生这种现象的原因在于，在那些低收入者看来，这种低劣品食品是其最主要的食物，是他们在现有收入水平下能够买到的最便宜的东西。这也说明人们的消费需求在一定时期内是受其收入水平决定的。

(4)商品价格的变化，对需求的影响。某些商品小幅度升、降价，需求按正常情况变动；大幅度升、降价，人们就会采取观望态度，需求将出现不规则的变化。

2.1.4 需求量变动与需求变动

(1)需求量变动指在其他因素不变时，单纯由商品本身价格变动而引起的需求量变化。需求量的变动表现为在需求曲线上的上下移动。如图所示：在需求曲线 D 上，随着商品价格下降，需求量从点 a 到点 b、c 的移动。如图 2-2 所示。

(2)需求的变动。指除影响需求的价格因素以外，由其他因素所引起的需求变化。这种变化表现为需求曲线位置的左右平行移动。如图 2-3 所示。

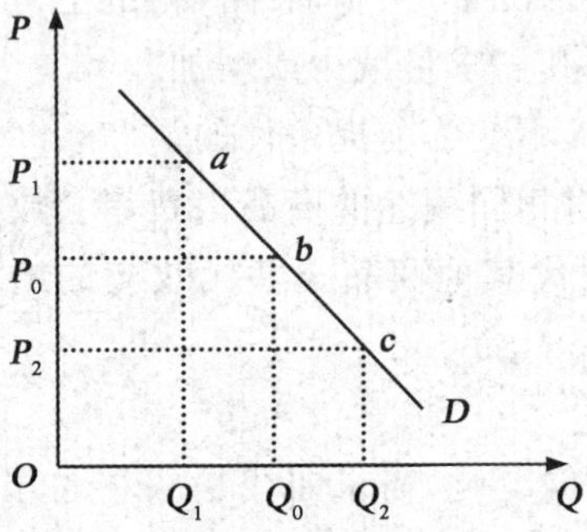

图 2-2 需求量变动

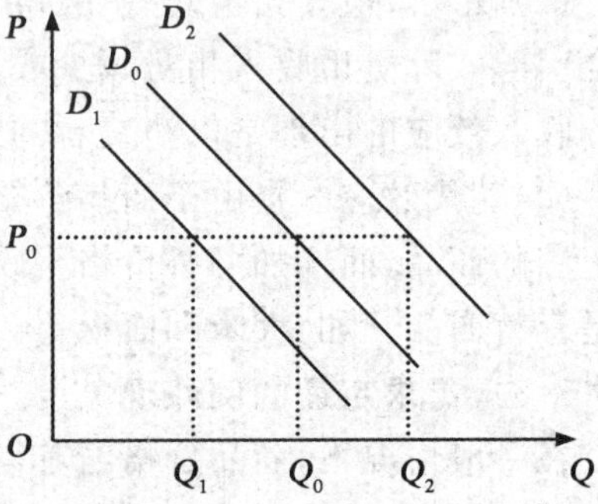

图 2-3 需求变动

商品的价格不变，消费者收入增加会使消费者在不同的价格水平上增加购买量，使需求曲线 D_0 右移至 D_2，表示需求的增加；反之需求曲线左移至 D_1，表示需求的减少。

2.2 供给与供给定理

2.2.1 供给及其影响因素

2.2.1.1 供给

供给(supply)指生产者在一定时期，在各种可能的价格下，愿意并能够提供某种商品的数量。

供给必须具备的条件:一是生产商有出售的愿望;二是有供给能力。两者缺一不可。

2.2.1.2 影响供给的因素

(1)商品本身的价格。某种商品的价格上涨,生产者获利增加,供给就会增加;相反,则供给减少。商品价格与供给量呈正方向变化。

(2)生产要素的价格。生产要素的价格直接影响生产成本变化。成本提高,供给量减少;反之,则供给量增加。生产要素价格的高低与商品供给量呈反方向变化。

(3)相关商品的价格。某一商品价格不变,而其他商品价格发生了变化,该商品的供给量就会发生变化。如:小麦价格不变,而棉花价格提高,生产者就会减少小麦生产而增加棉花生产。同时,商品供给量还受到生产该种商品资源难易程度的影响。

(4)厂商对未来行情的预期。如果未来行情看好,厂商会增加生产,提高供给能力;未来行情看坏,则减少供给能力。

(5)生产者的目标。生产者的目标是追求利润最大化,如果达不到该目标,其供给能力就会下降。

2.2.2 供给表、供给曲线与供给函数

(1)供给表(supply schedule)。就是用表格把某种商品每一可能价格并与之相对应的供给量表示出来。

说明商品供给量与商品价格之间的关系的表格称为供给表。见表 2-2,以粮食市场供给为例。

表 2-2 供给表

价格	个人供给量/kg			市场需求量/t
	A 生产者	B 生产者	C 生产者	
5	400	300	…	100
4	360	280	…	80
3	280	260	…	60
2	210	200	…	40
1	160	120	…	20

表 2-2 说明,当粮食价格为 1 元/kg 时,市场供给量很少,仅 20 t;当价格提高到 5 元/kg 时,市场供给量增加到 100 t,这是因为生产者看到粮食提价后有利可图,愿意多生产,增加了供给量。

(2)供给曲线(supply curve)。就是根据商品的价格与供给量的组合,在二维坐标系上描绘出来的一条曲线。将表 2-2 中的数据绘制在图形上就是供给曲线。它表示在不同的价格水平下,生产者愿意而且能够提供出售的商品数量。

如图 2-4 所示,供给曲线是一条由左下方向右上方倾斜的曲线,它可以是直线也可以是曲线,其斜率为正,表示商品的价格和供给量呈同方向变动的规律。

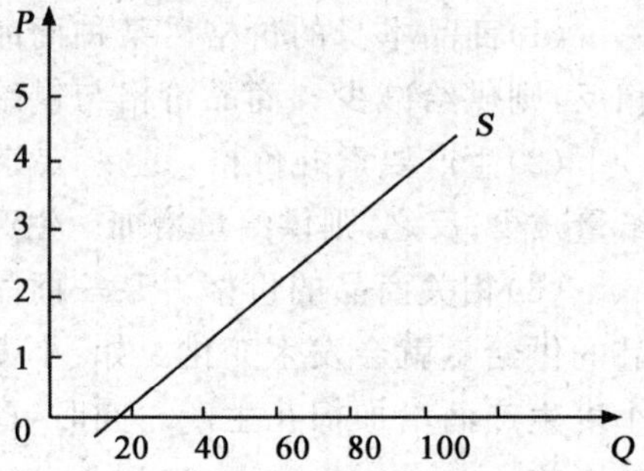

图 2-4 供给曲线

供给曲线可以是曲线,也可以是直线,为方便分析,一般用直线表示。

(3)供给函数(supply function)。就是用函数关系来表示一种商品的供给量和影响该供给量的各种因素之间的相互关系。

如果把影响商品供给的各因素作为自变量,供给量作为因变量,则供给函数就是:

$$Q_s = f(P, P_r, T, N, \cdots)$$

式中:P 为商品的价格;P_r 为相关商品的价格;T 为技术水平;N 为自然条件。

在上述因素中,价格对供给的影响是最重要的,假定其他因素不变,只考虑价格对供给的影响,则供给函数可简化为供给价格函数:

$$Q_s = f(P)$$

通常一般将供给价格函数简称为供给函数。

为方便起见,我们假定供给与价格之间具有线性关系,则供给函数为

$$Q_s = a + bP \quad (a, b \text{ 为常数})$$

式中:a 表示 $P=0$ 的供给量,b 表示供给曲线的斜率。当 $a \geqslant 0$ 时,为使商品价格 $P \geqslant 0$,生产者提供产量的最低限制是 $Q_s \geqslant a$,否则,他宁愿购买而不生产;当 $a < 0$ 时,厂商提供产品的条件是 $P > a/b$。$b \geqslant 0$ 是供给定理的要求,例如:$b=0$(土地),$b>0$(一般商品),即:

$$b = \frac{\Delta Q_s}{\Delta P} \quad \text{或} \quad b = \lim_{\Delta p \to 0} \frac{\Delta Q_s}{\Delta P} = \frac{\mathrm{d}Q_s}{\mathrm{d}P}$$

2.2.3 供给定理

2.2.3.1 供给定理

供给定理就是在其他因素不变的情况下,商品价格上涨,供给量增加;价格下

降,供给量减少,商品的供给量与其价格呈正方向变动关系。说明生产者的生产目的是为了追求利润的最大化。

2.2.3.2 **供给定理的例外情况**

(1)稀缺珍贵的商品。如珍贵文物、古董等商品,价格越高,越具有收藏价值,供给量越小;价格越低,人们觉得无保存价值时,供给量反而会增加。

(2)劳动力的供给。劳动力作为商品也具有价格。当工资开始提高时,劳动供给增加;当工资达到一定水平后,一般生活得以满足后,人们追求更多的娱乐休闲,此时,提高工资,劳动力的供给反而减少。

(3)证券、黄金的供给。当这些商品价格小幅升降时,供求规律得以体现,但当其价格大幅上升时,供给量反而下降,预期收益增大。

2.2.4 供给量的变动与供给的变动

(1)在其他条件不变时,由商品本身价格的变动引起供给量的变化,称为供给量的变动。供给量的变动在供给曲线上表现为沿着曲线上下移动。如图 2-5 所示。

(2)供给的变化。在商品本身价格不变的条件下,由其他因素引起的供给量变化,称为供给变化。在供给曲线上表现为在原有的曲线基础上左右平行移动,形成一条新的供给曲线。如图 2-6 所示,当供给曲线由 S 右移至 S_1 时,表示供给的增加;当 S 曲线向左平移至 S_2 时,表示供给的减少。

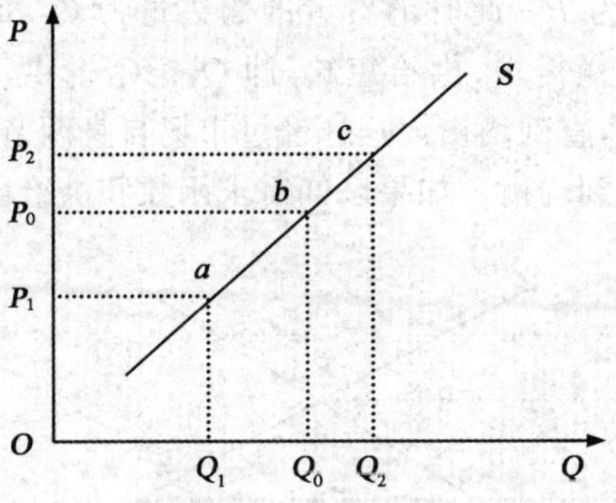

图 2-5 供给量变动

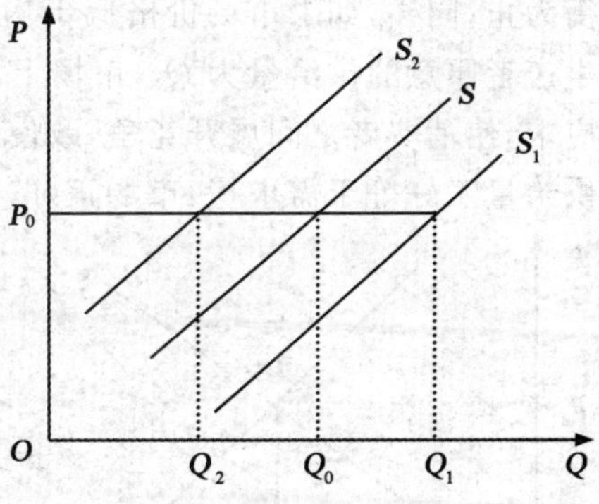

图 2-6 供给的变动

2.3 均衡价格的决定

2.3.1 均衡价格及其形成

1. 均衡价格

均衡(equilibrium)是一个物理学名词,表示当物体受到力量相等、方向相反两种力作用时所处的静止状态。经济学的均衡是指市场的供求均衡。均衡价格(equilibrium price)即买卖双方都愿意接受的价格。

均衡价格就是指某种商品的需求量与供给量保持平衡的价格,此时的需求量与供给量称为均衡数量,它是供求两个方面的相反力量作用的结果。将商品的需求曲线和供给曲线绘制在同一坐标系中,可表示均衡价格,如图 2-7 所示。供给与需求曲线交点 E 为均衡点,所对应的价格 P_0 为均衡价格,对应的量为均衡数量。

2. 均衡价格的形成过程

均衡价格是如何形成的呢? 在完全竞争的市场经济中,均衡价格是通过市场的供求关系自发调节形成的。在完全竞争市场经济中,如果某商品的市场均衡价格为 P_0,均衡数量为 Q_0,如图 2-8 所示。如果某商品的价格高于均衡价格,为 P_1,此时消费者的购买量为 Q_1,而生产者的供给量为 Q_2,市场上出现了超额供给,即 $Q_2>Q_1$,供大于求,出现市场剩余,生产之间竞争激烈,市场价格必然下降,直至均衡为止;同样,如果市场价格低于均衡价格,为 P_2,此时消费者的购买量为 Q_3,而生产者愿意的供给量为 Q_4,市场上出现了超额需求,供给短缺,即 $Q_3>Q_4$。供不应求,使消费者之间展开竞争,致使价格上升,直到均衡。这样经过市场自身调节,供给量正好等于需求量,市场正好"出清",达到均衡。如果已知需求函数和供给函

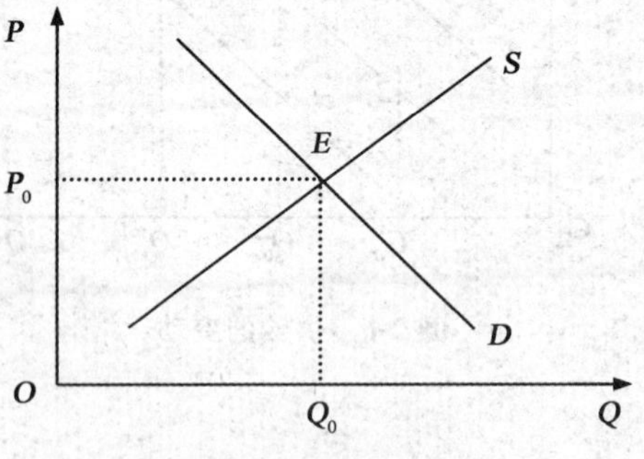

图 2-7 均衡价格

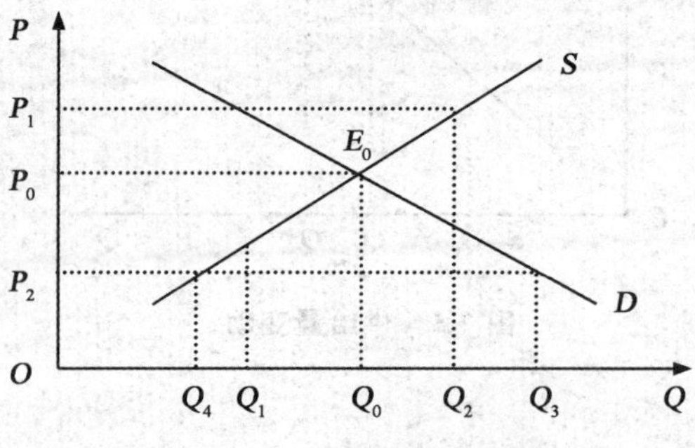

图 2-8 均衡价格的形成

数，可用数学方法确定均衡价格和均衡数量。如表 2-3 中的供需变化，详细反映了均衡价格的形成过程。

表 2-3　供求表

P	Q_D	Q_S	Q_D-Q_S	市场状况	价格趋势
6	200	800	-600	供过于求	价格下降
5	300	600	-300	供过于求	价格下降
4	400	400	0	均衡	均衡
3	500	200	300	供不应求	价格上升
2	600	0	600	供不应求	价格上升

我们根据表中数据可以知道需求函数和供给函数为

$$Q_D=800-100P \quad Q_S=-400+200P$$

求得均衡价格 $P=4$；将 $P=4$ 代入需求方程或供给方程，得到均衡数量：

$$\overline{Q}=Q_D=Q_S=400$$

一般地，市场在没有外来因素影响下，由于供求规律自发调节作用，供需双方都在不断适应，均衡是市场运行的必然趋势，失衡只是暂时现象。

2.3.2　均衡价格的变动

1. 供给不变，需求变动对均衡价格的影响

在供给不变的情况下，需求增加会使需求曲线向右平移，从而使均衡价格和均衡数量都增加；需求减少会使需求曲线向左平移，从而使得均衡价格和均衡数量都减少。如图 2-9 所示。

在图 2-9 中，既定的供给曲线 S_0 和需求曲线 D_0 相交于 E 点。在均衡点 E，均衡价格为 P_0，均衡数量为 Q_0。需求增加使需求曲线向右平移至 D_1 曲线的位置，D_1 曲线与 S_0 曲线相交于 E_1 点。在均衡点 E_1，均衡价格上升为 P_1，均衡数量增加为 Q_1。相反，需求减少使需求曲线向左平移至 D_2 曲线的位置，D_2 曲线与 S_0 曲线相交于 E_2 点，在均衡点 E_2，均衡价格下降为 P_2，均衡数量减少为 Q_2。

2. 需求不变，供给变动对均衡价格的影响

在需求不变的情况下，供给增加会使供给曲线向右平移，从而使得均衡价格下降，均衡数量增加；供给减少会使供给曲线向左平移，从而使得均衡价格上升，均衡数量减少。如图 2-10 所示。

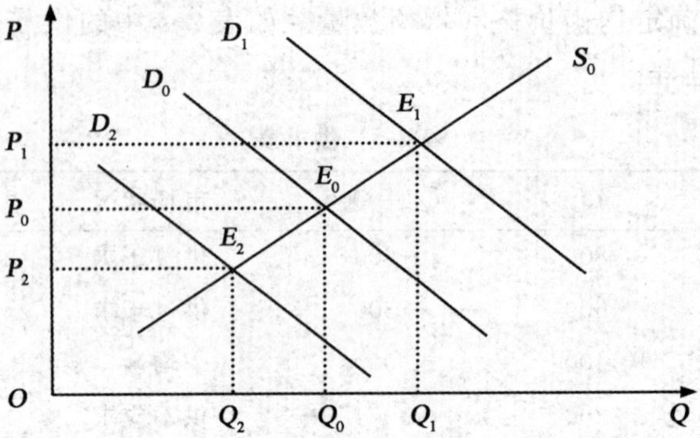

图 2-9　需求变动对均衡价格的影响

在图 2-10 中，既定的需求曲线 D_0 和供给曲线 S_0 相交于 E_0 点。在均衡点 E_0 的均衡价格和均衡数量分别为 P_0 和 Q_0。供给减少使供给曲线向左平移至 S_1 曲线的位置，且与 D_0 曲线相交于 E_1 点。在均衡点 E_1，均衡价格上升为 P_1，均衡数量减少为 Q_1。相反，供给增加使供给曲线向右平移至 S_2 曲线的位置，并与 D_0 曲线相交于 E_2 点。在均衡点 E_2，均衡价格下降为 P_2，均衡数量增加为 Q_2。

综上所述，可以得到如下结论：在其他条件不变的情况下，需求变动分别引起均衡价格和均衡数量呈同方向变动；供给变动分别引起均衡价格呈反方向变动和均衡数量的同方向变动。

3. 需求与供给同时变动对均衡价格的影响

如果需求和供给同时发生变动，则商品的均衡价格和均衡数量的变化是难以肯定的，这要结合需求和供给变化的具体情况来决定。一般有四种情况，以图 2-11 为例进行分析。

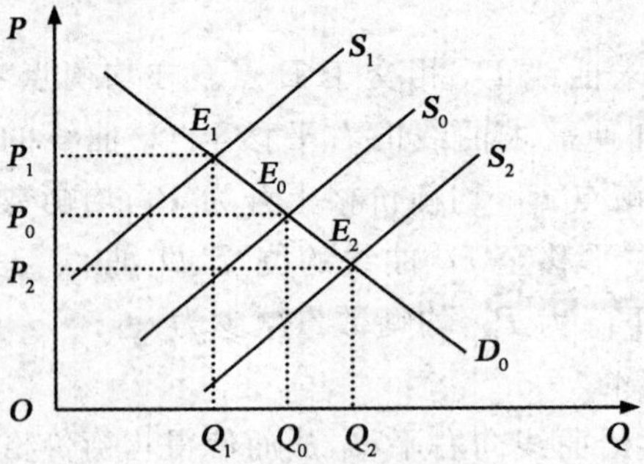

图 2-10　供给变动对均衡价格的影响

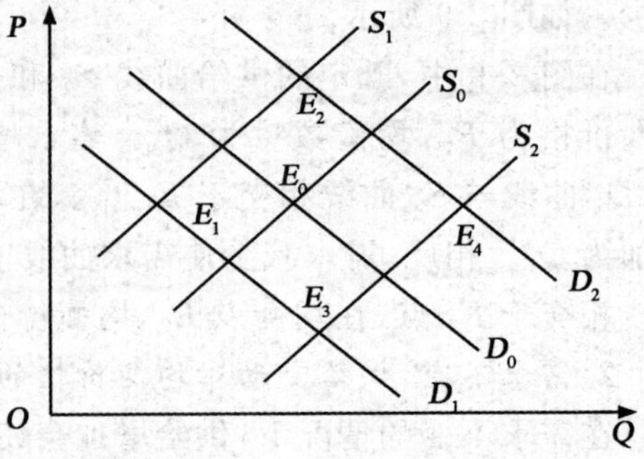

图 2-11　供需变动对均衡价格的影响

假定消费者收入水平上升引起的需求增加，使得需求曲线由 D_1 向右平移至 D_2；同时，厂商的技术进步引起供给增加，使得供给曲线由 S_1 向右移至 S_2。比较 S_1 曲线分别与 D_1 曲线和 D_2 曲线的交点 E_1 和 E_2 可见，收入水平上升引起的需求增加，使得均衡价格上升。再比较 D_1 曲线分别与 S_1 曲线和 S_2 曲线的交点 E_1 和 E_3 可见，技术进步引起的供给增加，又使均衡价格下降。最后，这两种因素同时作用下的均衡价格，将取决于需求和供给各自增长的幅度。由 D_2 曲线和 S_2 曲线的交点 E_4 可得：由于需求增长的幅度大于供给增加的幅度，所以，最终的均衡价格是上升了。

2.3.3 均衡价格理论的应用

价格运行原理及其对供需的调节功能我们称之为价格机制。经济学家常用均衡价格理论来分析政府的各种价格政策对经济的影响。

1. 支持价格

支持价格（price support），也称保护价格，是指政府为了扶持某一行业的生产对该行业产品规定的高于市场均衡价格的最低价格。例如政府为了扶持农业实行农产品支持价格。支持价格政策所产生的后果可用图 2-12 来表示。

从图 2-12 可知，市场上某产品的均衡价格为 P_0，均衡产量为 Q_0，均衡点为 E，政府为支持该行业的生产，实行支持价格 P_1，与此相应的需求量为 Q_1，供给量为 Q_2，由于 $Q_2 > Q_1$，该行业产品供大于求，产品出现了过剩，过剩量为 FG。

为维持支持价格，政府必须收购过剩产品用于储备或出口，在这种情况下，政府只能靠增加财政支出，才能维持支持价格，扶持这一行业发展，所以，FG 又称为政府购买。一旦政府取消了该行业的支持价格，价格仍会下降到均衡价格 P_0 的水平。

2. 限制价格

限制价格（limited price）是指政府为了限制某些生活必需品的价格而对其规定的低于市场均衡价格的最高价格，其目的是为了稳定经济生活，保持购买者的利益。例如：在出现短缺经济时代，政府为了防止生活必需品价格上涨，实行生活必需品的限制价格，采取限制价格政策产生的后果可以用图 2-13 表示。

如图 2-13 所示，该商品的市场均衡价格为 P_0，均衡产量为 Q_0，均衡点为 E，在实行限制价格 P_1 后，该行业的供给量为 Q_1，而需求量为 Q_2，$Q_1 < Q_2$ 即供给小于需求，产品供不应求，出现短缺，其短缺量为 FG_0 为维持限制价格，解决商品短缺，政府采取的措施是采取凭票供给等配给制。但这种配给只适宜于在特定的时期和较短的时间内应用，因为这一政策，一方面挫伤生产者的积极性，使短缺变得更加

严重;另一方面可能使购物凭证货币化,出现黑市交易。如果一旦放弃价格控制,价格就会出现暴涨。

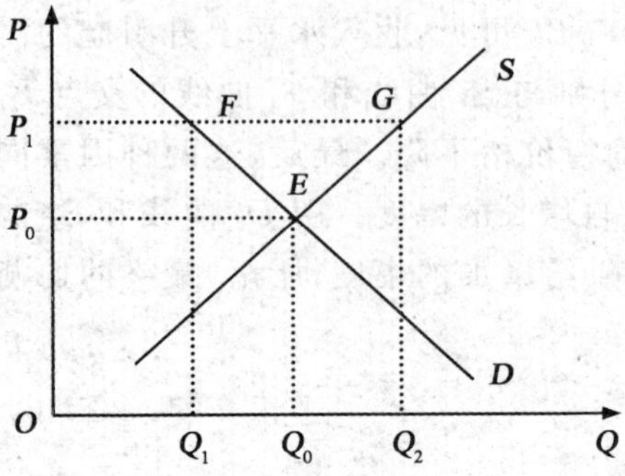

图 2-12　支持价格

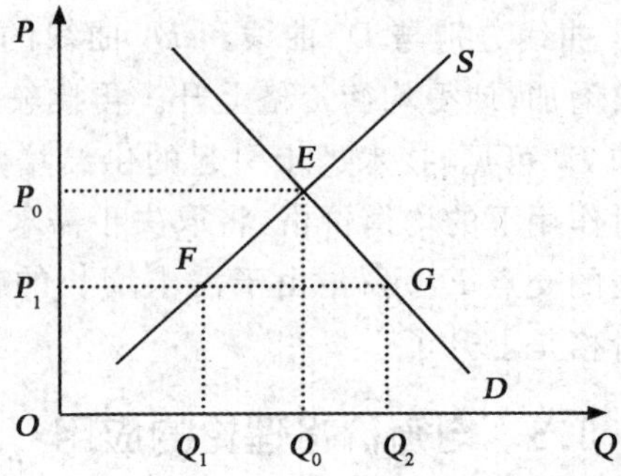

图 2-13　限制价格

3. 征税

征税(taxation)即政府为限制某一商品的生产或消费,可以对该种商品生产或消费征税。征税分为从量税和从价税,它们对经济活动的影响是相似的。以从量税来进行说明,如图 2-14 所示。

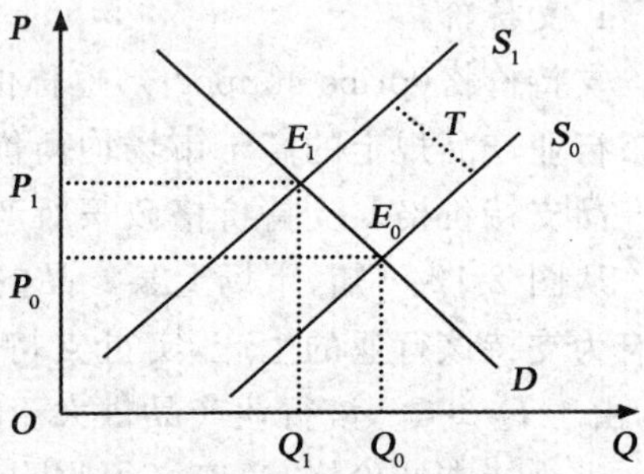

图 2-14　政府征税

在图 2-14 中,P_0 为均衡价格,Q_0 为均衡数量,E 为均衡点。政府对厂商征收税收,将使生产者的成本或供应成本相应提高,供给量减少,供给曲线向左移动,即由 S_0 移到 S_1,移动的垂直距离为 T,新的均衡点为 E_1,销售价格从 P_0 上升到 P_1,均衡数量从 Q_0 减少到 Q_1。从图 2-14 中可以看出,实行征税后,消费者支付的价格和购买量也发生了相应的变化。可见,征税后商品的价格上升,均衡数量下降。

2.4　弹性理论及其应用

弹性(elasticity)原是物理学上的概念,指物体对外界力量的反应能力。经济学中的弹性是指经济变量之间存在函数关系时,因变量对自变量变动的反应程度,其大小可用弹性系数来表示。弹性理论最早由法国经济学家古诺提出,后经英国经济学家马歇尔科学完善,并形成一个完整的理论体系,对考察经济运动具有重要意义。

2.4.1 需求弹性

需求弹性主要分为需求的价格弹性、收入弹性和交叉弹性三种类型。

2.4.1.1 需求的价格弹性

1. 需求价格弹性的概念

需求的价格弹性，通常简称为需求弹性，指一种商品的需求量变动对其价格变动的反应程度。其弹性系数等于需求量变动的百分比除以价格变动的百分比，表示价格每变动 1%，需求量变动百分之几，用 E_d 表示，即：

$$E_d \frac{\text{需求量变动的百分比}}{\text{价格变动的百分比}}=\frac{\Delta Q/Q}{\Delta P/P}=\frac{\Delta Q}{\Delta P}\cdot\frac{P}{Q}$$

式中：ΔQ 为需求的变动量；Q 为原需求量；ΔP 为价格变动量；P 为给定价格。由于需求量与价格呈反方向变动，所以需求价格弹性系数为负值，一般取其绝对值。

2. 需求价格弹性的计算

(1)点弹性。指需求曲线上某一点的弹性，也就是价格变动无限小时所引起的需求量变动的反应程度。一般来说，当价格变动较小时可用点弹性来计算。

根据前面需求价格弹性的计算公式，令 $\Delta P\rightarrow 0$，则：

$$E_d=\lim_{\Delta P\rightarrow 0}\frac{\Delta Q}{\Delta P}\cdot\frac{P}{Q}=\frac{\mathrm{d}Q}{\mathrm{d}P}\cdot\frac{P}{Q}$$

式中：$\frac{\mathrm{d}Q}{\mathrm{d}P}$为需求曲线的斜率的倒数；$P$ 为给定点的价格；Q 为给定点的需求数量。

例：已知：需求函数为 $Q=12-2P$

求：$P=3$，$P=5$ 时的弹性。

解：$\because \frac{\mathrm{d}Q}{\mathrm{d}P}=-2$

则：$E_d=\frac{\mathrm{d}Q}{\mathrm{d}P}\cdot\frac{P}{Q}=-2\times\frac{P}{12-2P}=\frac{P}{P-6}$

当 $P=3$ 时，$E_d=-1$；$P=4$ 时，$E_d=-2$。

(2)弧弹性。弧弹性就是求曲线上两点之间的弹性，因为在需求曲线上两点之间在计算时方向不一样，同一距离其弹性系数也不一样，所以通常采用两点间的算术平均值来计算。其公式为

$$E_d=\frac{Q_2-Q_1}{\frac{Q_2+Q_1}{2}}\div\frac{P_2-P_1}{\frac{P_2+P_1}{2}}=\frac{\Delta Q}{\Delta P}\cdot\frac{P_1+P_2}{Q_1+Q_2}$$

例:某商场销售某种罐头食品,在价格为 5 元/听时,每天的销售量为 200 听,为了促销将其价格调整为 4.5 元/听,每天销售量增加到 240 听,试计算该商品价格调整区间的弹性。

解:$Q_1=200$,$Q_2=240$,$P_1=5$,$P_2=4.5$ 代入公式:

$$E_d=\frac{\Delta Q}{\Delta P}\cdot\frac{P_1+P_2}{Q_1+Q_2}=\frac{240-200}{4.5-5}\cdot\frac{5+4.5}{240+200}=-1.7$$

答:商品价格调整区间的弹性为 1.7(取其绝对值)。

在分析以上需求的价格弹性时,要特别注意需求曲线的斜率与需求弹性的区别,二者并不相等。因为 $\Delta Q/\Delta P$ 是需求曲线斜率 $\Delta P/\Delta Q$ 的倒数,而弹性系数是 $\Delta Q/\Delta P$ 与 P/Q 的乘积,需求价格弹性既取决于 $\Delta Q/\Delta P$,又取决于 P/Q,所以不能将曲线斜率与需求弹性混为一谈。

3. 需求价格弹性的类型

根据需求价格弹性系数的不同,可将其分为五大类。

(1)$E_d=0$,需求完全无弹性,即:商品的价格无论如何变动,需求量总是保持不变,需求曲线表现为垂直于横轴的线,如图 2-15(a)所示。

(2)$E_d=\infty$,需求完全弹性或者需求有无限弹性,表示商品价格不变或变动极小,需求量则可无限增加,其需求曲线是一条平行于横轴的水平直线。这是一种极端情况,如政策收购黄金、白银等,如图 2-15(b)所示。

(3)$E_d=1$,单位需求弹性,即需求量变动幅度等于价格变动幅度,即价格每升(降)1%,需求量就相应减(增)1%。需求曲线表现为一条正双曲线,如图 2-15(c)所示。

(4)$0<E_d<1$,需求缺乏弹性,即需求量变动幅度小于价格变动幅度。如图 2-15(d)所示:当需求曲线为直线时可以证明,E 为中点时有 $E_d=BE/EA=1$;当 E 为任意一点时,E 靠近 B 点则 $E_d=BE/EA<1$,如粮油等生活必需品。但当 $E=B$ 时 $E_d=BE/EA=0$,相当于垂直的需求线 2-15(a)。

(5)$1<E_d<\infty$,需求富有弹性,即需求量变动的幅度大于价格变动的幅度,弹性值总大于 1。同样,如图 2-15(d)所示:$E_d=BE/EA>1$ 的一段线上各点的需求弹性是大于 1 的。奢侈品与价格昂贵的享受性劳务属于此类。但当 $E=A$ 时,$E_d=BE/EA=\infty$,相当于一条水平的需求线(b),随着后面的学习我们知道,完全竞争的厂商所面对的就是一条这样的需求曲线。

以上五种类型,前三种在现实生活中都比较罕见,绝大多数的商品的需求弹性都属于后两种情况(同学们可以自己证明)。

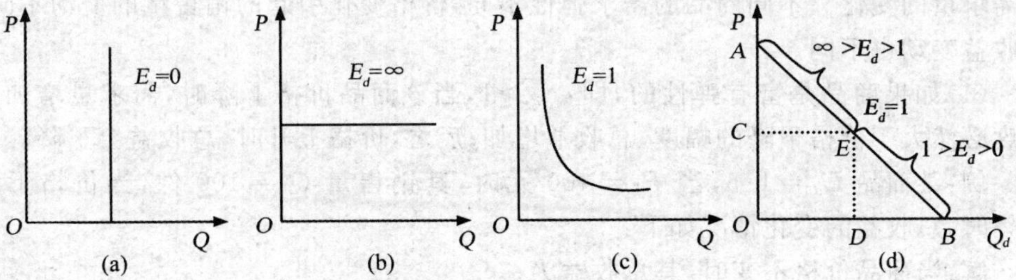

图 2-15　需求价格弹性的五种类型

4. 影响需求弹性的因素

(1)消费者对商品的需求程度。一般可将商品分为奢侈品和生活必需品两类。消费者对生活必需品需求强度大且比较稳定,其需求价格弹性小;对奢侈品需求程度小且不稳定,因此其商品的需求弹性大。

(2)商品的替代品数量和替代程度。一种商品如果可替代的商品越多,可替代程度越高,其需求弹性就大;反之,其需求弹性就小。因为易被替代的商品价格上涨,消费者就会放弃或减少该商品的消费,转而购买其他商品。

(3)商品支出在消费者家庭支出中所占的比例大小。某商品在家庭支出中所占比例大,其需求弹性就大;如果所占比例小,其需求弹性就小。因为在支出中比例大的商品,其价格变化对消费者影响较大,如房屋、汽车、冰箱等。而占支出比例较小的商品,如食盐、洗涤用品等,其价格变化对消费者影响较小。

(4)商品用途的广泛性。一般用途越广的商品,其需求弹性越大,如能源、材料类商品;相反,用途越小的商品,其弹性越小。

(5)消费时间的长短。一种商品在短期内的需求弹性较小,在长期内的需求弹性较大。因为有的商品在短期内是难以选择的,但长期中,消费者容易找到替代品。同时,对不同的商品本身来说,使用寿命长的耐用消费品需求弹性大,而使用寿命短的非耐用消费品需求弹性小。

5. 需求价格弹性与收益的关系

商品需求弹性的大小直接影响总收益的大小。总收益就是销售商品得到的全部收入,它等于商品价格与销售量的乘积,即:

$$TR = P \times Q$$

式中:TR 为总收益,P 为价格,Q 为销售量。

按照需求法则,在这个公式中,价格的变动不仅会影响到总收益,而且会影响到需求量的变化。不同商品的需求弹性不同,价格变化引起的销售量的变动不同,总收益变动也不同。

(1)如果商品是富有弹性的,即:$E_d>1$,当该商品价格下降时,需求量增加的幅度必然大于价格下降的幅度,总收益增加;反之,价格上升时,总收益会下降。

例:某商品 $E_d=1.5$,当 $P_1=400$ 元时,其销售量 $Q_1=100$ 件,当价格下调10%时,总收益的变化情况如下:

解:当商品价格不变时,其总收益为

$$TR_1=P_1\times Q_1=100\times 400=40\ 000(\text{元})$$

当价格下调10%,$E_d=1.5$ 时,其销售量增加15%,则:

$$P=400-(400\times 10\%)=360(\text{元})$$
$$Q=100+(100\times 15\%)=115(\text{件})$$
$$TR=P\times Q=360\times 115=41\ 400(\text{元})$$

显然,$TR>TR_1$。同理可以得出 $E_d>1$ 时,价格提高,收益减少。所以,富有弹性的商品降价可以增加收益,提高价格,会减少收益。因此,经营奢侈品的厂商常采用"薄利多销"的价格策略。

(2)如果某商品缺乏弹性,即 $E_d<1$,那么当该商品价格下降时,因为需求量增加的幅度小于价格下降的幅度,所以总收益会减少。相反,价格上升总收益会上升。所以,政府采用粮食支持价格策略,就是针对粮食作为必需品一般缺乏弹性,为了防止"谷贱伤农",丰收时提价不降价,采取政府购买措施,以鼓励农民种粮的积极性。

例:某商品的需求价格弹性 $E_d=0.5$,价格 $P_1=400$ 元,其销售量 $Q_1=100$ 件时,价格分别上涨或下降20%时,其总收益的变化情况。

请同学们根据需求法则进行计算验证。

根据以上分析我们可以得出以下结论:

(1)当 $E_d>1$ 时,总收益与价格变动方向相反,此时降价以增加总收益,价格上升总收益减少,因此对富有弹性商品应该采取降价措施。

(2)当 $E_d=1$ 时,价格涨跌,总收益不变。

(3)当 $E_d<1$ 时,总收益与价格同方向变动,此时提价可增加总收益,降价可减少总收益,因此,对缺乏弹性的商品应采取提价的措施。

2.4.1.2 需求的收入弹性

1. 需求的收入弹性(income elasticity of demand)

指一种商品的需求量对消费者收入变动的反应程度。用 E_I 表示。

假定其他因素不变，则收入弹性系数为

$$E_I=\frac{\text{需求量变动的百分比}}{\text{收入变动的百分率}}=\frac{\Delta Q/Q}{\Delta I/I}=\frac{\Delta Q}{\Delta I}\cdot\frac{I}{Q}$$

式中：I 为收入，Q 为原需求量。

2. 正常品、低档品（劣等品）

一般消费者收入与商品需求量同方向变化，此类商品为正常品，E_I 为正值；如果随着消费者收入的增加，一些商品的需求量反而会减少，此类商品为低档品，E_I 为负值，如生活消费品中的粮食、蔬菜等。如图 2-16 所示。

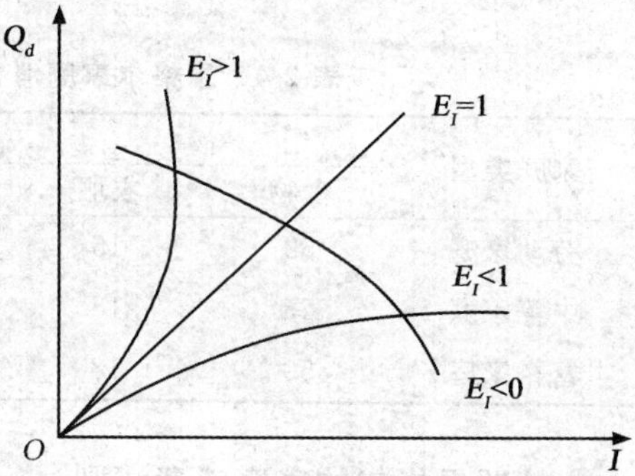

图 2-16　收入弹性的几种情况示意

在现实经济生活中，根据收入弹性的变动区间可判定商品的分类。

(1)当 $E_I>0$ 时，该类商品称为正常品，其需求量随收入的增加而增加。

在正常品中，当 $0<E_I<1$ 时，称缺乏收入弹性，主要为生活必需品。

当 $E_I>1$ 时，称富有收入弹性，表示此类商品的需求量随消费者收入的增加而迅速增加，主要为奢侈品。

(2)当 $E_I<0$ 时，收入负弹性，该商品为低档商品，需求随收入增加而减少，如土豆、高粱、玉米等。

以上的划分是相对的，不同的商品在一定的范围内具有不同的收入弹性，同一商品在不同的收入范围内也有不同的收入弹性，即使对同一消费者在不同的收入阶段，其弹性也不一样，它主要取决于消费者购买水平，应辩证看待。

需求收入弹性理论可以用来分析国民经济各部门、各地区的收入现状和经济发展水平，为国家制定相应的经济发展政策提供参考。

3. 恩格尔定律(Engel's Law)

恩格尔定律是 19 世纪中叶，德国著名统计学家恩斯特·恩格尔(Ernst Engel，1821—1896 年)在研究英、法、德和比利时等国不同阶层的家庭调查资料时发现并提出的，又称为恩格尔法则。根据表 2-4 的调查资料恩格尔认为，收入少的家庭用于食物消费的比例大于其他消费支出；收入多的家庭，用于食物消费的比例小于其他消费支出；换句话说，越是贫穷的家庭或国家，收入或支出中用于购买食物的部分越大。随着消费者家庭收入的增加，食品支出在全部消费支出中所占的比重不断减少。对国家而言,一个国家越穷,每个国民平均支出中购买食品支出的比例越大。于是,根据恩格尔法则,食物消费支出占总支出的比例,又称作恩格尔系数(Engel's coefficient)。

$$恩格尔系数=\frac{食品支出}{全部生活消费支出}$$

表 2-4 恩格尔家庭消费支出占总支出的比例调查统计 %

家庭类型	支出					
	食物	衣服	住宅	燃料	文化	合计
劳动家庭	62	16	12	5	5	100
中等家庭	55	18	12	5	10	100
富裕家庭	50	18	12	5	15	100

按照恩格尔的家庭消费法则,一个家庭或国家用于食物的支出占全部消费支出的比例,是衡量贫富的一个重要标志。恩格尔系数的不同,也使同一种商品价格的变动,对不同收入水平的家庭或国家的影响是不同的。

恩格尔系数反映一个国家或家庭的富裕程度和生活水平,揭示了人们消费结构与收入之间的定量关系,系数越小,一个国家和家庭的富裕程度和生活水平越高;反之,系数越大,一个国家和家庭的富裕程度和生活水平越低。

2.4.1.3 需求交叉弹性

需求交叉弹性是表示一种商品的需求量对另一种商品价格变化的反应敏感程度。其弹性系数等于一种商品需求量变动的百分比与另一种商品价格变动的百分比之比。

用公式表示:

$$E_{xy}=\frac{x\text{ 商品需求量变动的百分比}}{y\text{ 商品价格变动的百分比}}=\frac{\Delta Q_x/Q_x}{\Delta P_y/P_y}=\frac{\Delta Q_x}{\Delta P_y}\cdot\frac{P_y}{Q_x}$$

一般来说,需求交叉弹性系数既可以是正值,也可以是负值,它取决于两种商品的相关性质。

(1)$E_{xy}>0$ 时,两种商品 x、y 存在替代关系,即为互替商品。一种商品的需求量与另一种商品的价格呈同方向变动,弹性系数为正值,如化纤织品与棉织品。互替商品,替代性越强,其弹性越大。

(2)$E_{xy}<0$ 时,两种商品 x、y 存在互补关系,即为互补商品。一种商品的需求量与另一种商品的价格呈反方向变化,弹性系数为负(常取其绝对值)。互补商品

的互补性越强，其弹性越大，如汽车与汽油。

(3)$E_{xy}=0$ 时，表明两种商品 x、y 无交叉关系，称为相互独立的商品。

同样，反过来也可以两种商品之间的需求交叉价格弹性系数的符号，来判断两种商品之间的相关关系。如两种商品的交叉弹性为正值，则为替代品；为负值，则为互补品，若为零，无相关关系。

需求交叉弹性可以促使企业生产者掌握其他相关产品的价格变化对自己产品销售的影响，或测定相关行业间的相互关系，以确定自己的经营策略。

2.4.2 供给弹性

供给弹性包括供给的价格弹性、供给的交叉弹性等，通常我们说的供给弹性是指供给的价格弹性。

2.4.2.1 供给弹性的概念及计算方法

供给弹性是指一种商品的供给量对其价格变动的反应敏感程度。即当价格变动1%时，供给量相应变动的百分比。

同需求弹性一样，供给弹性也有点弹性和弧弹性之分，用 E_S 表示供给弹性，则计算公式如下。

点弹性计算公式：

$$E_S=\frac{\Delta Q/Q}{\Delta P/P}=\frac{\Delta Q}{\Delta P}\cdot\frac{P}{Q}$$

弧弹性计算公式：

$$E_S=\frac{\dfrac{\Delta Q}{\dfrac{Q_1+Q_2}{2}}}{\dfrac{\Delta P}{\dfrac{P_1+P_2}{2}}}=\frac{\Delta Q}{\Delta P}\cdot\frac{P_1+P_2}{Q_1+Q_2}$$

供给弹性与需求弹性相比，有许多共同特征，唯一的区别是：供给弹性是正值。这是由于商品的供给量与价格是同方向变化造成的。

2.4.2.2 供给弹性的主要类别

根据供给弹性系数的大小，供给弹性可分为五种类型。如果供给曲线是非线性的，则可过曲线上某一点做该点的切线，按切点的位置来判断供给弹性的大小，如图 2-17 所示：

(1)$E_S=0$，供给完全无弹性，表示价格无论怎样变化，供给量都保持不变，供给曲线是一条垂直于横轴的垂线。如一些无法多制的古玩字画珍品、土地等。

(2) $E_S \to \infty$，供给有完全弹性，表示价格不变，而供给量却无限增加。供给曲线是一条平行于横轴的线。

(3) $E_S = 1$，供给单位弹性，表示供给量变动的百分比与价格变动的百分比相等。

(4) $E_S < 1$，供给缺乏弹性，表示供给量变动的百分比小于价格变动的百分比，其供给曲线显得陡峭，资本密集型产品等的供给一般属于此种类型。

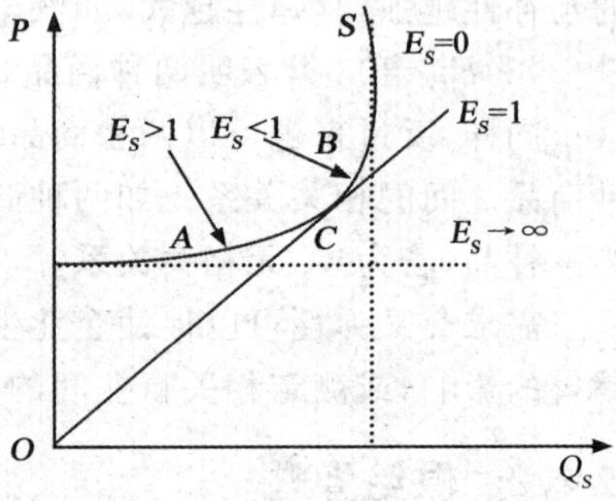

图 2-17 供给弹性的五种类型示意

(5) $E_S > 1$，供给富有弹性，表示供给变动的幅度大于价格变动的幅度，供给曲线显得平缓，如劳动密集型的商品供给一般属于此种类型。

2.4.2.3 影响供给弹性的因素

影响供给弹性的因素很多，主要有：

(1)生产成本的变化。商品的供给量大小除受商品价格影响外，主要取决于生产成本的高低，如果产量较大的增加，引起单位成本轻微提高，则供给弹性大；反之，则供给弹性小。

(2)生产的难易程度。一般来说，在一定时期内，容易生产的产品，当价格变动时，其产量的变动速度快，供给弹性大；反之，其供给变动速度慢，供给弹性小。

(3)生产规模和规模变化的难易程度。生产规模大、资本密集型的企业，因受设计能力和专业设备的制约，其生产规模较难变动，调整周期长，因而产品供给弹性小；而生产规模较小，劳动密集型企业，应变能力强，调整周期短，而供给弹性大。

(4)时间的长短。同种商品长期内的供给弹性大于短期内的供给弹性，因为短期内生产规模难以调整，只能依靠库存来调节，所以供给弹性小；而长期内生产能力可以提高，因此供给弹性就大。

(5)对未来价格的预期。厂商预期未来的价格上涨，会增加产量，供给弹性大；如果预期未来价格下跌，会减少产量，其供给弹性小。同时技术因素、管理水平等也可以影响供给弹性的变化。

2.4.3 蛛网理论

蛛网理论是 20 世纪 30 年代出现的一种动态均衡分析，它是由美国经济学家舒尔茨(Schultz T. W.，1902—1998 年)、意大利经济学家翁贝托·里奇(Umberto Ricci，1879—1946 年)和荷兰经济学家丁伯根(Jan Tinbergen，1903—1994

年)各自提出,并由英国经济学家N·卡尔多(N. Kaldor,1908—1986年)定名。蛛网理论是将市场均衡和弹性理论结合起来,再引进时间因素来考察市场价格和产量的变动状况,也就是用供求原理解释某些生产周期长的商品,尤其是农林产品,在供求不平衡时所发生的价格、产量循环影响和变动的理论,依据这种理论所表现的价格、产量波动的图形,好像蛛网,所以定名为"蛛网理论"(Cobweb Theorem)。

蛛网理论是运用动态均衡分析法来考虑市场均衡的变动过程和稳定条件的理论。运用弹性理论来分析价格波动对产量所产生的周期性影响,以及由此产生的均衡变动问题。该理论的建立需要如下的几个基本假设,通过比较供给弹性和需求弹性的大小,形成三种不同类型的蛛网理论模型。

2.4.3.1 基本假定前提

蛛网理论是建立在以下三项基本假定前提基础上的。

(1)自由市场经济,每个生产者都要接受当前市场的既定价格,即市场信息极不灵通,不能进行价格预期,因而不存在人为的价格干预或产量限制。

(2)所研究的产品,从生产到上市都需要较长的生产周期,即生产规模一旦确定,在生产过程未完成以前,不能中途改变,而且产品不易储存,必须当期销售,因此,市场价格的变动只能影响下一生产周期的产量。

(3)本期价格取决于本期的产量,$P_t=f(Q_t)$;本期的产量取决于上一期的价格,$Q_t=g(P_{t-1})$。

2.4.3.2 蛛网理论的三种模型

在上述三种假定条件下,依照各种商品的供给与需求弹性相互关系的不同情况,本期价格波动对下一生产周期产量的影响,会出现蛛网理论的三种模型。

第一种模型:收敛型蛛网。

供给弹性小于需求弹性,意味着价格变动对供给量的影响小于对需求量的影响。这时,价格和产量的波动会逐渐减弱,使市场价格趋近均衡价格,这称为"收敛型蛛网",如图2-18(a)所示。

假设进行农产品生产。在图中,P_0为均衡价格,Q_0为均衡产量,在第一年,是个丰收年,农产品的产量Q_1,大于均衡产量Q_0,即:$Q_1>Q_0$,市场出现供大于求的情况,生产者为售完全部生产的数量Q_1,不得不将价格降至P_1。由于$P_1<P_0$,在第二年生产者把产量缩减至Q_2,小于市场均衡产量Q_0,此时,市场又出现了供不应求的情况,消费者争相抬价购买,价格升至P_2;由于市场价格P_2高于均衡价格P_0,这样到了第三年,生产者又把产量增至Q_3,大于均衡产量,消费者只愿出低价购买这些产品,供大于求的矛盾不得不再次降价至P_3。

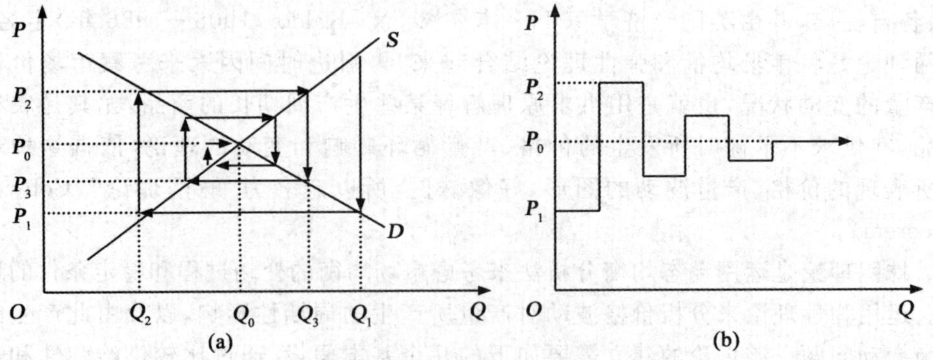

图 2-18　收敛型蛛网模型

如此反复波动的结果，使产量与价格愈来愈接近均衡点。这说明，如果一种商品的供给弹性小于需求弹性，在失衡的情况下，可通过市场自发的调节日趋均衡，这是一种稳定性蛛网。蛛网运行中，价格的这种收敛性也可用时间趋势图来表示，如图 2-18(b)。

第二种模型：发散型蛛网。

供给价格弹性大于需求价格弹性，即：供给曲线比需求曲线更平坦，偏离均衡价格的市场价格的波动对下期供给量变动的影响大，这时价格波动幅度是逐渐扩大，越来越远离均衡点，无法再恢复到均衡。因此，供给弹性大于需求弹性称为蛛网不稳定条件，这种蛛网称为"发散型蛛网"，如图 2-19(a)所示。

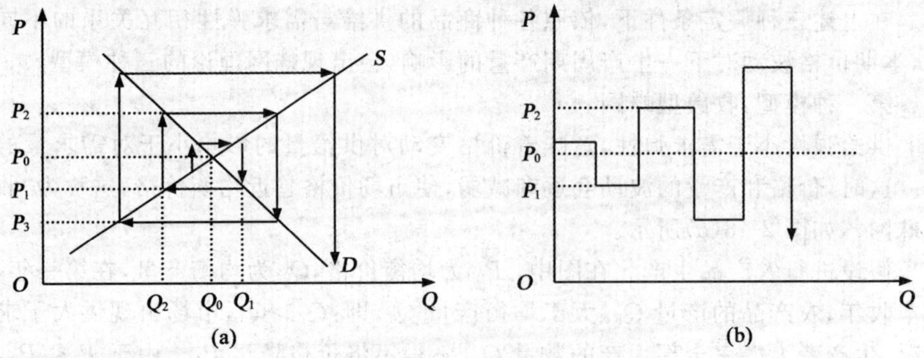

图 2-19　发散型蛛网模型

在图 2-19 中，P_0 为均衡价格，Q_0 为均衡数量。如果第一年产量为 Q_1 时，供大于求，价格下降到 P_1，才能销售完产品。因为 $P_1 < P_0$，第二年调整产量为 Q_2，

供不应求,价格上涨到 P_2。因供给弹性大,产量调整严重的供过于求又将产生,产量和价格的波动越来越大。这种情况下价格与产量的变动过程与前一种情况类似,但方向正好相反。随着偏离均衡的市场价格出现以后,交替出现的需求过剩或供给过剩便愈演愈烈,价格与产量的变动越来越大,离均衡点越来越远,这说明,均衡不可能再恢复,因此,供给弹性大于需求弹性便被称为发散型蛛网。

第三种模型:循环型蛛网

供给弹性等于需求弹性,即:表现为供求两条曲线斜率的绝对值相同,价格波动引起的供给量的扩张和收缩的程度始终不变,始终在同一幅度线上波动,起点的价格与终点的价格在同一点上相交,从而形成一个循环,永远达不到均衡,这称为"封闭型蛛网"或"循环型蛛网"。如图 2-20,供给弹性等于需求弹性被称为"蛛网中立条件"。

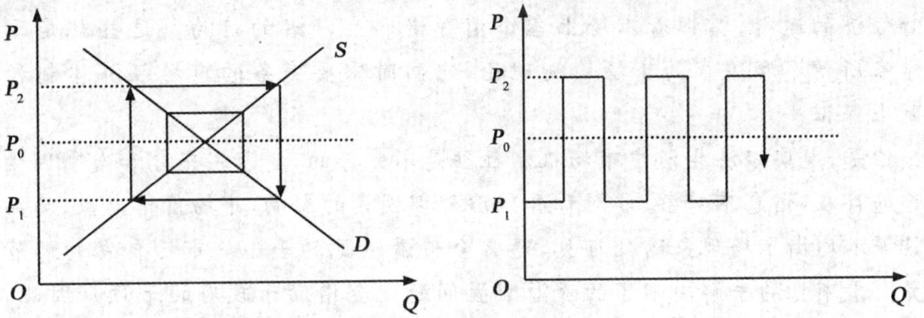

图 2-20　循环型蛛网模型

蛛网理论常被用来分析市场经济中某些产品的价格与产量之间的关系,即分析本期产量决定本期价格,本期价格决定下期产量。

延伸阅读

均衡价格理论是马歇尔经济学的核心和基础,也是供求论与生产费用论、边际费用论的混合体。马歇尔把均衡价格理论当作他的价值论,主要集中在他 1890 年出版的《经济学原理》一书中。由于他把价格当作价值,所以他只能以流通中的供求关系说明价值的形成。因此,他对价值的分析实际上是对价格的分析。他在分析中吸收了生产费用论和边际效用论,用生产费用论说明供给变动的规律,用边际效用论来解释需求变动的规律。马歇尔的均衡价格理论包括三方面的内容:第一,需求价格和需求规律。马歇尔运用边际效用论,说明"需求价格"就是消费者对于一定数量的商品所愿意支付的价格,从而把需求转化为"需求价格",把"边际效用递减规律”转化为“边际需求价格递减规律”，由此得出一个“一般需求规律”：“需求的数量是随着价格的下跌而增加，随着价格的上涨而减少”。第二，供给价格和供给规律。马歇尔运用生产费用论说明“供给价格”是生产者（卖者）对自己提供的一定数量商品所愿意接受的价格。这种供给价格是由“生产的货币成本”（他简称生产费用）决定的。由此得出他的“供给规律”：就是供给与需求相反，价格高则供给多，价格低则供给少。第三，均衡价格的形成。马歇尔是从需求价格和供给价格的关系中，得出他所谓的均衡价格。他说：“当供求均衡时，一个单位时间内所生产的商品量可以叫做均衡产量，它的售价可以叫做均衡价格。”

市场经济中，市场的供求决定商品的价格，价格对经济具有自发的调节作用。市场的供求在不断变动，因而，价格也在不断波动。价格不断地从不均衡到均衡，又从均衡到不均衡，从而又到新的均衡。于是，价格像一只看不见的手指挥着经济的运行，指挥着市场上各个消费者和生产者的行为。这些就是西方经济学家所信奉和追求的市场均衡理论，它同时需要完备的市场经济体制和运行机制来保证。

但是，现实经济生活中市场机制往往是不完善的，竞争不充分和垄断因素大量的普遍存在，信息不完备、非对称和经济外部因素的影响，市场价格离散、商品不能清销等不均衡市场现象随处可见，通常会使看不见的手——市场自发的调节作用失灵。看不见的手解决不了的资源配置问题就会借助于政府的干预。因此，纯粹的市场经济在现实中也是少见的，政府经常会实施一些政策影响商品价格、需求和供给，这些影响又会通过市场机制的自发调节作用进一步影响消费者和生产者的行为。

案例1.政府的支持价格政策与限制价格政策

（1）支持价格政策。是指政府为了扶持某一行业的生产而规定的高于该产品市场均衡价格的最低价格，这个最低价格比其市场均衡价格要高。例如，政府为了扶持农业，提高农民的收入，对农产品实行支持价格政策。由于实行支持价格政策，根据需求定理和供给定理，当价格较高时，供给量较大，而需求量较小，因而出现供过于求、商品过剩的现象。为了维持这一支持价格，政府就要有计划地收购这些过剩的农产品。政府可将这些收购的农产品用于储备、出口、援外或者销毁。

（2）限制价格政策。是指政府为了防止某些生活必需品的物价上涨而规定的低于这些物品市场均衡价格的最高价格，限制价格也就是冻结物价，这个最高价格比该商品的市场均衡价格要低。由于实行限制价格政策，使得商品的市场价格低于该商品的均衡价格。根据需求定理和供给定理，当价格较低时，供给量较小，而需求量较大，因而出现供不应求、商品短缺的现象。如果要维持这种限制价格，市场上就会出现因这种物品供不应求而导致消费者抢购的现象。因此，为了维持这种限制价格，政府通常会采取配给制，以避免出现抢购现象。另外，由于市场上的供不应求，还会出现黑市交易，而黑市价格不仅高于限制价格，而且还高于该商品的均衡价格。

案例2.政府税收和补贴政策对市场均衡的影响

当政府针对某一商品对消费者或生产者征税时，会导致商品的需求变动或供给变动，从而导致商品的均衡价格和均衡数量的变动。

(1)政府对某一特殊的或高档消费品(电视机、私人汽车等)征收消费税。一般地，消费税是由消费者承担，因此，在原来的价格上征收消费税，会使需求减少。根据供求定理，需求减少使均衡价格下降、均衡数量减少。均衡价格的下降意味着当政府向消费者征收消费税时，生产者也承担了一部分消费税。

(2)政府对某一产品向生产者或销售者征税。生产或销售会使生产成本提高，产品与原来的价格相比，征税必然使供给减少，均衡价格上升，均衡数量减少。均衡价格的上升意味着当政府向销售者征税时，消费者也承担了一部分税负。

(3)如果政府对生产某一种商品的生产者给予津贴，也可将津贴视为一种负税。这对商品意味着成本降低，因而，津贴的发放会使供给增加，均衡价格下降，均衡数量增加。均衡价格的下降、均衡数量的增加意味着当政府给予生产这种商品的生产者津贴时，消费者也享受了津贴带来的好处。

案例3.房地产市场是典型的非均衡市场

特殊的市场性质和独特的商品属性决定了房地产价格的变化既要受供求关系的影响，又不能单纯地依靠供求关系，还必须通过政府相关的政策加以引导，调控房地产的供应数量与供应结构，引导经济预期。纵观供需两方面，在影响房地产价格变化的因素中，成本价格是价格变化的基础，消费者的购买能力与购买欲望是决定因素，而国家的政策具有双重影响，且影响房地产发展的全过程。房地产的价格是在市场机制、预期机制和政府的政策引导机制的共同作用下发生变化的。

总之，上述案例表述了价格政策的运用，这些都是政府以干预的方式直接影响商品本身的价格，使商品价格脱离市场均衡状态，它们的实行和对市场的影响分析都是建立在均衡价格理论基础之上的。但是，由于市场非均衡状态的经常存在，甚至存在经济中违反供求定律的情形，马歇尔的均衡价格理论虽然指出了资本主义市场经济中的一些现象问题，然而其本质是不科学的。马歇尔用“价格”偷换“价值”的概念、否定劳动创造价值，其错误是十分明显的。

概念与习题

1. 解释如下概念：需求弹性；供给价格弹性；弹性取值的大小与分类。
2. 需求价格弹性与需求曲线的斜率有何区别与联系？
3. 怎样理解“薄利多销”与“谷贱伤农”这两句话？
4. 什么是支持价格和限制价格？
5. 影响需求弹性的因素有哪些？
6. 蛛网理论的假设前提和类型条件是什么？

3 效用论

人类所能生产和消费的只是效用，而不是物质本身。

——阿尔弗雷德·马歇尔

上一章我们介绍了需求曲线和供给曲线的基本特征，但并没有说明形成这些特征的原因是什么。本章以及接下来的几章我们将进一步介绍消费者、生产者依据什么原则做出他们的选择，也就是具体考察一下需求曲线和供给曲线是如何形成的。

本章的效用论，也就是消费者行为理论可以分为以下两大类分析方法：

(1)确定性分析。其中包括基数效用理论(cardinal utility theory)，也称边际效用分析法(marginal utility approach)；序数效用理论(ordinal utility theory)，也称无差异曲线分析法(indifference curves approach)；显示偏好理论(revealed preference theory)。

(2)不确定性分析。风险情况下的消费选择(本章略去)。本章主要考察基数效用理论与序数效用理论，研究隐藏在需求背后的规律。

3.1 效用与偏好

3.1.1 效用的含义

效用(utility)是人们通过消费某种商品或劳务所得到的满足程度。一种产品，只有当人们对它有现实需要的欲望，而它同时又具有能满足人们某种欲望的能力时才能产生效用。效用是消费者个人的主观评价，是一种主观的心里感觉。因此，一种商品效用的大小，因人、因时、因地而异。例如，香烟对吸烟者和不吸烟者的效用就不同；一杯水对沙漠中的旅行者和江河边上的居住者而言效用也不一样。

效用就是消费者从商品消费中所获得的满足，是消费者对商品主观上的偏好和评价，它既是人们的一种心理活动现象，也包括生理活动的满足。这种满足是消费者对外在的东西的主观反映、评价和感觉。根据马斯洛(Abraham H. Maslow)的需求层次论，他把人的需求分成生理需求、安全需求、社交需求、尊重需求和自我实现需求五类,依次由较低层次到较高层次。可见,人们的主观满足程度也应该是分层次结构和因人而异的,有时是复杂的和包含不确定性的。美国经济学家萨缪尔森提出了一个幸福方程式:幸福=效用/欲望。这表明,效用的概念与个人和社会的经济福利是密切相关的,人们的幸福水平往往与人们获取的效用成正比,而与人们的欲望成反比。在现实生活中,欲望(wants)反映个人的意愿与偏好,更多地受主观控制;效用在某种程度上更多地受到市场因素影响,如果是表现在市场上,他肯定要受个人购买力的限制。因此,理性的消费者常会表现出更多的幸福感。

3.1.2 基数效用与序数效用

西方经济学家分析消费者行为有两种不同的方法:

(1)基数效用分析法,即边际效用分析法。基数效用分析法认为,一种产品对一个人的效用可以用基数(如 1,2,3,…)来衡量,并且每个人都能说出这种产品对自己的效用大小。当一个人消费一定量某种物品时,或消费一定量不同物品时,他可以计量并加总他所获得的效用量。例如,对某个人来说,吃一个面包和看一场电影的效用分别为 5 效用单位和 10 效用单位,则可以说这两种消费的效用之和为 15 效用单位,且后种属于劳务(service)消费的效用是前种物品消费效用的 2 倍。

(2)序数效用分析法,即无差异曲线分析法。序数效用分析法认为,效用是一个有点类似于香、臭、美、丑那样的概念,其大小是无法衡量的,效用之间的比较只能通过序数(如第一,第二,第三,……)来表示顺序或等级。仍就上面的例子来说,消费者要回答的是偏好哪一种消费,即哪一种消费的效用是第一,哪一种消费的效用是第二。或者说,是吃一个面包,还是宁愿看一场电影。进一步地,序数效用论者还认为,就分析消费者行为而言,以序数来衡量效用的假定比基数来衡量效用的假定所受到的限制要少,它可以减少一些被认为是值得怀疑的心理假设。

在现代微观经济学里,通常使用的是序数效用的概念,但在某些研究方面,如风险情况下的消费者行为的分析等,有时还在继续使用基数效用的概念。

3.1.3 边际效用分析法

3.1.3.1 总效用与边际效用

总效用(total utility)是指消费者在一定时间内消费某种商品或劳务所得到的效用总量。假定消费者对一种商品的消费数量为 Q,则总效用函数为:$TU=f(Q)$。

边际效用 MU(marginal utility)是指消费者在一定时间内增加一单位商品的消费所增加的效用量。

$$MU = \Delta TU / \Delta Q$$

当商品的增加量趋于无穷小，即 $\Delta Q \to 0$ 时有：$MU = \mathrm{d}TU/\mathrm{d}Q$

3.1.3.2 边际效用递减规律

现举例说明总效用和边际效用以及两者之间的关系。假如一个人在一定时间内吃包子，吃包子的个数以及对他所产生的总效用和边际效用如表 3-1 所示。

表 3-1 总效用和边际效用

消费品数量	总效用	边际效用
1	10	10
2	18	8
3	24	6
4	28	4
5	30	2
6	30	0
7	28	−2

从表 3-1 中可以看出：开始，该消费者十分饥饿，吃第一个包子给他带来的满足程度即效用是很大的，为 10 个效用单位。但随着这个人所吃包子数量的连续增加，虽然总效用是不断增加的，但每一个包子给他带来的效用增量却是递减的。当他吃完第 6 个包子的时候，已经完全吃饱，此时包子的总效用达到最大，为 30 效用单位，而边际效用却为零。如果他还继续吃包子，当吃到第 7 个包子时，就会感到不适，此时包子的边际效用会进一步降为负值，即最后一个包子产生了负效用，总效用也开始下降。

随着吃包子个数的增加总效用在增加，但是总效用增加的幅度却随着个数的增加而不断减少，这是因为每个包子产生的效用不同的缘故，即边际效用是递减的。这种现象在西方经济学中被称为“边际效用递减规律”，又叫戈森(Gossen)第一法则，它是指：在一定时间内，在其他商品的消费数量不变的条件下，随着对某种商品消费量的增加，消费者从该商品连续增加的每一消费单位中所得到的总效用增量即边际效用是递减的。

造成边际效用递减现象的原因有两种因素。一种是来自人们的欲望本身，人们的欲望是多种多样的，当消费某种商品时，其欲望获得部分满足，因而对这种商品的欲望降低。同时，对其他商品的需求欲望则会感到更为强烈。第二种因素来自商品本身的用途。每种商品都有多种多样的用途。当某种商品数量很少时，人们会根据自己的判断把它用于最需要、满足程度最大的地方，如果数量增加，人们就会用于满足程度较小的其他用途。这可以解释为什么沙漠中行走的人决不会用水洗澡，而在水源充足的地方，不仅可以用于洗澡，还可以用于洗衣、冲地板等。这样就形成了边际效用递减的现象。

根据表 3-1，可以做出总效用和边际效用图，如图 3-1 所示。

从图 3-1 中可看出总效用曲线和边际效用曲线有以下关系。

(1)边际效用曲线 MU 是向右下方倾斜的，它反映了边际效用递减规律，相应地，由于边际效用是总效用曲线 TU 上每一点的斜率，所以 TU 曲线是以递减的速率先上升后下降的。

(2)当边际效用大于零时，总效用曲线呈上升趋势；当边际效用为零时，总效用曲线达到最高点；当边际效用小于零时，总效用曲线呈下降趋势。

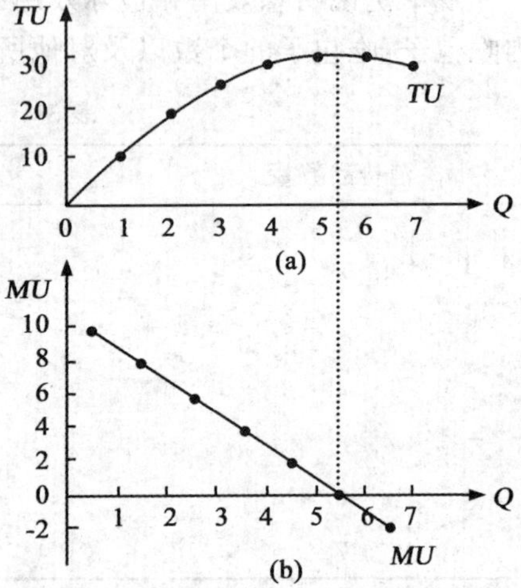

图 3-1　某商品的效用曲线

当代西方经济学家还认为，不仅商品的边际效用是递减的，货币收入的边际效用也是递减的。对于一个月收入 400 元的人来说，增加最后一单位货币带给他的边际效用肯定大于月收入已有 1 000 元的人的同类情况。正因为如此，很多国家通过累进所得税实行收入再分配，对富人随其收入增多而递增税率，以缩小收入差距。消费者付出的代价，一般以货币表示，考虑到每次购买所用货币数量不大，其边际效用变化甚微，可以忽略不计，因此一般假定货币的边际效用不变。

3.1.4　无差异曲线分析法

3.1.4.1　关于消费者偏好的假定

序数效用论认为，商品的效用是不能用基数计量的，效用也未必递减。但消费者可以用序数说出偏好的次序和效用水平。序数效用论者指出：消费者对于各种不同的商品组合的偏好(即爱好)程度是有差别的，这种偏好程度的差别决定了不同商品组合的效用的大小顺序。具体地讲，对于 A、B 两个商品组合，若消费者对 A 组合的偏好程度大于 B 组合的偏好程度，则可以说 A 组合的效用水平大于 B 组合的效用水平，或者说 A 组合给消费者带来的满足程度大于 B 组合。

序数效用理论中，偏好公理被认为是可以检验消费者行为的理论。包括：

(1)完备性公理。指消费者对于某些商品所有可能的组合能够按照他的偏好程序大小，有顺序地排列出完整的、可供选择的商品组合。即对于任意两种商品组合 A 和 B，消费者总是可以做出，而且也仅仅只能做出以下三种判断中的一种：对 A 的偏好大于对 B 的偏好，对 A 的偏好小于对 B 的偏好，对 A 和 B 具有相同的偏好。对 A 和 B 具有相同的偏好，也被称为 A 和 B 是无差异的。

(2)传递性公理。指消费者能够以一种无矛盾的方式在各种可供选择的商品组合中做出选择。设有三种可供选择的商品组合 A、B 和 C。如果他对 A 的偏好大于 B，对 B 的偏好大于 C，那么，他对 A 的偏好必定大于 C；或者，如果他对 A 和 B、B 和 C 的偏好无差异，那么，他对 A 和 C 的偏好也必定无差异。亦即是：若 $A \geqslant B$，$B \geqslant C$，则一定 $A \geqslant C$。否则该消费者的行为就是非理性的选择行为。

(3)不饱和公理。消费者对所有的物品总是喜欢多一点比少一点好。即消费者对所包含的数量较多的商品组合的偏好永远大于对数量较少的商品组合的偏好。这意味着，消费者的欲望永远得不到完全的满足。

(4)选择性公理，消费者在购买或消费行为中总是力图使其偏好达到最大和最佳状态。即消费者以达到最偏好的状态（效用最大化）为目的。这里，经济学家所说的“个人使效用最大化”，其含义仅指人们不会把任何一种其他可得的商品组合排列在他们所选定的那种组合之上。

(5)连续性公理。指存在着一条由一组点形成的边界，这条边界在商品空间中把那些消费者偏好的商品组合同不偏好的商品组合划分开来，这条边界线即一条无差异曲线，这个公理证明无差异曲线是一条曲线，而不会是“模糊不清”的一堆。

(6)偏好的凸性公理。它假定无差异曲线凸向原点，即商品向量 x 与商品向量 y 的加权组合商品向量应该处于消费者的更高的无差异曲线上。

3.1.4.2 无差异曲线及其特点

无差异曲线(the indifference curve)是用来表示消费者偏好相同的两种商品的不同数量的各种组合，或者说，它是表示能给消费者带来同等效用水平或满足程度的两种商品的不同数量的各种组合。与无差异曲线相对应的效用函数为

$$U = f(x_1, x_2)$$

式中：x_1 和 x_2 分别为商品 1 和商品 2 的数量；U 为常数，表示某个效用水平。由于无差异曲线表示的是序数效用，所以，这里的 U 只需表示某一个水平，而不在乎其数值的大小，有的西方学者称这种效用水平为效用函数。

无差异曲线可以用表 3-2 和图 3-2 来说明。

表 3-2 某消费者的无差异表

商品组合	表 a		表 b		表 c	
	x_1	x_2	x_1	x_2	x_1	x_2
A	20	100	30	120	50	120
B	30	60	40	80	55	90
C	40	45	50	63	60	83
D	50	35	60	50	70	70
E	60	30	70	44	80	60
F	70	27	80	40	90	54

表 3-2 是由于商品 1 和商品 2 的一系列组合所构成的无差异表。该表由三个子表即表 a、表 b 和表 c 组成，每一张子表中有商品 1 和商品 2 的不同数量的六种组合。每一张子表中的六种商品组合给消费者所带来的效用被假设为是相等的。以其中的表 a 为例：表 a 中有商品 1 和商品 2 的 A、B、C、D、E 和 F 六种组合，A 组合中有 20 单位的商品 1 和 130 单位的商品 2，B 组合中有 30 单位的商品 1 和 60 单位的商品 2，等等。消费者对于这六种消费组合的偏好程度是无差异的，他认为这六种组合各自给他所带来的满足程度是相同的。同样道理，消费者对表 b 中的六种组合的偏好程度也是无差异的，表 c 中的六种组合给消费者带来的满足程度也是相同的。

需要注意的是，尽管表 a、表 b 和表 c 各自代表一定的效用水平，但是，它们之间的效用水平是不同的。根据消费者偏好的第三个假设，稍加分析，就不难发现，表 a 所代表的效用水平低于表 b 又低于表 c。当然，消费者的偏好的程度是无限多的，因此，他有无穷多个无差异子表。表 3-2 表示的不过是其中的三个。

根据表 3-2 绘制的无差异图如图 3-2 所示。既然消费者具有无穷多个无差异子表，那么，根据无差异表而做出的无差异曲线也有无数条，图 3-2 表示的不过是其中的三条。图中的横轴表示商品 1 的数量 x_1，纵轴表示商品 2 的数量 x_2，I_1、I_2 和 I_3 分别代表与表 a、表 b 和表 c 相对应的无差异曲线。图中的无差异曲线是这样得到的：以无差异曲线 I_1 为例，假定商品数量可以无限细分，首先，坐标图上描出表 a 中的 A、B、C、D、E 和 F 六个组合点，然后用曲线将这六个点连接起来，便形成了光滑的无差异曲线 I_1。类似地，根据表 b 和表 c，可以分别做出无差异曲线 I_2 和 I_3。

图 3-2 中的每一条无差异曲线的任何一点，如无差异曲线 I_1 上的 A、B、C、D、E 和 F 点所代表的商品组合给消费者带来的效用水平都是相等的。显然，无差异

曲线是消费者偏好相同的两种商品的不同组合的轨迹。每一条无差异曲线代表一个效用水平，不同的无差异曲线代表不同的效用水平。在图 3-2 中，三条无差异曲线各自代表的效用水平是不相同的，其中，无差异曲线 I_3 代表的效用水平大于无差异曲线 I_2，无差异曲线 I_2 代表的效用水平大于无差异曲线 I_1。

无差异曲线被认为具有以下的特点：

第一，由于通常假定效用函数具有连续性，于是，在同一坐标平面上的任何两条无差异曲线之间，存在着无数条无差异曲线。或者说，可以有无数条无差异曲线覆盖整个坐标平面图。离原点越近的无差异曲线代表的效用水平越低，离原点越远的无差异曲线代表的效用水平越高。如在图 3-2 中，离原点最近的无差异曲线 I_1 代表的效用水平最低，离原点最远的无差异曲线 I_3 代表的效用水平最高，无差异曲线 I_2 代表的效用水平居中。

第二，在同一坐标平面上的任意两条无差异曲线不会相交。这可以用图 3-3 来说明。在图中，两条无差异曲线 I_1 和 I_2 违反偏好的第一个假设。所以，图 3-3 中两条无差异曲线相交的画法是错误的。

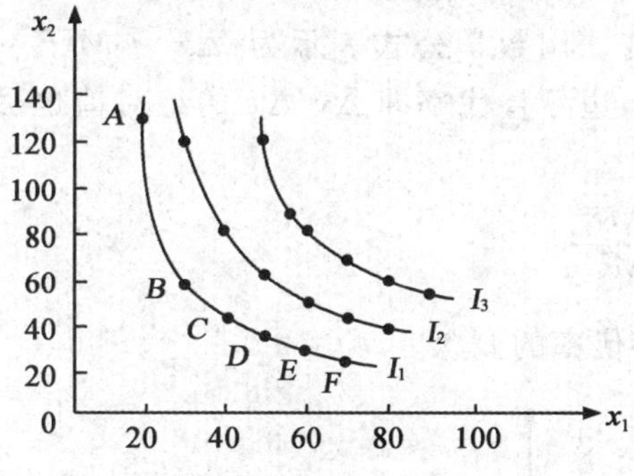

图 3-2　某消费者的无差异曲线

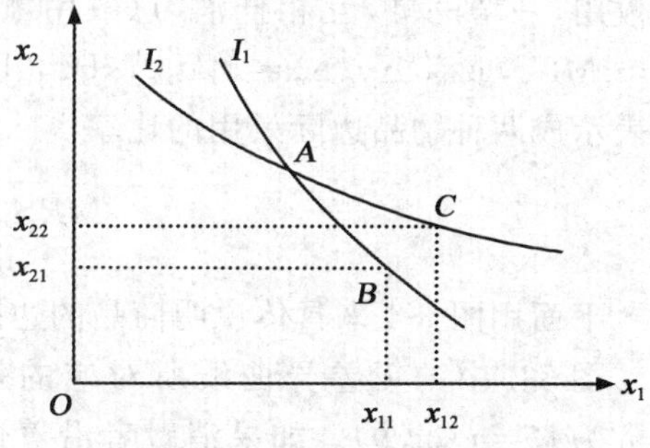

图 3-3　违反偏好假定的无差异曲线

第三，无差异曲线是凸向原点的。从图 3-2 可见，无差异曲线不仅是向右下方倾斜的，即无差异曲线的斜率是负值，而且，无差异曲线是凸向原点的，即随着商品 1 的数量的连续增加，无差异曲线的斜率的绝对值是递减的。无差异曲线的这一特点由商品的边际替代率递减规律所决定的。关于这一点，将在下面作详细的说明。

3.1.4.3　商品的边际替代率

现在我们想象一下，当一个消费者沿着一条既定的无差异曲线上下滑动时，两种商品数量的组合会发生变化，但消费者所得到的效用水平却是不变的。也可以反过来说，消费者若要维持效用水平不变，则在增加一种商品的消费量的同时，必然会减少另一种商品的消费量。由此可以得到商品的边际替代率的概念。边际替代率（the marginal rate of substitution）是指为了保持同等的效用水平或满足程度，消费者增加一单位某种商品的消费时所必须放弃的另一种商品的消费数量。以 MRS 代表商品的边际替代率，则商品 x 对商品 y 的边际替代率的公式为

$$MRS_{xy}=-\frac{\Delta y}{\Delta x}$$

式中，Δx 和 Δy 分别为商品 x 和商品 y 的变化量。由于 Δx 和 Δy 的符号是相反的，为了使商品的边际替代率取正值以便于比较，所以，在公式中加了一个负号。

那么，消费者增加一单位 x 商品的消费而相应地减少 y 商品的消费数量是如何确定的呢？由于无差异曲线存在的前提是总效用不变，因此，x 增加所增加的效用必须等于 y 减少所减少的效用，否则，总效用就会改变。如苹果增加 2 单位，香蕉减少 1 单位，效用水平不变。这就说明 1 单位香蕉的效用正好等于 2 单位苹果的效用，一增一减，互相抵消，总效用才不变。用数学公式表示为：$\Delta x \cdot MU_x = \Delta y \cdot MU_y$，或者 $\Delta y/\Delta x = MU_x/MU_y$。因此，边际替代率即 $\Delta y/\Delta x$ 的绝对值也可以表示成两种物品边际效用的比率。

$$MRS_{xy}=\frac{MU_x}{MU_y}$$

下面用图 3-4 来具体说明商品的边际替代率的概念。

图 3-4 中的无差异曲线所对应的效用函数为 $U=f(x,y)$。如果消费者沿着这条无差异曲线由 A 点运动到 B 点，由于效用水平不发生变化，当商品 x 的数量由 x' 增加到 x'' 时，商品 y 的数量会相应由 y' 减少为 y''。或者说，消费者愿意放弃 $y'y''$，即 Δy 数量的商品 y，以取得 $x'x''$ 即 Δx 数量的商品 x。在这种情况下，两种商品的变化量之比的绝对值即 $-\Delta y/\Delta x$，便是由 A 点到 B 点的商品 x 对商品 y 的边际替代率。

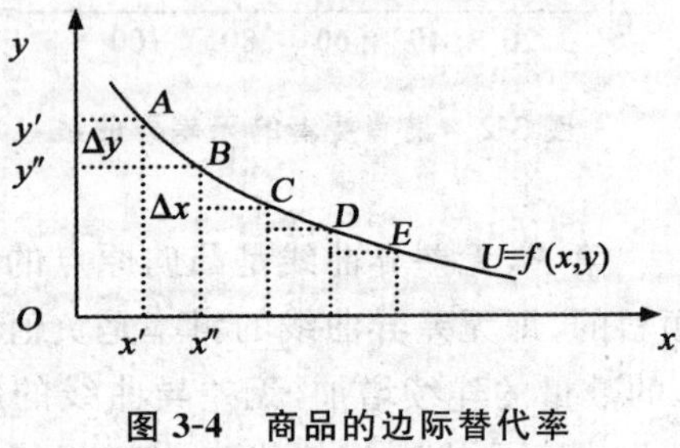

图 3-4　商品的边际替代率

边际替代率，实际上又是无差异曲线的斜率。假定商品数量的变化量趋于无穷小，即 $\Delta x \to 0$ 时，则 Δy 亦相应趋于一个无穷小的值，于是，$\Delta y/\Delta x$ 趋近于一个极限值，即 $dy/dx=\lim\limits_{\Delta x \to 0}\Delta y/\Delta x$，而 dy/dx 这个导数值正是无差异曲线上任一点的

斜率。因此,求无差异曲线上任一点的边际替代率,只要过该点作切线,这条切线的斜率 dy/dx 就是该点的边际替代率。正因为如此,无差异曲线的斜率也是负值。上述关系归结起来就是:

$$MRS_{xy}=\frac{dy}{dx}=\frac{MU_x}{MU_y}$$

序数效用论者在分析消费者行为时提出了商品的边际替代率递减规律的假定。商品的边际替代率递减规律是指:在维持效用水平不变的前提下,随着一种商品消费数量的连续增加,消费者为得到每一单位的这种商品所需要放弃的另一种商品的数量是递减的。

商品的边际替代率递减规律的原因在于:当一种商品不断增多时,该商品对消费者产生满足程度即效用就降低。而被替代的另一种商品所产生的效用就升高,消费者必须不断更多地增加某一种商品的数量,才能弥补因另一种商品减少而放弃的效用。从图 3-2 中可以看出:当消费者处于商品 1 的数量较少和商品 2 的数量较多的 A 点时,消费者会由于拥有较少数量的商品 1 而对每一单位的商品 1 较为偏好,同时,会由于拥有较多数量的商品 2 而对每一单位的商品 2 偏好程度较低。于是,每一单位的商品 1 所能替代的商品 2 的数量是比较多的,即商品的边际替代率较大。但是,在消费者由 A 点向 E 点运动的过程中,消费者拥有商品 1 的数量越来越多,商品 1 的效用也就相应地越来越低;与此同时,随着消费者拥有商品 2 的数量的减少,消费者对商品 2 的偏好程度会不断增加。这样,每一单位的商品 1 所能替代的商品 2 便越来越少。也就是说,商品的边际替代率是递减的。

从几何意义上讲,商品的边际替代率递减表示无差异曲线的斜率的绝对值是递减的。所以,商品的边际替代率递减规律决定了无差异曲线凸向原点。

这里需要指出的是,上述情况只是就一般规律而言。在某些情况下,商品的边际替代率未必都是递减的,无差异曲线也不一定都凸向原点。实际上,无差异曲线的形状取决于消费者所购买的两种商品之间的关系和性质。如果对于消费者来说两种商品是完全替代性质的,那么,相应的无差异曲线为一条斜率不变的直线,商品的边际替代率 MRS 为一常数。

例如,可口可乐和百事可乐,这两种商品对消费者完全一样,因此,在无差异曲线图 3-5(a)中,不论在 A 点、B 点或 C 点组合上,其替代性质不变,即边际替代率不变,均等于两种商品的替代数量比例。如果对于消费者来说两种商品是完全互补性质的,那么,相应的无差异曲线呈直角形状,与横轴平行的无差异曲线部分的

商品的边际替代率 $MRS=0$，与纵轴平行的无差异曲线部分的商品的边际替代率 $MRS\to\infty$。例如，总是要按一副眼镜架和两片眼镜片的比例配合在一起，眼镜才能被使用。这种情况下的无差异曲线如图 3-5(b)所示。

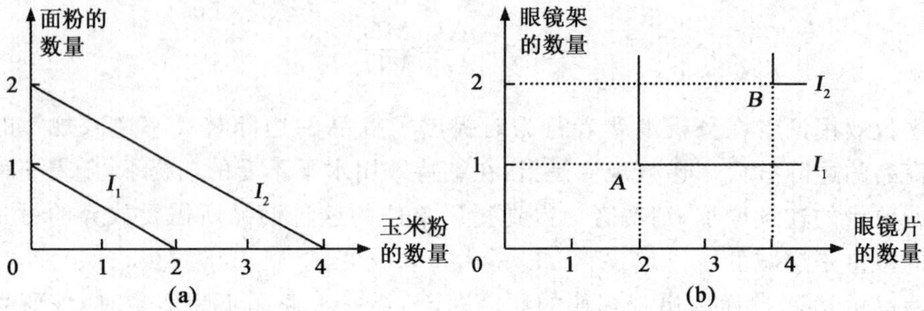

图 3-5　完全替代品和完全互补品的无差异曲线

3.1.4.4　预算线及其变动

上面我们只是抽象地说明，消费者对于两种物品可能有各种选择。在现实生活中，对某一消费者来说，在一定时期的收入水平和他所面对的两种商品的价格都是一定的，他不可能超越这一现实而任意提高自己的消费水平，也就是说，他的购买受到收入和价格的制约。因此，序数效用论者在分析消费者行为时又建立了消费者的预算线。

预算线(budget line)又称预算约束线、消费可能线或价格线。预算线表示在消费者收入和商品价格既定的条件下，消费者全部收入所能购买到的商品不同数量的各种组合。

假定某消费者面临衣服和食品两种商品的选择。该消费者每周的收入为 80 元，衣服的价格为每件 4 元，食品的价格为每千克 2 元，在购买过程中衣服和食品的价格均不变，同时消费者不储蓄，将其收入全部用完。这时消费者唯一的决定便是用 80 元购买多少衣服和食品。如果全部收入都用来购买衣服可得 20 件；如果全部收入都用来购买食品可得 40 千克。消费者最多的可能是购买部分衣服、部分食品，比如 5 件衣服和 30 千克食品。消费者的所有可能选择可用图 3-6 表示。

图 3-6 中 AB 线就是该消费者的预算线。X_1 表示衣服，X_2 表示食物。当然，为说明上的方便，假定衣服和食品都可以细分。预算线 AB 把平面坐标图划分为三个区域：预算线 AB 以外的区域中的任何一点，如 C 点，是消费者利用其全部收入所不可能实现的商品购买的组合点。预算线 AB 以内的区域中的任何一点，如 D 点，表示消费者的全部收入在购买该点的商品组合以后还有剩余。唯有预算线

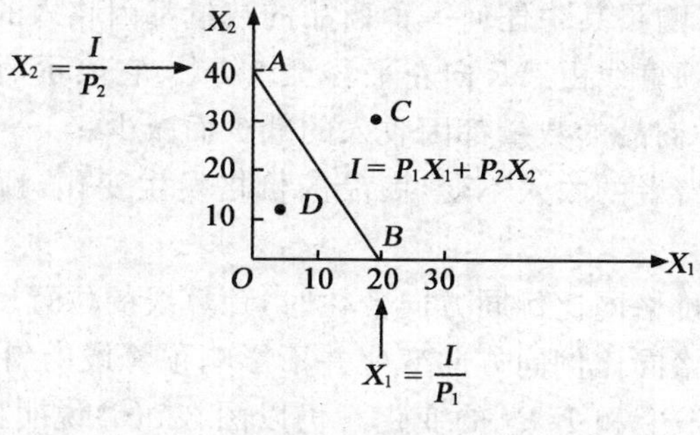

图 3-6　预算线

AB 上的任何一点，才是消费者的全部收入刚好花完所能购买到的商品组合点。

预算线可以用直线型方程表示。如果以 I 表示消费者的既定收入，以 P_1 和 P_2 分别表示商品 1 和商品 2 的价格，以 X_1 和 X_2 分别表示商品 1 和商品 2 的数量，那么，预算线的方程为

$$I=P_1X_1+P_2X_2$$

该式表示：消费者的全部收入等于他购买商品 1 的支出与购买商品 2 的支出的总和。将预算线的方程也可改写为

$$X_2=-\frac{P_1}{P_2}X_1+\frac{I}{P_2}$$

从上式可以看出，预算线的斜率可以表示为横坐标代表的商品的价格同纵坐标代表的商品的价格之比，负号表示斜率为负值，即 $-P_1/P_2$。预算线的截距是消费者总收入同坐标轴代表的商品的价格之比。I/P_2 为预算线在纵轴的截距，表示消费者的收入全部购买商品 2 所得到的数量；同样，I/P_1 为预算线在横轴的截距，表示消费者的收入全部购买商品 1 所得到的数量。既然，预算线表示在一定的收入 I 的限制下，当两种商品的价格 P_1 和 P_2 为已知时，消费者可以购买到的商品的不同数量的各种组合。所以，消费者的收入 I 发生变化或者商品的价格 P_1、P_2 发生变化，便会引起预算线的变动。预算线的变动可以归纳为以下三种情况：

第一种情况：商品的价格不变，消费者的收入发生变化，预算线的位置会发生平移。这是因为，商品的价格不变，则预算线的斜率 $-P_1/P_2$ 不变。于是，收入的变化只能引起预算线的截距 I/P_1 和 I/P_2 的变化。如图 3-7(a)所示：假定原有的预算线为 AB，若消费者收入增加，则使预算线由 AB 向右平移至 $A'B'$。它表示消

费者的全部收入用来购买其中任何一种商品的数量都因收入的增加而增加。若消费者收入减少，则使预算线由 AB 向左平移至 $A''B''$。它表示消费者的全部收入用来购买其中任何一种商品的数量都因收入的减少而减少。

第二种情况：消费者的收入不变，商品的价格发生变化，预算线的变动情况分为以下两种：

(1)两种商品的价格同比例同方向变化时，预算线的位置也会发生平移。这是因为，两种商品的价格同比例同方向变化并不影响预算线的斜率 $-P_1/P_2$，而只能引起预算线的截距 I/P_1 和 I/P_2 的变化。仍以图 3-7(a)说明：若两种商品的价格同比例下降，则使预算线由 AB 向右平移至 $A'B'$；若两种商品的价格同比例上升，则使预算线由 AB 向左平移至 $A''B''$。前者表示消费者的全部收入用来购买其中任何一种商品的数量都同比例于价格的下降而增加，后者则都同比例于价格的上升而减少。

(2)一种商品的价格不变，另一种商品的价格发生变化。这时，不仅预算线的斜率 $-P_1/P_2$ 会发生变化，而且预算线的截距 I/P_1 或 I/P_2 也会发生变化。以图 3-7(b)来说明：假定原有的预算线为 AB，若商品 1 的价格 P_1 下降，则预算线由 AB 移至 AB'。它表示消费者的全部收入用来购买商品 1 的数量因 P_1 的下降而增加了，但全部收入用来购买商品 2 的数量并未受到影响。同样道理，相反，若商品 1 的价格 P_1 上升，则预算线由 AB 移至 AB''。

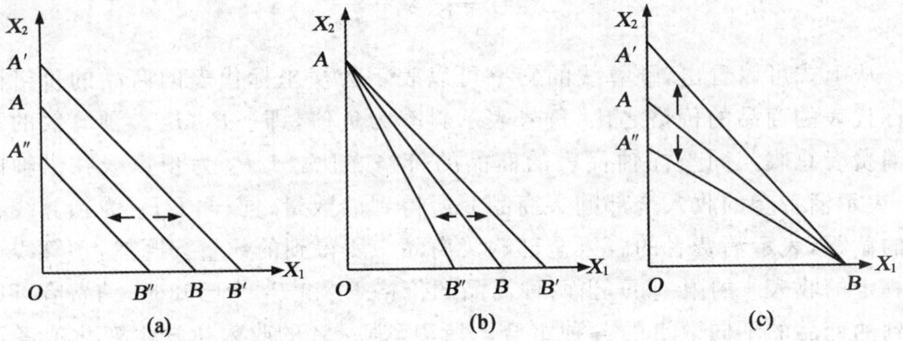

图 3-7　预算线的变动

类似地，在图 3-7(c)中，商品 2 的价格 P_2 的上升与下降，分别使得预算线由 AB 移至 $A'B$ 和 $A''B$。

由此可以得到下述结论：假如其他条件不变，商品 1 的价格下降将导致预算线绕着它与纵轴的交点向外转动；反之则向内转动。同理，假如其他条件不变，商品 2 的价格下降将导致预算线绕着它与横轴的交点向外转动；反之则向内转动。

第三种情况：消费者的收入和两种商品的价格都同比例同方向变化，预算线不发生变化。这是因为，此时预算线的斜率 $-P_1/P_2$ 不发生变化，预算线的截距 I/P_1 或 I/P_2 也不会发生变化。这说明消费者的全部收入用来购买其中任何一种商品的数量都是不变的。

3.2 消费者均衡的选择

3.2.1 消费者均衡的含义

西方经济学研究消费者行为时，假定消费者在对商品进行有效选择过程中，一定会将其有限的收入换取尽可能多的满足。所谓"消费者均衡"，就是研究单个消费者如何把有限的货币收入分配在各种商品的购买中以获得最大的效用。也可以说，它是研究单个消费者在既定收入下实现效用最大化的均衡条件。这里的均衡是指消费者实现最大效用时既不想增加、也不想减少任何商品购买数量的这么一种相对静止的状态。

那么，如何实现消费者均衡呢？下面我们分别用基数效用论和序数效用论来分析消费者均衡实现的条件。

3.2.2 边际效用分析消费者均衡

基数效用论者用边际效用分析法分析消费者均衡。他们认为，假定消费者对各种不同商品的偏好不变，消费者的货币收入是固定的，市场上各种商品的价格也是已知的，那么，消费者实现效用最大化的均衡条件是：只有当消费者所购买的任何一种商品的边际效用与其价格之比都相等的时候，才能实现消费者均衡。或者说，消费者使自己花费在各种商品购买上的最后一元钱所带来的边际效用相等时，就实现了效用最大化。上述均衡条件也叫边际效用均等法则，或戈森第二法则，又叫效用最大化法则(the law of maximizing utility)。

假定：消费者用既定的收入 I 购买 n 种商品，$P_1, P_2, \cdots, P_n$ 分别为 n 种商品的既定的价格，λ 为不变的货币的边际效用。以 $x_1, x_2, \cdots, x_n$ 分别表示 n 种商品的数量，$MU_1, MU_2, \cdots, MU_n$ 分别表示 n 种商品的边际效用，则上述的消费者效用最大化的均衡条件可以用公式表示为

$$P_1x_1 + P_2x_2 + \cdots + P_nx_n = I \tag{3-1}$$

$$\frac{MU_1}{P_1}=\frac{MU_2}{P_2}=\cdots=\frac{MU_n}{P_n}=\lambda \tag{3-2}$$

其中,式(3-1)是限制条件,式(3-2)是在限制条件下消费者实现效用最大化的均衡条件。

下面以消费者购买两种商品为例,具体说明消费者效用最大化的均衡条件。

与式(3-1)和式(3-2)相对应,在购买两种商品情况下的消费者效用最大化的均衡条件为:

$$P_1x_1+P_2x_2=I \tag{3-3}$$

$$\frac{MU_1}{P_1}=\frac{MU_2}{P_2}=\lambda \tag{3-4}$$

上面式(3-4)按照效用最大化条件也可写成:

$$\frac{MU_1}{MU_2}=\frac{P_1}{P_2}$$

为什么说只有当消费者实现了$\frac{MU_1}{P_1}=\frac{MU_2}{P_2}=\lambda$的均衡条件时,才能获得最大的效用呢?或者说,该均衡条件的经济含义是什么呢?

从$MU_1/P_1=MU_2/P_2$的关系分析如下:

当$MU_1/P_1<MU_2/P_2$时,这说明对消费者来说,同样1元钱购买商品1所得到的边际效用小于购买商品2所得到的边际效用。这样,理性的消费者就会调整这两种商品的购买数量:减少对商品1的购买量,增加对商品2的购买量。在这样的调整过程中,一方面,在消费者用减少1元钱的商品1的购买来相应地增加1元钱的商品2的购买时,由此带来的商品1的边际效用的减少量是小于商品2的边际效用的增加量的,这意味着消费者的总效用是增加的。另一方面,在边际效用递减规律的作用下,商品1的边际效用会随其购买量的不断减少而递增,商品2的边际效用会随其购买量的不断增加而递减。当消费者一旦将其购买组合调整到同样1元钱购买这两种商品所得到的边际效用相等时,即达到$MU_1/P_1=MU_2/P_2$时,他便得到了由减少商品1的购买和增加商品2的购买所带来的总效用增加的全部好处,即消费者实现了既定收入下的效用最大化。相反,当$MU_1/P_1>MU_2/P_2$时,消费者根据同样道理进行调整,最后同样可获得最大效用。

下面,我们还可以结合表3-3来分析$MU_1/P_1=MU_2/P_2$的关系。

表 3-3 某消费者的边际效用表

商品(*Q*)数量	1	2	3	4	5	6	7	8
商品 1 的边际效用(MU_1)	11	10	9	8	7	6	5	4
商品 2 的边际效用(MU_2)	19	17	15	13	12	10	8	6

在表 3-3 中,假设某消费者在某一时期内将 8 元钱全部用于商品 1 和商品 2 的购买,两种商品的价格分别为 $P_1=1$ 元,$P_2=1$ 元。那么,能给该消费者带来最大的效用的购买组合应该是什么呢?

在商品的边际效用 MU 连续下降的情况下,消费者只有使每一元钱所带来的效用最大,才能最后使总效用最大。具体地看,根据表 3-3,理性的消费者会用第 1 元钱购买第一单位的商品 2,因为消费第一单位的商品 2 所增加的效用为 19 效用单位,大于消费第一单位的商品 1 所增加的效用 11 效用单位。同理,他将第二、第三、第四和第五元钱均去购买商品 2,分别获得 17、15、13 和 12 效用单位。而第六元钱去购买第一单位的商品 1,获得 11 效用单位。最后,第七、第八元钱去购买第二单位的商品 1 和第六单位的商品 2,这时,分别花费在这两种商品上的最后 1 元钱所带来的边际效用是相等的,都是 10 效用单位。至此,该消费者的全部收入 8 元钱都用完,并以最优购买组合 $x_1=2$ 单位和 $x_2=6$ 单位,获得了最大的总效用,为 107 效用单位。此时,满足效用最大化的均衡条件:$MU_1/P_1=MU_2/P_2=10/1=\lambda$。

如果消费者购买 4 单位的商品 1 和 4 单位的商品 2,就会出现 $MU_1/P_1=8/1<13/1=MU_2/P_2$ 的情况,则消费者自然会减少对商品 1 的购买而增加对商品 2 的购买。相反,如果消费者购买 1 单位的商品 1 和 7 单位的商品 2,就会出现 $MU_1/P_1=11/1>8/1=MU_2/P_2$ 的情况,则消费者自然会增加对商品 1 的购买而减少对商品 2 的购买。以上的两种调整过程都各自要持续到消费者以($x_1=2$,$x_2=6$)的购买组合实现效用最大化的均衡条件为止。

这里,还可以用边际效用说明需求规律。

为什么需求量与价格变化成反比,从而决定需求曲线是自左上向右下倾斜的?西方经济学家用边际效用递减规律来解释。前面在边际效用递减规律的特点中提到,商品的需求价格取决于商品的边际效用。具体地说,如果一定数量的某种商品的边际效用越大,则消费者为购买这些数量的该商品所愿意支付的价格就越高;如果一定数量的某种商品的边际效用越小,则消费者为购买这些数量的该商品所愿意支付的价格就越低。由于边际效用递减规律的作用,随着消费者对某一种商品消费量的连续增加,该商品的边际效用是递减的,相应地,消费者为购买这种商品所愿意支付的价格即需求价格就越来越低。

进一步讲,联系消费者效用最大化的均衡条件进行分析,考虑消费者购买一种商品的情况,那么,上述的消费者均衡条件可以写为:

$$\frac{MU}{P}=\lambda \tag{3-5}$$

它表示,消费者对任何一种商品的最优购买量是使最后1元钱购买该商品所带来的边际效用和所付出的1元钱的货币的边际效用相等。该式还意味着:由于对于任何一种商品来说,随着需求量的不断增加,边际效用 MU 是递减的,于是,为了保证式(3-5)均衡条件的实现,在货币的边际效用 λ 不变的前提下,商品的需求价格 P 必然应同比例于 MU 的递减而递减。

这样,基数效用论者在对消费者行为的分析中,运用边际效用递减规律的假定和消费者效用最大化的均衡条件,推导了单个消费者的需求曲线(该曲线与上章需求曲线相同,这里略)。这不但解释了需求曲线向右下方倾斜的原因,而且说明了需求曲线上的每一点都是满足消费者效用最大化均衡条件的商品的价格-需求量组合点。

3.2.3 用无差异曲线分析的消费者均衡

序数效用论者把无差异曲线和预算线结合在一起来研究消费者任何使有限的收入取得最大的效用或达到最大限度的满足,即消费者的均衡问题。

任何一个理性的消费者在用一定的收入购买商品时,其目的是为了从中获得尽可能大的消费满足。前面已经提到消费者的偏好决定了消费者的无差异曲线,一个消费者关于任何两种商品的无差异曲线可以覆盖整个坐标平面;消费者的收入和商品的价格决定消费者的预算线,在收入既定和商品价格已知的条件下,一个消费者关于两种商品的预算线只能有一条。那么,当一个消费者面临一条既定的预算线和无数条无差异曲线时,他应该如何决策才能获得最大的满足程度呢?序数效用论的分析指出,只有既定的预算线与其中一条无差异曲线的相切点,才是消费者获得最大效用水平或满足程度的均衡点。

假设将消费者的预算线置于无差异曲线图里,它与无差异曲线的关系将有以下三种情况,见图3-8。

第一,预算线 AB 与无差异曲线 I_0 相交于 M、N 两点。这两点虽然代表着消费者一定的满足程度,但它们并没有达到消费者支出允许的范围内所获取的最大效用水平，因 M、N 点移动到 E 点，可以在新的、更高的满足水平上进行消费，也即在 I_1 效用水平进行消费。

第二，预算线 AB 与无差异曲线 I_2 既不相交，也不相切，虽然 I_2 表明有更高的满足水平，但对消费者来说，已经超越其财力的许可。

第三，预算线 AB 与无差异曲线 I_1 相切于 E 点。E 点同时在预算线 AB 与无差异曲线 I_1 上，意味着它所代表的商品组合是消费者用现有收入可以买到的，同时能给消费者带来最高水平的满足。显然，只要 E 点沿着预算线偏离原来的位置，它所代表的满足程度都将低于 I_1 水平。因此，切点 E 是在收入为一定的条件下给消费者带来最大效用的商品组合，此时，预算线的斜率等于无差异曲线的斜率。

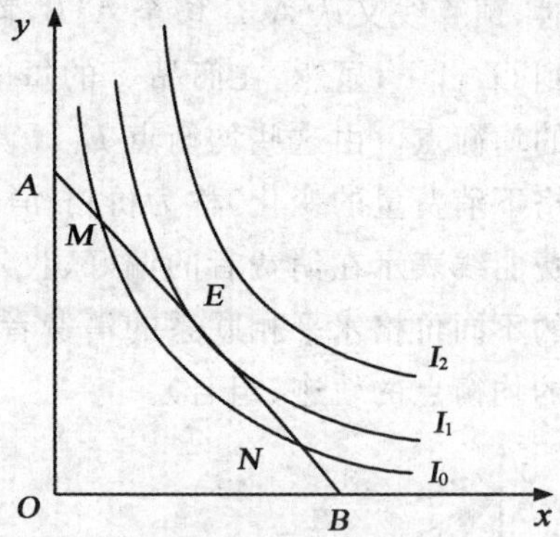

图 3-8　消费者的均衡

根据前面对无差异曲线特点的介绍，$MRS_{xy}=-\mathrm{d}y/\mathrm{d}x=MU_x/MU_y$，因此预算线的斜率与无差异曲线的斜率相等意味着：

$$-\frac{\mathrm{d}y}{\mathrm{d}x}=\frac{MU_x}{MU_y}=\frac{P_x}{P_y}$$

$$\frac{MU_x}{P_x}=\frac{MU_y}{P_y}$$

可见，序数效用分析结论与基数效用分析结论是一致的。

3.3　消费者均衡变动分析

3.3.1　价格变动对均衡的影响

3.3.1.1　价格-消费曲线与需求曲线

应用序数效用论可以从消费者的均衡条件出发推导消费者的需求曲线。如前所述，在两种商品价格 P_x、P_y 既定的条件下，具有一定收入的消费者必定有一条预算线，它的斜率等于两种商品的价格之比。当商品价格发生变动时，预算线的斜率必然发生变动，消费者的均衡点也随之变动。

如图 3-9(a)所示，当 x 的价格自 P_{x_1} 降到 P_{x_2} 时，预算线便从 A_1B 移到 A_2B，均衡点从 E_1 移至 E_2，需求量从 Ox_1 增至 Ox_2；当 x 的价格从 P_{x_2} 进一步跌至 P_{x_3}

时，预算线又从 A_2B 移至 A_3B，均衡点又从 E_2 移至 E_3，需求量也从 Ox_2 进一步增到 Ox_3，…；显然，在商品 x 的每一个价格上，总可以找到一个与之相对应的消费者的均衡点。由这些均衡点 E_1，E_2，E_3，…所形成的轨迹，反映了消费者在不同的价格下消费量的变化，称为价格-消费曲线（price consumption curve，PCC）。价格-消费曲线表示在消费者的偏好、收入以及其他商品价格不变的条件下，与某一种商品的不同价格水平相联系的消费者的预算线和无差异曲线相切的消费者效用最大化的均衡点的轨迹（组合）。

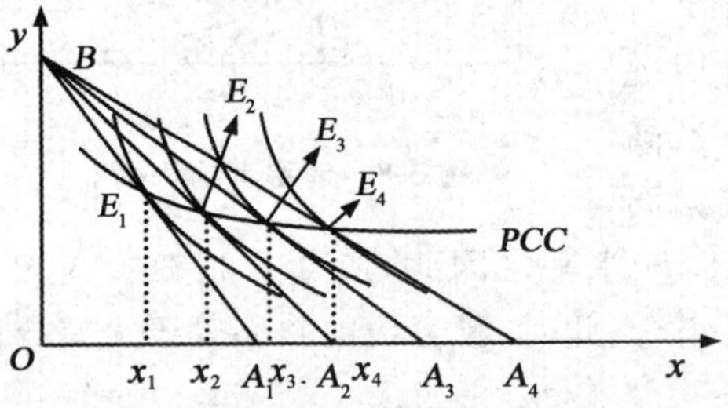

(a) 价格消费曲线

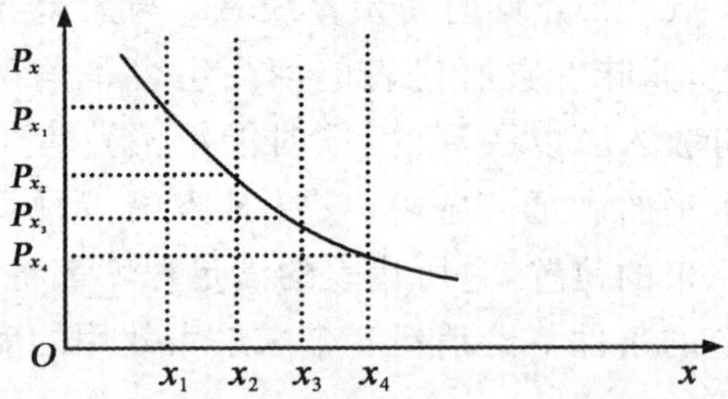

(b) 需求曲线

图 3-9　价格消费曲线与需求曲线

由消费者的价格-消费曲线可以推导出消费者的需求曲线。

分析图 3-9(a)中价格-消费曲线 PCC 上的三个均衡点 E_1、E_2 和 E_3，可以看出，在每一个均衡点上，都存在着商品 x 的价格与商品 x 的需求量之间一一对应的关系。这就是：在均衡点 E_1，商品 x 的价格为 P_{x_1}，则商品 x 的需求量为 x_1。在均衡点 E_2，商品 x 的价格下降为 P_{x_2}，则商品 x 的需求量由 x_1 增加为 x_2。在均衡点 E_3，商品 x 的价格继续由 P_{x_2} 跌至 P_{x_3}，则商品 x 的需求量由 x_2 增加到 x_3。

根据商品 x 的价格与需求量之间的这种对应关系，把每一个 P 数值和相应的均衡点上的 x 数值绘制在商品的价格-数量坐标图上，便可以得到单个消费者的需求曲线。这便是图 3-9(b)中的需求曲线 $x=f(P)$。图 3-9(b)中的横轴表示商品 x 的数量 x，纵轴表示商品 x 的价格 P。图 3-9(b)中需求曲线 $x=f(P)$上的 A、B、C 点分别和图 3-9(a)中价格-消费曲线上的均衡点 E_1、E_2、E_3 相对应。

序数效用论者所推导的需求曲线与前面介绍的基数效用论者所推导的需求曲线具有相同的特征。序数效用论的需求曲线也是向右下方倾斜的，它表示商品的价格与需求量呈反方向变动。从序数效用论者对需求曲线的推导过程中，也可以清楚地看到：需求曲线上与每一价格水平相对应的商品需求量都是可以给消费者带来最大效用水平或满足程度的需求量。

虽然序数效用论和基数效用论的需求曲线的特征是相同的，但两者的推导方法却不相同。基数效用论者是在效用量可以具体衡量和边际效用递减规律这两个假定条件下推导出需求曲线的。序数效用论者则认为这两个心理假定无法得到证实。于是，序数效用论者用消费者偏好所决定的效用水平或满足程度的顺序或等级来代替效用量的具体衡量，用商品的边际替代率递减规律来取代商品的边际效用递减规律，同样推导出向右下方倾斜的需求曲线。

3.3.1.2 消费者剩余

消费者剩余(consumer surplus)是马歇尔提出来的，他在《经济学原理》中为消费者剩余下了这样的定义："一个人对一物所付的价格，绝不会超过，而且也很少达到他宁愿支付而不愿得不到此物的价格；因此，他从购买此物所得的满足，通常超过他因付出此物的代价而放弃的满足；这样，他就从这种购买中得到一种满足的剩余。他宁愿付出而不愿得不到此物的价格，超过他实际付出的价格的部分，是这种剩余满足的经济衡量。这个部分可以称为消费者剩余。"

由此可知，消费者剩余就是指消费者在购买某种商品时，愿意支付的价格与实际支付的价格之间的差额。这里愿意支付的价格指消费者愿意为某商品支付的最高价格，即消费者支付意愿，它是衡量消费者对商品评价的高低的标准。每个消费者总希望以低于至少是等于自己支付意愿的价格购买商品，并拒绝以高于支付意愿的价格购买商品。当消费者购买某种商品时，愿意支付的价格高于实际支付的价格时，他便得到了消费者剩余。

下面，我们以冰淇淋的需求为例，说明消费者剩余。假设有一位学生愿意为第一个冰淇淋支付的最高价格为 18 美元，实际上如果他只支付了 10 美元就得到了冰淇淋，那么他省下的那 8 美元就是他买第一个冰淇淋的消费者剩余；假如他继续购买一个冰淇淋，由于边际效用递减规律，他愿意为第二个冰淇淋支付的最高价格为 15 美元，结果他只支付了 10 美元就得到了该冰淇淋，则他省下的 5 美元就是消费第二个冰淇淋的消费者剩余；如果他继续购买第三个冰淇淋，但他愿意为该冰淇淋支付的价格为 13 美元，他以 10 美元买了第三个冰淇淋，那么省下的 3 美元就是消费第三个冰淇淋的消费者剩余。

当我们将购买某种商品的所有消费者剩余都加起来，我们就得到了一个总的消费者剩余的数字。前面提到的那个学生在购买 3 个冰淇淋的过程中一共得到的消费者剩余为 $8+5+3=16$(美元)。

设 S 为消费者剩余；P_d 为消费者意愿支付的价格；P_m 为消费者实际支付的价

格。则消费者剩余的概念可以用公式表示如下：

$$S = \sum (P_d - P_m)$$

在一定条件下(利用需求曲线图)，消费者剩余可以用需求线以下、价格线以上的面积来衡量。见图 3-10。

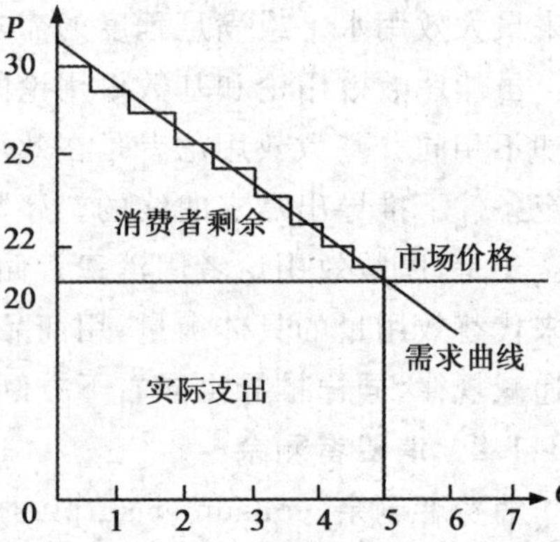

图 3-10　一般化了的消费者剩余

如果我们知道需求曲线，我们就能很容易地计算消费者剩余。

假设某商品的需求曲线为：$P=10-2Q$，计算 $P=2$ 时的消费者剩余。

当 $P=2$ 时，$Q=4$，则消费者剩余为$P=2$时，需求线下价格线上的三角形面积，该面积 $S=4\times(10-2)/2=16$，即为消费者剩余。

消费者剩余在经济学中有很重要的运用。当将许多个别加起来以后，消费者剩余度量了消费者在一个市场中购买所获得的总收益，它反映了消费者的经济福利。当我们将消费者剩余与生产者所获得的总利润结合起来时，我们便可以评价可供选择的市场结构的得失，评价公共政策的得失，而这些市场结构和公共政策可以改变处于那些市场中的消费者和厂商的行为。

3.3.2　收入变动对均衡的影响

3.3.2.1　收入-消费曲线与恩格尔曲线

当价格不变，而消费者的货币收入变化时，预算线的斜率虽然不会变动，但其位置将平行移动，因此，消费者的均衡点也随之移动。

图 3-11(a)表示当消费者的货币增加时，预算线从 A_1B_1 移至 A_2B_2，均衡点自 E_1 移至 E_2，对 x 的需求量自 Ox_1 增至 Ox_2。当消费者的货币收入进一步增加时，预算线又从 A_2B_2 移至 A_3B_3，均衡点自 E_2 移至 E_3，对 x 的需求量也从 Ox_2 增至 Ox_3，…。由 E_1，E_2，E_3，…所形成的轨迹，反映了消费者在不同的收入下对两种商品消费量的变化，称之为收入消费曲线(income consumption curve，ICC)。

通常把表示消费者的货币收入与某种商品需求量之间关系的曲线，叫做收入需求曲线。收入需求曲线是由 19 世纪德国统计学家恩格尔(E. Engel，1821—1896 年)提出来的，又称恩格尔曲线(Engel's curve)，以 E_C 表示。它以货币收入 M 为纵轴，以某种商品 x 的消费量为横轴，很容易从收入消费曲线导出，如图 3-11(b)所示。

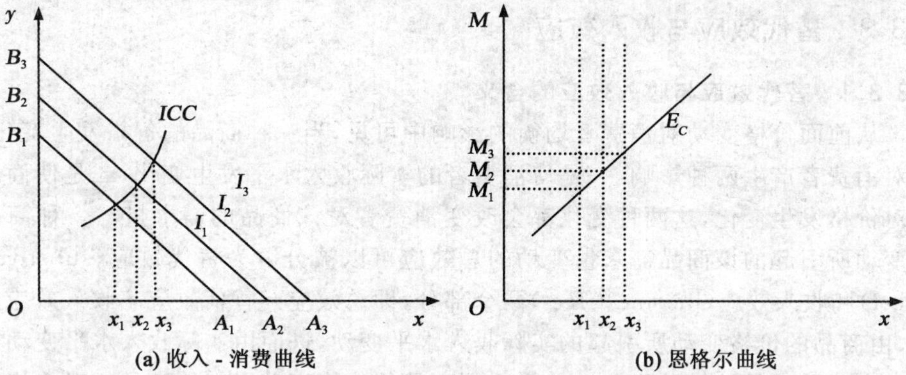

(a) 收入 - 消费曲线　　(b) 恩格尔曲线

图 3-11　收入-消费曲线与恩格尔曲线

3.3.2.2　恩格尔曲线与需求收入弹性

收入消费曲线 ICC 以及由其导出的恩格尔曲线 E_C,可以有不同的形态。这里,主要研究恩格尔曲线 E_C 的斜率与需求收入弹性 E_m 之间的关系。

从图 3-12 中恩格尔曲线 E_C 切线与横轴交点 S 的位置,可以进一步判明 E_m 的大小和商品性质。

(1)当点 S 在原点左边,如图 3-12(a)。此时 $E_m<1$,为奢侈品;

(2)当点 S 在原点与 x 之间,如图 3-12(b),此时 $0<E_m<1$,为必需品;

(3)当点 S 在原点右边,如图 3-12(c),此时 $E_m<0$,为低档品。

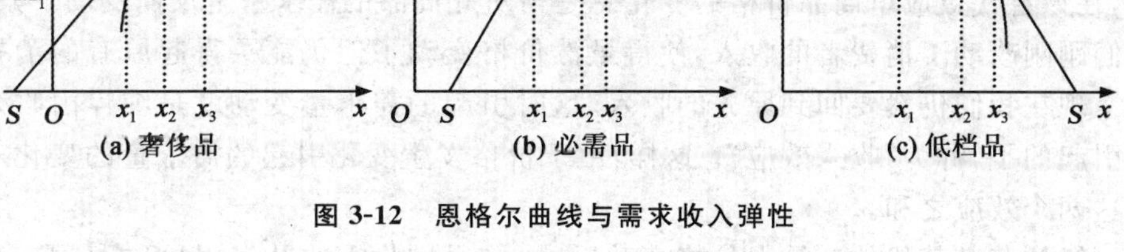

(a) 奢侈品　　(b) 必需品　　(c) 低档品

图 3-12　恩格尔曲线与需求收入弹性

3.3.3 替代效应与收入效应

3.3.3.1 替代效应与收入效应的含义

从前面价格变动对消费者均衡的影响中可见，当一种商品的价格发生变化时，会对消费者产生两种影响，一是使消费者的实际收入水平发生变化；二是使商品的相对价格发生变化，这两种变化都会改变消费者对该商品的需求量。一种商品价格变动所引起的该商品需求量变动的总效应可以被分解为替代效应（substitution effect）和收入效应（income effect）两个部分，即总效应＝替代效应＋收入效应。其中，由商品的价格变动所引起的实际收入水平变动，进而由实际收入水平变动所引起的商品需求量的变动为收入效应。由商品的价格变动引起的商品相对价格的变动，进而由商品的相对价格变动所引起的商品需求量的变动为替代效应。

3.3.3.2 正常物品的替代效应与收入效应

前面我们已经讨论了价格变化对正常商品（normal good）需求量的影响。当其他条件不变时，正常物品的需求量与该物品的价格呈反方向的变化。即价格下降，正常物品的需求量增加；价格上升，正常物品的需求量减少。这种价格变动引起需求量的变动为价格效应，它包括替代效应和收入效应。下面我们来分析替代效应和收入效应。

西方经济学中，分析替代效应和收入效应一般有希克斯（J. R. Hicks）和斯拉斯基（E. Slutsky）两种方法。这里先采用斯拉斯基分析法来研究正常物品的替代效应和收入效应，然后我们再主要采用希克斯分析法来分析替代效应和收入效应。

1. 斯拉斯基替代效应和收入效应

前面我们已经知道正常物品的需求量与该物品的价格呈反方向的变化。现在我们把价格变化对正常商品需求量的影响过程人为地分为两部分：先让价格变化，同时对该消费者的收入进行调整使其仍然能够消费变化前的消费组合，这就是斯拉斯基替代效应。这个替代效应是由于 x_1 与 x_2 之间的相对价格发生了变化引起的，在该替代效应里商品价格的变化总是与对此商品的需求量呈反向变动。其次，我们刚刚改动了消费者的收入，使得虽然价格变动了但仍能买得起原有的消费组合。现在我们仍然要回到原先的收入，这时引起的需求量变动就是纯粹由收入变化引起的了，称为“收入效应”。这样，由于价格发生变化引起的需求量的变化就等于这两个效应之和。

斯拉茨基替代效应是在价格变动后，如果通过收入的补偿（也可能是取走）使消费者的购买力保持不变，消费者的需求所发生的变动。我们特别明确了，购买力不变是指消费者仍然能够购买初始的消费组合。

图 3-13 中的横轴 Ox_1 和纵轴 Ox_2 分别代表商品 1 和商品 2 的数量，其中，商品 1 是正常物品。在商品价格变化之前，消费者的初始预算线与无差异曲线相切于初始选择点，初始选择的消费组合为(x_1, x_2)，该消费组合是消费者效用最大化的一个均衡点。现假定消费者收入 m 和商品 2 的价格 P_2 不变，而商品 1 的价格 P_1 下降，这意味着预算线绕纵轴截距 m/P 向外旋转并变得更加平坦。新的预算线与另一条代表更高效用水平的无差异曲线相切于新的消费组合点，该点是商品 1 的价格下降以后的消费者的效用最大化的均衡点，为最终选择点。比较初始选择点和最终选择点，商品 1 需求量的增加量便是商品 1 的价格 P_1 下降所引起的总的价格效应。

现在我们把预算线的这种变动分为两步：一是预算线绕着原初始选择的消费组合点转动；二是这条转动后的预算线再向外移动到最终选择的消费组合上。

为什么预算线先转动，后移动呢？让我们先来看看第一步转动后的预算线。预算线绕原来选择的商品组合转动，原初始消费组合(x_1, x_2)仍位于转动后的预算线上，说明这个消费组合恰好是可支付的。从这个意义上讲，消费者的购买力保持不变，因为原来的消费组合在转动后的新的预算线上正好支付得起。只是由于商品 1 的价格 P_1 下降，现在买原初始消费组合(x_1, x_2)所需的收入减少了，所以，为了使原来的消费组合在新的价格水平上仍能支付得起，货币收入必须作出调整，也就是拿走一部分收入使购买力保持不变。

尽管(x_1, x_2)仍是可支付的，但它一般并非转动后预算线上的最佳购买。在图 3-14 上，我们用 Y 表示转动后预算线上的最佳购买。这个消费组合是在我们改变价格然后调整收入以使原来的消费组合能支付得起以后的最佳消费组合。从 X 到 Y 的移动就被认为是替代效应。它指的是当价格变动但购买力保持不变时消费者如何用一种水平来“替代”其他商品的情况。

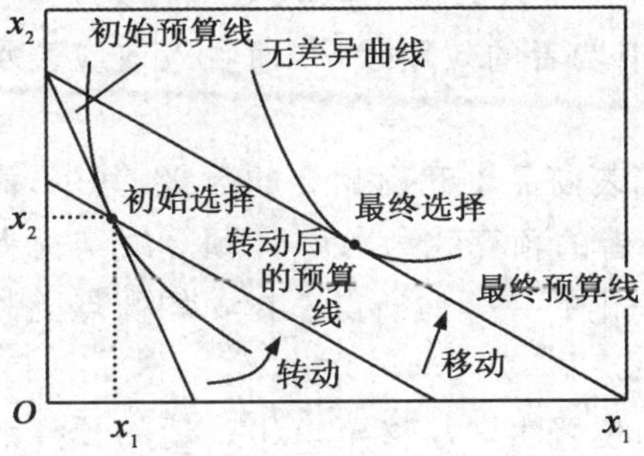

图 3-13　预算线转动和移动

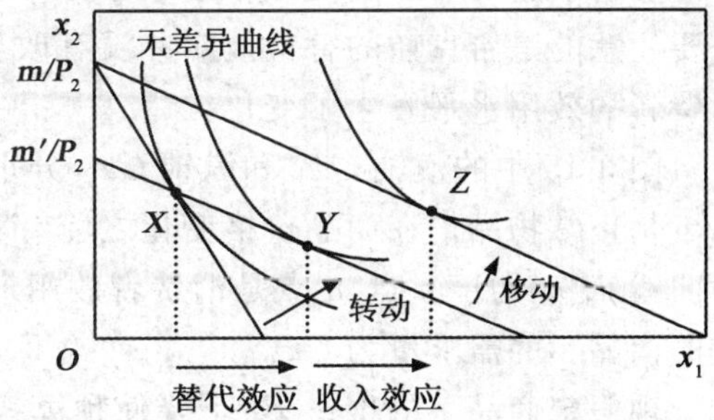

图 3-14　替代效应和收入效应

我们再转向价格调整的第二步——移动。这也是很容易从经济学上来解释的。我们知道，预算线的平行移动是保持相对价格不变而收入变动时发生的移动。因此，价格调整后的第二步被称作收入效应。在图 3-14 上，我们将刚才从消费者手里拿走的收入再还给消费者，转动后的预算线就由于收入的增加而向外平行移动，同时商品的相对价格保持不变，这种变化使点 Y 移动到点 Z。我们第二步所做的就是改变收入，而价格保持不变所引起的商品 2 的需求量的变动，所以，第二步移动就称为收入效应。

因此，斯拉茨基替代效应是在价格上升(或下降)后，通过收入的补偿(或取走)使消费者的购买力保持不变，消费者的需求所发生的变动。收入效应是价格不变，收入变动，消费者的需求所发生的变动。这个替代效应和收入效应的和就是总效应。

2. 希克斯替代效应和收入效应

我们前面讲过，斯拉茨基替代效应是在价格变动后，如果通过收入的调整使消费者的购买力保持不变，消费者的需求所发生的变动。接下来我们重点研究希克斯的替代效应是如何影响消费者需求的。

希克斯替代效应强调的不是保持购买力不变，而是保持效用不变。即价格变动后，收入的补偿(也可能是取走)使消费者能够买到与初始消费组合效用相同的消费组合。

我们先假设保持效用水平不变。由于商品 1 的价格 P_1 的下降，预算线 AB 先绕着原无差异曲线 I_1 转动，得到新的预算线 FG，其与无差异曲线 I_1 的切点 c 点表示效用不变仅由相对价格变动所引起的需求的变动，也就是替代效应。再将新的预算线 FG 移动至最终的预算线 AB'，由于预算线 FG 与最终的预算线 AB' 具有相同的相对价格，即斜率相同，但有不同的收入，所以改变收入，而同时使价格保持不变所引起的需求的变动，也就是收入效应。替代效应＋收入效应即总效应。需要注意的是希克斯的替代效应并没有改变消费者的效用水平，而收入效应表示消费者的效用水平发生了变化。

图 3-15 中的横轴 Ox_1 和纵轴 Ox_2 分别代表商品 1 和商品 2 的数量，其中，商品 1 是正常物品。在商品价格变化之前，消费者的预算线为 AB，该预算线与无差异曲线 I_1 相切于 a 点，a 点是消费者效用最大化的一个均衡点。在 a 均衡点上相应的商品 1 的需求量为 Ox_1'。

现假定商品 1 的价格 P_1 下降使预算线的位置由 AB 移至 AB'。新的预算线 AB' 与另一条代表更高效用水平的无差异曲线 I_2 相切于 b 点，b 点是商品 1 的价格下降以后的消费者的效用最大化的均衡点。在 b 均衡点上，相应的商品 1 的需

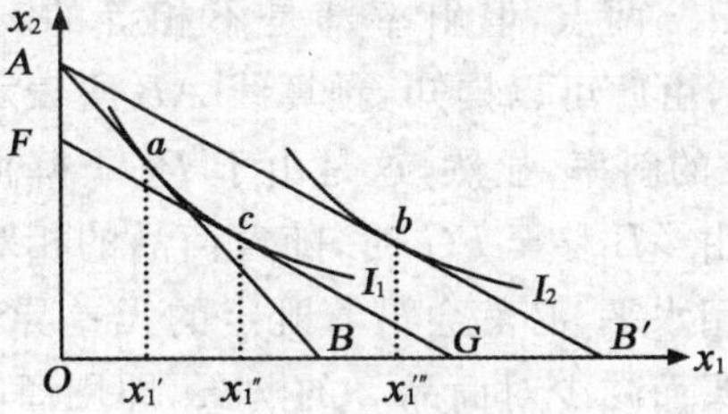

图 3-15 正常物品的希克斯替代效应和收入效应

求量为 Ox_1'''。比较 a,b 两个均衡点,商品 1 需求量的增加量为 $x_1'x_1'''$,这便是商品 1 的价格 P_1 下降所引起的总效应。这个总效应可以分解为替代效应和收入效应两部分。

我们先来分析替代效应。在图 3-15 中,由于商品 1 的价格 P_1 下降,消费者的效用水平提高了,消费者的新的均衡点 b 不是在原来的无差异曲线 I_1 而是在更高的无差异曲线 I_2 上。为了得到替代效应,必须剔除实际收入水平变化的影响,使消费者回到原来的无差异曲线 I_1 上去。要做到这一点,需要利用补偿预算线这一分析工具。

什么是补偿预算线?当商品的价格发生变化引起消费者的实际收入水平发生变化时,补偿预算线是用来表示以假设的货币收入的增减来维持消费者的实际收入水平不变的一种分析工具。具体地说,在商品价格下降引起消费者的实际收入水平提高时,假设可以取走消费者的一部分货币收入,以使消费者的实际收入维持原有的水平,则补偿预算线在此就可以用来表示消费者的货币收入下降到只能维持原有的无差异曲线的效用水平(即原有实际收入水平)这一情况。相反,在商品价格上升引起消费者的实际收入水平下降时,假设可以对消费者的损失给予一定的货币收入补偿,以使消费者的实际收入维持原有水平,则补偿预算线在此就可以用来表示使消费者的货币收入提高到得以维持原有的无差异曲线的效用水平(即原有的实际收入水平)这一情况。

再回到图 3-13,为了剔除实际收入变化的影响,使消费者能够回到原有的无差异曲线 I_1 上去,其具体的做法是:作一条平行于 AB' 且与无差异曲线 I_1 相切的补偿预算线 FG。这种做法的含义是:补偿预算线 FG 与无差异曲线 I_1 相切,表示假设的货币收入的减少(由预算线的位置由 AB' 向左平移到 FG 表示)刚好能使消费者回到原有的效用水平。补偿预算线 FG 与预算线 AB' 平行,则以这两条预算线相同的斜率,表示商品 1 价格和商品 2 价格的一个相同的比值 P_1/P_2,而且,这个商品的相对价格 P_1/P_2 是商品 1 的价格 P_1 变化以后的相对价格。补偿预算线与无差异曲线 I_1 相切于均衡点 c,与原来的均衡点 a 相比,需求量的增加量为 $x_1'x_1''$,这个增加量就是在剔除了实际收入水平变化影响以后的替代效应。

进一步地,就预算线 AB 和补偿预算 FG 而言,它们分别与无差异曲线 I_1 相切

于 a、c 两点，但斜率却是不相等的。预算线 AB 的斜率绝对值大于补偿预算线 FG，由此可以推知，预算线 AB 所表示的商品的相对价格 P_1/P_2 大于补偿预算线 FG 的斜率，显然，这是由于 P_1 下降而 P_2 不变所引起的。在这种情况下，当预算线由 AB 移至 FG 时，随着商品的相对价格 P_1/P_2 的变小，消费者为了维持原有的效用水平，必然会沿着既定的无差异曲线 I_1 由 a 点下滑到 c 点，增加对商品 1 的购买而减少对商品 2 的购买，即用商品 1 去替代商品 2。于是，由 a 点到 c 点的商品 1 需求量的增加量 $x_1'x_1''$，就是 P_1 下降的替代效应。它显然归因于商品相对价格的变化，它不改变消费者的效用水平。在这里，P_1 下降所引起的需求量的增加 $x_1'x_1''$，是一正值，即替代效应的符号为正。也就是说，正常物品的替代效应与价格呈反方向变动。

再分析收入效应。收入效应是总效应的另一个组成部分。设想一下，把补偿预算线 FG 再推回 AB' 的位置上去，于是，消费者的效用最大化的均衡点就会由无差异曲线 I_1 上的 c 点回复到无差异曲线 I_2 上的 b 点，相应的需求量的变化量 $x_1''x_1'''$ 就是收入效应。这是因为，以上分析替代效应时，是为了剔除实际收入水平的影响，才将预算线 AB' 移到补偿预算线 FG 的位置的。所以，当预算线由 FG 的位置再回复到 AB' 的位置时，相应的需求量的增加量 $x_1''x_1'''$ 必然就是收入效应。收入效应显然归因于商品 1 的价格变化所引起的实际收入水平的变化，它改变消费者的效用水平。

在这里，收入效应 $x_1''x_1'''$ 是一个正值。这是因为，当 P_1 下降使消费者的实际收入水平提高时，消费者必定会增加对正常物品商品 1 的购买。也就是说，正常物品的收入效应与价格呈反方向的变动。

综上所述，对于正常物品来说，替代效应与价格反方向的变动，收入效应也与价格呈反方向的变动，在它们的共同作用下，总效应必定与价格呈反方向变动。正因为如此，正常物品的需求曲线是向右下方倾斜的。

3.3.3.3 低档物品的替代效应与收入效应

对于低档物品来说，当某低档物品的价格下降(或上升)导致消费者的实际收入水平提高(或下降)时，消费者会减少(或增加)对该低档物品的需求量。也就是说，低档物品的收入效应与价格成同方向变动。

以图 3-16 为例，我们仍用希克斯分析法来分析低档物品价格下降时的替代效应和收入效应。图中的横轴 Ox_1 和 Ox_2 分别表示商品 1 和商品 2 的数量，其中，商品 1 是低档商品。

商品 1 的价格 P_1 变化前的消费者的效用最大化的均衡点为 a 点，P_1 下降以后的消费者的均衡点为 b 点，由此，价格下降所引起的商品 1 的需求量的增加量为

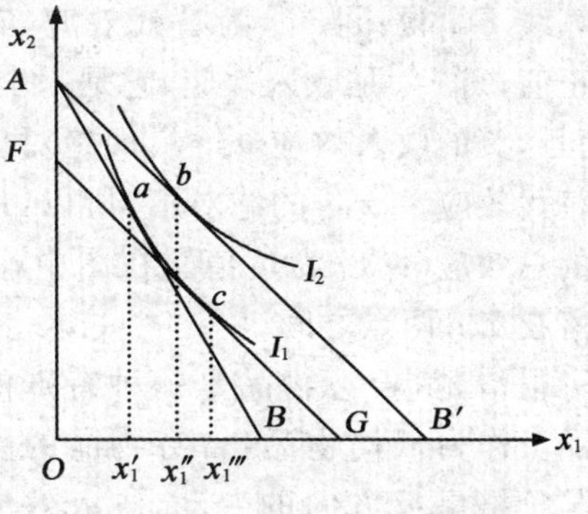

图 3-16　低档物品的替代效应和收入效应

$x_1'x_1'''$，这便是总效应。运用与上面相同的方法，即通过作与预算线 AB' 平行且与无差异曲线 I_1 相切的补偿预算线 FG，便可将总效应分解成替代效应和收入效应。具体地看，P_1 下降引起的商品相对价格的变化，使消费者由均衡点 a 运动到均衡点 c，相应的需求增加量为 $x_1'x_1'''$，这便是替代效应，它是一个正值。而 P_1 下降引起的消费者的实际收入水平的变动，使消费者由均衡点 c 运动到均衡点 b，需求量由 x_1''' 减少到 x_1''，这就是收入效应。收入效应 $x_1''x_1'''$ 是一个负值，其原因在于，价格 P_1 下降所引起的消费者的实际收入水平的提高，会使消费者减少对低档物品的商品 1 的需求量。由于收入效应是一个负值，所以，图中的 b 点必定落在 a、c 两点之间。

图 3-16 中的商品 1 的价格 P_1 下降所引起的商品 1 的需求量的变化的总效应为 $x_1'x_1''$，它是正的替代效应 $x_1'x_1'''$ 和负的收入效应 $x_1''x_1'''$ 之和。由于替代效应 $x_1'x_1'''$ 的绝对值大于收入效应 $x_1''x_1'''$ 的绝对值，或者说，由于替代效应的作用大于收入效应，所以，总效应 $x_1'x_1''$ 是一个正值。

综上所述，对于低档物品来说，替代效应与价格呈反方向的变动，收入效应与价格呈同方向的变动，而且，在大多数的场合，收入效应的作用小于替代效应的作用（如图 3-14 所示），所以，总效应与价格呈反方向的变动，相应的需求曲线是向右下方倾斜的。

但是，在少数的场合，某些低档物品收入效应的作用会大于替代效应的作用，于是，就会出现违反需求曲线向右下方倾斜的现象，这类物品就是吉芬物品。

3.3.3.4　吉芬物品的替代效应与收入效应

19 世纪英国人吉芬指出，1845 年爱尔兰发生灾荒，土豆价格上升，但是土豆需求量却反而增加了。这一现象在当时被称为“吉芬难题”。这类需求量与价格呈同方向变动的特殊商品因此被称作为吉芬物品。

为什么吉芬物品的需求曲线向右上方倾斜呢？下面用希克斯分析法（图 3 17）来分析这个问题。

图 3-17 中的横轴 Ox_1 和纵轴 Ox_2 仍分别表示商品 1 和商品 2 的数量，其中，商品 1 是吉芬物品。商品 1 的价格下降前后的消费者的效用最大化的均衡点分别为 a 点和 b 点，相应的商品 1 的需求量的减少量为 $x_1'x_1''$，这就是总效应。由补偿

预算线 FG 得：$x_1''x_1'''$ 为替代效应，它是一个正值；$x_1'x_1'''$ 是收入效应，它是一个负值。而且，负的收入效应 $x_1'x_1'''$ 的绝对值大于正替代效应 $x_1''x_1'''$ 的绝对值，所以，最后形成的总效应 $x_1'x_1''$ 为负值。在图中，a 点必定落在 b、c 两点之间。

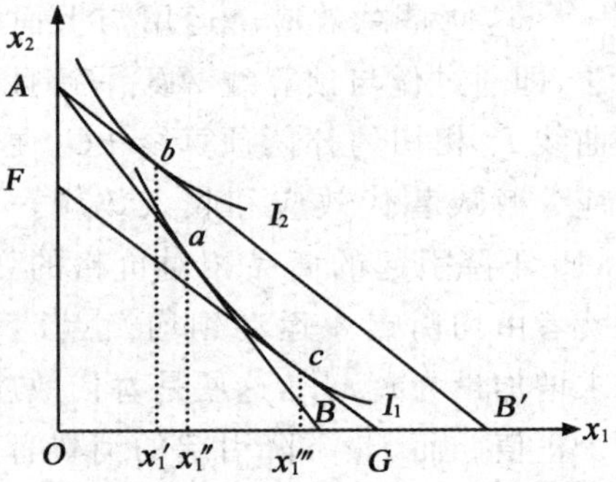

图 3-17　吉芬物品的替代效应和收入效应

很清楚，吉芬物品是一种特殊的低档物品。作为低档物品，吉芬物品的替代效应与价格呈反方向的变动，收入效应则与价格呈同方向的变动。吉芬物品的特殊性就在于：它的收入效应的作用很大，以至于超过了替代效应的作用，从而使得总效应与价格呈同方向变动。这也就是吉芬物品的需求曲线呈现出向右上方倾斜的特殊形状的原因。

运用以上分析的结论就可以解释"吉芬难题"了。在 19 世纪中叶的爱尔兰，购买土豆的消费支出在大多数的贫困家庭的收入中占一个较大的比例，于是，土豆价格的上升导致贫困家庭实际收入水平大幅度下降。在这种情况下，变得更穷的人们不得不大量地增加对低档物品土豆的购买，这样形成的收入效应是很大的，它超过了替代效应，造成了土豆的需求量随着土豆价格的上升而增加的特殊现象。

现将正常物品、低档物品和吉芬物品的替代效应和收入效应所得到的结论综合于表 3-4。

表 3-4　商品价格变化所引起的替代效应和收入效应

商品类别	替代效应与价格的关系	收入效应与价格的关系	总效应与价格的关系	需求曲线的形状
正常物品	反方向变化	反方向变化	反方向变化	向右下方倾斜
低档物品	反方向变化	同方向变化	反方向变化	向右下方倾斜
吉芬物品	反方向变化	同方向变化	同方向变化	向右上方倾斜

延伸阅读

1. 效用的衡量与边际革命

在 19 世纪，一些哲学家相信，消费物品和劳务所获得的福利或效用确确实实是可以衡量的。他们的想法是，把人放在某种机器上，让他吃一个馅饼，然后从机器的计量表上读到他从这个馅饼中所获得的“快乐”或效用的数量。但是，由于这样的机器至今仍未制造出来，因而效用是无法衡量的。杰里米·边沁是这些“效用主义者”中的一个，他死于1832年。他帮助建立了伦敦大学学院，他的完整的着衣骸骨和一个蜡制头像用一个玻璃盒保存着，放置于该学院里。

现代经济学教科书和论文中大量出现的“边际”概念，使人不能不感叹19世纪70年代发生的“边际革命”所产生的深远影响。边际学派的出现被称为经济学史上的“边际革命”，其代表人物杰文斯、门格尔、瓦尔拉斯也是边际效用学派的创始人，在几乎相同的时间里，于曼彻斯特、维也纳和洛桑等在不同的文化氛围中进行研究，竟然得出了同样的概念，可见这个“边际”概念不同寻常。

威廉·斯坦利·杰文斯(1832—1882年)，英国经济学家，在他1871年出版的《政治经济学原理》中提出了一个“最后效用程度”的概念，即增加一个最后消费量对人的满足程度。卡尔·门格尔(1840—1921年)，奥地利经济学家，其代表作《国民经济学原理》出版于1874年，他从人们对财物满足欲望的强度的主观评价中引申出价值，提出所谓欲望满足递减率。里昂·瓦尔拉斯(1834—1910年)，法国经济学家，其代表作《纯粹经济学要义》第一部分出版于1874年，第二部分出版于1877年。他承袭了其父价值决定稀少性的思想，并把稀少性解释为人们消费一定量消费品时最后的欲望所感受到的满足程度，实际上就是后来的边际效用。

“边际革命”把边际概念引入经济学，并使其在微积分等数学形式上得到了进一步的发展，使得新古典经济学在数学化和形式化的道路上向前迈进了一大步。同时也使得效用理论在经济学中被普遍接受，边际学派也因此成为了经济学中影响较大的一个流派。并在之后发展成为两大支派：以门格尔为首的奥地利学派和以瓦尔拉斯为首的数理经济学派。

2.吉芬商品的定义与性质

吉芬商品是指价格上涨的总效应是增加而非减少其购买量的商品。既然价格上涨的替代效应总是减少购买量，吉芬商品的价格变化的收入效应必定是抵消了替代效应，即吉芬商品必定是低档品，而且非常低档，以至于收入效应超过了替代效应。

经常被引用和列举的吉芬商品的例子是爱尔兰19世纪“土豆荒”时期的土豆。当时穷人们主要以土豆度日，土豆价格上升对实际购买力造成了严重的负面影响。面对实际收入的减少，许多家庭的反应是削减在肉类或者其他昂贵食品的开支，以购买更多的土豆。现代历史学家就当时的土豆是否是吉芬商品展开过争论。无论争论的结果如何，土豆的故事确实向我们说明了一个吉芬商品逻辑上必须具备的性质。第一,吉芬商品不仅是低档品,而且占用了消费者大部分的预算。否则,其价格的变化也不足以明显降低消费者的购买力。就如,一个钥匙扣的价格上涨一倍,不会有任何人会感觉自己明显地变成穷人了。第二,吉芬商品的替代效应相对比较小,小得能够被收入效应完全抵消。

实际上,一种商品要同时满足吉芬商品的这两个性质,其可能性是极小的。毕竟大多数商品只占消费者的总开支的很少一部分。而且,一种商品定义得越宽泛,越不可能成为低档品。最后,由于其本身的性质,低档品具有一些相近的替代品。所以,吉芬商品说到底不过是经济学教师为了测试学生对收入效应和替代效应的理解而制造出来的畸形商品。

3.货币的边际效用

货币是一种特殊商品,与普通商品一样它也有效用和边际效用,因此,货币的边际效用按理也应该符合边际效用递减规律的。然而,需要特别注意的是,在对消费者行为的研究中,一般假定货币的边际效用不变。这主要是源于以下的原因:①商品的边际效用与该商品的稀缺程度有关,稀缺程度高则边际效用高,反之稀缺程度低则边际效用低。因此,货币收入高的消费者支出单位货币感觉牺牲较少,货币收入低的消费者支出单位货币感觉牺牲较大。也即,富裕家庭的货币边际效用较小,贫穷家庭的货币边际效用较大。但是研究某一个消费者或是家庭的消费行为时,货币的边际效用的差异就可以不予考虑。②假定消费者在一次购买中的货币支出占其总货币收入的较小部分。在一次实际购买中,货币支出是一次完成的。理性的消费者力求使每一单位货币的使用效率都达到最大,因此在决策时,货币的支出仍然是有先后顺序的。也就是说,在一次购买中,仍然存在着观念上的货币边际效用递减。但是,由于货币支出占消费者总货币收入的较小部分,一次购买中观念上的货币先后支付对消费者全部货币收入的稀缺性程度的影响是微乎其微的,所以,货币的边际效用递减规律也可以忽略不计。

4.对医疗保健的共同支付

保险公司了解替代效应,并据此来设计他们的保险政策。在一种医疗保险类型下,保险公司只是对每个投保者收取一笔固定的年保险费,对他们的医疗保健便不再收取其他额外费用了。另一种做法是把较低的年保费与共同支付结合起来。投保者每得到一次医疗保健服务,就要支付一笔微小的金额或共同支付,例如,每看一次病要支付10美元。共同支付对减少医疗保健需求量非常有效。一项研究表明,向共同支付方式的转变将减少医疗保健需求量的20%(看病的次数)。

实行了共同支付的人去看病的次数减少了，这是因为替代效应。如果没有共同支付，看病的机会成本为零：从消费者的观点看，医疗保健与其他物品之间不存在替代关系。向共同支付方式的转变增加了医疗保健的机会成本——对每次看病都要支付10美元的消费者，用于其他物品的开支就变少了——因而减少了医疗保健的需求量，这就是替代效应在实际中的表现。

概念与习题

1.解释下列概念：消费者均衡；边际替代率；消费者剩余；边际效用递减率。

2.消费者偏好的假定是什么？试着解释这些假定的含义。

3.基数效用论和序数效用论的基本观点是什么？它们各采用了何种分析方法？

4.试分析为什么两条无差异曲线不会相交。

5.推导并用公式表示两种不同分析方法得到的消费者均衡的结论，说明其内在联系。

6.什么是价格的替代效应和收入效应？斯拉斯基替代效应与希克斯替代效应有何不同？对于正常品、低档品和吉芬品，替代效应和收入效应有哪些区别？

4 生产理论

美国人的事业就是企业。

——卡尔文·柯立芝

在效用论一章中,我们从需求方面研究了需求函数背后的消费者行为理论;而生产理论则是从供给方面研究供给函数背后的生产者行为理论。

产品是由厂商供给的。厂商简单地说就是生产者,是为达到一定目的而从事生产商品和服务的单个经济决策单位。它可以是一个个体生产者,也可以是一家规模巨大的公司。通常这些厂商主要采取独资企业(个人独资经营的企业)、合伙企业(两个或两个以上的人合伙经营的企业)以及公司企业(股东所有的企业)三种形式。企业在市场经济中占有十分重要的地位。

在研究生产者行为时,我们假定生产者都是具有理性的经济人,他们生产的目的是实现利润最大化。要实现利润最大化,涉及两方面问题:一是从实物角度,分析投入的生产要素与产出之间的物质技术关系,即生产理论;二是从货币角度,分析投入的成本与其带来的收益之间的经济价值关系,即成本、收益理论。所以,生产者行为理论包括两大部分,可以从两方面进行研究。本章研究前一个方面的问题,即生产理论。在下一章将研究后一个方面的问题,考察成本与收益之间的经济关系——成本与收益理论。

4.1 生产函数

4.1.1 生产与生产要素

生产是对各种生产要素进行组合以制成产品或提供劳务的过程,也即人类通过劳动变更物质的性能,创造或增加满足人类欲望的效用。换言之,也就是投入变成产出的过程。生产理论的重点就是讨论如何有效地利用各种生产要素来进行生产活动,使产量最大或成本最低。

生产要素(production factor),即厂商为生产物质产品或提供劳务所需投入的各种经济资源。包括:土地(land),即天上、地下、海洋中一切能利用的物质;资本

(capital),是厂商用于生产的一切资本物品,如设备、厂房、建筑物等一切人类创造的供生产和经营所需要的物品,资本的货币形式通常称为货币资本;劳动(labor),是指生产中一切体力和智力的消耗,包括体力劳动和脑力劳动;企业家才能(entrepreneurship),是企业家对上述生产要素的合理组织、管理和创新并承担经济活动风险的职能,是企业家才干与能力在生产中的体现。通过对生产要素的运用,厂商可以提供各种实物产品,如机器、设备、食品、服装等,也可以提供各种无形产品即劳务,如教育、医疗、理发、家政服务等。

4.1.2 生产函数

生产函数是研究生产理论的有力工具,强调的是投入与产出之间的数量关系。生产函数描述的是,在既定的技术水平条件下,各种可行的生产要素组合和所能达到的最大产量之间的技术联系。如果用 Q 表示所能生产的最大产量,投入的生产要素分别是劳动(L)、资本(K)、土地(N)、企业家才能(T)等,那么,生产函数可用公式表示为:

$$Q=f(L,K,N,T,\cdots) \tag{4-1}$$

在实际分析要素与产量之间的关系时,一般认为土地总量是固定的,而企业家才能又难以估算,因此生产函数可表示为:

$$Q=f(L,K) \tag{4-2}$$

要说明的是,由于生产函数表示的是投入要素与最大产出之间的相互关系,表明投入要素的使用是有效率的。在对生产者行为进行分析时,我们假定所有厂商都知道相应产品的生产函数,因此他们总能达到技术上高效率的产量。这是因为,一方面以盈利为目的的厂商总在寻求达到最大产量的途径;另一方面,做不到这点的厂商难免在竞争中被淘汰。

4.1.3 柯布-道格拉斯生产函数

对于任何一个生产函数,如果将投入的所有要素变化 λ 倍,其产量也同方向变化 λ^n 倍,那么,这个生产函数为齐次生产函数。如果 $n=1$,则为线性齐次生产函数。

著名的柯布-道格拉斯生产函数(也称 C-D 函数)是线性齐次生产函数。1928 年,美国数学家柯布 (Cobb)和经济学家道格拉斯(Douglas),根据 1899—1922 年间美国制造业中的资本和劳动这两种生产要素对产量的影响,得出了这一时期美国的生产函数,其形式为:

$$Q=AL^{\alpha}K^{1-\alpha} \tag{4-3}$$

式中：A 为技术水平，L、K 分别为劳动和资本，α 为系数，且 $0<\alpha<1$。在这里，α 值约为 0.75，它说明美国在这一期间的总产量中，劳动所得的相对份额为 75%，资本所得的相对份额为 25%。

柯布-道格拉斯生产函数的一般表达式为：

$$Q=f(L,K)=AL^{\alpha}K^{\beta}$$

如果将 L、K 增加 λ 倍，则有：

$$A(\lambda L)^{\alpha}(\lambda K)^{\beta}=\lambda^{(\alpha+\beta)}AL^{\alpha}K^{\beta}=\lambda^{(\alpha+\beta)}Q$$

因此，根据 $\alpha+\beta$ 的数值，就可以很容易地判断出柯布-道格拉斯生产函数的规模报酬类型，有关规模报酬将在本章第 4 节中重点进行讨论。

4.1.4 技术系数

生产某一产品所需要的各种生产要素之间的配合比例称为技术系数。技术系数可分为固定技术系数和可变技术系数两种类型。

如果生产某种产品所需要的各种生产要素的配合比例是不能改变的，例如，一个水分子可以有两个氢原子和一个氧原子构成。这种技术系数称为固定技术系数，具有固定技术系数的生产函数是固定比例生产函数。反之，如果产品生产中的要素配合比例可以改变，这种技术系数称为可变技术系数，具有可变技术系数的生产函数是可变比例生产函数。在生产理论中，主要研究技术系数可变的情况，如机器与人力的配置、管理人员与工人的配置等。

4.1.5 短期和长期

生产是一个时间过程，生产函数依据生产过程的长短不同可以分为短期生产函数和长期生产函数两种。但在经济学意义上，短期和长期并不是一个具体的自然时间段，而是特指厂商能否调整生产规模即调整全部投入要素的投入数量来达到改变产量所需要的时间长度。

所谓短期，是指厂商来不及调整生产规模以调整产量，生产只能在原有条件下进行。长期指的是在此时段内所有的投入品都是可变的。例如，某产品的市场需求由于某种原因而迅速扩大，短期内，厂商只能通过让工人加班加点等提高现有设备使用强度的方式来增加产量以满足市场需求；长期内，厂商则是通过增加设备，扩大生产规模来满足增长了的市场需求。因此，在短期内，厂商使用的是固定规模的生产设备，变化的是劳动、原材料等可变要素的投入和固定设备的使用强度；在长期中，企业的规模有了变化，即一切生产要素投入都可以变动。通常长、短期分析的目标是不同的，短期着眼于日常的决策，长期着眼于制定长远的发展计划或战略。

由于劳动和资本是生产中最主要的两种投入，因此，在具体分析生产者行为时，通常假定厂商只使用这两种生产要素。短期内，假设只有一种可变投入如劳动随产量变化而变化，资本保持不变，生产函数可以表示为 $Q=f(L,\overline{K})=f(L)$，此即短期生产函数；长期内，所有投入都可以变化，生产函数表示为 $Q=f(L,K)$，此即长期生产函数。

短期和长期是西方经济学中两个十分重要的概念，它们之间的区分是相对的。有些行业如机器制造业等，所需资本数量巨大，技术要求高，变动生产规模十分困难，因此，对这些部门来说，也许几年也算是短期；而另外一些行业如食品业，半年也可能算是长期。但一定得注意，长、短期的划分并不是根据生产时期的长短，而是根据生产函数中投入与产出的变动关系来确定的。

4.2 边际收益递减规律

在分析要素投入和产量之间的关系时，我们从简单的一种可变投入的短期生产函数开始，研究固定资本在可变劳动下的短期生产问题。

短期生产函数描述了劳动投入量与产量之间的一种技术联系，为进一步分析这种技术联系，研究在资本投入数量一定的情况下如何决定劳动投入的数量以达到生产者利润最大化的目的，除总产量 Q 之外，还要了解平均产量和边际产量的概念及其这几个产量之间的相互关系。

4.2.1 总产量、平均产量和边际产量

总产量(total product)是指与投入一定量的可变生产要素相对应的最大产量。用公式表示为：

$$TP_L=f(L)$$

平均产量(average product)是指每单位生产要素的平均产出量。如果用 L 表示生产要素的投入量，那么，平均产量可用公式表示为：

$$AP=TP/L \tag{4-4}$$

边际产量(marginal product)是指增加或减少一单位生产要素投入量所带来

的产出量的变化。如果用 ΔTP 表示总产量的变化量，ΔL 表示生产要素的变化量，那么，边际产量可用公式表示为

$$MP=\Delta TP/\Delta L \quad 或 \quad MP=\lim_{\Delta L=0}\Delta TP/\Delta L=\mathrm{d}TP/\mathrm{d}L \tag{4-5}$$

为了说明三者之间的关系，我们假设生产函数的具体形式为 $Q=f(L)=27L+12L^2-L^3$，则劳动的平均产量可用 AP_L 表示为：

$$AP_L=Q/L=27+12L-L^2$$

劳动的边际产量表示为：

$$MP_L=\lim_{\Delta L=0}\Delta Q/\Delta L=\mathrm{d}Q/\mathrm{d}L=27+24L-3L^2$$

根据上边的计算公式，投入的劳动与总产量、平均产量和边际产量之间的数量关系可用表 4-1 表示。

表 4-1　总产量、平均产量和边际产量

L	$TP_L(Q)$	$AP_L(Q/L)$	$MP_L(\mathrm{d}Q/\mathrm{d}L)$
0	0	0	0
1	38	38	38
2	94	47	56
3	162	54	68
4	236	59	74
5	310	62	74
6	378	63	68
7	434	62	56
8	472	59	38
9	486	54	14
10	470	47	−16

根据表 4-1 可以做出总产量曲线、平均产量曲线和边际产量曲线（图 4-1）。从图 4-1 可以看出，总产量、平均产量和边际产量的曲线最初都是上升的，但增加到一定程度后，分别开始减少。也就是说，总产量、平均产量和边际产量都是先升后降。下面从三个方面分析它们之间的关系。

4.2.1.1　总产量曲线与平均产量曲线之间的关系

由于 $AP_L=TP_L/L$，连接 TP 曲线上任意一点与坐标原点的直线（割线），其斜率表示该点的 AP_L 值。因此，随着劳动投入量的增加，直线的斜率也随之增加，当直线与 TP_L 曲线相切时，斜率最大，随后又逐渐减小。本例中，当 $L=6$ 时在总

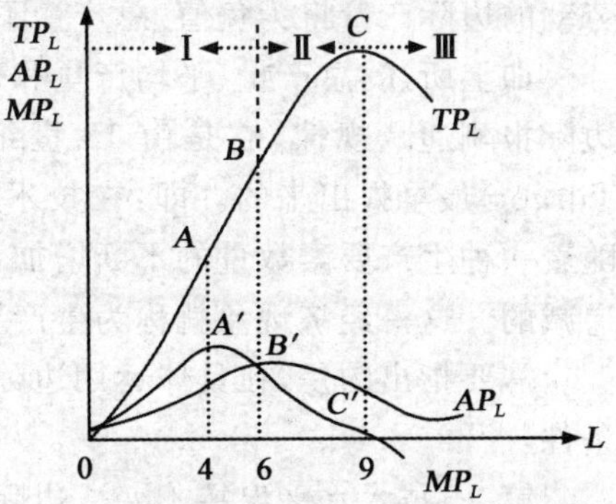

图 4-1　产量曲线与生产阶段划分

产量曲线上 B 点处有一条过坐标原点的直线与之相切，它所对应在 AP_L 曲线上的 B' 点代表的平均产量达到最大值。

4.2.1.2　总产量曲线与边际产量曲线之间的关系

由于 $MP_L = \mathrm{d}TP_L/\mathrm{d}L$，所以，$TP_L$ 曲线上任一点的切线的斜率就是与该点相对应的 MP_L 值。当 MP_L 曲线随劳动量的增加而以递增的速度增加时，其斜率为正，MP_L 曲线相应上升，直到 MP_L 曲线的斜率在拐点 A 达到最大值；过 A 点以后，当 TP_L 曲线随劳动量的增加而以递减的速度增加时，MP_L 曲线随 TP_L 曲线斜率递减而下降；TP_L 曲线在 C 点达到最大值，其斜率为零，MP_L 曲线在 C' 点与横轴相交；过 C 点后，由于劳动投入量的增加使得总产量减少，TP_L 曲线的斜率为负，因此 MP_L 的值也变为负值，其曲线在横坐标轴的下方。

4.2.1.3　平均产量曲线与边际产量曲线之间的关系

图 4-1 中，MP_L 曲线与 AP_L 曲线相交于 AP_L 曲线的最高点 B'。在 B 点，连接该点与原点的直线正好切于 TP_L 曲线，从而其斜率等于该点切线的斜率，因此，$AP_L = MP_L$。在 B' 点之前，平均产量上升，边际产量大于平均产量；在 B' 之后，平均产量开始下降，边际产量小于平均产量，所以 AP_L 曲线与 MP_L 曲线必然相交于 AP_L 曲线的最高点 B'。由于边际产量的变动比平均产量的变动更敏感，因此，图中无论是上升还是下降，边际产量曲线都比平均产量曲线的变动要大。

4.2.2　边际收益递减规律

从上述对总产量、平均产量和边际产量相互关系的分析以及图 4-1 所反映出来的劳动投入与产出之间的变动规律，不难发现：开始时，由于不变投入（资本）相对过多，增加劳动投入使得资本和劳动之间的配合比例更加协调，从而会使劳动的边际产量增加，边际产量处于递增阶段，这时，总产量、边际产量随劳动量的增加而增加，当 $L=4$ 时，劳动和资本的配合比例最佳，劳动的边际产量达到最大；当 $L>4$ 时，由于固定投入（资本）数量不变，继续增加可变投入，二者之间的配合比例将偏离最佳状态，因此使得劳动的边际产量递减，总产量虽然增大，但却以递减的比率上升；当 $L=9$ 时，劳动的边际产量为 0，表明这时增加的劳动已不能进一步使总产量得以增加，总产量达到最大；超过总产量最大值以后，如果再继续增加劳动投入，劳动的边际产量将为负值，总产量不仅不会增加，反而会减少。

如上所述，总产量、平均产量和边际产量的变化特征实际上反映了生产要素的边际报酬递减规律，它是由 18 世纪法国重农学派的经济学家杜尔阁（A. R. J. Turgot）最早提出来的。即：在技术不变、其他生产要素投入固定不变的条件下，随着一种生产要素数量的不断增加，在达到某一点后，总产量的增量即边际产量是递减的。这一经济现象就称为生产要素报酬递减规律，又称边际收益递减规律。

需要指出的是，在具体运用边际收益递减规律时必须注意以下三个重要前提条件：

第一，技术水平保持不变。边际收益递减是指在一定时期内生产技术没有发生大的技术变革。如果技术水平有所变化，即使其他生产要素固定不变而只增加某一种生产要素，边际收益也不一定递减。

第二，技术系数可变。边际收益递减是指其他生产要素固定不变，只增加一种生产要素投入时产量的变化情况。如果各种生产要素的投入比例是固定的，即同时按比例增加，则边际收益不一定递减。

第三，生产要素具有同样的效率。边际收益递减规律假设所有的生产要素都具有相同的效率，如果表 4-1 中第二个单位的劳动比第一个单位的劳动更有效率，那么，边际收益不一定递减。

边际收益递减规律在农业中表现最为普遍。例如，在给某一农田施肥时，最初由于肥料的增加，使土壤结构得以改善，产量也逐渐提高；但随着施加肥料的不断增加，以至于超过了农田的需要，这时农田的产量不仅不会增加，反而下降。

4.2.3 一种生产要素（劳动）的合理投入阶段

由于生产要素存在的边际收益递减规律，因此，有必要研究一种变动要素的合理投入阶段。在此，我们引出了生产弹性的概念。

生产弹性：是指由于变动要素投入每增加一个百分数引起产量增加的百分数。用公式表示为：

$$E=\frac{\dfrac{\Delta TP}{TP}}{\dfrac{\Delta L}{L}}=\frac{\dfrac{\Delta TP}{\Delta L}}{\dfrac{TP}{L}}=\frac{MP_L}{AP_L} \tag{4-6}$$

根据生产弹性的概念和具体数值，我们可以很容易地把生产函数划分为三个阶段：即平均收益递增阶段、平均收益递减阶段和负边际收益阶段。图 4-1 显示了产量的三个区域。

第Ⅰ阶段(生产弹性 $E>1$)。在本例中,是指劳动投入量从零增加到 6,在此区域,劳动的平均产量一直在增加,而边际产量大于平均产量,表明每增加一个单位的可变投入都可以提高平均产量,即增加可变劳动量投入可使固定资本要素得到充分利用。因此,追求利润最大化的生产者不会将生产停留在这一阶段的任何产量上,否则意味着固定要素的浪费。

第Ⅱ阶段(生产弹性 $0\leqslant E\leqslant 1$)。随着劳动量从 6 增加到 9,平均产量从最高点开始减少,边际产量小于平均产量呈下降趋势但大于零。因此,增加可变投入仍可增加总产量,并在劳动量增加到 9 时达到最大。

第Ⅲ阶段(生产弹性 $E<0$)。当劳动量增加到 9 以后,由于劳动的边际产量为负值,总产量将随劳动投入的增加而减少,这时,每减少一个单位的可变投入可以提高总产量。因此,理性的生产者也不会将生产停留在这一阶段的任何产量上,否则的话将意味着变动资源的浪费。

由于理性的生产者必然选择在第Ⅱ阶段进行生产,因此,我们把第Ⅱ阶段称为生产要素合理使用阶段或经济区域,其他阶段则为不经济区域。

经济区域说明了生产者的生产区域,对于生产者应该选择哪一点即哪一产量进行生产,不仅涉及生产要素的价格,而且还要考虑到产品的价格。在上述条件已知且为完全竞争市场状态下,最大利润的变动要素投入量可按下面公式决定:

$$MP_L=\frac{P_L}{P_Q}\quad 或\quad \frac{\Delta L}{P_L}=\frac{\Delta Q}{P_Q} \tag{4-7}$$

上式表示,当要素投入的边际产量等于要素价格与产品价格之比时,利润最大;或者说,当生产者增加要素投入所增加的成本等于获得的产品收益时,生产者实现了最大利润。根据上述关系,如果要素的价格为零,则最大利润的要素投入量即为获得最大产量的要素投入量。

4.3 两种可变投入的生产

与短期生产不同,长期生产函数中所有要素的投入数量都是可以改变的,因此,不存在不变投入与可变投入的划分问题。在长期生产函数中,重点需要解决的问题是要素之间如何相互替代、如何决定各种要素的投入数量和合理投入区间,以及各种生产要素投入数量的最佳组合等。为简化分析,仍假定劳动和资本是生产某种产品所需要的两种生产要素,这时生产函数仅表现为两种可变投入的生产。

4.3.1 等产量曲线

生产理论中的等产量曲线与消费者理论中的无差异曲线十分相似。等产量曲线(isoquant curve)是指在一定技术条件下，生产等量产品的两种投入要素各种可能组合的轨迹。例如给定某生产函数，其产品产量取决于两种生产要素劳动 L 和资本 K，且要素之间可以相互替代，按照 A,B,C,D 四种不同的组合方式可以带来相同的产量 Q_1，如表 4-2 所示。

表 4-2　生产要素的各种组合

组合方式	劳动(L)	资本(K)
A	1	5
B	2	3
C	3	2
D	5	1

根据表 4-2 中的数值可以在平面坐标上描绘出一条如图 4-2 所示的等产量线 Q_1，Q_1 上的每一点都表示了生产同等产量可供选择的两种生产要素 L 和 K 的投入配合。

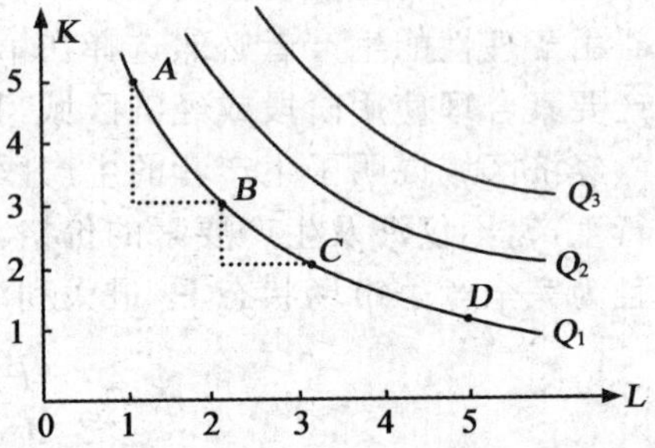

图 4-2　等产量线

根据给定的生产函数，理论上可以在同一坐标图上画出无数条等产量线，每一条等产量线代表不同的产量水平。等产量线距离原点越远，代表的产量水平越大。图 4-2 中的三条等产量线中，$Q_3>Q_2>Q_1$。

等产量曲线又称为生产无差异曲线，具有与无差异曲线相似的几何性质，即从左向右往下倾斜、不能相交、凸向原点等特点，唯一的区别是，等产量曲线表示生产相同数量的产量，每一条等产量曲线所对应的一个特定的产出量是客观的；而无差异曲线表示能给消费者带来相同满足程度的效用，是消费者对商品效用的主观评价，无法像等产量曲线一样用数字度量。

4.3.2　边际技术替代率

4.3.2.1　边际技术替代率

当两种投入要素都可以变化时，生产中往往会出现用一种投入要素替代另一种投入要素的情况。图 4-2 中，将要素组合由 A 点移动到 B 点，L 增加了 1 个单位 K 减少了 2 个单位，产量保持不变，表明劳动 L 增加所带来的产量正好弥补由于资本 K 的减少所损失的产量，因此有：

$$MP_L \cdot \Delta L + MP_K \cdot \Delta K = 0$$

从而有：

$$\frac{\Delta K}{\Delta L} = -\frac{MP_L}{MP_K}$$

在技术不变的条件下，为维持同等的产量水平，放弃一定数量的某种投入要素而必须增加另一种投入要素的数量，被称为边际技术替代率（marginal rate of technical substitution），以 $MRTS$ 表示，即：

$$MRTS = \frac{\Delta K}{\Delta L} = \lim_{\Delta L=0} \frac{\Delta K}{\Delta L} = -\frac{\mathrm{d}K}{\mathrm{d}L} = -\frac{MP_L}{MP_K} \tag{4-8}$$

等产量曲线上任意一点的边际技术替代率，从几何意义上看，是过该点对等产量曲线所作切线的斜率，由于等产量曲线从左向右下方倾斜，从而其斜率为负值。

4.3.2.2 边际技术替代率递减规律

边际技术替代率不仅为负值，其绝对值也同无差异曲线的两种商品的边际替代率一样是递减的，即在生产要素的相互替代过程中同样存在着边际技术替代率递减规律。从图 4-2 给出的数值可以看到，在维持产量水平 Q_1 不变的情况下，要素配合点从 A 点移动到 B 点，再进一步移动到 C 点，最初增加一个单位的劳动，可以替代 2 个单位的资本，但继续增加劳动的投入来替代资本，其资本减少的数量则分别下降为 1 和 0.5，表明生产要素的边际技术替代率是递减的，其实质则是边际生产力递减规律的作用。这一点也可以通过公式（4-8）加以证明：随着劳动要素的不断增加，由于要素的边际收益递减规律，使其边际产量不断下降，即分子在不断减少；与此同时，资本要素的减少使由分母表示的边际产量却不断增加，所以 MP_L/MP_K 的值随劳动投入的增加而减少，等产量曲线斜率的绝对值也随劳动投入的增加而减少，表现为等产量曲线凸向原点，即边际技术替代率是递减的。

4.3.2.3 生产函数的两种特例

前面我们分析的是可变比例生产函数，即要素之间的配合比例是可以任意变动的。在实际生产中，不能排除生产过程中投入要素的替代关系表现为两种极端情形的生产函数。如果生产函数由下式给出：

$$Q = f(L, K) = aL + bK$$

这时所有等产量线都是斜率为 $-a/b$ 的平行直线，即生产要素的边际技术替代率为一常数，等产量曲线如图 4-3 所示。

在 4-3 图中，可以用大量的资本如 A 点，也可用大量的劳动如 B 点或资本和劳动的均衡组合如E点均可生产出同样的产量。这种线性生产函数是一个有用的例子,但在现实生产中却极少遇到。由于在这种情况下,资本与劳动被认为是可以完全相互替代的,因此,以这种生产函数为特征的产业部门可以根据要素的价格只使用资本或只使用劳动,而在现实生产中几乎没有任何生产过程是以这一情形的替代状况为特征的。

另一种生产函数的特例是两种投入要素之间不能进行任何替代,也称固定比例生产函数。在这种情形下,如果只增加一种投入要素而另一种投入要素不增加,所增加要素的边际产量为零,总产量不变。只有同时同比例增加两种要素的投入,总产量才会按比例增加,因此,等产量线呈L形。譬如,用风镐对混凝土人行道进行翻建,一个工人用一台风镐,一台风镐也只能由一人操作——两个人一台风镐或一个人两台风镐都不能增加产量。固定比例生产函数的等产量曲线如图4-4所示,原点与每一条等产量线的直角顶点的连线(OA)代表了投入要素的有效组合,其斜率为固定技术系数。这种形式的生产函数用数学公式表示,可写成:

$$Q=\min(L,K)$$

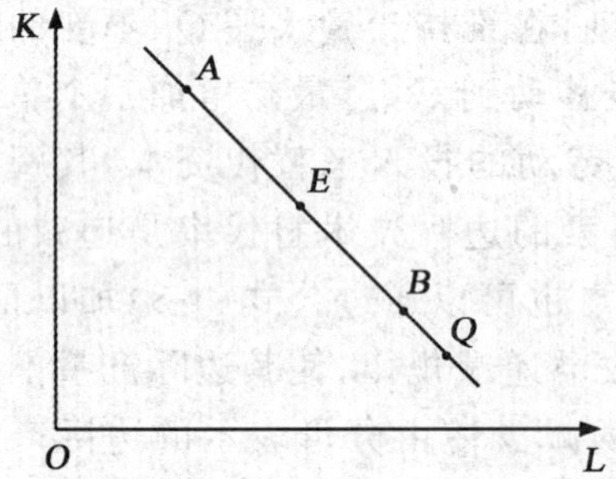

图4-3 可完全替代的等产量曲线

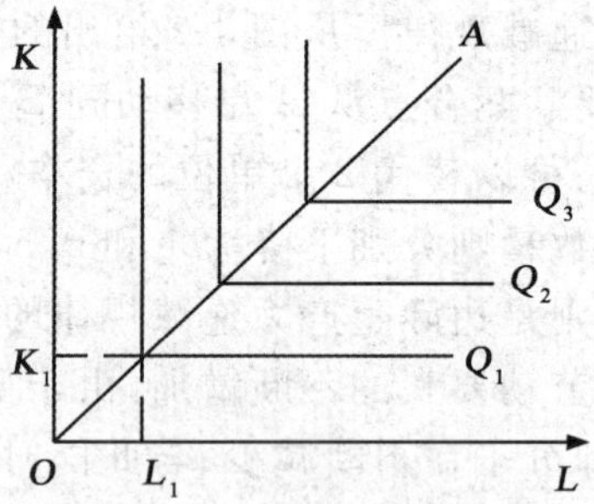

图4-4 固定比例等产量曲线

4.3.3 脊线和生产的经济区域

类似与短期生产中分析生产的经济区域一样,在长期生产中同样需要分析生产的经济区域问题。

虽然等产量曲线上的所有投入组合都可以生产出相同的产量,但生产者不会任意选择等产量线上的某一组合来进行生产。一般来说,追求利润最大化的生产者不会在等产量曲线的斜率为正的线段上选择投入组合,因为斜率为正意味着为保持相同的产量,生产者必须同时增加两种生产要素。

根据等产量线的特点,在一个等产量曲线图坐标上可以有无数条等产量线。

如果将等产量线上所有切线斜率为无穷大的点（如 A、A_1、A_2）和切线斜率为零的点（如 B、B_1、B_2）与原点连接起来所形成的两条等斜线称为脊线。如图 4-5 所示，脊线以内，等产量线的斜率为负值，表明生产者可以在产量不变的情况下，通过增加一种生产要素而减少另一种要素实现对要素配合数量的调整。在脊线的外侧，等产量线的斜率为正值，其原因是相对于另一种要素而言，这种要素的投入数量过多，以至于进入生产的第Ⅲ阶段，边际产量表现为负值，为保持产量水平不变，就必须增加另一种要素的投入；反过来，由于一种要素的投入在生产的第Ⅲ阶段，这时减少对这种要素的投入可以增加产量，因此，在保证产量不变的前提下，另一种要素的投入数量也必须减少，直到 A 点或 B 点。在这里，A、B 两点分别代表了资本、劳动这两种要素位于生产第Ⅱ阶段和第Ⅲ阶段的分界点。可见，一个理性的生产者选择要素投入的合理范围必定在 A、B 两条脊线的内侧。由于脊线以内表明了生产要素替代的有效范围，这一范围称为生产的经济区域。

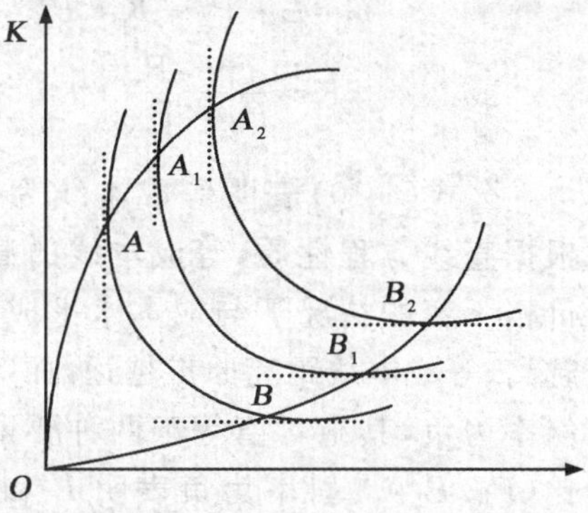

图 4-5 脊线

根据上述分析，等产量线上的生产经济区域相当于一种可变投入产量曲线上生产的第二阶段。同样，生产的经济区域只是说明生产者会在这个区域进行选择，也没有解决究竟在哪一点生产的问题。要解决这个问题，还需要引入要素价格即成本线等概念。对于固定技术系数的等产量曲线来说，它的脊线就是 OA 线，只有在 OA 线上才是要素投入的有效经济区域。

4.3.4 等成本线

等产量线上的任何一点都代表生产一定产量的两种要素组合，但不同的要素组合却有着不同的生产成本。因此，生产者要实现利润最大化目标，即产量既定时的成本最小，或成本既定时产量最大，不仅要考虑要素的最优组合问题，还必须考虑要素的价格即成本问题。

等成本线（isocost curve）是要素价格既定时，用一定成本所购买的两种生产要素不同组合的点的轨迹。假设劳动 L 和资本 K 是生产某种产品所需要的两种生产要素，C 代表既定的成本水平，P_L、P_K、L 和 K 分别代表劳动、资本的价格和投入量，在平面坐标中可以做出等成本线，见图 4-6，如用公式则表示为：

$$C=L \cdot P_L+K \cdot P_K \quad (4\text{-}9)$$

或

$$K=\frac{C}{P_K}-\frac{P_L}{P_K} \cdot L \quad (4\text{-}10)$$

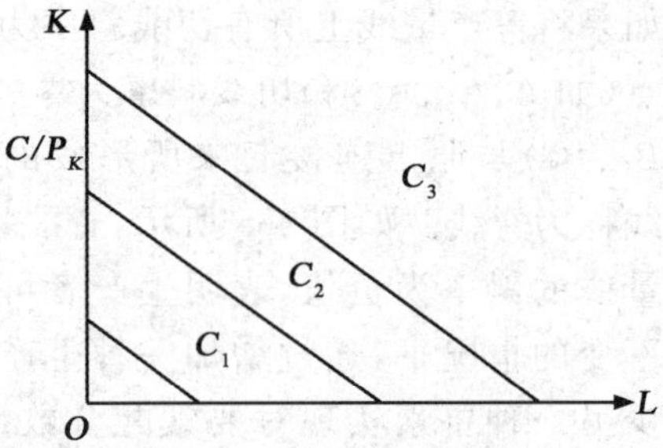

图 4-6　等成本线

公式(4-10)表明等成本线为一条直线。根据直线方程性质,等成本线的截距在要素价格不变的情况下与成本水平成正比,成本越高,等成本线距离原点越远,而等成本线的斜率为负,其绝对值等于两种要素的价格之比(P_L/P_K)。斜率为负表明 L 和 K 呈反方向变化,即要增加 L 的投入量必须减少 K 的投入量,同样,要增加 K 的投入量也必须减少 L 的投入量。

等成本线和消费者行为理论中的预算线非常相似,图中每一条等成本线都代表一定价格下生产的总成本。如果生产要素价格不变,生产者增加要素的投入水平,使得生产的成本增加,等成本线则向右上方平行移动,如由原来的 C_2 移动到 C_3;相反,当成本减少时,等成本线则由 C_2 移动到 C_1。

4.3.5　最优的生产要素组合

在长期生产中,所有生产要素的投入数量都是可以改变的。任何一个理性的生产者都会选择一个最优的生产要素组合以实现利润最大化目标。要解决这个问题,必须将等产量线和等成本线结合起来。

4.3.5.1　既定成本条件下的生产者均衡

既定成本条件下的生产者均衡研究的是以什么样的要素组合取得最大产出。为实现这一目标,我们将企业的等成本线和相应的等产量曲线绘在一个平面坐标中,就可以很容易地确定企业在既定成本条件下的生产者均衡。

由于前提条件是成本既定,图 4-7 中只有一条代表既定成本水平的等成本线,同时可以画出不同要素组合的等产量曲线,显然,有多少种要素组合,就可以画出多少条等产量曲线,尽管等成本线可以和许多等产量曲线相交,但只能和一条等产量曲线相切。图中给出了代表三种不同产量水平的等产量曲线 Q_1、Q_2、Q_3,等成本线和 Q_2 相切于 E 点,和 Q_1 相交于 A、B 点,和 Q_3 既不相交也不相切。

从图 4-7 中还可以看出,E 点表示生产者实现了生产者均衡,即要素投入分别为 L_E 和 K_E,产出量为 Q_2。其原因在于,虽然 Q_3 具有较高的产出水平,但按照目前的成本水平,不可能生产出 Q_3 的产量水平;A、B 点的要素组合虽然可以由既定的成本提供出来,但生产的产量 Q_1 显然低于产量 Q_2,因此,不符合经济原则。沿

着等成本线由 A,B 移向 E 点,生产者即可在不改变成本的情况下增加产量,既是可能的,又是最经济的,因此,在 E 点实现了成本约束情况下的生产者均衡。

4.3.5.2 既定产量条件下的生产者均衡

接下来分析产量一定成本最小的情形。如图 4-8 所示,C_1、C_2、C_3 代表三条不同的等成本线,由于产量既定,所以只有一条等产量曲线。同样,在一定产量约束下的等产量曲线,可以和许多等成本线相交,但只能和一条等成本线相切。图 4-8 中等产量曲线和等成本线 C_2 相切于 E 点。显然,E 点即为产量约束条件下的生产者均衡点,其理由和成本约束条件下的生产者均衡完全相同,只有选择 E 点进行生产,生产者才可能实现既定产量水平下的最小成本。其他的任何选择,不是增加了成本,如图中的 A、B 两点,就是无法生产出所要求的产品产量,如图中 C_1 所表示的成本水平。

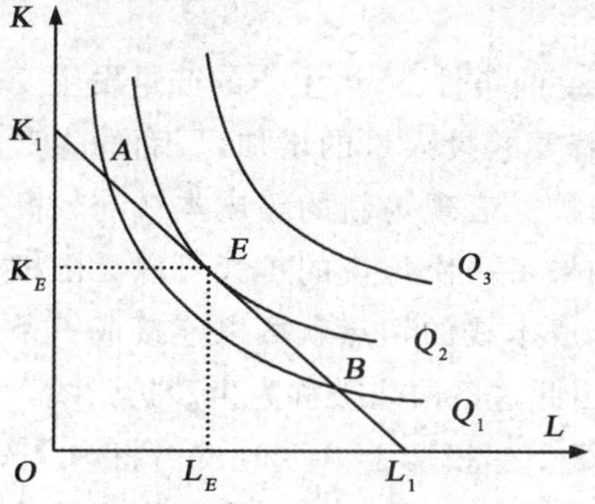

图 4-7 成本既定条件下的生产者均衡

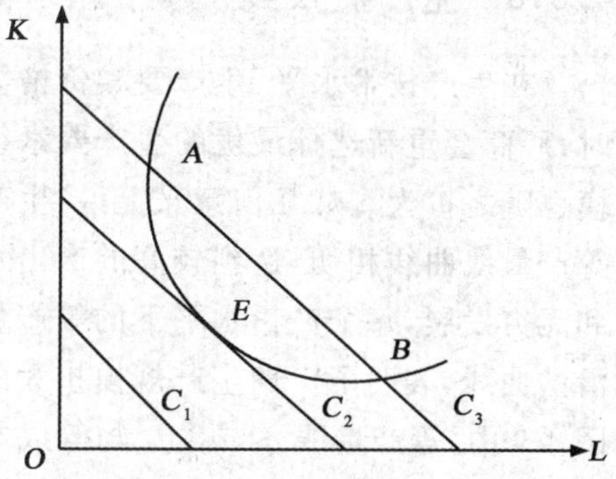

图 4-8 既定产量的生产者均衡

根据上述分析,无论是成本约束条件下的生产者均衡,还是产量约束条件下的生产者均衡,在图形表示上都是等成本线与等产量曲线相切的切点,此时的要素组合即为最优组合,表明生产者按此要素组合进行生产,实现了产量既定时的最小成本,或成本既定时的产量最大,即实现了生产的最大利润。与消费者均衡点一样,在其他条件不发生变化的情况下,生产者将始终保持这种状态进行生产。

由于要素投入的最优组合在几何图形上表现为等产量线与等成本线的切点,这就要求等产量线的切线的斜率等于等成本线的斜率。从前面的分析中得知,等产量线的斜率是两种生产要素的边际技术替代率,而等成本线的斜率是两种生产要素的价格之比的负数值,因此,生产者均衡的条件用公式表示为:

$$MRTS_{LK}=-\frac{MP_L}{MP_K}=-\frac{P_L}{P_K} \tag{4-11}$$

或

$$\frac{MP_L}{P_L}=\frac{MP_K}{P_K} \tag{4-12}$$

等式(4-12)表明生产者无论用一单位生产成本购买哪一种生产要素，所获得的边际产量都相等。按照生产者均衡条件，在实际生产活动中，如果每增加1单位货币的劳动投入所增加的产量要大于每增加1单位货币的资本投入所增加的产量，生产者就会趋向于用更多的劳动来代替资本，直至二者所提供的边际产量相等；反之亦然。

4.3.6 生产扩张线

在生产技术水平、生产要素价格等保持不变的条件下，当生产的产量发生变化时，厂商会重新选择最优的生产要素组合，随着要素投入量的增加，厂商的生产规模也随之扩大。从几何意义上说，生产规模的扩大表现为新的等成本线与较高的等产量线曲线相切，达到较高的产出水平。如果每一次规模的扩大可以无限细分和无穷发展，每个产量水平下的等产量线和等成本线的切点就可以连接成一条圆滑的曲线，表明了厂商生产规模扩大的路线，因此这条曲线被称为生产扩张线。如图4-9中，等产量线 q_1、q_2、q_3 与等成本线 C_1、C_2、C_3 相切于 A_1、A_2、A_3，将 A_1、A_2、A_3 与原点连接起来的凹线即为生产扩张线。生产扩张线表示当生产要素的价格保持不变时，对应于每个可能的产出量的最优投入组合的轨迹。

扩展线的形状有着重要的经济意义。如果商品的产出量在长期中得到增加，是通过使用多投入资本少投入劳动的生产方法，那么其扩张路线如图4-10中的曲线 I 所示；若使用多投入劳动少投入资本的生产方法，则其生产扩张线如图中的曲线Ⅲ；若两种生产要素仍按过去相同的比例增加投入量以使产出增加，其生产扩张路线就是线性的，如图中的曲线Ⅱ。显然，由于这是在要素相对价格保持不变条件下的生产扩张，因此其路径的变动完全取决于所采用的技术改变。

上面讨论的生产扩张线是在两种生产要素投入都为可变的情况下得到的，故又称为长期生产扩张线。与之相对应，如果随着产出量的增加，至少有一种生产要素的投入量受到限制而不能改变，这时投入要素组合的变化轨迹称为短期生产扩张路线，如图4-11所示。图4-11中假设资本数量固定为 K_0。那么，随着产出量的增加，就可以得到不同产出量下投入要素的"最优"组合。如产量为 q_1，最优组合

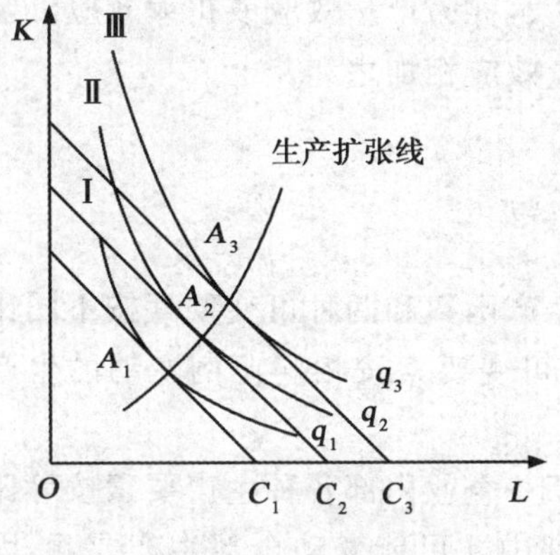

图 4-9　生产扩张线

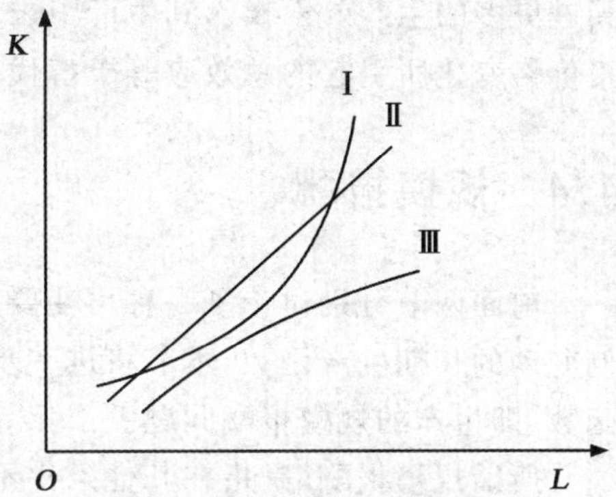

图 4-10　生产扩张线的选择形状

就是 B_1 点；若产量为 q_2，最优组合就是 B_2 点…，把 B_1，B_2，…连接起来，就得到短期生产扩张路线。由于资本投入量保持在 K_0 上，所以短期生产扩张线是水平的。

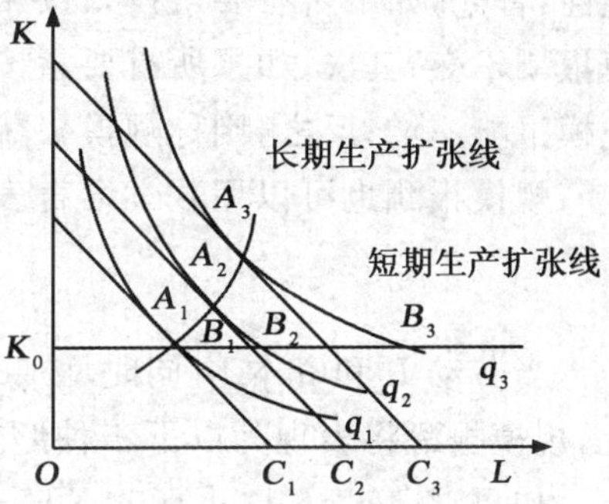

图 4-11　短期生产扩张路线

从图 4-11 中还可以发现，在各种产出水平上，短期成本要高于长期成本。比如说：当产出量为 q_2 时，长期成本为 C_2，而短期成本要高于 C_2，这是因为短期中，相应的最佳组合点是 B_2 点，而 B_2 点位于等成本线的右上方。由此可见，在短期内资本数量受到限制的情况下，企业虽可通过投入大量劳动来实现更大产量，但往往不得不付出更多的成本。

生产扩张线是在生产函数和要素价格既定条件下生产者扩大生产规模的路径。现实生活中，要素价格经常发生变化。与消费者行为一样，当一种消费品的价格下跌，其他消费品价格不变时，对跌价商品的需求增加，是由于两种效应共同发生作用的结果，即增加跌价商品的购买量而减少其他商品的购买量，称为替代效应；而价格下跌带来的实际收入提高引起的消费者需求量增加称为收入效应。与此完全类似，当一种生产要素价格发生变化时，生产者对该要素的需求也存在着替代效应和产量效应：即增加价格下跌的要素投入量以替代价格没有变化的生产要素为替代效应，而由于要素价格下降同时总成本保持不变的情况下可以使生产者买进更多的生产要素投入到生产中去，使产量扩大，称为产量效应或扩大效应。要素价格变化所引起的总效应等于替代效应和产量效应相加之和。

4.4 规模报酬

前面两节分别讨论了一种可变要素的短期生产函数和两种可变要素按不同比例变动的长期生产函数，本节将进一步讨论两种可变要素按相同比例变动的生产函数，即生产的规模报酬问题。

所谓规模报酬，是指在其他条件不变的情况下，企业内部各种生产要素按等比例变化所带来的产量变化。由于企业只有在长期中才可能变动全部生产要素，因此，规模报酬分析属于长期生产理论问题。具体来说，规模报酬的变动存在三种可能性：首先，如果所有要素投入按相同比例增加也带来产出的同比例增加，称为规模报酬不变；其次，如果所有要素按相同比例增加带来产出更大比例的增加则称为规模报酬递增；反之，则称规模报酬递减。

规模报酬也可以用数学语言表达。假设生产函数如式 4-13 所示，即：

$$Q=f(L,K) \tag{4-13}$$

当劳动 L 和资本 K 同时增加一个大于 1 的倍数 α，产出增加到 $f(\alpha L,\alpha K)$，因此，规模报酬将表现为以下三种形式：

如果 $f(\alpha L,\alpha K)>\alpha f(L,K)$，表示产量增加的速度超过要素增加的速度，生产函数为规模报酬递增；

如果 $f(\alpha L,\alpha K)=\alpha f(L,K)$，表示产量增加的速度等于要素增加的速度，生产函数为规模报酬不变；

如果 $f(\alpha L,\alpha K)<\alpha f(L,K)$，表示产量增加的速度小于要素增加的速度，生产函数为规模报酬递减。

利用齐次生产函数，可以清楚地反映出某厂商生产规模报酬的变动情况。假设生产函数为 $Q=f(L,K)=AL^{\alpha}K^{\beta}$，如果将 L、K 增加 λ 倍，则有：

$$A(\lambda L)^{\alpha}(\lambda K)^{\beta}=\lambda^{(\alpha+\beta)}AL^{\alpha}K^{\beta}=\lambda^{(\alpha+\beta)}Q$$

显然，当 $\alpha+\beta=1$ 时，该厂商生产的规模报酬不变；$\alpha+\beta>1$ 时，生产的规模报酬递增；反之，生产的规模报酬递减。本章第一节提到的柯布-道格拉斯生产函数为线性齐次生产函数，实际上是指该生产函数具有规模报酬不变的性质。

同样，规模报酬也可以通过等产量线反映出来。

图 4-12 显示了规模报酬的变动情况。图中，劳动 L 和资本 X 之间的固定投入比例为 5∶1。当 $L=5, K=1$ 时，产出为 10 个单位；当所有投入品都增加一倍，即 $L=10, K=2$ 时，产出增加 3 倍，为 30 个单位，显示出规模报酬递增；当所有投入品再增加 1/2 倍，即 $L=15, K=3$ 时，产出增加 2 倍，为 60 个单位，仍显示出规模报酬递增；当 L 由 15 增至 20，K 由 3 增至 4 时，所有投入品都由等产量线表示的规模报酬增加 1/3 倍，产出由 60 增加到 72，增加了 12 个单位，即只增加了 1/5 倍，显示出规模报酬递减。

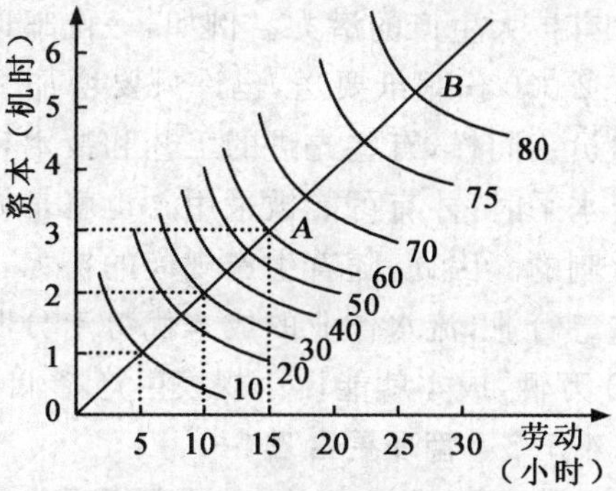

图 4-12　规模报酬的变动情况

从图 4-12 中可以看出，如果用等产量线表示规模报酬的不同情况，可以通过等产量线之间的距离近似表示。即：如果是规模报酬不变，等产量线之间的距离是相等的；如果是规模报酬递增，等产量线之间的距离越来越近；如果是规模报酬递减，等产量线之间的距离将越来越远。

4.4.1　规模报酬递增的原因

规模报酬递增，即厂商经营规模扩大时，在给定技术状况的条件下，投入要素的效率会提高，从而单位产品的成本降低，也就是通常所谓的规模经济或规模效益产生的原因，可以归纳为专业化生产和某些要素的不可分割性。

4.4.1.1　劳动的专业化分工

随着生产规模的扩大，使用的劳动较多，劳动者可以进行更加有效的分工协作，从而提高工作的效率。分工可以提高工作效率，这一点早在 18 世纪就由经济学之父亚当·斯密提出。亚当·斯密在他的《国富论》中，以大头针行业为例，一个未受到专业训练的工人，一天只能勉强做一个大头针，但如果将生产分为 18 个工序，每人只承担一个工序，人均日产量可达到 4 800 个大头针，专业化带来的规模经济十分显著。

专业化带来的规模效益同样也可以体现在资本设备上。当厂商扩大经营规模时，可以用效率更高的专门化的资本设备来代替非专门化的设备，从而提高生产效率。

4.4.1.2　生产要素的不可分割性

有些要素必须达到一定的生产水平，才能更有效率。这表明原有生产规模中含有扩大生产的潜力。例如，一位邮递员原来每天给某地段发送 100 份报纸，现在有 2 000 份报纸要送，也许只要增加 2 个或 3 个人就够了，并不需要配备 20 名邮递员。同样，有些先进的工艺和技术，如电脑管理、流水作业等，只有在产量达到一定水平时，才有可能被采用。也就是说，这些大批量生产的工艺和技术通常是不可分割的。因此，随着生产规模的扩大，其规模效益必将显著提高。例如，在汽车制造等行业，流水作业的成本优势十分明显，据统计，一家汽车厂商如果年产量超过 30 万辆，成本就能比小规模生产降低许多。

4.4.1.3 管理更合理

生产规模扩大时，容易实行现代化管理。现代化的管理，会造成一种新的生产力，合理的、先进的管理可以更进一步充分发挥各要素的组合功能，带来更大的效率和收益。例如，人数较多的技术培训，大规模经营的广告、技术的开发和研究，具有一定规模的生产经营管理，不仅提高了生产的效率，同时也由于大规模而相应节约了单位成本；厂商活动的大规模化也会给它带来筹集资金、购买原料和半成品、销售等方面的好处。显然，对于小规模生产来说，是不可能具有这种管理上的优势的。

但是，带来规模经济的各种因素都是有一定局限的，当某一厂商继续扩大生产规模并逐渐用完了造成规模报酬递增的种种规模经济，进一步享受规模经济的优势就不太可能。比如说，他所用的资本设备是最好的，同时也获得了劳动专业化的充分利益，这时，继续扩大规模可能出现规模报酬不变，这一阶段也许很长。如果假设不同规模的厂房可以复制，规模报酬递减阶段可能不存在。因此，某一厂商出现规模报酬递减的一个主要原因就是由于规模扩大带来管理上的低效率。

生产规模越大，企业内部的协调和控制愈加困难，信息在上下的传递过程中越易丢失、失真或被扭曲，管理者之间、管理者与被管理者之间的联系、交流也更加困难。由于决策者不能及时得到正确的信息，也无法及时做出决策；反过来，即使制定了决策，同样不能保证及时地付诸实施，并且执行的有效性很难得到保证。正是因为这种管理上的局限性造成了规模报酬递减。事实上，规模报酬递减只是边际生产力递减的一个特例。因为即使在长期里，也有一些生产要素的投入是无法增加的，例如，无论一家企业的生产扩张到多大规模，总经理只能有一个。

4.4.2 规模报酬变动的规律

一般来讲，企业规模扩张的开始阶段首先是规模报酬递增，随着规模的不断扩大，当规模经济被充分利用完以后，企业进入规模报酬不变阶段，如果继续扩张规模并达到一定程度以后，企业最后转入规模报酬递减阶段。如图 4-13 所示。

图 4-13 中厂商的生产规模在 q_1 以前，为规模报酬递增。反映在长期平均成本(LAC)曲线上表现为随产出量的增加，每一单位产品的平均成本下降；当生产规模在 q_1 与 q_2 之间时，为规模报酬不变。由于产出量与生产要素投入呈现同比例增加，因此产品的平均成本不变，为一水平线；当生产规模超过 q_2 以后，生产的规模报酬递减。由于产出量的增加小于投入要素的增加幅度，造成平均成本上升。

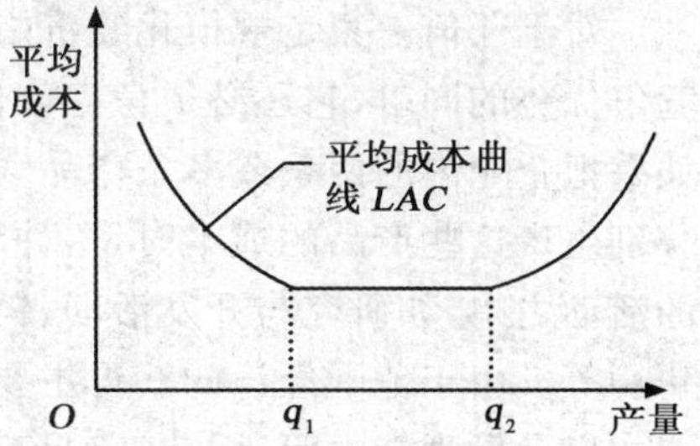

图 4-13 规模报酬变动规律

在实际经济生活中，由于不同的部门存在着不同的技术和自然条件，因此，规模经济的作用会有所不同，即规模报酬递增阶段的重要性取决于生产的类型。一般情况下，假如厂商在生产中使用大量的资本设备，且这些生产设备在生产规模较小时无效率可言，则规模经济将会十分显著。例如汽车、钢铁等工业，规模经济的效果十分明显，因为这些部门较容易集中资本和劳动进行批量生产，生产规模的扩大，能够带来规模经济的好处。而有些部门，如农业，规模经济的效果就不是很明显，其原因主要是由于土地的不可移动性，使得很难把资本和劳动集中起来统一管理，生产规模单纯的扩大，不会带来规模经济的好处。正是因为这一原因，即使在一些发达国家，家庭目前仍然是农业生产的主要经营单位。同样，一些新兴部门的成长壮大并不带有规模经济的色彩。如计算机软件生产，很多人集中在一起编写程序，并不会比分散编写带来更高的效率。

4.5 规模经济与范围经济

4.5.1 规模经济与范围经济的定义

4.5.1.1 规模经济与范围经济

规模经济是指在一个给定的技术水平上，随着规模扩大，产出的增加则平均成本(单位产出成本)逐步下降。在企业的经营活动中，当平均成本随着生产的产品和服务的数量的增加而下降时，就会出现规模经济。它主要是针对企业通过扩大生产规模，降低生产成本，建立一种独特的规模和成本结构，进而营造出强大的先行者优势而言的。由于规模经济本身对企业的资金、资源的要求比较高，因此，由它造就的竞争优势很难被一般性的竞争对手所模仿。企业的规模经济效益的判断可以从成本(投入)和效益(产出)两方面进行。

对于任何一家走规模化经济之路的企业来说，在采取扩大经营规模获取市场竞争优势的同时，它还必须考虑如何节约企业内部各职能部门所花费的成本问题。如果把企业内的两条或多条产品线组合在一家公司的内部，而其生产成本又低于分别生产这些产品的成本时，这种现象就叫做范围经济。它主要存在于企业以下的活动之中，如研究与开发活动、销售与市场营销活动、分销与运输活动以及管理费用等。由于范围经济的获得主要取决于企业自身的特殊能力，如研发能力、营销能力以及管理能力等，因此，它只有靠企业持续不断的创新活动才能够得到维持和发展。除此之外，范围经济还是降低产品成本进而增强企业竞争优势的一条有效途径。范围经济产生于多种产品生产，而不是单一产品生产的情况中。许多企业同时生产多种产品而不是一种产品，例如机动车辆生产厂家既生产卡车也生产客车，炼油厂生产汽油的同时，也生产柴油等其他各种油料，其主要原因就是范围经济优势条件的存在。如果企业的联合产出低于独立企业所能达到的产量，那么这个生产过程就被称为范围不经济。这种情况在一种产品的生产与另一种产品的生产有冲突时可能会发生。

规模经济与范围经济是同企业的扩张活动联系在一起的。规模经济能够使企业形成自身优势，而范围经济能够使企业获得协同优势。由于企业扩张的目的是为了增强其竞争能力，因此，当企业发现通过开发和利用规模优势和范围优势能够促使企业获取竞争优势的时候，它们就会在经营活动中主动地寻求和采用这种扩张行动。规模经济与范围经济的不同之处在于：规模经济是靠单一产品的规模化生产来实现的，而范围经济则是靠多种产品的同时生产来实现的。前者适用于市场容量足够大的场合，而后者则适用于单一市场容量不足以消化规模经济所必需的产量的场合。

4.5.1.2 内部规模经济与内部范围经济

一般而言，规模经济包括内部规模经济和外部规模经济。内部规模经济是指随着企业经营规模的扩大，产量的增加，企业的长期平均成本下降。因为在一定的经营规模区间，经营规模的批量增长可以使单位产品或服务所包含的管理费用、固定资本费用、交易费用等减少。同样，范围经济也包括内部范围经济和外部范围经济，而内部范围经济是指随着产品品种的增加，企业长期平均成本下降。

4.5.1.3 外部规模经济与外部范围经济

外部规模经济是指随着本产业的扩大和企业所在地基础设施及其他产业企业的增加，使得企业的生产成本减少及收益增加。换句话说，也就是外部规模经济是由于在同一个地方同行业企业的增加，多个同行企业共享当地的辅助性生产、共同的基础设施与服务、劳动力供给与培训所带来的成本的节约。

外部范围经济是指在同一个地方，单个企业生产活动专业化，多个企业分工协作，组成地方生产系统。外部范围经济是通过企业之间的分工与协作、交流与沟通达到成本的节约。

4.5.2 规模经济与范围经济产生的根源

4.5.2.1 新技术和新设施的使用，使企业生产效率更高

决定成本和利润的两个决定性数字是额定生产能力和生产率(或在一规定时间内实际处理的数额)。这也就意味着，规模经济既依靠“规模”(额定生产能力)，又要依靠“速度”(利用生产能力的强度)，所以，规模经济也是速度经济。企业规模经济和范围经济的实现既取决于知识、技能、经验和集体工作，又取决于为了利用技术工艺的潜力所必需的、组织化了的人的能力。通俗地说，也就是将大生产和大分配整合在一起，需要管理组织的协调与合理化。19 世纪最后 25 年中的美国、英国、德国等现代企业利用规模经济和范围经济发挥了前所未有的成本优势。以美孚石油公司(它的继承者是埃克森公司)为例，它的每日 1 500～2 000 桶生产能力的工厂的平均成本从 1880 年每加仑 2.5 美分降至 1.5 美分。而对它的所有工厂而言，1884 年是每加仑 0.53 美分，一年后降至 0.452 美分，其间的利润幅度在一年间从 0.53 美分升至 1.003 美分。德国的三家最老最大的化学公司也充分发挥了规模经济与范围经济的优势，能把一种名为“红茜素”的新合成染料价格从 1869 年的每千克 270 马克减到 1886 年的每千克 9 马克。

然而，这并不表明企业的规模大了就能自动地提高效率。随着规模增大而带来的专业化通常需要额外的专业化经理人。雇员增加 10%可能要求经理人员的数量增加远远超过 10%。同时会议会更加频繁，沟通会更加困难。最终往往会产生管理的无效率。管理无效率不一定是规模不经济的唯一原因，但通常是主要原因。所谓规模不经济，是指当产量增加时，长期平均成本也在增加。当企业先是规模经济而后是规模不经济时，就会形成 U 形的长期平均成本曲线。

4.5.2.2 技术发展和新市场开发，使企业新产品开发及规模生产成为可能

生产某一产品的最佳工厂规模与一种技术的潜在产出有关，同时，也与现有市场的需要相关。技术装备的单位产量成本一般在产量大时较低，在产量小时较高。因此，在资本密集型工业和市场需要广阔的行业中，规模经济效应最明显。在像石油、钢铁和铝的一些生产工艺中，相对于产量的成本，其增加和减少的幅度比肥皂、谷物和类似的有商标的包装产品的行业更大。这也就是说，前者以低于最低效率规模进行生产时所受的损失较为严重。

4.5.3 规模并不一定总是越大越好

规模经济导致随着产量的增加，单位产出的成本降低，这样看起来，大企业似乎总是优于小企业，但实际上并非如此。规模经济的产生需要两个重要前提：一是存在着昂贵的固定资本，这是企业可以也必须通过产量的扩大来摊薄折旧，并进而降低产品成本的原因所在；二是必须保证生产设施的满负荷利用，唯此才能切实发挥先进设施的优越性。而效率和专业化常常会受到市场规模的限制，如图4-14所示。具有规模 $C(SATC_C)$ 的企业不会比具有规模 $B(SATC_B)$ 的企业更具优势。因为大企业 C 无法售出实现其最有效产出所要求的数量。如果市场需求不足以购买大企业生产的所有产出，那么生产大量产出是没有意义的。

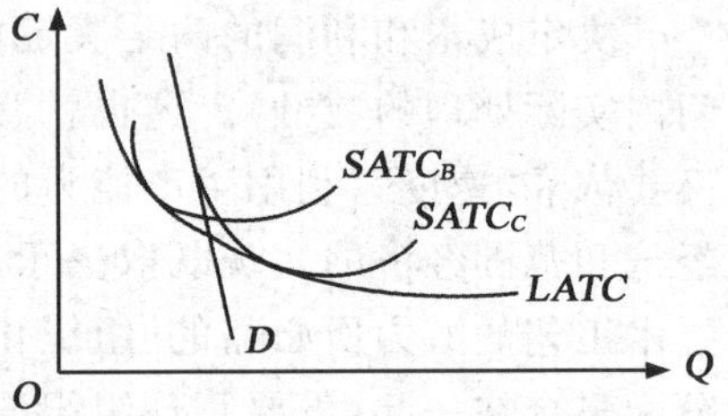

图 4-14 专业化受制于市场规模

以我们国家为例，当前不少地方的企业纷纷通过合并而扩大规模，以为由此可获得规模效益。然而能否如愿以偿，尚需具体分析。毋庸讳言，现实中的不少合并并非发生于资本密集型企业之间，而是发生在劳动密集型的中小企业之间。这种合并虽有组织规模的扩大，却与规模经济无关。因为这类企业合并后并不存在昂贵设施因生产规模扩大而变得经济的好处，相反却可能因失去组织小的灵活性而降低效率。

另有一种情况是，合并确实发生在资本密集型的企业之间，但这也不会自然地导致规模经济。因为这类合并虽已创造出上述第一个前提，但尚缺第二个前提的配合。而后者唯有通过资源及机构的集中而合理地整合才有可能，如果合并后仅是多了一个名义上的最高领导机构，原来的企业仍然运作依旧，那么不但没有规模经济，反而会平添各种摩擦和成本。

4.5.4 多元化是否等同于范围经济

从表面上看，经营多元化不但可分散投资风险，而且与前述范围经济的概念也极为相似。然而，事实是否果真如此，我们从以下两方面来加以分析。

首先，我们来看一下产品多元化与范围经济的关系。范围经济的基础实质上是规模经济，即由昂贵设施的高密度利用而产生的成本节约。如果企业主打产品的市场容量足以消化掉设备满负荷运转条件下的产量，那么产品多样化也就没有必要。只有当某产品的市场份额不足以让设备高效发挥作用时，才需要借助于其他产品，从而才会有范围经济。可见，范围经济的关键性条件不是有无产品的多样化，而是多样化的产品能否共同利用和发挥已有设施的作用。如果单有产品的多样化却无设施的共同或高效率的利用，那么在资源有限的前提下，各种产品都可能因不能规模化生产而使成本上升，也就不存在什么范围经济了。

其次，企业产品多元化能否分散风险？任何市场中都有竞争，都要靠质量和成本来取胜。如果企业没有专有技术或规模、范围经济作后盾，那么即使进入了这个市场，由于不具备竞争的优势，企业也很难从生产经营中获得利润。因此，多元化本身并不一定能分散风险，唯有规模经济或范围经济基础上的多元化才能战胜风险。

延伸阅读

1.厂商理论研究的新进展

生产者称为厂商(firm)，是指能作出统一生产决策的经济单位，包括个人、合伙和公司性质的经营组织形式。在西方经济学中，厂商被假定为是合乎理性的经济人，其提供产品的目的在于追求企业的利润最大化。作为生产者的厂商为了追求最大利润，要从以下几个方面考察问题：①从实物角度考察投入的生产要素与产量之间的物质技术关系构成的生产理论，包括生产的技术可行性，生产要素投入合理性和生产的规模经济问题，要研究投入的生产要素与产量之间的关系，以实现有限资源的配置效率。②从价格、货币角度考察生产中投入的成本与销售收益之间的经济关系，尽可能使生产特定产量所支出的成本为最小，或使消耗一定量成本所生产的产量为最大，构成了生产者均衡问题。③考虑在不同的市场条件下，厂商应该如何确定自己的产量和价格问题。

新古典理论假定厂商作为企业唯一的法人，是一个追求利润最大化的具有理性的经济个体，所有的问题都抽象在生产函数之中，厂商能够制定出企业发展的最佳决策。但现代企业理论发现这一假设与经济发展现实不符。范里安在其《现代观点》一书中曾指出：一般说来，企业可以由业主独资企业、合伙经营企业和股份公司三种形式组织。业主独资企业为某一个人所有。合伙经营企业为两个或更多的人所有。股份公司中，所有者常常不是企业的管理者，企业的所有权和经营控制权是分离的。因此，如下三个理论方面的研究进展能够说明，现实中的厂商概念与新古典厂商理论的传统解释相距甚远。

(1)关于厂商存在的理由。科斯定理从交易成本的分析角度，提出企业的存在是为了减少市场交易的成本，即企业能够把市场交易成本内部化。除科斯外，威廉姆森(Williamson，1975)、克来因(Klein，1978)、格罗斯曼和哈特(Grossman，Hart，1986)、Tirole 等人分别从资产专用性、不完全合约与纵向一体化等角度，阐释了厂商的本质。

(2)最大化模型与委托—代理问题。在合伙或股份制企业中,所有权与经营权的分离导致了对企业经理人员最大化行为的进一步研究。在正常情况下,企业经理依据其特定的信息和权能优势独享决策权,其行为对企业产生决定性的影响。然而,在现代企业中,投资者或委托者与经理人之间往往存在利益与目标的差异。委托—代理理论正是为解决经理人员对投资者利润最大化目标的偏离而发展起来的。

(3)内部组织效率与非最大化厂商理论。激发员工积极性和创造性,有效组织各种资源使企业有效运转,是企业的核心问题。阿尔钦和德姆赛茨(Alchian, Demsetz,1972)的团队理论成功地解释了这一问题。而从管理角度来看,新古典"理性经济人"是其管理的立足点,即管理的"利益最大化激励"。西蒙(H. A. Simon)个人有限理性和追求满意效用假说,利本斯坦(H. Leibenstein)提出"X-非效率理论",构成了当今非最大化厂商行为理论,成为"最大化理论"的重要补充。

2.规模经济与范围经济

规模经济是指在一个给定的技术水平上,随着规模扩大,产出的增加则平均成本(单位产出成本)逐步下降。范围经济则是指当同时生产两种产品的费用低于分别生产每种产品时,所存在的状况就被称为范围经济。企业生产过程中存在同一核心专长,从而导致各项活动的多样化,多项活动共享一种核心专长,会带来各项活动费用的降低和经济效益的提高。范围经济的概念是20世纪80年代初由美国学者 Teece(1980)、Panzar & Willing(1981)以及 Chandler(1990)等人首先使用的。

范围经济与递增规模报酬是两个不同的概念,二者之间并无直接的关系。一个生产多种产品的企业,其生产过程可能不存在规模报酬递增,但是却可能获得范围经济。一个工厂用较大规模只生产某一种产品可能会产生规模报酬递增,但是同时生产两种以上产品却不会产生范围经济。范围经济的特征可以通过研究产品的生产成本,产品多样性,市场营销,技术创新,抵御风险等优势情况加以说明。

例如,当前我国的很多家电生产企业,比如空调、彩电等产品的生产,已经具备了千万台的制造规模,按说这样的制造规模应该可以享用规模经济与范围经济。但是我们迎来的却是利润大幅减少,这证明我们想靠自己的制造规模在全球获得竞争优势的战略遇到了阻力。巨大的市场容量与政府主导的生产性投资双重诱因,使中国家电制造业把发展的重心放在了大规模的制造上,这样运作的结果并没有给家电产业带来全球竞争优势。一个产业在全球行业中的位置是由卖方、买方、替代者、进入者等力量决定的。我们看到,中国家电行业拥有全球的制造规模,但是竞争力却非常有限，在买方与卖方两个方面都没有定价能力，这是非常可惜又可悲的事情。

规模经济与范围经济是永远起作用的经济规律，中国家电行业有了规模为什么会没有经济？原因是新的技术替代者的出现，让中国家电企业所依赖的旧有产业体系快速贬值。当今，要取得规模经济与范围经济的附加条件将越来越多，而最重要的条件是产品的技术壁垒与时间壁垒。所以，向技术创新区位转移是中国家电业面临的紧迫任务，在考虑发展规模经济的同时，我们还要积极利用范围经济形成国际竞争优势。

概念与习题

1. 解释如下基本概念：生产函数；柯布-道格拉斯生产函数；固定比例生产函数；短期和长期平均产量；边际产量；边际报酬递减规律；等产量线；边际技术替代率；脊线；生产要素最优组合扩展线；规模经济。

2. 什么是生产函数？短期生产函数与长期生产函数有何区别？

3. 在确定一种投入要素的合理与否时，能否从生产弹性的大小来确定？怎样定义？

4. 比较无差异曲线与等产量线的特征。

5. 生产规模扩张线与脊线的关系是什么？

6. 规模报酬递增与规模报酬变动的原因和规律是什么？

5　成本与收益理论

成本记录的是竞争的吸引力。

——弗兰克·奈特

第4章我们从实物投入—产出的角度考查了生产要素与产量之间的物质技术关系，在作为生产理论包括了生产的技术可行性，生产要素投入的合理性和生产的规模经济等问题，系统地研究了投入的生产要素与产量之间怎样实现有限资源的优化配置。然而，从价格和货币角度考查生产中投入的成本与销售收益之间的经济关系，必须进一步研究成本及其构成、收益和利润的关系。本章的知识构成了生产者理论的延续，逻辑上需要进一步搞清楚成本的概念、成本的习性、长短期成本函数，以及利润与收益和成本的关系，最终推导出市场经济中利润最大化的原则。

5.1　成本与成本函数

5.1.1　几个重要的成本概念

提到企业的成本，人们通常想到的就是企业的各项货币支出。但是，在微观经济分析中，仅仅从这样的角度来理解成本是不够的。经济学家认为，无论何种成本都可以概括为一种“牺牲”或者说一种代价。成本可以是有形的，也可以是无形的；可以是客观的，也可以是主观的；可以是用货币来计量的，也可以是无法用货币来计量的。由于上述原因，不一定总能把成本简单地化为货币的形式，也不能找到一种单一的、毫不含糊的和能广为接受的成本计算方法。为了进行经济成本分析，下面首先介绍几个重要的成本概念，以加深对成本概念的理解。

5.1.1.1　显性成本与隐性成本

厂商的生产成本可分为显性成本(dominant cost)和隐性成本(recessive cost)两部分。显性成本也称直接成本，是指厂商为购买生产要素或投入的货币支出，包括原材料、燃料的支出、工人的工资、保险费、租金以及贷款的利息等，是可以从会计账簿上查到的成本，也称会计成本。由于显性成本涉及企业对与其有经济往来的企业或个人的直接支付，因而对会计人员来说极为重要。经济分析关心显性成本则是因为原材料、燃料、工资等成本代表了可以被有效应用于其他用途的货币。

隐性成本是指与厂商所使用的自有要素相联系的成本。如企业拥有自己的办公大楼而无须支付房租，对于会计人员来说，企业的办公成本为零；但从经济分析的角度来说，如果将办公大楼出租可以带来租金，那么，该租金就是企业使用自有办公大楼的机会成本。显然，隐性成本尽管没有发生，但却是直接影响到厂商决策的成本。由于经济学正是试图解释成本究竟是如何影响厂商决策的，因此，在经济分析中，生产成本应该是显性成本和隐性成本的总和，而会计成本只包括前者。

对于许多小规模的工商企业来说，隐性成本所占比重相当高，包括厂商自己投入的资金应得的利息，厂商利用自己的生产资料所应得的报酬，特别是厂商自己投入生产经营活动应得的一笔最低限度的利润，我们把它称为正常利润。正常利润是指值得经营的起码利润，是管理才能的应得报酬。如果不将正常利润计入企业成本并得以补偿，企业家才能的供给将枯萎。因此，忽略了企业生产中的隐性成本，是无法等到正确的结论的，自然也不可能做出正确的决策。对于现代大型企业来说，最主要的隐性成本就是企业自有资金应得的利息。在一个实行企业股份化的现代社会中，企业的自有资金实际上是属于股票持有者的，股票持有者从股票中得到红利和资本收益。假如存在着更高收益的投资机会，股东就会将资金转移到那些具有更高收益率的项目中去。这也是企业通常把社会上通行的投资收益率作为经营成本核算一部分的原因所在。

5.1.1.2 机会成本与经济成本

机会成本(opportunity cost)是经济分析中一个十分重要的概念。我们知道，经济学的核心问题就是如何进行资源的合理配置。由于经济资源的稀缺性决定了一个社会的经济物品在一定时期内是一个定量，也就是说，当生产要素被用于一种产品生产时，它就不可能被用来生产其他产品，即失去了这种资源可能用于其他产品生产所能获得收益的机会。例如，某人拥有一所空房屋，可以用来出租，也可以作为厂房生产产品，当然也可以作为店铺出售商品。机会成本是指一种生产要素被用于一种产品生产时所放弃的所有其他产品生产中最大的收益。在上述例子中，如果出租房屋的收入是5万元，进行产品生产的收入是6万元，而从事商品买卖的收入是8万元。当这个人决定将房子出租或者进行产品生产，其机会成本都是放弃商品买卖所能获得的8万元；如果他选择了从事商品买卖，这时的机会成本就是放弃产品生产所能获得的6万元。据此不难做出判断，对于这所空房屋最好的用途就是从事商品买卖。

与关心企业财务报告的会计人员所说的会计成本不同，机会成本尽管不是实际发生的成本，而是在选择生产要素用途时产生的观念上的成本，但却直接影响着厂商对生产要素使用方向的选择。因此,机会成本的概念对经济分析显得更加重要,可以说它是用经济学的眼光对资源进行估计的成本。虽然精确计算机会成本常常带有一定的主观随意性,但它的大小的估计对于资源的使用方向来说是决定性的。当资源稀缺,且这种资源具有可供选择的多种用途时,就需要考虑机会成本。由于经济分析中更注重机会成本,我们也因此把机会成本称为经济成本(economic cost)。显然,厂商经济成本应该等于厂商显性成本和隐性成本之和。如果用公式表示厂商的经济成本,则有:

经济成本(或机会成本)=显性成本+隐性成本=会计成本+正常利润。

5.1.1.3 私人成本和社会成本

厂商进行生产的全部代价为社会成本(social cost)。社会成本中由厂商个人承担的称为私人成本(private cost)或生产者成本,是企业或个人从事某项经济活动的经济成本;其余没有被厂商承担而是由整个社会承担的一部分成本称为外在成本。私人成本通常按照厂商所使用的资源的市场价格来计算,如果该市场价格准确地反映了该资源的社会价值,那么,私人成本和社会成本是一致的。然而现实生活中,并不是所有的资源都有市场价格,资源的市场价格并非总是能够准确反映该资源的社会价值,从而导致了生产某种产品的私人成本与社会成本的不一致。如企业生产中排放的"三废",不仅增加厂商排污的成本,也会对周围的社会环境带来一定程度的污染,从而增加社会的成本。因此,从社会的角度在对资源的合理配置进行成本分析时,不能只考虑厂商的私人成本,还应该加上社会由此可能支付的外在成本,即计算该项经济活动的社会成本。

5.1.2 成本函数

成本函数(cost function)是成本理论的重点,反映了产出与生产成本之间的数量变化关系。具体来说,成本函数是指生产各种水平的产出量所需要的最小成本。如果用 C 表示生产成本,用 Q 表示产量,那么,成本函数可以表示为一个自变量为产量的函数式,即

$$C=\Phi(Q) \tag{5-1}$$

与生产函数不同,生产函数反映的是在技术水平和要素价格不变的条件下,生产要素投入与产出之间的物质技术关系,表示为 $Q=f(L,K)$;而成本函数则反映了成本与收益之间的经济关系,表示为 $C=\Phi(Q)=\Phi[f(L,K)]$,由此可见,成本函数和生产函数之间有着密切的关系,或者说,成本函数是在生产函数的基础上建立起来的,取决于生产函数和投入要素的单位价格。如果知道了生产函数和投入要

素的单位价格，即可求出成本函数。

同时，还应该把成本函数与成本方程区别开来。在要素价格不变的条件下，成本方程是一个恒等式，是投入的函数，表示为 $C=L\cdot P_L+K\cdot P_K$；而成本函数则表示成本与产出之间的关系，是产量的函数，表示为 $C=\Phi(Q)$。

经济学分析成本的要意在于研究每期生产成本与产出量之间存在的一种基本关系，即经济学对成本的研究是为了研究厂商的行为。因为厂商决定生产多少产量，必须比较收益和成本的关系以求利润极大化，而收益和成本都是随产量变动而变动的。通过研究成本和产量的关系，进而揭示市场供给的一般规律，而不是为单纯计算购买生产要素的货币支出。所以，经济学研究的成本是经济成本，而不是会计成本。今后，如不特别指出，我们提到的成本都是经济成本，相应的利润也就是经济利润。

此外，经济学中习惯将“短期”与“长期”区分开来。虽然对此没有规定十分精确的时间定义，但进行区分的目的在于：短期内从事经济活动者只有有限的灵活性，与长期内可能有更大的自由相区别。进行这种区分，对厂商及其成本的理论研究是十分重要的。因此，同生产理论中我们把生产函数分为短期生产函数和长期生产函数一样，成本函数也可以相应地分为短期成本函数和长期成本函数。短期成本函数侧重于企业的日常经济决策，用以解决最优产出量问题；长期成本函数则多用于企业的长期规划，以确定企业的最优生产规模问题。

5.2 短期成本分析

就长期而言，由于一切投入都是可变的，厂房可以扩建，设备可以增添，技术工人可以培训，计划可以改变，所以就长期来说，没有可变与不可变要素之分，因而所有的成本都是可变的。但在短期中，某些要素投入是不能改变的，而某些要素投入却是可变的。因此，由不可变的要素投入所产生的成本就是固定成本，由可变投入所产生的成本就是可变成本。具体来说，短期成本分析是基于以下几点假设之上的：其一，短期内某些生产要素的投入数量固定不变；其二，固定生产要素需要一定数量的可变投入相配合，才能有效产出；其三，短期内生产技术、生产要素价格已知且保持不变。

短期生产中并不意味着固定要素投入是不能变化的，而是假设固定要素变化的代价无穷大。此时，只能通过改变可变投入要素的数量来改变产量，这样做主要是为了区分固定投入和可变投入，以达到我们分析的目的。

5.2.1 固定成本、可变成本与短期总成本

由于成本函数是生产函数的函数，而短期生产函数又是可变投入要素和固定投入要素的函数，因此，短期成本函数取决于可变投入要素和固定投入要素的数量以及它们的单位价格，更具体地说，短期总成本包含固定成本和变动成本两个部分。

5.2.1.1 固定成本及其曲线

固定成本(total fixed cost)有时也称为"固定开销"或"沉淀成本"，记为 TFC。是指厂商在短期内无法改变的那些固定投入带来的成本，主要包括厂房和办公室的租金、固定资产的折旧费、长期工作人员的薪金、债务的利息支付、企业的各种保险费等。固定成本不随产量的变化而变化，即使企业停产、产出为零也必须支付这些开支，只有当企业完全倒闭时才不再发生。因此，固定成本是一个常数，即在短期内固定成本与产量的变化没有关系，其成本曲线为一水平线，如图 5-1 所示。

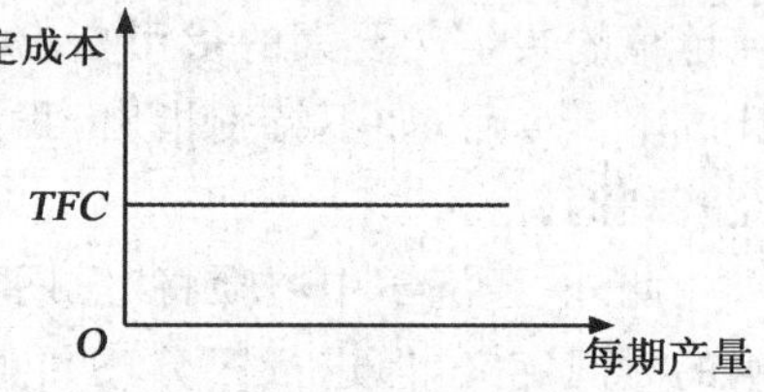

图 5-1 固定成本曲线

5.2.1.2 变动成本及其曲线

变动成本(total variable cost)，记为 TVC。是指厂商在短期内可以改变的那些可变投入带来的成本，主要包括原材料、燃料的支出，工人工资以及日常营运费用等。变动成本随产量的变化而变化，二者呈同向变动，其成本曲线如图 5-2 所示。

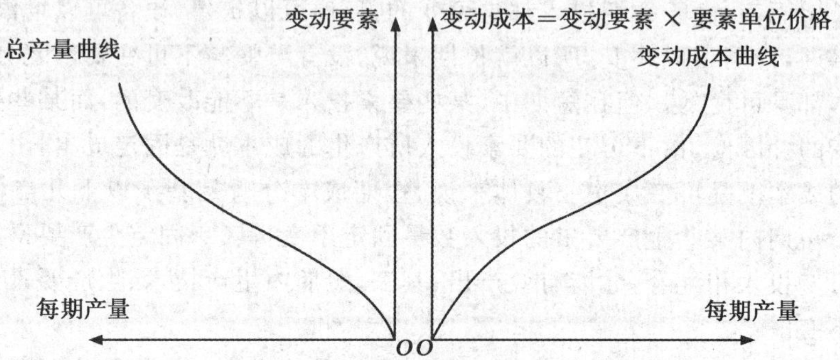

图 5-2 变动成本曲线及其形成

在绘制变动成本曲线时，首先按照生产理论中短期生产函数的一般形式画

出变动要素与总产量之间的关系曲线，通常情况下，一个理性的生产者不会将要素投放在第Ⅲ阶段，在这里只画出了第Ⅰ、Ⅱ阶段的总产量曲线，即开始以递增速度上升然后又变为递减速度上升的一条曲线(为便于随后画出变动成本曲线，将总产量曲线的坐标向左旋转了90°)。由于变动成本等于生产中投入的变动要素的数量与要素单位价格的乘积，且要素单位价格保持不变。因此，产量与变动成本的关系曲线完全取决于产量与要素投入数量的关系曲线，特别是假设要素价格为1(其实是否为1完全不影响变动成本曲线的形状)，这时生产理论中的总产量曲线和成本理论中的短期变动成本曲线是完全对称的，由此可以得到变动成本曲线。

5.2.1.3 短期总成本及其曲线

短期总成本(short run total cost)简称总成本(total cost)，是固定成本与变动成本相加之和，为了和长期总成本相区别，也可记为 STC。显然，短期总成本也是产量的函数，上述概念之间的关系可用公式表示为：

$$TC = TVC + TFC = \Phi(Q) + b \tag{5-2}$$

式中：$\Phi(Q)$为短期变动成本，是产量的函数；b 为短期固定成本，不随产量的变化而变化，为一常数。

如果用图形表示短期总成本，其形状和短期变动成本曲线一样，只是平行上移了一个相当于短期固定成本的距离，具体如图5-3所示。

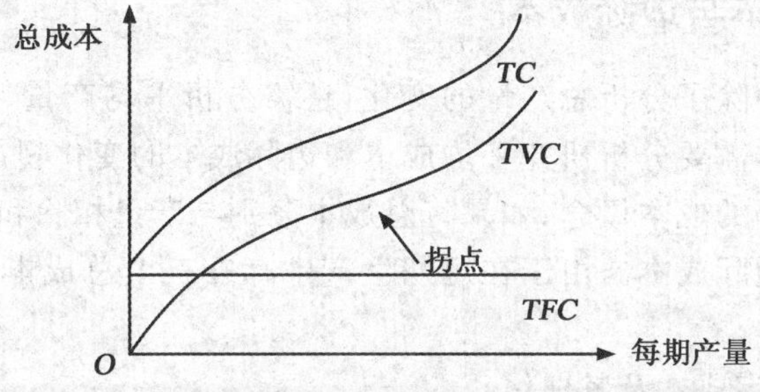

图5-3 总成本曲线

5.2.1.4 固定成本、变动成本、总成本三者之间的关系及变动规律

固定成本曲线 TFC 为一平行于横轴的水平线，表明固定成本只是一个既定的量，不随产量变动而变动。

变动成本曲线 TVC 是产量的函数，从原点出发，向右上方倾斜，表明变动成本随产量的变动而同方向变动；当产量为零时，变动成本也为零。在产量最初增加时，由于投入的生产要素数量较少，根据生产要素的边际报酬递减规律，在要素投入数量相对较少的情况下，由于固定要素投入是一定值，变动要素投入量相对于固定要素投入量比例较少，这时，增加变动要素的投入会导致边际生产率的提高，从而产量以较快的速度增长，而变动成本则以递减的增长率上升；随着产量的进一步提高，固定要素与变动要素之间的配合由逐渐实现最佳比例到逐渐偏离最佳比例，此时，生产要素的报酬递减规律开始发生作用，变动要素投入的边际生产率就会递减，使得变动要素投入数量增加的速度加快。变动成本也开始由递减的速度上升变化为以递增的速度上升；此时，如继续增加产量已经变得不经济了，从而厂商也不再增加变动要素的投入。

从图 5-3 中可以看出，在变动成本曲线 *TVC* 上存在着一个拐点，拐点在数学上表示为二阶导数为零的点，是曲线斜率递减和递增的分界点。图 5-3 中拐点之前，变动成本曲线斜率递减；拐点之后，变动成本曲线斜率递增。

总成本从数量上等于固定成本和变动成本相加之和，其曲线形状则与变动成本曲线 *TVC* 的形状完全一样，是变动成本曲线 *TVC* 向上平行移动了一段相当于固定成本大小的距离而得到的，总成本曲线 *TC* 和变动成本曲线 *TVC* 间的垂直距离永远等于固定成本 *TFC*。与 *TFC* 曲线不同的是，*TC* 曲线不是从原点出发，最小也等于固定成本。总成本曲线 *TC* 是产量的函数，其形状同样取决于变动投入要素的边际报酬递减规律。

5.2.2 平均成本与边际成本

和生产理论中除了分析总产量的变化，还需分析平均产量、边际产量一样，在成本理论中也一样需要分析研究平均成本和边际成本的变化规律。平均成本和边际成本都是最重要的成本概念，如果将总成本分别与产量相除和求一阶导数，即可得到平均成本和边际成本。由于在短期生产中存在三个总成本，故有三个平均成本和一个边际成本。

5.2.2.1 平均固定成本及其曲线

平均固定成本(average fixed cost，简写为 AFC)是单位产品所消耗的固定成本，用公式表示为：

$$AFC=TFC/Q \tag{5-3}$$

平均固定成本曲线如图 5-4 所示。

图 5-4 中，平均固定成本曲线是一条向两轴渐进的双曲线，表明产量越大，单位产品所消耗的平均固定成本越小。

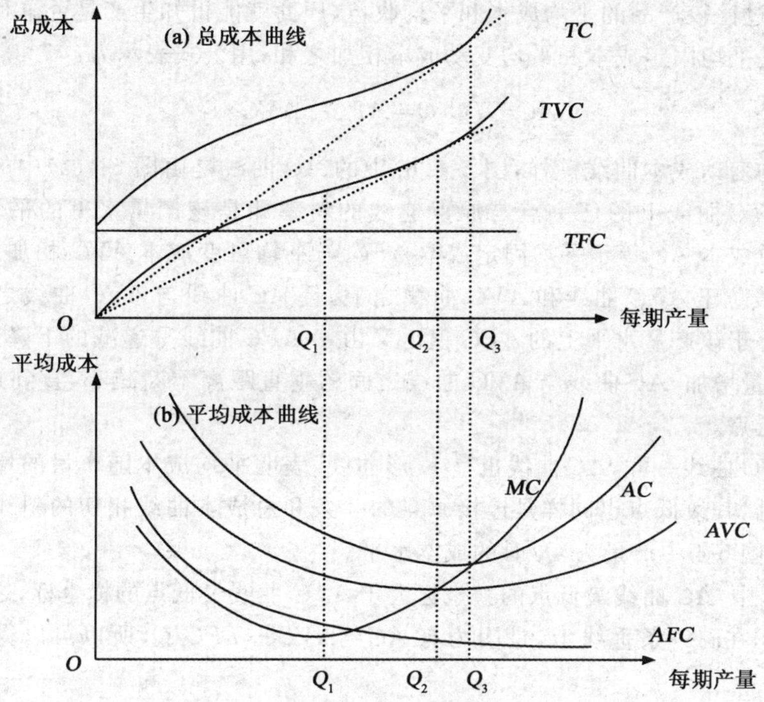

图 5-4　总成本曲线和平均成本曲线

5.2.2.2　平均变动成本及其曲线

平均变动成本(average variable cost,简写为 AVC)是单位产品所消耗的变动成本,用公式表示为:

$$AVC = TVC/Q \tag{5-4}$$

图 5-4(b)中的 AVC 曲线是由图 5-4(a)中的 TVC 曲线推出的,根据平均变动成本的概念,TVC 曲线上的任一点与原点连线的斜率即是该产量水平上的平均变动成本。由于平均变动投入要素的边际生产率先递增后递减,所以 AVC 曲线随产量增加先下降后上升,呈 U 形。AVC 曲线的最低点与产量为 Q_2 的水平相对应。从图 5-4(a)中可以看出,TVC 曲线上与产量 Q_2 对应的点与原点连线的斜率是 TVC 曲线上斜率最小的一条连线,同时该斜线与变动成本曲线相切。

5.2.2.3　平均成本及其曲线

平均成本(average total cost)是单位产品所消耗的总成本,此时也称短期平均成本曲线(short run average cost),简记为 AC 或 SAC。平均成本在经济分析中十分重要，通过比较产品的平均成本和平均收益，厂商就能得知生产是否盈利。短期平均成本是平均固定成本和平均变动成本相加之和，用公式表示为：

$$AC=TC/Q=AFC+AVC \tag{5-5}$$

与平均变动成本曲线一样，图 5-4(b)中的 AC 曲线是由图 5-4(a)中的 TC 曲线推导的，TC 曲线上的任一点与原点连线的斜率即是该产量水平的平均成本。由于平均总成本 AC 等于平均固定成本 AFC 与平均可变成本 AVC 相加之和，因此，AC 曲线位于 AFC 曲线和 AVC 曲线之上，且 AC 曲线与 AVC 曲线之间的纵向距离就等于该产量水平上的 AFC 值。又由于 AFC 曲线呈递减的下降趋势，所以，随着产量增加，AC 曲线与 AVC 曲线之间的垂直距离不断减小，直到达到 AC 曲线的最低点。

与 AVC 曲线一样，AC 曲线也呈 U 形曲线，表明平均成本随产量的增加先下降然后上升，其最低点也同样是连接原点的一条和总成本曲线相切的斜线所对应的位置，即图 5-4 中产量为 Q_3 时的成本水平。

图 5-4 中，AC 曲线最低点的横坐标大于 AVC 曲线最低点的横坐标，之所以两个最低点不在同一条垂线上，是因为有 $AC=AVC+TFC/Q$，所以可以得到以下等式：

$$\frac{\mathrm{d}AC}{\mathrm{d}Q}=\frac{\mathrm{d}AVC}{\mathrm{d}Q}-\frac{TFC}{Q^2} \tag{5-6}$$

显然，当公式等号左边等于零，即平均成本达到最小值时，等式右边第一项必然大于零，也即平均变动成本已经超过最低点开始上升了。也可以这样理解：由于 AFC 曲线为单调递减，当 AVC 从最低点转而上升时，只要 AVC 的增量小于 AFC 的减少量时，AC 仍呈下降之势；只有当 AVC 的增量正好等于 AFC 的减少量并进一步增加时，AC 才达到最低点并继而上升。

5.2.2.4 边际成本及其曲线

在所有经济学的领域中，边际成本是最重要的概念之一。边际成本(marginal cost)是增加或减少一单位产量所带来的总成本的变化量。由于固定成本不随企业产出水平变化而变化，因此，短期边际成本(short run marginal cost，简记为 SMC 或 MC)也可以是每增加或减少一单位产量所引起的变动成本的变化量。如果用 ΔTVC 代表变动成本的变化量，用 ΔQ 代表产量的变化量，那么，边际成本可用公式表示为：

$$MC=\Delta TC/\Delta Q=\Delta TVC/\Delta Q \tag{5-7}$$

或者 $$MC=\mathrm{d}TC/\mathrm{d}Q=\mathrm{d}TVC/\mathrm{d}Q \tag{5-8}$$

从数值上说，边际成本是总成本或变动成本对产量的一阶导数，在几何意义上则是总成本曲线或变动成本曲线的斜率。据此，可以得到边际成本曲线，如图5-4所示。与 AVC、AFC 曲线一样，MC 曲线也呈U形。即在产量较低时，边际成本随产量的增加而减少，当达到一个最低点后，边际成本则随着产量的增加而增加。边际成本的最低点对应总成本曲线或变动成本曲线的拐点，即成本函数二阶导数为零时的点，是曲线斜率递减和递增的分界点，如图5-4中产量为 Q_1 时的成本水平。

MC 曲线和 AVC 曲线、AC 曲线都表现为U形曲线，造成这种现象的原因则是由于变动要素的边际报酬递减规律，换句话说就是：边际报酬递增使得相同要素投入带来产量的更快增长，从而每增加一单位产量增加的成本减少，边际成本曲线随之下降；反之，随产量的不断增加，生产要素的边际报酬递减，使得生产中增加每一单位产量增加的成本上升，边际成本曲线随之上升。此外，由于 MC 曲线是成本曲线的斜率，而不是成本曲线上任一点与原点连线的斜率，因此，MC 曲线比 AVC 曲线和 AC 曲线更早到达最低点，且 MC 曲线从下向上穿过 AC 曲线和 AVC 曲线的最低点。

MC 曲线和 AC 曲线之间的关系可用数学方法证明如下：

计算平均总成本函数对产量的一阶导数

$$\frac{\mathrm{d}AC}{\mathrm{d}Q}=\frac{\mathrm{d}\left(\frac{TC}{Q}\right)}{\mathrm{d}Q}=\frac{\frac{\mathrm{d}(TC)}{\mathrm{d}Q}\times Q-TC}{Q^2}=\frac{1}{Q}(MC-AC)$$

显然，当 $MC-AC=0$ 时，AC 的一阶导数等于零，表明平均总成本曲线的斜率等于零，即平均总成本达到极小值；当 $MC-AC<0$ 时，AC 的一阶导数小于零，表明平均总成本曲线的斜率小于零，即平均总成本曲线下降；当 $MC-AC>0$ 时，则有 AC 的一阶导数大于零，表明平均总成本曲线的斜率大于零，即平均总成本上升，由此得以证明。平均变动成本与边际成本的关系采用上述方法同样可以证明，这里不再赘述。

除此之外，根据图5-4中的成本曲线与平均成本之间的关系，也可以发现这一点。由于边际成本是成本曲线上对应每一产量水平切线的斜率，当这条切线正好通过原点时，也就恰好同平均成本的最低点合二为一了，也即边际成本等于平均成本时，这时的平均成本也就是最小平均成本。正是因为总成本曲线和变动成本曲线具有相同的曲率，当平均变动成本达到最小值时，此时在总成本曲线上该产量对应的切线不可能通过原点，因此，平均总成本的最小值就不可能和平均变动成本的最小值重合，只有进一步增加变动要素的投入，随产量增加使得边际成本也增加，这时总成本曲线上的切线才可能进一步向左旋转直至通过原点，达到了平均总成本的最低点。从而进一步解释了为什么平均总成本的最小值所对应的产量要大于平均变动成本最小值所对应的产量。

为了加深对各成本函数之间的关系的理解，我们来看一个例题。

例题1：已知某厂商总成本函数为 $TC=30\ 000+5Q-Q^2$，试求：

(1)$Q=3$ 时，试求 TFC,TVC,AFC,AVC,AC 和 MC；

(2)$Q=50,P=20$ 时，试求 TR,TC 和利润或亏损额。

解：(1)已知企业总成本函数为 $TC=30\ 000+5Q-Q^2$

所以 $TFC=30\ 000$

$TVC=5Q-Q^2=6$

$AFC=30\ 000/Q=10\ 000$

$AVC=TVC/Q=5-Q=2$

$AC=TC/Q=(30\ 000/Q)+5-Q=10\ 002$

$MC=\mathrm{d}TC/\mathrm{d}Q=5-2Q=-1$

(2)当 $Q=50,P=20$ 时

$TR=P\times Q=1\ 000$

$TC=30\ 000+5Q-Q^2=27\ 750$

$\pi=TR-TC=1\ 000-27\ 750=-26\ 750$

在这种情况下企业亏损，亏损额为 26 750。

5.2.3 成本函数与生产函数的对偶性

前面我们曾经提到过，成本函数与生产函数有着密切的关系，成本函数是生产函数的函数。在这里，我们将进一步深入研究二者之间的对应关系，以加深对成本和产量关系的进一步理解。

在短期生产函数中，如果我们用 L 表示劳动，代表变动资源的投入量，K 表示资本代表固定资源的投入量，生产函数可以表示为 $Q=f(L,K_0)=f(L)$，是变动要素 L 的函数；同样，在成本函数中，L 表示变动资源投入构成变动成本，K 表示固定资源投入构成固定成本，于是成本函数可以表示为：

$$C=P_L\times L+P_K\times K=P_L\times f^{-1}(Q)+P_K\times K=\Phi(Q)+b$$

在上面的式子中，$L=f^{-1}(Q)$，是根据生产函数 $Q=f(L)$ 得出的有关 L 与 Q 之间关系的数学表达式，是生产函数的反函数。显然，总成本的变化与变动要素劳动的投入直接相关，是由生产函数的反函数与一个常数相加而成的。

在生产函数中，由于边际收益递减规律，使得总产量曲线通常表现为开始以一个递增，然后递减的速度增长，直至达到生产的第Ⅲ阶段；在成本函数中其表现形式正好相反，即总成本曲线开始是以一个递减的速度上升再转变为递增速度上升，如图 5-5 所示。

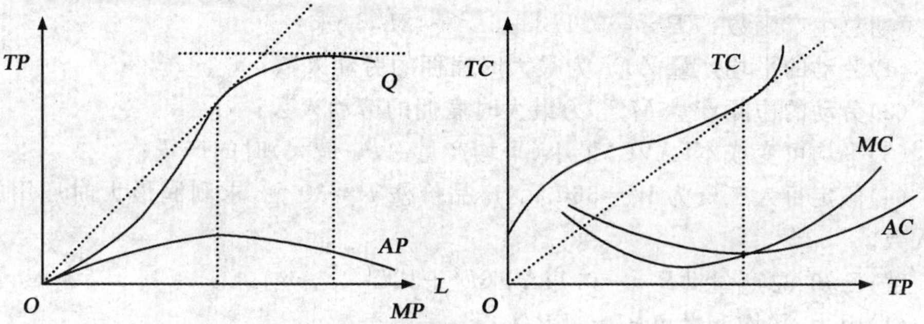

图 5-5　总产量曲线与总成本曲线

从图 5-5 中可以看到，当生产曲线表现为递增上升时，也就是成本曲线递减上升阶段；而当生产曲线开始以递减速度上升时，由于成本函数和生产函数来源于同一个函数形式，此时，成本曲线也转为以递增速度上升（如果参照前面的图 5-2 可能有助于更好理解）。因此，我们说生产函数与成本函数之间具有一种对偶性，成本函数是生产函数的反函数。

进一步分析边际产量与边际成本，可以继续发现这种对偶性。在生产函数中，边际产量随要素增加，其变动轨迹是先上升然后下降，其最大值在总产量曲线的拐点处，并交与平均产量的最大值；边际成本则是随产量的增加呈现先下降后上升的变化规律，同样交与平均成本的最小值（图 5-5）。下面可以通过数学公式进一步说明，已知：

$$MC=\frac{\mathrm{d}TVC}{\mathrm{d}Q}=\frac{\mathrm{d}(P_L\times L)}{\mathrm{d}Q}=\frac{P_L\mathrm{d}L}{\mathrm{d}Q}=\frac{P_L}{\mathrm{d}Q/\mathrm{d}L}=\frac{P_L}{MP}$$

由于要素的价格假设为一常数，因此，边际成本与边际产量互为反函数，即边际成本有最大值时，就是边际产量最小值时。

同样，对平均产量和边际产量也存在这种对偶性，即边际产量和边际成本互为反函数，二者之间呈现相反的变化。借助于数学公式加以表示，则有：

$$AVC=\frac{TVC}{Q}=\frac{P_L\times L}{Q}=\frac{P_L}{Q/L}=\frac{P_L}{AP}$$

从公式中可以看到，当边际成本等于平均成本时，应该满足 $AP=MP$。而当平均产量等于边际产量时，平均产量正好达到最大值，由此出现了边际成本等于平均成本，平均成本也正好达到最小值。这正是成本函数来源于生产函数之根本所在。

例题 2：假定某厂商只有一种可变要素劳动 L，产出一种产品 Q，固定成本为既定，短期总生产函数：$TP=-0.1L^3+6L^2+12L$，试求：

(1)劳动的平均产量 AP_L 为最大时雇佣的劳动人数；

(2)劳动的边际产量 MP_L 为最大时雇佣的劳动人数；

(3)平均可变成本(AVC)最小(平均产量 AP_L 最大)时的产量；

(4)假定每人工资为 $W=360$ 元，产品价格 $P=30$ 元，求利润最大时雇用的劳动人数。

解：已知：总产量 $TP=-0.1L^3+6L^2+12L$

(1)因为：平均产量 $APL=TP/L$；

所以 $AP=\dfrac{-0.1L^3+6L^2+12L}{L}=-0.1L^2+6L+12$

为了使平均产量(AP_L)最大，以劳动(L)为自变量对上式进行求导，同时令导数为零，即：

$d(AP_L)/dL=-0.2L+6=0$

$-0.2L=-6$；于是，$L=30$

即：劳动的平均产量(AP_L)最大时雇佣的劳动人数为 30。

(2)因为：$MPL=\Delta TP/\Delta L=\dfrac{d(-0.1L^3+6L^2+12L)}{dL}=-0.3L^2+12L+12$

为了使边际产量(MP)最大，以劳动(L)为自变量对上式进行求导，同时令导数为零，即：

$d(MPL)/dL=-0.6L+12=0$

$-0.6L=-12$

$L=20$

即：劳动的边际产量(MP_L)最大时雇佣的劳动人数为 20。

(3)又知：平均变动成本(AVC)最小，即平均产量(AP_L)最大；由(1)问得知平均产量(AP_L)最大时雇佣劳动人数为 30，则平均变动成本(AVC)最小时的产量为：

$$TP=-0.1L^3+6L^2+12L=-2\,700+5\,400+360=3\,060$$

即：平均变动成本(AVC)最小时的产量为 3 060。

(4)又知：工资 $W=360$，产品价格 $P=30$，

根据利润 $\pi = TR - TC = P \times Q - W \times L = 30(-0.1L^3 + 6L^2 + 12L) - 360L$

$$= -3L^3 + 180L^2 + 360L - 360L = -3L^3 + 180L^2$$

为使利润最大，以劳动(L)为自变量对上式进行求导，同时令导数为零，即：

$d\pi/dL = -9L^2 + 360L = 0$

$L = 40$

即：利润最大化时雇佣的劳动人数为 40。

5.3 长期成本分析

随着变动要素投入的不断增加或减少，要素之间逐渐偏离最佳配合状态，此时仍然依靠改变变动要素的投入已不能适应企业追求利润最大化目标的需要，不合理的投入组合势必带来过高的生产成本。因此，改变固定要素的投入，重新调整生产规模，使企业重新面对一个新的选择，是每一个厂商必须面对的。一旦厂商决定改变其生产规模时，也就意味着企业正处于一个长期的生产状态。那么，随着生产规模的改变、产量的增加或减少，成本将如何变化，这些都是长期成本分析所要解决的问题。由于长期中厂商可以根据产量的要求调整所有的生产要素投入量，选择最优的生产规模进行生产，甚至可以进入或退出一个行业。因而没有一种生产要素是固定的，所有的生产要素都是可变的，不存在固定投入和变动投入的划分，也不存在固定成本和变动成本的问题。因此，在长期中需要分析的成本概念也只有三个，即长期总成本、长期平均成本和长期边际成本。

5.3.1 长期总成本

长期总成本(long run total cost，简记为 LTC)表示在生产规模变动的情况下，厂商预期在各种产量水平上按要素之间的最佳配合所能实现的最低成本总量。

利用生产理论中的长期生产扩张线可以很容易地得到长期总成本曲线。由于长期生产扩张线代表的是长期生产中，厂商在不同的产量水平两种生产要素的最优成本组合。在要素数量和要素价格已知的情况下，计算长期生产扩张线上各点的成本水平，就可以得到长期总成本曲线，具体如图 5-6 所示。

由于长期生产中没有固定成本，因此，长期成本曲线是从原点开始先凹后凸向右上方倾斜的一条曲线。尽管长期成本曲线和短期成本曲线的形状很相近，但决定的因素却不同。短期总成本曲线 STC 的形状是由可变投入要素的边际收益率先递增后递减决定的；而在长期，所有投入要素都是可变的，因此，长期总成本曲线 LTC 的形状是由投入要素的规模报酬先递增后递减决定的，在下面的内容中将会对此作进一步的说明。

从技术上讲，图 5-6 中的长期总成本曲线是其各自短期成本曲线的“包络线”。对此，我们从无数条短期成本曲线中任意选出三条，分别用 $STC(K_1)$、$STC(K_2)$ 和 $STC(K_3)$表示，其生产规模分别由固定资本 K_1、K_2 和 K_3 的数值表示。由于成本曲线在纵轴上的截距通常代表生产规模的大小，因此三条曲线分别代表三个越来越大的生产规模。假定厂商要生产 Q_1 的产品产量，目前有三种不同的工厂规模 K_1、K_2 和 K_3 可供选择，这时，该厂商应该如何调整生产要素的投入量以降低总成本呢？

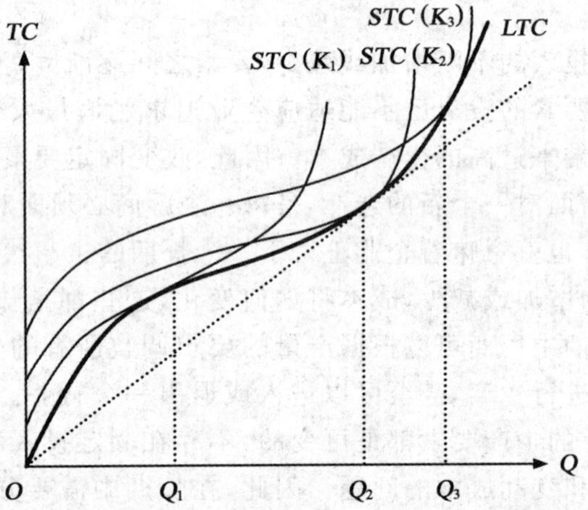

图 5-6　长期总成本曲线与短期成本曲线

从图 5-6 中可以看出，在短期，厂商如果已经选择了 $STC(K_1)$和 $STC(K_3)$曲线所代表的生产规模进行生产，将面临较高的生产成本。而在长期，情况就有所变化。长期内厂商将调整所有的要素投入量，选择最优的生产规模生产 Q_2 的产量。在这种情况下，厂商必然选择 $STC(K_2)$曲线所代表的生产规模进行生产，使总成本降到最低。同理，在长期，为生产 Q_1 或 Q_3 的产量，则相应选择 $STC(K_1)$和 $STC(K_3)$曲线所代表的生产规模进行生产。这样，在任何一个产量水平上，厂商都实现了既定产量水平下的最低总成本。实际上，就长期而言，厂商可以选择的生产规模不只是三种，但厂商无论在任何一个产量水平上都可以找到与之相应的生产规模，实现最小的生产成本，也即在总成本曲线中可以找到无数个和短期成本相切的点，所有这些点的轨迹形成了长期总成本曲线。长期总成本曲线与短期总成本曲线不相交但相切，且只有唯一切点。要注意的是，厂商不可能永远停留在长期生产中，一旦厂商按照产量确定了最佳生产规模，并投入生产，企业即从长期进入了短期生产，长期总成本即变成短期总成本，由资本代表的生产规模也就成为短期生产中的固定成本，并在相当一段时期内保持不变。

5.3.2 长期平均成本

在长期成本分析中，最重要的概念就是长期平均成本，长期平均成本(long run average cost)是长期内生产每一产量水平的最低平均成本。如果用 Q 表示产量，长期平均成本可用公式表示为：

$$LAC = LTC/Q \tag{5-9}$$

对于长期平均成本的形成原理，可以完全依照长期总成本的方法加以应用。其核心是厂商在长期生产中可以任意地选择生产规模，从而实现既定产量水平下的最小成本。

在图 5-7 中选择了代表三个生产规模越来越大的短期平均成本曲线 $SAC(K_1)$、$SAC(K_2)$和 $SAC(K_3)$。长期内，厂商可以根据产量的要求，选择最优的生产规模进行生产。假定厂商为生产 Q_1 的产量，平均成本 C_1 是低于其他任何规模下的平均成本，因此，厂商会选择 $SAC(K_1)$曲线所代表的生产规模进行生产。同样，假定厂商为生产 Q_2、Q_3 的产量，则会分别选择 $SAC(K_2)$、$SAC(K_3)$曲线所代表的生产规模进行生产，相应的最小平均成本为 C_2 和 C_3；任意两条短期平均成本曲线的交点，表示在该点所对应的产量水平上，由这两个生产规模进行生产的成本是相同的。

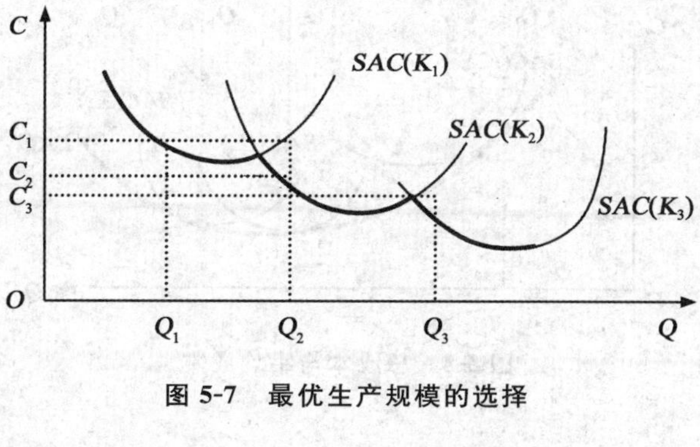

图 5-7　最优生产规模的选择

在长期，厂商总是可以在每一产量水平上找到相应的生产规模以最低成本进行生产。而在短期，厂商则做不到这一点。仍以图 5-7 为例，假定厂商要生产 Q_2

的产量，而他现在的生产规模是由 $SAC(K_1)$所决定的，那么，短期内该厂商只能以 $SAC(K_1)$曲线上的平均成本 C_1 来进行生产，而不可能像厂商在长期中选择 $SAC(K_2)$曲线以更低的平均成本 C_2 进行生产。所以说，沿着图中所有 SAC 曲线的实线部分，对于任何一个产量水平，厂商在长期内总可以找到相应生产规模的最低平均成本。

实际上，可供选择的短期平均成本曲线并不仅仅是图 5-7 中的三条，理论分析上可以假定有无数条短期平均成本曲线，长期平均成本 LAC 曲线也就变成一条平滑的曲线，如图 5-8 所示。显然，LAC 曲线上的每一点都是与 SAC 曲线相切的切点，该切点所对应的平均成本即为相应规模的最低平均成本。此外，通过总成本和平均成本之间的对应关系，可以看到长期平均成本曲线与短期平均成本曲线的切点，长期总成本曲线与短期总成本曲线的切点，对应的是同一个产量水平。同长期总成本曲线和短期总成本曲线的关系一样，长期平均成本曲线也是短期平均成本曲线的包络线。

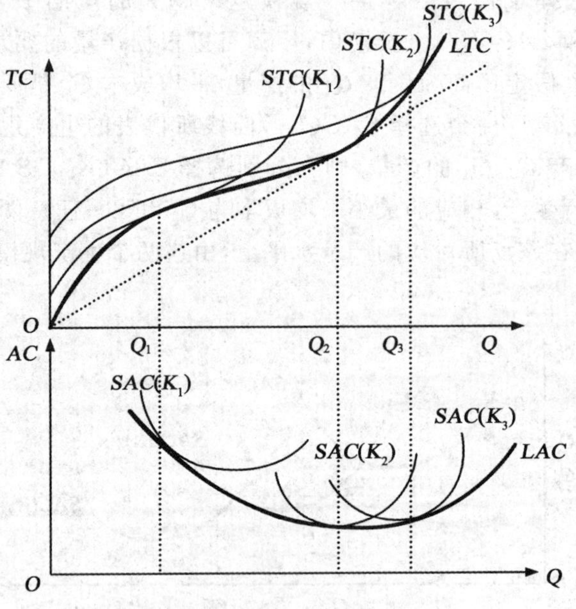

图 5-8　总成本与平均成本

同样，根据公式 $LAC=LTC/Q$，利用总成本曲线与平均成本曲线之间的几何关系，也可以得到一条 U 形长期平均成本曲线。尽管得到的方法不同，但结果和根据短期平均成本曲线得到的长期平均成本曲线是完全一样的。

由于长期平均总成本曲线为一条平滑的曲线，对应于斜率等于零的生产规模只能有一个。也只有在这一点上，*LAC* 曲线的最低点和 *SAC* 曲线的最低点重合，即最小长期平均成本和最小短期平均成本相等；在长期平均成本曲线下降时，*LAC* 曲线与所有的 *SAC* 曲线相切于这些 *SAC* 曲线最低点的左侧；在 *LAC* 曲线上升时，*LAC* 曲线又与所有的 *SAC* 曲线相切于这些 *SAC* 曲线最低点的右侧。通常把短期平均成本曲线的最低点称为最优产出率，把长期平均成本曲线的最低点称为最优生产规模。图 5-8 中，最优生产规模与最优产出率在 Q_2 处重合，是一种十分理想的状态。

尽管长期平均成本 *LAC* 曲线与短期平均成本 *SAC* 曲线具有相同的 U 形曲线，但其决定因素却是不同的。短期平均成本曲线的 U 形是由短期可变投入要素的边际生产率先递增后递减决定的；而长期平均成本曲线的 U 形则是由长期生产中的规模经济和规模不经济决定的。由于在生产的初始阶段，随着规模扩大规模报酬递增，厂商因此获得规模经济，相应分摊在单位产量上的平均成本是递减的；而当生产达到一定规模后，厂商如果继续扩大生产规模，出现规模报酬递减，导致规模不经济，相应带来平均成本上升。不仅如此，长期成本曲线还较短期平均成本曲线平坦，无论是上升还是下降都变动得比较缓慢。同样也是由于在长期生产中，全部生产要素可以随时调整，各种规模报酬阶段变化的时间较长，而在短期中规模报酬阶段较短，或根本不存在。

除此之外，由于行业不同，长期平均成本曲线还可能出现 L 形和锅底形两种形状。图 5-9 中的(a)为 L 形曲线。当产量达到 Q_1 之前，存在着规模报酬递增，产量达到 Q_1 之后，无论产量增加多少，规模报酬都不会改变，*LAC* 曲线呈水平状，也就是说，Q_1 产量之后都是最佳生产规模。

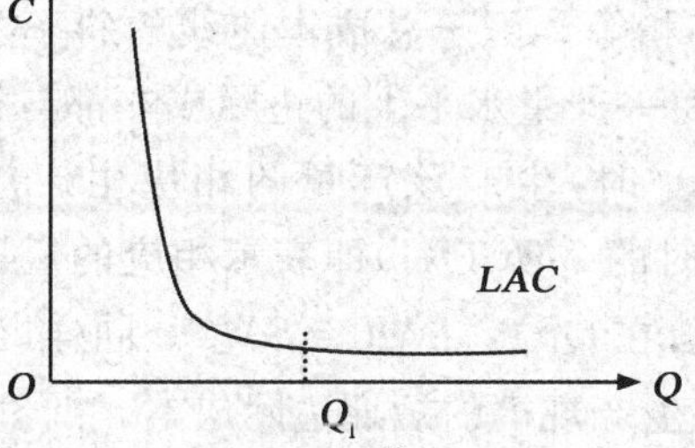

(a) L 形

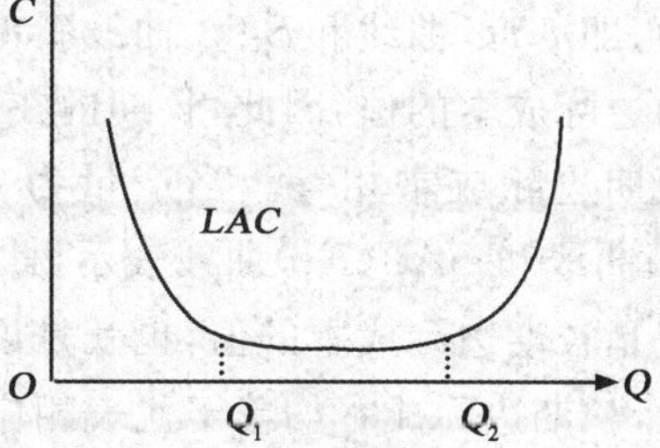

(b) 锅底形

图 5-9　其他形式的长期平均成本曲线

图表 5-9 中的(b)为锅底形 *LAC* 曲线。在产量达到 Q_1 之前，存在着规模报酬

递增；产量超过 Q_2 之后，生产出现规模报酬递减；而在 Q_1 和 Q_2 产量之间，随着产量增加规模报酬不变，从而 LAC 曲线呈锅底状。也就是说，Q_1 至 Q_2 产量之间的任一产量都是最佳生产规模。

对呈 L 形和锅底形 LAC 曲线的行业来说，它们的最佳生产规模不是唯一的，这就意味着在该行业中产量水平不同的大中小企业可以并存，大企业无法利用规模经济的优势来降低长期平均成本，从而无法达到把中小企业排挤出该行业的目的；而对于具有 U 形 LAC 曲线的行业来说，产量水平不同生产成本也不同，只有选择最佳工厂规模才能使长期平均成本最低，它们的最佳生产规模是唯一的，竞争的最终结果更容易出现垄断。

5.3.3 长期边际成本

长期边际成本(long run marginal cost)是指增加或减少一单位产量时长期总成本的变化量。从理论上讲，假设产量是可以无限细分的，那么，长期边际成本就是当产量变化极小时，长期总成本的变化量。因此，长期边际成本是长期总成本的一阶导数，用公式表示为：

$$LMC=\lim_{\Delta Q=0}\frac{\Delta LTC}{\Delta Q}=\frac{\mathrm{d}LTC}{\mathrm{d}Q} \tag{5-10}$$

LMC 曲线是 LTC 曲线在同一产量时的斜率，已知 LTC 曲线，计算每一产量上的 LTC 曲线的斜率，即可以推导出 LMC 曲线；同样，根据 SMC 曲线也推导出 LMC 曲线。图 5-10 中的 LMC 曲线是由后一种方法得到的。

图 5-10 中，LTC 曲线、LAC 曲线分别是 STC 曲线、SAC 曲线的包络线，表明在长期内，长期成本曲线在每一个产量上都与一条代表相应生产规模的短期成本曲线相切，即 LTC 曲线和 STC 曲线斜率相等。由于总成本曲线的斜率实际上就是相应的边际成本的值，因此，长期内在每一产量水平上的边际成本都与相应生产规模的短期边际成本相等。当产量为 Q_1 时，生产该产量的相应生产规模即由 $SAC(K_1)$ 曲线和 $SAC(K_1)$ 曲线表示，此时的 $SMC(K_1)$ 即表示相应的短期边际成本又恰好是长期边际成本的值，也就是说，在 Q_1 点，$LMC=SMC$。同样，当产量为 Q_2、Q_3 时，长期边际成本均等于代表相应生产规模的短期边际成本。

假定生产规模可无限细分，图表 5-10 中可以得到无数个类似的点，连接这些点即可得到一条光滑的 LMC 曲线。和短期边际成本曲线是一条 U 形曲线且通过平均成本曲线的最低点一样，长期边际成本曲线也是一条 U 形曲线，同样通过长期平均成本曲线的最低点(E 点)。在代表最优生产规模 E 点的左侧，由于规模报酬递增，使得每增加一单位产量而增加的成本小于平均成本，因此，长期边际成本曲线在长期平均成本曲线的下方，*LAC* 曲线下降；而在最优生产规模的右侧，随着规模报酬递减，增加一单位产量增加的成本超过了此时的平均成本，*LAC* 曲线上升，长期边际成本曲线也就跑到长期成本曲线的上面去了。由于 *LMC* 曲线和 *SMC* 曲线均通过 *LAC* 曲线和 *SAC* 曲线的最低点，当长期平均成本和短期平均成本在最低点相切时，也即在代表最优生产规模的 *E* 点，同时有四条曲线通过该点。

通过图 5-10，可以发现长期成本和短期成本之间存在着这样一种对应关系，即在任意一个产量水平上，长期成本永远等于与之相应规模的短期成本，无论是总成本、平均成本还是边际成本。正因如此，长期总成本、平均成本和边际成本总是和它们的短期成本相切或相交在同一个产量水平上。

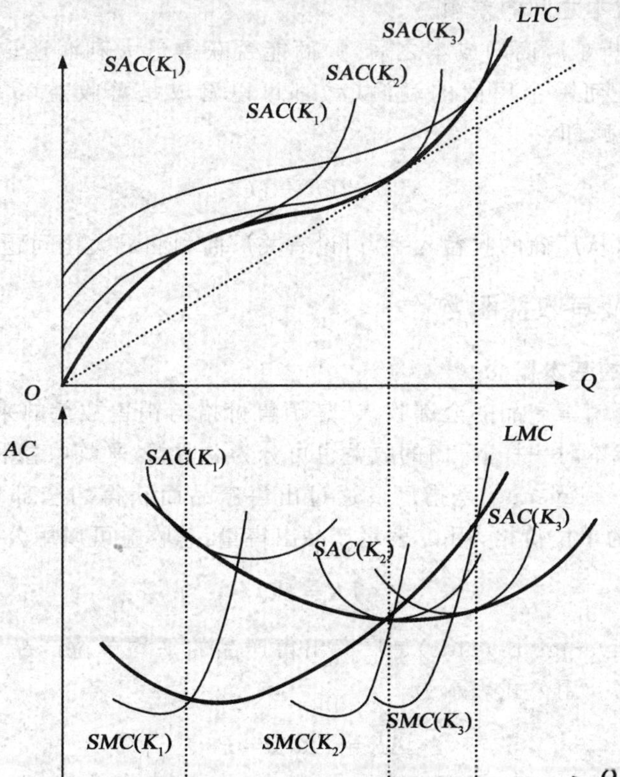

图 5-10　长期边际成本曲线

值得一提的是，与 *LTC* 曲线和 *STC* 曲线、*LAC* 曲线和 *SAC* 曲线不同，*LMC*

曲线不是 SMC 曲线的包络线，LMC 曲线和 SMC 曲线相交而不相切。同时，在长期边际成本和短期边际成本相交的左侧，长期边际成本大于短期边际成本，而在交点的右侧，短期边际成本则反过来大于长期边际成本。由于边际成本是由总成本曲线的斜率所决定，有关这一点，读者可通过图 5-6 加以理解，在此不再赘述。

5.4 收益与利润最大化

在讨论厂商的收益之前，我们首先假设厂商及其经理人追求的目标是获取最大经济利润。因此，对利润最大化厂商有如下定义：一个利润最大化厂商选择它的投入与产出水平的唯一目标是获取最大的经济利润，即厂商尽可能努力扩大总收益与其总经济成本之间的差额。

因此，在分析了厂商的成本之后，厂商能否获得最大利润还取决于厂商的收益。这是因为任何一个厂商的利润（π）都可以看成是总收益（TR）扣除总成本（TC）之后的余额，即：

$$\pi = TR - TC \tag{5-11}$$

下面我们将从厂商的收益入手，讨论有关厂商利润最大化问题。

5.4.1 收益及其收益函数

5.4.1.1 收益的基本概念

收益是厂商销售产品的全部收入，是销售价格与销售数量的乘积。同前面我们分析产量和成本时一样，厂商的收益也可分为总收益、平均收益和边际收益。

总收益（total revenue）是指厂商通过出售产品而获得的全部货币收入，如果用 P 表示产品的单位价格，用 Q 表示产品出售量，总收益可以用公式表示为：

$$TR = PQ \tag{5-12}$$

平均收益（average revenue）是厂商出售产品的平均单位产品货币收入，等于产品的单位价格。用公式表示为：

$$AR = TR/Q = P \tag{5-13}$$

边际收益（marginal revenue）是厂商每增加或减少一单位产量总收益的变化量，是总收益对产量的一阶导数。用公式表示为：

$$MR = \lim_{\Delta Q = 0} \frac{\Delta TR}{\Delta Q} = \frac{\mathrm{d}TR}{\mathrm{d}Q} \tag{5-14}$$

边际收益和边际产量、边际成本一样都是经济分析中十分重要的概念。厂商为了获得最大利润，必须掌握对每增加或减少一个单位的产量所带来总收益的变化，通过和边际成本的比较，从而判断厂商是否实现最大利润，以便及时对产量做出调整。

5.4.1.2 收益函数及其收益曲线

收益函数描述的是厂商总收益与产量之间的数量变动关系，也即当产量变化时，厂商的收益将如何随产量的变化而变化。显然，收益函数对研究厂商如何获取最大利润是非常重要的。为研究问题的方便，我们假设产品的产出量也就等于产品的销售量。

从公式 5-12 中可以看到，总收益函数中包含了产品的销售价格，表明收益的大小并不完全取决于厂商的个人意志，还与市场对产品的需求有关，市场对这种产品需求的高低决定了产品的价格。因此，对厂商收益的研究比单纯分析厂商的产量、成本要复杂得多，也困难得多。

根据需求理论，产品价格与需求量密切相关，二者呈反向变化，即价格提高需求量减少，价格降低则需求量增加。因此可以把价格表示成产量的函数，用 $P(Q)$ 表示，于是有：$TR=P(Q)Q$。

如果我们假设某产品的需求函数是已知的，如：

$$P=a-bQ \quad (a>0, b>0 \text{ 为一常数})$$

在这种情况下，收益函数可表示为：

$$TR=PQ=aQ-bQ^2$$

同时有：$AR=P=a-bQ$，于是，

$$MR=(TR)'=a-2bQ$$

由此得到总收益曲线、平均收益曲线和边际收益曲线，见图 5-11。

从图 5-11 中不难看到，厂商的总收益曲线从圆点出发，表明没有产量也不可能有收益；随着产量的增加，厂商的总收益开始以递减的速度增长，直到边际收益为零，此时，总收益达到最大；过最高点之后总收益又以一个递增的速度快速下降，直至再次为零。这时厂商的收益为零，则是由于产量过大以至于产品的销售价格降为零而造成的。

厂商的总收益之所以呈现如此的变化规律，通过边际收益可以很好地说明：由于需求规律的作用，使得该产品的需求曲线为一条向下倾斜的直线，即需求量与价格之间互为反比例关系。由边际收益函数可知，该产品的边际收益是产量的函数，且是一条比需求曲线下降得更快的斜线，其斜率为需求曲线的二倍。因此，在产量最初增加的情况下，由于边际收益尽管下降但大于零，故此厂商的总收益以一个递减的速度上升；一旦边际收益降为零，表明厂商已经得到了他所能通过产品销售得到的最大收益，继续增加产量不能再增加收益，此时总收益达到最大值；过此点后，由于边际收益仍然下降并变成负值，表明增加产量不但不能增加厂商的收益，反而造成厂商收益的减少，从而带来总收益曲线的加速下降并直至为零。

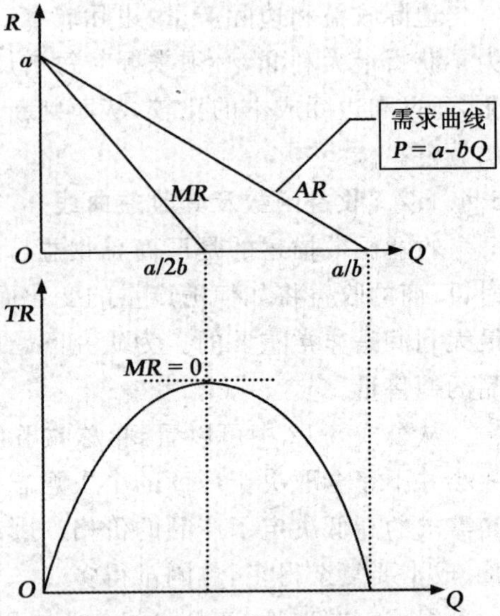

图 5-11　总收益、平均收益与边际收益

由于厂商的平均收益就是产品的单价，因此，图 5-11 中的需求曲线即为厂商的平均收益曲线，对应于每一个产品产量，需求曲线上的每一点就是厂商在该产量水平上获得的平均收益。

如果我们假设某产品的销售价格保持一个常数不变，如同后面我们将要介绍的完全竞争市场，这时厂商的收益函数则变成：

$$TR = PQ$$

同时有：

$$AR = TR/Q = P$$
$$MR = \mathrm{d}TR/\mathrm{d}Q = P$$

相应的总收益曲线、平均收益曲线和边际收益曲线则表示如图 5-12 所示。

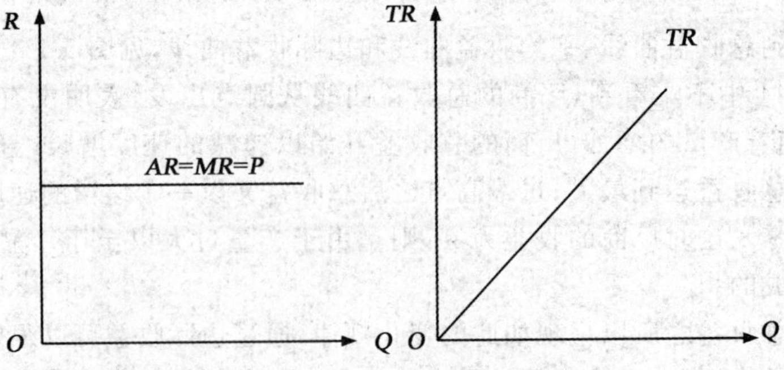

图 5-12　价格为常数时的厂商收益

显然，由于这时的边际收益大于零且保持为一个常数，厂商的总收益将随着产量的不断增加而呈直线上升，直至厂商无法继续增加产量为止。要注意的是，这时，厂商的平均收益曲线、边际收益曲线和需求曲线重合，即产品的销售价格既是厂商可以获得的平均收益，又是厂商的边际收益，这也是在今后分析完全竞争市场时应区别于其他市场的一个十分重要的特点。

5.4.1.3 弹性与收益

在第二章均衡价格理论中，就弹性与生产者收益之间的关系已经作了简单的论述。在这里，我们将结合边际收益的概念作进一步的说明。

图 5-13 以一条向下倾斜的需求曲线为例，画出了厂商的总收益曲线、平均收益曲线和边际收益曲线，并结合弹性的几何求法给出了需求曲线相应位置的弹性数值。

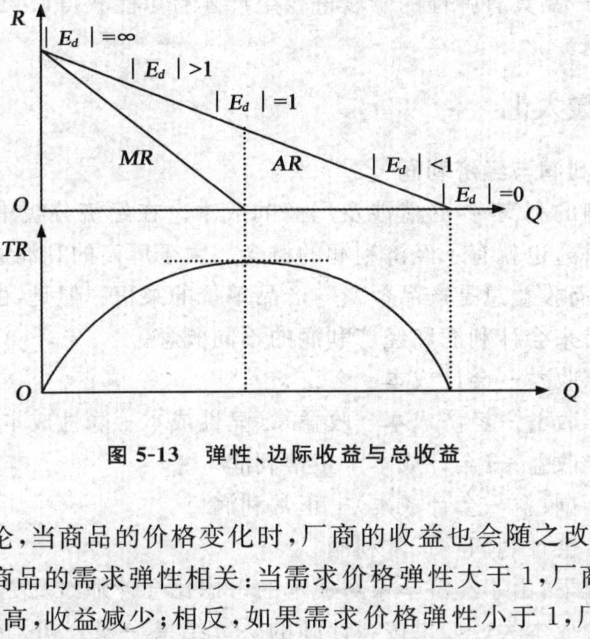

图 5-13　弹性、边际收益与总收益

根据弹性理论，当商品的价格变化时，厂商的收益也会随之改变，收益随价格变动的规律与该商品的需求弹性相关：当需求价格弹性大于 1，厂商收益与价格反向变化，即价格提高，收益减少；相反，如果需求价格弹性小于 1，厂商收益则与价格同向变化，即价格提高，收益增加；当商品的需求价格弹性等于 1 时，厂商收益与价格变化无关。

弹性之所以会影响价格对厂商收益的变化，关键还是边际收益在起作用，通过二者之间的数量关系可以看到这一点。

$$MR=\frac{\mathrm{d}TR}{\mathrm{d}Q}=\frac{\mathrm{d}PQ}{\mathrm{d}Q}=P+Q\frac{\mathrm{d}P}{\mathrm{d}Q}=P\left(1+\frac{\mathrm{d}P/P}{\mathrm{d}Q/Q}\right)=P\left(1-\frac{1}{|E_d|}\right)$$

因此有：

①$|E_d|>1$ 时，$MR>0$，此时，增加产量厂商可以增加收益，总收益将沿着凹向横轴的曲线向上增长；

②$|E_d|<1$ 时，$MR<0$，此时，增加产量厂商的收益将会减少，沿总收益曲线快速下降；

③$|E_d|=1$ 时，$MR=0$，此时，增加产量与厂商的收益无关，厂商的总收益达到最大值；

④$|E_d|=\infty$时，$MR=P$，即边际收益为一常数。这时的情形如同图 5-12 所显示的，需求曲线是一条水平线，厂商不能改变价格，只能在既定的价格商品上进行生产和销售，厂商的总收益与产量成正比；

⑤$|E_d|=0$ 时，$MR=-\infty$，显然，厂商是不可能在这里进行生产的。事实上，厂商只能在产品具有弹性的阶段进行生产才有可能获得最大利润，下面我们即将讨论这个问题。

5.4.2 利润最大化

5.4.2.1 会计利润与经济利润

在研究厂商的利润时，必然涉及厂商的成本。在经济分析中所论及的成本都是经济成本，同样，也就有了经济利润的概念。由于厂商的利润通常都等于厂商的收益减去成本，而收益总是产品数量与产品单价的乘积。但是，由于对成本概念的不同理解从而带来会计利润和经济利润的不同概念。

会计利润＝收益－会计成本

经济利润＝收益－经济成本＝收益－(显性成本＋隐性成本)

＝收益－(会计成本＋正常利润)

＝(收益－会计成本)－正常利润

＝会计利润－正常利润

在通常情况下，由于经济学家对成本的考虑比会计师涉及更广的范围，经济成本一般要比会计成本大。如果按会计师的核算结果一家公司是盈利的，但是按经济师的观点则可能是亏损的。同样，按照上述概念，当某一厂商的经济利润等于零时，该厂商的会计利润正好等于正常利润。由于正常利润通常是按照社会上通行的投资收益率计算的，反映厂商自有资源投资到其他领域应得到的正常收益，是厂商投入经营活动的各项资源的机会成本超过会计成本的部分之总和。因此，正常利润包括在经济成本之中，从长期来看，它是使得厂商能够留在该市场中生产该产品的必要条件。换言之，厂商的收益不仅要能补偿厂商会计意义上的费用，而且要能补偿其各项资源的机会成本。否则，厂商在该市场中的经营就面临着经济意义上的亏损，厂商就将离开该市场，向具有更高收益的市场转移。所以说，当厂商的经济利润等于零时，也即表明该项生产活动正好补偿了投入资源的全部机会成本，得到了正常利润；而当厂商的经济利润大于零时，表明该厂商的会计利润超过了正常利润，我们也就说厂商获得了超额利润。

5.4.2.2 利润最大化原则

根据前面对利润的定义，厂商在市场上以一定价格出售某一产品，由此获得的总收益与经济成本之间的差额被称为经济利润(π)，由于收益与成本都取决于产量，经济利润同样也是产量的函数。于是有：

$$\pi(Q)=P(Q)Q-TC(Q)=TR(Q)-TC(Q) \tag{5-15}$$

由公式(5-15)可以看到，在这里假设了产品的销售价格也是随产量变化的。按照选取最大化利润的必要条件，对式(5-15)求产量 Q 的一阶导数，并令其为零，于是有：

$$\frac{\mathrm{d}\pi}{\mathrm{d}Q}=\frac{\mathrm{d}TR}{\mathrm{d}Q}-\frac{\mathrm{d}TC}{\mathrm{d}Q}=0$$

所以，极大值的一阶条件为：

$$\frac{\mathrm{d}TR}{\mathrm{d}Q}=\frac{\mathrm{d}TC}{\mathrm{d}Q} \quad 或 \quad MR=MC \tag{5-16}$$

这就是通常在经济学入门课程里研究过的，边际收益等于边际成本原则的一个简单数学表达式。

按照上述定义，如果一个厂商决定其生产的产出水平在边际收益超过边际成本时就停下来，那么，它将不能使得利润最大化，因为再多生产一个单位的产出将得到超过生产成本的额外收益。类似地，如果边际收益小于边际成本，则减少一个单位的产出，虽然降低了收益，但成本下降得更多，于是减少产出将增加利润。无论从哪个角度来看，只有在增加的收益正好等于增加的成本时，厂商实现了最大利润。如果厂商有可能进行很“小量”的调整，要做到这一点也就不是不可能的事情了。

公式(5-16)仅仅是利润最大化的一个必要条件，要满足它的充分条件还要求有：

$$\frac{\mathrm{d}^2\pi}{\mathrm{d}Q^2}<0$$

所以，利润极大值的二阶条件可以表示为：

$$\frac{dMR}{dQ}<\frac{dMC}{dQ}$$

表明当边际收益曲线的斜率开始小于边际成本曲线的斜率时，厂商才可以实现最大的利润。

5.4.2.3　**最大利润的确定**

有了利润最大化条件，在实际经济分析中，只需根据厂商的收益函数和成本函数就可以很容易地找到厂商实现利润最大化的最佳产出量。为便于理解，我们分别以厂商销售价格保持不变以及随产量而变这两种情况进行讨论。

如果某厂商的产品销售价格为一常数，其总收益完全取决于产量，而平均收益和边际收益均等于产品的单位价格。厂商的成本则按照先凹后凸的规律随产量增加而增加，如图 5-14 所示。

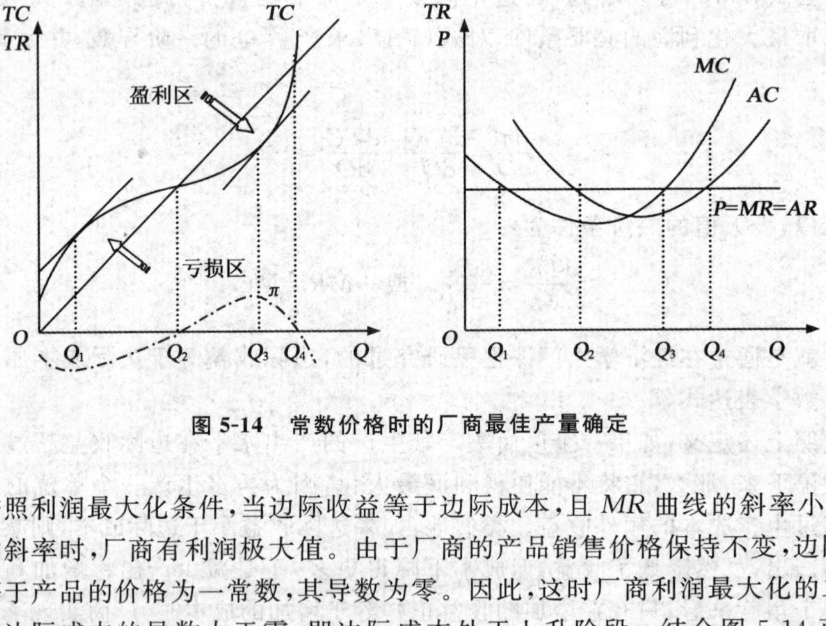

图 5-14　常数价格时的厂商最佳产量确定

按照利润最大化条件，当边际收益等于边际成本，且 MR 曲线的斜率小于 MC 曲线的斜率时，厂商有利润极大值。由于厂商的产品销售价格保持不变，边际收益也就等于产品的价格为一常数，其导数为零。因此，这时厂商利润最大化的二阶条件变成边际成本的导数大于零，即边际成本处于上升阶段。结合图 5-14 可以看到，在产量为 Q_3 时，满足利润最大化条件，厂商在此生产可以获得最大利润。

从图 5-14 中还可以找到另外一个满足利润最大化一阶条件的产量 Q_1，这时厂商不仅不能获得利润，而且处于最大亏损状态。事实上，利润最大化的一阶条件仅仅表明利润有极值，在 Q_1 处，边际成本处于下降状态，即 MC 曲线的斜率小于零，恰好是利润的最小值即最大亏损。此外，厂商的总收益曲线与总成本曲线有两个交点，分别在产量水平 Q_2 和 Q_4 上，表明在该产量水平上厂商的利润为零，因此，当厂商的实际产量落在 Q_2 到 Q_4 范围之内时可以获得利润，否则的话必然亏损。

对于面对一条向下倾斜的需求曲线的厂商，其产品的销价是随产量变化而变化的。如果成本仍然和上例一样，表现为一条先凹后凸的曲线，这时，该厂商的收益曲线、成本曲线以及厂商实现最大利润的产量可以通过图 5-15 表示出来。

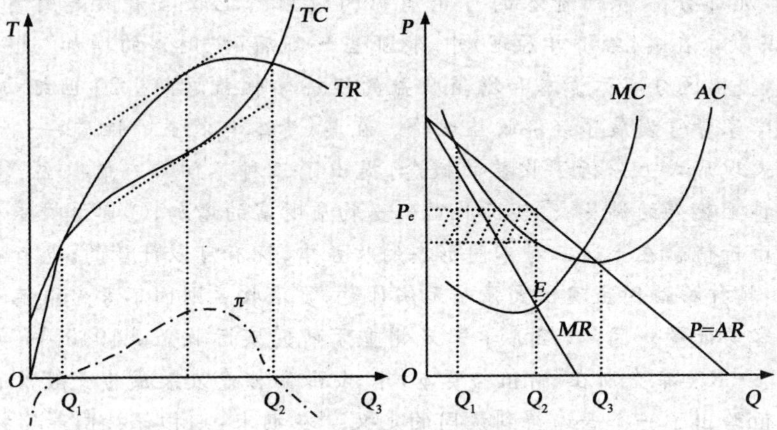

图 5-15　价格变动时的厂商最佳产量确定

与图 5-14 所不同的是，在图 5-15 中，边际收益曲线同产品的需求曲线，或者说边际收益曲线与平均收益曲线分离开来，成为一条下降更快的斜线。当厂商的产量等于 Q_2 产量时，生产的边际收益等于边际成本，边际成本正处于上升阶段且大于边际收益曲线的斜率，满足利润最大化条件，从而厂商可以实现最大利润。此时，市场上该商品的价格为 P_e，利润为图中的阴影；在 Q_1 和 Q_3 之间，为厂商的合理生产范围，离开了这一产量范围，厂商将面临亏损。

延伸阅读

1. 成本与收益的概念

成本与收益理论是生产理论研究的重要基础，涉及成本核算、收益核算和利润核算等基本概念与核算方法，尤其是厂商生产理论的重要组成部分，有关知识内容在经济管理类各分支学科中有非常广泛的应用。成本与收益的理论能够指导成本收益分析，但与应用中的成本收益分析概念有所不同。两者都要考虑具体经济行为在经济价值上的得失，以便对投入与产出关系有一个尽可能科学的估计。

应用中的成本收益分析是一种量入为出的经济理念，它要求对未来行动有预期目标，并对预期目标的概率有所把握。成本收益分析的前提是把握“成本效益原则”，是指在会计信息供给与需求不平衡的状况下，会计信息供给花费的成本和由此而产生需求之间要保持适当的比例，保证会计信息供给所花费的代价不能超过由此而获得的效益，否则应降低会计信息供给的成本。

从历史上看，收益概念最早出现在经济学中。亚当·斯密在《国富论》中，将收益定义为“那部分不侵蚀资本的可予消费的数额”，把收益看做是财富的增加。1890年，马歇尔在其《经济学原理》中，把亚当·斯密的“财富的增加”这一收益观引入企业，提出区分实体资本和增值收益的经济学收益思想。20世纪初期，美国著名经济学家费雪发展了经济收益理论。在其《资本与收益的性质》一书中，首先从收益的表现形式上分析了收益的概念，提出了三种不同形态的收益：①精神收益——精神上获得的满足；②实际收益——物质财富的增加；③货币收益——增加资产的货币价值。在上述三种不同形态的收益中，既有可以计量的，也有不可计量的。其中：精神收益因主观性太强而无法计量，货币收益则因不考虑币值变化的静态概念而容易计量。因此，经济学家只侧重于研究实际收益。1946年，英国著名经济学家J·R·希克斯在《价值与资本》中，把收益概念发展成为一般性的经济收益概念。他给出了一个普遍得到认同的定义：“在期末、期初保持同等富裕程度的前提下，一个人可以在该时期消费的最大金额”。希克斯的定义，虽然主要是针对个人收益而言的，但对企业也同样适用。

2.“会计利润”和“经济利润”

利润最大化的原则是使收益减去成本的差额最大。在经济学上，利润是市场上决定进退的指标，只要有利可图，厂商就会继续经营，没有人愿做赔本生意的。但是，利润在会计学和经济学中的意义是有差别的，因此使得利润有“会计利润”和“经济利润”之分。具体表现在对有关概念的处理上，因为“经济收入不同于会计收入，经济成本不同于会计成本，因此，经济利润就不同于会计利润”。经济收入是按财产法计量的，即：本期收入＝期末财产－期初财产。经济成本不仅包括会计上实际支付的成本，而且还包括机会成本，即：企业为将资源从其他生产机会中吸引过来而必须向资源提供者支付的报酬。这些报酬可以是显性的，也可以是隐性的，构成了企业的“隐性成本”和“显性成本”。会计师不确认的隐性成本，不能被列入利润表的减项。因此，会计利润＝总收入－显性成本；经济利润＝会计利润－隐性成本＝总收入－所有投入的机会成本。

3.净营业收益理论

净营业收益理论(net operating income theory，简称NOI)是1952年，美国经济学家大卫·杜兰特(David Durand)在《企业债务和股东权益成本：趋势和计量问题》一文中提出的。该理论认为，不论财务杠杆如何变化，公司加权平均资本成本都是固定的，因而公司的总价值也是固定不变的。这是因为公司利用财务杠杆增加负债比例时，虽然负债资本成本较之于股本成本低，但由于负债加大了权益资本的风险，使得权益成本上升，于是加权平均资本成本不会因负债比率的提高而降低，而是维持不变。因此，公司无法利用财务杠杆改变加权平均资本成本，也无法通过改变资本结构提高公司价值；资本结构与公司价值无关；决定公司价值的应是其营业收益。

概念与习题

1. 解释下列概念：机会成本；显性成本；隐性成本；私人成本和社会成本；短期成本与长期成本；利润与正常利润。

2. 作图并说明短期成本曲线、短期平均成本曲线及边际成本曲线的关系。

3. 如何从短期平均成本曲线推导出长期平均成本曲线？

4. 证明边际成本曲线必须与平均成本曲线在其最低点相交。

5. 试从短期边际成本曲线推导出长期边际成本曲线。

6. 试对利润、成本、产量和价格之间的关系进行综合分析。

6　不同市场结构下的厂商均衡

当经济学家考察市场时，他们首先考察市场结构……

——J·E·斯蒂格利茨

在前面几章的基础上，本章要研究的是厂商的均衡问题。所谓厂商均衡，是指厂商在各种不同市场结构中，根据市场特点和供求关系确定合理的价格和产品产量，以获得最大限度的利润的状态。通常将市场结构分为四种类型，即完全竞争、完全垄断、垄断竞争和寡头垄断。以下我们分别对这四种类型的厂商均衡问题加以研究。

6.1　完全竞争条件下的厂商均衡

6.1.1　市场类型

6.1.1.1　厂商与行业

厂商(firm)是指根据一定目标(通常是追求利润最大化)雇佣并组织生产资源为市场提供商品和劳务的独立经营单位。

行业(industry)是指制造或提供同一产品或类似产品和劳务的厂商的集合。如纺织业、汽车制造业、食品加工业等。

厂商与行业是成员与集体的关系，在微观经济学应该区分厂商与行业。例如，在分析需求曲线时，就要弄清它是厂商的需求曲线还是行业的需求曲线，因为两者并不总是相同的。

6.1.1.2　市场及类型

市场通常是指买方和卖方同时相互作用、使交换成为可能的买方和卖方的集合。一个市场通常不是一个单一的地点，而是一个区域。它可能有固定场所，也可能是利用现代化通信工具进行交易。

微观经济学通常以竞争强度来划分市场类型。影响市场竞争强度的因素主要有以下几点：第一，市场上厂商的数目。市场上的厂商数目越少，甚至仅此一家，那么厂商的垄断力量便越强,市场竞争程度便越弱。第二,厂商所提供的产品的差别程度。厂商越是提供了别的生产者无法替代的产品,它的市场垄断能力便越强。第三,单个厂商对市场价格的控制程度。厂商的定价能力越强,市场的竞争能力越弱。第四,厂商进入或退出该市场的难易程度。进入的壁垒越高,市场上现有的厂商数目越少;退出的沉没成本越高,会使厂商在决定进入时更加谨慎。这些都会增加市场的垄断性。依照这四个标准,人们将市场划分为以下四种类型,即完全竞争市场、完全垄断市场、垄断竞争市场和寡头垄断市场。这四种类型的市场的特点可以用表 6-1 来说明。

表 6-1　市场和厂商类型的划分与特点

市场类型	厂商数目	产品差别程度	厂商对价格的控制能力	进出该行业的难易程度	现实中接近的市场
完全竞争	非常多	完全无差别	完全没有	非常容易	农产品
垄断竞争	较多	有一定的差别	有一些	比较容易	轻工业品
寡头垄断	几个	有差别或无差别	相当程度	比较困难	重工业品
完全垄断	一个	产品独一无二	很大程度,但是常常受到管制	很困难	公用事业

6.1.2　完全竞争市场的特点

完全竞争市场(perfect competition market),也称纯粹竞争市场(pure competition market)是指竞争完全不受任何阻碍和干扰的市场。完全竞争市场须具备以下四个特征。

第一,市场上有非常多的买者和卖者,从而厂商面临的价格是既定的。由于市场上有为数众多的需求者和供给者,以至于他们中的每一个人的购买份额和销售份额相对于整个市场的总购买量和总销售量来说是微不足道的。因而任何一个厂商(生产者)或家庭(消费者)只能按照既定的市场价格销售或购买他们愿意买卖的任何数量的商品而不会对价格产生影响。也就是说,在完全竞争市场中,每个消费者和生产者都是市场价格的接受者(price-taker),而不是价格的制定者(price-maker)。市场价格只能由全体买者的需求总量和全体卖者的供给总量共同决定。

第二,同一行业中的厂商生产的商品是同质的。这里所说的同质产品,不仅指商品之间的质量相同,甚至在销售条件、商标包装和服务上都相同。因此,对于消费者而言,它们是完全的替代品,在购买时根本不在乎是哪家厂商的产品。这就意味着,如果有厂商提价,那么他的商品就会滞销。当然,也不会有厂商愿意降价,因为第一个特征已经保证了按照市场价格,厂商可以卖掉他愿意卖的所有商品。

第三,厂商进入或退出某一行业是完全自由的。即厂商进出某一行业不存在障碍,所有的资源都可以在各行业之间自由流动。这就意味着厂商总是能够及时地进入盈利的行业或退出亏损的行业,在此过程中实现利润最大化。否则,就会出现因为退出的沉没成本太高,企业无法经营下去,或者因为进入的壁垒太高,厂商望洋兴叹的现象。

第四,市场中的每一个买者和卖者都充分掌握自己决策所需的所有信息。它包括关于所交易的商品的质量、其他卖者的销售价格、其他买者的购买价格等。这样,市场上的每一个消费者和生产者都可以根据自己掌握的信息来确定最佳的购买量或生产量,从而获得最大的经济效益。这一特征和第一、第二个特征一起保证了厂商无法卖出高于市价的商品。对于一个市场同时存在几种价格的情况,也是不可能出现的。

显然,在现实经济生活中,完全符合以上四个特征的市场是不存在的,完全竞争市场是一种理论上的理想市场。人们通常将农产品市场近似地看做完全竞争市场。除了农业以外,渔业、纸浆和造纸、纸制品和塑料制品、日用品零售、管道维修、自助洗衣店、法律服务等行业都是高度竞争性行业,所以我们也可以用完全竞争模型来研究这些行业中的企业行为。

6.1.3 完全竞争市场的需求曲线和收益曲线

6.1.3.1 厂商的需求曲线和收益曲线

厂商的需求曲线是指单个厂商所面临的消费者对其产品的需求曲线,它与整个行业所面临的需求曲线是不同的。

在完全竞争市场中厂商所面临的需求曲线是一条具有完全价格弹性的水平线。根据前面对完全竞争市场的假定,单个厂商都是市场价格的接受者,他改变销售量不会引起市场价格的变动,也就是说在既定的市场价格下可以出售任何数量的商品。厂商只要稍微提价,其商品就会卖不出去。厂商也可以选择降价,这意味着所有的买者都来买他的商品,但是不降价时厂商已经可以卖出他所想卖的任意数量了,降价只会徒然地使利润受损,厂商没有理由会这样做,这可以用图 6-1 来说明。

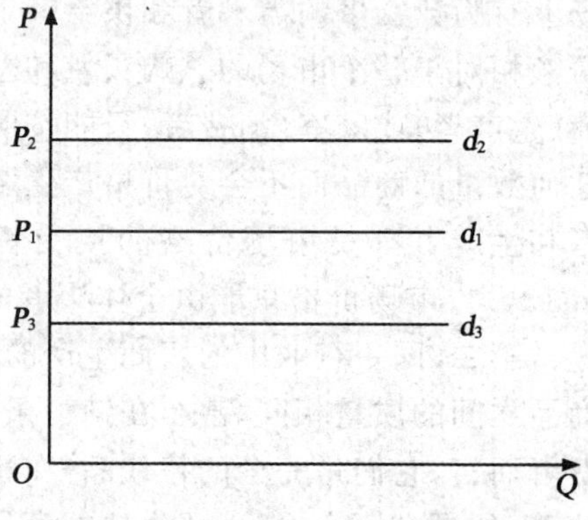

图 6-1 完全竞争厂商的需求曲线

在图 6-1 中,横轴 Q 表示商品数量,纵

轴 P 代表该商品价格。当既定的市场价格为 P_1 时，任何数量的商品都可以卖掉。若厂商把价格从 P_1 提高到 P_2 时，他的销售量只能为零，而理性的厂商不会把价格从 P_1 降到 P_3。

在完全竞争市场上，厂商是价格的接受者，其产品的价格是常数，因此厂商每销售一单位产品所获得的边际效益等于价格，而且还等于平均效益，即 $MR=AR=P$。所以，厂商所面临的需求曲线既是平均收益曲线又是边际收益曲线，三条曲线完全重合。在图 6-2(a)中，商品价格为 2 个单位，则边际收益(MR)、平均收益(AR)也都是截距为 2 的水平直线。

厂商的总收益等于其出售的商品数量与价格的乘积。在本例中，厂商出售 200 件商品，总收益为 400 个单位。由于每增加一件商品的销售量都引起一个不变量，所以总收益曲线是一条从原点出发的向右上方倾斜的曲线，如图 6-2(b)所示。

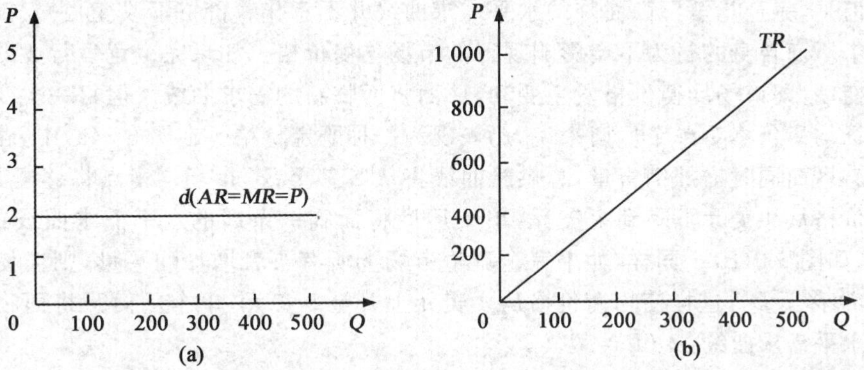

图 6-2　完全竞争厂商的收益曲线

6.1.3.2　行业的需求曲线

行业面临的需求曲线又叫做市场面临的需求曲线，是描述消费者对整个行业所生产的商品的需求状况的曲线，即每一个售价下行业整体所能销售出的商品数量。与完全竞争厂商不同，完全竞争行业的需求曲线为一条自左上方向右下方倾斜的曲线。如图 6-3(a)所示。

那么，厂商既定的市场价格是如何决定和变动的呢？我们知道，厂商面临的价格是由整个行业的均衡价格决定的。在图 6-3(a)中，S 与 D 相交于 E 点，决定了市场均衡价格为 4 美元，这就决定了图 6-3(b)中厂商的需求曲线为 d 线，它是一条高度为 4 美元的水平线。

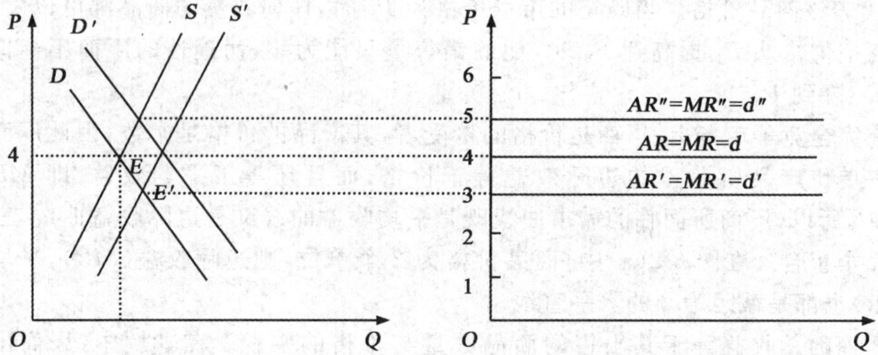

(a) 行业需求曲线　　　　(b) 企业需求曲线

图 6-3　完全竞争市场的行业需求曲线和厂商需求曲线

但是,完全竞争厂商面临的水平需求曲线并不意味着价格不改变,它仅仅意味着单个厂商自身的行为不会影响现行的市场均衡价格。如果完全竞争行业的供求发生变动,即市场均衡价格发生变动,厂商将面临新的需求曲线。但每一次变化后的市场均衡价格对单个厂商来说,仍表现为一种既定价格。在图 6-3(a)中,若市场上所有厂商同时增加销售量,总供给曲线将从 S 移至 S',市场均衡点将移至 E'点,市场价格从 4 美元下降到 3 美元,单个厂商将面临一条新的水平需求曲线:$d'(P=3)$,如图 6-3(b)。同样,如果完全竞争市场上所有买者增加购买量,则会使需求曲线 D 移至 D',这样使均衡价格从 4 美元上升至 5 美元,单个厂商又将面临一条新的水平需求曲线:$d'(P=5)$。

6.1.4　完全竞争厂商的短期均衡

我们已经介绍过,短期是指厂商只来得及变动可变成本,但来不及调整固定成本的时期。从行业角度来说,短期内,行业所拥有的厂商数目不变。也就是说,厂商不能进出行业。短期内,厂商可随需求情况的变化,在一定范围内调整可变投入和产销量,以求利润最大或亏损最小。当利润达到最大化时,厂商将不再调整其产销量,以保持均衡状态。当每个厂商都达到均衡时,整个行业也达到均衡状态。

在完全竞争市场条件下的短期生产中,不仅要素和产品的价格都是既定的,而且生产中的不变要素投入的规模也无法改变,又因为完全竞争条件下,厂商短期均衡(即取得最大利润或最小亏损)的必要条件仍然是 $MR=MC$,所以,厂商一般通过调节产量来实现 $MR=MC$。前面提过,厂商实现了短期中的利润最大化并不意味着厂商一定能获得经济利润,完全竞争市场短期均衡中厂商既可能盈利也可能亏损。我们用以下的关系式说明：

$$\pi = TR - TC = P \times Q - AC \times Q = Q \times (P - AC) = Q(AR - AC)$$

式中：π 为利润，TR 为总收益，TC 为总成本，P 为价格，AR 为平均收益，AC 为平均成本。$AR(P)$ 可能大于、小于或等于 AC，所以厂商可能盈利也可能亏损。我们用图 6-4 来说明完全竞争厂商的短期均衡。

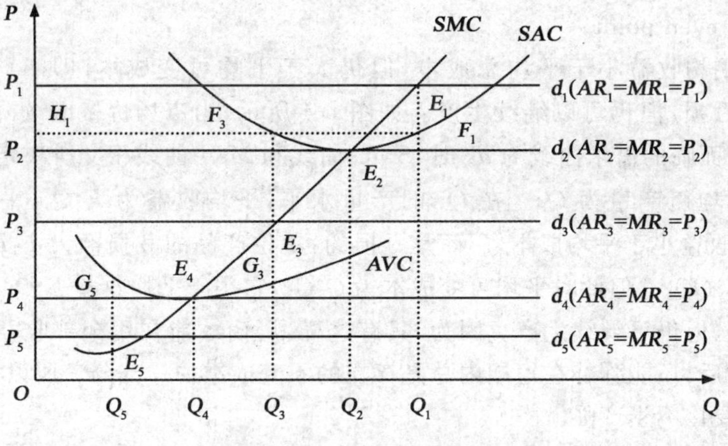

图 6-4　完全竞争厂商的短期均衡

图 6-4 中的三条成本曲线 SMC、SAC 和 AVC 分别代表短期边际成本、短期平均成本和短期可变成本曲线，它们共同代表厂商既定的短期生产规模。厂商所面临的五条需求曲线 d_1、d_2、d_3、d_4、d_5 分别代表在五个不同市场价格水平下的厂商收益状况。下面的分析将表明，对于厂商的既定生产规模来说，不同的市场价格水平将直接影响厂商的短期均衡和盈利状况。厂商的短期均衡可分为以下五种情况。

第一，平均收益大于平均总成本，即 $AR > SAC$，厂商获得经济利润。如图 6-4 所示，当市场价格为 P_1 时，相应的厂商所面临的需求曲线为 d_1。根据 $MR = MC$ 的利润最大化条件，厂商选择的最优产量为 Q_1。因为在 Q_1 的产量上，SMC 曲线和 MR_1 曲线相交于 E_1 点，E_1 是厂商的短期均衡点。这时，厂商的平均收益为 E_1Q_1，平均成本为 F_1Q_1，平均收益大于平均成本，厂商在单位产品上所获得平均利润为 E_1F_1，利润总量为 $E_1F_1 \times OQ_1$，相当于图中矩形 $H_1P_1E_1F_1$ 的面积。

第二，平均收益等于平均总成本，即 $AR = SAC$，厂商的经济利润为零，但获得了正常利润。如图 6-4 所示，相对于第一种情况，当市场价格由 P_1 下降为 P_2 时，厂商所面临的需求曲线相应地向下平移为 d_2 曲线，而且，厂商所面临的需求曲线 d_2 恰好与短期平均总成本 SAC 曲线相切于后者的最低点 E_2，短期边际成本 SMC 曲线也经过该点。由于该点就是 SMC 曲线和 MR_2 曲线的交点，所以，E_2 点就是厂商的短期均衡点，相应的均衡产量为 Q_2。在 Q_2 的产量水平，平均收益为 E_2Q_2，平均成本也为 E_2Q_2，厂商的利润为零，但实现了正常利润。由于在这一点上，厂商既无利润，又无亏损，所以，SMC 曲线与 SAC 曲线的交点也被称为厂商的收支相抵点(break-even point)。

第三，平均收益小于平均总成本，但仍大于平均可变成本，即 $AVC<AR<SAC$，厂商亏损，但仍可以继续生产。如图 6-4 所示，当市场价格继续降为 P_3，相应的厂商所面临的需求曲线为 d_3 时，SMC 曲线和 MR_3 曲线相交所决定的短期均衡点为 E_3，均衡产量为 Q_3。在 Q_3 的产量水平，平均收益为 E_3Q_3，平均成本为 F_3Q_3，平均收益小于平均成本，厂商是亏损的，单位产品的亏损额为 F_3E_3，总亏损量为 $F_3E_3\times OQ_3$。但此时平均可变成本为 G_3Q_3，它小于平均收益 E_3Q_3。所以，厂商虽然亏损，但仍可继续生产。因为，只有这样，厂商才能在用全部收益弥补全部可变成本之后，还能弥补在短期内总是存在的不变成本的一部分。所以，在这种情况下，生产要比不生产强。

第四，平均收益等于平均可变成本，即 $AR=AVC$，厂商亏损，处于生产与不生产的临界点。在图 6-4 中，当市场价格进一步下降为 P_4 时，相应的厂商所面临的需求曲线为 d_4，而且 d_4 曲线与 AVC 曲线相切于后者的最低点 E_4，SMC 曲线也经过该点。在这种情况下，根据 $MR=SMC$ 的利润最大化的原则，E_4 点就是厂商的短期均衡点。在该点上，平均收益小于平均成本，厂商是亏损的。同时，平均收益和平均可变成本相等，都为 E_4Q_4。于是，厂商可能继续生产，也可能不生产。或者说，生产与不生产的结果对厂商来说都是一样的。因为，若继续生产，厂商的全部收益只够弥补全部的可变成本，而不能弥补任何的不变成本。若不生产，厂商虽不必支付可变成本，但不变成本仍然是存在的。所以，SMC 曲线与 AVC 曲线的交点是厂商生产与不生产的临界点，通常称该点为停止营业点或关闭点。

第五，平均收益小于平均可变成本，即 $AR<AVC$，厂商亏损，停止生产。当市场价格下降为更低的 P_5，相应的厂商所面临的需求曲线为 d_5 时，$MR_5=SMC$ 的短期均衡点为 E_5，均衡产量为 Q_5。这时，平均收益为 E_5Q_5，它小于平均可变成本 G_5Q_5，厂商亏损，应停止生产。因为，若厂商继续生产，其全部收益连可变成本都无法全部弥补，就更谈不上对不变成本的弥补了。而事实上，厂商只要停止生产，可变成本就降为零。显然，此时不生产要比生产强。

6.1.5 完全竞争厂商的短期供给曲线

完全竞争厂商为了获得短期的最大利润，应该选择最优的产量，使得商品的价格和边际成本相等。这样一来，给定一个价格，就有一个相应的最优的产量，能够使得厂商实现利润最大化。其实，这种关系就确定了厂商的供给曲线。完全竞争厂商的均衡条件意味着厂商供给曲线上的点将都在边际成本曲线上，那么是否边际成本曲线上的点都在厂商的供给曲线上呢？答案是否定的。在图 6-5 中，只有位于点 A 以及点 A 上方的边际成本曲线才是厂商的供给曲线，即 MC 曲线的实线部分。原因是一旦价格降到停止营业点 A 以下，厂商就会停产关门，而不会提供任何数量的产品了。由于平均变动成本曲线以上部分的边际成本是递增的，所以，厂商的供给曲线一定是向右上方倾斜的，换句话说，厂商供给曲线的斜率为正，这意味着当产品的市场价格上升时厂商的供给量增加，当产品的市场价格下降时，厂商的供给量减少。

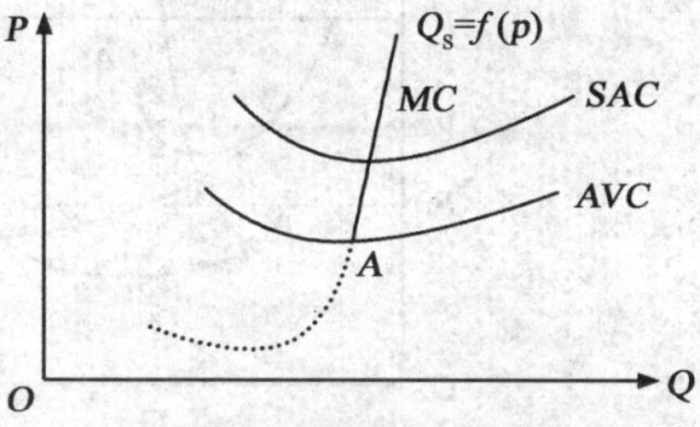

图 6-5 厂商的短期供给曲线

6.1.6 完全竞争厂商的长期均衡

在长期内，所有的要素可以充分调整，厂商能够根据生产的产量选择一种使产品平均成本最低的厂房、设备的规模。同时，行业内的厂商数量也不是固定的，能够进入或者退出该行业。当行业内的已有厂商获得超过正常利润的超额利润即经济利润时，新厂商会进入该行业，从而使该行业的厂商数量增加；反之，当已有厂商不能获得正常利润时，有的厂商就会退出，从而使该行业的厂商数量减少。

长期均衡是随着厂商对其生产规模的调整和新厂商的进入和退出，厂商的产量将达到使价格等于长期边际成本，也等于长期平均成本的那一点，在这一点上，经济利润为零，利润最大化。因此，这个点被称做“长期均衡点”。

6.1.6.1 原有厂商在长期内的调整

原有厂商在长期内的调整过程，如图 6-6 所示。

假定完全竞争市场价格为 P_0。在 P_0 的价格水平上，在短期内，厂商现有的生产规模以短期平均成本曲线 SAC_1 和短期边际成本曲线 SMC_1 表示。由于短期内的生产规模是既定的，所以，厂商在既定的生产规模下，按 $MR=SMC$ 短期利润最大化的条件，将产量确定在 Q_0 的水平上，并且获得较少的利润，利润总量是图中 $P_0P_1GE_0$ 的面积。而在长期内，根据 $MR=LMC$ 长期利润最大化的条件，厂商会

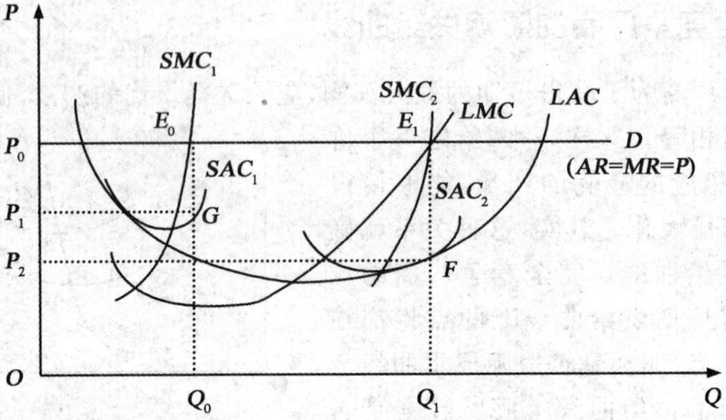

图 6-6　长期内生产规模的调整

选择与短期平均成本曲线 SAC_2 和短期边际成本曲线 SMC_2 相对应的生产规模，并将其产量确定在 Q_1，厂商会获得更多利润，所获得的利润总量是图中 $P_0P_2FE_1$ 的面积。

可见，厂商通过在长期内的调整，从而获得了比在短期内更大的利润。

6.1.6.2　厂商进入或退出一个行业

追求利润最大化的厂商，在长期内，总是将其生产要素在各个行业之间转移，从而进入或退出一个行业，下面分析的就是厂商在长期生产过程中进入或退出一个行业的经营决策对单个厂商利润的影响，如图 6-7 所示。

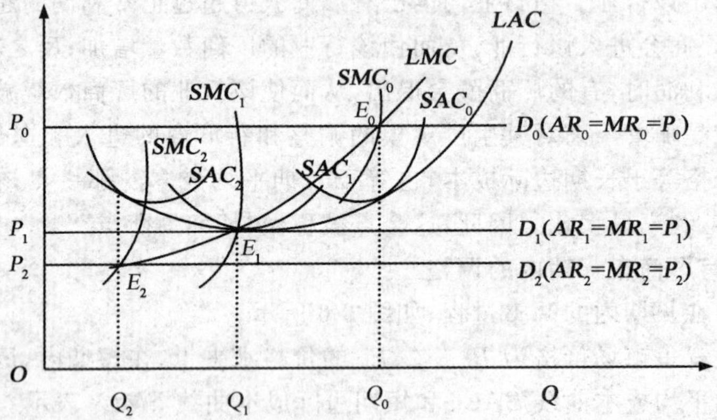

图 6-7　厂商进入或退出一个行业

假定初始的市场价格较高，为 P_0，根据 $MR=LMC$ 这一利润最大化原则，厂商确定的产量水平为 Q_0，相应的最优生产规模由短期平均成本曲线 SAC_0 和短期边际成本曲线 SMC_0 所代表。此时，厂商获得经济利润，这会吸引新的厂商进入该行业。随着行业内厂商数量的增加，产品的市场供给随之增加，市场价格逐步下降，单个厂商的经济利润就会逐步减少。只有当市场价格下降到单个厂商的经济利润为零时，新厂商的进入才会停止。相反，如果市场价格较低，为 P_2，厂商确定的产量水平为 Q_2，相应的最优生产规模由 SAC_2 曲线和 SMC_2 曲线所代表。此时厂商是亏损的，这就促使一部分厂商退出该行业。随着行业内厂商数量的减少，产品的市场供给随之减少，市场价格逐步上升，单个厂商的亏损就会减少，直到亏损消失即经济利润为零时，原有厂商的退出才会停止。

总之，这种厂商进入或退出一个行业的调整过程，一定会达到长期平均成本曲线 LAC 的最低点，此时，厂商的利润最大化，经济利润为零。厂商再没有进入或退出该行业的动力，从而行业内的每个厂商都实现了长期均衡。

在图 6-7 中，E_1 点是完全竞争厂商的长期均衡点。在 E_1 点，LAC 曲线达到最低，相应的 LMC 曲线与其相交于该点；厂商的需求曲线 D_1（即价格 P_1）与 LAC 曲线相切于该点；代表最优生产规模的 SAC_1 曲线与 LAC 曲线相切并且与 SMC_1 曲线相交于该点；产品的平均成本降至长期平均成本的最低点，产品的价格等于最低的长期平均成本，这样，完全竞争厂商的长期均衡条件为

$$MR=LMC=SMC=LAC=SAC$$

完全竞争厂商的长期均衡条件还可以表示为

$$AR(P)=LMC=LAC=SMC=SAC$$

将图 6-7 简化为图 6-8，表示完全竞争厂商的长期均衡。

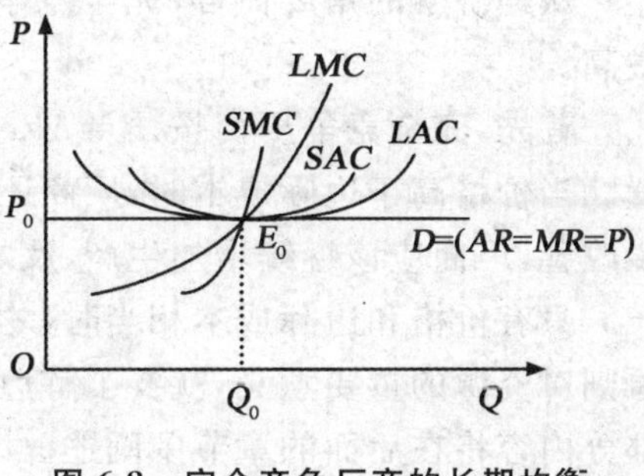

图 6-8　完全竞争厂商的长期均衡

在长期做了全面的调整以后，单个厂商既不存在亏损，又不存在经济利润。价格等于 P_0，需求曲线是水平的，边际收益曲线与需求曲线相同，均衡产量为 OQ_0，与其所用工厂相对应的短期平均成本和边际成本曲线用 SAC 和 SMC 表示。在这一生产规模和产量水平上，一方面，长期边际成本 LMC 和短期边际成本 SMC 与价格相等，$P=LMC=SMC$，这就保证了厂商利润

最大化。另一方面，在同一产量水平上，这又使厂商的经济利润等于零。既然长期边际成本 LMC 必须等于长期平均成本 LAC，均衡点 E_0 就一定在长期平均成本曲线的最低点。

需要指出的是，完全竞争厂商的长期均衡是"利润最大化"、"经济利润为零"。这些结论似乎矛盾和不可理解，但通俗一些的解释是，在长期内竞争消除了超额利润(即经济利润为零)，管理人员得到了薪金，资本的所有者得到了资本的正常收益。

在现实世界中，虽然很少有完全竞争市场，但市场的竞争几乎无处不在。而市场的竞争是产品降价和改善质量的驱动力。例如，电子行业不断降低价格和减少利润的事实，充分说明了竞争的作用。1972—1983 年间，小型掌上计算器的价格从 200 美元跌至 10 美元。数字手表的价格从 1975 年的 2 000 美元跌至 1990 年的 7 美元以下。盒式磁带录像机 1979 年的价格为 2 000 美元，到 20 世纪 90 年代末价格不足 90 美元。还有，手机、DVD 播放机等电子产品，在 10 年间，甚至几年间，价格在大幅度下跌。

1976—1983 年间，美国有 250 多家厂商为追求高额利润进入计算机行业。在最初的几年中，计算机行业由取得巨大成功的几家公司(如苹果公司)控制着。但如此多厂商的竞争导致计算机行业变得更具有竞争性。不断增强的竞争促使价格下降，产品质量和性能也不断提高。与此同时，当价格和利润减少时，大量的公司破产倒闭。可见，是竞争造就了一个更大的计算机市场以及质量的不断改进和价格的不断降低。

6.1.7 对完全竞争市场的评价

从经济学的角度而言，完全竞争市场是最理想的市场结构，因为它经济效率最高。

首先，完全竞争厂商按 $P=MC$ 进行生产，这一原则使资源能够得到最优配置。当价格高于边际成本时，厂商还未实现利润最大化，因此，资源配置有待进一步改善，厂商应该继续增加生产，反之，如果价格低于边际成本，厂商就应该减少生产。只有价格和边际成本相当时，才达到资源配置的最优。当然，要真正理解这一原则对资源的重要意义，就要了解边际社会收益和边际社会成本的概念。有关这部分内容将在后面的章节中阐述。

其次，完全竞争厂商的长期均衡位于长期平均成本的最低点，保证了整个行业能以成本最低的方式进行生产，保证了留存在完全竞争行业中的厂商都是最有效率的厂商。如前所述，完全竞争市场的厂商对产品的价格没有任何的操纵能力，只能接受由市场供求决定了的价格。因此，厂商争取获得短期经济利润的唯一方法就是努力降低成本，成本的高低决定了厂商的命运。只有成本低的企业才能获得利润，才能继续生存下去。可以说“优胜劣汰”在完全竞争市场发挥得淋漓尽致。同时，对于消费者而言，所支付的价格也是最低的价格，无疑是最理想的情形。

当然，完全竞争市场也有不尽如人意的地方。第一，完全竞争市场与规模经济不相宜，厂商的市场无法形成规模，不存在规模经济效应；第二，厂商的研究开发创新能力缺乏资金的支持；第三，产品的高标准化导致产品品种过于单一，一方面不能满足消费者多层次、多样化的产品需求，另一方面也不利于厂商对新产品的开发。

6.2 完全垄断下的厂商均衡

6.2.1 完全垄断及其形成原因

6.2.1.1 完全垄断的含义与特征

完全垄断，又称垄断或独占(monopoly)，是指整个行业的全部供给完全由一家厂商所控制的市场结构，这一厂商被称为垄断者。它与完全竞争市场形成鲜明的对照，商品的价格完全由厂商决定，垄断者可以根据最大利润原则选择最有利的价格和产量。

完全垄断市场(perfect monopoly market)具有以下基本特征：

第一，一家厂商提供整个行业的产销量。在一个行业中，生产者只有一家，因而该垄断厂商的供给量就是整个行业或市场的供给量。

第二，该厂商所提供的产品不可替代，其需求的交叉弹性为零。垄断厂商提供的产品和劳务，没有良好的替代品，也就不存在与其他厂商的竞争。例如，很多经济学家认为区域性发电厂在照明能源上具有垄断地位，因为手电筒、蜡烛或煤油灯虽然是电灯的替代品，但实在算不上良好或相近的替代品。但在取暖用的能源上，发电厂就不是垄断者，因为石油、煤气甚至木炭都是很好的替代品。

第三，其他任何厂商进入该行业都极为困难或不可能。在这样的市场中，排除了任何的竞争因素，独家垄断厂商控制了整个行业的生产和市场的销售。

第四，该厂商独自决定价格。完全垄断厂商是市场价格的制订者，而不是价格的接受者，他可以利用各种手段来决定价格，以达到垄断的目的。

第五，实行差别价格。完全垄断厂商可以根据销售条件实行不同的差别价格，以攫取最大的超额利润。

6.2.1.2 完全垄断的形成原因

厂商要成为某一行业的完全垄断者，必然要求进入该行业有很高的壁垒，正是这些壁垒因素使其他厂商不可能进入该行业。一般认为,规模经济、政府的特许、对资源的控制、专利与知识产权等是造成完全垄断的主要原因。

(1)规模经济。当大规模生产出现规模效益并降低成本时,即存在规模经济时,大厂商就可以比小厂商以更低的成本进行生产和出售,于是,小厂商将无法生存下去。若某一大厂商在平均成本最低点处的产量足以满足市场需求,且这时的价格又有利可图,那么,它便会垄断整个行业。这种由于一个厂商能以最低成本满足整个市场需求而形成的垄断,可称之为自然垄断(natural monopolies)。许多公用事业,如电力供应、煤气供应、自来水、市内电话等都是典型的自然垄断行业。公众通常要求政府对自然垄断者的行为进行管理和控制。

(2)政府的特许。许多早期垄断是政府建立起来的。在 17 世纪,英国政府授予东印度公司与印度进行贸易的垄断权;18 世纪法国的盐业垄断厂商拥有对盐的专卖权。即使在今天,政府也常常给予厂商特许垄断权,即政府授予该厂商在一定区域内生产某种商品或提供某种服务的排他性经营权。于是,独家厂商就成了这些行业的垄断者,如铁路运输、邮政、广播电视等。作为回报,该类厂商同意政府对其经营行为的某些方面进行管理和控制。但无论政府采取何种管制形式,最重要的一点是,这种类型的垄断是政府许可的。

(3)对资源的控制。如果某一厂商控制了生产某种商品的全部资源或基本资源的供给,并拒绝出售给其他厂商,就可以形成完全垄断。例如,第二次世界大战前的美国制铝业。矾土是制铝过程中所必需的一种资源,美国铝业公司曾从 19 世纪末到 20 世纪 30 年代一直控制着美国矾土矿的所有来源,因而使公司在这段时期内独霸美国的铝制品行业。再如,南非的钻石公司德比尔斯(DeBeers)。德比尔斯公司在 1888 年由英国商人(以及 Rhodes 奖学金的捐助者)Cecil Rhodes 建立,它一度控制着全世界钻石矿产量的 80%。由于它的市场份额小于 100%,因此,德比尔斯不完全是一个垄断者,但该公司对钻石的市场价格可以产生巨大影响。

(4)专利与知识产权。专利权是赋予发明者本人在一定时期内独自地使用具有专利的产品或生产方法的特权,它是在法律上限制进入某一行业的一种非常特殊的形式,因为专利禁止了其他人生产某种产品或使用某项技术,除非经专利持有人的同意。某一厂商因为拥有某一产品生产的专利权或其生产工艺的专利权,就可以在一定时期内垄断该产品的生产,从而使其他厂商不能进入该市场。例如,美国的铝业公司就曾在制铝的基本工艺上拥有重要的专利权,这些专利权有助于保持它的垄断地位。不过,专利带来的垄断地位是暂时的,因为专利有法律时效。在我国,专利有效期为 15 年,美国是 20 年。专利是对发明和创新的保护,如果没有专利,对每一项新发明进行模仿的厂商将会迅速出现,由于低的仿制成本,从而使发明人很难从其发明中赚到钱，那么，他们就没有进行发明的经济动力。

与完全竞争市场一样，完全垄断市场在今天的现实市场经济制度中也是几乎不存在的，只近似地存在于公用事业和某些特殊区域中。从长远来看，完全垄断是很难持久的。新替代品所形成的间接竞争、新厂商的进入所形成的潜在竞争，都会限制完全竞争市场厂商的价格和产量政策。尽管如此，完全垄断市场理论仍然是分析各种不完全竞争市场理论的重要基础。

6.2.2 完全垄断厂商的均衡

完全垄断厂商是市场上唯一的供给者，显然，完全垄断厂商的均衡就是完全垄断行业或市场的均衡，分析完全垄断市场均衡就不必像完全竞争市场那样分别对待厂商均衡和行业均衡。

6.2.2.1 完全垄断厂商的需求曲线

在完全垄断条件下，厂商就是行业的代表，所以说垄断厂商的产量就是行业的产量，而垄断厂商面临的需求曲线就是行业或整个市场的需求曲线，这是垄断厂商的重要特征。而市场需求总是遵循这样一个原则：价格高，需求少；价格低，需求多。因此，完全垄断厂商的需求曲线是一条自左上方向右下方倾斜的曲线，如图6-9(a)中的 d 曲线，它表明垄断厂商的产销量和市场价格成反方向变动。

6.2.2.2 完全垄断厂商的收益曲线

厂商所面临的需求状况直接影响厂商的收益。在此，我们用图 6-9 来分析与垄断厂商所面临的需求曲线相对应的收益曲线的特点。

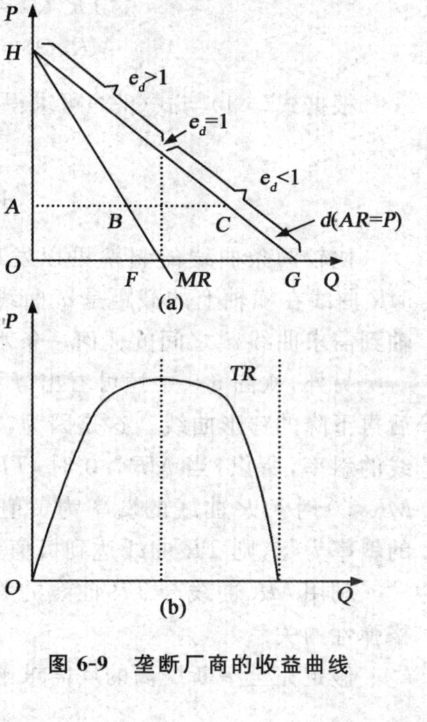

图 6-9 垄断厂商的收益曲线

图 6-9 中的横轴表示商品的需求量即垄断厂商的产销量 Q，纵轴表示商品的价格 P。首先，由前面的内容我们知道，市场需求曲线就是平均价格线，因而也就是平均收益曲线，所以，完全垄断厂商的平均收益曲线 AR 与需求曲线 d 重叠，它们是同一条自左上方向右下方倾斜的曲线，这表示在每一个产销量上厂商的平均收益都等于商品的价格，即 $AR=P$。

其次，完全垄断厂商的边际收益曲线

MR 并不像完全竞争市场那样与需求曲线或平均收益曲线重合，它也是一条自左上方向右下方倾斜的曲线，且位于平均收益 AR 曲线的左下方，这表示在每一个产销量上厂商的边际收益都小于平均收益，即 $MR<AR$。$MR<AR$ 的原因在于：根据前面所提到的边际产量与平均产量之间的关系，只要平均产量下降，边际产量就总是小于平均产量。所以，图中，在商品价格即平均收益 AR 不断下降的同时，必有 $MR<AR$。边际收益曲线 MR 低于平均收益曲线 AR 的原因也可以这样具体分析：MR 是指增加一单位商品产销量所增加的收益，当厂商新增一单位的产销量时，价格随之要下降，价格下降后，不仅新增的产销量要按照下降后的价格出售，连原有的产销量也得按下降后的价格出售。因此，从新增一单位产销量按下降后的价格出售而增加的收益(AR)中，减去原有产销量由于价格下降而减少的收益，才是由于新增一单位产销量而增加的总收益(MR)。所以，$MR<AR$。

关于这一点也可以证明如下：假设完全垄断厂商的需求曲线是直线型的(如图 6-9 所示)，则线性的需求反函数为：

$$p=a-b\times Q \tag{6-1}$$

其中，a、b 为常数，且 a、$b>0$。相应的总收益函数和边际收益函数分别为：

$$TR(Q)=p\times Q=a\times Q-b\times Q^2 \tag{6-2}$$

$$MR(Q)=\mathrm{d}TR(Q)/\mathrm{d}Q=a-2bQ \tag{6-3}$$

根据式(6-1)与式(6-3)可求得，需求曲线与边际需求曲线的斜率分别为：

$$\mathrm{d}P/\mathrm{d}Q=-b \tag{6-4}$$

$$\mathrm{d}MR/\mathrm{d}Q=-2b \tag{6-5}$$

比较两条曲线的斜率可以发现 MR 曲线位于 d 曲线或 AR 曲线之下，而且 MR 曲线在横轴上的截距是 d 曲线在横轴上的截距的一半，即 MR 曲线平分由纵轴到需求曲线 d 之间的任何一条水平线。如图 6-9 中所示，$AB=BC$，$OF=FG$。

另外，从图 6-9 中还可看出，厂商的总收益曲线是一条先上升、达到最高点以后再下降的穹形曲线。这是因为，在每一个产销量上的 MR 值都是相应的 TR 曲线的斜率，所以，当 $MR>0$ 时，TR 曲线的斜率为正值，则 TR 曲线是上升的；当 $MR<0$ 时，TR 曲线的斜率为负值，则 TR 曲线是下降的；当 $MR=0$ 时，TR 曲线的斜率为零，则 TR 曲线达到极值点，在此为最大极值点。

利用 MR 曲线与 TR 曲线的关系，我们还可以进一步分析边际收益与需求价格弹性的关系。

假定完全垄断厂商的反需求函数为：

$$P=P(Q)$$

则有，$TR(Q)=P(Q)\times Q$

$MR(Q)=\mathrm{d}TR(Q)/\mathrm{d}Q=P+Q\times\mathrm{d}P/\mathrm{d}Q=P[1+(\mathrm{d}P/\mathrm{d}Q)(Q/P)]$

设 E_d 为需求的价格弹性，因为：$E_d=-(\mathrm{d}Q/\mathrm{d}P)(P/Q)$，

则边际收益与需求价格弹性的关系为：

$$MR=P(1-1/|E_d|) \tag{6-6}$$

概括图 6-9 和式(6-6)，我们可以得出如下结论：

在完全垄断市场中，当需求为单位弹性时，即 $|E_d|$(需求弹性绝对值)$=1$ 时(在图 6-10 中为 d 曲线的中点 K 处)，则 $MR=0$，此时 TR 值为最大值，这意味着无论是提高价格或是降低价格，总收益都不会变化；当需求富有弹性时，即 $|E_d|>1$ 时(在图 6-9 中为 d 曲线的上半部分)，则 $MR>0$，此时 TR 值与价格成反方向变动，这意味着降低价格将导致总收益增加；当需求缺乏弹性时，即 $|E_d|<1$ 时(在图 6-9 中为 d 曲线的下半部分)，则 $MR<0$，此时 TR 值与价格成正方向变动，这意味着降低价格将导致总收益减少。

由此可见，就完全垄断厂商来说，提高价格未必能够增加总收益，降低价格也未必能减少收益，这要看需求价格弹性而定。

6.2.2.3 完全垄断厂商的短期均衡

在短期内，完全垄断厂商和完全竞争厂商一样，为了谋求最大利润，也必须遵循边际收益等于边际成本的原则来确定均衡价格和均衡产量，在高价少销与低价多销之间权衡比较。我们可用图 6-10 来说明。

图中该垄断厂商具有与短期边际成本 SMC 曲线和短期平均成本 SAC 曲线相适应的生产规模，d 曲线和 MR 曲线代表该厂商的需求和收益状况。SMC 曲线与 MR 曲线相交于 E，则有 $MR=SMC$，E 点即为短期均衡点。由 E 点向下作垂线，交横轴于 Q_1，Q_1 即为均衡产量。延长 Q_1E 与 AR 曲线相交于 F 点，由 F 点决定的价格 P_1 即为均衡价格。

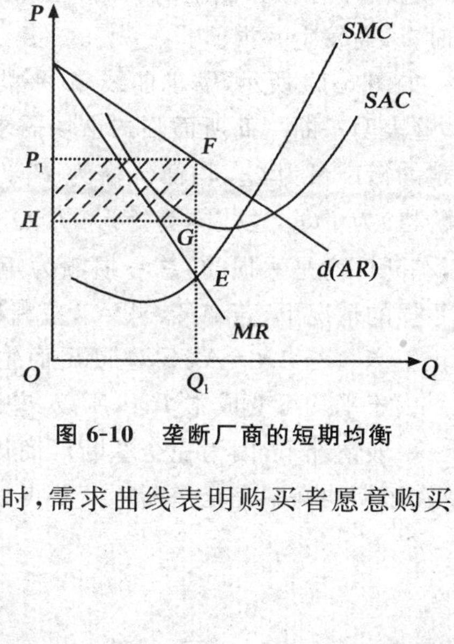

图 6-10 垄断厂商的短期均衡

为什么均衡价格是由 F 点决定而不是 E 点决定呢？因为，AR 曲线也是消费者的需求曲线，当价格低于 F 点代表的价格时，需求曲线表明购买者愿意购买的

商品数量大于 Q_1，于是，购买者会因买不到商品而出高价抢购，从而使商品的价格上升。相反，当价格大于 F 点代表的价格时，需求曲线表明购买者愿意购买的商品数量小于 Q_1，这样，厂商为了使 Q_1 数量的产品全部卖出就会降低商品价格。所以，均衡价格 P_1 只能由 F 点直接决定。

在短期均衡点 E 上，垄断厂商的平均收益为 FQ_1，总收益为矩形 P_1OQ_1F，平均成本为 GQ_1，总成本为矩形 HOQ_1G，总收益大于总成本，垄断厂商获得利润。单位产品的平均利润为 FG，总利润相当于图中的阴影部分的矩形面积。

为什么垄断厂商只有在 $MR=SMC$ 的均衡点上，才能获得最大的利润呢？这是因为，当 $MR>SMC$ 时，垄断厂商增加一单位产量所得到的收益增量就会大于所付出的成本增量，这样，厂商便会增加产量而使利润增加。当 $MR<SMC$ 时，垄断厂商增加一单位产量所得到的收益增量就会小于所付出的成本增量，这样，厂商便会减少产量而使利润增加。只有当 $MR=SMC$ 时，垄断厂商的利润才处于最大值。

和完全竞争市场中的情况一样，完全垄断厂商由于在短期内无法调整其生产规模，所以，在 $MR=SMC$ 的短期均衡点上也可以出现获得超额利润、获得正常利润和亏损三种情况，而这又取决于价格与平均成本的对比关系。当均衡价格大于平均成本时，厂商能获得超额利润，即图 6-10 中的阴影部分。

如图 6-11 所示，MR 曲线与 SMC 曲线相交于 E 点，确定均衡产量为 Q_2，均衡价格为 P_1。此时，平均收益曲线 AR 和平均成本 SAC 曲线相切于 F 点，所以这时的平均成本与平均收益（等于均衡价格）相等，从而总收益和总成本都是矩形 P_1OQ_2F，不存在超额垄断利润，但厂商获得了正常利润。当均衡价格小于平均成本时，厂商发生亏损。

如图 6-12 所示，需求曲线 d（平均收益 AR 曲线）在平均成本 SAC 曲线的下方，这表明垄断厂商所面临的市场需求过小。MR 曲线与 SMC 曲线相交于 E 点，确定均衡产量为 Q_3，均衡价格为 P_1。这时的平均成本为 GQ_3，平均收益（等于均衡价格）为 FQ_3，总成本为矩形 HOQ_3G，总收益为 P_1OQ_3F，总收益小于总成本，所以，垄断厂商是亏损的，总亏损额为矩形 HP_1FG 的面积。与完全竞争厂商相同，在亏损的情况下，若 $AR>AVC$，垄断厂商就继续生产；若 $AR<AVC$，垄断厂商就停止生产。若 $AR=AVC$，垄断厂商生产和不生产都一样。在图 6-12 中，平均收益 FQ_3 大于平均可变成本 IQ_3，所以，垄断厂商是可以继续生产的。

一般情况下，因为完全垄断厂商规模较大，获得了规模经济，平均成本较低，所以，在短期均衡中完全垄断厂商获得超额利润的情况是普遍的。

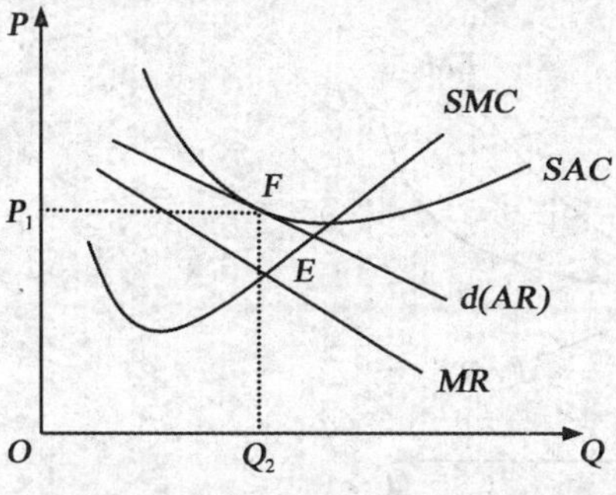

图 6-11　垄断厂商的短期均衡

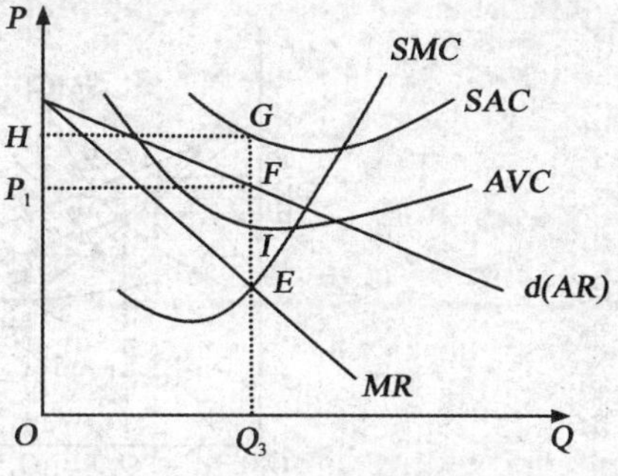

图 6-12　垄断厂商的短期均衡

6.2.2.4　完全垄断厂商的长期均衡

在完全竞争的条件下，长期均衡的特征是厂商没有超额利润或亏损。在完全垄断条件下，长期均衡的特征是厂商没有亏损和获得正常利润的情况，而是可以保持长久超额利润的。这是因为，完全垄断是一家独占，排除了其他厂商加入的可能性，在长期中，完全垄断厂商一般利用其垄断地位，调整其全部生产要素的投入量即生产规模，使其长期平均成本 LAC 和长期边际成本 LMC 都下降，以实现最大的利润。具体分析如下：

如果垄断厂商在短期内是亏损的，造成亏损的原因是厂商的生产规模不是最优的，只要适当调整生产规模，厂商就可以获得利润。那么，在长期内，厂商就会做出生产规模的调整，转亏为盈，并仍旧留在这个行业。如果厂商调整生产规模后仍不能扭亏，最终就会退出这个行业。

如果垄断厂商在短期内利用既定的生产规模获得了利润，在长期内，它会通过对生产规模的调整，使自己获得更多的利润。下面用图 6-13 加以说明。

图 6-13 中的 d 曲线和 MR 曲线分别为完全垄断厂商所面临的市场的需求曲线和边际收益曲线，LAC 曲线和 LMC 曲线分别为垄断厂商的长期平均成本曲线和长期边际成本曲线。

假定起初垄断厂商具有与 SAC_1 曲线和 SMC_1 曲线相适应的生产规模。在短期内，垄断厂商只能按照 $MR=SMC$ 的原则，在现有的生产规模上将产量和价格分别调整到 Q_1 和 P_1。在短期均衡点 E_1 上，垄断厂商获得的利润为矩形 HP_1AB 的面积。

然而，在长期中，垄断厂商要对生产规模进一步调整，以便赚取更大利润。按照 $MR=LMC$ 的长期均衡原则，垄断厂商的长期均衡点为 E_2，长期均衡产量和均衡价格分别为 Q_2 和 P_2，垄断厂商将选择 SAC_2 曲线和 SMC_2 曲线代表的最优生

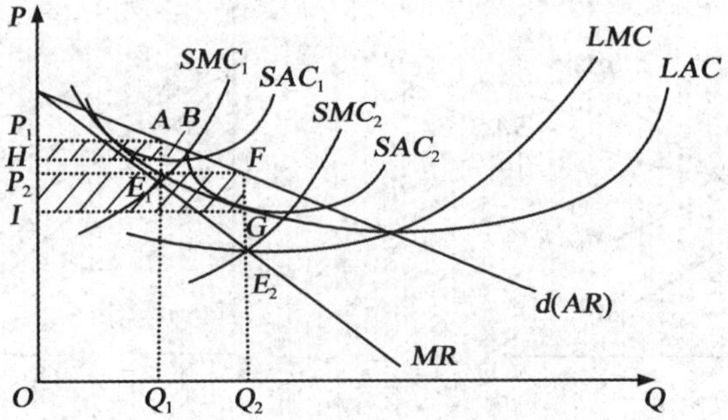

图 6-13　垄断厂商的长期均衡

产规模，以实现长期利润的最大化。此时，其超额利润量为图中矩形 IP_2FG 的面积。

需注意，在垄断厂商的 $MR=LMC$ 长期均衡产量上，代表最优生产规模的 SAC 曲线和 LAC 相切，相应的 SMC 曲线、LMC 曲线和 MR 曲线相交于一点。所以，完全垄断厂商的长期均衡条件为：

$$MR=LMC=SMC$$

完全垄断厂商在长期均衡点上可以获得超额利润。

6.2.2.5　完全垄断厂商的供给曲线

供给曲线表示在每一个价格水平生产者愿意而且能够提供的产品数量。它表现了产量和价格之间的一一对应关系。与完全竞争不同的是，无论是在短期还是长期，完全垄断厂商都没有明确的供给曲线。

在完全竞争市场条件下，每一个厂商都无法控制市场价格，他们都是在每一个既定的市场价格水平，根据 $P=MC$ 的均衡条件来确定唯一能够带来最大利润(或最小亏损)的产量。这种价格和产量之间的一一对应关系，是构造完全竞争厂商和行业的短期供给曲线的基础。但完全垄断厂商是通过对产量和价格的同时调整来实现 $MR=MC$ 的原则的，随着厂商所面临的需求曲线的位置移动，厂商的价格和产量之间不会必然存在一一对应关系，而是有可能出现一个价格水平对应几个不同的产量水平，或一个产量水平对应几个不同的价格水平的情形。

如在图 6-14(a)中，MC 曲线是固定的。当垄断厂商的需求曲线为 d_1 和边际收益曲线为 MR_1 时，由均衡点 E_1 所决定的产量为 Q_1，价格为 P_1。当需求曲线移为 d_2 和边际收益曲线移为 MR_2 时，由均衡点 E_2 所决定的产量为 Q_2，价格仍为 P_1。于是，同一个价格 P_1 对应两个不同的产量 Q_1 和 Q_2。在图 6-14(b)中，MC 曲线仍是固定的。D_1 曲线、MR_1 曲线和 d_2 曲线、MR_2 曲线分别为两组不同的需求曲线和边际收益曲线。比较 $MR_1=MC$ 和 $MR_2=MC$ 的两个均衡点 E_1 和 E_2（为同一均衡点），可以发现，同一个产量 Q_1 对应的是两个不同的价格 P_1 和 P_2。因此，在完全垄断市场条件下无法得到表示产量和价格之间一一对应关系的厂商和行业的供给曲线。

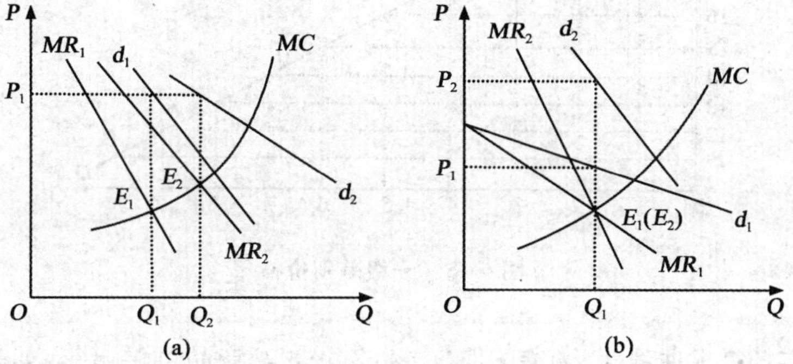

图 6-14　垄断厂商的产量和价格

由以上分析还可得到一般的结论：凡是在或多或少的程度上带有垄断因素的不完全竞争市场中，是不存在明确的厂商和行业的供给曲线的。这一结论适用于后面要分析的垄断竞争市场和寡头市场。

6.2.3　完全垄断厂商的差别价格

完全垄断厂商是价格的制定者。在以上分析中，我们都假定垄断者对所有购买者制定一个单一价格。但在现实生活中，垄断者为获得更高利润，它会对不同的市场和不同的购买者实行差别价格（differentiated price），或称价格歧视（price discrimination）。所谓差别价格，是指垄断者对同一产品向不同的购买者收取不同的价格。例如，处于垄断地位的航空公司向商务乘客和度假的乘客收取不同的费用；同一商品的国外销售价格不同于国内市场售价；对工商用户和居民用户收取不同标准的水电费；电影院对学生实行优惠票价，对成人实行标准票价等。

一般来讲，差别价格可分为三种类型，即一级差别价格、二级差别价格和三级差别价格。下面我们分别进行研究。

6.2.3.1　一级差别价格

所谓一级差别价格是指垄断者根据每一个消费者买进一单位的产品愿意并能够支付的最高价格即需求价格来逐个确定每单位产品销售价格的方法。如图

6-15 所示。

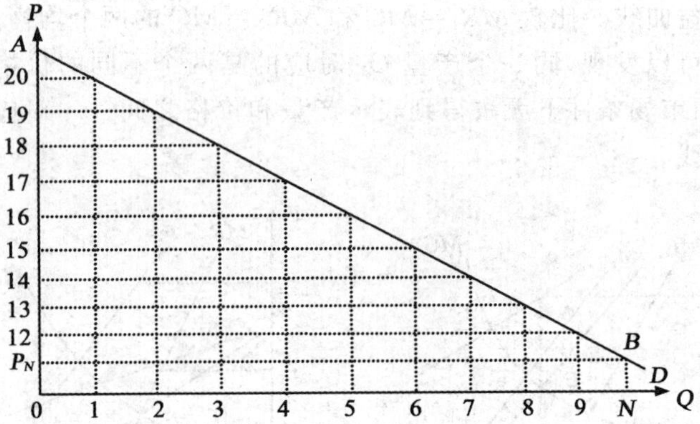

图 6-15　一级差别价格

假定市场需求曲线为 D，有 i 件（$i=1,2,\cdots,N$）产品可供出售，如果不实行差别价格，厂商将按最后一件产品 N 的价格 P_N 销售其所有产品，厂商的平均成本等于价格，则其总收益和总成本相等均为矩形 OP_NBN 的面积，垄断利润为零。

在厂商实行一级差别价格时，由于边际效用递减规律，消费者购买第 1 件产品时愿意支付的价格是 20 美元，厂商就按此价格出售；购买第 2 件产品愿支付的价格是 19 美元，厂商按此价格出售；……；最后第 N 件产品按 P_N 销售。这样，厂商总成本为矩形面积 OP_NBN，总收益为 $OABN$，因此可获得面积为三角形 P_NAB 的垄断利润。而三角形 P_NAB 的面积代表了消费者剩余。因此，可以说实行一级差别价格的垄断厂商实际上是把所有消费者剩余转化成了垄断利润。这种差别价格的典型事例是乡村的一个医生，他根据收入不同的患者愿意支付的最高价格，对同样的治疗收取不同的费用。在实践中，一级差别价格是很少见的，因为，它要求垄断者准确了解每个消费者的需求曲线，这在实际上是很难做到的。

6.2.3.2　二级差别价格

二级差别价格是指垄断者按照消费者购买产品的数量来确定价格的方法。如图 6-15 所示，垄断厂商为了鼓励顾客多消费，购买量为 Q_1 时，每单位产品价格为 P_1；购买量扩大为 Q_2 时，其超过 Q_1 的部分可按单位价格 P_2 支付；购买量增加到 Q_3 时，价格可进一步降低，按 P_3 支付。这样，垄断厂商从消费者手中获得的总收益等于图 6-16 中阴影部分的面积。这是因为，消费者以 P_1 价格购买 Q_1 数量的产品，以 P_2 价格购买（Q_2-Q_1）数量的产品，以 P_3 价格购买（Q_3-Q_2）数量的产品。如果该厂商只索要一种价格，则它想卖出 Q_3 数量的产品，只能索要 P_3 价格。那么，该厂商的总收益仅为图中长方形 OP_3EQ_3 的面积，这一面积要比阴影的面积小得多。

假定厂商的平均成本等于价格 P_3，则实行二级差别价格时的垄断利润应是三角形 P_3DE 中阴影部分的面积，而三角形中的其余部分则是消费者剩余。因此可以说，实行二级差别价格的垄断厂商实际上只是把部分消费者剩余转化成了垄断利润。在日常生活中，二级差别价格较为普遍，比如电力公司、自来水、煤气公司实行的分段定价。

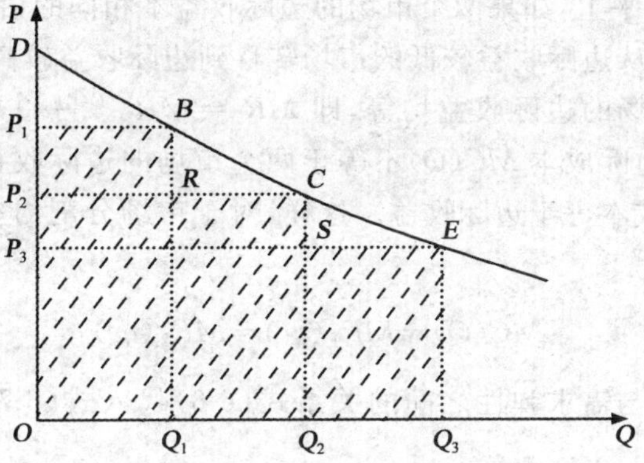

图 6-16　二级差别价格

6.2.3.3　三级差别价格

所谓三级差别价格是指垄断者把市场划分成两个或多个不同的子市场，然后把总产量分配到各个子市场出售，根据各子市场的需求价格弹性分别制定不同的销售价格。这种差别价格在现实中比较常见，比如航空公司可以在一条飞机航线上，把它的乘客划分为商务乘客和旅游度假乘客，然后对这两类乘客分别制定不同的价格。但厂商要想成功地实行差别价格，有两个必要条件：

第一，垄断厂商能够把不同市场或市场的各个部分有效地分割开来。比如，成年人不能持学生票进电影院看电影；已经出口的商品不准再返回国内销售等。如果子市场之间未被有效分割，那么商品就很容易被转卖，厂商按不同的价格销售同样的商品，只不过是在为其他人创造倒买倒卖的机会。

第二，各子市场或消费团体，必须具有不同的需求价格弹性。如果两个市场的需求弹性相同，差别价格就不会存在。只有需求弹性不同时，厂商才能在需求弹性较大的市场制定较低的价格（因为定价过高，消费者就不会购买）；同时在需求弹性较小的市场制定较高的价格（因为即使价格高些，消费者也不得不购买）。在飞机航线的例子中，对商务乘客(需求弹性不足)就可以收费高一些，而对度假的乘客收费可以低一些，因为对这部分需求弹性充足的乘客索取高价的结果会使需求量较大幅度地下降。

对于垄断厂商依据不同需求弹性分别定价的机制，可具体分析如下：假定两个独立的子市场，其平均收益函数或需求函数分别为 $AR_1(q_1)$、$AR_2(q_2)$；边际收益函数分别为 $MR_1(q_1)$、$MR_2(q_2)$。q_1、q_2 是两个市场的销售量，垄断厂商的垄断产量即为 $Q=q_1+q_2$，其边际成本函数为 $MC(Q)$。

在 Q 的产量水平上，如果两个市场的边际收益不相同的话，即 $MR_1 \neq MR_2$，那么厂商就会把产品从边际收益较低的市场转移到边际收益较高的市场出售。最终结果将会使两个市场的边际收益均等，即 $MR_1=MR_2$。另一方面，根据企业利润最大化原则，只要边际成本 $MC(Q)$ 不等于两个市场的边际收益，它都会调整自己的产量，直至边际成本等于边际收益。这样，对于市场分割的垄断厂商，它的均衡条件为：

$$MC(Q)=MR_1(q_1)=MR_2(q_2) \tag{6-7}$$

当把边际收益与需求弹性之间的关系式(6-6)代入式(6-7)的均衡条件时，可以得到：

$$P_1(1-1/|E_1|)=P_2(1-1/|E_2|) \tag{6-8}$$

P_1、P_2 分别是两个市场的销售价；E_1、E_2 是两个市场的需求价格弹性。这样，我们就可以清楚地看到：如果一个市场的需求弹性大于另一个市场的需求弹性，如 $|E_1|>|E_2|$，那么，为保持式(6-8)的均衡条件成立，在 $(1-1/|E_1|)>(1-1/|E_2|)$ 时，价格 $P_1<P_2$。这就是说，具有较高需求弹性的市场会有较低的价格；反之，需求弹性较低的市场会有较高的价格。这就是垄断厂商可以在不同市场分别定价的原因。

那么，对于实行三级差别价格的垄断厂商，该如何计算它的最大利润以及各个子市场上的价格和销售量呢？我们用下面的例子来说明。

假设某垄断厂商面临两个分割市场 A 和 B，市场需求函数分别为 $p_1=80-5q_1$，$p_2=180-20q_2$，厂商的成本函数为 $C=50+20Q$。

按照市场分割的均衡条件：$MC=MR_1=MR_2$，即

$$20=80-10q_1=180-40q_2$$

计算后可得两个市场的价格、产销量及弹性 E：

$$q_1=6, p_1=50, |E_1|=1.67$$

$$q_2=4, p_2=100, |E_2|=1.25$$

则厂商差别定价后的利润为：

$$\pi = TR - TC = p_1q_1 + p_2q_2 - C = 50\times6 + 100\times4 - [50 + 20\times(6+4)] = 450$$

如果采用单一定价，两个市场的总需求函数为 $P=100-4Q$，平均收益、总收益和边际收益分别为：

$$AR = 100 - 4Q$$
$$TR = 100Q - 4Q^2$$
$$MR = 100 - 8Q$$

当厂商实现利润最大化时产量满足 $MR=MC$，则有 $100-8Q=20$，解得 $Q=10$，由此得出市场价格和利润为：

$P=60$ 时，$\pi^* = P\times Q - C = 60\times10 - (50+20\times10) = 350$

可见，实行三级差别价格后垄断厂商比单一定价多获利 100 个单位。

6.2.4 完全垄断市场的效率

经济效率是指利用经济资源的有效性。高的经济效率表示对资源的充分利用或能以最有效的生产方式进行生产；低的经济效率表示对资源的利用不充分或没有以最有效的生产方式进行生产。西方经济学家认为，在完全垄断条件下，长期均衡不像完全竞争条件下的长期均衡那样，既能使资源得以充分利用，又能使消费者以尽可能低的价格购买商品。这是因为：

第一，从资源的利用方面看，完全竞争条件下长期均衡的条件是：

$$MR = AR = AC = MC$$

即厂商是在使用最低平均成本情况下保持生产均衡，因而生产资源得到最充分利用。但在完全垄断条件下，MR 曲线与 MC 曲线交点确定长期均衡产量，这时边际成本低于平均成本，此时的生产并不是在最低的平均成本下保持均衡，因而资源未能得到充分利用。

第二，从消费者对商品的购买价格来看，在完全竞争的长期均衡条件下，平均收益（即价格）同边际成本、平均成本相等，且此时平均成本为最低，需求价格当然是最低的价格。这就使消费者有可能从价格上得到最大的满足。但是，在完全垄断条件下，在保持长期的均衡生产时，需求价格远远高于最低的平均成本，因而价格较高，不利于消费者的满足。

所以西方经济学家认为，完全垄断下的长期均衡，既不利于资源的合理利用，也不利于消费者的满足，因而效率最低。

但是任何事情都是两面的，垄断也有有利于社会生产的一面，主要表现为它有利于技术进步。当一家厂商拥有新产品的专利权而成为市场的垄断者时，实际上就是对知识产权的保护。如果是完全竞争，其他厂商都来仿制，也就没有厂商愿意花费精力去研究开发新产品。

6.3 垄断竞争条件下的厂商均衡

6.3.1 垄断竞争的含义

垄断竞争(monopolistic competition)是一种竞争与垄断兼而有之、不同企业通过制造相似但又是有差别的产品进行竞争的市场结构。垄断竞争市场既具有竞争的因素，又具有垄断的因素。说它具有竞争的因素，是因为在这个市场中有许多生产者和销售者，它们都无法全面控制市场，而且它们所销售的商品都是相似的、可以相互替代的，彼此之间存在着激烈的竞争。说它具有垄断的因素，是因为在这个市场中所销售的商品虽然相近，但都不是同质的，而是有差别的。制造与一种竞争企业的产品略有不同的产品称为产品差别(product differentiation)。产品差别使垄断竞争企业有某种垄断可能，企业是所涉及的某种类型产品唯一的生产者。例如：在跑鞋市场上，耐克(Nike)、锐步(Reebok)、费拉(Fila)和阿迪达斯(Adidas)都生产了自己完美的鞋型。这些企业都在某种品牌的鞋上占有垄断地位。有差别产品不一定是不同产品，关键是消费者感到它们有差别。例如，各种品牌的阿司匹林在化学成分(水杨酸)上是相同的，而差别仅仅在于它们的包装。

6.3.2 垄断竞争市场的特点

现实经济生活中，垄断竞争市场是非常普遍的，它广泛存在于各种零售业和服务业中，如洗涤剂、饮料、快餐、运动鞋等。这些商品和劳务的市场都属于垄断竞争市场。总的来说，垄断竞争市场有以下基本特征。

第一，厂商生产和销售有差别的同种产品。因为是同种商品，因而厂商间存在激烈的竞争；因为商品之间存在差别，因而每个厂商对自己的商品价格都具有一定的控制力，从而使厂商有某种程度的垄断。至于竞争和垄断的程度，则取决于商品的差别程度：差别越大，竞争越弱，垄断也就越强。所以说，产品差别是垄断竞争市场形成和存在的决定性因素。

在这里，产品的差别是指多方面的，不仅指商品的质量、外观、售后服务等方面,也包括商品的商标、信誉等,如“康佳”彩电和“长虹”彩电便是两类有差别的同种产品。另外,一种有差别的产品是另一个企业产品的相近替代品,但不是完全替代品,一些人愿意为一种产品支付得更多。因此,当它的价格上升时,需求量会减少,但并不一定降为零。例如,耐克、锐步、费拉和阿迪达斯等都制造有差别的运动鞋。在其他条件相同的情况下,如果阿迪达斯运动鞋的价格上升,而其他鞋子的价格仍保持不变,阿迪达斯的鞋卖得会少一些,而其他厂家会卖得多一些。但除非价格上升十分大,否则阿迪达斯的鞋不会消失。

产品差别会促使垄断竞争企业在以下三个方面进行激烈的竞争:

(1)质量。一种产品的质量是它不同于其他企业产品的物质形态。质量包括设计、可靠性、提供的服务,以及消费者得到该产品的容易程度等。垄断竞争厂商通过创建和维护自身商标,提高产品质量和服务等手段,巩固自己的产品在消费者心目中的特殊地位,而达到扩大产品销量的目的。

(2)价格。垄断竞争厂商对商品的价格有一定的控制力量,它们可以通过降低价格来吸引更多的消费者。但产品质量和价格之间存在一种权衡,生产高质量产品的企业确定的价格可以高于生产低质量产品的企业。

(3)市场营销。由于产品差别,垄断竞争企业必须推销自己的产品。市场营销一般采取两种主要形式:广告与包装。如果生产高质量产品的企业想以适当的高价格出售自己的产品,那么企业的广告宣传和产品包装必须使消费者相信他们为高质量产品支付了高价格。例如,药品公司对其名牌药品的广告宣传和包装要使消费者相信,这些产品优于价格较低的其他普通药品。有关对非价格竞争的讨论在本节后面还要具体分析。

第二,垄断竞争市场中厂商的数目比较多。厂商数目较多具有以下三个含义:

(1)市场份额小。在垄断竞争中,每个厂商所生产的产品只占行业总产量的一小部分。因此,每个厂商对其产品价格的控制力量是有限的。每个企业的价格与其他企业平均价格背离的程度并不大,所以,垄断竞争厂商是市场价格的影响者,并非制定者。

(2)不考虑其他企业。垄断竞争中的企业必定对产品的平均市场价格很敏感,但它不用注意任何一个个别竞争对手,因为所有企业都不大,没有一个企业可以支配市场状况。因此,没有一个企业的行为可以直接影响其他企业的行为。

(3)勾结的不可能性。勾结是指企业间达成固定的较高价格的协定这一现象。但由于垄断竞争市场中的企业非常多,真正的勾结根本无法实现。

第三,垄断竞争厂商进出行业比较容易。由于市场不存在进出壁垒,因此新厂商带着同种产品进入市场，以及已有厂商在无利可图时退出市场都是比较容易的。同时由于厂商数目众多，因而进入一个厂商或退出一个厂商对整个行业也不会产生多大的影响。

6.3.3 垄断竞争厂商的需求曲线

由于垄断竞争厂商可以在一定程度上控制自己产品的价格，即通过改变自己所生产的有差别的产品的销售量来影响商品的价格，所以，如同垄断厂商一样，垄断竞争厂商所面临的需求曲线也是一条向右下方倾斜的曲线。所不同的是，由于各垄断竞争厂商的产品相互之间都是很接近的替代品，市场中的竞争因素又使得垄断竞争厂商所面临的需求曲线具有较大的弹性。因此，垄断竞争厂商向右下方倾斜的需求曲线是比较平坦的，相对地比较接近完全竞争厂商的水平形状的需求曲线。与完全竞争厂商和完全垄断厂商的需求曲线不同，垄断竞争厂商的需求曲线有两条：一条是主观需求曲线 d；另一条是实际需求曲线 D，如图 6-17 所示。

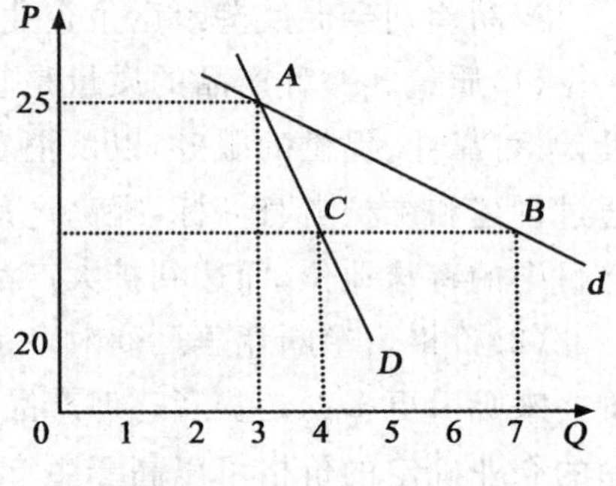

图 6-17 垄断竞争厂商的需求曲线

厂商主观需求曲线(subjective demand curve)是一条表示某一厂商变动价格，而其他厂商价格保持不变时，厂商的销售量随它的价格变动而变动的需求曲线。在某个厂商降低价格而其他厂商维持原价的情况下，该厂商不仅能增加对自己原有顾客的销售量，而且能将其他厂商的部分顾客吸引过来，销售量会大幅度提高；若该厂商提高价格，不仅会减少对自己原有顾客的销售量，而且还会将自己原有的部分顾客推给其他厂商，使自己的销售量下降。因此，厂商的主观需求曲线是富有弹性的。由于存在产品差别，厂商自以为可以像完全垄断厂商那样自己决定自己产品的价格，因而厂商的主观需求曲线又有些像完全垄断厂商的需求曲线，向右下方倾斜。但由于同类产品的替代关系限制了厂商对自己产品价格的控制能力，因而厂商的主观需求曲线要比完全垄断厂商的需求曲线平坦得多，比较接近于完全竞争厂商的需求曲线，当然决不会像完全竞争厂商的需求曲线那样表现为与横轴相平行。

厂商实际需求曲线是一条表示厂商变动价格而其他厂商也对价格做同样变动时，厂商的销售量随价格变动而变动的需求曲线。在厂商变动价格时，其他厂商对价格也做同样变动的情况下，厂商降低价格，仅能增加对自己原有顾客的销售量，而不可能把其他厂商的一些顾客吸引过来，厂商的销售量不会大幅度地提高；厂商提高价格，仅能减少对自己原有顾客的销售量，而不会使自己原有的顾客转向其他厂商，厂商的销售量也不会大幅度地下降。因此，厂商实际的需求曲线弹性较小。

厂商的实际需求曲线也称为比例需求曲线（proportional demand curve）。假定整个产业有 N 个厂商，且生产函数、成本函数相似，每个厂商的产销量只能是整个市场需求量的 $1/N$，按每一价格下单个厂商得到需求量而导出的需求曲线，就是比例需求曲线。

由此可见，垄断竞争厂商的主观需求曲线和实际需求曲线有这样的关系：①主观需求曲线的斜率比实际需求曲线的斜率小；②由于 d 需求曲线表示单个垄断竞争厂商单独改变价格时所预见的产量，D 需求曲线表示每个垄断竞争厂商在每一市场价格水平下实际面临的市场需求量，所以 d 需求曲线和 D 需求曲线相交时意味着垄断竞争市场的供求相等的状态；③主观需求曲线的弹性比实际需求曲线的弹性大；主观需求曲线上价格变动引起数量变化的幅度比实际需求曲线上价格变动引起数量变化的幅度大。

我们可以用垄断竞争的香烟市场来说明这种关系。如图 6-17 所示，d 是某种牌号香烟生产厂商主观需求曲线，D 是该厂商实际需求曲线。假定 A 点是该厂商变动价格前的均衡点，该点对应的价格和产量分别是 25 美元和 3 个单位。在生产其他牌号香烟的厂商保持价格不变的情况下，该厂商把价格从 25 美元降到 22.5 美元，这使均衡点 A 会沿厂商主观需求曲线 d 向 B 点移动，销售量从 3 单位增加到 7 单位，即该厂商以为，要把销售量从 3 单位增加到 7 单位，只要价格从 25 美元降为 22.5 美元即可。然而，在垄断竞争市场上，该厂商降低价格时，生产其他牌号香烟的厂商为不失去自己原来的顾客，也采取同样的降价措施，结果使均衡点 A 沿厂商实际需求曲线 D 向 C 点移动，销售量从 3 单位增加到 4 单位，即该厂商把价格从 25 美元降为 22.5 美元并不能达到销售量从 3 单位增加到 7 单位的目的。价格变化引起的销售量实际增加的数量小于想象的增加数量。

6.3.4 垄断竞争厂商的短期均衡

短期条件下，垄断竞争厂商在既定的生产规模下，通过价格和产量的调整实现利润最大化或均衡。虽然垄断竞争厂商的实际产量是由比例需求曲线来获得的，但由于观察不到比例需求曲线，所以，厂商总是根据主观需求曲线来决定自己的价格和产量。这样，在垄断竞争厂商的利润最大化问题中，其边际收益便是主观需求曲线所对应的 MR。与完全竞争厂商和垄断厂商一样，垄断竞争厂商的短期均衡

的形成也需要根据 $MR=SMC$ 利润最大化条件来实现,其形成过程分析如图 6-18 所示。

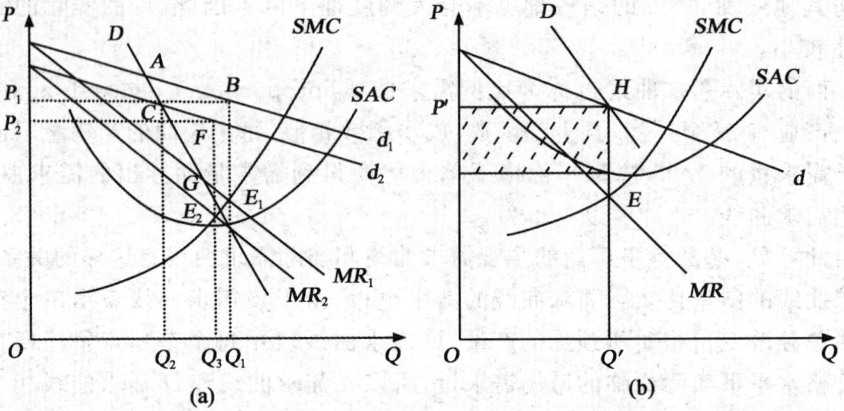

图 6-18 垄断竞争市场代表性企业的短期均衡

SAC 曲线和 SMC 曲线表示某垄断竞争厂商的现有生产规模,d 曲线和 D 曲线分别表示该厂商的主观需求曲线和比例需求曲线。MR_1 曲线是相对于 d_1 曲线的边际收益曲线,MR_2 曲线是相对于 d_2 曲线的边际收益曲线。假定厂商最初在 d_1 曲线和 D 曲线相交的 A 点上进行生产。就该企业在 A 点的价格和产量而言,与实现最大利润的 $MR_1=SMC$ 的均衡点 E_1 所要求的产量 Q_1 和价格 P_1 相差很远。于是该厂商决定将生产由 A 点沿着 d_1 需求曲线调整到 B 点,即将价格降低为 P_1,将产量增加为 Q_1。

但是,由于垄断竞争市场内每一个厂商所面临的情况都是相同的,而且每个厂商都是在假定自己改变价格而其他厂商不改变价格的条件下采取了相同的行动,即都把价格降为 P_1,都计划生产 Q_1 的产量。于是,事实上,当整个市场的价格下降为 P_1 时,每个厂商的产量都毫无例外是 Q_2,而不是 Q_1。相应地,每个厂商的 d_1 曲线也都沿着 D 曲线运动到了 d_2 的位置。所以,首次降价的结果是使代表性企业的经营位置由 A 点沿 D 曲线运动到 C 点。如图 6-18(a)所示。

显然,C 点所对应的边际效益曲线为 MR_2,C 点上的产品价格 P_1 和产量 Q_2 不符合在新的市场水平下的 $MR_2=SMC$ 的均衡点 E_2 上的价格 P_2 和产量 Q_3 的要求。因此,该厂商又会再一次降价。与第一次降价相似,厂商将沿着 D 曲线由 C 点运动到 G 点。相应地,d_2 曲线将向下平移,并与 D 曲线相交与 G 点形成 d_3 需求曲线(图 6-18(a)中略)。依次类推,该厂商为实现 $MR=SMC$ 的利润最大化原则，会继续降价，主观需求曲线 d 不断地沿着 D 曲线向下平移，直到实现 $MR=SMC$ 的 H 点为止，如图 6-18(b)所示。

对于垄断竞争厂商均衡点的获利情况，可以用图 6-19 加以说明。在 H 点上，d 曲线与 D 曲线相交，而且所对应的产量和价格恰好是 $MR=SMC$ 的均衡点 E 所要求的产量 Q_E 和价格 P_e。此时，企业便实现了短期均衡，并获得了经济利润，如图 6-19(a)中的阴影面积所示。当然，垄断竞争厂商在短期均衡点上并非一定能获得经济利润，也可能是最小的亏损，这取决于均衡价格 P_e 与 SAC 的大小。如果 P_e 大于 SAC，则可获经济利润，如图 6-19(a)所示；如果 P_e 小于 SAC，垄断竞争厂商有最小的亏损，如图 6-19(b)所示。如果厂商在短期是亏损的，那么只要均衡价格大于平均可变成本 AVC，企业在短期内总是会保持生产的，只有在均衡价格小于 AVC 时，厂商才会停止生产。所以说垄断竞争厂商短期均衡的条件是：$MR=SMC$ 且 $D=d$。

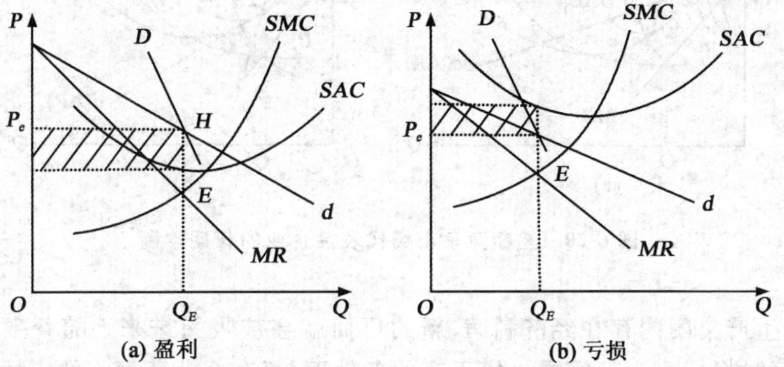

图 6-19　垄断竞争厂商均衡点的获利情况

6.3.5　垄断竞争厂商的长期均衡

在短期，垄断竞争厂商既可能获得超额利润，也可能发生亏损。而在长期条件下却不一样，短期发生亏损的厂商将会调整生产规模，以改变亏损的局面。如果长期内还是亏损，由于垄断竞争市场是一个比较自由进出的市场，那么这些厂商便会退出市场，使留在市场内的厂商不再亏损。如果留在市场内的厂商在长期都获得了超额利润，那么市场外的厂商便会进入市场，这样，随着市场外厂商的进入，市场内厂商原有的超额利润便会逐渐消失。因此，总的来说，无论垄断竞争厂商在短期条件下是盈利还是亏损，在长期均衡条件下，它的利润都为零。简单地看，这些情况与完全竞争厂商是相似的。但由于垄断竞争厂商所面临的是两条向右下方倾斜的需求曲线，因此，垄断竞争厂商的长期均衡的实现过程及其状态具有本身的特点。

垄断竞争厂商的长期均衡的形成过程可以用图 6-20 来说明。在图 6-20(a)中，假定代表性企业开始时在 I 点上经营。在 I 点所对应的产量 Q_1 上，最优生产规模由 SAC_1 曲线和 SMC_1 曲线所代表；企业的边际收益 MR 曲线、长期边际成本 LMC 曲线和短期边际成本 SMC 曲线相交于 E_1 点，即存在均衡点 E_1；d 曲线和 D 曲线相交于 I 点，即市场供求相等；由于价格 P_1 大于短期平均成本 SAC，企业获得经济利润，其利润量相当于图中的阴影部分面积。

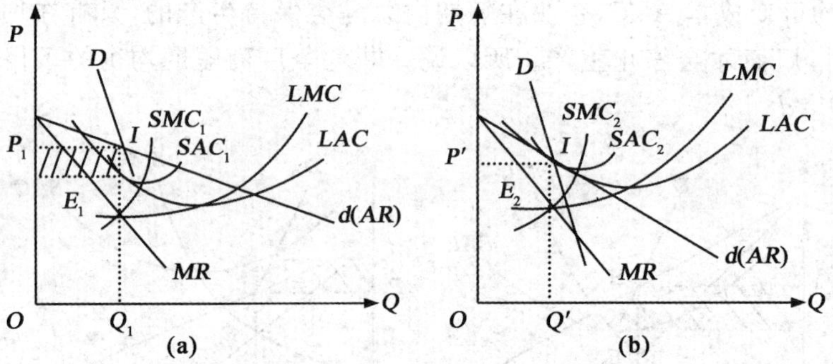

图 6-20　垄断竞争市场代表性企业的长期均衡

由于生产集团内存在经济利润，新的厂商就会被吸引进来。随着生产集团内企业数量的增加，在市场需求规模不变的条件下，每个企业所面临的市场销售份额就会减少。相应地，代表性企业的 D 曲线便向左下方平移，从而使企业原有的均衡点 E_1 位置受到扰动。

当企业为建立新的均衡而降低价格时，d 曲线便沿着 D 曲线也向左下方平移。这种 D 曲线和 d 曲线的不断地向左下方的移动过程，一直要持续到不再有新厂商加入为止。也就是说，一直要持续到生产集团内的每个厂商的经济利润为零为止。最后，厂商在图 6-20(b)中的 E_2 点实现长期均衡。

在代表性企业的长期均衡产量 Q' 上，SAC_2 曲线和 SMC_2 曲线表示生产 Q' 产量的最优生产规模；MR 曲线、LMC 曲线和 SMC_2 曲线相交于同一点均衡点 E_2，即有 $MR=LMC=SMC$；d 曲线与 LAC 曲线相切于 LAC 曲线与 SAC_2 曲线的切点 J，即有 $AR=LAC=SAC$，厂商的超额利润为零；D 曲线与 d 曲线也相交于 J 点，即意味着市场上的供求相等。

以上分析了代表性企业由获得利润到利润为零的长期均衡的实现过程，至于代表性企业由亏损到利润为零的长期均衡的实现过程，其道理也是一样的，只是表现为生产集团内一部分原有厂商退出的一个相反的过程而已，对这一过程的分析，在此从略。

总而言之，垄断竞争厂商的长期均衡条件为：

$$MR=LMC=SMC$$
$$AR=LAC=SAC$$

在长期的均衡产量上，垄断竞争厂商的经济利润为零，且存在一个 d 需求曲线和 D 需求曲线的交点。

6.3.6 垄断竞争厂商的供给曲线

在垄断竞争市场上，很难找到具有规律性的供给曲线，其原因是供给曲线表示生产同质产品并接受同一价格条件下价格和质量之间的关系。而垄断竞争厂商的产品具有差别，它所面临的需求曲线向右下方倾斜，在这种情况下，厂商的产量和价格之间不存在一一对应的关系，因此，找不到垄断竞争厂商和生产集团的具有规律性的供给曲线。

6.3.7 垄断竞争与效率

西方经济学家认为，从竞争或者垄断的程度来看，垄断竞争市场介于完全竞争市场和完全垄断市场之间，而从经济效率的高低来看，垄断竞争市场也是位于两者之间的，其均衡产量高于完全垄断市场，但低于完全竞争市场；其均衡价格高于完全竞争市场，但低于完全垄断市场。以下我们将通过垄断竞争市场与完全竞争市场相互的长期均衡情况作比较，以讨论垄断竞争市场的经济效率。

与完全竞争市场相比，垄断竞争市场是缺乏效率的。首先，在完全竞争市场的长期均衡下，市场价格等于边际成本，社会总剩余达到最大。而垄断竞争市场则不然，总是市场价格大于边际成本，这意味着垄断竞争厂商如果多生产一单位产品，它对于消费者的价值是大于它的成本的，因此，厂商扩大生产对社会是有利的，可以增进社会福利。其次，垄断竞争厂商在长期均衡时存在过剩的生产能力。由于新厂商或旧厂商的自由进出，使得完全竞争厂商和垄断竞争厂商在长期均衡时经济利润为零。

在完全竞争市场中，各个厂商面临的是一条水平的需求曲线，这样长期均衡的零利润点便出现在长期平均成本曲线 LAC 的最低点，如图 6-21 中的 C 点，这时的

产量 Q_C 被称为理想的产量。完全竞争市场有效地配置了资源。而在垄断竞争市场中，各个厂商面临一条向右下方倾斜的主观需求曲线，如图中的 d_m，长期的零利润点则出现在 d_m 与 LAC 的切点 A 处，此时的产量 QA 为垄断竞争厂商的实际产量。

所谓过剩的生产能力就是指实际产量与理想产量之间的差额，如图中的 Q_AQ_C。它又可以分为两个部分：Q_AQ_B 和 Q_BQ_C，分别表示了厂商没有在现有规模的成本最低点进行生产，和现有规模本身就不是一个长期的最优规模。图中，SAC_M 和 SAC_P，分别代表在 A 点均衡和 C 点均衡下的短期最优生产规模。其中，SAC_M 的最低点为 B 点，而非 A 点。

这表明在长期均衡点上，垄断竞争厂商并没有在已建立的生产规模 SAC_M 的最低点进行生产，现有的生产设备没有充分利用。而长期来看，SAC_M 又不是厂商的最优规模，C 点处的 SAC_P 才是最优的。这说明垄断竞争厂商充分使用社会资源，扩大生产规模对于社会来说是有效率的。

我们用服装行业内的某厂商生产夹克的例子来说明，垄断竞争条件下的企业的过剩生产能力问题。如图 6-22 所示。

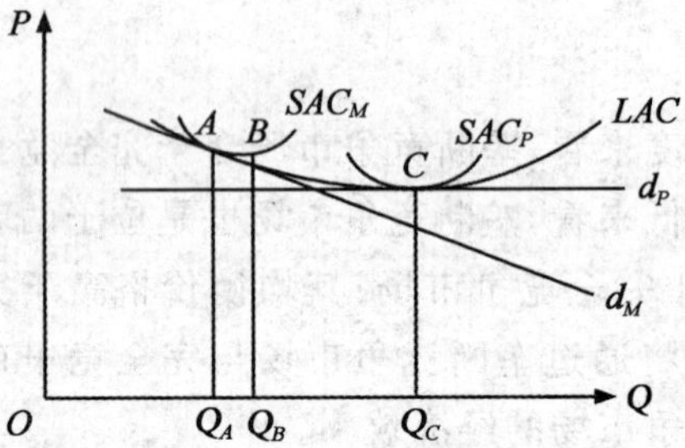

图 6-21　垄断竞争厂商的剩余生产能力

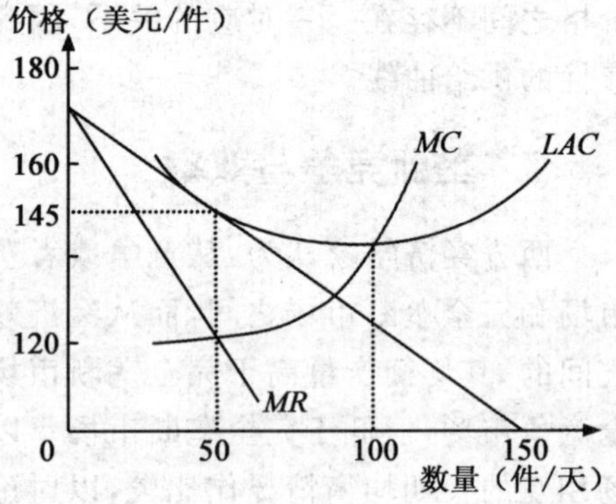

图 6-22　企业的过剩生产能力问题

从图 6-22 中我们可以看出，该企业的理想产量是每天 100 件夹克，即平均总成本最低点时的产量，也就是说该企业的生产能力是每天 100 件夹克。而该企业实际每天只生产 50 件夹克，这 50 件夹克是根据利润最大化条件 $MR=MC$ 所确定的。因此，该企业有过剩的生产能力，即每天 50 件夹克。由于企业生产的产量小于平均总成本最小的产量。因此消费者支付了高于平均总成本的价格。这种结果的出现，原因就在于垄断竞争时的需求曲线向右下方倾斜，使利润最大化的产量总是小于长期均衡时的生产能力产量。

因此，从根本上讲，生产能力的过剩来自于厂商向右倾斜的需求曲线，而需求曲线的倾斜又来自于垄断。相对于完全垄断市场，垄断竞争市场的垄断程度并不高，有些市场还具有相当大的弹性，因此过剩的生产能力并不是很大。另一方面，垄断竞争市场的垄断源自于商品的差异性，而多样化的商品给消费者带来的效用是非常大的，有时甚至不亚于因生产能力过剩而造成的浪费。因此也可以说，过剩的生产能力是为得到多样化的商品而必须付出的成本。

在现实经济生活中，垄断竞争市场所存在的过剩生产能力，往往表现为市场里小规模的厂商数量过多。比如，城市里分布密集的杂货店，就大大超过了实际需求。又如，家庭餐馆(除非真正有名的)几乎总有部分空桌子。加油站的每一个龙头都有排队等候的顾客使用的情况是很少见的。因此，在垄断竞争市场中，减少厂商数量，扩大单个垄断竞争厂商的规模，可以提高经济效率和增进社会福利。

6.3.8 垄断竞争厂商的非价格竞争

前面讨论的是垄断竞争行业中厂商短期均衡和长期均衡的形成过程。在那里，实现均衡的过程是与企业之间的价格竞争相联系的。但在实际经济活动中，除了价格竞争外，企业也可以凭借新产品的开发或使自己产品与别的企业产品不同而在竞争中取胜、获利，例如企业可以改变自己产品的款式、性能、质量、造型，并通过加大宣传力度、提高服务质量等非价格手段使自己的产品区别于其他企业的同类产品。各种非价格竞争可以归为两类，一类是开发新产品或在产品自身上做文章，改变产品的式样和外观等，这类竞争被称为产品创新或改进；另一种是在产品的推销过程中打主意，通过某些促销手段增加销售，这类竞争被称作广告与服务竞争，或称非价格竞争。

6.3.8.1 产品创新或改进

为了享有经济利润，垄断竞争企业必须处于不断开发新产品或改进产品的状态。原因是只要能赚到经济利润，模仿者就会出现并建立企业。因此，为了保持经济利润，企业必须寻找使自己处于竞争前沿的新产品或改进的产品，尽管这种前沿是暂时的。一个企业引入一种新的有差别的品种将暂时增加自己产品的需求，并将能暂时提高自己的价格，它将获得经济利润。最后，生产新产品或相近替代品的新企业将进入，并分享由这种最初优势带来的经济利润。因此，为了恢复经济利润，企业必须再次开发新产品或改进产品。

6.3.8.2 广告竞争

广告竞争是另一种非价格竞争的重要手段。在完全竞争条件下，每个厂商都能够销售自己愿意销售的任何数量，而且产品无差别，所以没有必要使用广告；在完全垄断的条件下，广告对扩大销售量是起作用的，但对垄断竞争厂商所起的作用更大。如果说，产品创新是努力使产品适应消费者的需要，那么，广告的宣传，除了昭示产品特点于消费者外，则是努力使消费者的需要适应产品的差别，即所谓“广告创造需求”。

广告费用构成生产成本以外的销售成本，使总成本增加，厂商该如何选择做与不做广告？运用 $MR=MC$ 定理，同样可以求得最优广告费用，或最优广告竞争效果。图 6-23 中 OP_1 为保持不变的市场价格，通过 P_1 点的水平线为平均收入曲线 AR，也是边际收入曲线 MR，即 $AR=MR$。MC 为边际成本曲线，AC_1 为平均生产成本，AC_2 为平均销售成本。从 AC_1 向 AC_2 移动的原因是厂商因做广告而支出的广告费。因为这笔费用等于增加了一项固定成本，因此边际成本曲线不会发生变动。由图 6-23 可见，尽管做广告使平均成本增加，但广告刺激了需求，即使在市场价格维持不变的情况下，没有做广告时厂商的超额利润为矩形 AP_1CB；做广告以后，厂商所获超额利润为矩形 EP_1GF。显然，后者大于前者。如果伴随着广告宣传销路大增从而产品价格有所上涨，垄断竞争厂商将会获得更大利润。

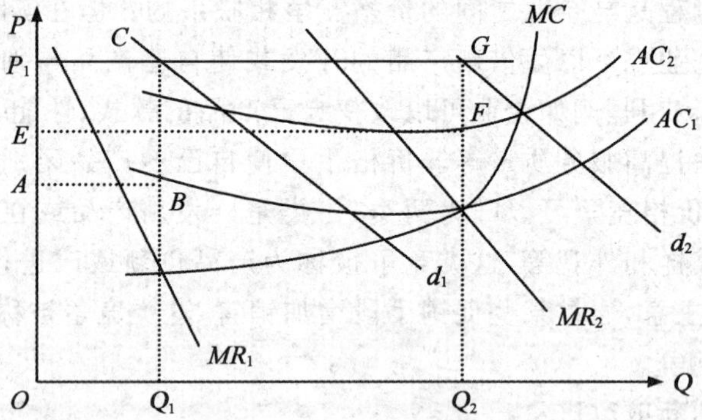

图 6-23　最优广告竞争

总之，从以上分析可以看出，垄断竞争市场与完全竞争市场相比较，具有以下几个特点：①与完全竞争相比，消费者在垄断竞争条件下要付出较高的价格。原因在于，垄断竞争厂商没有在平均总成本最低点时进行生产，而且还要付出很大一部分的广告费等；②与完全竞争市场相比，垄断竞争市场的资源配置效率低，原因同样是由于产品价格大于长期均衡时的最低平均总成本；③在垄断竞争市场，由于存在产品差异，产品形成多样化，消费者的不同偏好得到了满足；④垄断竞争市场是有利于创新的一种市场结构，垄断因素的存在驱使厂商不断地追求超额利润，形成了创新的内在动力，而竞争因素的存在又形成了创新的外在压力。

6.4 寡头垄断下的厂商均衡

6.4.1 寡头垄断及其形成的原因

寡头垄断又称寡头(oligopoly),是少数几家厂商控制着整个行业或行业的大部分产品生产和销售的一种市场结构。在现实经济生活中,寡头垄断比完全垄断和完全竞争更普遍地存在。西方国家中不少行业都表现出寡头垄断的特点,例如,美国的汽车业、电气设备业、罐头行业等,都被几家企业所控制。

寡头垄断市场(oligopoly market)的基本特征是:

第一,产品同质或异质。根据产品的特征,寡头垄断可以分为纯粹垄断(pure oligopoly)和差别垄断两类(differentiated oligopoly)。在纯粹寡头中,厂商生产的产品没有差别,如钢铁、水泥、炼铜、炼铝等行业。在差别寡头中,厂商生产的产品是有差别的,如汽车、冰箱、飞机制造、铁路设备等行业。

第二,厂商数目极少,其他厂商很难进入。市场上的厂商只有一个以上的少数几个(当厂商为两个时,叫双头垄断 duopoly),每个厂商在市场中都具有举足轻重的地位,对其产品价格具有相当的影响力。其他厂商进入该行业相当困难。这不仅因为在规模、资金、信誉、市场容量、原料等方面新厂商难以与原有厂商匹敌,还因为原有厂商的相互依存。

第三,厂商之间相互依存。由于寡头垄断行业中厂商数目极少,所以各厂商之间存在着实际的、可以觉察到的相互依赖关系,以致每个厂商在做出决策时都必须特别注意这一决策对其对手的影响,每一个厂商的价格和产量的变动都会影响其对手的销售量和利润水平。把其他竞争企业的决策作为本企业决策的依据是寡头垄断市场的一个重要特征,这种决策称为"相关决策"。由于寡头垄断厂商决策时必须要把竞争者的反应考虑在内,因而它们既不是价格的制定者,也不是价格的接受者,而是价格的寻求者(price searcher)。

第四,厂商决策的不确定性。寡头垄断者之间行为的相互依存性,导致寡头垄断者的决策结果难以预测。例如,当一家寡头厂商决定降低其产品的价格以扩大销售量时,显然会严重影响其他厂商的销路,其他厂商也不会无动于衷。但是,对于这些企业究竟会如何反应是无法完全预料到的,因此,寡头厂商在做出决策时,只能把对别的厂商反应的估计和猜测考虑在内,这样,寡头市场的运行便具有了相当大的不确定性。

第五,厂商进出不容易。进入障碍是阻止潜在竞争者进入行业的因素,同时原有厂商之间又存在着很大的相互依存,因此,潜在厂商难以进入,而原有厂商也难以退出。

寡头垄断的形成有诸多原因,归纳起来主要有两个方面:一是行业中存在规模经济。规模经济的存在使得大规模生产具有强大的优势,大的厂商不断壮大,小的厂商无法生存,最终形成少数厂商激烈竞争的局面。例如,在汽车、石油行业中,固定成本的比例很大,只有在产量很大的时候,平均成本才可能降下来,这就从某种程度上限制了中小规模厂商进入该行业;二是存在着许多行业进入障碍。比如行业中的几家厂商拥有原材料或者潜在竞争者不能得到的关键技术,以及厂商拥有政府颁发的经营特许权等,这些进入障碍,限制了其他新厂商的进入,促进了寡头垄断市场的形成。

在寡头垄断下,对均衡价格和均衡产量的决定,很难像以前三种市场结构一样得出确切而肯定的结论。其主要原因在于:在寡头市场上,每个厂商的产量都在全行业产量中占一个较大的份额,从而每个厂商的产量和价格变动都会对其他竞争对手以致整个行业的产量和价格产生举足轻重的影响。正因为如此,每个寡头厂商在采取某项行动之前,必须首先要推测或掌握自己这一行动对其他厂商的影响以及其他厂商可能做出的反应,然后,才能在考虑到这些反应方式的前提下采取最有利的行动。所以,每个寡头厂商的利润都要受到行业中所有厂商的决策的相互作用的影响。寡头厂商们的行为之间这种相互影响的复杂关系,使得寡头理论复杂化。一般来说,不知道竞争对手的反应方式,就无法建立寡头厂商的模型。或者说,有多少关于竞争对手的反应方式的假定,就有多少寡头厂商的模型,就可以得到多少不同的结果。因此,在西方经济学中,还没有一个寡头市场模型,可以对寡头市场的价格和产量做出一般的理论总结。但西方经济学家根据不同的假设也做出了一些模型,下面我们将对几种典型的寡头垄断模型进行介绍,这些理论模型从不同的角度对寡头现象进行了解释。

6.4.2 独立行动条件下的寡头垄断模型

在寡头垄断市场中,按厂商的行动方式可区分为有勾结行为的(即合作的)寡头垄断和独立行动的(即不合作的)寡头垄断。当厂商不能相互勾结时,寡头厂商所考虑的关键问题,就是每家厂商对所面临的需求,以及竞争对手的反应做出一种假定。有的对产量进行假定,有的对价格进行假定,从而形成了不同的寡头垄断定价模型。在这里我们主要介绍依产量假定定价的古诺模型和依价格假定定价的斯威齐模型。

6.4.2.1 古诺模型

古诺模型是早期的寡头模型，它最先由法国经济学家奥古斯丁·古诺(Augustin Cournot)于1838年提出。古诺模型通常被作为寡头理论分析的出发点。古诺模型是一个只有两个寡头厂商的简单模型，该模型也被称为"双头模型"。古诺模型的结论可以很容易地推广到三个或三个以上的寡头厂商的情况中去。

古诺模型分析的是两个出售矿泉水的生产成本为零的寡头厂商的情况。该模型假定：市场上只有A、B两个厂商生产和销售相同的产品，它们的生产成本为零；它们共同面临的市场的需求曲线是线性的，A、B两个厂商都准确地了解市场的需求曲线；A、B两个厂商都是在已知对方产量的情况下，各自确定能够给自己带来最大利润的产量，即每一个厂商都是消极地以自己的产量去适应对方已确定的产量。

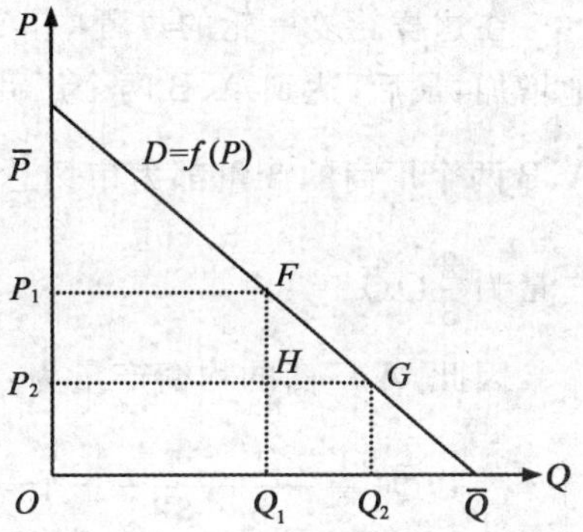

图 6-24 古诺模型

古诺模型的价格和产量的决定可以用图6-24来说明。

在图6-24中，D 曲线为两个厂商共同面临的线性的市场需求曲线。由于生产成本为零，故图中无成本曲线。

在第一轮，A厂商首先进入市场。由于生产成本为零，所以，厂商的收益就等于利润。A厂商面临 D 市场需求曲线，将产量定为市场总容量的 $\frac{1}{2}$，即产量为 $OQ_1=\frac{1}{2}O\overline{Q}$，将产量定为 OP_1，从而实现了最大的利润，其利润量相当于图中矩形 OP_1FQ_1 的面积(因为从几何意义上讲，该矩形是直角三角形 $\overline{OPQ}$ 中面积及最大的内接矩形)。然后，B厂商进入市场。B厂商准确地知道A厂商在本轮留给自己的市场容量为 $Q_1\overline{Q}=\frac{1}{2}O\overline{Q}$，B厂商也按相同的方式行动，生产它所面临的市场容量的 $\frac{1}{2}$，即产量为 $Q_1Q_2=\frac{1}{4}O\overline{Q}$。此时，市场价格下降为 OP_2，B厂商获得的最大利润相当于图中矩形 Q_1HGQ_2。而A厂商的利润因价格的下降而减少为矩形 OP_2HQ_1 的面积。

在第二轮，A厂商知道B厂商在本轮中留给它的市场容量为 $\frac{3}{4}O\overline{Q}$。为了实现最大的利润，A厂商将产量定为自己所面临的市场容量的 $\frac{1}{2}$，即产量为 $\frac{3}{8}O\overline{Q}$。

与上一轮相比，A 厂商的产量减少了$\frac{1}{8}O\overline{Q}$。然后，B 厂商再次进入市场。A 厂商在本轮留给 B 厂商的市场容量为$\frac{5}{8}O\overline{Q}$，于是，B 厂商生产自己所面临的市场容量的$\frac{1}{2}$的产量，即产量为$\frac{5}{16}O\overline{Q}$。与上一轮相比，B 厂商的产量增加了$\frac{1}{16}O\overline{Q}$。

在这样轮复一轮的过程中，A 厂商的产量会逐渐地减少，B 厂商的产量会逐渐地增加，最后，达到 A、B 两个厂商的产量都相等的均衡状态为止。在均衡状态中，A、B 两个厂商的产量都为市场总容量的$\frac{1}{3}$，即每个厂商的产量为$\frac{1}{3}O\overline{Q}$，行业的总产量为$\frac{2}{3}O\overline{Q}$。

因此，A 厂商的均衡产量为：

$$
\begin{aligned}
O\overline{Q}\left(\frac{1}{2}-\frac{1}{8}-\frac{1}{32}-\cdots\right)&=O\overline{Q}\left[1-\left(\frac{1}{2}+\frac{1}{8}+\frac{1}{32}+\cdots\right)\right]\\
&=O\overline{Q}\left\{1-\frac{1}{2}\left[1+\frac{1}{4}+\left(\frac{1}{4}\right)^2+\cdots\right]\right\}\\
&=O\overline{Q}\left(1-\frac{2}{3}\right)=\frac{1}{3}O\overline{Q}
\end{aligned}
$$

B 厂商的均衡产量为：

$$
O\overline{Q}\left(\frac{1}{4}+\frac{1}{16}+\frac{1}{64}+\cdots\right)=\frac{1}{4}O\overline{Q}\left[1+\frac{1}{4}+\left(\frac{1}{4}\right)^2+\cdots\right]=\frac{1}{3}O\overline{Q}
$$

行业的均衡总产量为：$\frac{1}{3}O\overline{Q}+\frac{1}{3}O\overline{Q}=\frac{2}{3}O\overline{Q}$

以上双头古诺模型的结论可以推广。令寡头厂商的数量为 m，则可以得到一般的结论如下：

$$
\text{每个寡头厂商的均衡产量}=\text{市场总容量}\times\frac{1}{m+1}
$$

$$
\text{行业的均衡总产量}=\text{市场总容量}\times\frac{m}{m+1}
$$

古诺模型也可以用以下建立寡头厂商的反应函数的方法来说明。

在古诺模型的假设条件下，设市场的线性反需求函数为：

$$
P=1\,500-Q=1\,500-(Q_A+Q_B)
$$

式中：P 为商品的价格，Q 为市场的总需求量，Q_A 和 Q_B 分别为市场对 A、B 两个寡头厂商的产品需求量，即 $Q=Q_A+Q_B$。

对于 A 寡头厂商来说，其利润等式为：

$$\begin{aligned}\pi_A &= TR_A - TC_A = PQ_A - 0（因为已假定\ TC_A=0） \\ &= [1\,500-(Q_A+Q_B)]Q_A = 1\,500Q_A - Q_A^2 - Q_AQ_B\end{aligned}$$

A 寡头厂商利润最大化的一阶条件为：

$$\frac{\partial \pi_A}{\partial Q_A}=1\,500-2Q_A-Q_B=0$$

$$Q_A=750-\frac{Q_B}{2}$$

$Q_A=750-\dfrac{Q_B}{2}$就是 A 寡头厂商的反应函数，它表示 A 厂商的最优产量是 B 厂商的产量的函数。也就是说，对于 B 厂商的每一个产量 Q_B，A 厂商都会做出反应，确定能够给自已带来最大利润的产量 Q_A。

类似地，对于 B 寡头厂商来说，有

$$\pi_B=1\,500Q_B-Q_B^2-Q_AQ_B$$

$$\frac{\partial \pi_B}{\partial Q_B}=1\,500-2Q_B-Q_A=0$$

$$Q_B=750-\frac{Q_A}{2}$$

$Q_B=750-\dfrac{Q_A}{2}$是 B 寡头厂商的反应函数，它表示 B 厂商的最优产量是 A 厂商的产量的函数。

联立 A、B 两寡头厂商的反应函数，便得到如下方程组：

$$\begin{cases} Q_A=750-\dfrac{Q_B}{2} \\ Q_B=750-\dfrac{Q_A}{2} \end{cases}$$

由此方程组得 A、B 两厂商的均衡产量解：$Q_A=500$，$Q_B=500$

可见，每个寡头厂商的均衡产量是市场总容量的 1/3，即有

$$Q_A=Q_B=\frac{1\,500}{3}=500$$

行业的均衡总产量是市场总容量的 2/3，即有：

$$Q_A + Q_B = 2 \times \frac{1\,500}{3} = 1\,000$$

将 $Q_A = Q_B = 500$ 代入市场反需求函数 $P = 1\,500 - Q = 1\,500 - (Q_A + Q_B)$，可求得市场的均衡价格：

$$P = 500$$

以上方法可以在图 6-25 中得到说明。图中的横轴 OQ_A 和纵轴 OQ_B 分别表示 A、B 两个寡头厂商的产量。由于市场需求函数是线性的，所以，A、B 两个寡头厂商的反应函数也是线性的。图中两条反应曲线的交点 E，就是古诺模型的均衡解。在均衡点 E 上，A、B 两个寡头厂商的均衡产量都是 500 单位。

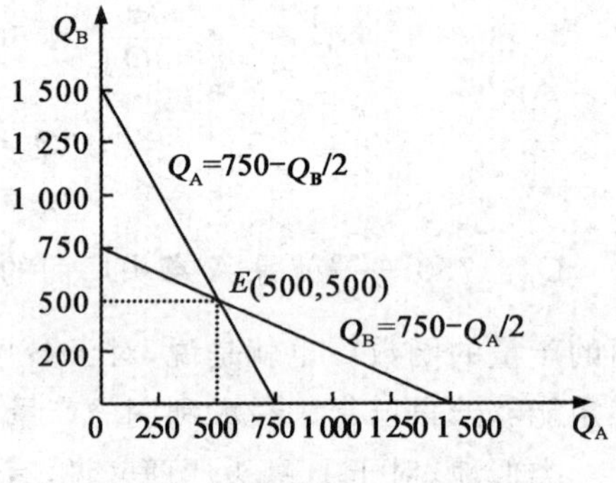

图 6-25　古诺模型及反应函数

6.4.2.2　斯威齐模型

斯威齐模型也被称为弯折的需求曲线(kinded demand curve)。该模型是由美国经济学家斯威齐于 1939 年提出的。人们观察到，在寡头垄断市场中，价格是刚性的，即当需求或成本发生适度变动时，或两者都发生适度变动时，价格却保持不变。而斯威齐模型就是用来解释这一现象的。

该模型的基本假设条件是：如果一个寡头厂商提高价格，行业中的其他寡头厂商都不会跟着改变自己的价格，因而提价的寡头厂商的销售量的减少是很多的；如果一个寡头厂商降低价格，行业中的其他寡头厂商会将价格下降到相同的水平，以避免销售份额的减少，因而该寡头厂商的销售量的增加是很有限的。

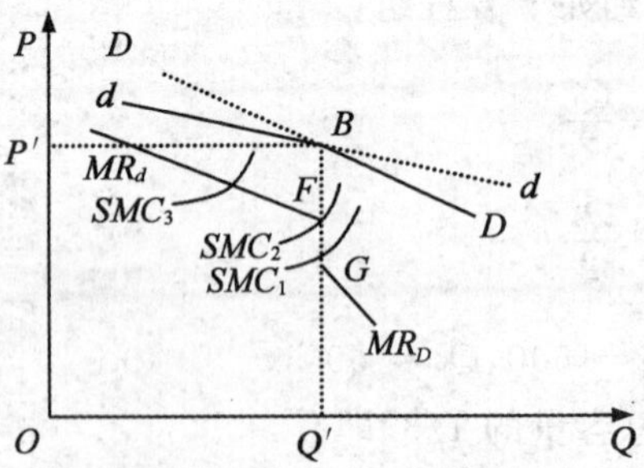

图 6-26　弯折的需求曲线模型

在以上的假设条件下可推导出寡头厂商的弯折的需求曲线(图 6-26)。图中有某寡头厂商的一条 dd 需求曲线和一条 DD 需求曲线，DD 需求曲线表示该寡头厂商变动价格而其他寡头厂商保持价格水平不变时的该寡头厂商的需求状况，dd 需求曲线表示行业内所有寡头厂商都以相同方式改变价格时的该厂商的需求状况。假定开始时的市场价格为 dd 需求曲线和 DD 需求曲线的交点 B 所决定的 P'。那么，根据该模型的基本假设条件，该垄断厂商由 B 点出发，提价所面临的需求曲线是 dd 需求曲线上的 dB 段，降价所面临的需求曲线是 DD 需求曲线上的 BD 段，于是，这两段共同构成的该寡头厂商的需求曲线为 dBD。显然，这是一条弯折的需求曲线，折点是 B 点。这条弯折的需求曲线表示该寡头厂商从 B 点出发，在各个价格水平所面临的市场需求量。

由弯折的需求曲线可得到间断的边际收益曲线。图中与需求曲线 dB 段所对应的边际收益曲线为 MR_d，与需求曲线 BD 段所对应的边际收益曲线 MR_D，两者结合在一起，构成了寡头厂商的间断的边际收益曲线，其间断部分为垂直虚线 FG。

利用间断的边际收益曲线，便可以解释寡头市场上的价格刚性现象。只要边际成本 SMC 曲线的位置变动不超出边际收益曲线的垂直间断范围，寡头厂商的均衡价格和均衡数量都不会发生变化。譬如，在图中的边际收益曲线的间断部分 FG，SMC_1 曲线上升为 SMC_2 曲线的位置，寡头厂商仍将均衡价格和均衡产量保持在 P' 和 Q' 的水平。除非成本发生很大变化，如成本上升使得边际成本曲线上升为 SMC_3 曲线的位置，才会影响均衡价格和均衡产量水平。

有的西方经济学家认为，虽然弯折的需求曲线模型为寡头市场较为普遍的价格刚性现象提供了一种解释，但是该模型并没有说明具有刚性的价格本身，如图中的价格水平 P'，是如何形成的。这是该模型的一个缺陷。

6.4.3 相互勾结的寡头垄断模型

在寡头垄断市场中，由于相互竞争的厂商很少而且他们之间相互依存，如果某个厂商想通过减价的方式扩大销售量，很容易引起对手的报复，展开价格战，结果是两败俱伤。一般情况是，它们会放弃竞争，采取多种“合作形式”勾结起来。在这种相互勾结的寡头垄断市场中，最主要的定价模型包括卡特尔定价模型、价格领导模型以及成本加成定价模型。

6.4.3.1 卡特尔定价模型

卡特尔(cartel)就是寡头垄断厂商用公开或正式的方式进行相互勾结的一种形式。它是一个行业的独立厂商之间通过有关价格、产量和市场划分等事项达到明确的协议而建立的垄断组织。卡特尔的主要任务，一是为各成员厂商的同质产品规定统一的价格；二是在各成员厂商之间分配总产量。

在西方国家，卡特尔是法律所允许的，因而也是较普遍的。但是在美国，早在1890 年就已通过《谢尔曼法》(the Sherman act)对公开的或秘密的串谋行为加以限制。因此，在美国不存在公开的卡特尔，厂商暗中串谋要冒受法律制裁的风险。

1. 卡特尔价格与产量的决定

卡特尔制定统一价格的原则是使整个卡特尔的利润最大化。为此，必须使卡特尔的边际收益等于边际成本，即 $MC=MR$。卡特尔要根据有关资料确定在每一可能的价格水平上对该行业产品的需求量，确定卡特尔需求曲线，从中计算出边际收益曲线，同时，将各厂商的边际成本曲线水平加总形成卡特尔边际成本曲线，MR 和 MC 曲线的交点所确定的产量水平和价格水平即卡特尔的利润最大化的均衡产量和价格。如图 6-27 所示，D 是卡特尔的需求曲线，MR、MC 分别是从各个厂商的边际收益曲线和边际成本曲线求出的卡特尔的边际收益曲线和边际成本曲线。MR 与 MC 交点 F 确定了卡特尔的总产量 Q_0 和统一价格 P_0。

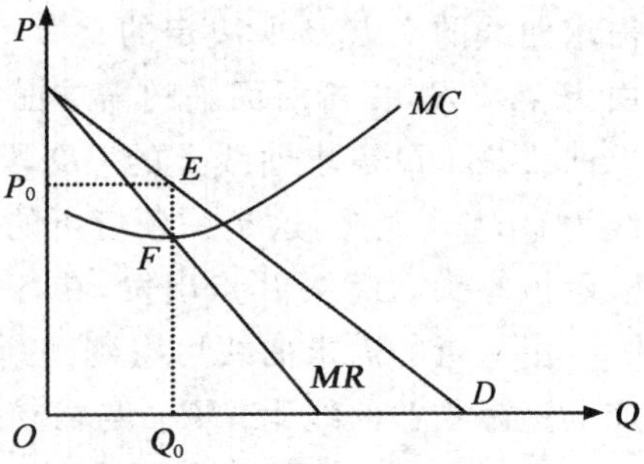

图 6-27 卡特尔的价格和产量决定

卡特尔的价格和产量的决定同完全垄断厂商的价格和产量的决定是一样的。其实，在这里可以把卡特尔看成一个完全垄断厂商。

2. 卡特尔的市场分配

卡特尔的价格是统一价格，产量是总产量，这就是说，每个成员厂商要接受销售配额和产品定价。在价格确定下来之后，销售额将如何在成员厂商之间分配？卡特尔分配销售定额的原则是使各个厂商的边际成本相等，并且与卡特尔均衡产量水平的边际成本相等。

为简化起见，假定卡特尔只有两个成员，厂商 1 和厂商 2，其成本曲线分别如图 6-28(a)和图 6-28(b)所示。通过将 MC_1 和 MC_2 的水平加总，得到图 6-28(c)所示的该卡特尔的边际成本曲线 MC。假定该行业所面对的市场需求曲线为 D，该卡特尔会像一个垄断者那样，按照 $MR=MC$ 的原则，将产量确定为 Q_M，相应的价格为 P_M，这样，厂商 1 的产量将为 Q_1，厂商 2 的产量将为 Q_2，而行业的总产量 $Q_M= Q_1+Q_2$，行业的总利润是各厂商按分配的产量所产生的利润之和，即图中两个阴影部分之和。

上述产量的分配方式，被经济学家称为理想分配方式，在现实中往往不大可能实现，因为产量分配的决策，是具有不同利益和不同实力的厂商之间协商谈判的结果。那些具有最大影响和最精明强干的谈判者的厂商可能得到最高的销售配额，尽管这会增加卡特尔的总成本。进一步说，由于成本较高的厂商的市场力量或非市场力量可能很强，所以他们会不甘心接受按 $MR=MC$ 原则为他们确定的市场

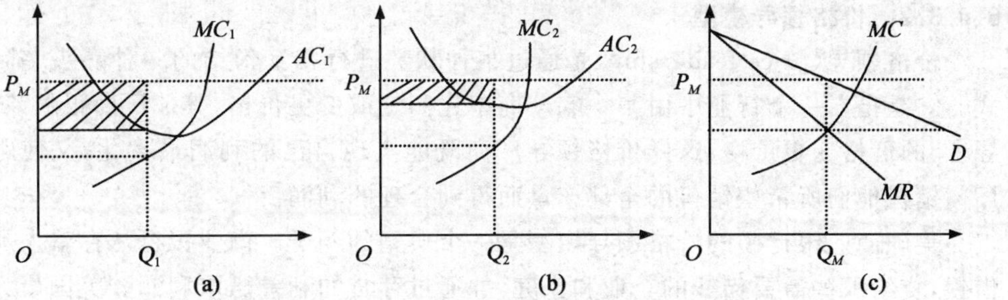

图 6-28 卡特尔成员之间的产量分配

份额。在实践中，各寡头厂商的销售量往往是根据厂商过去的销售水平或生产能力的大小分配的，有时卡特尔还按地理位置在其成员之间瓜分销售市场。

3. 卡特尔的不稳定性

卡特尔不稳定的原因在于其成员往往怀有违背协议的强烈动机。如图 6-29 所示，如果卡特尔的某个成员厂商暗中采取削价行动，而其他厂商又维持原价格不变，那么该厂商所面对的将是富有弹性的需求曲线 d。因此，它可以把价格从 P_0 降至 P_1 以大幅度增加销售量，从而获得更大的利润。另一方面，如果协议内容规定了各成员厂商所应有的产量配额，某一个成员厂商也可能通过暗中扩大产量来谋取更多的利润。

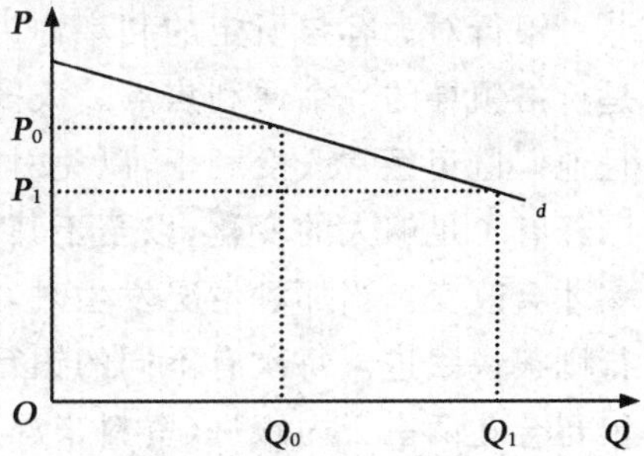

图 6-29 卡特尔的不稳定性

由于卡特尔的协议往往并不受到法律的保护，在美国更是受到法律的禁止，因此各成员厂商在最大利润的驱使下很容易走上“背叛”之路。而一旦有某个成员违反协议，因为市场中厂商个数较少，其行动很容易被其他厂商察觉，从而引起“连锁反应”，最终导致卡特尔的崩溃。

在现实经济中较成功的卡特尔大多是国际卡特尔。例如，一个国际卡特尔从 1878 年到 1939 年一直垄断着碘市场；从 1928 年到 1970 年，一个被称为水银欧洲的国际卡特尔一直将水银价格保持在接近于垄断的水平；20 世纪 70 年代中期，国际铝矾土联合会成功地将铝矾土的价格提高了 3 倍。但最成功的国际卡特尔要属石油输出国组织——欧佩克（*OPEC*）。1974 年以来世界石油市场基本上由欧佩克所控制，当年欧佩克的石油产量大约占世界总产量的 2/3。通过对石油产量的控制，欧佩克成功地将世界石油价格提升到远远高于竞争价格的水平，从而直接导致了震惊世界的石油危机。

6.4.3.2 价格领导模型

价格领导(price leadership)是通过某种默契进行相互勾结的一种寡头垄断形式。它是指在一个行业中由某一家厂商率先制定或变更价格,其他厂商跟随该“领导者”的价格变更价格,这样价格领导厂商既能实现自己的利润最大化,又使跟进厂商销售他们所希望销售的全部产量而得到合理的利润。

美国商业银行中的价格领导模型是一个典型的例子。商业银行从存款人那里借钱,贷给那些需要借钱的企业和家庭,并通过存贷的利差赚取利润。美国最大的商业银行——美洲银行、银行家信托公司、大通曼哈顿银行、花旗银行、摩根保证信托公司等在对大公司客户贷款方面相互竞争。竞争的主要形式就是他们对公司客户贷款的利息率。如果竞争得过于激烈,贷款利息率就会下降,从而他们的利润也随之下降。为了避免激烈竞争,他们之间产生了一种价格领导形式。

银行对大客户所定的利率称为最优惠利率。这个利率被报纸广泛引用,因此,是价格领导的一个便利焦点。大多数银行会确定相同的或相近的最优惠利率,并且他们避免经常改变利率,以免引起不稳定或导致争夺战。只有当货币市场条件已经有了足够大的变化,以至于其他利率已经上升或下降了相当幅度时,最优惠利率才会改变。当那种情况发生时,主要银行之一宣布改变它的最优利率,而其他银行则很快跟进。每次有不同的银行起领袖作用,当一个银行宣布变动利率时,其他银行会在两三天内跟进(资料来源:曼昆.经济学原理.2 版.梁小民,译.北京:北京大学出版社,2003.)。

价格领导模型一般有三种形式,即支配型厂商的价格领导模型、晴雨表型厂商的价格领导模型和效率型厂商的价格领导模型。

1.支配型厂商的价格领导模型

在支配型厂商的价格领导制中,在行业中占支配地位的某一大厂商和一群中小厂商同时并存。支配厂商可确定一个市场价格,既使自身利润最大,又使其他厂商能销售他们所希望销售的全部产量。其他厂商由于没有市场支配力量,便会像完全竞争厂商那样行动,以既定的价格(由支配厂商确定的价格)作为他们的一条水平需求曲线,然后按边际成本等于价格来确定自己的均衡产量。这些中小厂商这样做时,可以得到合理的利润,避免独自定价可能遭到的风险,这些中小厂商出售他们所愿意出售的一切产量以后,市场需求量与中小厂商产量的差额则由支配厂商补足。我们利用图 6-30 来说明这种定价模型。

在图 6-30 中 DD 是寡头垄断市场的需求曲线,MC_a 是支配型厂商的边际成本曲线,MC_b 是从属厂商边际成本曲线之和,即该行业所有小企业的供给曲线。如

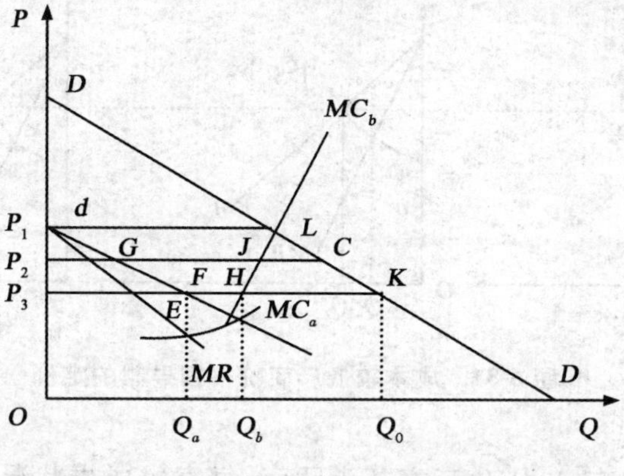

图 6-30　支配性厂商价格领导制的定价

果支配型厂商把价格定在 OP_1，从属厂商则根据 $P_1=MC_b$ 原则，产销 P_1L 单位。这时，从属厂商的供给正好等于市场需求，支配型厂商的需求量为零。如果价格定在 OP_2，从属厂商的产销量为 P_2J，支配型厂商的需求量为 JC。如果价格定在 OP_3，从属厂商的产销量为 P_3H，支配型厂商的需求量为 HK。在 P_2C 取一点 G，并令 $P_2G=JC$；在 P_3K 上，取一点 F，并令 $P_3F=HK$，于是，我们根据 DD 曲线和 MC_b 曲线推导出支配型厂商的需求曲线 d。图中，与支配型厂商的需求曲线 d 相对应的边际收入曲线是 MR。MR 与 MC_a 相交于 E 点，支配型厂商在边际成本之上追加利润加成 EF，则产量 OQ_b，价格 P_3 是支配型厂商能实现最大利润的产量和价格。该行业的从属厂商的产销量为 $P_3H=OQ_b$，市场总销量为：

$$P_3H+HK=OQ_b+OQ_a=OQ_b+Q_bO_0=OQ_0$$

2. 晴雨表型厂商的价格领导模型

晴雨表型厂商(barometer firm)是指能够准确而及时地掌握市场信息，对整个行业成本及需求变动能够做出准确判断的厂商。这种厂商并不一定是该行业中规模最大或效率最高的厂商。所谓晴雨表型厂商价格领导是指晴雨表型厂商根据市场行情首先宣布能够合理而准确反映整个行业成本和需求情况变化的价格，其他厂商则按这一价格对自己的价格进行调整。

3. 效率型厂商的价格领导模型

这种定价模型也叫低成本厂商的价格领导模型，具体是指在寡头行业中，当市场竞争激烈时，生产成本并不是最低的每个寡头垄断者，为了保持其市场份额与获取利润，常常不得不放弃自己获得最大利润的均衡价格，而以低成本寡头厂商的最大利润点的均衡价格作为自己的销售价格。如图 6-31 所示。

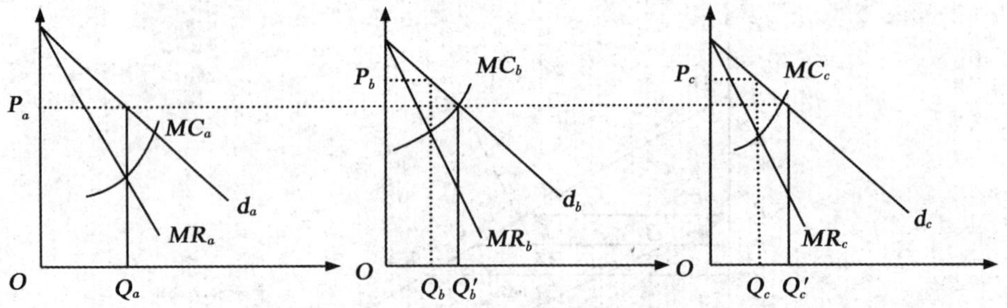

图 6-31 成本较低厂商价格领导制的定价

假定该行业中有 A、B、C 三家寡头厂商，每家的成本状况不同，A 是成本最低的厂商，当它按利润最大化原则确定其产销量 Q_a 时，其销售价格定在 P_a。同样，如果 B、C 企业也按此原则安排产销量，即 Q_b，Q_c，相应的价格分别是 P_b，P_c。在寡头垄断市场上，一般假定产品是同质的，哪家产品的价格高，哪家产品的市场需求量就要减少。如果 B、C 两个厂商把价格定为 P_b，P_c（$>P_a$），他们会丧失一部分市场。所以，B、C 两个厂商必须按照 P_a 价格销售其产品，销售量分别为 Q_b' 和 Q_c'。这时，B、C 两厂商所获得的利润，一般低于最大利润。

6.4.3.3 成本加成定价模型

成本加成定价（cost-plus pricing）是在估计平均成本的基础上，加上一个赚头，据以确定价格的定价方法。它是寡头垄断厂商不按照 $MR=MC$ 原则追求利润最大化的一种常见的形式。其基本方法是，先根据厂商生产能力的某一个百分比确定一个标准的产量数字，然后根据这个产量计算出相应的包含固定成本与可变成本的平均成本 AC，并加上一个按平均成本的一定百分比 r 计算的赚头 $AC\times r$，就得出销售价格 P，即 $P=AC(1+r)$。当同行业的全部厂商都采用统一的会计制度，他们的投入要素的价格和生产函数都相同，并用相同的百分比加成，这些厂商产品的价格就是一致的，否则，他们的价格就不会一致，但不管各厂商的价格是否一致，成本加成定价法会使他们的价格变动方向一致。

成本加成定价法尽管不是按 $MR=MC$ 原则追求利润最大化的定价形式，但它可以避免价格随产量变动而频繁变动，从而使价格比较稳定，这就减少了寡头垄断厂商因价格竞争可能带来的不利后果，巩固了寡头垄断厂商的安全地位。同时，如果行业处于正常发展状况，平均变动成本在一定范围内相对固定且需求弹性也保持相对固定的话，成本加成定价法制定的价格也有可能接近长期中按利润最大化原则制定的价格。

6.4.4 寡头厂商的供给曲线

与完全垄断和垄断竞争厂商一样，寡头厂商的需求曲线也是向右下方倾斜的，寡头厂商的均衡产量和均衡价格之间也同样不存在一一对应关系，所以，不存在寡头厂商和行业的具有规律性的供给曲线。此外，考虑到寡头厂商之间行为的相互作用非常复杂，很难建立寡头厂商和市场的具有规律性的供给曲线。

6.4.5 寡头垄断市场的经济效率

一般认为，寡头垄断市场的经济效率介于垄断竞争与完全垄断市场之间。但是，由于寡头厂商所表现出来的策略性行为有很大的差异和不确定性，因而很难对寡头垄断市场的经济效率做出准确的评价。一般认为，寡头垄断市场具有两个明显的优点：一是可以实现规模经济，从而降低成本，提高经济效益；二是有利于促进技术进步。各寡头为了在竞争中取胜，就要提高生产创造产品，这就成为寡头厂商进行技术创新的动力。此外，寡头厂商实力雄厚，可以用巨额资金与人力进行科学研究。例如微软公司的研究机构，则成为微软开发新产品的最重要基地。但是，寡头垄断市场也会由于寡头之间的勾结，抬高价格，而损害消费者的利益和社会经济福利。

延伸阅读

案例 1. 完全竞争的缩影——中国的农村春联市场

临近春节，我有机会对某村农贸市场的春联销售进行了调查，该农贸市场主要供应周围 7 个村 5 000 余农户的日用品需求。贴春联是中国民间的一大传统，春节临近，春联市场红红火火，而在农村，此种风味更浓。

在该春联市场中，需求者有 5 000 多农户，供给者为 70 多家零售商，市场中存在许多买者和卖者；供应商的进货渠道大致相同，且产品的差异性很小，产品具有高度同质性（春联所用纸张、制作工艺相同，区别仅在于春联所书写内容的不同）；供给者进入退出没有限制；农民购买春联时的习惯是逐个询价，最终决定购买，信息充分；供应商的零售价格水平相近，提价基本上销售量为零，降价会引起利润损失。原来，我国有着丰富文化内涵的春联，其销售市场结构竟是一个高度近似的完全竞争市场。

该农村集贸市场条件简陋，春联商品习惯性席地摆放，大部分供应商都将春联放入透明的塑料袋中以防尘保持产品质量。而少部分供应商则更愿意损失少部分产品暴露于阳光下、寒风中，以此展示产品。因此就产生了产品之间的鲜明对照。

暴露在阳光下的春联更鲜艳，更能吸引消费者目光、刺激购买欲望，在同等价格下，该供应商销量必定高于其他同行。由此可见，在价格竞争达到极限时，价格外的营销竞争对企业利润的贡献不可小视。

在商品种类上，例如“金鸡满架”一类小条幅，批发价为 0.03 元/副，零售价为 0.3 元/副；小号春联批发价为 0.36 元/副，零售价为 0.50 元/副。因小条幅在春联中最为便宜且为春联中的必需品，统一价格保持五六年不变，因此消费者不对此讨价还价。小条幅春联共 7 类，消费者平均购买量为 3～4 类，总利润可达 1.08 元，并且人工成本较低。而小号春联相对价格较高，在春联支出中占比重较大，讨价还价较易发生；由此，价格降低和浪费的时间成本会造成较大利润损失，对小号春联需求量较大的顾客也不过购买 7～8 副，总利润至多 1.12 元。因此，我们不难明白浙江的小小纽扣风靡全国，使一大批人致富的原因；也提醒我们，在落后地区发展劳动密集、技术水平低、生产成本低的小商品生产不失为一种快速而行之有效的致富方法。春联市场是一个特殊的市场，时间性很强，仅在年前存在 10 天左右，供应商只有一次批发购进货物的机会。供应商对于该年购入货物的数量主要基于上年销售量和对新进入者的预期分析。如果供应商总体预期正确，则该春联市场总体商品供应量与需求量大致相同，则价格相对稳定。一旦出现供应商总体预期偏差，价格机制就会发挥巨大的作用，将会出现暴利或者亏损。综上可见，小小的农村春联市场竟是完全竞争市场的缩影与体现，横跨经济与管理两大学科。这也就不难明白经济学家为何总爱将问题简化研究，就像克鲁格曼在《萧条经济学的回归》一书中，总喜欢以简单的保姆公司为例得出解决经济问题的办法，这也许真的有效。

资料来源：杨晓东. 农村春联市场：完全竞争的缩影. 经济学消息报，599 期(2004 年 6 月 25 日).

案例 2. 可乐和咖啡市场上的垄断竞争

软饮料和咖啡的市场展示了垄断竞争的特征。各个市场都有不少略有差异、相互替代性很强的品牌。例如，各种牌子的可乐，口味与另一种只是略有一点差异(你能说出可口可乐和百事可乐之间的差别吗？或可口可乐和皇冠可乐之间的差别吗?)。还有各种牌子的粉碎咖啡，在风味、香味和咖啡因含量方面有很小的差异。大多数消费者形成了他们自己的偏好，你可能对麦氏咖啡比对其他牌子更喜欢并常常买它。不过，这种对品牌的忠诚通常是很有限的。如果麦氏咖啡的价格升到比其他牌子高出一截，你和大多数一直是购买麦氏的消费者大概会转向其他牌子。

究竟广义的食品，如麦氏咖啡生产者的这个牌子，有多大的垄断势力？换句话说，麦氏咖啡的需求弹性多大？作为市场研究的一部分，大多数大公司都仔细研究对它们产品的需求。公司的估计通常是专对自己的，但对许多牌子如可乐和粉碎咖啡的需求的研究要使用一种模拟采购实验，以决定各牌子的市场份额是怎样随着特定的价格变化而变化的。表 6-2 中的数据通过给出对不同牌子的需求弹性，概括了研究的结果。

表 6-2　不同品牌可乐与咖啡的需求弹性表

项目	品　牌	需求弹性
可乐饮料	Royal Crown	−2.4
咖啡	Coke	−5.7～−5.2
	Hills Brothers	−7.1
	Maxwell House	−8.9
	Chase&Sanborn	−5.6

第一，注意在可乐中间，皇冠的需求要比可口可乐缺乏弹性。虽然它只有很小的市场份额，但它的口味比可口可乐、百事可乐和其他牌子更加特别，所以买它的消费者具有更强的品牌忠诚。但仅仅因为皇冠有较大的市场势力并不意味着它的盈利性更好。利润取决于固定成本、数量，以及价格，虽然平均利润较低，但可口可乐却能产生更多的利润，因为它有一个大得多的市场份额。

第二，注意咖啡作为一类而言，比可乐的价格弹性要大。在咖啡中的品牌忠诚比可乐中的要小，因为咖啡之间的差异比可乐中间的差异要更难辨别。与不同牌子的可乐相比，更少消费者注意或关心希尔兄弟和麦氏之间的差别。

除了皇冠以外，所有可乐和咖啡的价格弹性都很大。具有从−5～−9 之间的弹性，各牌子却只有很有限的垄断势力。

这是典型的垄断竞争。

资料来源：北京大学经济学院《中级微观经济学》案例教学，张元鹏编写.

案例 3.寡头垄断——中国乳业竞争格局

经过多年的发展，中国乳业取得了长足进步。截至 2003 年末，我国乳制品企业共有 1 600 多家，而年销售收入超过 10 亿元的企业仅有 7 家，年销售收入在 500 万元以上的企业 462 家。很明显我国乳制品企业的规模过小。世界排名前 20 位的乳制品企业已经全部进入中国市场。并有四家企业建立了奶源基地，其产值已占到中国乳业的 1/3，扩大国内企业规模已经迫在眉睫。

在近年的发展中，中国乳业的竞争格局已经初步形成：蒙牛、伊利、光明、三鹿等四家企业处在第一集团，四家企业的年销售额都超过了 50 亿元，成为全国性的品牌，在消费者心中具有较高的知名度和美誉度；完达山、新希望、三元等企业处在第二集团，成为区域性品牌，年销售额在10亿～15亿元，与第一集团有较大的差距。

虽然2000—2003年的中国乳业CR_4值呈现出不断提高的趋势，但根据贝恩的市场结构分类可以算出$CR_4<50\%$，属于寡头垄断的市场结构类型(见表6-3)。目前中国乳业的CR_4值偏低，说明市场集中度还不够高，企业没有形成规模经济。再加上地方保护主义严重，难以发挥寡头垄断市场结构的优势，资源没有得到有效的利用，不利于企业进行创新，因而导致企业难以获得良好的经济效益，这决定了中国乳业处于一种“过度竞争，垄断不足”的状态。

表6-3　2000—2003年乳业企业位次

企业	销售额/亿元			
	2000年	2001年	2002年	2003年
伊利	15	27	40.1	60
光明	22.65	35.2	50.22	49.7
三元	6.8	15.7	—	—
蒙牛	—	—	21	50.4
三鹿	7.15	23.6	30.7	53
行业产值	193.8	290	358.3	474
CR_4	26.6%	35%	39.63%	44.9%

资料来源：据中国乳业信息网资料整理。

案例4.古诺模型——轮胎零售市场

美国斯坦福大学的蒂莫什·布列纳汉和彼得·莱斯，就卖者数目不同的市场中轮胎的平均价格进行了对比，结果如表6-4所示。

表6-4　不同数量卖者时轮胎的平均价格　　元

卖者数目	轮胎的平均价格	卖者数目	轮胎的平均价格
1	54	4	51
2	55	5	50
3	53	许多	43

从表6-4中可看出：

(1)随着卖者增多，价格降低，许多个卖者时轮胎价格为43美元，可视为完全竞争价格，当卖者为5个以下时，轮胎价格超过竞争价格水平。

(2)这个结果和古诺模型结论不一致，古诺模型认为存在两个卖者时的平均价格要低于一个卖者(完全垄断)时平均价格，而表中有两个卖者时平均价格为55美元，高于有一个卖者时的54美元。

(3)有两个卖者时，可称为双头垄断，他们可能协作以取得高额利润，这时，双头垄断市场平均价格可能与垄断市场平均价格大致相同，本例可能属于这种情况。

资料来源：汪祥春．微观经济学．东北财经大学出版社，2002．

案例5．垄断的例子(1)——电力配送的自然垄断

如图6-32所示，电力的需求曲线是D，平均总成本曲线是AC。由于平均总成本随产量增加而减少，规模经济存在于整个AC曲线。一个厂商每小时可以以每度5美分的成本生产400万度电。假如价格是5美分，市场需求量是每小时400万度电，那么，一个厂商就可以供给整个市场。如果两个厂商分享市场，这就会使每个厂商每小时以1度电10美分生产400万度电。如果四个厂商分享市场，这就会使每个厂商每小时以1度电15美分生产400万度电。因此，在图6-32所示的情况下，一个厂商可以以低于两个或更多企业的成本供给整个市场，便形成了自然垄断。水和煤气的配送也是这样。

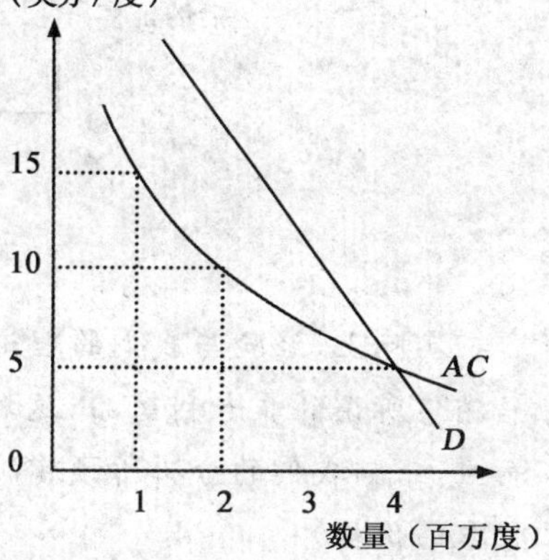

图6-32 电力配送的自然垄断

资料来源：[美]斯蒂格利茨．经济学．北京：中国人民大学出版社，1997．

案例6．垄断的例子(2)——垄断药品与非专利药品

根据我们的分析，垄断市场上的价格决定完全不同于竞争市场的价格决定。对这种理论的一种自然检验是药品市场，因为这个市场同时具有垄断市场和竞争市场的结构。当一个企业开发了一种新药时，专利法使企业垄断了那种药品的销售。但最后企业的专利过期时，任何公司都可以生产并销售这种药品。在那时，市场就从一个垄断市场变为竞争市场。

当专利过期以后，药品的价格会发生什么变动呢？图6-33表示一个典型的药品市场。在这个图上，生产药品的边际成本是不变的（这对许多药品是基本正确的）。在专利受保护期内，垄断企业通过生产边际收益等于边际成本的产量并收取大大高于边际成本的价格使利润最大化。但是，当专利到期时，生产这种药品的利润将鼓励新企业进入市场。随着市场变得越来越具竞争性，价格将下降到等于边际成本。

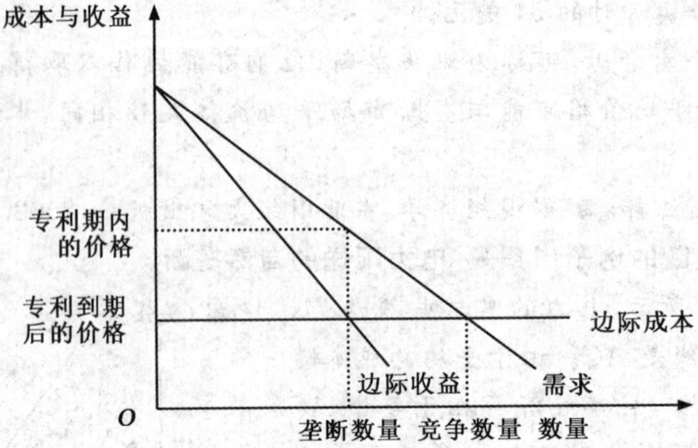

图 6-33　药品市场

实际上，经验与我们的理论一致。当药品专利到期时，其他公司迅速进入并开始销售所谓的非专利药品，这种药品的化学成分与先前垄断者的品牌产品相同。而且，正如我们的分析所预言的，竞争者生产的非专利药品的价格大大低于垄断者收取的价格。

但是，专利到期并没有使垄断者失去全部的市场势力。一些消费者仍忠于有品牌的药品，这也许是出于担心新的非专利药品的成分实际上与他们用了许多年的药品成分不一样。因此，以前的垄断者可以继续收取至少比新竞争者略高一点的价格。

资料来源：曼昆. 经济学原理. 5版. 梁小民，译. 北京：北京大学出版社，2009.

案例7. 差别定价——飞机票价

旅行者往往会对上海——新加坡往返机票的多种票价感到吃惊。比如，某一时期新加坡航空公司的头等舱票价是3 300新元；全价经济舱（无限制）的价格大约是1 100新元；特别折扣票价（往往要求提前两周购买和（或）多待周六一个晚上）则低达400新元。虽然与要求最短逗留时间的经济舱相比，头等舱的服务要好得多，但两者的差距也没有大到使价格相差3倍之多。航空公司为什么这样定价？票价有如此大的差异，正是因为这是成功的价格歧视形式。因为不同类别的消费者，其需求弹性差异很大，他们会购买不同种类的机票，使价格歧视带来的收益非常大。让我们看一下有关美国航空旅客的数据。

表6-5列出了美国三类航空服务的需求价格（服务）弹性：头等舱、无限制经济舱和折扣票（往往会有一定的限制，并且有可能无法全额退票）。

表 6-5 航空旅客的需求弹性

弹性	航空服务类别		
	头等舱	无限制经济舱	折扣票
价格	−0.3	−0.4	−0.9
收入	1.2	1.2	1.8

可以看出，购买折扣票的旅客，其需求价格弹性是头等舱顾客或无限制经济舱顾客的两到三倍。为何会有这样的差别？家庭出游或其他休闲旅行者，往往会购买折扣票；购买头等舱或无限制经济舱的，往往都是商务旅行者，因为计划出行时他们的选择已经不多，并且是公司出钱。当然，这是市场需求弹性，如果有几家航空公司竞争，每家的需求弹性将更高。但是，每种服务类别的相对弹性水平则大致如此。既然需求弹性差异很大，航空公司给不同类别的服务设定不同的价格，也就不足为怪了。

资料来源：Robert S. Pindyck. 微观经济学（亚洲版）. 北京：清华大学出版社，2008.

概念与习题

1. 什么叫厂商？什么叫行业？二者之间有什么关系？

2. 简述四种市场结构之间的差异性。

3. 完全竞争市场的条件是什么？在短期内完全竞争厂商的三种不同均衡是如何形成的？

4. 完全竞争行业的某企业的短期成本函数为 $STC=0.04Q^3-0.8Q^2+10Q+5$。

(1) 试求该企业的短期供给函数；

(2) 如果市场价格为 $P=10$，试求企业利润最大化的产量和利润；

(3) 在市场价格为多高时，企业只能赚取正常利润？在市场价格为多高时，企业将停业生产？

5. 完全垄断市场是如何形成的？请分别解释垄断市场三级差别价格的含义。

6. 垄断竞争市场有哪些特点？试分析垄断厂商的短期均衡。

7. 寡头垄断市场的基本特征是什么？简述卡特尔、价格领导和成本加成三种定价模型。

8. 试述古诺模型的主要内容和结论。

9. 弯折的需求曲线是如何解释寡头市场上的价格刚性现象的？

10. 试比较不同市场组织的经济效率。

7　信息与博弈论

不确定性具有经济成本，因而，不确定性的减少就是一项收益。

——肯尼思·阿罗

本章之前的内容都是分析在确定情况下的消费者行为、厂商行为以及各种市场情况，没有涉及不确定性情况下的各市场主体行为。然而，在现实经济生活中广泛存在着各种各样的不确定因素。例如，农民的产量不仅取决于他投入多少资本、土地和劳动，而且取决于气候状况等自然条件，这是农民无法预料和控制的。在许多情况下，经济决策人只能预见到自己的行为将会带来的几种可能的结果，以及每一种结果出现的可能性。因此，本章所要研究的主要内容就是在充满各种不确定因素的经济活动中，寻求各种市场行为主体的最优决策。关于不确定性的经济学问题研究会涉及风险、信息经济学与博弈论等当代经济学研究的前沿，本章将逐一对这些理论进行概括性的介绍。

7.1　风险、不确定性与信息

7.1.1　不确定性和风险

在前面的章节中我们曾经提到微观经济学的几个基本假设条件，其中之一就是完全信息。完全信息是指经济活动的所有当事人都掌握了与其所从事的经济活动有关的所有变量的全部信息，而且获取信息是不需要支付任何成本的。在这种情况下，经济活动的所有当事人都清楚地了解所有经济活动的条件和相应的后果，因而经济活动中不存在任何不确定性。但这个假设是不符合经济现实的，因为“经济活动中最确定的就是不确定性”，不确定性在整个经济生活中是广泛存在的。不确定性(uncertainty)是指经济行为者在事先不能准确地知道自己的某种决策的结果，或者说，只要经济行为者的一种决策的可能结果不止一种，就会产生不确定性。例如，一个厂商想投资于一个长期项目，生产一种现在市场上很受消费者欢迎的某种商品，但是真正投资以后，这种商品是否需求量仍然很大，是不确定的。该厂商投资于这个项目的结果可能有两种，一种结果是这种商品仍然很畅销，厂商可以获得大量的利润；另一种结果是这种商品可能出现滞销，给厂商造成损失。在这种不确定性存在的情况下，厂商是否应该投资于该项目，取决于这两种结果出现的概率。类似这种不确定的情况，在经济生活中经常可以碰到。

在经济行为主体知道自己某种行为决策的各种可能的结果时，即知道各种可能结果发生的概率，则可以称这种不确定情况为风险(risk)。在现实生活中，我们可以明显观察到两种现象：有些人为了减少未来收入和财富的风险而到保险公司投保，而另一些人却为了利用生活中的不确定性而进行赌博。在世界各地，保险公司如同跑马场一样生意兴隆。如下的讨论将从风险偏好和风险度量的基本概念入手。

7.1.1.1 期望值和期望效用

我们可以用期望值来度量风险的大小。期望值是不确定性情况下所有可能结果的加权平均，权数是每一种可能结果的概率。期望值测度了事件结果的集中趋势，即人们所期望的结果的平均值。如果某个事件有 n 种结果，n 种结果的取值分别为 $X_1,X_2,\cdots,X_n$，各种结果的概率值分别为 $P_1,P_2,\cdots,P_n$；即有，X_i 和 P_i，且 $i=1,2,\cdots,n$；则该事件结果的期望值为 $E(X)=P_1\cdot X_1+P_2\cdot X_2+\cdots+P_n\cdot X_n=\sum P_i\cdot X_i$；其中，$P_1+P_2+\cdots+P_n=\sum P_i=1$，又称为概率的归一化条件。

如同在确定条件下经济主体追求的目标是为了获得最大效用一样，在不确定条件下经济主体追求的目标也是为了得到最大的效用。但是，在不确定情况下，由于行为主体事先并不知道哪些结果事实上会发生，所以，他只是在事先做出最优的决策，以使他的期望效用最大化。所谓期望效用，指的是取决于各种结果出现的概率和相应的概率下可享受的收入或消费的效用。期望效用的一般表达式为：$E(U)=P_1\cdot U(X_1)+P_2\cdot U(X_2)+\cdots+P_n\cdot U(X_n)=\sum P_i\cdot U(X_i)$，其中，$X_i$ 表示各种可能的收入，$U(X_i)$ 是对应于每一种确定性收入下的效用，P_i 是获得某种收入的概率。

7.1.1.2 人们对待风险的态度

对于一个具有不确定性的事物，每个经济主体对待风险的态度是不相同的，所以，他们各自的行为选择也是不一样的。人们对待风险的态度是指人们承担风险的意愿。可以按照不同行为主体对待风险的态度把他们区分为三种类型：风险回避者(避险者)、风险爱好者(冒险者)和风险中立者(中性者)。

假定经济主体在无风险条件下所能够获得的确定性收入，与他在有风险条件下所能够获得的期望收入值相等，那么，如果人们对于确定性收入的偏好大于对有风险条件下期望收入的偏好，则他是风险回避者；如果人们对于有风险条件下期望收入的偏好大于对确定性收入的偏好，则他是风险爱好者；如果人们对于确定性收入的偏好与对于有风险条件下期望收入的偏好是无差别的，则他是风险中立者。我们来分别分析这三种不同的对待风险的态度。

图 7-1 的横坐标表示某人的收入 X，纵坐标表示其效用 U。图中的效用曲线 U 表示在没有风险的情况下对应每一种确定的收入水平所获得的效用。例如，当收入为 500 元时，他的效用为 10；当收入为 1 000 元时，其效用为 17；当收入为 1 500 元时，其效用为 20；等等。

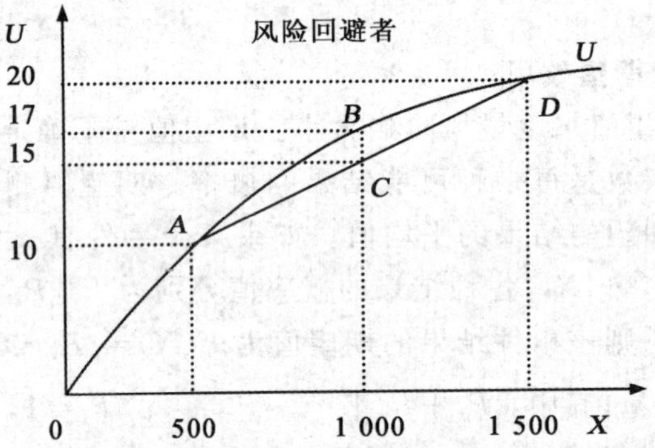

图 7-1　风险回避者效用函数

现在我们假定这个人所获得的收入是不确定的，我们来分析他在这些不确定性收入中所获得的效用应如何表示。例如，他获得 500 元收入的概率是 0.5，获得 1 500 元的概率是 0.5，在这种情况下，他的收入的期望值是 1 000 元。这 1 000 元收入是具有风险条件下的期望收入，尽管在数值上等于无风险条件下 1 000 元的确定收入，但是二者给经济决策者所带来的效用往往是不一样的。我们用期望效用 $E(U)$ 来表示期望收入所获得的效用：

$$E(U)=0.5\times U(500)+0.5\times U(1\ 500)=0.5\times 10+0.5\times 20=15$$

这一效用值恰好位于弦 AD 的中点 C 点，与 1 000 元的期望收入相对应；A 点是与确定性收入 500 元相对应的效用水平，D 点是与确定性收入 1 500 元相对应的效用水平，B 点是与确定性收入 1 000 元相对应的效用水平。可见，C 点对应的期望收入要低于 B 点对应的效用水平。所以，在可能获得的确定性收入与有风险条件下的期望收入相等的情况下，风险回避者偏爱确定性收入，而不是有风险条件下的期望收入，换言之，确定性收入的效用要高于期望收入的效用。

风险爱好者效用曲线的形状与风险回避者效用曲线的形状不同。由于在期望收入与确定性收入相等的情况下，风险爱好者偏爱有风险条件下的期望收入，而不是无风险条件下的确定性收入，因此，风险爱好者的效用曲线如图 7-2 所示。图中，连接曲线上任意两点的弦位于这两点间曲线的上端，表明有风险条件下的期望收入所产生的效用高于无风险条件下的确定性收入所产生的效用。例如，某个风险爱好者获取收入的机会有两种可能性，500 元的收入和 1 500 元的收入，每一种机会的概率都是 0.5，那么期望收入为 1 000 元，由于 500 元收入给该风险爱好者带来的效用是 4，1 500 元收入给他带来的效用是 20，所以，该人的期望效用为：

$$E(U)=0.5\times U(500)+0.5\times U(1\,500)=0.5\times 4+0.5\times 20=12$$

这一效用值恰好位于弦 AD 的中点 C 点，与 1 000 元的期望收入相对应。

风险中立者的效用曲线如图 7-3 所示。由于对于风险中立者而言，无风险条件下的确定性收入与有风险条件下的期望收入会产生同等的效用水平，因此，风险中立者的效用曲线是一条从原点出发的射线。例如，不管风险中立者是各以 0.5 的概率获得 500 元的收入与1 500 元的收入，从而产生 1 000 元的期望收入，还是有百分之百的把握获得 1 000 元的收入，对于风险中立者而言，所产生的效用水平是完全相同的，都是 15。

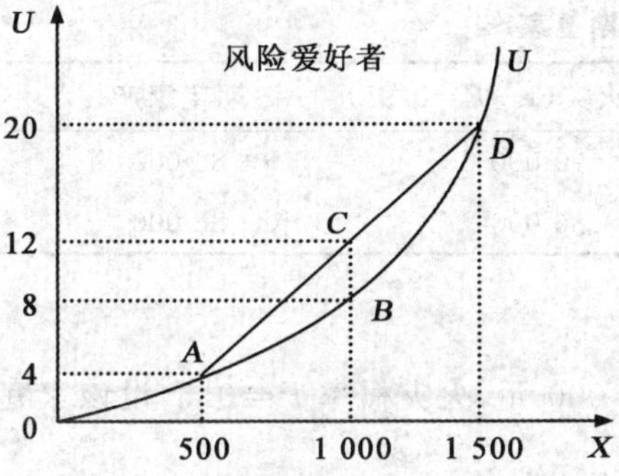

图 7-2　风险爱好者效用函数

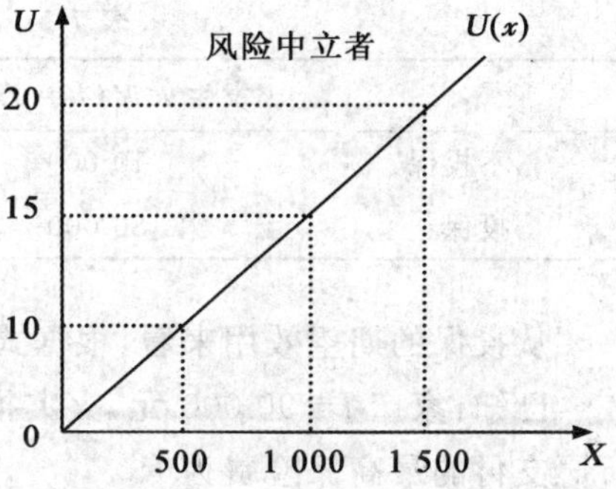

图 7-3　风险中立者效用函数

7.1.1.3　风险与保险

鉴于未来充满不确定性，为弥补可能遭受的损失，各种各样的保险业如雨后春笋般发展起来。但是，只是根据大数法则，可以确定概率的风险，才有保险业务。保险公司尽管不知道何人、何时、何地会发生事故，但只要掌握同类事故发生的概率,便可以按照“事故损失×概率+管理费用”的原则收取保险费,通过大规模经营使总收入足以补偿总损失。

对于避险者来说,如果保险费正好等于期望损失,也将愿意购买足够的保险,以便从可能遭受的任何损失中得到全额补偿。虽然,从收入的角度来说,避险者投保后的收入都是既定的,但是,如图 7-1 所示,由于边际效用递减,这种既定收入的效用要高于不投保时的效用,而决策者所追求的正是预期效用的最大化。

设某家庭原有的全部财产为 A,发生一次火灾的概率为 P,其损失为 L,则一个公平的保险公司向家庭收取的保险费为 LP。当发生火灾时,家庭会得到保险公司的赔偿费 L。若家庭所愿支付的最高保险费为 R,则投保的期望效用为:

$$EU(A-R) = U(A-L)\cdot P+U(A)\cdot(1-P) \tag{7-1}$$

若家庭愿意支付的最高保险费大于实际支付的保险费,即 $R>LP$,则为避险者;若家庭愿意支付的最高保险费小于实际支付的保险费,即 $R<LP$,则为冒险者。

[例题]某家庭的货币效用函数为 $U(I)=(I)^{1/2}$,家产为 90 000 元,发生火灾的损失为 80 000 元,发生火灾的概率为 0.05,则公平的保险费为 80 000 元×0.05=4 000 元,赔偿费为 80 000 元。仅从家产来看,这个家庭投保不投保的期望值都是 86 000 元;那么,如何来判断该家庭对待风险的态度呢?见表 7-1。

表 7-1 投保决策的期望家产

	发生火灾($P=0.05$)	不发生火灾($1-P=0.95$)	期望家产
不投保	10 000	90 000	86 000
投保	86 000	86 000	86 000

从投保的期望效用来看,根据式(7-1)有

已知:家产 $I=90\ 000$ 元,火灾损失 $L=80\ 000$ 元,火灾概率 $P=0.5$,设该家庭所愿支付的最高保险费为 R。

于是,$EU(I-R)=(90\ 000-R)^{1/2}=(90\ 000-80\ 000)^{1/2}\cdot 5\%+90\ 000^{1/2}\cdot(1-5\%)$;

求得:$R=5\ 900$;$LP=80\ 000\times 5\%=4\ 000$。所以 $R>LP$。

显然,这个家庭愿意支付的最高保险费为 5 900 元,远高于实交保险费 4 000 元。由此可见,这个家庭是避险者。

7.1.2 信息经济学

以上我们分析了风险和不确定性给人们带来的影响，那么如何化解风险和不确定性的各种影响，信息的作用就显得至关重要。信息作为一种十分重要的经济资源，对于行为主体的决策起着举足轻重的作用，经济生活中每一个能获得更多信息的参与者都会比其他人获得更多的益处。然而，整个经济学一直建立在"完全信息"的基本假定之上，从没有把信息问题纳入到经济学的研究视野，直到1961年，美国经济学家施蒂格勒(G. J. Stigler)在《政治经济学杂志》上发表了"信息经济学"，才真正开启了信息经济学的研究。虽然起步较晚，但信息经济学的迅速发展成为微观经济学中的重要研究领域。2001年，诺贝尔经济学奖授予斯蒂格里茨(Joseph E. Stiglitz)、斯彭斯(M. Spence)和阿克洛夫(G. Akerlof)三位美国经济学家，以表彰他们在分析信息以及信息不对称等经济问题上所做出的贡献。

7.1.2.1 信息类型

1. 公共信息和私人信息

市场信息可分为公共信息(public information)和私人信息(private information)。公共信息是指所有市场参与者都能够自由获得的信息，私人信息是指只有某个市场参与者单独获得的信息。

完全竞争理论主要研究私人信息与公共信息之间的相互作用，即经济个体在特定市场环境下的决策行为。对于市场经济来说，公共信息与私人信息缺一不可。如果说，私人信息是市场存在的基础，公共信息则是市场运行的基础。只有公共信息而无私人信息，市场不可能发生交易，只有私人信息而无公共信息，市场也难以进行交易。

2. 完全信息和不完全信息

完全信息是指市场主体拥有市场环境的全部知识，包括公共信息和私人信息。完全竞争理论总是假定经济主体可以像呼吸新鲜空气一样，免费取得一切信息，立即形成唯一的均衡价格。市场价格既能灵敏反映市场供求变动，又能灵敏调节市场供求变动。瓦尔拉斯眼里的"拍卖人"，就是这样一位典型的完全信息人。

显然，现实市场经济表明，经济主体的信息远远不是完全的，更不是免费的。市场价格不是市场环境的唯一形式，这只"看不见的手"并不像完全竞争理论描述的那么神通广大。例如，由于信息不完全，有人想买，有人想卖，但未必都能成交。同样由于信息不完全，市场可能失灵。因此，近几十年来出现各种各样研究不完全信息的理论，并提出若干非竞争均衡模型。

3.确定信息和不确定信息

确定信息和不确定信息是完全信息和不完全信息的一种延伸。当一项决策产生且只产生一种结果时，称为确定信息。如果一项决策产生两种以上的结果时，称为不确定信息。人们通常以概率来描述可能性的大小。

不确定可以区分为本体论的和认识论的两种。本体论的不确定性是客观事物发生的可能性，也称客观概率；认识论的不确定性是人们对客观事物可能性的主观判断，也称主观概率。人们可以根据所获信息调整主观概率，但主观概率的调整并不能改变客观概率。

不确定性还可以分为内生性与外生性两种。外生不确定性是指经济系统之外生成的不确定性，其中具有一定客观概率的不确定性，称为可保风险，是保险公司承包的对象。内生不确定性是指经济系统之内生成的不确定性，在很大程度上依主观概率而定，称为不可保风险，不是保险公司的承保对象。例如，至今没有保险公司愿意对一个人事业的成败进行保险。

4.对称信息和不对称信息

对称信息（symmetrical information）和不对称信息（asymmetrical information）是完全信息和不完全信息的另一种延伸。对称信息是指有关经济主体同等拥有彼此的信息，由此产生对称性市场。具体说来，又可以分为以下三种情况：①彼此拥有完全信息。这就是前面完全市场的假定。②彼此拥有不完全但同等程度的信息。这是许多企业聘请顾问或自设研究中心的原因，目的是增强竞争中的信息优势。③彼此完全不拥有信息。这时，掌握有关信息优势的中介机构便拥有优势。

与对称信息相反，不对称信息是指有关经济主体并不同等拥有彼此的信息，或者说，一方拥有另一方没有的私人信息，由此产生非对称市场。具体又可以分为以下几种情况：①买方与卖方彼此拥有的信息不同。②买方之间彼此拥有的信息不同。③卖方之间彼此拥有的信息不同。其中，最为常见的是卖方具有信息优势的不对称市场，由此形成的市场势力，是构成垄断的一个主要原因。

7.1.2.2 信息经济学与传统经济学的区别

传统经济学认为市场经济的有效运行靠的是价格这只“看不见的手”的调节，产品的生产者和消费者、要素的所有者和雇主都是基于价格来做出对自己最有利的决策。然而，价格调节带来这样一个和谐、有序的局面是有前提条件的，其中最重要的一个前提就是充分的信息，即各种经济主体拥有一切做出正确决策所需要的信息。然而完全信息只是一种理想化的假设，其实，信息和其他知识产业资源一样，也不是免费获取的。有些学者认为，信息经济学是一门完全超出传统经济学的新经济学，又如太空行走与陆地行走完全不同一般。制度经济学派代表人物鲍尔丁(K. E. Boulding)就在1963年《挑战》杂志上说："知识产业的这个概念所具有的能量，足以将传统的经济学炸到九霄云外。"具体来看，信息经济学与传统经济学除了信息不完全以外，至少还有以下几点差别：

1. 稀缺性与无限性

众所周知，传统经济学以资源稀缺为基本前提。如果没有稀缺性，也就没有经济学。但尽管人们获取信息的能力是有限的，绝对真理却是无限的，从而信息本身也是无限的。因此，有学者提出，必须以此为基本前提，重塑经济学的理论体系。

2. 物质生产与信息生产

传统经济学以有形的物质生产为主，基本生产要素是劳动、土地和资本，实行集中化、标准化、规模化，而信息经济学以无形的信息生产为主，基本生产要素是客户、知识和核心竞争力，实行分散化、个性化、柔性化，以致有学者预计，生产函数将变得面目全非。

3. 收益递减与收益递增

传统经济学建立在边际收益递减规律上，等产量线凸向原点，并由此获得唯一均衡点。实践表明，信息生产并不服从这一规律，相反，其边际收益是递增的，而且往往呈指数增长。例如，研究生的学习时间虽然只比本科生增加几分之一，但其工资却可能是本科生的几倍；拥有1 000万用户的因特网，其价值将是1万用户的几千倍。

4. 生产成本与开发成本

传统经济学主要研究生产成本，物质生产也主要是生产成本，而信息生产却主要是开发成本，生产成本微乎其微，边际成本几乎是零。以Windows95为例，第一张软盘的成本(开发成本)是2.5亿美元，但第二张软盘的成本(生产成本)仅几美分，第三张乃至再多也是如此。

5. 需求函数与供给函数

传统经济学的需求曲线斜率为负，是由于物质产品边际效用递减，而信息产品由于边际效用递增，也许斜率为正。传统经济学的供给曲线斜率为正，是由于边际成本递增，而信息产品由于边际成本不变，也许斜率为零。因此，供求均衡也面临挑战：向上的需求曲线与水平的供给曲线，未必在本象限内有交点。

6. 精品与赝品

物质产品有精品和赝品之分，假冒伪劣很多，且一经使用，就会损耗乃至消失，而信息产品的原装与复制、原件与拷贝、原盘与拷盘，功能完全一样，且经久使用，效用不减。

7. 竞争性与排他性

物质产品通常具有竞争性和排他性，所有权和使用权属于我就不能属于你。信息产品除专利保护外，却具有很高的共享性和外部性。在一定条件下，我上网并不影响你上网，而且上网的人越多，信息越普及，全民素质越高。

在研究信息经济学对传统经济学提出全面挑战的同时，我们也看到：对于信息经济学来说，虽然传统经济学的许多方面不完全适用或完全不适用，但基本概念、原理和方法仍然是适用的，例如：以研究人的行为为中心，"经济人"的假说，成本与效益，竞争与垄断，边际分析，等等。因此，信息经济学并不能完全脱离传统经济学而独立发展。我们还要看到，由于信息社会的信息无所不在，信息经济学也不是部门经济学或产业经济学，而是从信息角度研究国民经济活动的一个分支。信息经济学不同于传统经济学，但也代替不了传统经济学。

7.1.2.3 信息不对称

信息的不完全与生活中的不确定性相关。我们知道，不确定性使经济决策人只能预见到自己的行为会有哪几种可能的结果，以及各种结果的可能性。也就是说，不确定性带来了不完全信息，从而导致了决策者在决策时面临的各种风险。所以，缺少信息就意味着决策者将面临更大的不确定性，而信息的价值就在于它能减少生活中的不确定性。例如，爱好逛商店的家庭主妇通常比工作繁忙的人更容易买到价廉物美的商品；听过天气预报的人比没听过的人更有把握预知明天的天气。

在实际生活中，信息的不完全往往又表现为信息不对称，信息不对称是指市场上买方与卖方所掌握的信息是不对称的，一方掌握的信息多一些，另一方所掌握的信息少一些。当市场的一方无法观察到另一方的行为，或者无法获知另一方行动的信息时，就产生了信息不对称的情况。例如，投保人肯定比保险公司更了解自己的身体状况和发病的可能性；产品的生产者对自己生产的产品的质量和性能也比消费者知道得多，等等。一旦供求双方所掌握的信息不对称，市场将出现问题，在这种情况下所导致的均衡结果对社会来讲将是一种无效率的状况。下面我们就对信息不对称情况下所导致的逆向选择（adverse choice/adverse selection）和道德风险（moral hazard）行为进行讨论。

7.1.2.4 信息不对称与逆向选择

逆向选择是指在买卖双方信息不对称的情况下，差的商品总是将好的商品驱逐出市场。商品市场的一个显著特征就是信息不对称，卖方对于商品质量所掌握的信息总是比买方多。在这种情况下，伪劣产品会堂而皇之进入市场，甚至会排挤优质产品而占据市场的主角，使消费者和正当生产者的利益都受到损失。也就是说，能够利用多于消费者的信息的伪劣产品的卖方更容易卖掉其产品，这就是存在于商品市场的逆向选择问题。我们以旧车市场为例来说明逆向选择问题。

在旧车交易中，总是次品充斥市场。美国著名经济学家阿克洛夫对这种情况做了理论分析。设想某个旧车市场有100个人想要出售他们用过的二手汽车，还有100人想要购买二手汽车。在100辆二手车中质量好的和差的各占一半。质量好的车的所有者的最低售价2 000美元，质量差的车的所有者的最低售价1 000美元。购买者意愿对质量好的车支付2 400美元，对质量差的车支付1 200美元。如果汽车的质量容易辨别，那么市场不会出现什么问题。质量差的车将按1 000～1 200美元之间的某个价格出售，质量好的车将按2 000～2 400美元之间的某个价格出售。但是，实际上买卖双方关于旧车质量的信息总是不对称的。在这种情况下，购买者不得不对每辆汽车的质量做出猜测。如果一辆汽车质量好与差的概率相等，那么每一个购买者所愿意支付的价格为 $0.5\times1\ 200+0.5\times2\ 400=1\ 800$(美元)。然而，谁愿意按这个价格出售他们的汽车呢？质量差的车的所有者当然意愿按这个价格出售他们的汽车，但是，质量好的车的所有者却不愿意在这个价格水平上出售他们的汽车，因为他们只有在不低于2 000美元时才肯出售。在这种情况下，如果购买者知道在1 800美元的价格水平上不会有一个出售者出售质量好的旧车，而只有质量较差的旧车可供购买，他愿意支付的价格就不是1 800美元，而是1 200美元。对于这个价格水平来说，只有质量差的车可供出售，所以这个旧车市场最终只能是50辆质量差的车在1 000～1 200美元的价格间成交，次品充斥市场，永远没有质量好的车出售。

逆向选择问题是由买卖双方信息不对称造成的，这种问题在其他市场也广泛存在，最典型的是保险市场。以老年人健康保险为例，任何一个国家，即使是市场经济发达国家，要想建立起老年人健康保险的私人市场都是困难的，原因在于保险的买卖双方所掌握的信息不对称。每一个欲购买保险的老年人最了解自己的健康状况，因此保险公司只能根据老年人的平均健康状况收取保险费。在这种情况下，只有那些健康状况不好的老年人会购买保险。因此，保险公司将进一步提高保险费，最后只有那些健康状况很差的老年人才购买保险，而这又会导致保险公司无利可图，老年人保险市场难以建立。

7.1.2.5　信息不对称与道德风险

与信息不对称相关的另一个问题是道德风险。道德风险是指交易双方签订协议后，其中一方利用另一方的信息，有目的地损害另一方的利益而增加自己的利益的行为。因为，在信息不对称情况下，达成协议的另一方无法准确地核实对方是否按照协议办事。道德风险会破坏市场的正常运行，严重情况下会使得某些服务的私人市场难以建立。

例如,在个人没有购买家庭财产保险的情况下,个人会采取多种防范措施以防止家庭财产失窃。比如个人会装上防盗门,家人尽量减少同时外出的机会,在远离家门时,委托亲戚、朋友、邻居照看家门等。因此家庭财产失窃的概率较小。假定此种情况下家庭财产损失的概率为 0.01。向保险公司购买了家庭财产保险后,由于家庭财产失窃后由保险公司负责赔偿,个人有可能不再采取防范性措施,从而导致家庭财产损失的概率增大,比方说提高到 0.1。

我们看看这种道德风险对保险公司的影响以及对整个市场运行的影响。假定某保险公司为某一地区的 1 万户居民提供完全的家庭财产保险。即家庭财产一旦遭受损失,保险公司将给予百分之百的赔偿。假定每个家庭的财产额相同,都是 10 万元。保险公司按照平均每个家庭以 0.01 的概率发生损失作为收取家庭财产保险费的依据。每户收取 1 000 元的保险费。保险公司共收取 1 000 万元的保险费。由于家庭财产发生损失的概率平均为 0.01,所以这 1 万个家庭的财产总额中将遭受 1 000 万元的损失(相当于 100 个家庭财产完全遭受损失)。对于保险公司而言,收支相抵。但是,一旦每个家庭在购买了家庭财产保险后都出现了道德风险,结果将如何?显然,道德风险将使保险公司遭受巨大的损失。假定道德风险使每个家庭财产损失的概率由 0.01 提高到 0.1,那么保险公司要对这 1 万个家庭支付 1 亿元赔偿费(相当于 1 000 个家庭的财产遭受完全损失)。保险公司所发生的净损失是 9 000 万元。如果没有有效的措施对付道德风险,将不会有任何私人愿意投资从事家庭财产保险。

道德风险是在承保人无法觉察或监督投保人行为的情况下所发生的。解决的办法只能是通过某些制度设计使投保人自己约束自己的行动。例如,在家庭财产保险中,保险公司并不对投保人实行全额保险,而规定某些最低数量的免赔额。一旦投保人的财产发生损失,投保人自己也将负担一部分损失。医疗保险公司根据参加医疗保险的人实际就医情况经常调整医疗保险费用,以便消除投保人的道德风险。即使由政府统筹解决个人的医疗保险问题,也要让个人承担相应的份额,否则个人的道德风险将会使任何形式的政府医疗保险方案难以维系。

7.1.2.6 保险市场

由于市场竞争日益激烈,市场风险不断增大。为了预防难以意料的天灾人祸,保险市场得到空前发展,同时也面临日益严重的道德风险。

1. 无保险均衡

图 7-4 表示,纵轴为资产损失,横轴为防灾支出。*AD* 表示期望平均损失:由于灾情而导致的资产平均损失,将随防灾支出增加而减少。*MB* 表示期望边际收益:实际上是指资产总损失的边际减少额,将随防灾支出增加而下降,但其斜率比

AD 大 1 倍，又如 MR 的斜率大 AR 一倍一样。MC 表示防灾支出的边际成本，将随灾害概率下降而增加。根据 $MR=MC$ 定理可知，均衡点为 E，最优防灾支出是 C。

2. 有保险均衡

如果投保者上了 100% 的保险，灾害损失将全部由承包者赔偿，灾害概率下降不再构成投保者的经济收益，但灾害毕竟给投保者带来某些事业上、信誉上或健康上的损失，因而防灾支出的边际收益仍为正值，只是比投保前大为降低，从 MB 左移到 MB'，均衡点从 E 左移至 E'，最优防灾支出从 C 减到 C'。这就导致赔偿概率增加，使承保者面临投保者的道德风险。

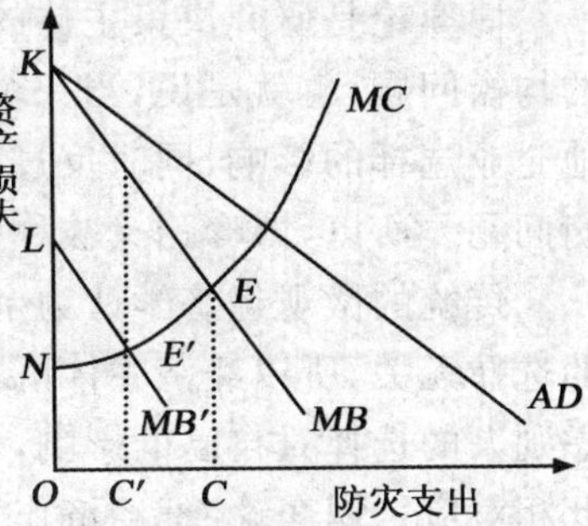

图 7-4 投保前后的行为变化

这种道德风险势必影响经济效率。虽然投保者不必承担灾害损失，但承保者必须全额赔偿，保险并未减少灾害的社会总成本，但社会剩余却从图 7-4 中的 $\triangle KNE$ 减为 $\triangle LNE'$，受到很大损失。再说，承保者总是采用统一的均衡保费率，由于道德风险使承保者遭受损失，保费率便相应提高，即使有人愿意将防灾支出增加到 C，也不可能被承保者观察到而维持原有保费率，因此，投保者只会选择 C'。

3. 对预防的激励

承保者采取各种措施，激励投保者注意预防灾害，以减少和避免道德风险。

(1)分类保险。根据投保者的安全状态或事故记录，确定不同的保费率，高者可以是低者的若干倍。

(2)联合保险。承保者仅负担保险金额的一部分，剩下的由投资者支付。我国现行医疗保险制度，就由病人自己支付医疗费的 20%。

(3)减免保险。合同规定承保者支付定额以上的损失，投保者支付定额以下的损失。例如，规定地震损失赔付定额为 3 万元以上，则在此定额以下的损失由投保者支付，这样，既能促使投保者注意防震，又能避免投保者承担过大的损失。

7.2 博弈论概述

7.2.1 博弈论的基本概念

"博弈论"一词译自英文"Game Theory"。"Game"的基本意义是游戏，因此"Game Theory"直译应该是"游戏理论"。

博弈论是研究决策主体的行为发生直接相互作用的时候的最优决策以及决策的均衡问题，也就是说，当一个主体，比如一个人或一个企业的选择受到其他人、其他企业选择的影响，同时反过来影响其他人或其他企业的选择时的决策问题和均衡问题。所以，博弈论又被称为“对策论”。

传统的微观经济学认为个人的效用函数只依赖于他自己的选择，而与其他人的选择无关，所以经济主体既不需要考虑自己的选择对别人选择的影响，也无须考虑别人的选择对自己的影响，也就是说每个经济主体的选择都是互不相干的。与此相对应，“博弈论”把经济作为一个整体来看待，认为各个经济主体的选择是相互影响的，个人的效用函数不仅依赖于自己的选择，而且依赖于别人的选择；个人的最优选择通常是别人选择的函数。因此，博弈论研究的是在存在相互外部经济条件下的个人选择问题。

下面我们就来对博弈论的基本概念做一具体说明。博弈论的基本概念主要包括：参与人、行动、信息、战略、支付、结果、均衡。

(1)参与人(players)。参与人指的是博弈中选择行动以最大化自己效用的决策主体。参与人可能是自然人，也可能是团体，如企业、国家，甚至若干个国家组成的集团(如 OPEC、欧盟、北约等)。除一般意义上的参与人之外，为了分析的方便，在博弈论中，“自然”(nature)作为“虚拟参与人”(pseudo-player)来处理。

(2)行动(actions or moves)。行动是参与人在博弈的某个时点的决策变量。参与人的行动可能是离散的，也可能是连续的。与行动相关的一个重要问题是行动顺序(the order of noves)。行动顺序对于博弈的结果是非常重要的。事实上，有关静态博弈与动态博弈的区分就是基于行动的顺序做出的。我们将看到，同样的参与人，同样的行动集合，行动的顺序不同，每个参与人的最优选择就不同，博弈的结果就不同。

(3)信息(information)。信息指的是参与人在博弈中的知识，特别是有关其他参与人(对手)的特征和行动的知识。在博弈论中，“完美信息”和“完全信息”是两个有联系但又不完全相同的概念。完美信息(perfect information)是指一个参与人准确地了解了其他参与人的行动选择的情况。完全信息(complete information)是指自然不首先行动或自然的初始行动被所有参与人准确观察到的情况，即没有事前的不确定性。

(4)战略(strategies)。战略是参与人选择行动的规则，它告诉参与人在什么时候选择什么行动(如“人不犯我，我不犯人；人若犯我，我必犯人”是一种战略，这里，“犯”与“不犯”是两种不同的行动，战略规定了什么时候选择“犯”，什么时候选择“不犯”)。一般地，可用 s_i 表示第 i 个参与人的一个特定战略。$S_i=\{s_i\}$ 代表第 i

个参与人的所有可选择的战略集合(strategy set)。如果 n 个参与人每人选择一个战略,n 维向量 $s=(s_1,s_2,\cdots,s_i,\cdots,s_n)$ 称为一个战略组合(strategy profile)。

(5)支付(payoff)。支付是指在一个特定的战略组合下,参与人从博弈中获得的确定效用水平或期望效用水平。它是所有参与人战略或行动的函数,是每个参与人真正关心的东西。由于参与人的支付(效用水平)不仅取决于自己的战略选择,也取决于所有其他参与人的战略选择。以 U_i 表示第 i 个参与人的支付,$U_i=U_i(s_1,s_2,\cdots,s_i,\cdots,s_n)$。

(6)结果(outcome)。结果是指博弈分析者感兴趣的要素的集合,如均衡战略组合、均衡行动组合、均衡支付组合等。

(7)均衡(equilibrium)。均衡是所有参与人的最优战略或行动的组合,一般记为 $S^*=(s_1^*,s_2^*,\cdots,s_i^*,\cdots,s_n^*)$,其中,$s_i^*$ 是第 i 个参与人在均衡情况下的最优战略,它是 i 的所有可能的战略中使 U_i 或 EU_i 最大化的战略。

上述概念中,参与人、行动、结果统称为博弈规则,博弈分析的目的是使用博弈规则决定均衡。

7.2.2 博弈的分类

我们可以从不同的角度对博弈进行分类。

(1)根据各参与人在博弈过程中是否能达成一个有约束力的协议,可以把博弈划分为合作博弈(cooperative game)和非合作博弈(non- cooperative game)。合作博弈指各个参与人在博弈过程中能达成一个具有约束力的协议,而在非合作博弈中则不存在这种有约束力的协议。合作博弈强调团体理性,而非合作博弈强调的则是个人理性。本章主要介绍非合作博弈的主要内容。

(2)按照参与人的支付特征来划分,可以把博弈划分为常和博弈(constant game)和变和博弈(variable-sum game)。常和博弈是指各参与人的利益根本对立,各自支付水平之和是一个常数。常和博弈的特例是零和博弈,各参与人的利益完全对立,各自支付之和恒为零,如"石头、剪子、布"游戏和"田忌赛马"等。变和博弈是指参与人之间的利益既对立又统一,既竞争又合作,各自支付水平之和是一个变数,如关于产量决策的古诺模型等。

(3)按照参与人行动的先后顺序来划分,可以把博弈划分为静态博弈(static game)和动态博弈(dynamic game)。静态博弈指的是博弈中,参与人同时选择行动或虽非同时但后行动者并不知道前行动者采取了什么具体行动;动态博弈指的是参与人的行动有先后顺序,且后行动者能够观察到先行动者所选择的行动。

(4)根据参与人掌握信息的程度来划分,可以把博弈划分为完全信息博弈

(games of complete information)和不完全信息博弈(games of incomplete information)。完全信息博弈指的是每一个参与人对所有其他参与人的特征、战略空间及支付函数有准确的知识;否则,就是不完全信息博弈。

将第三种和第四种划分结合起来,我们就得到四种不同类型的博弈,这就是:完全信息静态博弈,完全信息动态博弈,不完全信息静态博弈,不完全信息动态博弈。与上述四类博弈相对应的是四个均衡概念,即纳什均衡(Nash equilibrium)(纳什,1950,1951),子博弈精炼纳什均衡(sub-game perfect Nash equilibrium)(泽尔腾,1965),贝叶斯纳什均衡(Bayesian Nash equilibrium)(海萨尼,1967—1968 年),精炼贝叶斯纳什均衡(perfect Bayesian Nash equilibrium)。表 7-2 概括了上面所讲的四种博弈及对应的四个均衡概念,也大致反映了三位诺贝尔经济学奖得主在非合作博弈论中的地位。

表 7-2 四种博弈对应的四个均衡

信息	行动顺序	
	静　态	动　态
完全信息	完全信息静态博弈; 纳什均衡; 纳什(1950,1951)	完全信息动态博弈; 子博弈精炼纳什均衡; 泽尔腾(1965)
不完全信息	不完全信息动态博弈; 贝叶斯纳什均衡; 海萨尼(1967—1968)	不完全信息静态博弈; 精炼贝叶斯纳什均衡; 泽尔腾(1975)

7.2.3 博弈论发展简史

最早的博弈论思想产生于中国。在 2 500 多年前的春秋时期,孙武在《孙子兵法》中论述的 13 篇军事思想和治国策略,便闪烁着博弈论的光辉。他的后代孙膑,将《孙子兵法》用于田忌赛马,成为脍炙人口的博弈论案例。"旱则资舟,水则资车",则是越国名臣范蠡的经商致富之策。

通常认为,现代经济博弈论开始于 1944 年由美国数学家冯·诺依曼和经济学家摩根斯坦合著的《博弈论和经济行为》一书的出版。但是,现代的博弈理论和他们讲的东西关系并不大,尽管有些理论是他们创立的。到了 50 年代,合作博弈发展到了顶峰,主要表现为纳什和夏普里的"讨价还价"模型以及关于合作博弈中的"核"(合作博弈的一般解)的概念的提出等一系列理论。与此同时,非合作博弈理论也开始创立,纳什在 1950 年和 1951 年发表了两篇关于非合作博弈的重要文章,提出了“纳什均衡”。塔克于1950年定义了“囚徒困境”(prisoners’ dilemma)。他们两人的成果奠定了非合作博弈论的基石。

进入20世纪60年代以后,又出现了一批重要人物。泽尔腾将“纳什均衡”的概念引入了动态分析,提出了“精炼纳什均衡”的概念。海萨尼则把不完全信息引入博弈论的研究。然后到80年代出现了几个比较有影响的人物,包括克瑞普斯和威尔逊,他们在1982年合作发表了关于动态不完全信息博弈的重要文章。1994年度诺贝尔经济学奖授予了三位对博弈论和博弈论的经济应用做出杰出贡献的经济学家纳什、泽尔腾和海萨尼,确立了博弈论在当代经济理论中的重要地位,将博弈论的研究、教学和应用推向了新的高潮。

现在博弈论已经广泛应用于经济、政治、军事、外交、环保、体育、国际关系、公共选择等各个领域。由于它重视经济主体之间的相互联系及其辩证关系,大大拓宽了传统经济学的分析思路,使其更加接近现实市场竞争,从而成为现代微观经济学的重要基石,也为现代宏观经济学提供了更加坚实的微观基础。

7.3 完全信息条件下的静态博弈与动态博弈

7.3.1 完全信息静态博弈:纳什均衡

7.3.1.1 囚徒困境与占优战略均衡

囚徒困境是博弈论中非常经典的一个案例,几乎没有一本涉及博弈论的书不举到这个例子。囚徒困境讲的是两个嫌疑犯作案后被警察抓住,分别被关在不同的屋子里审讯。警察告诉他们:如果两人都坦白,各判刑8年;如果两个都抵赖,各判1年(或许因证据不足);如果其中一人坦白另一人抵赖,坦白的放出去,不坦白的判刑10年(这有点“坦白从宽、抗拒从严”的味道)。现在,对两个囚徒来说,他们面临怎样的选择呢?博弈论采用支付矩阵的方法来描述这种博弈过程(图7-5)。

		囚徒乙	
		坦白	抵赖
囚徒甲	坦白	−8,−8	0,−10
	抵赖	−10,0	−1,−1

图7-5 囚徒困境

图7-5中每一格的两个数字代表对应战略组合下两个囚徒的支付(效用),其中第一个数字是囚徒甲的支付,第二个数字为囚徒乙的支付。其中,正数值表示参

与人有所得,负数值表示参与人有所失。可见,每个囚徒都有两种可供选择的战略:坦白或抵赖。但不论同伙选择什么战略,每个囚徒的最优战略都是坦白。

以囚徒甲为例,当囚徒乙选择坦白时,甲如果也选择坦白,则被判处 8 年徒刑,甲如果选择抵赖,则将被判处 10 年徒刑。因而甲选择坦白比选择抵赖好。当囚徒乙选择抵赖时,甲如果选择坦白,会被无罪释放,如果选择抵赖,则将被判处 1 年徒刑。因而甲选择坦白还是比选择抵赖好。因此,坦白是囚徒甲的占优战略。同理,坦白也是囚徒乙的占优战略。

占优战略是指不论其他参与人选择什么战略,他的最优战略是唯一的,这样的最优战略被称为“占优战略”(dominant strategies)。在博弈中,如果所有的参与人都有占优战略存在,博弈将在所有参与人的占优战略基础上达到均衡,这种均衡称为占优战略均衡。在图 7-5 中,“坦白,坦白”就是占优战略均衡。如果每个参与人都选择抵赖,则每人将被判处 1 年徒刑。对于两个囚徒来说,这显然比每人判处 8 年徒刑要好。但由于甲、乙两人均从个人角度出发,如果不存在某种约束,他们不可能在“抵赖,抵赖”的基础上达到均衡。

囚徒困境反映了一个深刻的问题,这就是个人理性与集体理性的矛盾。如果两个人都抵赖,各判刑 1 年,显然比都坦白各判刑 8 年好。但这个帕累托改进办不到,因为它不满足个人理性要求,(抵赖,抵赖)不是纳什均衡。换个角度看,即使俩囚徒在被警察抓住之前建立一个攻守同盟(死不坦白),这个攻守同盟也没有用,因为它不构成纳什均衡,没有人有积极性遵守协定。

囚徒困境在经济学上有着广泛的应用,这里举几个例子。一是,两个寡头企业选择产量的博弈。如果两企业联合起来形成卡特尔,选择垄断利润最大化的产量,每个企业都可以得到更多的利润。但卡特尔协定不是一个纳什均衡,因为给定对方遵守协议的情况下,每个企业都想增加生产,结果是,每个企业都只得到纳什均衡产量的利润,它严格小于卡特尔产量下的利润。这个例子也说明,在有些情况下,个人理性与集体理性的冲突对整个社会来说也许是一件好事,尽管它对该集体的成员而言是一件坏事。前述囚徒的行为也如此。当然,这里的前提条件是集体成员的数量严格小于全体社会成员的数量。

公共产品的供给也是一个囚徒困境问题。如果大家都出钱兴办公用事业,所有人的福利都会增加。问题是,如果我出钱你不出钱,我得不偿失,而如果你出钱我不出钱,我就可以占你的便宜。所以,每个人的最优选择都是“不出钱”,这种纳什均衡使得所有人的福利都得不到提高。

还有军备竞赛。冷战期间,苏、美两国都竞争增加各自的军费预算,如果不搞军备竞赛,各自把资源用于民品生产,不是很好吗?问题是,如果我把资源用于民品生产，你增加军费支出，我不是就受到威胁了吗？这样对我不好。纳什均衡的结果是两国都大量增加军费预算，两国的社会福利都变得更糟。

经济改革本身也可能是这样。在许多改革中，改革者要付出成本（包括风险），而改革的成果大家共享，结果是，尽管人人都认为改革好，却没有人真正去改革，大家只好在都不满意的体制下继续生活下去。

7.3.1.2 重复剔除的占优战略均衡

在每个参与人都有占优战略的情况下，占优战略均衡是一个非常合理的预测，但在绝大多数博弈中，占优战略均衡是不存在的。尽管如此，在有些博弈中，我们仍可以应用占优的逻辑找出均衡。

下面我们以“智猪博弈”为例，来说明重复剔除的占优战略均衡。猪圈里圈着两头猪，一头大猪，一头小猪。猪圈的一头有一个猪食槽，另一头安装着一个控制猪食供应量的按钮。按一下按钮会有 8 个单位的猪食进入猪食槽，供两头猪食用。可供大猪和小猪选择的战略有两种，自己去按按钮，或者等待另一头猪去按按钮。如果某一头猪选择自己去按按钮，它必须付出相应的代价：第一，它需要支付相当于 2 个单位猪食的成本；第二，由于按钮远离猪食槽，它将成为后到者，从而减少能够吃到的猪食数量。若大猪先到，大猪吃到 7 个单位，小猪只能吃到 1 个单位；若小猪先到，大猪和小猪能各吃到 4 个单位；若两猪同时到，大猪能吃到 5 个单位，小猪只能吃到 3 个单位。具体情况见图 7-6 所示：

		小猪	
		按	等待
大猪	按	3,1	2,4
	等待	7,−1	0,0

图 7-6　智猪博弈

图 7-6 中的数字表示不同情况下每头猪所吃到的猪食数量减去按按钮的成本之后的净支付水平。如第一格表示两猪同时按按钮，因而同时走到猪食槽，大猪吃 5 个，小猪吃 3 个，扣除 2 个单位的成本，支付水平分别为 3 和 1。其他情形可以类推。

在“智猪博弈”中，无论大猪选择什么战略，小猪的占优战略均为等待，而对于大猪来说，其最优战略取决于小猪的选择。如果小猪选择等待，大猪的最优战略是按按钮；如果小猪选择按按钮，则大猪的最优战略是等待。换言之，大猪没有占优战略。如果小猪是理性的，它肯定会选择自己的占优战略——等待。再假定大猪知道小猪是理性的，则大猪会正确地预测到小猪会选择等待，根据小猪的这一选择，大猪肯定会选择在此前提下自己的最优战略——按按钮。在这种情况下，大猪和小猪的支付水平分别是 2 单位和 4 单位。这是一个多劳不多得，少劳不少得的均衡。

在寻找智猪博弈的均衡解时，我们所使用的方法如下：首先找出某一博弈参与人的严格劣战略（无论其他参与人采取什么战略，某一参与人可能采取的战略中，对自己严格不利的战略），将它剔除掉，重新构造一个不包括已剔除战略的新的博弈；然后，继续剔除这个新的博弈中某一参与人的严格劣战略；重复进行这一过程，直到剩下唯一的战略组合时为止。这个唯一的战略组合就是这个博弈的均衡解，称为"重复剔除的占优战略均衡"。在智猪博弈中，我们首先剔除了小猪的严格劣战略"按按钮"。在剔除掉小猪的这一选择后的新的博弈中，小猪只剩下"等待"一个战略，而大猪仍有两个战略可供选择。我们再剔除新博弈中大猪的严格劣战略"等待"，从而达到重复剔除的占优战略均衡。

在现实生活中，智猪博弈的例子也很多。比如说，股份公司中，股东承担着监督经理的职能，但股东中有大股东和小股东之分，他们从监督中得到的收益并不一样。监督经理需要搜集信息，花费时间。在监督成本相同的情况下，大股东从监督中得到的好处显然多于小股东。这里，大股东类似"大猪"，小股东类似"小猪"。纳什均衡是，大股东担当起搜集信息、监督经理的责任，小股东则搭大股东的便车。

股票市场上炒股票也是如此。股市上有大户，也有小户，大户类似"大猪"，小户类似"小猪"。这时候，对小户而言，"跟大户"是最优选择，而大户则必须自己搜集信息，进行分析。

还有市场中大企业与小企业之间的关系。进行研究开发，为新产品做广告，对大企业是值得的，对小企业则得不偿失。所以，一种可能的情况是，小企业把精力花在模仿上，或等待大企业用广告打开市场后出售廉价产品。

改革中也有类似的情况，同样的改革带给一部分人的好处可能比另一部分人大得多。这时候，前一部分人比后一部分人更有积极性改革，改革往往就是由这些"大猪"推动的。如改革能创造出更多的"大猪"来，改革的速度就会加快。

7.3.1.3 纳什均衡

在前面的博弈中，各个参与人都存在占优战略或严格劣战略，均衡解比较容易达到。但在现实生活中，存在着大量没有占优战略或严格劣战略的情况，此时是否存在博弈的均衡状态呢？回答是肯定的。接下来我们就考查一种十分重要的均衡状态——纳什均衡，它以著名经济学家纳什的名字来命名。下面我们从"性别之战"这个经典案例中引出纳什均衡的概念。

谈恋爱中的男女通常喜欢共度周末而不愿意分开活动。但对于周末干什么，男女双方各自有着自己的偏好。男的喜欢看足球比赛,女的喜欢看电影,但两个人都不愿意分开,不同的选择给他们带来的满足程度如图 7-7 所示:

		女 足球	女 电影
男	足球	2,1	0,0
	电影	0,0	1,2

图 7-7　性别之战

从上述支付矩阵中可以看到,分开将使两个人得不到任何满足,只要在一起,不管是看电影还是看球赛,两人都会得到一定的满足。但看球赛将使男的得到更大的满足,看电影则使女的得到更大的满足。在这个博弈中,男的和女的都没有占优战略。实际上,他们的最优战略依赖于对方的选择,一旦对方选定了某一战略,另一个人选择同样的活动就是最好的战略。因此,这是一个"先入为主"的策略,如果女的已经买好了电影票,男的当然就不会反对;反之,如果男的已经买好了足球赛门票,女的也就会与他一起去看球赛。

那么,在这个博弈中是否存在均衡解呢?显然,两人都去看电影,即(电影,电影)是一个均衡解。因为在这种情况下,双方都不想改变他们的战略。类似地,(足球,足球)也是一个均衡解。可见,在这个博弈中,同时存在两个均衡解。

我们把这种均衡称为纳什均衡。纳什均衡指的是这样一种战略组合,这种战略组合由所有参与人的最优战略组成,也就是说,给定别人战略的情况下,没有任何单个参与人有积极性选择其他战略,从而没有任何人有积极性打破这种均衡。纳什均衡是完全信息静态博弈的一般解,构成纳什均衡的战略组合一定是在重复剔除严格劣战略过程中无法被剔除的战略组合。

在占优战略均衡中,无论所有其他参与人选择什么战略,一个参与人的占优战略都是他的最优战略。显然,这一占优战略也必定是所有其他参与人选择某一特定战略时该参与人的最优战略。因此,占优战略均衡一定是纳什均衡。在重复剔除的占优战略均衡中,最后剩下的唯一战略组合,一定是在重复剔除严格劣战略过程中无法被剔除的战略组合。因此,重复剔除的占优战略均衡也一定是纳什均衡。

7.3.2　完全信息动态博弈:子博弈精炼纳什均衡

前面我们讨论的是完全信息静态博弈,下面我们介绍完全信息动态博弈。博弈论在经济学领域中的广泛应用,在很大程度上是由于动态博弈理论的建立和发展。

与静态博弈相比，动态博弈具有以下一些特点：

(1)静态博弈是各参与人同时选择行动或虽非同时但后行动者并不知道前行动者采取了什么具体行动。而在现实经济生活中，行动往往有先有后，多为连续博弈：即一方先做出决策，另一方后做出决策，然后，这一方再做出决策……只有经过多个回合的较量以后，才能达到均衡。因此，构成动态博弈的是许多乃至无限个子博弈或阶段博弈。

(2)静态博弈不一定考虑对手怎样应付自己的策略选择，而动态博弈必须事先估计对方各种可能的反应，制订包括各种行动方案的战略。

(3)静态博弈面对既定战略进行自己的战略选择，动态博弈则必须首先识别对方战略选择的可信性问题，包括对自己不利的威胁和对自己有利的许诺。排除不可置信的威胁和许诺，是动态博弈有别于静态博弈的重要标志。

(4)静态博弈往往有不止一个，甚至无穷多个纳什均衡解，而动态博弈则可能减少甚至得到唯一的纳什均衡解。

7.3.2.1 序列博弈

在静态博弈中，我们假定各个参与人是同时选择他们的战略的，但在实践中大量存在的另一种情况是，各参与人选择战略有先后顺序，某些参与人可能率先采取行动。这种博弈被称为序列博弈。下面我们通过“市场进入阻挠”案例来讨论序列博弈。

设想在某一个市场上已经有一个垄断企业(称为“在位者”)，现在另一个企业虎视眈眈也想进入该市场(称为“进入者”)。在位者想保持自己的垄断地位，所以就要阻挠进入者进入。在这个博弈中，进入者有两种战略可以选择：进入还是不进入；在位者也有两种战略：默许还是斗争。假定进入之前垄断利润为300，进入之后寡头利润合为100(各得50)，进入成本为10。各种战略组合下的支付矩阵如图7-8所示。

		在位者：默许	在位者：斗争
进入者	进入	40,50	−10,0
	不进入	0,300	0,300

图7-8 市场进入阻挠

这个博弈有两个纳什均衡，即(进入，默许)，(不进入，斗争)。为什么(进入，默许)是纳什均衡？因为给定进入者进入，在位者选择默许时得50单位利润，选择斗争时得不到利润，所以，最优战略是默许。类似地，给定在位者选择默许，进入者的最优战略就是进入。尽管在进入者选择不进入时，默许和斗争对在位者是一个意思，只有当在位者选择斗争时，不进入才是进入者的最优的选择，所以，(不进入，斗争)是一个纳什均衡，而(不进入，默许)不是一个纳什均衡。但是哪一个纳什均衡会实际产生呢？如果变为动态博弈，可获得唯一的均衡解。

假设这两个企业不是同时选择战略，而是有先后顺序，即从静态变为动态。在开始阶段，进入者首先选择进入或不进入；在第二阶段，在位者选择默许或斗争。这里，有必要介绍一下博弈的另外一种表述形式，即扩展型。博弈的标准型表述有三个要素：参与人、每个参与人可选择的战略及支付函数。两人有限战略博弈的标准型可以用支付矩阵表示。相比之下，扩展型表述包括五个要素：参与人、每个参与人选择行动的时点、每个参与人在每次行动时可供选择的行动集合、每个参与人在每次行动时有关对手过去行动选择的信息、支付函数。

博弈树(game trees)是扩展型的一种形象化表述，用于表述动态博弈是非常方便的，它一目了然地显示出参与人行动的先后次序，每位参与人可选择的行动，及不同行动组合下的支付水平。下面我们用博弈树来分析“市场进入阻挠”这个案例。

从图 7-9 中我们可以看出，对进入者来说，如果选择进入市场的战略，在位者会在默许和斗争之间做出选择，那么，当在位者采取默许态度的情况下，进入者可以与在位者分享市场，从而获得 40 的支付水平，在位者也可以获得 50 的支付水平。但如果在位者选择斗争的战略，他的支付水平将减少到 0，而进入者不仅无法获利，而且由于付出了相应的进入成本 10，反而要亏损，支付水平为－10。当潜在进入者选择不进入市场的战略时，实际上只有一种结局，进入者的支付水平为 0，在位者的支付水平为 300。可见，这里可能出现的结局只有三种。对潜在进入者来说，最有利的结局当然是(进入，默许)。当然，进入者会考虑在位者可能采取何种对策。如果进入者了解这个博弈树的话，他会发现，当他进入市场之后，在位者在节点(2)最有可能采取的是默许的战略，因为此时在位者的利润虽然会大幅度降低，但比起斗争结局的 0 利润水平来说，默许可以获得的利润更多(50)。因此，潜在进入者在节点(1)将选择进入的战略。于是这个博弈最可能的结局是(进入，默许)，从而可以剔除另一个纳什均衡(不进入，斗争)。

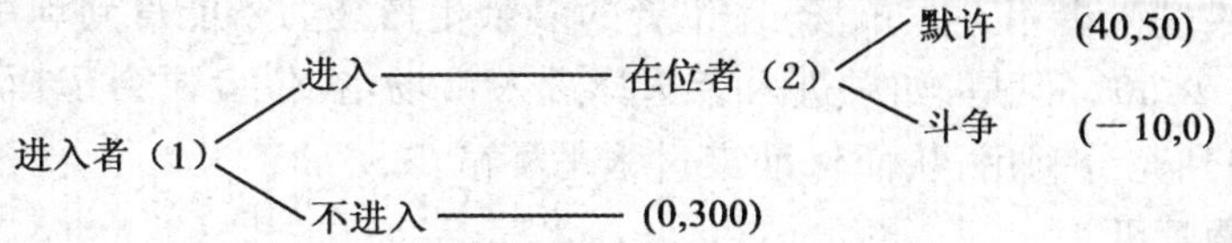

图 7-9　市场进入阻挠的博弈树

当然,对于在位者来说,这样的结局是他所不愿意看到的。因此,在位者的自然反应是试图阻止潜在进入者的进入。那么,如何才能阻止进入者进入呢?一种可能的策略就是对潜在的进入者进行威胁。比如,在位者可以通过某种信息渠道向潜在进入者传递信息:“如果你进入市场,我就和你斗争”。但是无论是从支付矩阵还是从博弈树来看,这种威胁对于进入者来说都是不可信的。因为,如果在位者是理性的,他一定会选择进入的战略,在位者也一定会默许他的进入。可见,这种威胁对潜在进入者根本不起作用,只是一个空头威胁。

那么,在什么情况下这种威胁才能真正起作用呢?由此就引出了博弈论中的一个很重要的概念——“承诺行动”。承诺行动是当事人使自己的威胁战略变得可置信的行动。一种威胁在什么时候才是可置信的?答案是,只有当事人在不实施这种威胁时,就会遭受更大损失的时候。所以说,承诺行动意味着当事人要为自己的“失信”付出相应的成本,尽管这种成本并不一定真的发生。但承诺行动会给当事人带来很大的好处,因为它会改变均衡结果。因此,只有当当事人采取了某种行动,而且这种行动需要较高的成木,才会使威胁变得可信。

在位者的斗争与他的生产成本有关。斗争的形式通常就是低价竞争,如果在位者采取低价竞争的战略,必然需要他具有足够的生产能力来应付市场上大幅度增加的需求。因此,在位者要阻止潜在进入者进入,就可以通过投资来形成一部分剩余的市场能力。这部分生产能力在没有其他厂商进入市场的时候是多余的,但在进入发生时则成为其低价竞争的有力武器。

我们假定在位者需要投资 60 来形成这部分剩余的生产能力。这一投资将改变博弈的支付矩阵,新的支付矩阵如图 7-10 所示。

		在位者	
		默许	斗争
进入者	进入	40,−10	−10,0
	不进入	0,240	0,240

图 7-10　实行承诺后的市场进入阻挠

在实施了承诺行动之后,在位者的最优战略不再是默许,而变成了斗争。在这种情况下,如果进入者不进入市场,在位者的多余生产能力不能得到利用,因此,其支付水平将减少 60。但是,如果进入者选择进入市场,在位者便会选择斗争,其生产能力就会得到充分利用,从而保证支付水平不减少。

7.3.2.2　**重复博弈**

我们在前面所讨论的博弈都是一次性的,不会重复进行。但在现实中,博弈可能会多次重复，在这种情况下，博弈的结果是否会发生变化呢？所以，我们引入一种不同于序列博弈的特殊博弈——“重复博弈”。与序列博弈相比，重复博弈具有以下一些基本特征：①在序列博弈中，上一次博弈的行动选择决定下一次的战略选择。而在重复博弈中，上一次博弈的行动选择不影响下一次的战略选择。②在序列博弈中，每次博弈的战略组合可以彼此不同，重复博弈则是同样的战略组合，重复多次。③在序列博弈中，每次博弈都有先后顺序，重复博弈虽是多次进行，但各次博弈可以是同时博弈，也可以是先后博弈。④序列博弈和重复博弈都追求支付水平最大化，但后者并不追求每次博弈支付最大化，而是追求所有博弈支付的贴现值或加权平均值最大化，决不能因眼前局部利益而牺牲长远整体利益。

1. 齐威王与田忌赛马

我国古代有一个运用计谋的非常有名的故事，讲的是公元前 4 世纪战国时期，齐威王与田忌赛马，田忌的谋士孙膑运用计谋帮助田忌以弱胜强的事情。从这个故事中我们可以引出一个有限次重复博弈。

故事中说齐威王经常与大将田忌赛马，比赛规则如下：每次双方各出三匹马，一对一比赛三场，每一场的输方要赔 500 千克铜给赢方。比赛双方的马按照实力都可以分为上、中、下三等，但齐威王的上、中、下三匹马分别比田忌的上、中、下三匹马略胜一筹，因为总是同等次的马进行比赛，所以田忌每次都是连输三场。后来田忌的谋士孙膑给田忌出主意：田忌各等次的马虽然都不如齐威王，但田忌的上马比齐威王的中马和下马都要好，中马比齐威王的下马好。由此，孙膑建议田忌用自己的下马对齐威王的上马，用上马对齐威王的中马，用中马对齐威王的下马，这样便能二胜一负，反败为胜。这是一个典型的有限次重复博弈的案例。

可见，田忌之所以能够以弱胜强，是因为他单方面改变了出马的顺序，而齐威王却没有做出相应的反应。实际上，一旦齐威王发觉田忌在使用计谋，他必然也会改变自己的出马次序，从而使博弈结果发生相应的变化。齐威王与田忌赛马的博弈问题可以表述如下：①该博弈中有两个参与人，即齐威王和田忌；②两参与人可选择的战略是出马次序，因为三匹马的排列次序共有 $3!=3\times2=6$(种)，因此双方各有 6 种可供选择的战略；③双方在决策之前都不能预先知道对方的选择，因此，可以看做是同时选择战略的，决策没有先后次序；④如果把赢 500 千克铜所得的支付水平记为 1，输 500 千克铜记为 -1，则双方在各种战略选择组合下的支付水平如图 7-11 所示，表中每个数组表示两个参与人在对应战略选择下的各自支付水平，其中前一个数字表示齐威王的支付，后一个数字表示田忌的支付。

		田忌					
		上中下	上下中	中上下	中下上	下上中	下中上
齐威王	上中下	3,−3	1,−1	1,−1	1,−1	−1,1	1,−1
	上下中	1,−1	3,−3	1,−1	1,−1	1,−1	−1,1
	中上下	1,−1	−1,1	3,−3	1,−1	1,−1	1,−1
	中下上	−1,1	1,−1	1,−1	3,−3	1,−1	1,−1
	下上中	1,−1	1,−1	1,−1	−1,1	3,−3	1,−1
	下中上	1,−1	1,−1	−1,1	1,−1	1,−1	3,−3

图 7-11　齐威王与田忌赛马

从支付矩阵中可以看出，在博弈中，各参与人不能让对方猜中自己的策略，这意味着任何一方的战略选择不能一成不变，即必须以随机的方式选择战略。其实，无论对齐威王还是田忌，六种战略本身并无优劣之分。如对齐威王来说，每一种战略都可能有六种不同的结果，包括一种支付为3，四种支付为1，一种支付为−1。同样，对于田忌来说，在六种结果中，只有一种支付为1，四种支付为−1，一种支付为−3。结果，双方都以相同的概率随机选择出马次序，齐威王和田忌每次比赛的期望支付水平依次为1，−1：

$$1/6(3+1+1+1+1-1)=1$$
$$1/6(1-3-1-1-1-1)=-1$$

2.重复博弈囚徒困境

在囚徒困境案例中，虽然对两个囚徒来说，他们一生中需要做出多次这样选择的可能性并不大，但他们毕竟不仅要考虑这一次坦白的后果，而且还要考虑在这一次坦白之后，下一次被逮捕时对方是否会进行报复。

经济学家对重复的囚徒困境的研究结果证明有一种最好的战略，即“以牙还牙”或“针锋相对”。这一战略意味着，在第一次博弈中，如果甲选择抵赖，乙在第二次博弈中就应该选择抵赖；如果甲在第一次博弈中选择坦白，乙在第二次博弈中就应该选择坦白。如果对方保持“合作”的态度，你也应该一直“合作”下去。但是，如果博弈的次数是有限次的话，上述结论将不再有效。

我们可以通过逆推法来理解上述结论：

先看最后一次，即第 N 次。由于第 N 次博弈是最后一次，因此双方由于各自的机会主义倾向，不管前 $N-1$ 次的博弈结果如何，都会选择“坦白”，这样，“坦白，坦白”就会是唯一的纳什均衡。

再看倒数第二次，即第 $N-1$ 次。由于双方都知道最后一次博弈的结果，因此从第 $N-1$ 次就开始选择“坦白”。依次类推，直到第一次，双方都会选择坦白。可见，只有在无限次重复博弈中，双方才有可能采取合作的态度。

如果它是无限重复博弈，我们就得多角度地研究囚徒困境问题。由于无限重复博弈不存在最后阶段，无法采用逆推法求解，而且任何无限阶段收益之和都趋于无穷大，也无法从总收益上加以比较。因此，必须寻求新的解题思路。

7.4 不完全信息条件下的静态博弈与动态博弈

7.4.1 不完全信息静态博弈

我们前面讲的博弈都包含一个基本假设，即所有参与人都知道博弈的结构、规则和支付函数。与参与人支付水平为公共信息的完全信息博弈不同，在不完全信息博弈中，至少有一个参与人不完全知道其他参与人的支付函数。事实上，参与人对有关信息的了解往往是不完全的，有时获取信息资源的成本也是非常高的，因此信息不完全是现实博弈中的常态。

面对不完全信息，人们可以对不确定性做出主观推测和判断，并据此进行战略选择，以实现预期收益最大化。这就是说，参与人虽然不确切知道对手的战略选择及其支付函数，却知道其可能性的大小——概率分布。通过引入概率分布，将原来的不完全信息博弈转化为完全但不完美信息博弈，可以通过求解后者得到原博弈的均衡解，又称贝叶斯均衡。

1967 年，海萨尼提出了求解贝叶斯均衡的思路，他的办法是引入一个虚拟的参与人——“自然”。自然首先行动——选择参与人的“类型”。被选择的参与人知道自己的真实类型，而其他参与人并不清楚这个被选择的参与人的真实类型，仅知道各种可能类型的概率分布。另外，被选择的参与人也知道其他参与人心目中的这个分布函数——就是说，分布函数是一种“共同知识”(common knowledge)。海萨尼的上述工作被称为“海萨尼转换”(the Harsanyi transformation)。通过这个转换，海萨尼把“不完全信息博弈”转换成“完全但不完美信息博弈”(complete but imperfect information)。这里，“不完美信息”指的是，“自然”做出了它的选择，但其他参与人并不知道它的具体选择是什么，仅知道各种选择的概率分布。这样，不完全信息博弈就变得可以分析了。在这个基础上，海萨尼定义了“贝叶斯纳什均衡”。贝叶斯均衡是纳什均衡在不完全信息博弈中的自然扩展。我们可以对此作如下解释：在静态不完全信息博弈中，参与人同时行动，没有机会观察到别人的选择。给定别人的战略选择,每个参与人的最优战略依赖于自己的类型。由于每个参与人仅知道其他参与人的类型的概率分布而不知道其真实类型,他不可能准确地知道其他参与人实际上会选择什么战略;但是,他能正确地预测到其他参与人的选择是如何依赖于其各自的类型的。这样,他决策的目标就是在给定自己的类型和别人的类型依从战略的情况下,最大化自己的期望效用。贝叶斯纳什均衡是这样一种类型依从战略组合:给定自己的类型和别人类型的概率分布的情况下,每个参与人的期望效用达到了最大化,也就是说,没有人有积极性选择其他战略。

下面我们回到“市场进入阻挠”的案例,在这个案例中,我们假设进入者知道在位者的偏好、战略空间及各种战略组合下的利润水平,因此是个完全信息博弈。其实,这个假设在许多情况下是不成立的。比如,进入者实际上并不完全了解在位者的生产函数、成本函数及偏好。这就是不完全信息博弈。设想在位者成本函数有两种可能的情况,对应于这两种情况的支付矩阵分别如图 7-12 和图 7-13 所示。

		在位者	
		默许	斗争
进入者	进入	40,50	−10,0
	不进入	0,300	0,300

图 7-12　市场进入:高成本情况

		在位者	
		默许	斗争
进入者	进入	30,100	−10,140
	不进入	0,400	0,400

图 7-13　市场进入:低成本情况

从图 7-12 和图 7-13 可以看出,在给定进入者选择进入的情况下,高成本在位者的最优战略是默许,而低成本在位者的最优战略是斗争。低成本情况下斗争之所以比默许优,可能是由于在位者的生产成本是如此之低,从而他在非常低的价格下获得的垄断利润(此时进入者已无利可图)也高于相对高的价格下分享到的寡头利润。

在这个例子中,自然首先选择在位者的类型——高成本还是低成本;在位者本人知道自己究竟是高成本还是低成本,而进入者仅知道在位者或者是高成本,或者是低成本,并且,知道高成本和低成本的可能性各为多少。在这种情况下,进入者只有一种类型,在位者有两种类型(高成本或低成本)。也就是说,进入者具有不完全信息，而在位者具有完全信息。给定进入者选择进入的情况下，在位者选择默许还是斗争依赖于他的类型；如果是高成本，就默许；低成本，就斗争。进入者不知道在位者的真实类型，但是，他知道高成本的可能性为 x，低成本的可能性为$(1-x)$。那么，进入者选择进入得到的期望利润为 $40x-(-10)(1-x)$，选择不进入的期望利润为零。一个简单的计算表明，当 $x>0.20$ 时，进入得到的期望利润才大于不进入时的期望利润，从而，进入才是最优的。假定 x 大于 0.20，那么，贝叶斯均衡是：进入者选择进入，高成本在位者选择默许，低成本在位者选择斗争。

7.4.2 不完全信息动态博弈

在不完全信息条件下，博弈的参与人知道其他参与人可能有哪几种类型，也知道不同类型与相应的战略选择之间的关系。在不完全信息静态博弈中，通过海萨尼转换，即通过假定其他参与人知道某一参与人的所属类型的概率分布，来得出博弈得贝叶斯均衡。而在不完全信息动态博弈中，某一参与人并不知道其他参与人所属类型的概率分布，他只是对这一概率分布进行主观判断。博弈开始后，在博弈过程中，该参与人将根据通过观察其他参与人的行动获得有关他们偏好、战略空间等方面的信息，从而修正自己的判断。并根据这种不断变化的判断来进行自己的战略选择。

对应于不完全信息动态博弈的均衡概念是“精炼贝叶斯均衡”(perfect Bayesian equilibrium)。这个概念是完全信息动态博弈的精炼纳什均衡和不完全信息静态博弈的贝叶斯均衡的结合，对此做出贡献的主要有泽尔腾(1975)，克瑞普斯和威尔逊(1982)及弗得伯格和泰勒尔(Fudenberg and Tirole，1991)等。泽尔腾定义了“颤抖手均衡”(trembling hand equilibrium)，克瑞普斯和威尔逊定义了“序贯均衡”(sequential-equilibrium)，弗得伯格和泰勒尔给出了“精炼贝叶斯均衡”的正式定义。理论上讲，序贯均衡是比精炼贝叶斯均衡更强的概念，而颤抖手均衡又比序贯均衡更为强，但在许多情况下，三个概念是一致的。

精炼贝叶斯均衡的要点在于当事人要根据所观察到的他人的行为来修正自己有关后者类型的“信念”(主观概率)，并由此选择自己的行动。这里，修正过程使用的是贝叶斯规则。这一点意味着，每个参与人都假定其他参与人选择的是均衡战略。具体来讲，精炼贝叶斯均衡是所有参与人战略和信念的一种结合，它满足如下条件：①给定每个人有关其他人类型的信念的情况下，他的战略选择是最优的；②每个人有关他人类型的信念都是使用贝叶斯法则从所观察到的行为中获得的。用数学的语言来说，精炼贝叶斯均衡是个“不动点”。应该强调的是，与其他均衡概念不同，精炼贝叶斯均衡不能仅定义在战略组合上，它必须同时说明参与人的信念，因为最优战略是相对于信念而言的。

我们仍然可以通过"市场进入阻挠"的例子来说明贝叶斯法则的分析思路。进入者不知道在位者是属于高成本类型还是低成本类型，但他知道如果在位者属于高成本类型，他进入市场时在位者进行阻挠的概率是20%；如果在位者属于低成本类型，进入者进入市场时进行阻挠的概率是100%。

博弈开始时，进入者认为在位者属于高成本类型的概率是70%，这时，进入者估计在进入市场时受到在位者阻挠的概率为0.44(0.7×0.2+0.2×1)，0.44是在进入者给定在位者所属类型的先验概率情况下，在位者可能采取阻挠行为的概率。当进入者进入市场的时候，在位者确实进行阻挠。根据这一观察结果，进入者认为在位者属于高成本类型的概率变成：在位者属于高成本类型的概率＝0.7(在位者属于高成本类型的先验概率)×0.2(高成本企业对新进入市场的企业进行阻挠的概率)÷0.44＝0.32。

根据这一新的概率，进入者估计在进入市场时受到在位者阻挠的概率为：0.32×0.2＋0.68×1－0.744。如果进入者再一次进入市场时，在位者又进行了组合。使用贝叶斯法则，根据再次阻挠这一可观察到的行为，进入者认为在位者属于高成本类型的概率变成：在位者属于高成本类型的概率＝0.32(在位者属于高成本类型的先验概率)×0.2(高成本企业对新进入市场的企业进行阻挠的概率)÷0.744＝0.086。这样，根据在位者连续不断的阻挠行为，进入者对在位者所属类型的判断逐步发生变化，越来越倾向于将在位者判断为低成本类型的企业了。

从上面的案例可以看出，在不完全信息动态博弈中，参与人所采取的行为具有传递信息的作用。尽管在位者有可能是高成本类型企业，但他连续进行的市场进入阻挠给进入者以在位者是低成本类型的印象，从而使得进入者停止了进入市场的行动。

延伸阅读

1. 信息经济学(Information Economics)的产生与发展

自20世纪20年代，奈特(F. H. Knight)在1921年发现"信息是一种主要的商品"，到50年代末60年代初，可以说是信息经济学从萌芽到诞生的时期。马尔萨克(J. Marschak)在1959年发表的《信息经济学评论》，提出最优信息系统理论；施蒂格勒在1961年发表《信息经济学》，提出信息搜寻理论；马克卢普(F. Machlup)1962年在《幸运》杂志发表了《美国的知识生产和分配》，提出知识产业与知识职业问题。20世纪60年代至70年代，阿克洛夫在1970年提出"柠檬"理论，斯宾塞在1973年提出"信号"理论，赫什勒佛(J. Hirshleifer)在1971年提出"信息市场"理论，斯蒂格利茨等在1976—1980年提出信息效率与市场效率的“悖论”，K. J. Arrow在1984年出版《信息经济学》论文集，维克里（W. Vickrey）在1961年利用信息不对称性提出第二投标法，莫里斯（J. Mirrlees）在此基础上于70年代建立了委托—代理理论和模型；波拉特（M. V. Porat）在1977年发展了马克卢普的研究，完成了《信息经济导论》的研究，他的研究成果曾被世界30多个国家和OECD所采纳。

2. 信息悖论（Information paradox）

信息技术也是一把“双刃剑”，由于信息技术造成的快速的、范围广泛的变革带来了管理上的困境，人们难于看到信息化投资与经营成果之间的直接关联，这就是“信息悖论”。信息悖论揭开了企业在信息技术应用和投资方面早已存在的“黑洞”，这一悖论在20世纪80年代就引起了人们的关注。人们原本认为，信息以及对信息技术的投资是件“好事”，然而，人们见到的大多数情况却是：信息化投资与商业利益关联模糊甚至毫不相关。常常听到许多组织发现类似的悖论无处不在，他们声称：“我们拥有海量数据，但我们不能得到它。”“我们的业务会议上有很多时间在争论关于谁有数字权的问题。”“大家都知道的数据，对我们却有一些不太好用。”阿罗最初认识到的信息悖论是关于信息销售或交易的困惑。1987年，诺贝尔经济学奖得主罗伯特·索罗（Robert Merton Solow）在《纽约时报》发表文章，首次提出信息技术应用中的“生产率悖论”问题。（加拿大）约翰·索普（John Thorp）出版了《信息悖论》（东北财经大学出版社，2005）一书，描述了“安装了昂贵的信息系统但工作不正常；人们不知如何有效地使用它们；系统在表面上运行正常，但没能创造预期的商业利益……尽管如此，在新技术方面的资金和时间投入却不断增长。”阐明了信息悖论的主要成因：①传统的利益实现思维。工业时代的思维和理念被称为对信息技术商业力量的“银弹思考”，即孤立地考虑信息技术与商业价值。通过急速购买商品化的商务方案、企业级（管理型）会计软件和其他能用的信息技术解决方案，认为利益就在技术之中，投入了技术就会产生利益。“银弹思考”忽略了关于复杂性的关键难度，基于不完全的信息和未经验证的假设，被认为是许多大规模经营活动成败的原因之一。②简单的业务流程重组。电子信息技术应用没有释放其潜能的原因之一就是企业在应用信息技术时，总是沿用旧的或业已存在的方式做事，而不是注重工作应该怎样做，然后考虑应用电子信息技术手段来辅助实现它。在应用电子信息技术为顾客提供服务方面，由于人们必须按照计算机的要求工作而不是按照顾客的要求办事。在应用电子信息技术之后，通常都又因改变计算机系统的成本太高和太费时间而被搁置。由此可见，信息悖论是信息化进程中的阶段性产物。当企业运用信息技术进行跨部门生产和管理时，如果没有相应的组织结构、业务流程、管理方式、组织学习以及企业文化等方面的变革,信息技术的效益就会明显下降。

3.逆向选择与保险市场

逆向选择是指由于交易双方信息不对称和市场价格下降产生的劣质品驱逐优质品,进而出现市场交易产品平均质量下降的现象。在现实的经济生活中,存在着一些和常规不一致的现象。例如,违反需求定律的吉芬商品和炫耀性消费现象,一般可称为"逆向选择"。现在看来,逆向选择几乎无处不在。于是,"完全信息假定"作为主流微观经济学的一个基本假定是无法成立的。"这种假定根本就不是一个科学的简约。在私有制度选择的大前提之下,凡是有价值的东西都有被私有化的倾向,因此,作为一种生产要素而且是一种十分重要的生产要素,信息也是一种被私有化的对象。"因此,"完全信息"从根本上否认了信息是一种生产要素,也从根本上和私有化的制度前提相冲突,"完全信息假定"包含着错误的客观价值论思维。

保险市场的逆向选择可以作为一个案例:身体比较健康,平时不大患病的人,一般是不愿意到保险公司购买健康保险的;恰恰是那些身体不大健康,平时老爱生病的人,更愿意购买健康保险。由于保户的总体健康水平很低,保险公司赔给保户的钱,就会大大高于他们按照正常人平均得病率所收取的保费。而新型的保险市场在于规避逆向选择。

案例(1):你会购买不需要任何体检的健康保险吗?

健康保险的设计是使人们分担与健康有关的风险。为弄清这种保险是如何运行的,假设有一种病,每100个人中有1个人会得,这种病可以通过外科手术进行治疗,但手术费是5万元。假设需要这种外科手术的几率对每个人都是相同的。如果没有保险,这100个人中99个人不会因此花一分钱,而那位不幸需要这种外科手术的人不得不支付50 000元。而如果有这种保险,那么这100个人中每个人都花费500元。则不管是谁需要做这种外科手术都由保险支付。另外的99人就"白缴"了500元,但他们得到了保障,如果是自己需要做这种手术也不会支付很大的费用。如果所有这100个人都以相同概率需要做这种手术,并且手术的费用是5万元,那么这种保险向每个人收取500元就是公平的价格。大多数人可能都会发现支付500元以避免这种手术的巨大费用的选择是一桩好买卖。

但是,假设某些人知道他们可能比其他人更需要这种手术。或许像心脏病一样,如果有这种病的家族病史,一个人需要这种手术的可能性就要大一些。假设其他人知道他们极不可能得这种病。现在,如果保险公司以500元的价格提供这种保险,则所有高风险的人都会觉得这是一桩好买卖——他们将购买这种保险。但那些低风险的人会认为这种保险不值500元,因而他们将不会购买。因此,保险公司发现只是风险大的人购买这种保险——这就是逆向选择的一个例子。

更具体地讲，假设这100个人中有50个是高风险的并且购买了这种保险，保险公司向每个人收取500元，共收到2.5万元，仅仅是一个人进行手术所需要费用的一半。因此，为了使收支平衡，保险公司必须向他们每人收取1 000元。从总人口中某个人需要做这种手术可能性(1%)的角度看，似乎保险公司索取的价格太高，因为500元是公平价格。而当保险费为1 000元时，低风险的人会发现这种风险一点吸引力也没有。他们认为自己为高风险的人提供了较大的补贴。但是，如果保险公司不能区分高风险者与低风险者，由于逆向选择的影响，它就必须收取较高的保险费。所以，如果你认为自己在健康问题方面是低风险的，那么不要求体检的保险计划就很可能不是一桩好买卖。逆向选择问题还解释了为什么健康保险公司一般要求体检——它们的激励是为健康人提供保险，或至少是使所索取的保险费能够反映风险。

资料来源：斯蒂格利茨，沃尔什. 经济学(上册). 3版. 北京：中国人民大学出版社，2005.

案例(2)：新兴的保险市场—美国和阿根廷的存款保险

假定你在某个银行储蓄账户上存了一笔钱，然后银行破产了。因为大部分美国银行都参加了一项联邦计划，这一计划提供存款保险(由联邦储蓄保险公司FDIC经营)，你的存款中的第一个10万美元是安全的：如果银行破产了，你仍将能收回你的钱。普遍加入FDIC计划使保险费较低。最近在阿根廷发生的一些事件说明了全国性的存款保险的影响。在1995年4月，由于对国家银行系统大量银行倒闭的担心，促使政府实施了一项新的全国性的存款保险计划。新的保险计划恢复了银行系统的信心，这主要是因为它是一个全国性的计划，一个不受逆向选择问题困扰的计划。

4.博弈论

博弈论亦名“对策论”、“赛局理论”，属应用数学的一个分支，目前在生物学、经济学、国际关系、计算机科学、政治学、军事战略和其他很多学科都有广泛的应用。博弈论主要研究公式化了的激励结构间的相互作用。是研究具有斗争或竞争性质现象的数学理论和方法。博弈论也是运筹学的一个重要学科。他考虑游戏中的个体的预测行为和实际行为，并研究它们的优化策略。

博弈论之父约翰·冯·诺依曼(John Von Neuman，1903—1957年)，美籍匈牙利人，1903年12月28日诞生于布达佩斯，是普林斯顿大学、宾夕法尼亚大学、哈佛大学、伊斯坦布尔大学、马里兰大学、哥伦比亚大学等校的荣誉博士。他是美国国家科学院、秘鲁国立自然科学院和意大利国立林且学院等院的院士。1954年他任美国原子能委员会委员;1951—1953 年任美国数学会主席。

1928 年,冯·诺依曼的论文证明了博弈论的基本原理,从而宣告了博弈论的正式诞生。他对经济学领域最重大的影响是,1944 年,冯·诺依曼和摩根斯坦共同完成了划时代巨著《博弈论与经济行为》。该文激发了其后一大批数学家和经济学家的研究兴趣。尽管其具体形式与现代经济学中的博弈论有较大的差异,但其中的期望效用函数、最小最大定理,以及统计理论等现已成为经济学中最基本的概念,对经济学的影响深远。

冯·诺依曼对人类的最大贡献是对计算机科学、计算机技术和数值分析的开拓性工作。在第二次世界大战前,他主要从事算子理论、量子理论、集合论等方面的研究。1923 年,关于集合论中超限序数的论文,显示了冯·诺依曼处理集合论问题所特有的方式和风格。1933 年,冯·诺依曼解决了希尔伯特第五问题,即证明了局部欧几里得紧群是李群。1934 年,他又把紧群理论与波尔的殆周期函数理论统一起来。他还对一般拓扑群的结构有深刻的认识,弄清了它的代数结构和拓扑结构与实数是一致的。他对算子代数进行了开创性工作,并奠定了它的理论基础,从而建立了算子代数这门新的数学分支—冯·诺依曼代数。冯·诺依曼在连续几何、理论物理、动力学、连续介质力学、气象计算、原子能等领域都做过重要的工作。

概念与习题

1.解释如下概念:风险;不确定性;期望效用;信息不对称;逆向选择;道德风险;委托—代理关系;博弈论;纳什均衡;囚徒困境。

2.请说明人们对待风险的不同态度以及相应的图形解释有什么不同。

3.请举出生活中的例子来说明什么是“道德风险”和“逆向选择”。

4.请用囚徒困境模型来解释双头垄断企业之间的价格战。

5.两家企业都既可以降价,也可以维持现有的价格水平。对企业 A 来说,如果它降价,企业 B 也降价,可得利润 1 000 万美元;如果企业 A 降价,企业 B 不降价,可得利润 2 000 万美元;如果企业 A 价格不变,企业 B 降价,可得利润 0 美元;如果企业 A 价格不变,企业 B 价格也不变,可得 500 万美元。企业 B 的结果和 A 相同。

(1)写出这一博弈的支付矩阵。

(2)这一博弈是否存在纳什均衡?

(3)这两家企业是否有自己的占优战略?

6. 两家企业生产一种同质产品，其变动成本为零。该产品的市场需求方程为：$P=100-4Q$，其中，Q 为两家企业的总产量。求纳什均衡的产量和价格。

7. 如果企业 1 不做广告，企业 2 也不做广告，企业 1 能得 1 000 万美元利润；如果企业 1 不做广告，企业 2 做广告，企业 1 能得 400 万美元利润；如果企业 1 做广告，企业 2 不做广告，企业 1 能得 2 000 万美元利润；如果企业 1 和企业 2 都做广告，企业 1 能得 600 万美元利润。企业 2 的结果与此一样，也取决于企业 1 如何做。

(1)写出相关的支付矩阵。

(2)如果经理是厌恶风险的，且不知道其他企业的具体战略，那么，各家企业将采取什么策略？

8　生产要素的价格决定

工资率是劳动的价格,是企业家因使用人的体力和脑力技能而支付的报酬。

——吉弗里·怀特黑德

西方经济学的分配理论也就是要素价格理论。西方微观经济学中的分配理论,一种是由 20 世纪初美国经济学家克拉克(J. B. Clark)提出的边际生产力理论;另一种是由马歇尔提出的以均衡价格论为基础的分配理论。前者主要考虑了生产要素的需求,而后者综合考虑了生产要素的需求与供给两个方面。在分配问题上,从 19 世纪法国经济学家萨伊的"三位一体"公式到后来英国经济学家马歇尔的"四位一体"公式,都概括了在生产中,工人提供了劳动,获得了工资;资本家提供了资本,获得了利息;地主提供了土地,获得了地租;企业家提供了企业家才能,获得了利润。简言之,各种生产要素都根据自己在生产中所做出的贡献而获得相应的报酬。各种生产要素所获得的报酬就是生产要素的价格,因而分配理论就是要解决生产要素的价格决定问题。在这里,要素的价格是指支付单位生产要素在某段时间内所提供的服务的代价,而不是指购买生产要素本身所需要支付的代价,它直接关系到收入的分配问题。本章的重点就是系统地介绍要素价格的决定及分配的理论。

8.1　生产要素的市场价格

8.1.1　生产要素及其价格

生产要素是生产者从事生产活动的最基本因素,它主要有四种:劳动、资本、土地和企业家才能。根据经济学理论:凡是参加生产或流通过程的要素都应获得相应的报酬,在实际生产生活中,工人提供劳动,资本家提供资本,土地所有者提供土地,企业家提供生产管理技能,他们都获得了相应的报酬,即工资、利息、地租和利润。

生产要素的价格就是生产要素所获得的报酬,指支付生产要素在某段时间内所提供的服务的代价,生产要素的价格水平是由市场的供求决定的。但生产要素的价格更多地表现为一种使用代价，即厂商支付了要素价格后，便拥有该种生产要素的使用权，而不是指厂商购买生产要素本身所需要支付的代价。厂商作为要素的需求者，居民户作为要素的供给者。

8.1.2 生产要素的需求

8.1.2.1 生产要素需求的特点

生产要素的需求就是指厂商在一定时期，在一定价格水平下，愿意并且能够购买到的生产要素的数量，其主要特征有：

(1)生产要素的需求是一种派生需求或引致需求(induced demand)。派生需求是市场由于对产品的需求而引起的对生产要素的需求，要素的需求来自厂商，为满足市场消费需求而购买。如人们对住房的需求，派生出对建筑材料、装潢材料以及家具等的需求。

派生需求反映了生产要素市场与产品市场之间的联系，而且还说明了产品市场的类型、产品价格和数量对生产要素的直接影响。

(2)生产要素需求是一种联合需求(joint demand)。联合需求也即“共同性”，指任何产品的生产都需要多种生产要素互相补充，联合起来共同发挥作用。生产要素之间要形成一定的比例结构才能变成生产力，转化出产品。厂商对某种生产要素的需求不仅取决于该生产要素的价格，而且也取决于其他生产要素的价格，生产要素之间是互补的，为取得最大利润，厂商必须进行合理的要素组合。

(3)生产的技术状况决定了对某种生产要素需求的大小。如果技术是资本密集型的，则对资本需求大，如果技术是劳动密集型的，则对劳动的需求大。

(4)生产要素需求的复杂性。生产要素的需求比产品的需求要复杂得多。

①生产要素的市场结构。生产要素产品的市场结构是完全竞争市场还是不完全竞争市场，一般来说，同一价格时完全竞争市场上的生产要素需求大于非完全竞争市场上要素的需求量。

②生产要素的需求层次。生产要素的需求层次分为各个厂商的生产要素需求、整个行业对生产要素的需求以及市场对生产要素的需求，三者相互联系又相互区别。

8.1.2.2 边际生产力

生产要素的价格决定的主要理论基础就是边际生产力分配论。

边际生产力(marginal productivity)或边际生产率，由美国经济学家约翰·贝茨·克拉克于19世纪末在其《财富的分配》一书中首先提出来并加以系统化。

边际生产力就是指在其他条件不变的情况下，追加一单位某种生产要素所增加的产量或带来的收益。例如:在其他要素不变的条件下,连续增加资本投入量,最后一单位资本所增加的产量就是资本的边际生产力。

在其他条件不变和边际生产力递减的情况下,某种生产要素的价格取决于其边际生产力。边际生产力可用实物形态和价值形态来表示。

用实物形态指标表示某要素的边际生产力,称为该要素的边际产量 MPP,简称 MP。

用价值形态指标表示某要素的边际生产力称为边际收益产量或边际收益产品 MRP(marginal revenue product),指新增加一单位要素所带来的收益,它等于边际产量与边际收益的乘积,即:

$$MRP = MP \cdot MR$$

边际生产力的价值形态也可以用边际产品价值 VMP(the value of marginal product)表示,VMP 是指新增加一单位要素所带来的产值或收益。

$$VMP = MP \cdot P$$

在完全竞争市场条件下,因为 $MR = AR = P$ 所以 $MRP = MP$。

在非完全竞争市场条件下,由于 $MR < P$ 所以 $MRP < VMP$。

8.1.2.3 完全竞争市场生产要素的需求

1.生产要素的需求原则。

我们知道,厂商实现利润最大化的条件是 $MR = MC$,它不仅适用产品数量的决定,同时也适合生产要素使用量的决定,即边际收益产量等于边际要素成本。

从产量与收益方面看,由前所知:边际收益产品 MRP 和边际产品价值 VMP 都表示每增加一个单位的可变生产要素给厂商所带来的收益,在完全竞争条件下,因为 $MR = AR = P$,所以,$MRP = VMP$。

从成本方面看:边际要素成本是指增加一个单位要素的使用所引起的总成本的增量,用 MFC 表示。在完全竞争市场上,要素的买者和卖者都不能影响要素的价格,所以厂商购买每一单位要素所花的成本和增加一个要素所引起的全部成本的增量相等,即边际要素成本(MFC)等于平均要素成本(AFC),并且它们都等于价格。厂商为了获得最大利润,必须使边际收益产品或边际产品价值等于边际要素成本。

所以,完全竞争市场中,生产要素需求原则是:边际收益产品或边际产品价值等于边际要素成本。即:

$$MRP = VMP = MFC$$

当满足该条件时，完全竞争厂商就实现了利润最大化，此时使用的要素数量为最优要素数量。

2. 厂商的生产要素需求曲线

厂商购买生产要素的目的是为了实现利润最大化，即 $MRP=VMP=MFC$。在完全竞争市场上，对某一厂商来说，价格是不变的，厂商对生产要素需求就取决于边际生产价值或边际收益产品。在使用一种可变投入或可变要素的情况下，厂商的要素需求曲线 d 就是这种要素的边际产品价值曲线 VMP 或边际收益产品曲线(MRP)，如图 8-1 所示。图中，$VMP=MRP=d$，表示完全重合的边际产品价值和边际收益产品曲线，由于边际生产力递减，所以生产要素的需求曲线是一条向右下方倾斜的曲线，当要素价格已知时，在曲线每一对应点都意味着厂商的边际收益产品或边际收益价值等于投入要素的边际成本。

3. 市场生产要素需求曲线

在完全竞争市场上，单个厂商使用某一要素价格和数量的变化不会影响产品的价格。但在市场或行业都增加使用某一要素时，从而增加产品产量，就会引起产品的价格下降，从而使要素的边际收益产品变小，于是每个厂商对该要素的需求量就会减少，所以，该要素的市场需求曲线(所有厂商的要素需求曲线水平相加，又称行业调整曲线)比厂商要素需求曲线要陡一些。如图 8-2 所示。

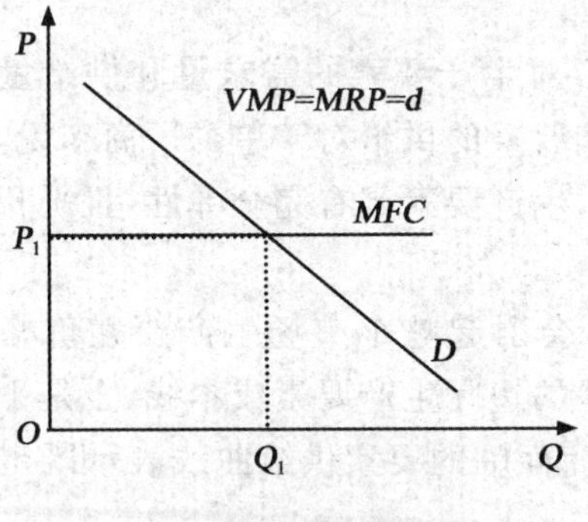

图 8-1　厂商要素需求曲线

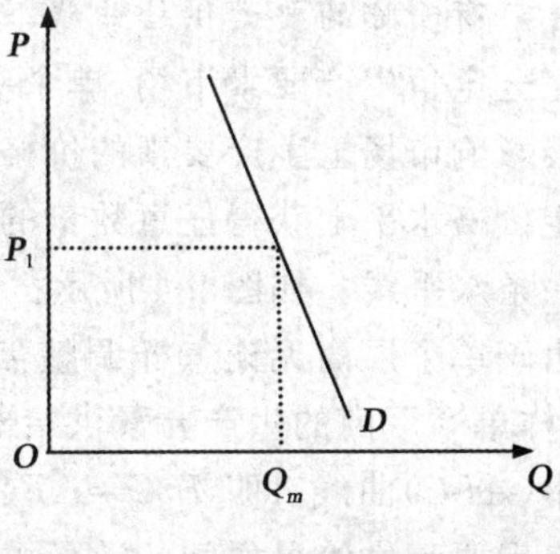

图 8-2　市场生产要素需求曲线

市场需求曲线，表示行业中所有厂商对要素的需求量和要素价格之间的数量关系，市场需求曲线向右下方倾斜，斜率为负。

8.1.2.4　非完全竞争市场中的要素需求

在完全竞争市场中，价格是产销量的函数，即产销量增加时，价格必然下降，由于在完全竞争市场中，产品的销售价格等于边际收益，$P=MR$。所以边际要素投入所带来的收益(MRP)就等于边际产品价值，$MRP=VMP$，也即：$MP \cdot MR=$

$MP \cdot P$。在卖方垄断的市场条件下，由于产品价格随销售量的增加而下降，$MR \neq P$，而是 $MR < P$，因此，$MRP \neq VMP$，即：$MRP < VMP$，在需求曲线上就表示为需求 MRP 在 VMP 的左下方。如图 8-3 所示。

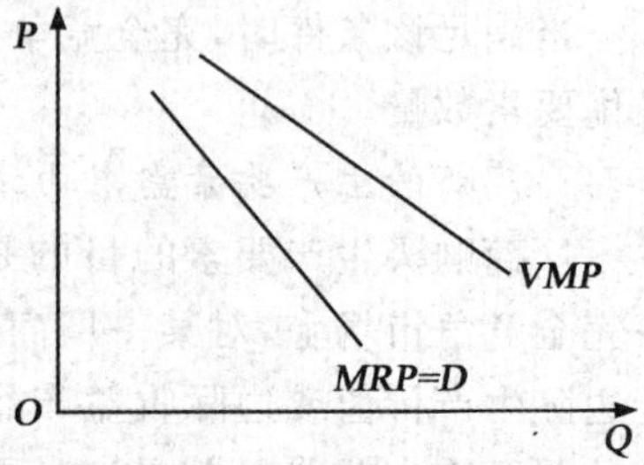

图 8-3　非完全竞争市场要素需求

在图 8-3 中只有 MRP 才代表在产品市场垄断情况下，增加单位生产要素而给卖方垄断厂商带来的收益增加，只有 MRP 才代表垄断厂商的需求曲线，两者的差额为：

$$\begin{aligned} VMP - MRP &= (MP \cdot P) - (MP \cdot MR) \\ &= MP(P - MR) \end{aligned}$$

8.1.3　生产要素的供给

生产要素的供给指消费者在一定时间内，各种可能的价格下愿意而且能够提供的生产要素的数量。

8.1.3.1　完全竞争市场生产要素的供给

1. 厂商面临的要素供给曲线

完全竞争生产要素市场，单个买者与卖者对生产要素的需求量和供给量的变化不会影响市场上生产要素的价格，所以生产要素的供给对于单个厂商来说，可以在既定价格水平上获得任意数量的要素供给，生产要素具有完全弹性，且平行于横轴的一条水平线。如图 8-4 所示。

由于单个厂商无论怎样调整需求量都不会引起整个市场生产要素价格的变化，这样单个厂商的生产要素供给曲线就是他的边际生产要素成本线，也是平均要素成本(AFC)曲线，即 $MFC = AFC = P$。厂商面临的要素供给曲线表示既定的要素价格和要素供给量之间的数量关系。

2. 完全竞争市场的要素供给曲线

完全竞争市场的要素供给曲线表示要素市场上要素价格和要素供给量之间的关系。因为市场的购买量影响要素市场价格的变动，所以市场要素供给量和要素价格之间的关系比较复杂。

(1)要素价格提高，要素供给量增加；生产要素价格降低，则生产要素的供给减少。所以整个市场供给曲线是一条与价格同方向变化向右上方倾斜的曲线。如图 8-5 所示。

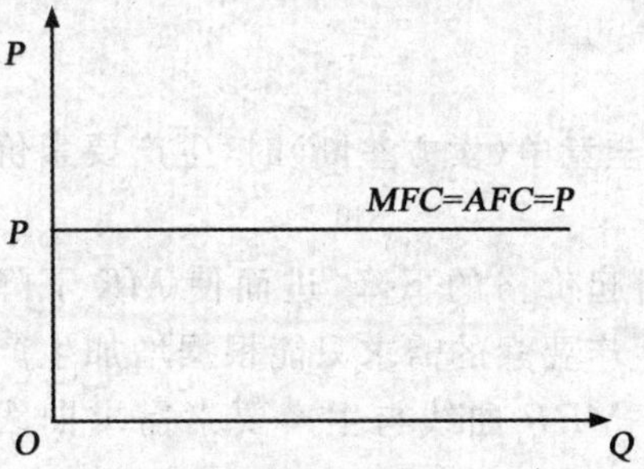

图 8-4 厂商面临的要素供给

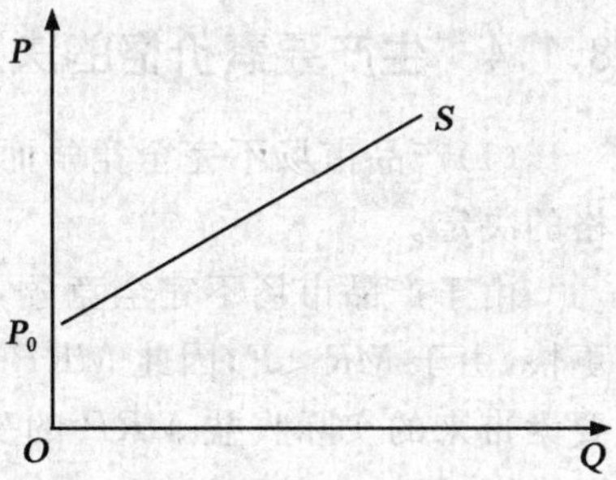

图 8-5 市场面临的要素供给

(2)要素价格提高时,要素供给量不会增加,始终保持不变,要素的供给曲线与横轴垂直,生产要素供给无弹性。

8.1.3.2 不完全竞争市场生产要素的供给

不完全竞争生产要素市场又称买方垄断。指生产要素的唯一购买者是垄断厂商,他所面临的生产要素的供给曲线就是整个生产要素市场的供给曲线。当生产要素为买方垄断时,垄断厂商增加或减少生产要素使用量都会引起要素价格的同方向变动。如表 8-1 所示。

表 8-1 不完全竞争市场上生产要素的供给

要素的供给数量 (Q)	要素的价格 (P)	总要素成本 (TC)	平均要素成本 (AFC)	边际要素成本 (MFC)
1	10	10	10	—
2	15	30	15	20
3	20	60	20	30
4	25	100	25	40
5	30	150	30	50

在表 8-1 中,很显然 $MFC>AFC$,将表中数据描绘在图形中,如图 8-6 所示。

在图 8-6 中,供给曲线反映要素数量 Q 和平均要素价格 P 的关系。生产要素供给曲线 S 与生产要素平均成本 AFC 和生产要素价格 P 重合一起,MFC 在 AFC 的上方,随着厂商购买量的增加,二者差距将不断扩大。

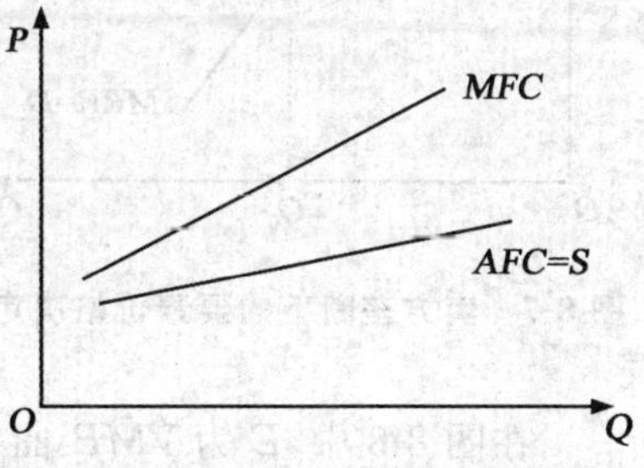

图 8-6 垄断市场的要素供给

8.1.4 生产要素价格的决定

(1)产品市场不完全竞争而生产要素市场完全竞争(卖方垄断)时,生产要素价格的决定。

由于产品市场不完全竞争,产量的增加会引起价格的下降,进而使 MR 下降更快,由于 $MR<P$,因此 $MRP<VMP$,厂商对生产要素的需求只能根据增加生产要素带来的实际收益 MRP 的变化来决定,所以 MRP 曲线与生产要素需求曲线重合,如图 8-7 所示。

P 为生产要素价格,生产要素供给曲线 S 与生产要素需求曲线相交于 E 点,E 为均衡点,均衡价格为 P_0。

因为生产要素市场是完全竞争市场,所以生产要素价格 P 和边际生产要素成本不随生产要素供给量的变动而改变。因此该种市场的均衡条件就是:

$$MFC(P_0)=MRP$$

(2)产品市场完全竞争而生产要素市场不完全竞争情况下(买方垄断)下,生产要素价格决定。

在买方垄断市场下,由于产品市场处于完全竞争状态,所以生产要素的需求曲线 $VMP=MRP$,即厂商的边际产品价值曲线与边际收益产品曲线重合,而要素市场不完全竞争,使生产要素的供给曲线与边际生产要素成本曲线分离,即 $AFC\neq MPC$,厂商为了实现最大利润,必须使 $VMP=MFC$,此时厂商就需要调整生产使二者相等。如图 8-8 所示。

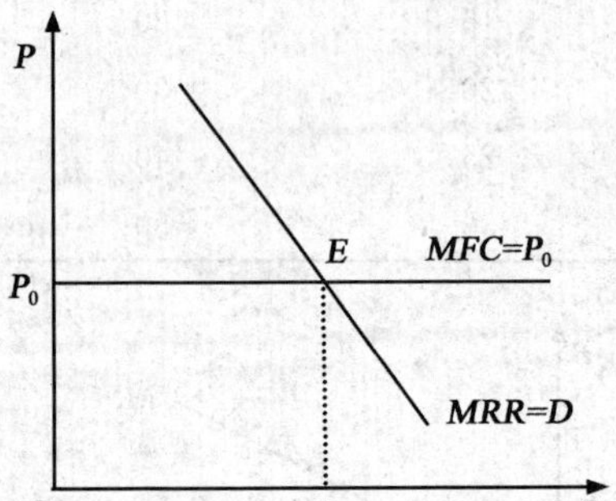

图 8-7 卖方垄断下的要素价格决定

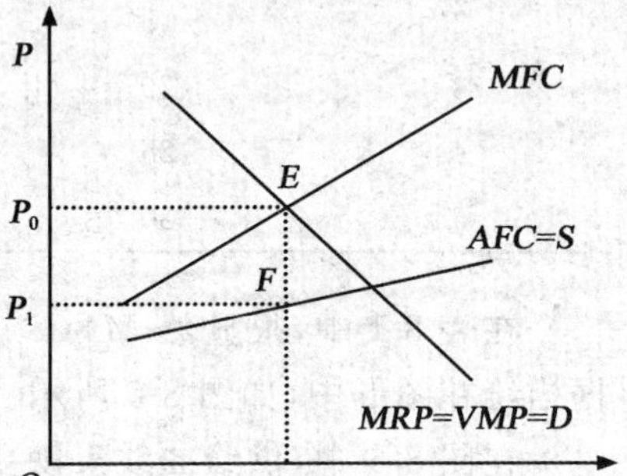

图 8-8 买方垄断下的要素价格决定

在图 8-8 中,E 为 VMP 曲线与 MFC 曲线交点,实现利润最大化,它确定生产要素均衡使用量,但并没有反映生产要素供应方愿意接受的价格。F 是生产要素

数量为 Q_0 时，要素供给曲线上的一点，它表示按 P_1 的价格可以购买到生产要素的数量，所以 F 点对应的价格就是均衡价格。

由此可知，在产品市场完全竞争而生产要素不完全竞争情况下，生产要素的均衡价格和使用量要分两步来确定：第一步，确定均衡使用量。由 VMP 和 MFC 曲线的交点确定生产要素的均衡使用量；第二步，确定均衡价格。在生产要素供给曲线上与该购买量相对应的点所指示出的生产要素的价格，即为均衡价格。

所以，买方垄断情况下，厂商的均衡条件是：

$$VMP(MRP)=MFC$$
$$AFC=P$$

(3)产品市场和要素市场同时垄断条件下生产要素的价格均衡。

当产品市场和生产要素市场均为不完全竞争时称为完全垄断。这种情况兼有前面所述卖方垄断和买方垄断市场的特点，因为 $VMP>MRP$，边际产品价值 VMP 曲线高于边际收益产品曲线。如图 8-9 所示。

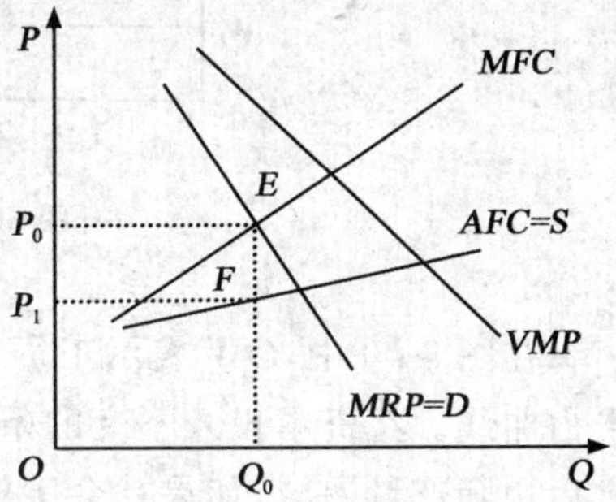

图 8-9　完全垄断下的要素市场均衡

在图 8-9 中，由于产品市场已经处于垄断状态，因此对生产要素的需求曲线应该由 MRP 曲线来表示，E 点为厂商可以取得利润最大点，即 $MRP=MFC$，F 点为对应的生产要素均衡使用量，其均衡价格为 P_1，所以产品市场和生产要素市场均为垄断情况下的厂商均衡条件为：

$$MRP=MFC$$

8.2 工资理论

工资(wage)是劳动者所提供劳动的报酬，也就是劳动的价格。经济学的分配理论中，工资决定理论有边际生产力论、均衡价格理论、集体谈判工资论、效率工资论等，这里主要研究边际生产力和均衡价格决定的工资理论。

8.2.1 边际工资理论

克拉克的边际生产力工资理论认为，工资是由投入的最后一个单位劳动所产生的边际收益产量决定的，或者说工资是由边际劳动生产力决定的，由于边际生产力是递减的，厂商雇佣的最后那个工人所增加的边际产品价值等于付给工人的工资。如果该工人所增加的产值小于给他的工资，厂商就不会雇佣他，如果工人增加的产值大于付给他的工资，厂商就会增加雇佣工人，只有在最后一个工人所增加的产值等于付给他的工资时，厂商才既不增加也不减少工人，即厂商雇佣的最后那个工人所增加的边际产品价值应该等于付给工人的工资。如图 8-10 所示。

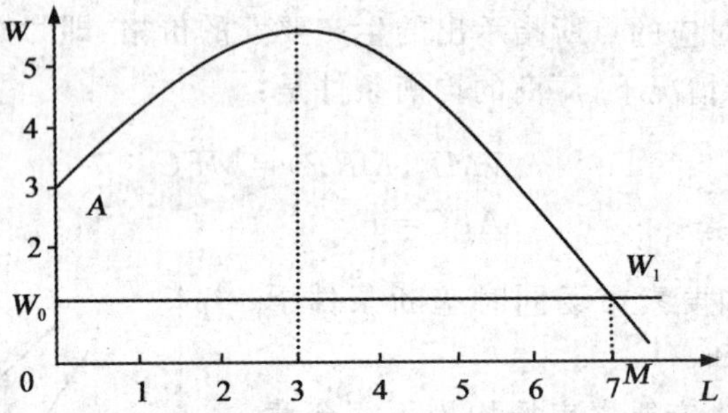

图 8-10　边际生产力的决定

在图 8-10 中，OW 表示工资水平，OL 表示工人数量，AW_1 表示劳动的边际生产力曲线。在资本投入不变的条件下，假设：厂商雇佣 3 个工人时边际产量最大，之后边际产量递减，如果社会工资水平为 1 个单位，那么当雇佣第 7 个工人时，最后增加的 1 个工人的边际产量正好等于工人工资，此时，资本家既不会增加也不会减少工人。图 8-10 中 OW_0W_1M 为 7 个工人工资总额，W_0AW_1 为资本报酬，全部归资本家所有。

8.2.2　均衡价格的工资决定

马歇尔的均衡价格理论认为工资是由社会对劳动的需求和供给两方面因素决定的。劳动的需求取决于劳动的边际收益产量，劳动供给则有特殊性，主要取决于劳动力的生产成本和劳动者的心理成本，即以牺牲闲暇的享受为代价的心理效用。

1. 劳动的供给及供给曲线

劳动的供给除其他因素影响外，主要涉及到消费者对其时间资源的分配，即劳动和闲暇时间。二者同时具有替代效应和收入效应。劳动价格可以看做是闲暇的价格，当工资的提高大于闲暇需求时（闲暇付出的代价增大或机会成本增大），劳动的供给就会增加，但工资增加到一定程度，足以满足人们需求时（工资的边际效用递减），人们会更加珍惜闲暇（边际效用增加），此时劳动供给不但不增加反而会减少。在图形上表现为一条向后弯曲的曲线。如图 8-11 所示。

在8-11中，OW为工资水平，OL为劳动供给量，SS_1为劳动供给曲线，它表示：

(1)工资提高，劳动供给增加。图8-11中在a点之前，劳动随工资的增加而增加。一般指在低收入阶段，劳动力供给具有弹性的劳动市场。

(2)工资提高，劳动供给不变。图8-11中a、b区间，由于工资的收入效应，当工资达到一定程度，即使工资提高，劳动供给也不再增加。

(3)工资提高，劳动供给减少。图8-11中b点以后，随工资提高，劳动供给量不增加反而下降，曲线向后弯曲。

替代效应：指当工资率上涨时，单位时间所获得的收入增加，劳动者为获得更多的收入，牺牲闲暇时间而增加劳动量。指图8-11中S到a的一段区间。

收入效应：指随着工资率提高，劳动者可以用减少工作时数获得更多的效用，因此当工资提高时，劳动者的供给反而减少。指图8-11中b到S_1的一段区间。

2.均衡的工资水平决定

工资水平是由劳动供给与劳动需求共同决定的。劳动需求曲线是一条向右下后倾斜的曲线，当劳动供给与劳动需求相等时，即达到了劳动市场的均衡。均衡点对应的就是均衡工资水平和均衡劳动数量。如图8-12所示。

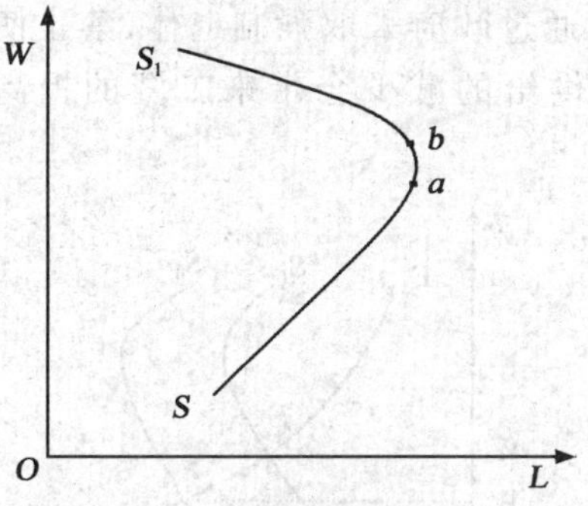

图 8-11　劳动供给曲线

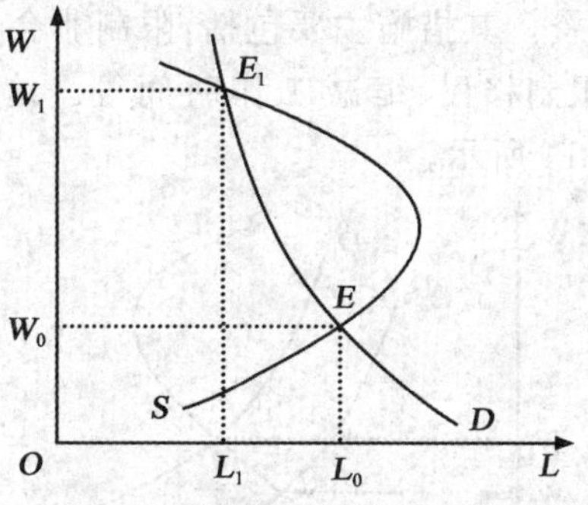

图 8-12　均衡工资水平决定

在图8-12中，以横轴OL表示劳动量，纵轴OW表示工资率，需求曲线D与供给曲线S在E与E_1两点相交，相应地有两个均衡工资率，即OW_0和OW_1，有两个均衡条件下的劳动量，即OL_0和OL_1。在这里，$OW_1>OW_0$，但$OL_1<OL_0$，说明当工资水平大大提高后，劳动的供给量不仅没有增加，反而减少。实际上，有效率的工资水平只能是OW_0，劳动力市场上的均衡数量只能是OL_0。

3.不完全竞争市场上工资的决定

不完全竞争是指劳动市场上存在着不同程度的垄断。在不完全竞争的市场上，工资可能高于或低于劳动的边际生产力。这里我们主要分析工会的存在（即劳动市场上卖方垄断）对工资决定的影响。

在西方国家中，工会一般是按行业组织的。在社会中，工会、政府、企业被认为是三个并列的组织。在工资决定中，工资水平一般是由工会与企业协商确定的，政府在其间起一种协调作用。因为工会控制了入会的工人，而且工会的力量相当强大，所以在经济学中被作为劳动供给的垄断者，并以这种垄断来影响工资的决定。其影响方式主要有三种：

（1）增加对劳动的需求。在劳动供给不变的情况下，通过增加劳动的需求来提高工人的工资。这些措施诸如通过增加对产品的需求派生出对劳动的需求，因而可通过鼓励出口，限制进口，实行贸易保护政策等，来增加市场对于产品的需求。这些措施不但提高了工人的工资，而且增加了工人的就业。如图 8-13 所示。

在图 8-13 中，劳动的需求曲线原为 D_0，这时，D_0 与 S 相交于 E，决定的工资水平为 W_0，就业水平为 L_0。当劳动的需求增加后，如劳动的需求曲线由 D_0 移至 D_1，这时，D_1 与 S 相交于 E_1，决定了新的工资水平为 W_1，就业水平为 L_1。由此可见，$W_1>W_0$，$L_1>L_0$，说明工资上升了，就业水平提高了。

（2）减少劳动的供给。在劳动需求不变的条件下，可通过减少劳动的供给来提高工资。其措施主要包括：限制非会员受雇，通过政府采取强制退休、禁止使用童工、限制移民、缩减工作时间等。这样劳动供给的减少会带来工资的提高。如图 8-14 所示。

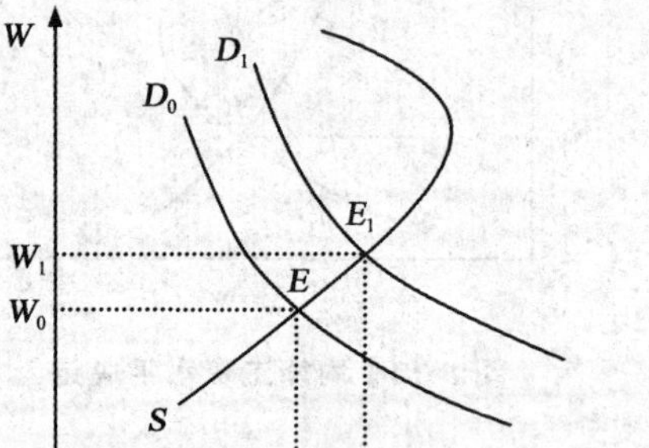

图 8-13　劳动需求对工资的影响

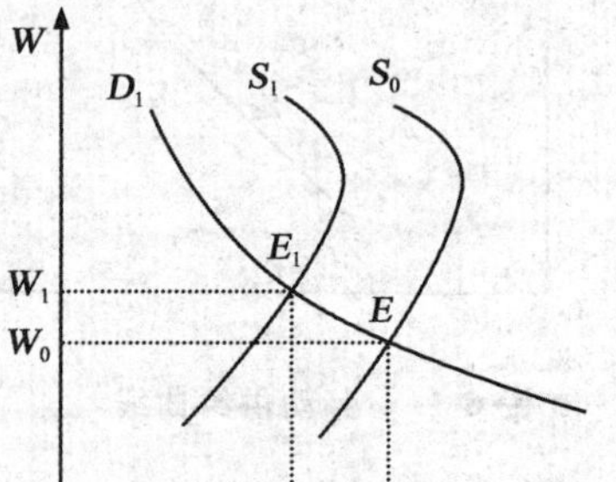

图 8-14　劳动供给对工资的影响

在图 8-14 中，劳动供给曲线由原来的 S_0 与 D 相交于 E，上升到 S_1 与 D 交于 E_1。工资水平由原来的 W_0 上升至 W_1，工资提高了。劳动水平由原来的 L_0 减少到 L_1，就业水平下降了。

(3)提高工资率。工会迫使政府通过立法规定最低工资,这样,在劳动的供给大于需求时也可以使工资维持在一定的水平上。如图 8-15 所示。

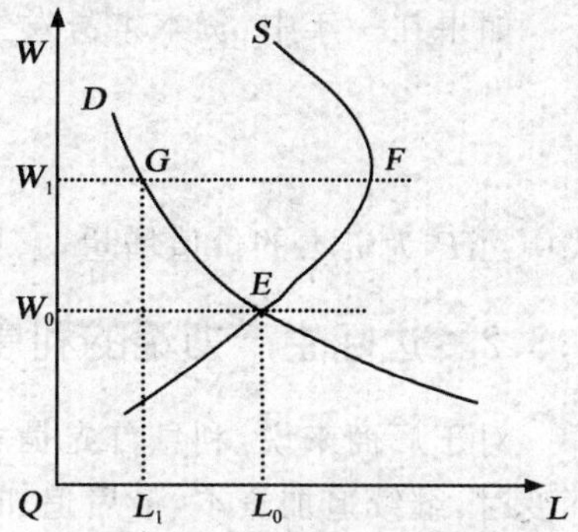

图 8-15　工资保护

在图 8-15 中,工会人为地提高工资率,即由 OW_0 上升到 OW_1,或促使政府规定最低工资率,使工资率不得低于 W_1 线。原来劳动供给和需求的均衡点为 E,OW_0 为均衡工资率,OL 为均衡条件下的劳动量。现在,在工资率为 W_0 的条件下,劳工的需求曲线为 D 与 W_1 相交于 G,劳动购买量也就减少到 OL_1。

当然,在劳动市场上还有厂商买方的垄断因素。当厂商的垄断程度高时,就会竭力把工资压低到劳动的边际生产力之下。

应该说,尽管劳动市场上的垄断因素对工资的决定有相当大的影响,但从长期来看,还是劳动的供求状况在起决定性作用。劳动的供求是决定工资的关键因素。

因为尽管许多单个消费者的劳动供给曲线可能会向后弯曲,但劳动市场的曲线一般向右上方倾斜,在较高的工资水平上原有工人也许提供较少的劳动,但高工资会吸引新的工人进来,尤其是在劳动力过剩的条件下,因而总的市场劳动供给一般还是随着工资的上升而增加,因此,均衡工资水平是由劳动市场的供给曲线决定的。

8.3　利息理论

8.3.1　资本和利息

资本就是由经济制度本身生产出来并被用作投入要素以便进一步生产更多的商品和劳务的物品。

利息(interest)是使用资本的报酬,是资本这一生产要素的使用价格。利息水平是用利率来表示的。利率等于资本服务的年收入(利息)与资本价值之比,用公式表示:

$$r=\frac{Z}{P}$$

式中:Z 为利息,P 为资本价值,r 为利率。

如果在一年中，资本本身发生了变化（增值或减值），利率的公式则修改为：

$$r=\frac{Z+\Delta P}{P}$$

式中：ΔP 为资本的价值增量，它可大于、等于或小于零。

8.3.2 边际生产力论的利息理论

对于厂商来说，利息首先是一种成本，取决于资本的边际生产力。当劳动投入不变时，继续追加资本，最后追加一单位资本的产量（产值）称为资本的边际产量或边际生产力，资本的边际生产力是递减的，最后增加一单位资本产量决定了利息率的高低。当厂商随着资本的增加而新增产量即边际生产力高于利率时，说明资本的边际成本小于其边际收益，厂商就增大资本投入量；当资本的边际生产力低于利率时，厂商就要减少资本投入量，只有当资本边际生产力等于利息率时，厂商才会维持现有的资本投入量与利息水平不变，如图 8-16 所示。

图 8-16 中，Ar_1 是资本的边际生产力曲线，随着资本投入增加，刚开始递增，当达到一定程度后开始递减，当增加最后一单位资本创造的边际生产力为 Mr_1 等于其最后 1 单位资本所支付的利率 Or_0 时，厂商既不增加也不减少资本，利息水平得到确定。资本的全部产量为 OAr_1M，资本的利息金额为 Or_0r_1M，面积 r_0Ar_1 归资本家所得。

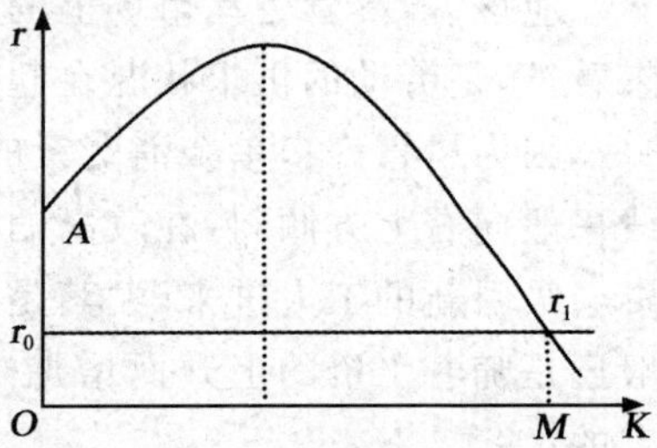

图 8-16　边际生产力利息决定

8.3.3 均衡价格理论的利息决定

均衡价格理论认为：利息是由资本的需求和供给的均衡状态决定的。

资本的需求表现为企业的投资，资本的供给来自于储蓄，这样投资与储蓄决定了利息水平。从需求方面看：企业投资是为了获取利润，当利润率大于利息率，企业投资获利大于支付的利息，企业就会愿意借入资本；如果利润率小于利息率，企业则就会放弃投资。资本需求量与利息率呈反向变动。厂商对资本的需求曲线向右下方倾斜。

从供给方面看：人们储蓄是为了利息，利率越高，越愿意储蓄，资本的供给量越大；相反，储蓄减少，资本供给量也减少。在利率一定时，资本的供给是由人们对目前与未来的偏好支配的。一般利率与储蓄成同方向变动，是一条向右上方倾斜的线。

当资本供给与需求达到均衡时，就决定了利息率水平，如图 8-17 所示。

在图 8-17 中，Or 为利息，OK 为资本，E 为均衡点，表示资本供求达到均衡状态，此时，资本为 OK_1，利息水平为 Or_e。

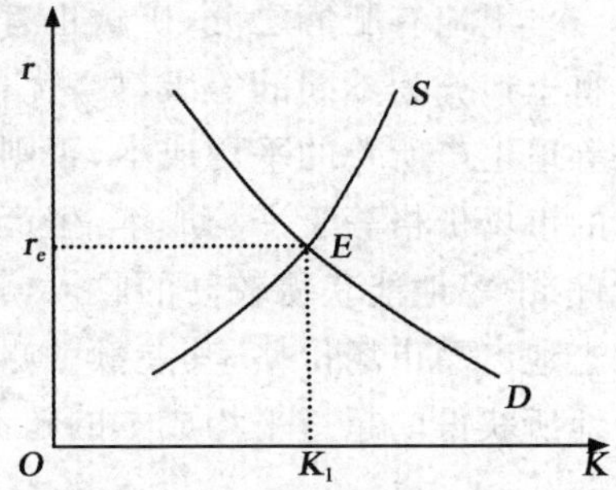

图 8-17　均衡价格的利息决定

8.4　地租理论

8.4.1　地租及地租的决定

地租(rent)是使用土地(包括地面、矿藏、水域等)而支付的报酬，是土地这种生产要素的价格。土地被看做是资本的特殊形态，地租被看做是利息的特殊形态。

但土地与资本是有区别的，资本的供给是无限的，土地的供给是有限的。土地作为一种自然资源具有数量有限、位置不变、不可再生的特点。同一地块被某人占有，其他人就无法再占有。因此，土地的供给没有弹性，是一条垂直于横轴的线。所以土地需求成了决定地租的唯一因素，即由土地的边际生产力决定的。如图 8-18 所示。

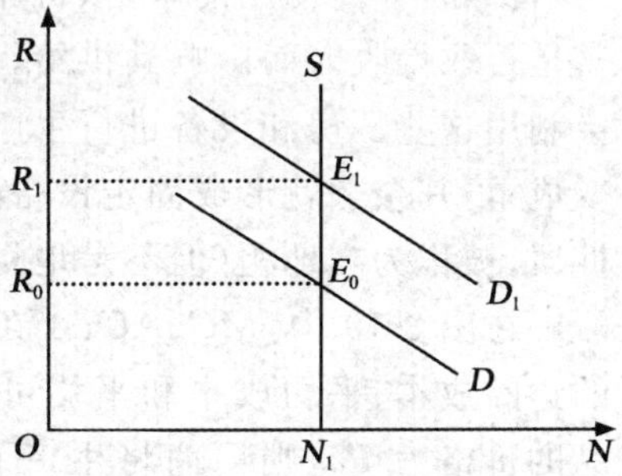

图 8-18　地租的决定

在图 8-18 中，横轴 ON 为土地数量，纵轴 OR 为地租水平，S 为土地供给线，由于没有弹性，所以与横轴垂直。D 为土地需求曲线，E_0 为均衡点，表示使用土地 ON_1 时，其地租水平为 OR_0。

随着经济发展和人口的增长，农产品需求量增大，城市建设对土地的需求增大，土地价格(即地租)呈现出不断提高的趋势。如图 8-18 所示，当土地需求由 D 移到 D_1 时，土地供给曲线与需求曲线相交的均衡点由 E_0 移到 E_1，地租则由 OR_0 提高到 OR_1。说明对土地需求增加，导致地租上升，而土地的供给量 ON_1 不变。这是由土地边际生产力或需求曲线决定的，而与土地供给无关。

8.4.2　级差地租

级差地租是由于土地肥沃程度、地理位置、气候交通等方面的差别而形成的地租。

土地有肥瘠之分，矿藏也有贫富之别。根据地理位置、气候等条件的差别可以将土地分为不同的等级，如：优、中、劣三等。一般土地上产品的价格不低于使用劣等地生产所费的平均成本，否则就没有人使用劣等地从事生产。由于劣等地产品的市场价格等于平均成本，生产者没有剩余，这种土地被称为"边际土地"。而那些优、中等地能获得较高的收入，其产品成本低于边际土地的平均成本，即低于边际土地产品市场价格，其差额就叫级差地租。简言之，级差地租就是由于租种较好土地所获得的超过平均成本的超额收入。

8.4.3 准地租及其决定

准地租（准租金）是指某些素质较高的生产要素，在短期内供给不变的情况下，所产生的一种超额收入。它是指固定生产要素的收入。准租金只取决于要素需求状况而与供给无关。

例如：厂商使用的厂房、机器设备等，从短期看其供给数量是固定不变的，不因其是否取得收入而影响其供给。在短期内只要产品价格能补偿可变成本，厂商就会利用这些厂房和设备进行生产，如果存在较大的市场需求，产品价格超过平均可变成本，其余额就形成固定设备的收入。使用这些要素所获得的报酬具有地租的性质，被称为准地租（但不是地租），它是固定生产要素的收入。如图 8-19 所示。

在图 8-19 中，MC、AC、AVC 分别表示厂商的边际成本、平均成本和平均可变成本，假定产品的价格为 P_0，则厂商将生产 Q_0，这时可变成本的面积为 $OGBQ_0$，它代表厂商为生产 Q_0 产量所需可变生产要素数量而必须做出的支付。而 GP_0EB 为固定要素的收入，就是准租金。

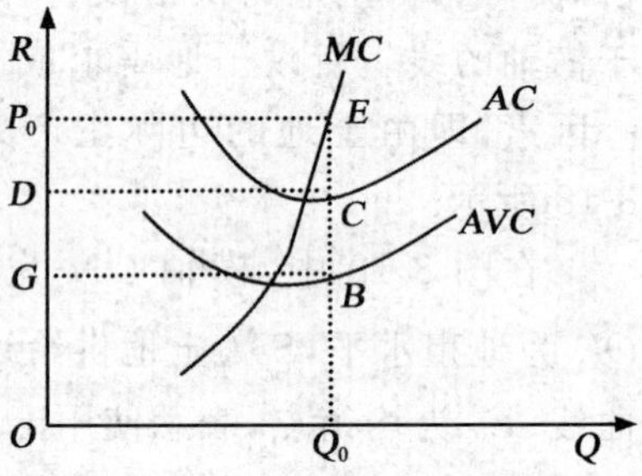

图 8-19　准地租

从图 8-19 中可知，准租金为固定总成本与经济利润之和，当经济利润为零时，准租金等于固定总成本。当企业亏损而有正常利润时，准租金小于平均成本，而等于企业所获得的正常利润。

另外，在较高级的技术劳动者的工资中，也存在一种超过正常工资的额外收入，这是由这部分劳动者具有的天赋才能、边际生产力较高而产生的，它是由劳动者本身素质和需求决定的，与供给无关，也称为准租金。企业家才能也有很大一部分为准租金。

准租金是在短期内其要素供给不变产生的，但长期内要素的供给发生变化，其准租金也就不存在了。

8.4.4 经济租金

经济租金(economic rent)是指生产要素的所有者得到的实际收入高于他们期望得到的收入,超过的部分收入就称为经济地租。它说明要素收入的减少并不会影响该要素的供给。经济租金是生产要素所有者所得到的超过他预期的收入的部分,故称生产者剩余。它类似于消费者剩余,但消费者剩余是一种心理现象,而生产者剩余则是生产要素供给者得到一种额外的实在的收入。

总之,经济租金是要素收入的一部分,该部分并非为获得要素于当前使用中所必需,它代表着要素收入中超过在其他场所可能得到的收入部分。即经济租金等于要素收入与其机会成本之差。

8.5 利润理论

利润(profit)是企业家才能的报酬。本节主要讲述正常利润、超额利润与垄断利润。

8.5.1 正常利润

正常利润是企业家才能的价格。它包括在成本之中,其性质与工资相类似,也是由企业家才能的需求与供给所决定的。

由于企业家才能对生产和经营的成功与否有关键性作用,所以对它的需求是很大的。同时,企业家才能需要特殊的培养训练,并需花费较大的代价。只有那些有胆识,有能力,又受过良好教育的人才具有企业家才能。所以它的供给是稀少的。企业家才能的需求与供给的特点,决定了企业家才能的收入——正常利润——必然是很高的。

正因为正常利润包括在成本之中,而且往往是作为一种隐含的成本,所以,厂商收支相抵就是获得了正常利润。在完全竞争的长期条件下,利润最大化实际上就是获得正常利润。在垄断竞争的长期中也只能获得正常利润。

8.5.2 超额利润

利润中超过正常利润的部分被称为超额利润,即总收入减去全部成本后的余额。只有动态的社会中和在不完全竞争条件下,才会产生超额利润。动态的社会涉及到创新和风险,不完全竞争就是存在垄断。由此,我们来分析超额利润的来源。

(1)创新的报酬。创新是指企业家对生产要素的重新组合,它包括5种情况:①引入新产品;②引进新技术;③开辟新市场;④获得原材料的新来源;⑤实行新的企业组织形式。

创新使企业家可以提高产品质量,降低成本,或生产出新产品。创新是社会进步的动力,因此,由创新所获得的超额利润是合理的,是社会进步必须付出的代价,也是社会对创新者的奖励。

(2)风险的报酬。风险是从事某项事业时失败的可能性,由于事物的发展方向往往带有不确定性,加上个人预测的局限性,再加上自然灾害,社会动荡等不可抗拒的偶然事件,所以,风险是普遍存在的。但相对来说,风险有大有小,有些风险可以通过保险的方法弥补。投资者总是宁肯少冒险,投资于有把握赢利的事业中。但有些投资是需要冒风险的,甚至较大风险的。为了消除人们对风险的厌恶,就必须对此以超额利润的形式得到补偿。"高风险高收益",许多具有风险的生产或事业也是社会所需要的。社会中充满了不确定性,风险需要有人承担,因此,由承担风险而产生的超额利润也是合理的,可以作为社会保险的一种形式。

8.5.3 垄断利润

垄断包括专买和专卖。专买,是指购买者在购买产品时可以规定价格,卖方只是价格的接受者。专卖,是指生产者在出售产品时可以规定价格,而买方是价格的接受者。这种由垄断者规定的价格叫垄断价格。大公司可以既成为专买者,也成为专卖者。当大公司成为某种产品的大买主时,卖方不得不接受大公司规定的收购价格。垄断者通过压低价格(垄断低价),以损害生产者或生产要素供给者的利益而获得超额利润。当大公司独占市场或参加寡头联合时,它是专卖者。这时垄断者可以抬高销售价格(垄断高价)以损害消费者的利益而获得超额利润。在厂商理论中关于垄断竞争的短期均衡,完全垄断的短期与长期均衡,以及寡头垄断下的超额利润,就是这种情况。

所以,垄断利润就是垄断资本家依靠自己的垄断而获得的超过平均成本以上的超额利润。是以压低价格或抬高价格,损害别人利益而获得的。同时,它还损害资源的有效配置。所以,它通常受到现代西方经济学家的指责,被认为是"剥削"现象,因而是不合理的。

8.5.4 利润在经济中的作用

经济学家认为,利润是社会进步的动力。利润的作用主要表现在:

(1)利润是对企业家才能的报酬。所以它既是提高企业经济效率的重要条件,也是提高企业经济效率的报酬。

(2)利润是投资的吸引力。要经济增长,就不能没有投资,从而也就不能没有利润。

(3)由创新而产生的超额利润鼓励企业家大胆创新,这种创新有利于社会进步。

(4)由风险而产生的超额利润鼓励企业家勇于承担风险,从事有利于社会经济发展的风险事业。

(5)利润使厂商按经济规律调整自己的经营,优化资源配置。

8.6 洛伦茨曲线与基尼系数

8.6.1 洛伦茨曲线

洛伦茨曲线(the Lorenz curve)是由美国统计学家洛伦茨提出的,用来衡量社会收入或财产分配平均程度的曲线。洛伦茨首先将一国总人口按收入由低到高排队,分成若干等级,然后将各等级人口占总人口的百分比与其占全社会总收入的百分比的对应关系,绘制在图形上即得到洛伦茨曲线。

一般习惯将整个社会人口按收入多少从低到高分为 5 档,每档人口均占全部人口的 20%,然后再看每 20%的人口收入占总收入的比例,由此来判定收入分配程度,如表 8-2 所示。

表 8-2 收入分组状况

收入分组	占人口百分比		绝对平均情况		不平均情况	
	百分比	累计	占收入百分比	累计	占收入百分比	累计
1	20	20	20	20	5	5
2	20	40	20	40	11	16
3	20	60	20	60	14	30
4	20	80	20	80	22	52
5	20	100	20	100	48	100

将表 8-1 的数据作图,以横轴 *OP* 代表人口百分比,以纵轴 *OI* 代表收入百分比,便得到洛伦茨曲线。如图 8-20 所示。

在图 8-20 中,图中 *OY* 表示收入绝对平均,称为绝对平均线。在此线上的任一点都表明,社会上某一百分比的人口,在收入分配中获得相同百分比的收入。在 *C* 点上,表示占全社会 40%的人口,也获得全社会总收入的 40%;在 *D* 点则表示占社会 80%的人口，获得占全社会总收入 80%的收入。这是绝对平均分配的情形；在图中，OPY 称为绝对不平均线，表示：全社会成员中，除一人外，其余人的收入都为零。此时收入分配线必是 OPY 成直角的折线；图中 OFGY 曲线表示收入不平均线。OFGY 与 OY 线的差距越大，说明越不平均。

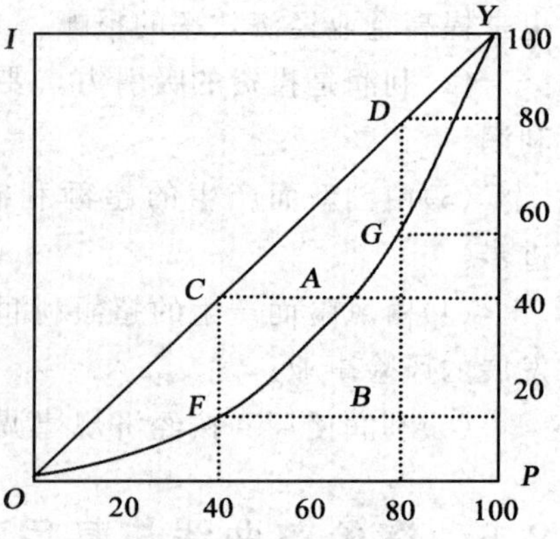

图 8-20　洛伦茨曲线

曲线 OFGY 表示了实际收入分配的情况，在 F 点表示社会低收入阶层 40%的人口获得 16%的收入，G 点表示 80%的人口获得 52%的收入，反过来说，就是高收入阶层的 20%的人口获得 48%的收入。

从上面的分析可以得到一般的结论：洛伦茨曲线（实际分配线）越接近对角线 OY，则收入越平均；反之，越远离对角线，则收入越不平均，所以洛伦茨曲线的位置和形状可用来反映社会收入分配的平均程度。

8.6.2　基尼系数

根据洛伦茨曲线可以计算出反映收入分配平均程度的指标，这一指标由意大利统计学家基尼提出的，故称为基尼系数（the Gini coefficient）。在图 8-20 中，OY 与 OFGY 围成的面积为 A，表示实际收入分配曲线与绝对平均线之间的面积；OPY 与 OFGY 围成的面积为 B，表示实际收入分配曲线与绝对不平均曲线之间的面积。则有：

$$\text{基尼系数}(G)=\frac{A}{A+B}$$

基尼系数在 0 与 1 之间变动。如果 $A=0$，则基尼系数＝0，表示收入绝对平均；如果 $B=0$，则基尼系数＝1，表示收入绝对不平均。

实际生活中，基尼系数总是 $0<G<1$，基尼系数越小，越接近于收入平均；基尼系数越大，则收入越不平均。

一般按国际标准和惯例：

基尼系数小于 0.2 表示绝对平均；

在 0.2～0.3 为基本平均；

在 0.3～0.4，属合理状态；

在 0.4～0.5，收入差距过大；

在 0.5～0.6，收入差距悬殊；

大于 0.6 时，暴发户和赤贫阶层同时出现，因此，0.6 为警戒线。

附：基尼系数的计算方法：

基尼系数计算公式为：

$$G = 1 + \sum Y_i P_i - 2\sum(\sum P_i)' Y_i$$

式中：G 为基尼系数，Y_i 为人口的收入占总收入的比例，P_i 为第 i 组的人口占总人口的比例，$(\sum P_i)'$ 为累计到第 i 组的人口累计数。用上述公式计算基尼系数的一般步骤是：

第一步，计算各组人口百分比和收入百分比；

第二步，按人均收入从低到高将各组人口排队；

第三步，各组的 Y_i 和 P_i 相乘，再加总，求得 $\sum Y_i P_i$；

第四步，计算各组人口累计 $(\sum P_i)'$，将 $(\sum P_i)'$ 与 Y_i 相乘，再相加，求得 $\sum(\sum P_i)' Y_i$；

第五步，将上述各项的结果代入公式，即可求出基尼系数 G。

基尼系数被经济学者普遍公认为一种反映收入分配平等程度的方法，也被联合国作为衡量各国收入分配的一个尺度。据经济学家钱纳里等人在 20 世纪 70 年代初的计算，对收入分配高度不均的国家来讲，基尼系数在 0.5～0.7 之间；对于收入分配相对平均的国家，基尼系数在 0.2～0.35 之间。

8.6.3 洛伦茨曲线的运用

洛伦茨曲线的运用主要表现在三个方面：

第一，各国收入分配比较。图 8-21 中，表示 3 条收入分配平均程度不等的洛伦茨曲线 OAY、OBY 和 OCY。如果这 3 条曲线分别表示 A、B、C 三个国家的收入分配状况，那么 A 的收入分配最平均，C 的收入分配最不平均，B 的收入分配介于二者之间。

第二，同一国家不同时期收入分配比较。假如图 8-21 的 3 条曲线分别表示某一国家在 A、B、C 三个不同时期的收入分配状况，如 C 是最远的时期，A 是最近的时期，则可以看出这个国家收入分配的平均差距是一个减小的变化趋势。

第三，分析收入分配政策的效应。如果A表示国家实行某项收入分配政策（如增加个人收入调节税率）以后的洛伦茨曲线；B表示在此政策之前的洛伦茨曲线，则可明显地看出，实行该项政策后，这个国家收入分配平均化程度提高了。

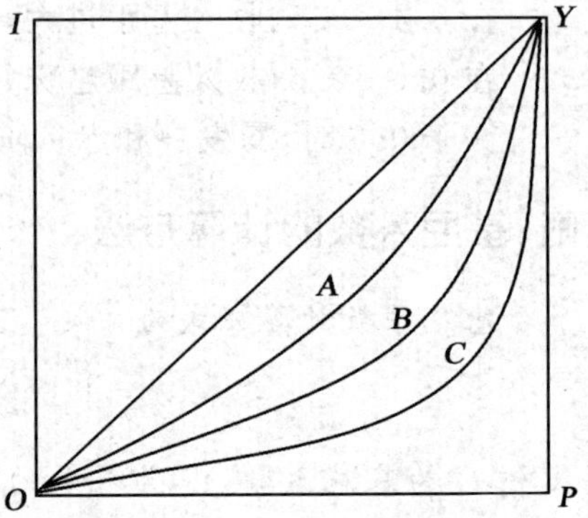

图 8-21　洛伦茨曲线应用

洛伦茨曲线和基尼系数作为一种分析工具，用于表示社会的收入分配状况或政策的收入效应时，有一定意义。但在运用时，还要结合各国的经济制度和经济条件进行具体分析，不可简单地认为基尼系数越小越好，也不能单从基尼系数小就判断社会收入分配平均化程度高。因为洛伦茨曲线反映的收入分配不过是生产条件本身分配的结果。这种分配同实际财产分配是不同的。实际财产分配还要受到历史和制度的原因影响，根据美国、英国等资本主义国家的统计资料表明，这些国家的实际财产分配要比实际收入分配有较大的不平均程度。

延伸阅读

1.关于要素价格决定问题的讨论

西方经济学家习惯于把生产要素分为四类：土地、劳动、资本和企业家才能，这四类生产要素的价格分别为地租、工资、利息和正常利润。收入分配理论就是分析关于地租、工资、利息和利润是如何被决定的，也就是生产要素的价格形成。因为产品的分配在市场经济中以生产要素价格的名义来进行的，要素价格决定理论根据生产理论断定，劳动、资本及土地都是生产产品所必需的投入并且都服从边际生产力递减或边际收益递减规律。当要素市场处于均衡时，厂商因使用生产要素而获得最大利润，要素所有者因提供生产要素获得最大的满足。所以，西方经济学企图论证完全竞争的市场机制能使得要素收入的分配、制度和谐。不难看出西方经济学在分配问题上的辩护性，使得生产要素的价格决定成为生产要素价格理论的核心。应该指出，在市场经济条件下要素使用和供给的竞争有利于资源的合理配置。但是，要素的收入分配是一个生产关系。事实上，要素的初次分配取决于生产资料的所有制形式，而占有生产资料的多少，市场地位的不平等自然会造成这一分配制度的不平等。

近年来，国内对按劳分配和按生产要素分配的理论进行了大量的讨论。认为，社会主义市场经济中的个人收入分配，既反映市场经济条件下个人收入分配的共性，又具有鲜明的社会主义特色，它包括市场初次分配和收入调节两个层次。市场初次分配实行按生产要素分配，价格在收入分配中发挥基础作用，个人的收入取决于其所拥有的生产要素的数量和要素的市场价格。公有制为主体的所有制基础与按生产要素分配相结合决定了社会主义市场经济条件下居民的收入以劳动力要素报酬为主，劳动力素质差异成为居民收入差距的主要根源。在实行按生产要素分配的基础上，政府运用收入调节措施，对个人收入实施公平有效的调节，以促进共同富裕目标的实现。

劳动要素和非劳动要素在我国现实经济中的地位和作用问题是一个不可回避的理论和实践问题。非劳动要素具有价格是毫无疑问的，但非劳动要素参与价值分配的根据是什么，其在公有制和非公有制经济中质的区别和量的界线在哪里？都是需要深入研究的，并被认为这个问题是相当复杂和颇具难度的。北京大学经济学院的晏智杰教授指出："按生产要素分配的理论依据是生产要素价值论，即承认各种生产要素对增进社会财富或其价值都做出了贡献，因而也就认可它们有权按照各自贡献的大小取得相应的分配份额；生产要素会随着社会的发展而发展，在现阶段科学技术是第一生产力，经营管理工作也是非常重要的要素，当然，一般的劳动、土地和资本这些传统的基础的要素则仍然是生产力发展的重要的不可缺少的部分。这种理论是对社会财富或其价值增进的主要动力和基本条件的认识的科学成果，最初是由西方资产阶级经济学提出来的，现在已经成为人类的共同思想财富。试图从马克思劳动价值论得出按生产要素分配的依据是行不通的，也有悖马克思的初衷。"

资料来源：晏智杰．"关于按生产要素分配的理论依据问题——兼评一种观点"，《吉首大学学报(社会科学版)》，2001 年 01 期，第 1～3，14 页。

2．新生产要素理论

按生产要素分配的基本理论依据是生产要素价值论，即认为包括土地和资本在内的各种生产要素都具有生产性，承认它们对商品的价值和使用价值的形成和增加都做出了生产性的贡献，因而它们都是商品交换价值和使用价值的源泉和组成部分。至于生产要素的构成，西方经济学家最初认为是土地和劳动(如威廉·配第)，后来加进了资本(如萨伊)，再后来加进了企业经营(如马歇尔)，现代则加进了科学技术、知识信息等。可以说，生产要素论和按生产要素分配论是统一和不可分割的整体。

新生产要素理论赋予了生产要素除了土地、劳动和资本以外更丰富的内涵，认为它还包括自然资源、技术、人力资本、研究与开发、信息、管理等新型生产要素，从新要素的角度说明经济贸易的基础和贸易格局的变化。这些新的理论包括：①自然资源理论。1959 年，美国学者凡涅克(J. Vanek)提出了以自然资源的稀缺解释里昂惕夫悖论的观点，认为美国进口自然资源的开发或提炼是耗费大量资本的，会使进口替代产品中的资本密集度上升。扣除资源的影响，美国资本密集型产品的进口就会小于其出口。②人力资本理论。人力资本理论以基辛(D. B. Keesing)、凯南(P. B. Kenen)、舒尔茨(T. W. Schultz)为代表，对 H-O 理论作了进一步扩展，将人力资本作为一种新的生产要素引入。③研究与开发学说。格鲁伯(W. Gruber)、维农(R. Vernon)认为研究与开发(R&D)也是一种生产要素，一个国家出口产品的国际竞争能力和该种产品中的研究与开发要素密集度之间存在着很高的正相关关系。各国研究与开发能力的大小，可以改变它在国际分工中的比较优势，进而改变国际贸易格局。④信息要素。信息虽然是一种无形资源，但它能够创造价值。现代信息技术对生产的影响越来越强，对信息的利用状况会影响一个国家的比较优势，从而改变一国的国际分工和国际贸易地位。

3. 商品价格与要素价格的关系

(1)从要素的实际报酬角度讲，要素价格等于其边际生产力。由于在规模收益不变的条件下，生产要素的边际生产力只取决于两个要素的使用比例，与两个要素投入的绝对量没关系，因此，商品相对价格的变化对要素实际收入的影响只取决于两种商品所使用的要素比例的变化。

(2)根据边际收益递减规律，当商品价格变动导致资本—劳动比例下降时，由于资本相对于劳动的投入减少，所以资本的边际生产力上升，相反，劳动的边际生产力下降。随着劳动的相对价格上升，资本的实际价格或报酬上升，劳动的实际价格或报酬下降。

(3)斯托珀-萨缪尔森定理(the Stolper-Samuelson theorem)：某一商品相对价格的上升，将导致该商品密集使用的生产要素的实际价格或报酬提高，而另一种生产要素的实际价格或报酬则下降。斯托珀—萨谬尔森定理推论：国际贸易会提高该国丰富要素所有者的实际收入，降低稀缺要素所有者的实际收入。

4. 我国经济发展改革案例

中国国际贸易学会李文锋 2007 年 06 月 15 日在《中国经济时报》发表文章治理经济失衡：推进生产要素价格改革。

当前经济运行症结与要素价格不合理密切相关，属于一种机制性问题，需要明晰产权，克服行业垄断，完善市场定价机制。文章认为，“当前我国投资过热、顺差过大、流动性过剩等经济失衡问题互为因果，密切相关。投资过快增长，导致产能增加，并加快外贸出口增长，而出口增长造成贸易顺差过快增长，并导致外汇储备增长过快，给人民币升值带来压力。同时，升值预期引发热钱流入，而热钱流入和贸易顺差导致了流动性泛滥，助长了国内房地产、股市等资产泡沫；泛滥的流动性加剧了银行放贷压力，而银行放贷又进一步刺激投资增长，并导致贸易顺差进一步扩大。显然，投资过快、顺差过大、流动性过剩等当前经济运行的症结，已经不是单个问题，而已经成为机制性问题。"

文章还指出："从资源类要素看，根据国际能源组织有关资料，我国工业电价水平为5.1美分/千瓦时，是日本、意大利等发达国家的62.5%，是阿根廷、韩国等发展中国家的83.3%，是加拿大、澳大利亚等资源型国家的76.9%。我国城市水价仅为国际水价的1/3。从劳动力看，我国劳动生产率相当于英国的6%，但工资仅为其4%；劳动生产率为韩国的13%，而工资为其8%；劳动生产率为印度的3倍，但工资为其2.3倍。从土地看，在一些发达地区，土地征用、土地出让和市场交易三者的价格比已经达到1∶10∶50。一些地方政府将土地征用与出让价格差视作'第二财政'，竞相违规压低土地价格和征地补偿标准，拖欠截留征地补偿费……生产要素价格偏低，一方面，造成效率低下，粗放型增长得以维持。据估计，目前我国能源消耗系数比发达国家高4～8倍，能源的使用效率仅为30%，而发达国家的能源使用效率则为50%，我国每创造1美元国民生产总值所消耗的能源是美国的4.3倍，德国和法国的7.7倍，日本的11.5倍。我国平均每立方水实现国内生产总值仅为世界水平的1/5。同时，在这种要素禀赋环境下，依靠廉价要素资源就可以获得利润的企业，不仅丧失了技术创新的动力，而且形成了对投资和要素投入的依赖路径。另一方面，不能反映真实生产成本。有学者估算，因为生产要素价格低估，国内企业至少不合理地节省了20%～40%的生产成本。如果这些成本充分显现，并假设企业自身消化其中的50%，我国商品价格至少会上升10%～20%。换句话说，即使名义汇率水平不动，人民币实际汇率将升值10%～20%。要素价格偏低，直接造成实际汇率低估，并对名义汇率构成升值压力。"

通过分析，他最后指出："从生产要素价格改革的方向看，应逐步弱化政府定价职能，根据供求关系和资源稀缺程度，形成主要由市场定价的机制。"

5.租金理论的补充——寻租的概念

布坎南界定了寻租的内涵。他说："只要资源的所有者想多得而不愿少得，他们大概就要去寻求租金，寻求租金无非是寻求利润的另一说法。关于社会相互作用的传统经济模式是以一种假定为根据的，即人们都力图使预期的收入的当前价值极大化；而且，经济理论的重要论证涉及这种个人寻求利润与向往的社会结果之间的关系。由于亚当·斯密的缘故，我们得知屠夫与面包师傅寻求利润的活动保证了对全体社会成员都有利的结果。只有通过这种活动，市场才能使资源在不同的用途之间有效地进行配置，才能组织生产和分配，才能把价格作为比较价值的标准加以确立。在理想化的市场秩序模式中，寻求利润作为一种活动所产生的后果，是任何单个参加者既不能预见到，也不能理解的，但是，把它们作为秩序本身的特点来评价却是'好的'。所以，在这方面，寻求利润在有秩序的市场结构中会造成外部经济；用庇古的术语来说，寻求利润的社会边际产品超过私人的边际产品。"

1967年戈登·图洛克(Gordon Tullock)所写的论文《关于税、垄断和偷窃的福利成本》，是寻租理论思想的最早渊源。他的观点是，完全竞争理论对偏离竞争所导致的社会福利估计不足，实际上税收、关税和垄断所造成的社会福利损失大大超过了通常的估算。其原因是人们会竞相通过各种渠道疏通活动，争取收入，即寻租，故被称为寻租理论之父。布坎南等公共选择学者在此基础上进行研究，提出了两个观点：一是寻租基本上是通过政治活动进行的；二是限制寻租就要限制政府。布坎南—图洛克的研究主要关注于垄断寻租方面，其分析主要以垄断特权为对象。这一理论对于政府失灵问题研究有巨大的影响。布坎南本人因其对寻租理论等贡献，于1986年获得诺贝尔奖。

参考资料：毛寿龙. 寻租理论. "民主与科学"网站，http://www.dvscn.net，2004-9-23.

概念与习题

1. 解释如下概念：要素报酬；边际收益产品 *MRP*；边际产品价值 *VMP*；地租与级差地租；准地租(准租金)；正常利润；经济利润；寻租行为。

2. 生产要素及其价格是如何决定的？有什么原则和条件？

3. 什么是边际生产力？它包括了哪些概念？不同市场结构中是如何决定的？

4. 正常利润、超额利润、垄断利润的联系与区别是什么？

5. 洛伦茨曲线与基尼系数的概念及应用意义是什么？

6. 劳动供给的特殊规律是什么？工会是如何影响工人工资决定的？

9　一般均衡理论与福利经济学

经济学最重要的思想之一是关于资源的帕累托最优配置的思想。

——卡尔·F·克里斯特

我们前面关于市场均衡价格和均衡数量决定的理论所采用的分析方法都是局部均衡分析方法。本章将涉及采用一般均衡分析方法研究所有市场上均衡价格和均衡数量的同时决定问题。在此基础上，我们简单介绍作为经济学的一个重要分支学科——福利经济学的基本内容。本章以前的内容主要属于实证经济学的内容，即试图解释现实经济的实际运行状况是什么样的，并试图检验结论的正确性。而福利经济学的内容却属于规范经济学，它涉及人们主观价值判断，它的理论是在确立一种检验社会经济福利大小的标准前提下，就某一种状态或一种经济措施是增进社会经济福利还是减少社会经济福利，从而是否应该实行，提出确切论断。

9.1　一般均衡理论

9.1.1　局部均衡与一般均衡

到目前为止，我们讲述的对于均衡价格和均衡数量的分析方法都属于局部均衡分析。所谓局部均衡分析就是在研究某种商品或生产要素市场的均衡时，将该商品或生产要素市场从整个经济体系中隔离出来，认为该商品或生产要素的需求和供给都仅仅是其本身价格的函数，即：实际上影响该商品或生产要素的需求和供给的其他一些因素，如相关商品和生产要素的价格、消费者的收入等都被假定为不变。同时，也假定该商品或生产要素的价格也不会对其他商品或生产要素价格产生影响。

但是，现实当中各种商品或生产要素市场都是相互作用的，一种商品或生产要素的价格，会受到其他若干商品或生产要素价格变动的影响；同时其价格变化也会影响其他商品和生产要素的价格。我们在前面已经接触过不同商品价格互相影响的例子，比如替代品和互补品之间的价格变动会相互影响。实际上，由于各种商品和要素价格的相互影响，某种商品或生产要素市场价格的局部均衡是不存在的，也就是说，只要有一种商品或生产要素市场没有实现均衡，那么所有商品或生产要素市场都不会稳定下来。

下面举一个简化市场的例子来具体说明各个市场的相互作用。我们这个简化市场模型包括两种商品——汽车和汽油，二者为互补关系；两种生产要素——原油和煤，二者为替代关系，并且原油作为生产汽油的生产要素。这样我们就建立了一个商品与商品之间、生产要素与生产要素之间以及商品与生产要素之间相互联系的市场模型。那么，这些市场是如何相互作用的呢？

图 9-1 中的子图(a)、(b)、(c)、(d)分别表示汽油市场、汽车市场、原油市场和煤市场的均衡。

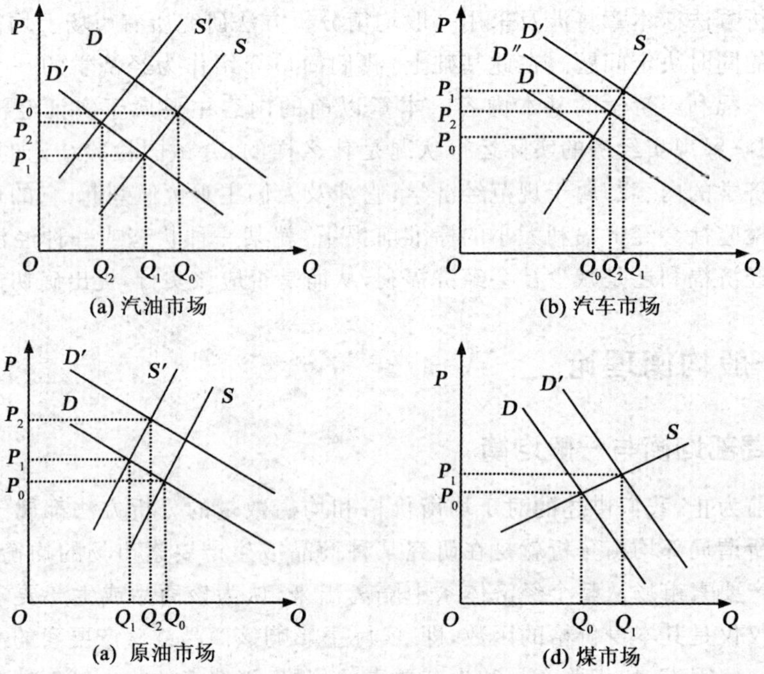

图 9-1　市场相互作用模型

我们假设在初始状态这四个市场都处于均衡，每一子图中的 P_0 表示各市场初始状态的均衡价格，Q_0 表示各市场初始状态的均衡数量，但每一个 P_0、Q_0 都不一定相等。现假设由于政府向汽油的消费征税，会引起汽油需求曲线向左下方平移，如图 9-1(a)，移动到 D'。在原市场供给和新的市场需求 D' 的相互作用下，汽油市场将实现新的均衡，新的均衡价格为 P_1，新的均衡数量为 Q_1，到此为止就是前面的局部均衡分析。但是,现实中汽油价格的变化还会影响到汽车、原油的市场均衡,原油市场均衡的变动还会影响煤市场的均衡。而煤市场均衡的变动又会反过来影响汽油市场的均衡。当汽油市场价格下降时,由于汽车与汽油是互补品,所以会导致汽车需求的增加,即汽车需求曲线向右上方平移,如图 9-1(b),移动到 D'。汽车市场新的需求曲线 D'与不变的供给曲线决定了汽车市场新的均衡价格 P_1 和新的均衡数量 Q_1。又由于原油是生产汽油的生产要素,所以汽油价格的下降还会引起原油供给的减少,即原油供给曲线向左上方平移,如图 9-1(c),移动到 S'。原油市场新的供给曲线 S'与不变的需求曲线 D 决定了原油市场新的均衡价格 P_1 和新的均衡数量 Q_1。而原油和煤是替代品,原油价格的上升会引起煤需求的增加,即煤需求曲线向右上方平移,如图 9-1(d),移动到 D'。煤市场新的需求曲线 D'与不变的供给曲线 S 决定了煤市场新的均衡价格 P_1 和新的均衡数量 Q_1。但是,价格和数量的调整并没有结束,因为煤均衡价格的上涨又会对原油的市场需求产生反馈作用,会引起原油市场需求增加,如图 9-1(c),使原油市场需求曲线向右上方移动到 D'',与原油市场供给曲线 S'决定了原油新的均衡价格 P_2 和新的均衡数量 Q_2。而原油价格的上涨又会引起汽油供给的下降,如图 9-1(a),下降到 S'',与汽油的需求曲线 D'决定了汽油新的均衡价格 P_2 和新的均衡数量 Q_2。而汽油价格的上涨又会引起汽车需求的下降,如图 9-1(b),下降到 D'',与汽车市场的供给曲线 S 决定了汽车市场新的均衡价格 P_2 和均衡数量 Q_2。然而,价格和数量的调整还没有停止,汽车价格的上涨又会对汽油市场产生反馈效应。

问题就在于在各种商品和生产要素市场都相互作用时,每个市场的价格和数量的变动是否能稳定下来,也就是说,是否存在一组价格和数量,使得所有市场能够同时达到均衡,即一般均衡的存在性问题。一般均衡理论还包括:如果存在一般均衡状态,这个状态是否是唯一的,即一般均衡的唯一性问题;当一般均衡状态在外力的作用下偏离均衡态时,那么,一旦外力消失系统还能否自动恢复原均衡状态,即是一般均衡的稳定性问题。本书仅讨论一般均衡的存在性问题。

9.1.2 瓦尔拉斯一般均衡理论

通过上一节的分析可知,决定任何一种商品和生产要素价格的市场供给和市场需求不仅取决于本商品和生产要素的价格,而且还要受到相关商品或生产要素价格的影响,即可以将每一种商品或生产要素的价格,都看成是其他所有商品和生产要素价格的函数。那么,是否存在这样一组价格,使得所有商品和生产要素市场同时达到均衡呢?

法国经济学家里昂·瓦尔拉斯在经济学说史上最先充分认识到一般均衡问题

的重要性。他第一个提出了一般均衡的数学模型，并试图解决一般均衡的存在性问题。瓦尔拉斯一般均衡模型是在一系列假设的基础上，依据一般均衡分析方法，建立所有商品和生产要素市场需求和市场供给的决定方程，然后根据实现一般均衡的条件（每一种商品和生产要素的市场供给和市场需求同时相等）组建方程组，在此基础上论证一般均衡存在性问题，即论证该方程组有解。下面对瓦尔拉斯一般均衡理论作详细介绍。

9.1.2.1 模型的基本假定

假定经济中只有两个部门：厂商和居民户。并假定所有的生产活动都发生在厂商；所有的消费行为和投入行为都由居民户做出，也就是说不存在中间产品。

假定经济中有 H 个居民户，居民户行为的目标是效用最大化。居民户的全部收入来自要素供给，并将全部收入用于商品消费。每一居民户的偏好都是既定不变的。

假定经济中有 K 个厂商，厂商行为的目标是利润最大化，并假定厂商的生产函数既定不变。

最后假定经济中有 r 种商品和 $n-r$ 种生产要素，商品的数量和价格分别为 $Q_1,\cdots,Q_r$ 和 $P_1,\cdots,P_r$；生产要素的数量和价格分别为 $Q_{r+1},\cdots,Q_n$ 和 $P_{r+1}\cdots,P_n$。所有商品和生产要素市场都是完全竞争的。

9.1.2.2 模型的建立

由于商品的需求和生产要素的供给是由居民户在效用最大化的目标下行为的结果，所以可以由居民户效用最大化，得出每种商品的市场需求方程和每种生产要素的市场供给方程。任何商品的市场需求和任何生产要素的市场供给，是由每一个居民户对每种商品需求和每种生产要素供给的简单加总。所以我们要先得到单个居民户的商品需求方程和生产要素供给方程。

用 $Q_{ih}(i=1,2,\cdots,r)$ 表示居民户 h 对商品 i 的需求量，$Q_{jh}(j=r+1,r+2,\cdots,n)$ 表示居民户 h 对生产要素 j 的供给，U_h 表示居民户 h 的效用，则居民户 h 的效用方程为：

$$U_h=U_h(Q_{1h},\cdots,Q_{rh};Q_{(r+1)h},\cdots,Q_{nh}) \tag{9-1}$$

即居民户 h 的效用既取决于其购买的各种商品的数量，也取决于其提供的各种生产要素的数量。

居民户要在收入的约束下实现效用最大化。根据居民户的收入全部来自提供要素并将收入全部用于购买产品，所以对于居民户 h，预算约束为：

$$P_{r+1}Q_{(r+1)h}+\cdots+P_nQ_{nh}=P_1Q_{1h}+\cdots+P_rQ_{rh} \tag{9-2}$$

根据约束条件求极值的方法可知，居民户 h 对每一种商品的需求和对每一种生产要素的供给都是所有商品和生产要素价格的函数，因此可得居民户 h 对每一种商品的需求方程和对每一种生产要素的供给方程分别为：

$$Q_{ih}=Q_{ih}(P_1,\cdots,P_r;P_{r+1},\cdots,P_n) \qquad (i=1,2,\cdots,r) \tag{9-3}$$
$$Q_{jh}=Q_{jh}(P_1,\cdots,P_r;P_{r+1},\cdots,P_n) \qquad (j=r+1,r+2,\cdots,n) \tag{9-4}$$

其他居民户对每一种商品的需求和每一种生产要素的供给同样是所有商品和生产要素价格的函数，将每一种商品的单个需求和每一种生产要素的单个供给简单加总，就得到每种商品的市场需求和每种生产要素的市场供给函数：

$$Q_i^d=\sum_{h=1}^{H}Q_{ih} \qquad (i=1,2,\cdots,r) \tag{9-5}$$
$$Q_j^s=\sum_{h=1}^{H}Q_{jh} \qquad (j=r+1,r+2,\cdots,n) \tag{9-6}$$

下面分析商品的供给和生产要素的需求。由于商品的供给和生产要素的需求是所有厂商在利润最大化目标下行为的结果，所以，可以从厂商利润最大化中推导出商品的供给函数和生产要素的需求函数。同样，商品的市场供给和生产要素的市场需求也可以分别由单个厂商的商品供给和生产要素需求简单加总得到，所以先分析单个厂商对商品的供给和对生产要素的需求。用 $Q_{ik}(i=1,2,\cdots,r)$ 表示厂商 K 对商品 i 的供给，$Q_{jk}(j=r+1,r+2,\cdots,n)$ 表示厂商 K 对生产要素 j 的需求，π_k 表示厂商的利润，则厂商 K 的利润方程为：

$$\pi_k=P_1Q_{1k}+\cdots+P_rQ_{rk}-(P_{r+1}Q_{(r+1)k}+\cdots+P_nQ_{nk}) \tag{9-7}$$

厂商要在既定的生产函数下进行生产，即厂商利润最大化的约束条件为既定的生产函数。厂商 K 的生产函数方程为：

$$Q_{ik}=Q_{ik}(Q_{(r+1)k},\cdots,Q_{nk}) \qquad (i=1,2,\cdots,r+1) \tag{9-8}$$

同样，根据有约束条件的极值的求解方法，可知厂商 K 对每一种商品的供给和对每一种生产要素的需求都是所有商品和生产要素价格的函数。因此可以得到厂商 K 对每一种商品的供给函数和对每一种生产要素的需求函数分别为：

$$Q_{ik}=Q_{ik}(P_1,\cdots,P_r;P_{r+1},\cdots,P_n) \qquad (i=1,2,\cdots,r+1) \tag{9-9}$$
$$Q_{jk}=Q_{jk}(P_1,\cdots,P_r;P_{r+1},\cdots,P_n) \qquad (j=r+1,r+2,\cdots,n) \tag{9-10}$$

由于其他厂商对每一种商品的供给和对每一种生产要素的需求都是所有商品

和生产要素价格的函数，所以，可得每种商品的市场供给和生产要素的市场需求函数如下：

$$Q_i^s = \sum_{k=1}^{K} Q_{ik} \qquad (i = 1,2,\cdots,r+1) \tag{9-11}$$

$$Q_j^d = \sum_{k=1}^{K} Q_{jk} \qquad (j = r+1,r+2,\cdots,n) \tag{9-12}$$

现在就可以构建一般均衡模型了，令每一种商品的市场需求等于该商品的市场供给，同时，令每一种生产要素的市场需求等于该生产要素的市场供给，即：

$$Q_i^d = Q_i^s \qquad (i=1,2,\cdots,r+1) \tag{9-13}$$

$$Q_j^d = Q_j^s \qquad (j=r+1,r+2,\cdots,n) \tag{9-14}$$

如果将商品和生产要素统统看做商品，则瓦尔拉斯一般均衡模型为：

$$\begin{aligned} &Q_1^d(P_1,\cdots,P_n) = Q_1^s(P_1,\cdots,P_n) \\ &\vdots \\ &Q_n^d(P_1,\cdots,P_n) = Q_n^s(P_1,\cdots,P_n) \end{aligned} \tag{9-15}$$

9.1.2.3 解的存在性

由以上分析可知，一般均衡存在性问题就演化为：是否存在一组价格($P_1,\cdots,P_n$)，使得等式(9-15)中 n 个方程同时成立，即方程组(9-15)是否有解。瓦尔拉斯是这样证明上述方程组有解的。瓦尔拉斯认为，上述方程组包含的 n 个方程中只有 $n-1$ 个是独立的。因为如果用 $P_1,\cdots,P_n$ 顺次去乘每一个方程，然后将这 n 个方称加起来得到一个恒等式：

$$\sum_{i=1}^{n} P_i Q_i^d \equiv \sum_{i=1}^{n} P_i Q_i^s \tag{9-16}$$

之所以是恒等式，是因为其两边代表的实际是一个量——整个经济的成交额。这个恒等式被称为瓦尔拉斯恒等式。所以式(9-16)中有一个方程可以由其余 $n-1$ 个方程推导出来。例如，根据瓦尔拉斯恒等式有：

$$P_1 Q_1^d + \sum_{i=2}^{n} P_i Q_i^d \equiv P_1 Q_1^s + \sum_{i=2}^{n} P_i Q_i^s \tag{9-17}$$

如果

$$\sum_{i=2}^{n} P_i Q_i^d = \sum_{i=2}^{n} P_i Q_i^s \tag{9-18}$$

则有：$P_1 Q_1^d = P_1 Q_1^s$，即式(9-15)中第一个式子成立。同时，瓦尔拉斯又认为，在等式(9-15)中的 n 种商品中，有一种可以被看做一般等价物(numeraire)，如果将这种商品的价格定为1，其他商品的价格采用与该商品交换比率的数值，这样(9-15)式中就只包含 $n-1$ 个未知数。瓦尔拉斯认为，$n-1$ 个相互独立的方程能够唯一确定 $n-1$ 个未知数，即存在一组价格，使得每一种商品的市场需求等于每一种商品的市场供给，亦即存在一般均衡状态。

当然，我们知道瓦尔拉斯的证明是错误的。因为，独立方程个数与未知数的个数相等并不是方程组有解的充分条件。

9.1.3 列昂惕夫的投入-产出模型

现代经济学家中，对一般均衡分析贡献最大的是投入产出模型之父——瓦西里·列昂惕夫(Wassily Leontief，1906—1999年)。与瓦尔拉斯一般均衡模型相比，投入产出模型的一个重要特征就是：他将中间产品(用于生产别种产品的产品)也纳入模型当中，每个产业不仅需要生产要素作为原始投入，而且需要其他产业的产品作为中间产品投入生产过程。基于这种相互依存的关系，投入产出分析试图确定：为生产既定数量的各种最终产品(由该产品的最后一个购买者购买的产品)，每一产业必须生产多少。它被用于预测和估计与最终产品需求相应的中间产品需求，估计对各产业生产能力的需求。

9.1.3.1 基本假设

投入产出模型除保留瓦尔拉斯一般均衡理论的假设外，又增加了一些更严格的假设：①产品价格既定，只调整产量；②生产函数为线性，规模报酬不变；③投入之间不能相互替代，交叉弹性为0。

9.1.3.2 一个简单的投入产出模型

我们假设：有这样一个只有电力、煤炭和化工三个部门的经济，每个部门所使用的其他部门的产品比例在表9-1中列出。从表9-1中的第二列可知，每一元的煤需要0.2元的电力，0.1元的煤和0.7元的劳动力。

表9-1 每元的产出所需投入的数量 元

投入种类	产品种类		
	电力	煤炭	化工产品
电力	0.2	0.2	0.2
煤炭	0.4	0.1	0.2
化工产品	0.2	0.0	0.1
劳动	0.2	0.7	0.5
总计	1.0	1.0	1.0

假定这个经济对作为最终产品的电力、煤炭和化工产品的需求量分别为 1 亿元、3 000 万元和 4 000 万元对应的数量。投入产出分析所要解决的问题是：为了实现这一需求目标，每种产品（既包括用于最终产品的数量，也包括用于中间产品的数量）的产量应该是多少？首先，我们考虑煤炭的需要量。我们用 E 表示电力的产量，C 表示化工产品的产量，X 表示煤炭的产量，L 表示所需劳动的数量（单位均为百万元）。则根据表 9-1 投入种类的第二横行，可得煤的需求量的表达式为：

$$X=0.4E+0.1X+0.2C+30 \tag{9-19}$$

同理可得电力和化工产品所需产量的表达式：

$$E=0.2E+0.2X+0.2C+100 \tag{9-20}$$

$$C=0.2E+0.0X+0.1C+40 \tag{9-21}$$

$$L=0.2E+0.7X+0.5C \tag{9-22}$$

求解由方程(9-19)至方程(9-22)组成的方程组可得（保留整数）：$X=131$，$E=178$，$C=84$，$L=169$，即要想提供作为最终产品的 1 亿元的电力、3 000 万元的煤炭和 4 000 万元的化工产品，需要生产 13 100 万元的煤炭、17 800 万元的电力、8 400 万元的化工产品，还需要 16 900 万元的劳动力。

投入-产出模型的提出有重大的理论意义与实践意义，可以帮助人们理解社会经济联系的复杂性，借助数学工具来分析人们的直觉难以解决的问题。但在前面所提到的投入-产出分析的前提使该方法的运用有了局限。为了使投入-产出分析表能发挥更大的作用，消除影响发挥作用的局限，经济学家、数学家们作了很多尝试。特别是第二次世界大战以后，随着运筹学、计量经济学为核心的数学方法的发展以及在各经济学科的渗透，投入-产出分析方法也呈现出一些新的发展趋势，具体表现在以下几方面：①投入-产出分析中使用线性规划法，使其具有“最优”思想。②在投入-产出分析中引入资本系数，使其具有动态化的思想。③通过扩展投入-产出模型，把许多外生变量内生化，提高投入-产出分析的应用价值。④投入-产出分析方法在应用领域上存在着多元化的趋向，既可以研究区域经济，又可以研究国际经济，编制“综合国际投入-产出表”等。

9.2 福利经济学

通过上一节的分析，可以知道，在完全竞争的市场经济中能够实现一般均衡状态。但是，这种一般均衡状态下的资源配置是不是具有经济效率呢？即是否存在其他更好的经济状态，使得社会的每个人从而整个社会的“福利”会更大一些呢？这就引出了经济学的一个分支——福利经济学。

所谓一个人的福利指的是人生在世的各种各样的欲望或需要所获得的满足和由此感受到的生理的或心理的幸福或快乐。幸福和快乐亦即经济学所指的使用价值或效用，它不仅涉及人的物质生活需要，而且包括精神生活需要，诸如音乐艺术的享受、家庭的天伦之乐、夫妻朋友的爱情和友谊，以及“平等”、“自由”、“团结”、“互助”、“公正”、“安全”乃至宽松和谐的社会环境等。

福利经济学研究整个经济的资源配置与个人福利的关系，特别是市场经济的资源配置与福利的关系，以及与此有关的各种政策问题。福利经济学涉及什么是经济效率、判断经济效率的标准、实现经济效率所需具备的条件、什么样的资源配置是最优的以及应该实行什么样的政策来增加整个社会的福利等问题，要想解决这些问题，要求必须从一定的价值判断标准出发，即什么是正确的，而什么又是错误的，所以说福利经济学属于规范分析。

9.2.1 判断经济效率的标准

要想确定一种资源配置是否具有经济效率，首先要知道什么是经济效率？经济效率的判断标准是什么？下面我们拿一个简单的例子来讨论这些问题。

假设整个社会中只有甲和乙两个人，并假设只有两种资源配置状态 A 和 B，还假设甲、乙两人都可以判断两种资源配置状态 A 和 B 的优劣，即对甲或乙来说，或者 $A>B$，或者 $A=B$，或者 $A<B$，三者必具其一。其中“$>$”、“$=$”、“$<$”分别表示“优于”、“无差异”、“劣于”。问题在于，对于整个社会来说，A 和 B 哪一种状态优，哪一种状态劣呢？由于甲和乙都有三种可能的选择，整个社会就存在 9 种选择状态：

1. $A>B, A>B$；2. $A>B, A=B$；3. $A>B, A<B$；

4. $A=B, A>B$；5. $A=B, A=B$；6. $A=B, A<B$；

7. $A<B, A>B$；8. $A<B, A=B$；9. $A<B, A<B$。

按照甲和乙的不同态度，可以将这九种状态分成三大类，甲和乙意见完全相同、甲和乙意见基本一致、甲和乙意见完全相反。

甲和乙意见完全相同，包括状态 1、5、9。此时，自然可以认为甲和乙的共同意见就是整个社会的意见。那么，状态 1、5、9 分别表示对于整个社会来说，A 优于 B、A 与 B 无差异和 A 劣于 B。

甲和乙意见基本一致，包括状态 2、4、6、8。由甲和乙意见基本一致也可以得到整个社会的判断。如对于状态 2，甲认为 A 优于 B，乙认为 A 与 B 无差异，那么，如果使资源配置状态由状态 B 变为状态 A，会使甲感觉状况变好，而乙感觉状况没有改变，因此这种变动的净结果是增加了甲的福利，也就是增加了整个社会的福利。同理，对于状态 4、6、8，整个社会的福利分别是 $A>B$、$A<B$、$A<B$。

甲和乙意见完全相反的情况，包括 3、7。对于这种情况，除非社会在甲、乙的意见之间存在偏好（如：对整个社会来说，甲的意见更重要），否则，便不能形成整个社会的意见，即从社会的角度来看，A、B 两种资源配置状态的优劣是无法比较的，也就是说，没有任何客观的标准能够对这种状态下整个社会资源配置的优劣进行评判。

总结以上分析的结果，便可得出两人组成的社会在两种可能的资源配置状态中的一种选择标准：如果两人中至少有一人认为 A 优（或劣）于 B，而没有人认为 A 劣（或优）于 B，则认为从社会的观点看，亦有 A 优（或劣）于 B。如果两人都认为 A 与 B 无差异，则从整个社会来看，亦有 A 与 B 无差异。

将上述结论推广到由许多人组成社会、有许多种资源配置状态的一般情况，社会的选择标准的表述为：

如果至少有一人认为 A 优于 B，而没有人认为 A 劣于 B，则认为从社会的观点看亦有 A 优于 B。

这就是所谓的帕累托最优状态标准，简称帕累托标准。

有了帕累托最优状态标准，我们就可以对资源配置状态的改变做出“好”或“坏”的判断：如果由一种资源配置状态转变为另一种资源配置状态会使社会上至少一人的状况变好，而没有使其他人的状况变坏，则认为这种资源配置状态的改变是“好”的，否则，就是“坏”的。并且，称以帕累托标准衡量的“好”的状态改变为帕累托改进。在帕累托最优状态标准和帕累托改进的概念基础上，我们就可以定义什么是“‘最优’资源配置”，如果对于既定的资源配置状态，所有的帕累托改进均不存在，即在该状态上，任意改变都不可能使至少一个人的状况变好而又不使任何人的状况变坏，则称这种资源配置状态为帕累托最优状态。换言之，如果对于某种既定的资源配置状态，还存在帕累托改进的可能，即在该状态上，还存在某种（或某些）改变可以在保证任何人状况不变坏的条件下使至少一人的状况变好，那么这种资源配置状态就不是帕累托最优状态。帕累托最优状态又称作经济效率，即满足帕累托最优状态的资源配置就是具有经济效率的；反之，不满足帕累托最优状态的资源配置就是缺乏经济效率的。

9.2.2 帕累托最优的实现条件

学术界对于帕累托最优状态的存在性及合理性还存在一定的分歧，但这丝毫没有影响其在福利经济学领域中作为国家判断福利标准的重要地位，因此，帕累托最优状态的实现条件仍然是福利经济学的主要内容之一。帕累托最优状态实现的条件主要包括交换的最优条件、生产的最优条件以及交换和生产的最优条件。

9.2.2.1 交换的帕累托最优条件

所谓交换的帕累托最优条件是指：整个社会的产品在消费者之间进行分配，当满足什么条件时，产品的分配状态可以实现帕累托最优。为了使问题简化，我们仍然假设一个由两种产品在两个消费者之间进行分配组成的经济，在此基础上推导出两种产品在两个消费者之间进行分配的帕累托最优条件，然后将其推广到多种产品在多个消费者之间进行分配的一般情况。

假设经济中只有两种产品 X、Y，他们的数量都是既定的，这两种产品在两个消费者 A 和 B 之间进行分配。那么，什么样的分配状态是满足帕累托最优的呢？

我们需要用到一种叫做埃奇渥斯盒状图的工具，见图 9-2。埃奇渥斯盒状图是由两个平面直角坐标系的第一象限组成，将其中一个旋转 180°与另一个对接。每一个坐标系的横轴都代表 X 商品的数量，纵轴都代表 Y 商品的数量。O_A 表示消费者 A 的消费原点，O_B 表示消费者 B 的消费原点。则 O_AX_A 表示消费者 A 对商品 X 的消费量，O_AY_A 表示消费者 A 对商品 Y 的消费量。同理，O_BX_B 表示消费者 B 对商品 X 的消费量，O_BY_B 表示消费者 B 对商品 Y 的消费量。因此埃奇渥斯盒状图中（包括边界）的每一个点都代表商品 X、Y 在消费者 A、B 间的分配情况，并且盒中（包括边界）的所有的点涵盖了两种商品在两个消费者之间分配的所有可能状态。下面我们就分析一下，盒中的哪些点所代表的分配情况是满足帕累托最优状态的。

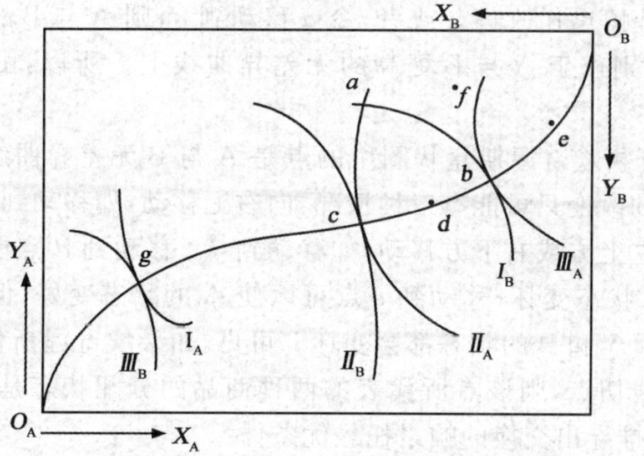

图 9-2 交换的埃奇渥斯盒状图

由于消费者从消费商品中所得到的满足程度的增加或状况的改善是由无差异曲线位置的变化来描述的，所以将无差异曲线引入埃奇渥斯盒状图来分析交换的帕累托最优条件。I_A、II_A、III_A分别代表消费者A的三条无差异曲线，I_B、II_B、III_B为消费者B的三条无差异曲线。需要说明的是，由于将消费者B的坐标系旋转了180°，所以消费B者的无差异曲线也旋转了180°，而且，离O_B越远代表给消费者B带来的满足程度越大。

由于埃奇渥斯盒状图中的任何一个点都代表两种产品在A和B之间的一种分配状态，因此，埃奇渥斯盒状图中的任何一个点一定是A、B无差异曲线的公共点。A与B无差异曲线的公共点无非两种情况：①A与B无差异曲线的交点；②A与B无差异曲线的切点。我们先分析第一种情况。

现在埃奇渥斯盒状图中任选一点代表两种产品在两个消费之间的一个初始分配，如a点，假设它是消费者A的无差异曲线II_A消费者B的无差异曲线I_B的交点。显然，a点不是帕累托最优状态。因为，如果让点a沿无差异曲线I_B向下移动，如移动到b点，此分配状态的改变使得A的状况改善，因为b点位于A的更高的无差异曲线III_A上；而消费者B的状态却没有变化，即没有变坏，因为b和a位于消费者B的同一条无差异曲线I_B上。也就是说，当埃奇渥斯盒状图中的点是消费者A与B无差异曲线的交点时，存在帕累托改进的可能，所以它所代表的产品分配状态不是帕累托最优。实际上，在这种分配状态存在多种帕累托改进。拿a点来说，除了沿无差异曲线I_B移动外，还可以令其沿无差异曲线II_A移动，如移动到c点，结果是改善了B的状况，因为c点位于B的更高的无差异曲线II_B上；却没有使A的状况变坏，因为c和a位于A的同一条无差异曲线上。因此，由a到c的变动也是帕累托改进。或者，令a移动到d，则A与B的状况都得到了改善，因为d点分别位于A与B更高的无差异曲线上。所以，由a到d也是帕累托改进。

下面我们分析埃奇渥斯盒状图中的点是A与B无差异曲线切点的情况。如点b，分配状态的改变只可能有三种情况：向右上移动，如移动到d；向左下方移动，如移动到e；向左上方或右下方移动，如移动到f。移动到d点能够使B的状态改善，但会造成A状态变坏；移动到e点可以使A的状态变好，但会造成B状态变坏；移动到f点，A和B的状态都会变坏。可见，如果埃奇渥斯盒状图中的点是A与B无差异曲线切点，则该点所代表的两种商品的分配状态是帕累托最优状态。由此，我们可以推导出交换的帕累托最优条件。

b点是帕累托最优状态，b点是A的无差异曲线III_A与B的无差异曲线I_B的切点，那么，A的无差异曲线III_A的过b点的切线的斜率等于B的无差异曲线I_B的过

b 点的切线的斜率。而无差异曲线上点的切线的斜率就是两种商品分别对于 A 和 B 的边际替代率，所以交换的帕累托最优条件是：

$$MRS_{XY}^{A}=MRS_{XY}^{B} \tag{9-23}$$

其中，MRS_{XY}^{A}表示对消费者 A 来说的商品 X 对商品 Y 的边际替代率；MRS_{XY}^{B}表示对消费者 B 来说的商品 X 对商品 Y 的边际替代率。值得注意的是：等式(9-23)是交换的帕累托最优的必要条件，但非充分条件，即交换的帕累托最优一定满足等式(9-23)，但是，满足等式(9-23)的两种产品的分配状态并不一定都是帕累托最优的，因为无差异曲线不都是凸向原点的。

从图 9-2 可知，满足等式(9-23)的点不止一个，如除了 b 点，还有 c 点、g 点。也就是说，交换的帕累托最优状态不止一个。将所有代表交换的帕累托最优状态的点连接起来，即图 9-2 中的曲线 O_AO_B，叫做交换的契约曲线(或交换的效率曲线)，他表示两种产品在两个消费者之间的所有最优分配(即帕累托最优状态)的集合。

应该指出的是，尽管在交换的契约曲线上的点都是帕累托最优的，但是对于不同的点来说，整个社会的福利在两个消费者间的分配是不同的，如 b 点和 c 点。但是，根据帕累托最优标准，我们无法判断交换的契约曲线上哪一点的福利分配更好。因为，从交换的契约曲线上的一点向另一点移动都会使一个人的状况变好，而同时使另一个人的状况变坏，如由 b 点到 c 点，B 的状况变好了，而 A 的状况变坏了。而根据帕累托标准，这种情况下，交换的契约曲线上的点之间是无法比较优劣的。

但如果社会具有明显的关于福利分配的偏好，例如，社会目前的福利分配偏好是宁愿牺牲 A 的利益而使 B 变得好起来，那么，对于整个社会来说，就可以认为 c 点的产品分配要优于 b 点的产品分配。

最后，对于多种产品在多个消费者之间进行分配的情况，实现交换的帕累托最优条件为：任何两个消费者对任意两种商品的边际替代率都相等。这同样只是必要条件。

9.2.2.2 生产的帕累托最优

在讨论完交换的帕累托最优条件后，我们接下来讨论生产的帕累托最优条件。生产的帕累托最优条件研究的是当生产要素在厂商之间进行分配时，分配状态满足什么条件时，这种分配状态是帕累托最优状态。同样，我们以一个两种生产要素在两个厂商之间进行分配的简单模型进行分析，然后将结论推广到多种生产要素在多个厂商间进行分配的一般情况。假设只有两种生产要素 L 和 K，他们的数量是既定的；经济中只有两个厂商 C 和 D。于是要素 L 和 K 在厂商 C 和 D 之间的分配情况已可以用埃奇渥斯盒状图来表示，见图 9-3。

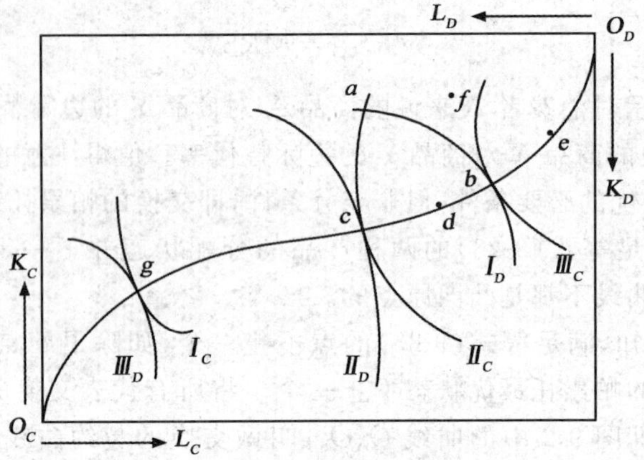

图 9-3 生产的埃奇渥斯盒状图

Q_C 为厂商 C 对两种生产要素消费的原点，O_D 为厂商 D 对两种生产要素消费的原点。盒子的水平长度代表经济中生产要素 L 的数量，垂直高度代表生产要素 K 的数量。O_CL_C 表示厂商 C 对要素 L 的消费数量，O_CK_C 表示厂商 C 对要素 K 的消费数量；O_DL_D 表示厂商 D 对要素 L 的消费数量，O_DK_D 表示厂商 D 对要素 K 的消费数量。因此，盒子中(包括边界)的每一个点都与生产要素 K 和 L 在厂商 C 和 D 之间的每一种分配状态一一对应。由于由两个厂商组成的社会的状况由该社会既定生产要素所能生产出来的产品数量决定，所以，引入两个厂商生产函数的信息，即等产量曲线。I_C、$Ⅱ_C$、$Ⅲ_C$代表厂商 C 的三条等产量曲线，代表的产量$Ⅲ_C > Ⅱ_C > I_C$；I_D、$Ⅱ_D$、$Ⅲ_D$代表厂商 D 的三条等产量曲线，代表的产量$Ⅲ_D > Ⅱ_D > I_D$。

盒中(包括边界)的哪些点是帕累托最优的呢？因为盒中(包括边界)的每一个点都代表要素 L、K 在厂商 C、D 之间的一个分配状态，所以盒中(包括边界)的任何一个点都是厂商 C 的一条等产量曲线和厂商 D 的一条等产量曲线的公共点，或者是两条等产量曲线的交点，或者是两条等产量曲线的切点。

在埃奇渥斯盒状图中任选一点作为生产要素在厂商 C、D 之间的一个初始分配状况，如 a 点，并假设 a 点是厂商 C 的等产量曲线$Ⅱ_C$和厂商 D 的等产量曲线I_D的交点。容易得到，点 a 不是帕累托最优的，因为 a 点还存在帕累托改进的余地。如令 a 沿等产量曲线I_D向下方移动，如移动到 b 点，则厂商 C 的产量增加了，因为 b 点位于厂商 C 的更高的等产量曲线$Ⅲ_C$上，即厂商 C 的状况得到了改善;而厂商D的产量没有变,仍然是等产量曲线I_D代表的产量,即厂商D的状况没有变坏。所以,由a到b的变化是帕累托改进,说明处于等产量曲线交点上的盒内(包括边界)的点不是帕累托最优的。实际上,a点的帕累托改进绝不仅仅这一条途径。如还可以让a沿等产量曲线II_C向下方移动,如移动到c点,在此过程中,厂商D的状况得到了改善,因为c点位于D的更高的等产量曲线II_D上;而厂商C的状况没有变坏,因为c与a位于厂商C的同一条等产量曲线II_C上。因此,由a到c的变化也是帕累托改进。再比如,令a移动到d,因为d分别位于厂商C和D的更高的等产量曲线上,厂商C和D的状态都得到了改善,所以,由a到d也是帕累托改进。

现在来看盒中(包括边界)处于两厂商等产量曲线切点的情况,如b点。对于b点来说,生产要素分配状态的改变只可能有三种情况:①向左下方移动,如移动到d点;②向右上方移动,如移动到e点;③向左上方或向右下方移动,如移动到f点。第一种情况会使厂商D的状况改善,但却使厂商C的状况变坏;第二种情况会使厂商C的状况改善,但却使厂商D的状况变坏;第三种情况会同时使厂商C和D的状况都变坏。所以。当盒中(包括边界)的点是两厂商等产量曲线切点时,不存在任何帕累托改进的余地,则此时的要素分配状态是帕累托最优状态。

由以上的分析可以推导出两种生产要素在两个厂商之间进行分配的生产的帕累托最优条件。如果某生产要素的分配状态是帕累托最优状态,则必须满足该点是厂商C、D的两条等产量曲线的切点,即过该点的厂商C的等产量曲线切线的斜率与过该点的厂商D的等产量曲线切线的斜率相等。由前面的学习可知,厂商C的等产量曲线的斜率是厂商C的边际技术替代率,而厂商D的等产量曲线的斜率是厂商D的边际技术替代率,因此可以得到两种生产要素在两个厂商之间进行分配的生产的帕累托最优条件为:

$$MRTS_{LK}^{C}=MRTS_{LK}^{D} \tag{9-24}$$

其中,$MRTS_{LK}^{C}$为厂商C的边际技术替代率,$MRTS_{LK}^{D}$为厂商D的边际技术替代率。如同交换的帕累托最优条件,等式(9-24)也是两种生产要素在两个厂商之间进行分配的生产的帕累托最优的必要条件,但非充分条件,即生产的帕累托最优的点都满足等式(9-24),但是,满足等式(9-24)的点不一定都是生产的帕累托最优的。因为等产量曲线也不一定总是凸向原点。

根据生产的帕累托最优条件可知,满足生产帕累托最优条件的两种生产要素的分配状态不是唯一的,如图9-3中的c点、g点。将埃奇渥斯盒状图中所有满足生产的帕累托最优条件的点连起来,即图9-3中的曲线O_CO_D叫做生产的契约曲线（或生产的效率曲线），它表示两种生产要素在两个厂商之间的所有最优分配（即帕累托最优）状态的集合。

同交换的契约曲线一样，生产的契约曲线上不同点所表示的福利在两个厂商之间的分配也不同，而根据帕累托标准同样无法比较生产的契约曲线上不同点的福利分配的优劣。因为，如 b 点和 c 点，由 b 到 c 厂商 D 的状况改善了，而厂商 C 的状况变坏了，根据帕累托最优标准 b 和 c 是无法比较优劣的。除非社会对福利在 C 和 D 之间的分配有偏好，比如，社会偏好使 C 的状况变坏而换取 D 状况的改善，那么，就可以说从 b 到 c 整个社会的福利增加了。

对于多种生产要素在多个厂商间进行分配的情况，生产的帕累托最优条件为：任意两种生产要素的边际技术替代率对任何两个厂商都相等。这个条件同样只是必要条件。

9.2.2.3 交换和生产的帕累托最优条件

在前两部分内容里分别讨论了交换的帕累托最优条件和生产的帕累托最优条件，当交换和生产的状态分别实现帕累托最优时，说明，单独来看，产品的分配是具有经济效率的，生产要素的分配也是具有经济效率的。但是，是否能说交换和生产帕累托最优的条件，即产品分配和生产要素分配都具有经济效率的条件仅仅是交换的帕累托最优条件与生产的帕累托最优条件的简单并列吗？答案是否定的。因为，在讨论交换的帕累托最优条件时，假定既定的商品数量是社会中的厂商生产出来的；在讨论生产的帕累托最优条件时，假定既定的要素数量是由社会的消费者提供的。也就是说生产和交换是相互联系的。所以，交换和生产单独来看分别具有经济效率，并不等于将交换和生产综合起来也具有经济效率。下面就讨论生产和交换综合起来的帕累托最优条件。

为了把交换和生产结合在一起加以讨论，我们将前面分别研究它们时所作的假定也合并如下：整个经济只有两个消费者 A、B 和两个厂商 C、D。厂商 C 和 D 利用两种生产要素 L 和 K 生产两种产品 X 和 Y，假设厂商 C 生产产品 X，厂商 D 生产产品 Y。X、Y 两种产品在消费者 A 和 B 间进行分配。

假定消费者的偏好即无差异曲线既定不变，厂商的生产函数即等产量曲线也既定不变。在讨论生产和交换的帕累托最优条件时需要用到另一种工具——生产可能性曲线，下面先对它予以介绍。

1. 生产可能性曲线

我们在分析生产的帕累托最优条件时谈到，生产的契约曲线上的每一点均表示两种要素在两个生产者之间分配的帕累托最优状态。但是，生产的契约曲线还向我们提供了另一有用的信息：生产的契约曲线上的每一点都是厂商 C 和厂商 D

的等产量曲线的切点，如图 9-3 中的 b，即 b 既在等产量曲线 $Ⅲ_C$ 上，又在等产量曲线 I_D 上，即点 b 对应着一组商品 X、Y 的产量。并且是帕累托标准下的最优产量，因为对于 b 点来说，要增加 X 产品产量，就不得不减少 Y 产品产量。因此，可以说，生产的契约曲线上的每一个点都代表对应于两种生产要素在两个厂商之间的一个最优分配状态的两种商品的一组最优产量。

见图 9-4，将生产契约曲线上每一个点对应的两种商品的数量描绘在以商品 X 的数量为横轴、商品 Y 的数量为纵轴的坐标系中，得到的轨迹 PP' 就是生产可能性曲线（或产品转换曲线）。生产可能性曲线表明整个经济的投入和技术水平既定时，两种产品最优产出量的集合。

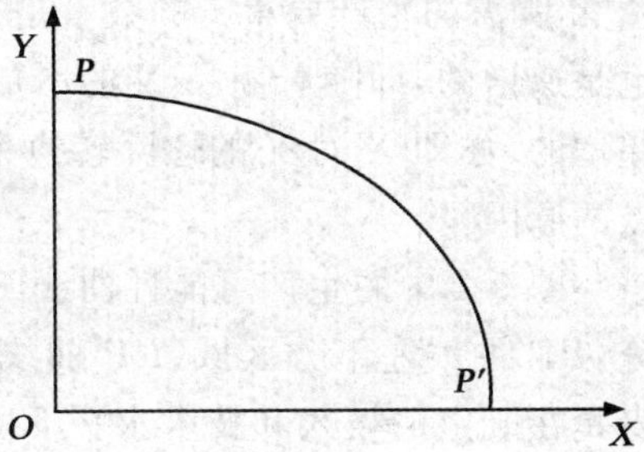

图 9-4 生产可能性曲线

生产可能性曲线有两个特点：第一，向右下方倾斜；第二，凹向原点。向右下方倾斜表示在投入和技术水平既定的条件下，多生产一种产品必须放弃另一种商品的产量。这是由于生产可能性曲线是在投入和技术水平既定的条件下，整个社会所能生产出的两种产品的最大产量。所以多生产一种产品，就必须减少另一种产品的产量。这种反向变化关系说明最优产出的两种产品之间的一种“转换”关系，这正是生产可能性曲线又叫做产品转换曲线的原因。如果设商品 X 的变动量为 ΔX，商品 Y 的变动量为 ΔY，则他们的比率的绝对值 $|\Delta Y/\Delta X|$ 可以用来衡量 1 单位 X 商品转换为 Y 商品的比率。该比率的极限被定义为 X 商品对 Y 商品的边际转换率，记为 MRT_{XY}，即：

$$MRT_{XY}=\lim_{\Delta x\to 0}\left|\frac{\Delta Y}{\Delta X}\right|=\left|\frac{\mathrm{d}Y}{\mathrm{d}X}\right| \tag{9-25}$$

因此，产品的边际转换率就是生产可能性曲线的斜率的绝对值。

那么，为什么生产可能性曲线又是凹向原点的呢？生产可能性曲线凹向原点表示随着 X 商品产量的增加，X 对 Y 的边际转换率是递增的，其原因在于边际报酬递减规律的存在。为了分析的方便，我们假定生产任何数量的任何一种产品所需投入的生产要素 L 和 K 的比例是固定不变的，这样就可以将生产要素 L 和 K 看成是一种生产要素 λ，一单位的 λ 中包含固定比例的 L 和 K。随着 X 产品产量的提高，在 X 产品上投入的生产要素 λ 的数量就越来越多。

根据边际报酬递减规律，多投入一单位生产要素 λ 在 X 商品上所带来的边际产量是递减的，即多生产一单位 X 商品所消耗的 λ 数量是递增的。如果此时保持

商品 Y 的边际产量不变，则多生产一单位 X 商品所消耗的 λ 数量，随着 X 商品的增加，能够生产越来越多的商品 Y，即多生产一单位 X 所需放弃的 Y 的数量随着 X 产量的增加是递增的。而且，实际上，当 X 商品的产量增加时必须减少商品 Y 的产量。随着 Y 商品产量的增加，根据边际报酬递减规律，一单位生产要素 λ 能够生产的 Y 商品数量是递增的。综合两种效果，随着商品 X 的增加，多生产一单位 X 所需的生产要素 λ 的数量是递增的，而每一单位 λ 所能生产的商品 Y 的数量也是递增的，即随着商品 X 的增加，多生产一单位 X 所需放弃的商品 Y 的数量是递增的，亦即 X 对 Y 的边际转换率是递增的。这就说明了生产可能性曲线凹向原点的原因。

图 9-4 中的生产可能性曲线 PP' 将整个产品空间分为三个互不相交的组成部分：PP' 曲线左下方区域、PP' 曲线本身及 PP' 曲线右上方区域。由于 PP' 曲线本身是在既定的投入和技术水平下所能生产的两种产品的最大产量，所以 PP' 曲线右上方区域的产品组合是在现有的投入和技术水平下所达不到的。因此，PP' 曲线右上方区域被称为“生产不可能性区域”。PP' 曲线左下方区域的商品组合虽然是在现有的投入和技术水平下所能生产出来的，但是却不是最大产量。因此，PP' 曲线左下方区域被称为“生产无效率区域”。这样，在现有的投入和技术水平下，生产的可行范围就是 PP' 曲线左下方区域和 PP' 曲线本身。因此，生产可能性曲线又叫做生产可能性边界。

2. 生产和交换的帕累托最优条件

下面就用生产可能性曲线和埃奇渥斯盒状图来分析生产和交换的帕累托最优条件。

如图 9-5 所示，在生产可能性曲线 PP' 上任选一点 O_B，O_B 对应于生产的契约

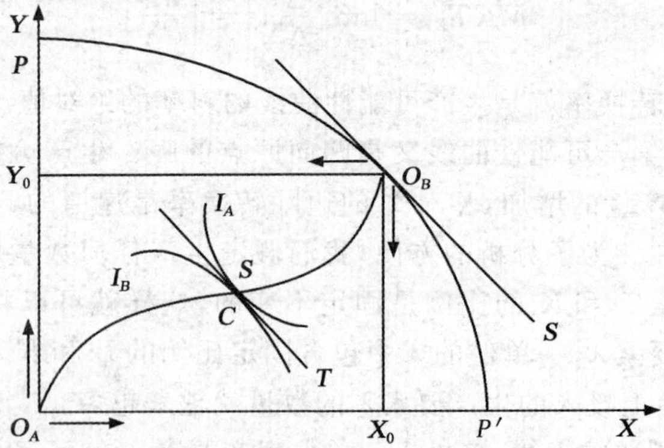

图 9-5 生产和交换的最优

曲线上的一点，因此，O_B 是生产的帕累托最优状态。我们还知道，O_B 还代表两种生产要素在此最优分配状态下所对应的最优的产出（X_0，Y_0）。接下来需要考虑的问题就是：将产品（X_0，Y_0）分配给消费者 A 和 B，如何分配能够实现生产和交换的帕累托最优。为此，过 O_B 分别作 X 轴和 Y 轴的平行线 O_BY_0 和 O_BX_0 分别交 Y 轴于 Y_0、交 X 轴于 X_0。矩形 $O_AX_0O_BY_0$ 构成一个交换的埃奇渥斯盒状图。其中，曲线 O_AO_B 是两种产品数量为（X_0，Y_0）时的交换契约曲线，因此，O_AO_B 上的每一个点都是交换的帕累托最优状态。那么，曲线 O_AO_B 上哪一点才能实现 O_B 的同时最优呢？过点 O_B 作生产可能性曲线 PP' 的切线 S，再过无差异曲线 I_A 和 I_B 的切点 C 作 I_A 和 I_B 共同的切线 T。如果 S 与 T 不平行，即厂商 A、B 在 C 点的边际替代率与 O_B 的边际转换率不相等，则不能实现生产和交换的帕累托最优。假设厂商 A、B 在 C 点的边际替代率等于 2，而 O_B 处的边际转换率为 1，这意味着厂商 A 和 B 愿意放弃 2 单位的产品 Y 换取 1 单位的产品 X，而生产者却可以少生产 2 单位的商品 Y 而多生产 2 单位的商品 X。那么生产者减少 2 单位 Y 的生产，并将多生产的 2 单位 X 中的一单位给消费者，就能满足消费者满足程度不变，那么，多出来的一单位 X 使社会的福利增加了，即当边际替代率大于边际转换率时，存在帕累托改进。同理可知，当边际替代率小于边际转换率时，也存在帕累托改进，即：只要边际替代率不等于边际转换率，就不能实现生产与交换的帕累托最优。由数学知识可知，它的逆否命题也是真的，即：生产和交换的帕累托最优满足边际替代率等于边际转换率。这就是生产和交换的帕累托最优的条件：

$$MRS_{XY}=MRT_{XY} \tag{9-26}$$

同样，等式(9-26)也只是生产和交换帕累托最优的必要而非充分条件。

将该结论推广到多个消费者、生产者和多种商品、多种生产要素的一般情况，生产和交换的帕累托最优条件为：任何两种产品的边际转换率等于它们的边际替代率。用公式表示为：

$$MRS_{X_iY_i}=MRT_{X_iY_i} \tag{9-27}$$

式中的 X_i、Y_i 代表任意的不同商品，$i=1,2,\cdots,m$。

9.2.3 一般均衡和帕累托最优状态

在本章前面的内容中已经说明了在完全竞争的市场条件下存在着一般均衡状态。那么，完全竞争下的一般均衡状态是否是帕累托最优呢？西方经济学的基本结论是：任何完全竞争经济的一般均衡状态都是帕累托最优状态，同时，任意帕累托最优状态也都可由一套竞争价格来实现。这就是帕累托于 1930 年提出的福利经济学第一和第二定理。

9.2.3.1　**福利经济学第一定理**

在完全竞争条件下，如果市场达到了一般均衡，该经济的资源配置有帕累托效率。

通过消费者均衡理论我们知道，消费者效用最大化必须满足对于任何一个消费者来说，任意两种产品的边际替代率与这两种产品价格的比率相等。比如，有两个消费者 A 和 B，消费两种产品 X 和 Y，MRS_{XY}^{A} 为消费者 A 的 X 对 Y 的边际替代率，MRS_{XY}^{B} 为消费者 B 的 X 对 Y 的边际替代率，P_X、P_Y 分别为商品 X 和 Y 的价格。实现消费者效用最大化时，对 A 来说，有：

$$MRS_{XY}^{A}=\frac{P_X}{P_Y} \tag{9-28}$$

对 B 来说，因为在完全竞争的条件下，任何消费者对同样的商品都要面对同样的价格，所以有：

$$MRS_{XY}^{B}=\frac{P_X}{P_Y} \tag{9-29}$$

由此可得：

$$MRS_{XY}^{A}=MRS_{XY}^{B} \tag{9-30}$$

这就证明了完全竞争下的一般均衡状态满足交换的帕累托最优的必要条件。

根据生产者均衡理论，利润最大化要求生产者在进行资源配置时要保证任何两种生产要素 K 和 L 的边际技术替代率等于它们的价格之比，即 $MRTS_{LK}=P_L/P_K$，其中，P_L 和 P_K 分别表示要素 L 和 K 的价格，$MRTS_{LK}$ 表示要素 L 对 K 的边际技术替代率。在完全竞争的要素市场上，所有厂商面对同样的要素价格，他们都按这个条件决定自己的生产要素组合，使得生产要素在他们之间的配置必定满足生产的最优条件，也即对于厂商 C 和 D 有：

$$MRTS_{LK}^{C}=\frac{P_L}{P_K}=MRTS_{LK}^{D} \tag{9-31}$$

这也就证明了完全竞争下的一般均衡状态满足生产的帕累托最优的必要条件。

最后来证明完全竞争的一般均衡满足生产和交换的帕累托最优的必要条件，即须证明完全竞争下的一般均衡状态对于任意两种商品 X、Y 满足等式 $MRS_{XY}=MRT_{XY}$。前面提到过：在完全竞争的条件下，由于每一个消费者都是商品价格的接受者，所以在实现一般均衡时，所有消费者的对商品 X、Y 的消费都满足 MRS_{XY}

$=P_X/P_Y$。而在完全竞争条件下的一般均衡状态下，所有厂商都实现了利润最大化。厂商实现了利润最大化时，满足产品的价格等于其边际成本，即：

$$MC_X=P_X \quad MC_Y=P_Y \tag{9-32}$$

亦即：

$$\frac{MC_X}{MC_Y}=\frac{P_X}{P_Y} \tag{9-33}$$

因此，下面只需证明：$MRT_{XY}=MC_X/MC_Y$ 就可以了。

由前面的分析可知：$MRT_{XY}=|\Delta Y/\Delta X|$。

该等式表示：边际转换率被定义为在整个经济的资源和技术水平既定时，在保证生产两种产品的产出最大的条件下，多生产一单位商品 X 所必须放弃的 Y 商品数量。多生产一单位商品 X 所用到的生产要素数量是生产一单位商品 X 的边际成本，那么，多生产 ΔX 单位的商品 X 所用到的生产要素数量也可以看做是生产 ΔX 单位商品 X 的边际成本。而多生产 ΔX 单位商品 X 所用到的生产要素数量恰恰是放弃 ΔY 单位 Y 商品的生产所"释放"出来的生产要素数量。所以，ΔY 可以看做是生产 ΔX 单位商品 X 的边际成本，即可以用 MC_X 来代替上面等式中的 ΔY。同理，也可以用 MC_Y 代替 ΔX。因此，有：

$$MRT_{XY}=\left|\frac{MC_X}{MC_Y}\right| \tag{9-34}$$

综合等式 $MRS_{XY}=P_X/P_Y$、式(9-33)、式(9-34)可得：$MRS_{XY}=MRT_{XY}$，即完全竞争下的一般均衡状态满足生产与交换的帕累托最优的必要条件。至此，我们就说明了完全竞争下的一般均衡状态是帕累托最优状态。

福利经济学第一定理能够保证市场主体的效率最大化，但不能保证市场资源分配是公正的，初始禀赋中，将所有的东西都给予 A 会是帕累托有效的，而将所有的东西都给予 B 也一样。所以福利经济学第一定理表明市场的蛋糕会越做越大，但却没有说谁会得到哪一块。那么给定帕累托有效的资源配置情况，价格会稳定吗？这样的分配是市场均衡吗？福利经济学第二定理对此给出的答案是肯定的。

9.2.3.2 福利经济学第二定理

若偏好是凸的，任何帕累托有效的资源配置都是市场均衡。

福利经济学第二定理表明，作为竞争性均衡，任何帕累托有效的资源配置都可以维持。这意味着公平和效率的问题是可以分离的。因此，福利经济学第二定理的另一种表述是:公平和效率间不存在内在的取舍。

福利经济学的两个定理表明,帕累托最优是由市场均衡来实现的,市场均衡与帕累托最优具有一致性,收入分配方案在市场竞争均衡中发挥着重要作用,调整收入分配方案可以改变帕累托最优的位置,使资源配置达到预期的结果。

9.2.4 社会福利函数

通过前面的分析可以看到,生产可能性曲线上的每一个点都对应着一个满足帕累托最优三个必要条件的点。由于生产可能性曲线上的点有无穷多个,那么满足帕累托最优的三个必要条件的点或者说状态就有无穷多个。因此,帕累托最优的三个条件并不是对资源最优配置的完整描述,因为帕累托标准无法判定收入分配状态的优劣。依据帕累托最优标准无法确定满足帕累托最优三个条件的无穷多个点中,哪一个可以实现最大的社会福利。因为,按照帕累托最优标准,这些点的优劣是无法比较的。但是,满足帕累托最优三个条件的这许多资源的配置状态中,有的状态下收入的分配是极不平等的。那么,如何在无限多的帕累托最优状态中确定福利程度最高的最优化状态呢?社会福利函数所要解决的中心问题就是确定最大的社会福利状态。社会福利函数解决这一问题的工具是社会无差异曲线和效用可能性曲线。首先来看效用可能性曲线。

9.2.4.1 效用可能性曲线

生产可能性曲线上的每一点都对应着一个满足帕累托最优三个条件的点。如图 9-5 中的 O_B 点对应着 C 点。观察一下 C 点可知,C 点是消费者 A 和 B 两条无差异曲线 I_A 和 I_B 的切点,所以,C 点代表了一组消费者 A 和 B 的效用水平,用(U_A,U_B)表示。生产可能性曲线上每一个点都对应这样一组消费者 A 和 B 的效用水平。将所有这样的效用组合描绘在横轴为消费者 A 的效用水平、纵轴为消费者 B 的效用水平的坐标系中,就得到效用可能性曲线。如图 9-6 所示。

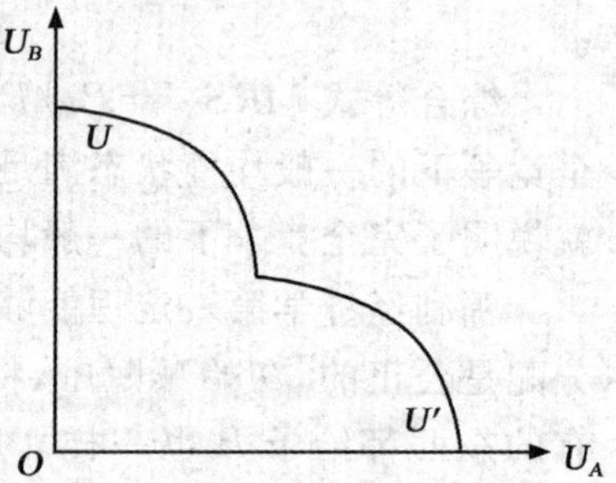

图 9-6 效用可能性曲线

因为,效用可能性曲线上每一点代表的效用组合,都是满足帕累托最优三个条件的效用组合,所以,每一个消费者,要想提高自己的效用水平,都必须以降低另一个消费者的效用水平为代价。因此,效用可能性曲线由左上方向右下方倾斜。但是,效用可能性曲线所能提供的信息只有这些,我们无从知道效用可能性曲线的位置和凹凸。因为,只有效用的次序才有意义,我们只需为较为偏好的商品束指派较大的数字就可以了。对于效用的数值是没有任何意义的。因此,效用可能性曲线的位置与凹凸都是“随意”的。

同样,效用可能性曲线也将整个效用空间划分为三个互不相交的区域。效用可能性曲线右上方的区域是既定的资源与技术水平所达不到的,故称为“效用不可能”区域;效用可能性曲线左下方的区域没有达到既定资源与技术水平下的最优效用组合,故称为“无效率”区域。但是,效用可能性曲线左下方的区域也是在既定资源与技术水平下可以实现的效用组合。可见,效用可能性曲线是效用可能性区域的边界。因此,效用可能性曲线又叫做效用可能性边界。

9.2.4.2 社会无差异曲线

要想确定最大的社会福利状态,还需要说明社会无差异曲线。效用可能性曲线代表了在既定的资源和技术水平下所有最优的社会成员的效用水平组合,所以,最大的社会福利状态一定会在效用可能性曲线上得到。那么,效用可能性曲线上哪一点代表了最大的社会福利状态呢?为此。我们引入社会无差异曲线。社会无差异曲线是社会福利函数的描述。所谓社会福利函数是社会所有个人的效用水平的函数。因此,在两人社会中,社会福利函数 W 可以表示成:

$$W=W(U_A,U_B) \tag{9-35}$$

如果给定社会福利的值为 W_1,则效用水平 U_A 和 U_B 之间关系的图像就是社会无差异曲线,见图 9-7 中的曲线 W_1。可见,社会无差异曲线是在以 U_A 为横轴、以 U_B 为纵轴的坐标系中,表示带来相同社会福利的所有效用水平的组合。社会无差异曲线同消费者个人的无差异曲线一样,向右下方倾斜、凸向原点,离原点越远代表的社会福利水平越高。

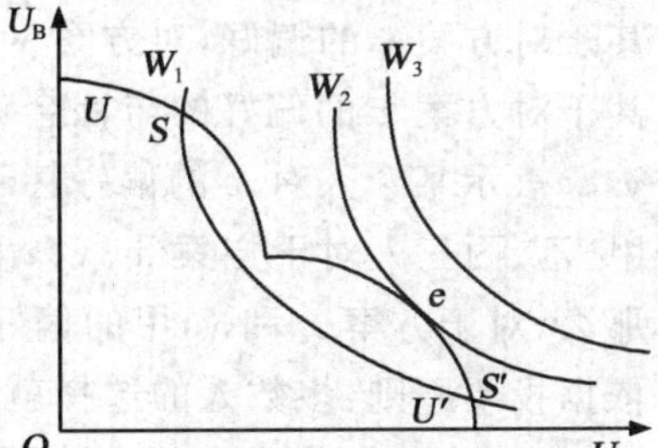

图 9-7 最大社会福利

将效用可能性曲线与社会无差异曲线相结合,就可以确定效用可能性曲线上社会福利最大的点。由于离原点越远的社会无差异曲线代表的社会福利水平越高,而效用可能性曲线代表了在既定的资源和技术水平下的效用可能性区域的上边界,所以,社会福利最大的点一定是效用可能性曲线上位于最高社会无差异曲线上的点。如果效用可能性曲线的形状是如图 9-7 那样凸向右上方,则社会福利最大的点一定是效用可能性曲线和社会无差异曲线的切点 e。虽然社会无差异曲线 W_3 比 W_2 代表了更高的社会福利水平,但它是在现有的资源和技术水平下所实现不了的。W_1 所代表的社会福利水平尽管在现有的资源和技术水平下可以实现，但是它所代表的社会福利低于 W_2 所代表的社会福利。

9.2.4.3　**阿罗不可能性定理**

如果确实存在上述社会福利函数，则可以在无穷多个帕累托最优状态中确定使社会福利最大的状态，资源配置问题便可以彻底解决。但是，社会福利函数存在么？或者说，能不能从不同个人的偏好中合理的形成所谓的社会偏好呢？可惜的是，阿罗在1951年证明了这是不可能的。这就是有名的"阿罗不可能性定理"。

"阿罗不可能性定理"的基本内容是认为在一般情况下，要从已知的各种个人偏好顺序中推导出统一的社会偏好顺序是不可能的。实际上就是否认从个人福利函数推导出社会福利函数的可能性。

阿罗认为，进行社会选择的途径和方式通常有四种，即投票、市场机制、独裁和习惯。阿罗不可能性定理的出发点是由来已久的"投票矛盾"原理。所谓投票矛盾，是指用投票的方式无法满足社会选择的基本要求——社会偏好的可传递性。所谓社会偏好的可传递性是指这样一种情况：假设有 x、y、z 三种可供选择的方案，如果社会对方案 x 的偏好甚于对方案 y 的偏好，对方案 y 的偏好甚于对方案 z 的偏好，那么，根据社会偏好的可传递性，社会对方案 x 的偏好甚于对方案 z 的偏好。但按照由多数决定的投票方式进行的社会选择，往往会出现对方案 x 的偏好甚于对方案 y 的偏好，对方案 y 的偏好甚于对方案 z 的偏好，而对方案 z 的偏好又甚于对方案 x 的偏好的与社会偏好的可传递性相矛盾的结果。例如，我们用 (x, y, z) 表示某个人对 x 的偏好甚于对 y 的偏好，对 y 的偏好甚于对 z 的偏好。假设甲、乙、丙三人对于方案 x、y、z 的偏好顺序分别为 (x, y, z)、(y, z, x)、(z, x, y)。那么，对于方案 x 和 y，甲的偏好为 (x, y)，乙的偏好为 (y, x)，丙的偏好为 (x, y)。依据投票原则：多数人的选择就是社会的选择，社会对于方案 x 和 y 的偏好应该是 (x, y)。用同样的分析方法可得社会对于方案 y 和 z、x 和 z 的偏好应该是 (y, z)、(z, x)。而根据社会偏好的可传递性，社会对于方案 x 和 z 的偏好应该是 (x, z)。也就是说，在上述给定的具有"传递性"的个人偏好类型中，按照投票的多数规则，不能得出合理的偏好次序，即此时不存在社会福利函数。

上面是就某一种特定的个人偏好类型，即甲、乙、丙三人对于三种方案 x、y、z 的偏好是相互冲突的，说明投票的多数规则不能形成社会的偏好次序。但是，这并不是说，在任何情况下都不能从个人偏好次序形成社会的偏好次序。例如，如果用"独裁"规则代替大多数规则，则独裁者的个人偏好就成为"社会"的偏好。再比如，用完全一致的个人偏好类型代替上述相互冲突的个人偏好类型，如假设，甲、乙、丙三人对于三种方案 x、y、z 的偏好都是 (x, y, z)，则按照投票的多数规则就可以形成确定社会的偏好顺序(x,y,z)。

但是,上述两种情况存在很大的局限性。“独裁”规则可以从任何类型的个人偏好中形成“社会”的偏好次序,但这样形成的“社会”偏好次序并不能真正反映社会的偏好;假定个人偏好完全一致也是完全不现实的。社会福利函数应当适用于所有类型的个人偏好情况,而不应仅仅适用于完全一致的情况。但是,就一般的情况而言,有阿罗的不可能定理:“在非独裁情况下,不可能存在有适用于所有个人偏好类型的社会福利函数。”

9.2.5 效率与公平

研究社会福利,不可避免地要涉及效率与平等的问题,在资源配置与收入分配问题上,平等与效率是一个两难的抉择。收入分配要兼顾平等和效率。平等是指各社会成员收入分配平均;效率是指资源配置有效,并得到充分利用。

人类在以劳动投入获取物质财富的过程中,必然要讲究效率。要以最少的投入获得最大的收益,这是一条普遍的原则。效率原则的贯彻使人类的物质文明得到了极大的发展。今天我们能生活在这样富足的社会,效率原则功不可没。因此收入分配要遵循经济效率的原则,按贡献来分配有利于鼓励每个社会成员充分发挥自己的能力,在竞争中取胜,这就是效率优先的分配原则。但这种分配方式会使不平等加剧,甚至出现严重的贫富分化。因此,在收入分配中不仅要效率优先,而且要兼顾公平。

任何一个社会都应该实现公平,这是人类的理想。但对于什么是公平,人们却众说纷纭。在收入分配问题上有两种公平论,即过程公平论和结果公平论。

过程公平论根据分配的机制或手段来判断是否公平。换言之,无论结果如何,只要机制是公平的,就实现了公平。比如,现在城市的学生每一个人受教育的机会是一样的。在你小学、中学的同学里,有的人通过自身的努力,再加上一定的天赋,考取了重点大学,又继续读研究生。而出于多种因素,你没有考上重点大学,更没有继续深造。几年以后,你同学的收入是你的几倍。你也没有什么不平衡的,因为你也有同样的机会。也就是说,你与你的同学竞争的过程是公平的。在市场经济中,重要的是制度上的公平,而不是结果上的公平。

结果公平论根据分配的结果来判断收入分配是否公平。换言之,只有结果平等,才实现了公平。按这个标准,最公平的分配应该是完全平等的分配。我国在计划经济时期的分配机制是平均分配,注重结果的公平。在这种机制下,干好干坏,干多干少,甚至是干与不干,在工资结果上差异不大。其结果是这种分配引起效率损失,导致了社会生产效率下降,所有人的福利都在减少。

现在市场经济的国家收入分配原则都是“效率优先，兼顾公平”，但效率与公平又往往不能兼顾，这也是摆在经济学家和各国政府面前的一个永恒的难题。

9.3 福利经济政策

根据福利经济理论，一些国家实行了一系列的福利经济政策，以求实现社会福利最大，下面举几个例子说明这些政策的福利效果。

9.3.1 联合生产的效益

在实际经济生活中，许多有关产品的联合生产往往存在外成本(external cost)或外在收益(external benefits)，通称外溢效果(spill over effect)。因此，从福利经济的角度看，就不能仅仅通过价格机制进行调节，政府必须给予必要的干预，以求社会福利最大。

9.3.1.1 联产品

一般来说，联产品(co-product)都存在外溢效果。例如，饮食业和服装业都对养鸭业有所需求，饮食业需要鸭肉，服装业需要鸭绒。由于鸭子能同时提供鸭肉和鸭绒，所以对鸭子的需求曲线就不是饮食业对鸭子的需求曲线和服装业对鸭子的需求曲线的水平加总，而是二者的垂直加总。

图 9-8 的 D_1、D_2 分别表示饮食业和服装业对鸭子的需求曲线，$DEFG$ 为养鸭业面临的需求曲线。若 MC 为养鸭业的边际成本曲线，则均衡数量为 OQ_e，均衡价格为 OP_e。其中，OP_1 为鸭肉的价格，OP_2 为鸭绒的价格。假设科学研究表明，吃鸭肉有助于延缓衰老，使得对鸭肉的需求从 D_1 增加到 D'_1，养鸭业面临的需求曲线将从 $DEFG$ 变为 $D'E'F'G'$，均衡数量变为 OQ'_e，均衡数量变为 OP'_e。其中，鸭肉价格从 OP_1 提高到 OP'_1，鸭绒的价格则从 OP_2 下降到 OP'_2。这表明由于饮食业对鸭子需求的增加，对服装业产生外在利益——获得更多鸭子，从而引起一系列连锁反应：一方面，鸭子价格上涨将引起其替代品和互补品价格的变动；另一方面，服装业由于饮食业的外在利益而增加的利润，将诱使新的厂商加入和原有厂商扩大生产，反过来又会影响鸭子的需求。如果政府听其自然，就会逐步形成一个新的均衡状态。如果，政府从全社会的福利考虑，就可以对这个均衡过程实施影响。例如，将服装业从饮食业外在利益中得到的利润作为这个外在收益的税收，并将其全部或部分补贴给饮食业。

9.3.1.2 公共品

公共品(public goods)与联产品，都属于联合生产。但联产品属于私有品(private goods)，具有竞争性(rivalry)和排他性(excludability)。如鸭子被饮食业使用，就会减少服装业对鸭子的使用；已经被饮食业使用的鸭子，就不能移作他用。公共品则不同，公共品具有非竞争性和非排他性。如公园、公路、桥梁、公用电话，这些产品和服务可以同时供许多人使用，并且某个人使用并不减少其他人使用的机会。公共品具有极大的外在收益。

以教育为例，一个人付出学费，受到教育，可以提高能力，选择较好的工作，得到较好的报酬，这是他的直接收益。但是，由于受教育者素质改善，会使整个国家从中受益。他的思想品质和发明创造，会产生比他的直接收益大得多的公共收益。图 9-9 中横轴 Y 为受教育的年限，纵轴(C,MR)为教育费用和边际收益；MR_1 为私人边际收益，MR_2 为除去私人边际收益的社会边际收益，假如两者都是受教育年限的函数，受教育年限又是受教育费用的函数，则 MR_1 与 MR_2 的垂直加总 MR_3 就是总社会边际收益，也是受教育费用的函数。显然，如果任凭受教育者自己选择，按照 $MR=MC$ 的均衡条件，他愿意接受教育的年限势必为 OY_1。这时，社会虽然也获得外在收益 $E_1G=Y_1F$，但不是最大的外在收益。如果政府从社会福利最大出发，应该通过助学金、贷款或对学校给予补贴，使受教育年限延长到 OY_3，这时满足整个社会的均衡条件 $MR_3=MC$，总社会收益最大。

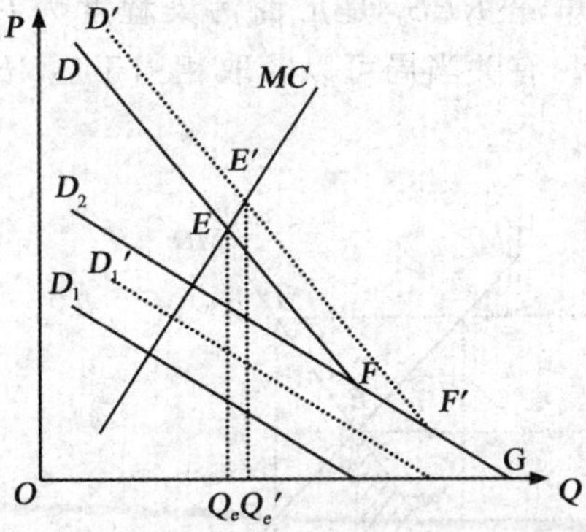

图 9-8　联产品的外溢效果

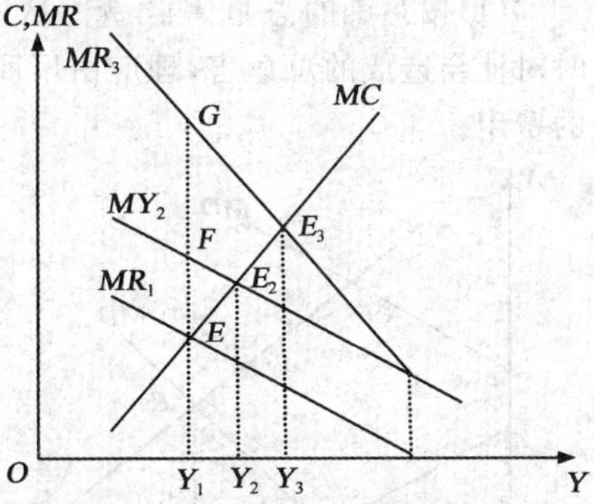

图 9-9　教育的最大社会收益

9.3.2　环境污染的对策

9.3.2.1　适度的环境污染

在许多产业中。往往会发生外在成本，环境污染(pollution)就是一个典型例子。环境污染是现代化生产中难以避免的副产品，可以看做生产要素之一，并求出其边际产量和边际产值,如图 9-10 所示。我们可以设想:污染程度愈大,边际产值愈小,边际产值曲线 VMP 自左上方向右下方倾斜;同时,污染程度愈大,对社会的危害愈大,边际危害曲线 MD 自左下方向右上方倾斜。我们不会由于防止污染而完全停止生产,只能寻求一个适度的污染,使社会的经济福利最大。这个适度的污染程度,就是 VMP 与 MD 的交点所决定的污染程度 OS。

如果边际产值曲线为 VMP',边际危害曲线为 MD',两者在本象限内无交点,说明不存在均衡点,有关当局应禁止其生产。

如果采用现代化的技术和装备,对污染进行治理,则 VMP' 会移向右上方,而 MD' 则移向右下方,因而可以在本象限内相交,形成适度的环境污染。

当然,进行污染治理将增加投资,提高边际成本。厂商将根据 $VMP=MC$ 的原则确定其均衡产量,而这个均衡产量未必与适度的环境污染相一致。这时,有关当局应从社会经济福利最大出发,给予适当的补贴,使其边际成本下降,以达到适度的环境污染。

9.3.2.2 控制污染的收费法

有关当局为了控制环境污染,往往对制造环境污染的厂商实行收费,防止这些厂商任意制造污染,并用这些费用来治理污染。收费的办法有以下两种:

(1)按污染的总危害收费。从图 9-11 可知,$\triangle RES_1$ 是厂商污染程度为 OS_1 时对社会造成的总危害,理应由厂商负责补偿。有关当局可以收取相当于 $\triangle RES_1$ 的费用。

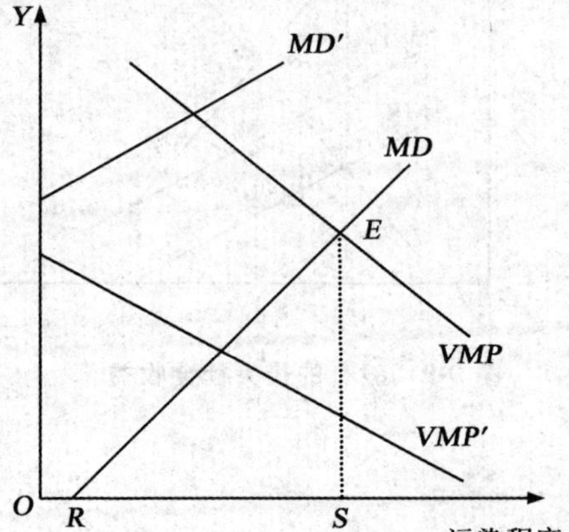

图 9-10 适度的环境污染

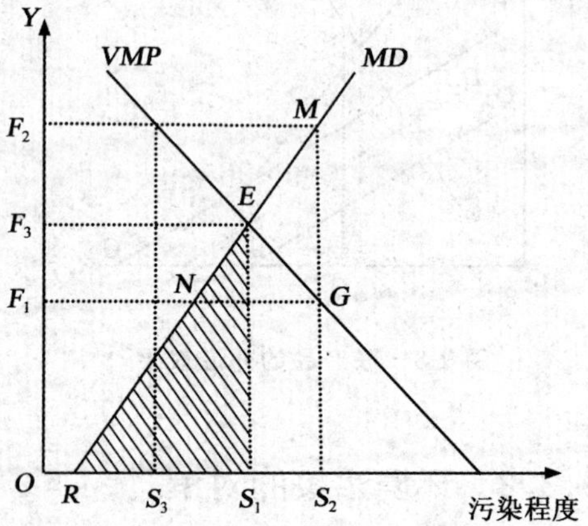

图 9-11 控制污染的收费标准

(2)按污染的边际危害收费。用逐步试验的办法,测度厂商污染程度的边际危害，按照 $VMP=MD$ 的标准收费。先定一个收费标准为每单位 OF_1，据此厂商将生产污染程度为 OS_2 的产量；其边际危害为 $S_2M>OF_1=VMP$。为此，有关当局可以把收费标准提高到 OF_2，据此厂商将生产污染程度为 OS_3 的产量，其边际危害为 $S_3N<OF_2=VMP$。为此，有关当局可适当降低收费标准，直到 $S_1E=OF_3=MD=VMP$ 为止。

按边际危害收费比按总危害收费要高，但只需测度边际危害，不必了解 VMP，比较简单。

9.3.2.3 控制污染的限量法

收费是利用价格机制，以求达到适当的污染程度。限量法则是有关当局制定一个污染程度的上限，超过者给予惩罚。这个上限自然以 $MD=VMP$ 为宜。不过，由于 MD 和 VMP 都不易测度，且厂商会有意提高 VMP，往往导致过高的污染程度，达不到最大的社会福利。

9.3.3 外贸税收的政策

一般认为，自由贸易政策能使一国的资源达到最优配置，但从福利经济的角度分析，当生产存在外溢效果时，实行适当的外贸税收政策，反而能够取得更大的社会福利。

9.3.3.1 生产补贴

假如一国是国际价格的接受者，国内外生产的某种产品价格均为 100 元。但考虑到这种产品具有外在收益，政府给予每单位产品 10 元的补贴，则国内生产者将扩大产量。如图 9-12 所示，D 为国内需求曲线，S 为国内供给曲线(即国内产品的私人边际成本曲线)，AB 为外在收益，S' 为国内产品的社会边际成本曲线。在自由贸易的条件下，当国际价格为 P_W 时，国内需求量为 Q_7，但国内生产量只有 Q_1，进口为 Q_1Q_7，若政府给予每单位补贴 $P_WP_S=AB$，国内生产者将生产 Q_3，进口将减为 Q_3Q_7。这样，生产者的总收入从 $\square OQ_1CP_W$ 增加到 $\square OQ_3EP_S$，增加了 $\square Q_1Q_3EP_SP_WC$；总成本从 $\square OQ_1CA$ 增加到 $\square OQ_3EA$，增加了 $\square Q_1Q_3EC$；利润从 $\triangle ACP_W$ 增加到 $\triangle AEP_S$，增加了 $\square P_WCEP_S$；外在收益从 $\square BGCA$ 增加到 $\square BFEA$，增加了 $\square GFEC$；政府补贴为 $\square P_WFEP_S$。利润增量＋外在收益－增量政府补贴＝$\triangle GFC$，这就是由于实行生产补贴而产生的社会净收益。

但是，如果补贴过多，譬如 $P_WP'_S$，则社会的净收益为($\triangle GFC-\triangle FHN$)＜$\triangle GFC$；如果补贴过少，譬如 $P_WP''_S$，则社会净收益为 $\square GTSC<\triangle GFC$。因此，只有通过补贴使国际价格等于社会边际成本时，社会净收益最大。

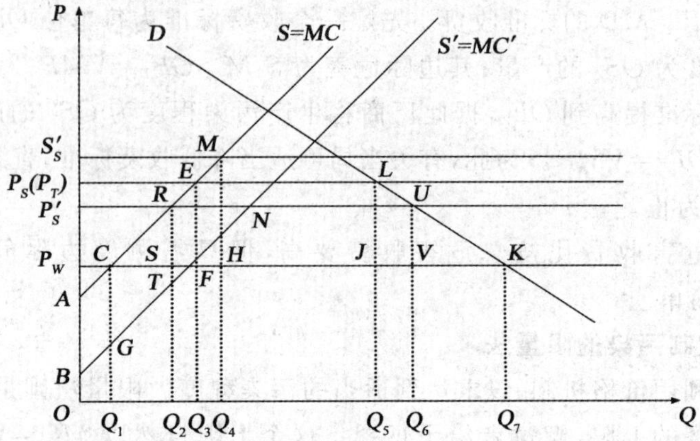

图 9-12　对外贸给予补贴和征收关税的社会净收益

9.3.3.2　海关关税

如果为了保护国内具有外在收益的幼稚产业，将上述生产补贴改为海关关税，结果又有什么不同呢？仍看图 9-12，设关税为 P_WP_T，进口品的国内价格将由 P_W 上升为 P_T，国内生产量由 Q_1 增加到 Q_3，国内需求量由 Q_7 减为 Q_5，进口将从 Q_1Q_7 减为 Q_3Q_5。这样，国内生产者的利润将增加□P_WCEP_T，消费者剩余将损失□P_WKLP_T，外在收益将增加□$GFEC$，政府将增加关税收入□P_WJLP_T，社会净收益则为△GFC－△JKL。由此可见，社会净收益可正可负，取决于供求弹性。不难看出，当关税不断增加时，国内生产者的边际收入将逐步减少，而国内消费者剩余的边际损失将逐步增加，只有当边际收入等于边际损失时，社会净收益最大，且恒大于 0。

考虑到由于外在收益的存在，增加国内生产就能增加外在收益。所以给予国内生产者补贴和通过征收关税提高进口品价格，都能增加社会净收益，但由于提高物价会减少消费者剩余，所以最优关税的社会净收益，恒小于最优生产补贴的社会净收益。

延伸阅读

1. 局部与一般均衡——蝴蝶效应影响力真能那么大吗

“巴西丛林一只蝴蝶偶然扇动翅膀，可能会在美国得克萨斯州掀起一场龙卷风。”1972 年，美国麻省理工学院教授、混沌学开创人之一 E·N·洛伦兹在美国科学发展学会第 139 次会议上发表了题为“蝴蝶效应”的论文，提出了这个貌似荒谬的论断,并最终产生了当今世界最伟大的理论之一“混沌理论”(混沌理论是研究如何把复杂的非稳定事件控制到稳定状态的方法。)

蝴蝶效应真的存在么?经济领域的例子不胜枚举。如1997年3月,当国际货币基金组织正对东南亚国家金融状况倍加赞赏的时候,索罗斯的突然“振翅”掀起了泰国、印度尼西亚的金融风暴,进而发展成波及整个东南亚、持续一年之久、让国际组织束手无策的严重金融危机。又如人们记忆犹新的孙志刚事件,竟然改变了沿用几十年的国家收容体制。1998年10月13日,深圳传闻“岁宝百货”经理携款潜逃导致商场倒闭,手里拿着“岁宝百货”储值卡的客户蜂拥到岁宝百货,疯狂扫货。第二天发现所谓“携款潜逃”是谣言,追悔莫及。此后,储值卡便被政府禁用了。蝴蝶效应告诉我们,外部影响力的能量有时大得惊人。因此我们没有理由满足于单个市场的局部均衡分析,因为它所忽略的东西很有可能会带来结果的天壤之别。

2.判断经济效率的标准——白天与黑夜对盲人是一样的

牧师、心理学家和经济学家三人决定去打高尔夫球。在他们前边是两位打得非常缓慢的人。打到第八洞时,他们实在受不了,开始大声抱怨。牧师说:“圣母呀,我祈祷,他们下次再来打球前应该好好练习练习。”心理学家说:“我敢发誓,肯定有人喜欢打慢球。”经济学家说:“我真没有想到打高尔夫球花这么长的时间。”在打到第九洞时,心理学家忍受不了这种节奏,就走向那两位打球者的球童,要求让他们这些后来的先打。球童说可以,并解释说他们二位是双目失明的退休消防队员,所以球打得很慢。他们都是因为在大火中救人而致盲,所以希望三位不要再提高嗓门抱怨了。牧师听罢,深感惭愧地说:“我身为神职人员,却居然一直在诅咒盲人球打得慢。”心理学家亦感到惭愧:“我是专门为人排忧解难的人,一直在抱怨需要帮助的盲人球打得慢。”经济学家见状,表情凝重地对球童说:“听仔细,下次让他们晚上来打球。”白天与黑夜对盲人是一样的,经济学家的话形象地揭示了帕累托最优的含义,你能理解吗?

3.一般均衡与福利经济——为什么效率和公平可以分成两步走

一般均衡理论是理论微观经济学的一个分支,寻求在整体经济的框架内解释生产、消费和价格。一般均衡是经济学中局部均衡概念的扩展,在一个一般均衡的市场中,每个单独的市场都是局部均衡的。

一般均衡论与福利经济学是密不可分的。如果说一般均衡只是与均衡价格的存在性有关,那么福利经济学要说明一般均衡状态的福利特征。因此,关于一般均衡理论我们应注意以下几个方面:①一般均衡理论是描述整个市场经济运行的总体概括,它是整个西方微观经济学论证“看不见的手”原理的一个必要环节。②一般均衡论是建立在一系列更加严谨的假设条件之上的。这些假设条件在资本主义的实际经济生活中往往并不存在。③一般均衡理论以完全竞争市场为假设前提，认为均衡是资本主义经济的常态，而把均衡看成对均衡的一种暂时的偏离，从而也就不可能揭示资本主义经济中的矛盾。由于以上所指出的问题，不少西方经济学家也承认，一般均衡理论缺乏现实的基础，从而缺乏实践的应用价值。一般均衡的存在性定理，只不过为一个数学问题提供了一个较完美的科学解释。

结合我国的政策实践，我们的一般均衡分析是遵循效率优先兼顾公平原则的，首先要保证生产的经济效率，然后才考虑分配的公平问题，我们之所以能够这样将公平和效率清楚地区别对待是因为有福利经济学第一和第二定理的存在。

福利经济学第一定理指出，任何竞争型的均衡都是帕累托有效的。这条定理几乎完全不存在什么假设条件，完全由定义引申而来。但实际上它是由一些暗含的假设条件的。第一，交易者只关心本人的商品消费而不顾他人。第二，每个交易者确实在进行竞争，如果像埃奇沃思盒形图那样只有两个交易者，那么他们是不太可能接受给定的价格的，我们前面的讨论只是为了说明问题而进行了简化。当只有两个交易者的时候，他们通常是可以利用自己拥有的市场力量来谈判的。只有当存在足够多的交易者才能够确保每个人都致力于竞争，竞争性均衡的概念才有意义。在上述这些条件下，福利经济学第一定理的结论是相当有力的，即每个交易者努力追求其最大效用的私有市场会产生一种帕累托有效的配置，而在这个过程中，他们只需掌握完全竞争市场上的价格信息即可。这其实就是我们经常提到的亚当·斯密的“看不见的手”。这条定理的意义在于它表述了一种我们可以用来确保帕累托有效配置结果的机制——竞争性的市场机制。

福利经济学第二定理认为，每一个帕累托有效配置都能够通过竞争性的均衡来实现。也就是说，在消费者偏好满足一定条件的情况下，可以在一个竞争性的过程中通过对这些资源适当的再配置来实现有效率的资源配置。

但是我们必须清楚的一点是：福利经济学的两个定理都极其依赖于“市场是竞争的”这条假设。遗憾的是，当市场由于某种原因不再符合竞争性的时候，这两个结论中没有一个必然成立。那么，我们就有理由将效率和公平的追求分成两步来实现。

概念与习题

1. 解释下列概念：局部均衡；一般均衡；帕累托标准；帕累托最优；帕累托改进；生产可能性曲线；边际转换率；社会福利函数；阿罗不可能性定理。

2.局部均衡和一般均衡之间有什么区别和联系？

3.为什么说边际转换率和边际替代率不相等时，资源没有达到有效配置？

4.什么是帕累托标准？实现帕累托最优状态的经济机制和条件是什么？

5.整个经济原处于一般均衡状态，由于新技术普遍运用，保暖内衣 X 的市场供给增加，那么：(1)产品市场会有什么变化？(2)在生产要素市场上，会有什么变化？(3)收入的分配会发生什么变化？

6.一个有两种商品和固定要素供给组成的经济中，假设社会福利函数为 $W=(X+2)Y$，隐含的生产可能性边界为 $X+2Y-10=0$。求社会福利最大时 X 和 Y 的值。

10　市场失灵与微观经济政策

灯塔出现在经济学家的著作中，是因为它可能有助于理解政府的经济功能问题。

——哈里·科斯

上述各章我们讨论了在市场经济中价格如何调节产品的生产、分配、交换和消费，以实现稀缺资源的有效配置。传统经济学认为，这种基于亚当·斯密“看不见的手”所建立起来的市场经济体系，在价格的调节下，能使整个经济自动地趋于和谐与稳定，资源配置达到帕累托最优状态，实现经济的一般均衡。但是，在现实生活中，价格对经济的调节作用并不像理论上说的那样完美。由于完全竞争市场以及其他一系列理想化的假定条件并不是现实资本主义经济的真实写照，因此，西方学者认为，在现实资本主义经济中，看不见的手的定理一般来说并不能成立，帕累托最优状态通常不能得到实现。换句话说，现实的资本主义市场机制在很多场合不能导致资源的有效配置。这种情况被称为所谓的“市场失灵”(market failure)。

本章将分别论述市场失灵的四种情况，即垄断、公共物品、外部影响、不完全信息，以及相应的微观经济政策。

10.1　垄断

10.1.1　垄断的危害

西方经济学界对垄断市场运行的看法是各异的。尽管还有不少经济学家极力宣扬垄断的积极的一面，但从一般的意义来说，垄断的确对市场经济的有效运行是一种危害。

第一，浪费经济资源。与完全竞争相比，垄断厂商不会把生产扩大到成本最低之点。在完全竞争条件下，厂商必然将生产进行到长期平均成本最低时才达到长期均衡，也就是生产效率可发挥到最大限度，而垄断厂商的长期均衡则产生于长期边际成本等于边际收益之时。这决不是长期平均成本最低之时。结果，生产效率没有得到最大限度发挥，资源没有最好地利用，产量少了，价格提高了，资源配置效率不高。

第二，社会福利损失。这个问题在前面垄断部分章节已经涉及。见图 10-1。

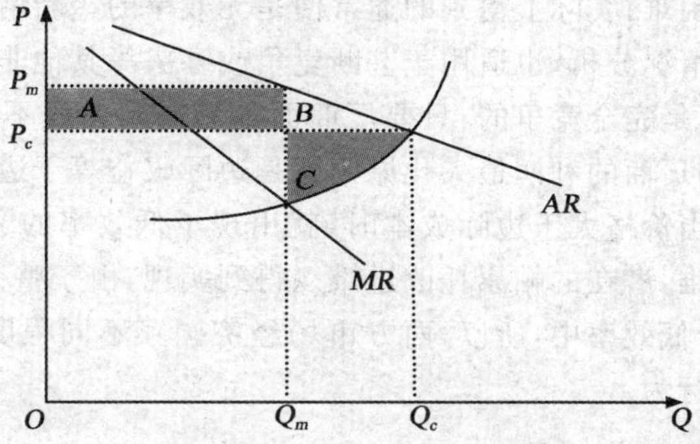

图 10-1　垄断造成的福利损失

垄断厂商在 $MR=MC$ 处生产。在垄断时的价格较高，因此消费者购买也较少。由于价格较高，因此垄断价格下的消费者与完全竞争下的消费者（$P=MC$）相比，损失了由四边形 A 给出的消费者剩余。并且那些在价格 P_m 下没买而在价格 P_c 下将会购买的消费者也损失了消费者剩余，数量由三角形 B 给出，因而消费者剩余的总损失为 $A+B$。从生产者角度看，生产者通过卖高价获得四边形 A，但却损失了三角形 C，即它以价格 P_c 销售 Q_c-Q_m 量能赚到的额外利润，因而生产者剩余的总得益为 $A-C$。从生产者剩余的得益中减去消费者剩余的损失，我们就可以看到剩余的净损失为 $B+C$，这是垄断势力造成的无谓损失（dead-weight loss）。即社会福利的净损失。

上述垄断厂商的利润最大化的状况也没有达到帕累托最优状态。在其利润最大化产量 Q_m 上，价格 P_m 高于边际成本 MC，这表明，消费者愿意为增加额外一单位产量所支付的数量超过了生产该单位产量所引起的成本，因此，存在有帕累托改进的余地。

如果垄断厂商将产量增加到 Q_c，此时价格根据需求曲线为 P_c，边际成本 MC 曲线与平均收益 AR 相交，符合完全竞争市场均衡的条件，此时从消费者剩余和生产者剩余总和来看，实现了社会福利最大。

那么，在实际中，为什么均衡产量不是发生在帕累托最优状态 Q_c 上呢？原因在于，垄断厂商和消费者之间以及消费者本身之间难以达成相互满意的一致意见。例如，垄断厂商和消费者之间在如何分配增加产出所得到的收益问题上可能存在很大分歧，以至无法达成一致意见；又例如，消费者本身之间在如何分摊弥补垄断厂商利润损失的一揽子支付问题上也可能不能达成一致意见;最后,还可能无法防止某些消费者不负担一揽子支付而享受低价格的好处,即无法防止“免费乘车者”。由于存在上述各种困难,实际上得到的通常便是无效率的垄断情况。

上述关于垄断情况分析,也适用于垄断竞争或寡头等其他非完全竞争的情况。实际上,只要市场不是完全竞争的,只要厂商面临的需求曲线不是一条水平线,而是向右下方倾斜,则厂商的利润最大化原则就是边际收益等于边际成本,而不是价格等于边际成本。当价格大于边际成本时,就出现了低效率的资源配置状态。而由于协议的各种困难,潜在的帕累托改进难以得到实现,由于整个经济偏离了帕累托最优状态,均衡于低效率中,所以,西方市场经济国家不同程度地都以法律限制生产经营中的垄断行为。

10.1.2 反托拉斯法

西方很多国家都不同程度地制定了反托拉斯法,其中,最为突出的是美国。这里以美国为例作一概括介绍。

19 世纪末和 20 世纪初,美国企业界出现了第一次大兼并。正如列宁在《帝国主义论》所指出的那样,结果形成了一大批经济实力雄厚的大企业。这些大企业被叫做“垄断”厂商或托拉斯。这里的“垄断”不只局限于一个企业控制一个行业的全部供给的“纯粹”的情况,而且也包括几个大企业控制一个行业的大部分供给的情况。按照这一定义,美国的汽车工业、钢铁工业、化学工业等都属于垄断市场。垄断的形成和发展深刻地影响到美国社会各个阶级和阶层的利益。

1890—1950 年,美国国会通过一系列法案,反对垄断。其中包括谢尔曼法(1890)、克莱顿法(1914)、联邦贸易委员会法(1914)、罗宾逊—帕特曼法(1936)、惠特—李法(1938)和塞勒—凯弗维尔法(1950),统称反托拉斯法。在其他西方国家中也先后出现了类似的法律规定。

美国的这些反托拉斯法规定,限制贸易的协议或共谋、垄断或企图垄断市场、兼并、排他性规定、价格歧视、不正当的竞争或欺诈行为等,都是非法的。例如,谢尔曼法规定:任何以托拉斯或其他形式的兼并或共谋,任何限制州际或国际的贸易或商业活动的合同,均属非法;任何人垄断或企图垄断,或同其他个人或多人联合或共谋垄断州际或国际的一部分商业和贸易的,均应认为是犯罪。违法者要受到罚款和(或)判刑。克莱顿法修正和加强了谢尔曼法,禁止不公平竞争,宣布导致削弱竞争或造成垄断的不正当做法为非法。这些不正当的做法包括价格歧视、排他性或限制性契约、公司相互持有和董事会成员相互兼任。联邦贸易委员会法规定:建立联邦贸易委员会作为独立的管理机构,受权防止不公平竞争以及商业欺骗行为,包括禁止伪假广告和商标等。罗宾逊-帕特曼法宣布卖主为消除竞争而实行的各种形式的不公平的价格歧视为非法,以保护独立的零售商和批发商。惠特-李法修正和补充了联邦贸易委员会法,宣布损害消费者利益的不公平交易为非法,以保护消费者。塞勒-凯弗维尔法补充了谢尔曼法,宣布任何公司购买竞争者的股票或资产从而实质上减少竞争或企图造成垄断的做法为非法。塞勒-凯弗维尔法禁止一切形式的兼并,包括横向兼并、纵向兼并和混合兼并。这类兼并指大公司对小公司的兼并,而不包括小公司之间的兼并。

美国反托拉斯法的执行机构是联邦贸易委员会和司法部反托拉斯局。前者主要反对不正当的贸易行为,后者主要反对垄断活动。对犯法者可以由法院提出警告、罚款、改组公司甚至判刑。

虽然西方国家在形式上存在反垄断法,但对它们的执行并不十分认真。西方的企业合并浪潮屡次出现,生产的规模越来越大,越来越集中。

10.1.3 自然垄断和政府的管制

上述反托拉斯政策所反对的一般是由垄断产品供给,垄断原料来源、掠夺性定价等原因造成的垄断。这种种垄断是抑制竞争的、反社会的,弊大于利。然而,经济生活中存在着另一类垄断,如铁路、航空、邮电、煤气、供电等部门的经营也常常是由一个公司从事的垄断性经营,这种垄断是由技术条件和需求条件共同作用而形成的市场结构。对于上述这些部门来说,技术上都要求有大规模生产才会有效率,需求上属所有消费者共同使用的性质。因此,由一家公司来经营最为经济最为合理。试想,如在同一城市或同一地区有两家电厂或水厂来供电供水,相邻两户居民分别由不同电厂和水厂来供电供水,势必安装两套供电线路和水管道,这岂非极大浪费?可见,这种垄断是由技术条件和需求条件共同作用形成的,故称为自然垄断。自然垄断不属于反托拉斯范围,但需要政府管理。管理中最重要的问题之一是收费标准问题。

如图 10-2 所示,这里的平均成本曲线具有向右上方倾斜的部分。在没有管制的条件下,垄断厂商生产其利润最大化的产量为 q_m。并据此确定了垄断价格 P_m。这种垄断均衡一方面缺乏效率,因为存在垄断产量 q_m。

另一方面缺乏“公平”,因为在 q_m 上,垄断厂商获得了超额垄断利润,即经济利润不等于 0,或者说,全部利润大于正常利润。

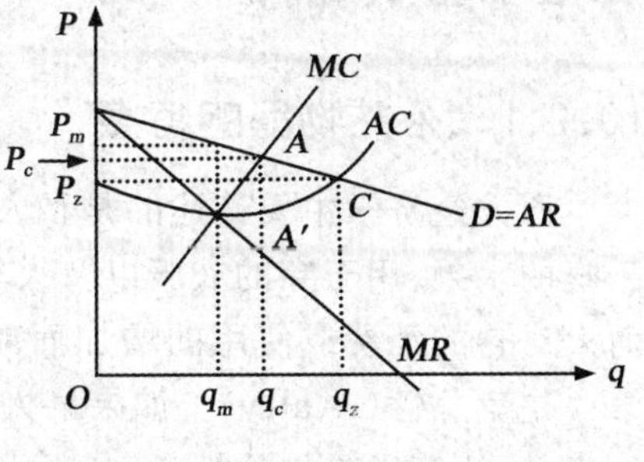

图 10-2 对垄断的管制:递增成本

现在考虑政府的价格管制。政府应当制定什么样的价格为好呢？如果政府的目标是提高效率，则政府应当将价格定在 P_c 的水平上，当价格为 P_c 时，垄断厂商面临的需求曲线现在成为 P_cAD，从而边际收益曲线为 P_cA 和 $A'MR$。于是最大化产量为 q_c。在该产量水平上，价格恰好等于边际成本，于是实现了帕累托最优。

显然，当政府将价格定位 P_c，从而实现了帕累托最优时，垄断厂商仍然可以得到一部分经济利润，即为平均收益 P_c 超过平均成本 AC 的部分。如果政府试图制定一个更低的"公平价格"以消除经济利润，则该价格须为 P_z。在价格定为 P_z 时，产量为 q_z。此时，平均收益恰好等于平均成本。因此，P_z 可称为零经济利润价格。但是，现在出现另一个问题，即在零经济利润价格水平上，帕累托最优条件被违反了：此时边际成本大于价格。因此，按帕累托效率而言，在垄断情况下，产量太低，价格太高，而在零经济利润情况下，正好相反：价格太低，产量太高。

现在考虑平均成本曲线不断下降的所谓自然垄断情况。参见图 10-3。

图 10-3 中，由于平均成本曲线 AC 一直下降，故边际成本曲线 MC 总位于其下方。在不存在政府管制时，垄断厂商的产量和价格分别为 q_m 和 P_m。当政府管制价格为 P_c 时，产量为 q_c，达到帕累托效率。但是，如果要制定零经济利润价格 P_z，则在这种情况下，P_z 不是小于 P_c，而是要稍高一些。值得注意的是，在自然垄断场合，帕累托最优价格 P_c 和最优产量 q_c 上，垄断厂商的平均收益小于平均成本，从而出现亏损。因此，在这种情况下，政府必须补贴垄断厂商的亏损。

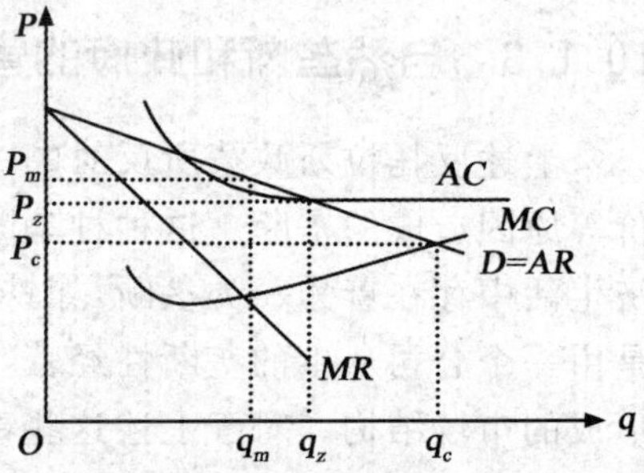

图 10-3　对垄断的管制：递减成本

10.2　公共物品

10.2.1　公共物品的特点

西方经济学主要论述的是私人物品——普遍市场上常见的那些物品，例如，用于吃的水果、用于穿的衣服以及火车上的座位等。私人物品是那种其数量将随任何人对它的消费或使用的增加而减少的物品，它在消费或使用上具有两个特点。第一是竞争性(rivalry)。如果某人已消费了某种商品，则其他人就不能再消费这种商品了；第二是排他性(excludability)。对商品支付价格的人才能消费商品，而其他人不能如此做。实际上，市场机制只有在具备上述两个特点的私人物品的场合才真正起作用，才有效率。

在经济学中还存在许许多多不满足竞争性或排他性特点的商品，例如国防、道路和电视广播等。我们把它们称为公共物品(public goods)。公共物品是指供整个社会共同享用的物品，它一般由政府提供。

与私人物品相对照，公共物品具有两个显著的特点：第一，公共物品的消费和使用上具有非排他性。非排他性指的是，在不付费的情况下，想享用商品的消费者很难或者不可能被排除在消费群体之外。换句话说，当商品具有非排他性时，很难或者不可能对使用它的人们收费——这些商品能够在不直接付钱的情况下被享用。一个非排他性商品的例子是国防，一旦一个国家提供了国防，所有公民都能享受到它的好处，灯塔和公共电视也是非排他性商品的例子。由于商品具有非排他性特征，所以所有的消费者都想当“搭便车者”(free rider)。

第二，公共物品的生产和消费上，还具有非竞争性。从生产方面来说，商品的非竞争性指的是，在给定的生产水平上，向一个额外消费者提供商品的边际成本为零，换句话说，消费者的增加，并不需要增加新的产品供给。从消费方面来说，任何人增加对这种商品的消费都不会减少其他人所可能得到的消费水平。我们来看交通流较低时对公路的使用。由于公路已经存在并且没有堵塞，在上面开车的额外成本为零。或者我们来看船对灯塔的使用。一旦灯塔造好并起作用，额外船只对它的使用不会增加它任何运作成本。最后我们来看公共电视，很清楚，多一个观众的成本为零。

公共物品还可以进一步分类，完全具有非排他性和非竞争性的物品称为纯公共物品，例如国防。而不具有完全非排他性和非竞争性的物品称为非纯公共物品，或准公共物品。例如，道路和电视广播。原则上可以对道路和电视广播的使用者收费，尽管这样做有时成本很大；此外如道路这种物品，因消费者过多也会产生拥挤即竞争性。

公共物品的这两个特征，决定了它不能够由市场机制中的厂商提供。厂商的经营目的是利润最大化，这一根本目标在经营公共物品时不能够实现。由于公共物品具有的非排他性，所有消费者都想当“免费乘车者”，都不愿付费，这使私人经营无法进行；由于公共物品具有的非竞争性，新增消费者边际成本为零，所以消费增加付费没有增加，这对以利润最大化为目标的厂商来说没有刺激，换句话说，不增加付费厂商不会允许增加消费。结论是，按照市场上通行的追求自身利益最大化的原则，公共物品不能在市场机制下由私人厂商提供。

公共物品所具有的上述特点，决定了它只能主要靠政府提供。为什么呢？这同政府的特殊性质和特殊追求目标有关。从第一个特点来说，政府可以让所有的消费者都当“免费乘车者”，因为政府的目的不是自身利润最大化，至于提供公共物品的经费，政府可以利用自己的特殊身份，通过税收来获得，这样表面上看起来的“免费乘车者”，从整体上来看都买了票，间接地买了票；从第二个特征来说，政府追求的目标是社会福利最大化，基于此目标，政府希望消费者越多越好，如此才会增大社会福利，所以政府有提供公共物品的积极性。结论是公共物品只能由政府提供。

10.2.2 私人物品和公共物品的最优数量

我们先来回顾一下，私人物品最优数量的决定。为简单起见，假定社会上只有A和B两个消费者。他们对商品的需求曲线分别由 D_A 和 D_B 表示。商品的市场供给曲线为 S[参见图 10-4(a)]。由于所讨论的是私人物品，故将消费者A与B的需求曲线 D_A 和 D_B 水平相加即得到某市场需求曲线 D。市场需求曲线 D 与供给曲线 S 的交点决定了该私人物品的均衡数量 Q_0 和均衡价格 P_0。这个均衡数量 Q_0 显然就是该私人物品的最优数量。这是因为在这个产量水平上，每个消费者的边际利益恰好等于商品的边际成本。我们知道，供给曲线代表了每个产量(供给量)水平上的边际成本，需求曲线代表了每个产量(需求量)水平上的边际利益。故当供给量为 Q_0 时，边际成本为 Q_0H；而在价格为 P_0 时，消费者A和B的需求量分别为 C 和 F，再根据需求曲线 D_A 和 D_B，相应的边际利益为 CE 和 FG。由图可知 $CE=FG=Q_0H$，即每个消费者的边际利益均等于边际成本。

现在来看公共物品的情况。

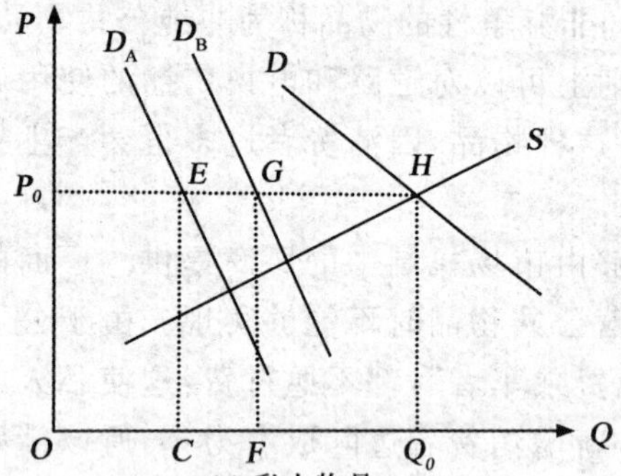

(a) 私人物品

图 10-4(a)　私人物品的最优数量

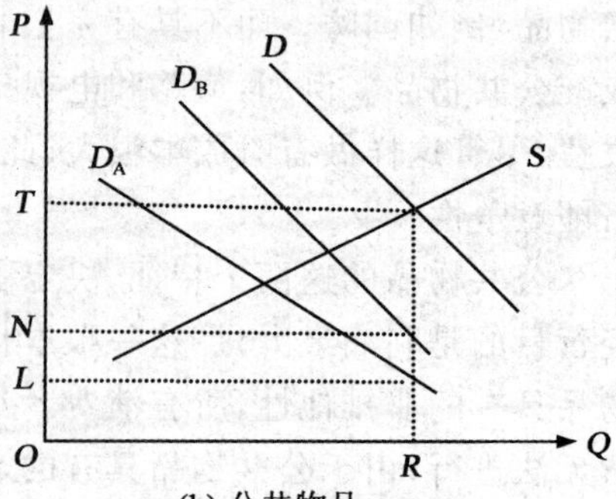

(b) 公共物品

图 10-4(b)　公共物品的最优数量

参见图 10-4(b)，与私人物品的讨论一样，我们仍然假定每个消费者对公共物品的需求曲线是已知的，为 D_A 和 D_B，公共物品的市场供给曲线为 S。如何从个人的需求曲线形成市场的需求曲线呢？

这里的关键之处在于公共物品的市场需求曲线不是个人需求曲线的水平相加，而是它们的垂直相加。之所以如此，原因在于公共物品消费上的非竞争特点。由于消费上的非竞争性，每个消费者消费的都是同一个商品总量，因而每一消费者的消费量都与总消费量相等。

另一方面，对这个总消费量所支付的全部价格，却是所有消费者支付的价格的总和。例如，设公共物品的数量为图 10-4(b)中的 R。当 A 和 B 的消费量均为 R 时，他们所愿意支付的价格按各自的需求曲线分别为 L 和 N，因此，当消费量为 R 时，消费者 A 和 B 所愿意支付的价格之和就是 $L+N=T$。

有了公共物品的市场供求曲线，则公共物品的均衡数量即可决定，这就是市场供求曲线交点所指示的 R。实际上，这个均衡数量 R 也代表着公共物品的最优数量。要解释这一点并不困难，当公共物品的数量为 R 时，根据供给曲线，公共物品的边际成本为 T，而根据消费者的需求曲线，A 和 B 的边际利益分别为 L 和 N，从而总的社会的边际利益为 $L+N=T$。于是，边际的社会利益等于边际成本，公共物品数量达到最优。这里值得注意的是，公共物品的最优标准与私人物品的标准不完全相同。在私人物品场合，最优标准是每个消费者的边际利益与边际成本相等。这个区别仍然是根源于是否具有消费的竞争性这个基本特点。

10.2.3　公共物品的市场失灵

上面曾假设每个消费者对公共物品的需求曲线均存在且已知的条件下，讨论了公共物品的最优数量的决定。但是，许多西方经济学家认为，这种讨论并没有多大的实际意义。原因是公共物品的需求曲线是虚假的。首先，单个消费者通常并不很清楚自己对公共物品的需求价格，更不用说去准确地陈述他对公共物品地需求与价格的关系；其次，即使单个消费者了解自己对公共物品的偏好程度，他们也不会如实地说出来。为了少支付价格或不支付价格，消费者会低报或隐瞒自己对公共物品的偏好。他们在享用公共物品时都想当“免费乘车者”，不支付成本就得到收益。由于单个消费者对公共物品的需求曲线不会自动显示出来，故我们无法将它们加总得到公共物品的市场需求曲线并进而确定公共物品的最优数量。

尽管我们在实际上难以通过公共物品的供求分析来确定它的最优数量，但却可以比较有把握地说，市场本身提供的公共物品通常将低于最优数量，即市场机制分配给公共物品生产的资源常常会不足。我们知道，在竞争的市场中，如果是私人物品，则市场均衡时的资源配置是最优的。生产者之间的竞争将保证消费者面对的是等于商品的边际成本的同样的价格,消费者则在既定的商品产出量上展开竞争。某个消费者消费一单位商品的机会成本就是在市场价格上卖给其他消费者的同样的价格,消费者则在既定的商品产出量上展开竞争。某个消费者消费一单位商品的机会成本就是在市场价格上卖给其他消费者的同样一单位商品,故没有哪个消费者会得到低于市场价格而买到商品的好处。但是,如果是公共物品,即使它是可排他的,情况也将完全不同。任何一个消费者消费一单位商品的机会成本总为0。这意味着,没有任何消费者要为他所消费公共物品去与其他任何人竞争。因此,市场不再是竞争的。如果消费者认识到他自己消费的机会成本为0,他就会尽量少支付给生产者以换取消费公共物品的权力。如果所有消费者均这样行事,则消费者们支付的数量就将不足以弥补公共物品的生产成本。结果便是低于最优数量的产出,甚至是0产出。

10.2.4 公共物品的成本-收益分析

公共物品的生产和消费问题不能由市场上的个人决策来解决。因此,必须由政府来承担起提供公共物品的任务。政府如何来确定某公共物品是否值得生产以及应该生产多少呢?在这里,西方经济学家经常提到的一个重要的方法是成本-收益分析。

成本-收益分析是用来评估经济项目或非经济项目的。它首先估计一个项目所需花费的成本以及它所可能带来的收益,然后把二者加以比较,最后根据比较的结果决定该项目是否值得。公共物品也可以看成是一个项目,并运用成本-收益分析方法来加以讨论。如果评估的结果是该公共物品的收益大于或至少等于其成本,则它就值得生产,否则便不值得。

政府投资某个项目,应以能否获得最大收益为原则。确定能否获得最大收益,需要进行成本和收益的比较,以判定某项支出所耗费的经济资源与其收益的对比关系如何,从而决定对某项支出是否应配置或配置多少经济资源。政府与私人对于成本和收益的估价有所不同。私人考虑的是私人成本和私人收益,即直接用于生产的资本、劳动等经济资源的耗费和利用这些经济资源从事生产所获得的利润、利息等收益;政府考虑的是社会成本和社会收益,即成本中不仅包括直接消耗的经济资源,还要包括公众所受到的环境污染、不安定的社会秩序等各种利益损失,收益中不仅包括经济上的直接收益,还要包括整个经济的发展、公众文化水准与健康水平的提高、社会秩序的安定等。

所谓成本-收益的分析,简单地说就是要将一项公共建设项目预期所能产生的收益的现值加以估计,然后再将它与预期所需支出的成本相比较,计算出成本收益率，根据成本收益率进行投资决策。如果某个投资项目的成本收益率大于或等于1，此项投资计划可行。如果对一个投资项目的各个不同方案计算出成本收益率，按成本收益率数值的大小排列，可评定各个方案的优劣，数值越大的方案越优。

例如，如果政府要对是否兴建一座水库进行计划决策，则必须进行成本-收益分析，成本不仅包括建造水库的各种直接费用支出（人工、原材料、土地等），还要计算水库占地不能生产农作物所带来的损失，水库建造起来以后的各种经营管理费用，修筑水库所需资金的利息等；而收益则要包括各个方面，如能发电则有出售电力的收入；如可以灌溉，则可以比较有无此水库时农业产值的变化，这种变化属于收益；如可航运，航运带来的收入也是收益；如有水产品养殖，也应计入收益；如可作为风景游览，还要计算旅游的收入。总之，兴建水库后直接或间接带来的一切收益都应总合起来，和所有成本相比，收益和成本的比率大于1时，说明此项目建造是赢利的；如果小于1则是亏损的。其比率越大，就越值得投资兴办。在政府举办公共工程的预算收入资金有限的情况下，就必须慎重选择最值得的项目进行投资。

10.3 外在性

10.3.1 外部影响及其分类

当一种消费或生产活动对其他消费或生产活动产生不反映在市场价格中的间接效应时，就存在外在性(externality)，或称外部影响、外在因素。到目前为止，我们讨论的微观理论，特别是其中的“看不见的手”的定理，要依赖于一个隐含的假定：单个消费者或生产者的经济行为对社会上其他人的福利没有影响，即不存在所谓“外部影响”。换句话说，单个经济单位从其经济行为中产生的私人成本和私人利益被看成为等于该行为所造成的社会成本和社会利益。但是，在实际经济中，这个假定往往并不能够成立。在很多场合，某个人（生产者或消费者）的一项经济活动会给社会上其他成员带来好处，但他自己却不能由此而得到补偿。此时，这个人从其活动中得到的私人利益就小于该活动所带来的社会利益。这种性质的外部影响被称为所谓“外部经济”。根据经济活动的主体是生产者还是消费者，外部经济可以分类为“生产的外部经济”和“消费的外部经济”。另一方面，在很多时候，某个人（生产者或消费者）的一项经济活动会给社会上其他成员带来危害，但他自己却并不为此而支付足够抵偿这种危害的成本。此时，这个人为其活动所付出的私人成本就小于该活动所造成的社会成本。这种性质的外部影响被称为所谓"外部不经济"。外部不经济也可以视经济活动主体的不同而分为"生产的外部不经济"和"消费的外部不经济"。

10.3.1.1 生产的外部经济

当一个生产者采取的经济行动对他人产生了有利的影响,而自己却不能从中得到报酬时,便产生了生产的外部经济。生产的外部经济的例子很多。例如,一个企业对其所雇用的工人进行培训,而这些工人可能转到其他单位去工作。该企业并不能从这些其他单位索回培训费用或其他形式的补偿。因此,该企业从培训工人中得到的私人利益就小于该活动的社会利益。基础研究是一个突出的例子。基础研究会生产大量的外部经济,重要的基础研究成果经常对社会的各个领域产生影响。如果一个厂商获得了重大科学突破,他往往不能奢望获取他所创知识的全部价值。他不可能进入到这种成果可以被利用的所有领域去活动,因而即使有专利也不能获取新知识的全部社会价值。其实,有些基础发现,比如自然规律是不能取得专利的。

10.3.1.2 消费的外部经济

当一个消费者采取的行动对他人产生了有利的影响,而自己却不能从中得到补偿时,便产生了消费的外部经济。例如,当某个人对自己的房屋和草坪进行了保养时,他的隔壁邻居也从中得到了不用支付报酬的好处。此外一个人对自己的孩子进行教育,把他们培养成更值得信赖的公民,这显然也使隔壁邻居甚至整个社会都得到了好处。

10.3.1.3 生产的外部不经济

当一个生产者采取的行动使他人付出了代价而又未给他人以补偿时,便产生了生产的外部不经济。生产的外部不经济的例子也很多。例如,一个企业可能因为排放脏水而污染了河流,或者因为排放烟尘而污染了空气。这种行为使附近的人们和整个社会都遭受了损失。再如,因生产的扩大可能造成交通拥挤及对风景的破坏,等等。

10.3.1.4 消费的外部不经济

当一个消费者采取的行动使他人付出了代价而又未给他人以补偿时,便产生了消费的外部不经济。和生产者造成污染的情况类似,消费者也可能造成污染而损害他人。吸烟便是一个明显的例子。吸烟者的行为危害了被动吸烟者的身体健康,但并未为此而支付任何东西。此外,还有在公共场所随意丢掷果皮、瓜壳,等等。

上述各种外部影响可以说是无处不在,无时不在。尽管就每一个单个生产者或消费者来说，他造成的外部经济或外部不经济对整个社会来说，也许微不足道；但所有这些消费者和生产者加总起来，所造成的外部经济或不经济的总的效果将是巨大的。例如，由于生产扩大而引起的污染问题现在已经严重到危及人类自身生存环境的进步了。

10.3.2 外在性对资源配置的影响

外在性的存在使经济活动者承受的成本与收益与其活动的真实成本收益不相符合，这就造成一个严重的后果：完全竞争条件下的资源配置将偏离帕累托最优状态。换句话说，即使假定整个经济仍然是完全竞争的，但由于存在着外部影响，整个经济的资源配置也不可能达到帕累托最优状态。“看不见的手”在外部影响面前失去了作用。

为什么外部影响会导致资源配置失当？原因非常简单。我们先来研究外部经济的情况。

如图 10-5 所示。在市场经济情况下，厂商对均衡产品的决定原则是 $MR=MC$。假定现在我们研究的部门是具有外部经济的部门。

按照市场均衡原则，厂商在个人生产的边际收益(MR)等于个人生产的边际成本(MC)处决定其均衡产量 Q_1，这从个人角度来说无可非议。但是由于在外部经济部门，既定生产的社会收益(MR)大于此时的私人收益(MR)，所以在厂商实现了个人生产均衡时，从社会的角度来看是不均衡的，没有实现帕累托最优，或者说还存在着帕累托改进的余地，因为 Q_1 产量下社会收益(MR)大于社会边际成本(MC)。结论：在存在外部经济的情况下，私人活动的水平常常要低于社会所要求的最优水平。所以说，在完全竞争经济中，私人用于基础研究的资源少于社会最优化的需要。

再研究外部不经济的情况。如图 10-6 所示，在具有外部不经济的生产部门，对单个厂商来说，他的经营决策没有变，仍然是以个人生产的边际收益(MR)等于个人生产的边际成本(MC)来决定其均衡产量 Q_1。但是由于在外部不经济部门，既定生产的私人收益和社会收益是一致的，但私人成本(MC)与社会成本却是不一致的，后者大于前者。当个人按照 $MR=MC$ 的原则确定了最佳产量时，对社会而言，此时已经不是社会最佳状态，不是帕累托最优，因为此时生产的社会成本已经大于社会收益。结论：由于私人厂商在外部不经济情况下所付价格低于真实的成本，因此，从社会的角度来看，他们会过多地使用社会资源，从而造成产品生产过多，超过了帕累托最优所要求的产量 Q_m。

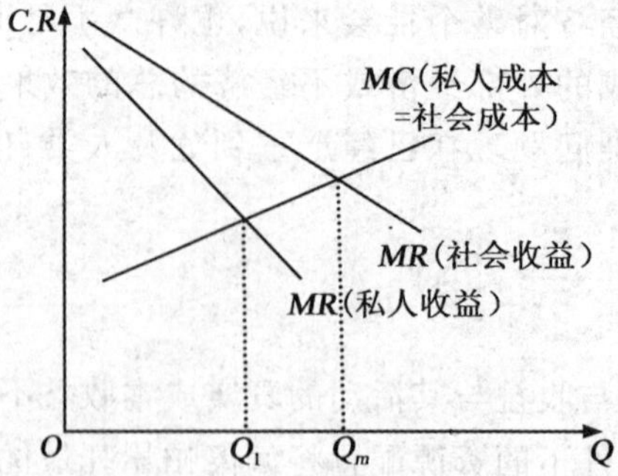

图 10-5　生产是外部经济时的资源配置

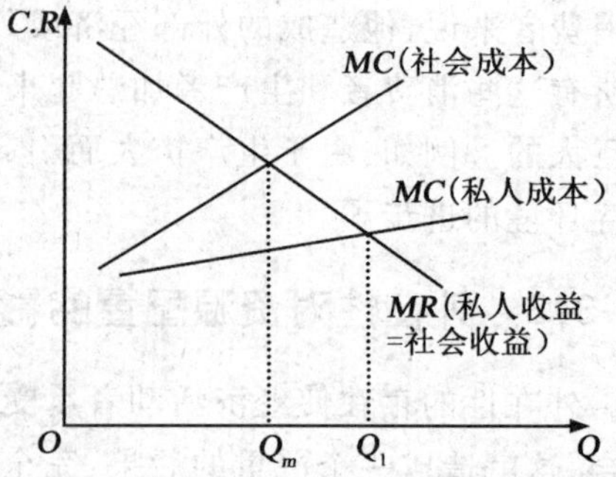

图 10-6　生产是外部不经济时的资源配置

10.3.3　克服外在性的对策

如何纠正由于外在性所造成的资源配置不当？西方微观经济学理论提出如下一些建议。

第一,使用税收和津贴。对造成外部不经济的企业,国家应该征税,其数额应该等于该企业给社会其他成员造成的损失,从而使该企业的私人成本恰好等于社会成本。典型的例子就是对污染企业的控制。政府可以以税收形式或污染费的形式向企业征收费用,这个费用相当于企业生产的私人成本与社会成本的差额。如图 10-7 所示。

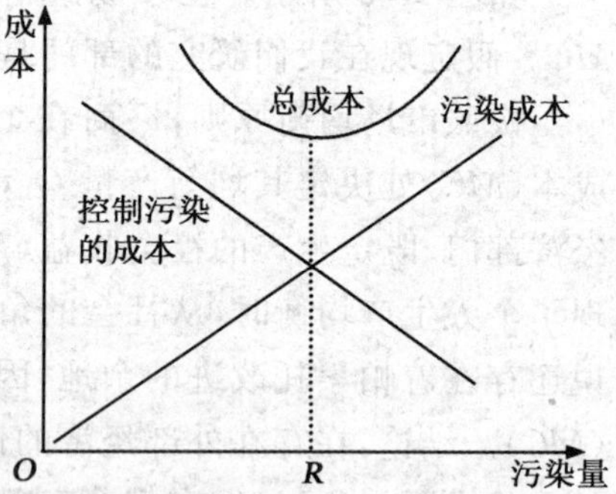

图 10-7　政府征税下厂商的选择

图 10-7 中污染的成本可以看做是政府对污染的纳税或收费。这种政策会从经济利益角度使污染企业或行业将它的排污量降低到 R 水平:在这个水平下,污染的成本和控制污染的成本的总和最小,R 点应是社会可以接受的污染的水平,政府可以通过调整污染成本——征税或收费的尺度来影响 R 点的位置,以适应社会的要求。

对于造成外部经济的企业部门,政府应该进行补贴。例如,教育事业不但有助于提高公民的素质,为他们提供参与平等竞争的机会,而且会产生巨大的外部经济效果。科研事业也是这样。如果要求这些单位都成为盈利机构,那么它们提供的有利服务必将减少到变成无效率的境地。

总之,无论是何种情况,只要政府采取措施使得私人成本和私人利益与相应的社会成本和社会利益相等,则资源配置便可达到帕累托最优状态。

第二,政府有时也可以采取行政或法律手段,例如对污染企业关停,或者限期整治,安装排污治污装置,或者在建厂地址、规模等方面以法律法规条文形式予以约束;或者发布行政命令,禁止某些生产或消费行为,例如对纺织业的生产的控制和对燃放爆竹的禁止。

第三,确定财产权或者说确定所有权。这种措施是由美国经济学家科斯提出来的,其理论被称为科斯定理(Coase Theorem)。所谓所有权,是指通过法律程序确定的个体占有某种财富的权力。科斯定理强调了明确所有权的重要性,认为只要所有权是明确的,不管所有权的最初配置状态如何,都可以达到资源的有效配置。根据这一理论,当某个厂商的生产活动危害到其他厂商的利益时,在谈判成本较小和每个企业具有明确的所有权的情况下,两个企业可以通过谈判或通过法律诉讼程序,来解决消极外在因素问题。例如,在所有权不明确的情况下,化工厂排出的污物可能污染周围的农田,造成农作物的减产而产生外部不经济,这种生产的外部不经济可以通过确定化工厂和农场主的所有权来消除。假如农场主具有禁止污染的权利,如果化工厂污染了周围的农田,那么,农场主可以通过谈判或法律程序,向化工厂索取污染农田造成的经济损失。在这种情况下化工厂自然会在生产中考虑其污染农田的机会成本。反之,如果化工厂具有污染的权利,这时,化工厂污染农田的机会成本是农田未被污染时能为化工厂带来的最大收益,显然,只要农田具有其替代性用途,化工厂就会愿意为保持农田不受污染而付出代价。

10.4 信息不完全(信息不对称)

完全竞争市场有效配置资源要以信息充分为前提,但现实世界中,信息充分只能是一种理想的假定,一般情况倒是信息不完全、不对称。信息不完全是指经济活动主体(个人或机构)不能充分了解所需要的一切信息。信息不对称是指经济活动双方对有关信息了解和掌握得不一样多。信息不完全和不对称会妨碍市场的有效运转,影响资源优化配置。

不对称信息是许多商业情况的特点。通常,销售者对于一个产品的质量比消费者知道得多。工人对他们自己的技术和能力比他们的雇主知道得多。而商业经理们对于厂商的成本、竞争地位以及投资机会比厂商的所有者知道得多。不对称信息解释了我们社会中许多制度性安排。它说明了为什么汽车公司为新车的零部件和服务提供保证;为什么厂商与雇员签订包括刺激和奖励的合同;以及为什么公司的股东需要监督经理。

10.4.1 逆向选择

逆向选择(adverse selection)在保险业、信贷市场等许多部门存在。为什么超过65岁的人几乎难以以任何价格买到医疗保险？老年人得严重疾病的风险是大得多,但为什么保险的价格不上升以反映这一较高风险呢？原因就是信息的不对称。即使保险公司坚持要作医疗检查,购买保险的人们对他们总的健康状况也要比任何保险公司所希望知道的清楚得多。这就出现了逆向选择。由于不健康的人可能更需要保险,不健康的人在被保险人总数中的比例提高了,这迫使保险的价格上升,从而使那些较健康的人,由于知道自己的低风险,做出不投保的选择。这进一步提高了不健康人的比例,而这又迫使保险价格上升,如此等等,直到几乎所有想买保险的人都是不健康的人。在这种情况下,出售保险就变得无利可图了。

10.4.2 道德风险

道德风险(moral hazard),也称为败德行为。当被保险一方能够影响导致赔偿的事件的可能性或程度时,道德风险就会发生。例如,如果我有全额医疗保险赔偿,我就会比在赔额有限的情况下更多地去看医生。当一个汽车司机为自己的汽车上了保险,他对汽车的精心程度就会下降,从而使汽车被赔偿的几率就大。如果提供保险者能够监督其被保险人的行为,它就能对那些索赔较多的人收取较高费用。但是如果公司不能监督行为,它就会发现它的赔偿比预计的要大。在有道德风险的情况下,保险公司可能被迫提高它们的保险费或者甚至干脆拒绝出售保险。道德风险并不仅仅是保险公司的问题,它存在于经济活动的不少方面,它改变了市场有效配置资源的能力。

10.4.3 委托-代理问题

在大多数企业,业主并不能监督雇员所做的一切——雇员的信息比雇主多,这种信息不对称产生了一个委托-代理问题(principal-agent problem)。

只要存在就业安排,并且在这种安排中一个人的福利取决于另一个人所做的,代理关系就存在了。代理人是行为人,而委托人是行为影响的一方。在我们的例子中,经理和工人是代理人,所有者是委托人。委托-代理问题就是经理可能追求他们自己的目标,甚至不惜以所有者获得较低利润为代价。

代理关系在我们的社会广泛存在。例如,医生作为医院的代理人进行服务,这样一来,他就可能挑选病人,并根据个人的偏好而不一定是医院的目标来看病。同样,物业经理可能并不照业主想要的那样去保养物业。

不完全信息和代价高昂的监督是如何影响代理人行为的，什么样的机制可以使经理具有为业主的利益工作的动力呢？

以上所列几方面问题在现实许多部门中都存在，由于信息不对称，它们的存在使得资源的配置达不到最优，使社会的效率达不到最优，因此也必须借助市场以外的力量予以弥补。这里仅举几个方面的实际做法。

对于健康保险方面的逆向选择，这类市场失灵为政府起作用创造了条件。通过为所有 65 岁以上老年人提供保险，政府消除了这方面的逆向选择问题。

市场信号是买方卖方对付不对称信息问题的一个重要机制。市场信号包括许多内容，例如声誉、凭证和保证书等。声誉可以由供需双方经过长期交往在观念上产生并扎根，也可以由某些市场权威机构甚至政府部门以正式形式授予。声誉是经营者的一项潜在财富，它既是对过去长期贡献的肯定和奖励，也是以企业的长期利益或某些担保机构的利益为担保，向消费者传达更多信息。某些凭证也可以起到市场信号的作用，例如文凭。教育是劳动市场的一个强信号。一个人的教育水平能够通过几方面来衡量——受教育的年数，获得的学位，授予学位的大学或学院的声誉，这个人的平均成绩等。人们一般认为，教育能够通过提供对工作有益的信息、技艺和一般知识，来直接或间接地提高一个人的生产率。例如，许多厂商坚持要求一个未来的经理具有管理硕士学位。这里的一个理由是管理硕士学习经济学、金融和其他有用的科目，也还有第二个理由——完成管理硕士计划需要智力、纪律和勤奋，而具有这些品质的人会有很高的生产率。

保证和保证书也能有效地发出产品质量的信号，因为一项内容广泛的保证书对低质量的产品的生产者来说要比高质量产品的生产者成本更高。（在保证书下，低质量产品更需要维修服务，而这都将由生产者支付。）结果，出于他们自身的利益，低质量产品的生产者就不会提供内容广泛的保证书，消费者就能因此把一项内容广泛的保证书看做是高质量的信号，并为提供保证书的产品支付较多的钱。

上面讲过道德风险不仅存在于保险业，这里仅举美国储蓄贷款产业一例，说明它的问题及对策。

在大萧条的 1934 年，美国政府采用了一项基础广泛的金融保险制度。联邦存款保险公司为商业银行的存款进行保险，而联邦储蓄和贷款保险公司则为在储蓄贷款机构的存款进行保险（每个账户高达 10 万美元）。由于存款人可以把钱借给任何金融机构而不管向该机构贷款有多大风险都无需承担任何风险，这些保证计划为存款人的道德风险种下了祸根。

后来，存款人的道德风险又与储蓄贷款机构所有者的道德风险结合了起来。从 1982 年开始，该产业的新加入者发现，他们能够吸引大额政府保险的资本并把钱实际不受限制地作高度投机的投资。由于存款是保了险的,他们就没有什么动力来评估涉及的风险。

存款保险使储蓄贷款机构比没有保险情况下在更大的规模上进行更有风险的贷款,最后伴随经济景气的崩溃,使许多储蓄贷款机构倒台。

注意到道德风险的后果,政府已修改了它的保险制度,影响存款人的建议包括:降低保险补偿的数量;将最高补偿适用于每一个人,而不管这个人有多少个账户。对付所有者的建议包括:储蓄存款保险费的收取建立在储蓄贷款组合的风险上——风险越大,保险费越高;限制给储蓄贷款机构所有者的投资机会;等等。

对委托-代理问题,利润分享安排和奖金支付制度的改进起到一种激励效应。效率工资制度在劳动市场不对称信息下也有激励作用,作为对不偷懒的刺激,厂商必须向工人提供较高的工资。在这个工资上,由于偷懒而被解雇的工人,偷懒的代价或机会成本将会很高,从而就会较少发生偷懒现象。

10.5 微观经济政策

微观经济的运行,以价格和市场信号为诱导,通过竞争而自发调整与实现均衡。一般均衡理论和福利经济学的分析表明,在完全竞争市场条件下,社会运用既定的资源实现帕累托最优。然而,如果完全竞争的条件受到破坏,那么市场可能出现失灵。造成市场失灵的主要因素即包括上述已经讨论的垄断、公共物品、外部经济效果以及信息不完全等。因此,社会为了提高资源配置的效率,有必要调节微观经济行为主体的关系,制定有关政策,采取诸如价格政策、收入政策、消费政策、就业政策等措施,以控制或挽救市场失灵的局面。这就是微观经济政策(Micro-economic Policy),是指政府制定的一些反对干扰市场正常运行的立法以及政策等。

10.5.1 反垄断政策与反垄断法

由于垄断可以使厂商获得更多的利润,因而为了保持这种超额利润,垄断厂商往往会采取各种形式的维持垄断的措施。其中包括游说政府制定更有利于自身的政策。这种为了寻求额外的利润而进行的活动被称为寻租行为,寻租不仅要花费成本,而且会滋生政府腐败。由此经济学家断言,垄断是缺乏效率的,垄断的社会成本造成社会福利损失,建议政府采取反垄断政策。除此之外,垄断还有可能导致其他方面的损害,例如垄断缺乏降低成本和进行技术革新的动力,从而社会生产既定的产量花费较多的成本。针对不同的垄断,政府可以分别或同时采取行业的重新组合和处罚等手段,而这些手段往往是根据反垄断法制定的。

1. 行业的重新组合

如果一个垄断的行业被重新组合成包含许多厂商的行业，那么，厂商之间的竞争就可以把市场价格降下来。被重新组合的行业竞争程度越高，市场价格就越接近于竞争性价格，政府采取的手段是分解原有的垄断厂商或扫除进入垄断行业的障碍并为进入厂商提供优惠条件。

如果一个行业垄断是通过行业中的厂商兼并或者一家厂商依靠较大的规模设置进入障碍而形成的，那么，就可以依靠政府力量把行业中的垄断厂商分解为几个或多个较小的厂商。例如，最近轰动全球的微软肢解案，以前也有类似例子，如1983年前，美国的电话电报公司是一家具有垄断力量的厂商，它在全国范围内提供95%以上的长话服务和85%的地方电话服务，并出售大部分电信设备，为加强这一部门的竞争，美国政府迫使美国电报电话公司将地方电报电话公司卖掉，使其规模减少了80%，从而降低了电讯市场的垄断程度增强了竞争。

一般而言，对垄断行业的重新组合并不马上形成完全竞争的市场结构。即使大厂商被分解后形成的小厂商也具有一定程度的市场支配力，为配合把竞争因素引入垄断行业，让新加入一个垄断行业经营的厂商有能力与原有的厂商竞争，政府要对新厂商给予一定的优惠，减少进入障碍。

2. 对垄断行为制止预防

如果一个行业不存在进入障碍，那么，一般厂商不会在长期内获取超额利润。因此，已经取得垄断地位的厂商总是试图设置进入障碍，或者采取不正当竞争手段排挤竞争者，以维护自身市场的支配力，为此，政府可以利用各种处罚手段加以制止。对不执行反垄断规定的厂商或个人，政府可以对其实行经济制裁，包括对垄断行为受害者支付赔偿金。

3. 反垄断法

反垄断法又称为反托拉斯法，是政府反对垄断及垄断行为的重要的法律手段，许多发达国家都有反垄断法。

4. 行业的管制

对垄断采取的另一种可供选择的矫正手段是对垄断厂商实行管制，管制的措施主要包括价格控制或者价格和产量的双重控制，税收或补贴以及国家直接经营。

5. 价格管制

假定政府对垄断行业只实行价格管制，即规定一个低于垄断市场价格的管制价格或最高限价，垄断企业会获得一定量的超额利润，但这一利润额低于垄断厂商自主定价时决定的超额利润，政府规定低于厂商自主定价的最高限价，一个适当的选择是按市场需求等于厂商边际成本的原则决定管制价格。

6. 自然垄断行业的管制

所谓自然垄断是指在行业中，规模经济在很大的产量范围内存在，以至于相对于市场需求所决定的范围而言，随着产量增加，厂商的平均成本逐渐减少。这类行业通常需要大型的资本设备和大量的固定要素，如城市自来水公司，公用电话局等。政府对自然垄断行业的管制不能只是价格管制，可供选择的管制政策措施是既管制价格，又管制厂商的产量，从理论上说，在市场需求曲线上的任何一个价格与产量组合者可以作为政府对垄断厂商的管制。但在实践中政府往往按平均成本定价，厂商只获得正常利润。之所以要对产量限制，是因为在这一价格下，如果允许厂商自主决策，它会按照价格等于边际成本的原则决定产量，从而使得产量并不等于市场需求量。

7. 其他管制措施

以上分析同样适用于一般垄断行业。对垄断行业通常还可以采取其他管制措施。在实践中，政府管制所遵循的原则是"对公道的价值给予一个公道的报酬"，为实现这一原则，配合价格及价格和数量管制，政府往往采取补贴或税收手段，如果垄断厂商因为政府的价格管制或者价格和数量双重管制而蒙受损失，政府应给予适当的补贴，以便使垄断厂商获得正常利润，如果在政府管制后，厂商仍可以获得超额利润，那么政府就应征收一定的特殊税收，以有利于公平分配。

对垄断行业，政府也可以采取直接经营的方式来解决由于垄断而造成的市场失灵。由于政府经营的目的不在于利润最大化，所以可以按照边际成本或者平均边际成本决定价格，以便部分地解决由于垄断所产生的产量低和价格高等低效率问题。

10.5.2 公共物品的最优供给量

所有社会都面临着公共产品的供给问题，公共产品的供给通常由政府负责。如前分析，我们已知私人产品的最优供给量由市场需求和市场供给的均衡所决定，同样，公共产品的最优供给量也由该物品的需求与供给所决定，从供给的角度来看，制造一辆坦克与制造一辆汽车一样并无多大区别，因而，决定公共产品的最优供给量的关键是需求。

如前所述，私人产品的市场需求可以看做是所有消费者个人需求的加总，但公共产品的市场需求并不是通过每一价格下对所有消费者需求数量的横向加总，而是所有消费者在这一价格水平下愿意支付的价格的纵向相加。例如，假定电视每小时收费 0.1 元，消费者 A 愿意每天看 8 小时，B 愿意看 9 小时，C 愿意看 10 小时，那么，在价格为 0.1 时，市场需求量每天为 27 小时，这已超过了一天的总天时/数，这使得横向加总并没有意义，产生这一问题的原因是消费者在同一时间同时消费同一数量的公共产品，公共产品的非排他性和非竞争性使得将单个消费者的消费数量横向加总失去意义，解决方案是把所有消费者在这一价格水平下愿意支付的价格纵向相加，可以得到社会为得到这一既定的公共产品数量愿意支付的价格，这一价格构成了提供公共产品的人的总收入。

公共物品缺乏市场效率而造成失灵。公共产品的特点使以上分析充其量是概念性的，因为既然每个消费者在经济上都是理性的，而公共产品又具有非排他性，那么每个消费者都将利用这一点，如农村里的有线电视安装，很多农民利用邻居安装的闭路电视，自己接一插口逃避价格，从而必然产生搭便车行为，这就意味着即使单个消费者能准确地了解自己对公共产品的偏好程度，从而确定自己的需求曲线，但对供给者而言，没有任何意义，因为消费者不会把有关信息吐露出来。因此，公共产品使得市场失灵。公共产品供给曲线由生产公共产品的边际成本决定，将收益与成本相比，就可以确定公共产品的最优供给量。

10.5.3 矫正外部经济影响的政策

由于外部性造成资源配置缺乏效率的原因是由于私人部门用于决策的成本与社会实际付出的成本之间出现偏差，因此矫正外部性影响的指导思想是：外部经济影响内在化，为决策者提供衡量其决策的外部性的动机。主要措施有税收、补贴、企业合并以及明确产权。

1. 税收和补贴

迫使厂商考虑外部成本或外部利益的手段之一，是政府采取税收和补贴政策，即向施加外部不经济的厂商征收恰好等于外部边际成本的税收，而给予提供外部经济的厂商等于外部边际收益的补贴，以便使得厂商的私人边际成本与社会边际成本相等，诱使厂商提供最优的产量。

但是这种方法遇到的最大问题是如何准确地以货币形式衡量外部性的成本收益，如污染环境所造成的社会成本到底有多大，所以有时政府只是近似地估计这些成本。

2. 企业合并

将施加和接受外部成本或利益的经济单位合并是解决外部性的第二种手段，如果外部性的影响是小范围的，如一家小餐馆对一家洗衣店造成了污染，则由政府出面，以适合的价格把洗衣店卖给这家餐馆，通过合并，使外部成本内部化。

3. 明确产权

流行于西方的产权理论提出了解决外部性的影响的市场化思路。科思定理的内容:只要产权定是明确的,则在交易成本为零的条件下,无论最初的产权赋予谁,最终效果都是有效率的。

然而,最初权利的规定对最终结果并不是至关重要的,如果学校规定,李四有权听音乐,那么张三在不堪忍受噪声的情况下,要么忍受,要么与李四谈判,如果张三是理性的,他会选择花费10元钱给李四买一个耳机。

科思定理在解决外部经济影响问题上的政策含义是:政府无须对外部经济影响进行直接的调节,只要明确施加和接受外部成本或利益的当事人双方的产权,市场谈判可以解决问题。

其局限性是科思定理的隐含条件限制了科思定理在实践中的应用,首先,谈判必须是公平且无成本的(交易成本=0);其次,外部性影响有关当事人只能是少数几个人。

10.5.4 收入均等化政策

收入均等是一个重要的社会目标。市场经济条件下,个人收入分配取决于各类要素的边际生产率以及要素所有权的分布情况。因此,必然会导致收入分配不平等,以至出现有的人可能因缺乏收入而饿死,而其他人则得到不适当或过多的收入。政府干预经济的任务之一就是要影响收入分配,使之趋于均等化。

政府可以通过税收和福利政策来影响社会的收入分配,使社会的收入分配趋于平等。个人所得税是税收的一项重要内容,它是一种累进税,即根据收入的高低确定不同的税率,对高收入者按高税率征税,对低收入者按低税率征税。一般认为,这种累进所得税有利于缩小社会成员之间的收入差距,从而有助于实现收入分配的平等。除个人所得税之外,政府还对一些人征收遗产税、赠予税、财产税、消费税等。征收遗产赠予和财产税,是为了纠正财产分配的不平等。因为财产分配不平等是收入分配不平等的一个重要原因。征收这些税,也有利于收入分配的均等化。对奢侈性商品和劳务征收消费税,同样是实现收入分配的平等,但是,作用并不明显。因为富人可以用各种办法逃税。此外,对高收入者征收累进税,不利于有能力的人充分发挥自己的才干,对社会来说也是一种损失。

如果说税收政策是要通过对富人征收重税来实现收入分配平等化的话,那么,社会福利政策则是要通过给穷人提供补助来实现收入分配的均等化。福利政策的内容包括:各种形式的社会保障和社会保险,包括失业保险、工伤保险、养老保险、医疗保险等;保护劳动者的各种立法,包括最低工资法和最高工时法以及环境保护、食品和医药卫生等法;各种福利设施和公共工程的建设,包括住房建筑、教育、文化等各种服务设施的建设。这些社会福利政策的实施,对改善穷人的地位和社会条件，提高他们的实际收入水平，起到了相当大的作用；对于社会的安定和经济的发展也是有利的，但是，这些政策也导致了社会生产效率降低和政府财政负担加重等问题。

延伸阅读

微观经济政策与案例

一般均衡理论和福利经济学的分析表明，在完全竞争市场条件下，社会才能够运用既定的资源实现帕累托最优。然而，如果完全竞争的条件受到破坏，那么市场可能出现失灵。为了提高资源配置的效率，调节微观经济行为主体之间的关系，政府需要制定一系列微观经济政策，如价格政策、收入政策、消费政策、就业政策、环境政策等。我们知道，造成市场失灵的因素主要有垄断、公共物品、外部经济效果以及信息不完全等。下面结合几个案例以示说明各国的微观经济政策的制定和施行。

案例(一)：反垄断法——微软(Microsoft)有罪

1997年10月，美国司法部提出向电子计算机软件巨人微软公司的诉讼。以下文章节选自向美国地方法院提出的诉状。1997年12月，一家地方法院命令微软公司停止强令电脑制造商安装它的浏览器——互联网探索者(internet explorer)，并将此作为获得视窗95(windows 95)的使用许可权的条件。到了2000年，经过了长达1年多的审判，微软公司因违反反托拉斯法而被判有罪。同年6月，审理这一案件的法官采取了一种结构性补偿方式。选自《经济学家》的文章对这一补偿方式进行了讨论。

微软公司是世界上最大、最具实力的个人电脑软件制造商。随着其他视窗操作系统产品的诞生，微软公司在英特尔兼容的个人电脑操作系统软件市场上占据了垄断地位，这一垄断地位使微软公司在所有美国主要公司中享有最高的公司利润率和最高的市场资本率。

微软公司以采取排他和反竞争的合约来推销它的*PC*操作系统软件等方式，非法地维护其垄断地位。为了制止这一行为，美国政府于1994年7月将微软公司告上法庭，微软公司最终以同意法庭的(一项)最终裁决结案。裁决规定，禁止微软公司在与*PC*原始设备制造商(*OEMs*)——电脑制造商，其出售的*PC*电脑预装有微软公司的操作系统软件产品——的软件使用权合同中附加各类反竞争条款。

微软公司将互联网探索者的使用许可权附加在视窗软件使用权的合同中的行为，是对其市场力量的不正当使用。微软公司以其市场力量来保护和扩展其垄断地位，而这恰恰是法庭最终判决所试图避免的，也是其明确禁止的。

资料来源：美国司法部(网站)，1997年11月11日。

案例(二):公共物品政策—克服免费乘车问题

包括公共广播电视、宗教组织和慈善组织在内,许多组织都是通过自愿捐款来筹集资金。显而易见,有一些人克服了免费乘车的想法而自愿地向那些提供公共物品的组织捐款。一些组织还采取了一些技巧来鼓励人们捐款。然而,在减少免费乘车问题上这些组织只取得了部分成功。公共广播就是一个比较典型的例子,但是具有代表性的公共广播站只从其四分之一的听众中得到捐赠。

而且,围绕筹集自愿捐赠存在着大量成本。像 Unite Way、Siema 俱乐部和公共电视台在资金筹集活动中都要花费大量的金钱。根据贸促会的规定,筹集资金获得所花费的费用不应超过从运动中所筹集资金的 35%。运用"拇指经验"的规则,典型组织将花 35 美元来筹集 100 美元。从而只剩 65 美元来维持该组织。在一些例子中,资金筹集的成本非常高。在 1992 年,纽约最大的公共电视台花了 230 万美元开展一项电视市场宣传,结果仅仅筹集了 280 万美元,只剩下 50 万美元留给电视台。尽管一项资金筹集运动可以消除免费乘车问题,但其成本也是非常昂贵的。

资料来源:Marvine Howe,"Fund-Raising by Channel 13 Proves Costly," New York Times,June 27,1992,29.

案例(三):外部性问题——全球变暖

许多生产外在性的问题在性质上都是地区性的,一条小河的污染或有毒废物的堆积主要只影响附近的居民。但某些环境危害却可能影响整个地球,这就需要国际间的合作。今天,最严重的全球环境问题莫过于全球变暖,即由于诸如二氧化碳等温室气体的累积就像温室一样储存太阳的能量,使地球的温度上升。许多有力的证据显示这些气体在不断积累,而且关于温室气体累积后果的证据越来越多。一系列国际专家会议都指出,其影响是巨大的,而且可能产生十分严重的后果,比如极地冰帽的融化和海平面的上升,将淹没世界上地势较低的地区。在 1992 年里约热内卢的国际会议上,世界各国政府签署了一项协定,承诺控制温室气体排放。1997 年,在京都签订了进一步的协议,旨在使排放的减少更有约束力。2001 年,布什总统宣布,虽然美国签订了这一协议,但它不会执行。美国的这一单边行动引起了世界其他国家的强烈愤怒,因为美国是最大的排放国。美国坚持,如果其他国家不限制排放,它限制排放也没有意义,而依据《京都议定书》发展中国家必定不会减少它们的排放。它还指出,发展中国家的排放很快就会超过发达国家。另外,布什总统声称,相对于可能产生的危害,减少排放的成本太高。而发展中国家反驳说,这是一个公平问题:按人均计算,它们的排放量远远低于美国的排放量。它们注意到,全球变暖对美国的影响可能是有限的，对美国的有些地区甚至可能是有益的，但是，我们都生活在同一地球上，美国不能也不应该只从自己的观点看问题。许多发展中国家极端贫穷，为什么在美国声称负担不起排放的减少时，要它们作出经济上的牺牲呢。世界在这一问题上陷入了僵局，同时，温室气体在继续累积，并可能使未来控制全球变暖的进程变得更为困难。

资料来源：斯蒂格利茨，沃尔什. 经济学（上册）. 3版. 北京：中国人民大学出版社，2005.

案例（四）：委托—代理关系与激励机制

迪斯尼是如何处理委托—代理问题的？沃尔特·迪斯尼公司在1984年由派拉蒙公司的总经理迈克尔·艾斯纳出任最高行政主管。公司的董事会同意付给艾斯纳750 000美元的年薪和750 000美元的签约报酬。如果公司净收入超过股票总额的9%，那么艾斯纳还可以拿到超出部分的2%作为红利。另外，艾斯纳可以在5年合同期内的任何时间以每股14美元的价格购买迪斯尼的200万股股票，这也就是现在常说的期权。

艾斯纳1986年获得的红利是260万美元，1987年是600万美元。1988年，包括期权价值在内，艾斯纳的收入达到4 100万美元，是当时美国总经理中的最高纪录。1993年，他的总收入大约是2.02亿美元，再次创下纪录。而在这十年间，迪斯尼的股票价值上升了14.6倍。

迪斯尼的所有者为艾斯纳提供了一个足够大的激励，使他为提高公司的利润而努力。据称，艾斯纳曾说："你必须假装你在运用自己的钱。"如果管理者以这种方式来管理企业，并且对风险和其他相关因素与所有者有相同的看法，那么通常可以避免严重的委托—代理问题。

而再看一下我国20世纪90年代末，企业经营者的工资与其对于企业的贡献而言往往非常的不对称。据有关部门调查的数据显示，当时国有企业领导平均年收入低于两万元的占总数的62%。一份对中央直属40家大型企业的调查显示：老总平均收入40多万元，最多的63万元。内地36家企业的老总平均年收入只有6万多元，其中最高的年薪21万元，最低的只有1.2万元。以云南红塔烟草集团（最初为玉溪卷烟厂）为例，1979年，玉溪卷烟厂固定资产1 065.65万元，生产设备全部是20世纪30～40年代的水平，是云南省数千家默默无闻的小烟厂之一。但到了20世纪90年代初，玉溪卷烟厂年创造的利税相当于400多个农业县的财政收入总和，达200亿元以上，稳坐中国烟草业第一把交椅，并跃升为世界第五大烟草企业；而在1997年"红塔山"的无形资产已经达到了353亿元，成为创造利税近千亿元的亚洲第一烟草企业，而作为公司管理者褚时健这时从红塔集团获得的收入累积只有80万元。显然，这种薪酬总体水平较低并缺乏长期激励性薪酬的激励机制必然导致与上一案例完全相反的委托—代理结果。

概念与习题

1. 解释下列概念：外在性；市场失灵；搭便车；道德风险；公共品；信息不对称。
2. 简要说明市场失灵的原因及其对策。
3. 垄断对经济的危害性表现在哪些方面？
4. 简单说明反托拉斯法的产生背景。
5. 什么叫外在性？外在性具体表现在哪些方面？如何克服外在性？
6. 保险市场的逆向选择描述的是何种情况？

下　篇

宏观经济学

11 国民收入核算

GNP 是一年内生产的从苹果到齐特拉琴的所有物品与劳务的市场价值。

——保罗·A·萨缪尔森、威廉·D·诺德豪斯

从本章开始将研究宏观经济学。宏观经济学是相对于微观经济学而言的。微观经济学是研究个体经济活动参与者的行为及后果，采用个量分析法；宏观经济学是研究社会总体的经济行为及其后果，即整个国家的经济运行情况，采取总量分析的方法。衡量一个国家社会经济活动的最基本最重要的指标是国民收入，因此，深刻理解国民收入的概念含义以及相关的其他总量及计算方法是研究宏观经济学的前提。目前国民收入核算体系有两种：一种是适用于市场经济国家的国民经济核算体系 SNA(system of national accounting)，绝大多数国家采用；另一种是适用于中央计划经济国家的物质产品平衡体系 *MPS*(material product system)。本章主要介绍 SNA。

11.1 国内生产总值

11.1.1 国内生产总值与国民生产总值的含义与差别

国内生产总值(gross domestic product，GDP)是指一个国家(或地区)在一定时期内(通常为一年)所生产的最终产品和劳务市场价值的总和。国内生产总值的主要内容和范畴包括：

(1)GDP 是一个市场概念，各种最终产品的价值都是用货币来衡量的。

市场价值＝最终产品的单位价格×产量

(2)GDP 是最终产品的价值，不包括中间产品，以免重复计算。

中间产品是指还需要进行生产加工的商品或劳务。最终产品是指不再需要加工而被消费者购买使用的商品和劳务。以服装生产为例，一件衣服从生产到消费经过五个阶段：棉花种植→纺纱→织布→制衣→销售。其中，棉花、纱、布等称为中间产品，因为其需要加工生产才能成为成品衣服。衣服为最终产品进入消费过程，它是一种新增价值。西方经济学认为，最终产品的价值总和等于生产这些最终产

品的各行各业新创造的价值总和，它是一国在一定时期内真正生产的价值。

在现实经济中，许多产品根据其用途的不同，可以作为中间产品，也可作为最终产品，如钢材被直接用于建筑浇铸则为最终产品，如被加工成门窗及其他物品则叫中间产品。为解决这一问题，在国内生产总值的具体计算时一般采用增值法，即各生产阶段只计算所增加的价值。

(3)GDP 是指一年内所生产而不是所卖掉的最终产品。若某企业年生产 100 万美元的产品，只卖掉 90 万美元，所剩 10 万美元产品可看做是企业自己买下来的存货投资，同样计入 GDP。相反，虽然生产了 100 万美元产品，然而却卖掉了 110 万美元产品，则计入 GDP 的仍是 100 万美元，只是库存减少了 10 万美元。GDP 只能计算一次，不能重复计算。

(4)GDP 是计算期内(某一年)生产的最终产品价值，因而是流量而不是存量。流量是一定时期发生的变量，存量是一定时点上存在的变量。如：某人花 20 万元买了一套旧房子，这 20 万元不能计入 GDP，因为它在生产年份已计算过了，但买卖这幢旧房的经纪人费用可计入 GDP，因为这费用是经纪人提供中介服务的劳务报酬。

(5)GDP 是指市场价值的总和，只有进入市场流通活动获得市场价格的产品与劳务才能计入国内生产总值。不经过市场销售的最终产品，如家务劳动、自给自足产品、地下黑市交易等非市场经济活动，都无法计入 GDP，虽然这部分产品与劳务也是社会经济总量的一部分。

通过以上分析，说明最终产品实际上就是一国在一定时期新创造的价值或新增价值，也即企业投资的产出，如：企业生产了一件上衣卖 50 美元，就是购买上衣的消费者支出了 50 美元，这 50 美元就是生产和经营上衣的厂商(棉花生产者、纱厂、织厂、制衣厂及销售商)创造的价值，即产出，也就是企业经营者的收入。从全社会来看，总产出总是等于购买最终产品的总支出，如果社会某年生产了 1 万亿元最终产品，只销售掉 0.8 万亿元，剩余 0.2 万亿元产品总被看做是企业在存货方面的投资支出，称存货投资，所以上例总支出与总产出和总收入相等，所以我们可以得到：

最终产品的总收入＝总产出＝总支出＝新增价值

11.1.2 名义 *GDP* 与实际 *GDP*

由于 GDP 是用货币来计算的，$GDP=\sum$ 各最终产品的数量 × 各自价格。所以国内生产总值不仅要受最终产品的数量变动影响而且还要受价格水平的影响，为使不同年份的 GDP 具有可比性，需要区分名义 GDP 和实际 GDP 的含义。

名义 GDP(货币 GDP)是用生产产品和劳务的当年价格计算的全部最终产品的市场价值。

实际 GDP 是用从前某一年作为基期的价格计算出来的全部最终产品的市场价值。

名义 GDP 和实际 GDP 的计算结果不同，一般按不变价格来折算。名义 GDP 与实际 GDP 之比称为国内生产总值折算数，也称 GDP 平减指数(GDP deflator)。该指数反映产品和劳务的价格，而不反映产量。

$$\text{GDP 折算数}=\frac{\text{名义 GDP}}{\text{实际 GDP}}\times 100\%$$

知道了 GDP 的折算数就可以将名义 GDP 折算为实际 GDP，公式如下：

$$\text{实际 GDP}=\frac{\text{名义 GDP}}{\text{GDP 折算数}}=\frac{\text{名义 GDP}}{\text{价格指数}}$$

从而有：$\text{实际 GDP 增长率}=\frac{\text{实际 GDP}-\text{基期 GDP}}{\text{基期 GDP}}$

GDP 可以计算一个国家的也可以计算一个部门的，现以农业部门为例进行说明：

某国农业部门最终产品以小麦、水果为例。以 1998 年为基期，计算 2003 年的国内生产总值。见表 11-1。

表 11-1　名义 GDP 和实际 GDP

种类	1998 年名义 GDP	2003 年名义 GDP	2003 年实际 GDP
小麦	150 万单位×1 美元＝150 万美元	200 万单位×1.5 美元＝300 万美元	200 万单位×1 美元＝200 万美元
水果	50 万单位×40 美元＝2 000 万美元	60 万单位×50 美元＝3 000 万美元	60 万单位×40 美元＝2 400 万美元
合计	2 150 万美元	3 300 万美元	2 600 万美元

从表 11-1 中，可以看出 2003 年该国农业部门的名义 GDP 为 3 300 万美元，而实际 GDP 为 2 600 万美元，差额是由对其折算引起的。其折算数为 3 300÷2 600×100％＝126.9％，说明了从 1998 年到 2003 年该国的农产品价格水平上升了 26.9％。如果对国家来说，则通货膨胀率约为 26.9％，如果扣除物价变动的因素，GDP 增长速度为 20.9％，(2 600－2 150)÷2 150×100％＝20.9％。我们通常所

说的 GDP 增长率都是指实际 GDP 的增长。

11.1.3 GDP 与 GNP 的区别

西方国家在将 GDP 作为一国产出水平的衡量指标之前，一直使用 GNP 这个概念，例如，美国在 1991 年之前就一直使用 GNP 概念。所谓 GNP，是指一国（或地区）在一定时期内（通常为一年）居民所得收入之和。其中，包括国民从国外得到的收入，但要扣除向国外支付的收入。鉴于 GDP 能够更加直接地反映出一国本土的产出情况，故西方国家开始使用 GDP 这一概念。GDP 按领土原则计算。如：在中国境内一切企业，包括本国公司，也包括外国公司或居民所生产的市场价值，都应计入我国的国内生产总值，而作为中国公司在国外开办企业生产的最终产品价值则不计入我国的 GDP，而计入所在国的 GDP。

GNP(gross national product，GNP)是以国民原则来计算的，它是指一国国民所拥有的全部生产要素所生产的最终产品的市场价值，而不管他在什么地方。如中国在国外的公司，其生产的最终产品计入我国 GNP，而不计入所在国的 GNP。

GDP 与 GNP 的关系可用公式表示：

$$GDP=GNP+\text{外国公民在本国获得的收入}-\text{本国公民在国外获得的收入}$$

现在，由于国外的净收入较难计算掌握，世界各国都普遍使用 GDP 的计算方法，它对国内经济增长和就业是最好的衡量指标。

11.2 国内生产总值的核算方法

在国民经济核算体系中有不同的计算国内生产总值的方法，其中主要有支出法、收入法以及部门法。

11.2.1 支出法

支出法(expenditure method)又称产品支出法、产品流动法或最终产品法。这种方法从产品的使用出发，把一年内国内国外购买的本国生产的各项最终产品的支出加总，计算国内生产总值。在现实经济中，最终产品的购买包括居民对消费品的购买，企业对投资品的购买，政府购买和国际市场的购买即出口。因此，用支出法计算国内生产总值，就是计算全社会在一定时期内的消费、投资、政府购买及净出口的总和。用支出法计算的国内生产总值实际上就是社会总需求。

消费支出(C)：指居民个人消费，用字母 C 表示。包括购买耐用消费品，如小汽车、电视机、家用电脑等;还包括购买非耐用消费品,如食品、服装等以及购买劳务,如医疗、旅游等的支出。建造住宅的支出不包括在内。

投资支出(I):是指企业增加或更换资本资产,用 I 表示,包括建造和购买厂房、住宅、机械设备及存货。为什么投资品也属于最终产品应记入国内生产总值,而不属于用来生产别的产品的中间产品呢?中间产品仅指原材料、半成品及能源等消耗性产品,它们在生产新产品时被全部消耗掉。厂房、设备等投资品在生产新产品的过程中只是部分地消耗,这种消耗称为折旧。折旧不同于中间产品,它是被包含在国内生产总值中的。折旧不仅包括投资品的物质磨损,还包括投资品老化带来的精神磨损。例如,一台设备虽多年来从未使用,但因其过时了,价值也要贬损。住宅支出之所以也属于投资而不属于消费是因为它也像其他固定资产投资一样是长期使用,以折旧的形式被慢慢消耗的。存货投资是企业掌握的存货增加或减少的价值量,是年终存货价值与年初存货价值的差额,存货投资可以是正值,也可以是负值。

政府购买(G):是指各级政府购买产品和劳务的支出,用 G 表示。如政府设立公安、检查、法院等机构,提供国防、建设道路等基础设施,开办学校、医院等方面的支出。这部分政府购买之所以应计入国内生产总值,是因为政府通过雇请公务人员、教师,建立公共设施、保卫国家安全等为社会提供了服务,因而也创造了价值。政府购买只是政府支出的一部分,政府支出的另一部分如转移支付、公债利息等则不计入国内生产总值。原因是它们只是简单地把收入从一些人或组织转移到另一些人或组织,没有相应的产品或劳务的创造,如政府发放失业救济金并没有为失业者提供服务、创造价值。

净出口($X-M$):出口用 X 表示,进口用 M 表示,净出口就是进口与出口的差额($X-M$)。在用支出法计算国内生产总值时,进口应从本国总支出中减去,因为这部分支出购买的不是本国生产的产品,它表示收入流到了国外;而出口则应加入到总支出中,因为出口产品也是本国生产的,是国际市场对本国产品的购买,表示收入从国外流入。净出口应计入国内生产总值,它可以是正值,也可以是负值。

把上述几个项目加总,用支出法计算国内生产总值的公式可以写成:

$$GDP=C+I+G+(X-M)$$

各国在按支出法计算国内生产总值时,具体项目的分类不尽相同。一般在国民收入统计中,按支出法计算包括这样一些项目,见表 11-2。

表 11-2　GDP 支出法核算

个人消费支出(C)	耐用品 非耐用品 住房租金 其他劳务	政府购买支出(G)	中央政府支出 地方政府支出
私人国内总投资(I)	厂房 设备 居民住房 企业存货净变动额 (年终存货－年初存货)	进出口贸易($X-M$)	净出口($X-M$) 出口 $X(+)$ 进口 $M(-)$
总计:GDP			

11.2.2　收入法

收入法(income method)又称要素支付法或要素收入法。这种方法是从收入的角度出发,把生产要素在生产中所得到的各种收入相加来计算国内生产总值。各生产要素的收入形式主要包括:劳动所得到的工资、土地所得到的地租、资本所得到的利息及企业家才能得到的利润。严格来说,国内生产总值,即最终产品的市场价值除了上述生产要素收入所构成的成本以外,还会有间接税、折旧、公司未分配利润等内容。间接税是指税收负担不由纳税企业负担,而可以将其加入成本,通过提高价格转嫁给消费者的税。营业税、关税等都属于间接税。这些虽没有形成生产要素提供者的收入,但也是产品价值的组成部分,故也应计入国内生产总值。

各国在按收入法计算国内生产总值时,具体项目的分类也不尽相同。在美国的国民收入统计中包括的项目,见表 11-3。

表 11-3　GDP 收入法核算

工资和其他补助 净利息 租金收入 利润 　公司利润 　　红利 　　未分配利润 　非公司利润	合营企业 农民 企业税 　间接税 　公司税 资本折旧 误差调整
总计:GDP	

11.2.3 部门法

部门法(sector method)是根据提供产品与劳务的各生产部门的产值来计算国内生产总值。这种方法反映了国内生产总值的来源,是从生产的角度来计量国内生产总值,因此又称为生产法。

用部门法计算国内生产总值时要运用增值法,即只计算每个部门或企业对其产品所增加的价值。增值是销售产品得到的收益与为生产该产品而购买中间产品的成本之间的差额。商业、服务卫生、教育、政府等部门提供的劳务按其收入即该部门职工工资来计算。用部门计算的国内生产总值实际上就是社会总供给。

在美国的国内生产总值统计中,按部门法计算包括的部门,见表 11-4。

表 11-4 GDP 部门法核算

农林渔业	批发和零售商业
采掘业	金融、保险、不动产业
建筑业	服务业
制造业	政府服务和政府企业
运输业	统计误差
公用事业	
总计:GDP	

以上三种方法从不同角度对国内生产总值进行计量。从理论上讲,三种方法所计算出的国内生产总值应该是相等的,但其实际的计算结果往往并不一致。国民经济核算体系以支出法为最基本的方法,即以支出法所计算的结果为标准。若按收入法和部门法计算出的 GDP 不同于以支出法计算出的 GDP,就要通过误差调整项来进行校正,使之达到一致。

11.3 国民经济几个总量指标

国内生产总值是国民收入核算体系中的最基本总量。但国民收入核算体系中还有其他总量,这些总量指标是:国内生产净值、国民收入、个人收入和个人可支配收入。上述几个总量与国民生产总值共同构成国民收入核算体系,而且几个总量之间存在一定的数量关系。

11.3.1 国内生产净值

国内生产净值的英文缩写是 NDP(net domestic product),表示一个国家在一年内新增加的产值。任何产品的价值中不但包含有消耗掉的原材料、能源等中间产品的价值,还包含有使用的厂房及设备的折旧,它们都不是企业新生产的价值。在计算国内生产总值时虽已从最终产品的价值中扣除了中间产品的价值,但并未扣除折旧,因而国内生产总值并不完全是新增加的产值。从国内生产总值中扣除掉折旧的国内生产净值才完全是新增加的产值。即:

$$NDP=GDP-\text{折旧}$$

11.3.2 国民收入

国民收入的概念有广义和狭义两种用法。在宏观经济学中一般所说的"国民收入核算"、"国民收入决定"等都是指广义的国民收入,是将国民收入作为宏观经济总量指标体系来使用的。本章讲到的"国民生产总值"、"国民生产净值"、"国民收入"、"个人收入"、"个人可支配收入"都属于广义的国民收入范畴。

这里所要介绍的是狭义的国民收入概念。国民收入的英文缩写是 NI(nation al income),是指一个国家(或地区)在一定时间内(通常是一年)用于生产的各种生产要素所得到的全部收入,即工资、利息、地租、利润的总和。它是指按生产要素报酬计算的国民收入。

国民收入与国内生产净值的数量关系是:

$$NI=NDP-\text{间接税}-\text{企业转移支付}+\text{政府补贴}$$

企业转移支付包括企业对非营利组织的社会慈善捐款和消费者呆账,它和间接税一样,虽构成产品成本,是企业新增产值的一部分,应计入国内生产净值,但却不是任何生产要素的收入,故在计算国民收入时应将其从 NDP 中扣除。相反,政府由于各种原因给企业的补助金虽不是企业新创造的价值,不在 NDP 中体现,但却可以成为生产要素的收入,故应在计算国民收入时加入。

11.3.3 个人收入

个人收入的英文缩写是 PI(personal income),指一个国家在一定时期内个人从各种来源所得到的收入总和。国民收入,即工资、利息、地租、利润并不会完全成为个人收入。例如,利润的一部分要缴纳公司所得税,公司还要留下一部分不分配给个人,作为利润留存,只有一部分利润以红利和股息的形式分配给了个人。工资中也有一部分以社会保险费的形式上缴有关机构。另外,人们还会以各种形式从政府和企业那里得到转移支付,如失业救济金、职工养老金、社会最低生活保障金、退伍军人补贴、残疾人补贴等。转移支付虽不是生产要素报酬,不构成国民收入,却是个人收入的一部分。此外,购买公债的利息收入,也是生产要素收入以外的个人收入来源。因而,国民收入和个人收入的数量关系是:

$$PI=NI-\begin{matrix}\text{公司未}\\\text{分配利润}\end{matrix}-\begin{matrix}\text{企业}\\\text{所得税}\end{matrix}-\begin{matrix}\text{社会}\\\text{保险费}\end{matrix}+\begin{matrix}\text{政府和企业}\\\text{的转移支付}\end{matrix}+\begin{matrix}\text{公债}\\\text{利息等}\end{matrix}$$

11.3.4 个人可支配收入

个人可支配收入的英文缩写是 PDI(personal disposable income),是指个人可以实际支配的全部收入。个人收入不能全归个人支配,因为要依法缴纳个人所得税,税后的个人收入才是个人可支配收入。个人可支配收入包括个人消费和个人储蓄两种用途。个人可支配收入与个人收入的数量关系是:

$$PDI=PI-\text{个人纳税}=\text{个人消费}+\text{个人储蓄}$$

下面,我们用 1991 年美国的材料来说明从国内生产总值(GDP)到国内生产净值(NDP)到国民收入(NI)到个人收入(PI)最后到个人可支配收入(PDI)的核算过程及相互关系。

表 11-5 美国 1991 年的 GDP、NDP、NI、PI、PDI 单位:万美元

	国内生产总值		56 775
加	来自国外的要素净支付	+174	
等于	国民生产总值(GNP)		56 949
减	资本消耗扣除	−6 261	
等于	国民生产净值(NNP)		50 688
减	企业间接税	−4 752	
	其他(净值)	−494	
等于	国民收入(NI)		45 442
减	公司未分配利润	−3 643	
	社会保障税	−5 288	
加	政府和企业给个人的转移支付	+7 711	
	利息调整	+2 511	
	红利	+1 370	
等于	个人收入(PI)		48 103
减	个人所得税及非税支付	−6 187	
等于	个人可支配收入(PDI)		41 916

资料来源:参考[美]多恩布什,费希尔.宏观经济学.中国人民大学出版社,1998.

11.4 国民收入的基本公式

前已述及，用支出法、收入法和部门法计算出的国民生产总值应该是一致的。总支出代表了全社会对最终产品的总需求，即用支出法核算的国民生产总值相当于社会总需求。总收入和总产量代表了全社会对最终产品的总供给，即用收入法和部门法核算的国民生产总值相当于社会总供给。于是从国民生产总值的核算方法中可以得到这样一个恒等关系：

总需求＝总供给

而且，我们从前面对国内生产总值分析中已知：

总收入＝总产出＝总支出

根据这些原理，我们将进行下面各部门的恒等分析。

总需求与总供给的关系是宏观经济学的核心命题，据此展开的国民收入决定理论是宏观经济学的中心理论。我们可以用国民经济的收入流量循环模型来分析国民经济的运行，进而说明总需求与总供给的恒等关系。

理论研究是从简单到复杂，从抽象到具体的。所以我们研究的国民收入循环流量模型也是从两部门经济入手，进而扩展为三部门经济和四部门经济。

11.4.1 两部门经济中总需求与总供给的恒等关系

两部门经济是一个假设的最简单的经济系统，其中只有居民和厂商这两种经济单位。为使模型简化，两部门经济模型假设政府在经济中不发挥作用，既没有政府的税收，也没有政府的支出。该模型还假设是一个封闭的经济，没有国际贸易发生。

在两部门经济中，全部国民收入只在居民户和厂商之间循环流转，如图 11-1 所示。

(1)生产要素。居民户向厂商提供劳动、资本、土地、企业家才能等生产要素。

(2)产品和劳务。厂商运用所得到的生产要素生产出各种产品和劳务，卖给居民户。

以上是实物形态的国民收入流动。

(3)消费支出。居民户以各自的货币收入购买厂商的产品与劳务。

(4)生产要素报酬。厂商以货币形式向居民户支付生产要素的报酬，即工资、利息、地租、利润。

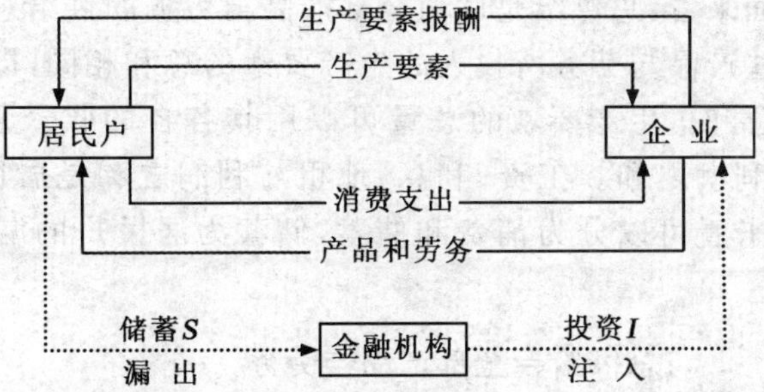

图 11-1 两部门循环

以上是货币形态的国民收入流动。

关于漏出和注入：漏出和注入，如图 11-1 中虚线所表示的流程。假定既没有漏出量也没有注入量，那么上述的国民收入流动将循环不已，国民收入水平也将不变，整个经济将以不变的规模运行下去。但是漏出和注入在实际经济生活中都是不可避免的。漏出是指居民户未将全部收入用来购买产品与劳务，而是将其中一部分储蓄起来，这部分国民收入就退出了循环流转，国民收入水平将会下降。注入是指厂商在居民的消费支出以外又获得了其他来源的投资，国民收入水平将会因此而扩张。

图 11-1 中表明，居民户把收入中的消费余额以储蓄的形式存入金融机构，而厂商又从金融机构获得居民户消费以外的投资。如果居民户在金融机构的储蓄全部转化为厂商的投资，即储蓄等于投资，则社会经济规模，也就是国民收入水平不会变化。

下面我们来分析两部门经济中总需求与总供给的关系。

从总需求方面来看：在两部门经济中，总需求包括居民户的消费需求与厂商的投资需求。也即总支出，消费需求与投资需求可以分别用消费支出与投资支出来表示，消费支出即为消费，投资支出即为投资，投资是国民收入的注入量。关系如下：

总需求＝消费需求＋投资需求

＝消费支出＋投资支出

＝消费＋投资

如果总需求用 AD 表示，消费用 C 表示，投资用 I 表示，则：

$$AD=C+I$$

从总供给方面来看：总供给是厂商全部产品与劳务的供给总和，也即总收入。它应该和生产这些产品与劳务所投入的生产要素的总和相同，即劳动、资本、土地和企业家才能的总和。生产要素的总量可以用其各自的收入总和来表示，即工资、利息、地租与利润之和。工资、利息、地租与利润之和是居民户的全部收入，这些收入从用途来看可以分为消费和储蓄，储蓄为居民户的漏出量。从以上关系来看：

总供给＝全部产品与劳务
＝劳动＋资本＋土地＋企业家才能
＝工资＋利息＋地租＋利润
＝消费＋储蓄

如果以 AS 表示供给，C 表示消费，S 表示储蓄，则：

$$AS=C+S$$

总需求与总供给的恒等关系：

$$AD=AS$$

可以表示为：

$$C+I=C+S$$

则：

$$I=S$$

这就是说，在两部门经济中，只要保证投资等于储蓄，即居民户的全部储蓄都可以通过金融机构转化为企业投资；同时厂商的投资除了来自于居民户的消费和储蓄而别无他途，那么国民收入水平就既不会收缩，也不会扩张，社会经济再生产将以不变的规模循环往复。

11.4.2 三部门经济中总需求与总供给的恒等关系

三部门经济是指由厂商、居民户和政府这三种经济单位所组成的经济系统。在三部门经济中，政府的经济职能是通过分别向厂商和居民户征税及政府支出来实现的。这时的国民收入在政府、居民户和厂商三个部门间循环流转，如图 11-2 所示。

在三部门经济中，总需求不仅包括居民户的消费需求和厂商的投资需求，而且还包括政府需求。政府需求即政府支出，对厂商表现为政府购买，如公共工程投资、军事订货等，对居民户则表现为转移支付，如失业补助、残疾人救济等。三部门

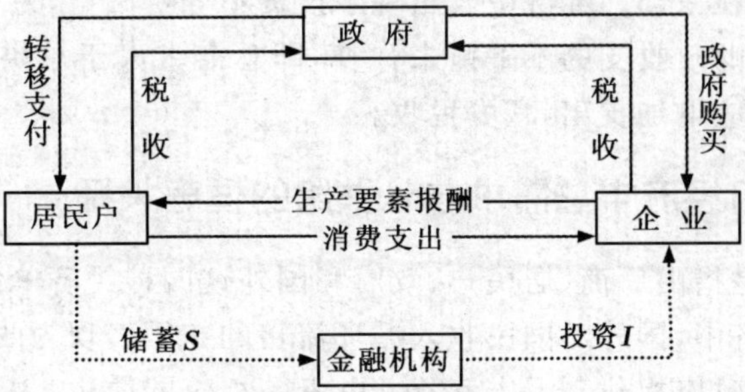

图 11-2　三部门循环

的总需求公式如下：

$$总需求=消费+投资+政府支出$$

以 G 代表政府支出，则：

$$AD=C+I+G$$

在三部门经济中，总供给除了消费和储蓄之外还有政府的供给。政府的供给是指政府为整个社会提供了国家安全、基础设施、公安司法等“公共物品”。由于政府提供了“公共物品”而获得的相应收入是税收。所以，可以用税收来表示政府的供给。税收作为政府从居民消费和企业投资中拿走的部分，也是经济中的漏出。于是：

$$总供给=消费+储蓄+税收$$

以 T 表示政府税收，则：

$$AS=C+S+T$$

三部门经济模型中的总需求与总供给的恒等关系是：

$$AD=AS$$

即：
$$C+I+G=C+S+T$$

则：
$$I+G=S+T$$

该公式说明，在考虑到政府对经济发挥作用的三部门经济中，若要使总需求与总供给相等，国民收入水平、社会经济规模既不会收缩，也不会扩张，除了应使投资等于储蓄之外，还应保证政府的支出等于税收，即政府的财政收支平衡。从公式中我们还可以看到，在三部门经济中若出现了投资不等于储蓄，为了保证总需求与总供给相等，可以用财政收支的不平衡来弥补，即总需求大于总供给时应减少支出，或增加税收，反之应增加支出，减少税收。

11.4.3 四部门经济中总需求与总供给的恒等关系

四部门经济是指由厂商、居民户、政府和国外这四种经济单位所组成的经济系统。在四部门经济中，国外对国民收入循环流转的作用表现为两个方面：①向国内的居民户、厂商和政府提供产品与劳务，并获得相应的收入，对国内来说，这是进口，表现为一部分国民收入的流出。②作为国内生产的产品与劳务的需求者向国内购买，并支付相应的报酬，对国内来说，这是出口，表现为一部分国民收入的流入。这时的国民收入循环流转模型如图 11-3 所示。

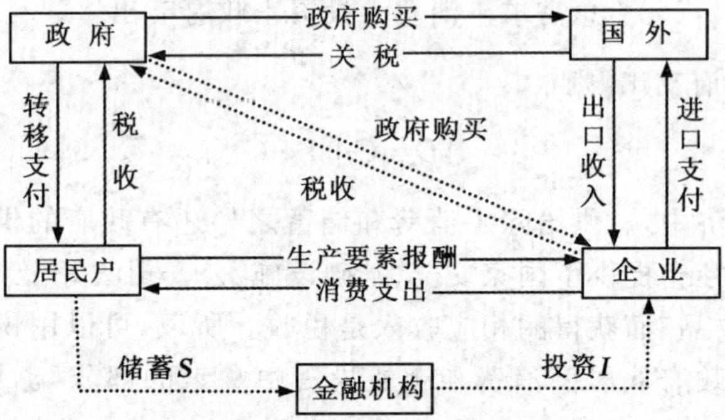

图 11-3 四部门循环

在四部门经济中，总需求不仅包括居民户的消费需求、厂商的投资需求、政府需求，还包括国外需求，即出口。于是：

总需求＝消费＋投资＋政府支出＋出口

以 X 表示出口，则：

$$AD=C+I+G+X$$

在四部门经济中，总供给包括消费、储蓄、税收以外，还应包括国外的供给。国外的供给对国内来说就是进口，进口减少了国内的产出，也是一种漏出。于是：

总供给＝消费＋储蓄＋税收＋进口

以 M 表示进口，则：

$$AS=C+S+T+M$$

在四部门条件下，国民收入的恒等关系是：

$$AD=AS$$

即：　$C+I+G+X=C+S+T+M$ 或 $I+G+X=S+T+M$。

在四部门经济中，要维持国民收入水平的稳定，总需求等于总供给，这时不仅应使投资等于储蓄，政府支出等于税收，还应保证进口等于出口。

$(I-S)$是投资储蓄缺口，它可以是正值，也可以是负值；$(T-G)$是财政收支缺口，同样可以是正值，也可以是负值；$(X-M)$是国际收支缺口，它可以是顺差，也可以是逆差。上述三个差额可以相互弥补，以使总需求等于总供给，国民收入水平保持均衡、稳定。这就是通常的对内均衡与对外均衡的实现。

延伸阅读

1. 国民收入核算的产生与发展

国民经济核算是反映国民经济运行过程结果的数量特征及统计核算，是了解经济运行和经济发展，发现问题、分析规律，为经济决策服务的重要信息资源。同时国民经济核算也是一项应用性统计技术，它是由政府组织进行的重要统计工作。它通过一系列的科学核算原则和方法，把描述国民经济运行过程的部门、行业等收集整理的基本指标有机结合起来，构成反映整个国民经济运行状况的系统而详细的数据。

国民收入统计的产生可追溯到1665年英国经济学家威廉·配弟对英国当时国民收入的估算工作。在关于英国国民收入估算中，曾采用了从收入和支出方面进行复式核算的方法，它只是在核算项目和平衡关系上尚不够成熟。法国著名化学家拉瓦锡(A. L. Lavoisier)在1784—1791年间对法国的国民收入作了估算，当时，为了避免重复计算，首次提出了时间产品和最终产品的概念。澳大利亚统计学家T·柯格兰在1886年对国民收入统计研究时，提出了从国民收入的生产、分配和使用(或消费)三个方面进行反映，即从生产方面反映国民收入来自何种产业，也就是制造业、农业、商业等各生产了多少国民收入；从分配方面反映支付各生产要素的报酬，也就是工资、租金、利息、利润等的份额；从使用方面反映国民收入用于消费、私人投资、政府支出和出口的数量。法国经济学家F·魁奈1759年编制的《经济表》，反映了从再生产过程和部门投入产出角度描述经济运行过程的学术思想。

20 世纪 40 年代初国民经济核算形成以前的国民收入统计，其重心并未反映当前国民经济核算描述国民经济运行过程的系统理论和方法，而主要在国民收入统计总量的理论基础、口径范围和估算或统计方法方面。国民经济核算概念和理论方法虽产生较晚，但它的形成却溶于国民收入统计的发展过程之中。英国经济学家 R·斯通和美国经济学家 S·库兹涅茨在国民经济核算发展史上做出了重要贡献，前者主要领导了联合国国民经济核算的研究和统计制度制定工作；后者以美国全国经济研究所（NBER）为基础创立和发展了美国国民经济核算理论方法和实际统计工作。联合国 1947 年公布的《国民收入的计量和社会核算表的编制》和 1953 年公布的《国民核算表及补充表体系》（称旧 SNA），是以国民收入生产、分配和使用过程为基础来描述国民经济运行的国民经济核算体系成熟发展的重要标志。联合国 1968 年公布了《国民经济核算体系》（The System of National Accounts；缩写 SNA），简称新 SNA，并于 1970 年在世界各国推行实施，1990 年发展到 170 多个国家采用推行。1993 年联合国第 27 届统计委员会会议又通过了关于 SNA 的修改方案，在总结各国 SNA 实践和应用基础上，进一步改进和完善了国民经济核算体系。目前，国际上基本上全部实行 SNA 基础上的国民经济核算体系，国民经济核算体系实现了全球一体化。

我国原来实行的基本上是计划经济条件下的国民经济平衡表体系（MPS），当时世界有两大核算体系即 SNA 和 MPS。国民经济平衡表体系是以高度集中计划经济管理体制下的计划经济过程和统一计划管理要求设计产生和发展的，也曾有十几个国家实行过。MPS 与 SNA 相比较，主要区别是生产理论不同、指标体系不同、统计反映方式也不同。1984 年底在国务院领导下开始了建立我国国民经济核算体系的各项工作。组织专门机构，从事我国国民经济核算体系理论研究、方案设计和试点试算等工作。经过数年的努力，于 1992 年提出了我国国民经济核算体系的试行方案，并确定在 1992—1995 年期间分两步实施。这标志着我国国民经济核算体系工作正式步入国际一体化的 SNA 体系行列。1998 年国家统计局在总结多年实践的基础上，制定了新的国民经济核算体系，并于 1998 年在《中国统计年鉴》中正式定期公布国民经济核算体系统计数据。

从历史沿革来看，越来越多的国家用 GDP 代替 GNP 作为国民经济核算的新标准，反映了经济全球化的发展趋势。在国民经济核算体系建立初期，劳动和资本在国家间的流动不大，所以各国主要以 GNP 作为经济核算的指标。1993 年，联合国统计司正式决定用 GDP 取代 GNP（1993 年联合国将 GNP 改称为 GNI“国民总收入”）作为国民经济核算的新指标。但是，随着经济全球化的发展，资本和劳动等生产要素在国际间流动越来越大，按“国民”原则统计国民收入，无法准确衡量一定区域范围的生产总量。但学者们普遍认为GDP仍存在如下的一些缺陷：①不能反映DIY(Do It Yourself的缩写，又译为自己动手做，意指“自助的”活动)和地下经济的价值；②不能反映对环境的破坏和资源的损耗；③不能反映质量的变化；④不能反映物产的数量；⑤不能反映闲暇、收入分配和快乐的变化。

2002年国家统计局进一步完善国民经济核算体系方案，追求新的发展。由于可持续发展就是谋求经济、社会和环境的协调发展，维持新的平衡，制约和平衡出现的环境恶化和环境污染，控制重大自然灾害的发生，强调发展的协调性，并且发展与环境保护相互联系构成有机的整体。国民经济核算中的可持续发展问题就是逐步建立并实施绿色国民经济核算。

绿色GDP，是指一个国家或地区在考虑了自然资源(主要包括土地、森林、矿产、水和海洋)与环境因素(包括生态环境、自然环境、人文环境等)影响之后经济活动的最终成果。

绿色GDP＝GDP总量－(环境资源成本＋环境资源保护服务费用)

2.国民收入核算的目的与原则

国民经济核算的目的是为经济行为监测、经济分析、国际比较、政策分析和制定，以及宏观经济调控和管理服务。

国民经济核算原则是国民经济核算基本理论的组成部分，它对国民经济核算体系的设计、范围确定、核算的系统一致性等具有直接的指导或决定作用。

(1)市场原则。从市场出发，考虑市场过程和市场活动，以及市场发展变化等，就成为确定国民经济核算范围，分类、账户划分等方面的重要原则，这就是我们简称的市场原则。

(2)所有权原则。所有权原则是确定国民经济核算中资产和负债范围的基本原则。在市场经济活动中，资产和负债是进行生产活动，获取经济利益的根本条件，因此，它必须表现为企业等机构单位或机构部门的所有权，才可能在生产经营等经济活动中产生决定的作用。正由于这个原因，国民经济核算把资产界定为机构单位或机构部门能够行使所有权的统计范围，负债与资产相对应，这就是简称的所有权原则。

(3)三等价原则。三等价原则是指国民经济运行过程中国民生产、国民(原始或可支配)收入、国民(最终)支出之间的总量平衡关系的等价统计原则。三等价原则是确定国民经济生产、收入分配、消费和积累核算一致性的重要原则。

(4)核算统计原则。国民经济核算的统计原则首先是权责发生制。所谓权责发生制原则是指对经济活动中机构单位之间交易按照其债权债务发生时、或生产活动中价值转移或新价值形成或取消时进行统计的原则。国民经济核算的统计原则与微观会计核算原则有相同的一面,也有不同的一面。

3.案例—宏观核算整体化构架的设想

中国实施的新国民经济核算体系,已成为我国宏观调控系统的一个重要组成部分。和旧核算体系相比,是一个巨大的进步。可是如果与现代经济和社会发展总潮流相比,还存在一定的局限性。它只表现国民经济运行情况,而不能全面反映经济、社会、科技和环境及其相互关系。

随着社会经济的发展,人们已经越来越不满足于仅对经济系统的产品流量和资产存量的考察,更不满足于仅对商品化经济内容的度量。近年来对环境问题日益重视,在联合国召开的各国首脑参加的1992年巴西会议达到高潮。科技投入及其在经济增长中的作用已由在发达国家受重视而转到越来越多的发展中国家。未来社会的竞争,归根到底,是科学技术的竞争,是人的素质的竞争。因此,在国民经济发展中必须把科学技术和社会发展(特别是教育)放在重要位置上。环境问题、合理利用自然资源问题、保持生态平衡问题、人类对自身生存发展和生活质量关注问题成为人们关心的焦点。这一切,对宏观核算提出新的要求。目前,在国际研究中,国民经济核算已不再是一个孤立的研究领域,它与环境、科技、社会核算的相互关系乃至整体化,成为一种必然的趋势。如果得不到高质量统计数据,政府的宏观经济调控就失去了依据。

建立宏观核算整体化构架在实践中是一项重大工程。联合国、世界银行、欧共体等国际上一些统计机构多年来为建立和完善国民经济核算体系并拓展其核算内容做出了相当大的努力,足以表明这项工作的艰巨。中国从经济社会整体发展看,仍属于发展中国家,但是宏观核算水平高于发展中国家水平,接近于中等发达国家。我国目前正在转向新国民经济核算体系,已有一定基础。而且我国的科技和社会指标工作已经步入正轨。环境指标工作虽然差一些,但这与世界整体状况有关,并且在改进。在此基础上,为了尽快赶上发达国家,中国在建立完善国民经济核算体系的同时,迫切要求把国民经济核算扩大到包括经济、社会、科技和环境在内的整个宏观核算,而不是只限于经济领域本身的核算,要重视科技指标和环境指标体系的核算,以及把各种专业核算之间协调起来进行整体化衔接。如果中国能在这方面有所突破,不但会大大加快国民经济核算和专业核算工作的步伐,而且有利于增强中国政府对宏观经济调控的能力,并将对国际社会做出独特的贡献。

注:资料来源:韩秀云.宏观经济分析.北京:中国财政经济出版社,1998.53-54.

概念与习题

1. 解释下列概念：国内生产总值(GDP)；支出法；国民收入；个人可支配收入；间接税；总需求。

2. 试写出三部门和四部门经济中总需求与总供给的恒等式关系。

3. 说明名义 GDP、实际 GDP 与 GNP 之间的关系。

4. 讨论产品流动法表示的国内总产值中各项所包含的内容。

5. 阐述国民经济五个总量指标之间的关系。

6. 在国民经济核算中，为什么总收入等于总支出？

7. 根据以下所给资料：(单位：万美元)

总投资　800

净投资　300

消费　3 000

政府对商品和劳务购买　960

国民收入　3 850

工资和薪水　2 920

租金收入　320

净利息　260

政府预算节余　30

社会保险费　380

政府和企业转移支付　520

折旧　100

个人所得税　600

试求出：(1)NNP；(2)个人收入；(3)个人可支配收入；(4)个人储蓄；(5)GNP。

12 国民收入决定理论

在一定的消费倾向和新投资的数量之下，只存在着一个符合于均衡状态的就业水平。

——J·M·凯恩斯

上一章讨论了国民收入核算问题，本章起将讨论国民收入决定理论，即讨论国民收入水平如何决定，分析是什么因素决定了国民收入的大小，这些因素是如何影响均衡国民收入变动的，进而了解宏观经济的运行状况。国民收入的决定是宏观经济学的核心理论问题。本章学习过程中，在了解凯恩斯宏观经济模型与古典宏观经济模型的区别之后，要把握国民收入决定的基本假设，理解消费函数、储蓄函数及二者的关系，尤其是凯恩斯的消费理论与消费函数，掌握从简单均衡国民收入决定到四个部门均衡国民收入决定的概念与原则，熟悉各种乘数的计算。

12.1 有别于古典宏观经济模型的凯恩斯宏观经济理论

现代宏观经济学的核心内容——简单凯恩斯模型是在批判与扬弃古典宏观经济模型的基础上发展起来的。因此，首先对这两种经济模型进行区别性的概述。

12.1.1 古典宏观经济模型

古典宏观经济模型或古典体系是凯恩斯经济学产生之前在西方经济学领域中占正统地位的宏观经济理论。这一理论体系的主要内容是在完全竞争的假设前提下，坚持和论证"萨伊法则"(Say's Law)。萨伊法则的基本命题是：供给本身能创造自己的需求。也就是说，某种产品一经生产出来，就会立即为其他产品提供一个和它自身价值完全相等的市场，有一个供给量，就必定有一个相等的需求量。因此，从整个社会来看，社会总需求等于社会总供给是一种常态。一种产品和劳务必定要和其他产品和劳务相交换，这样，即使在某一时期某种产品过剩，也仅仅是其他产品生产不足的结果，是一种局部的暂时的现象，不可能产生遍及国民经济所有部门的普遍性的生产过剩和失业。所以，萨伊法则实际上是一种无危机论。

萨伊之后的古典宏观经济理论主要是从以下几个方面来论证萨伊法则，并提出和完善了“市场自动均衡”学说。

第一，商品市场的均衡可以由价格机制进行调节。当需求大于供给时，价格上升，从而需求下降，供给增加；当需求小于供给时，价格下降，导致需求增加，供给减少，最终使商品市场趋于均衡，即

$$Q_d(P)=Q_s(P)$$

第二，总供给量是生产要素投入量的函数。古典宏观经济理论强调的是经济的供给方面，供给决定于一定技术条件下的生产函数。在长期中，由于一切投入都是可变的，因而长期生产函数可以用公式表示为：

$$Y=Y(N,K,\cdots)$$

第三，劳动市场的均衡可以由工资机制的调节来实现。劳动的供给是实际工资的函数，即 $N_s=N_s(W/P)$，它随实际工资的变动而呈正方向变化；劳动的需求也是实际工资的函数，即，$N_d=N_d(W/P)$它随工资的变动而呈反方向变化。所以，当劳动供给量等于劳动需求量时，均衡工资水平和均衡就业量得以同时实现，即有：

$$N_s(W/P)=N_d(W/P)$$

第四，资本市场的均衡可以由利率调节机制来实现。资本的供给是储蓄，储蓄是利率的函数，即 $S=S(r)$，它随利率的变动呈正方向变化；资本的需求是投资，投资也是利率的函数，即 $I=I(r)$，它随利率的变动呈反方向变化。所以，当资本市场的资本供给量（储蓄）等于资本需求量（投资）时，资本市场实现均衡，即

$$S(r)=I(r)$$

第五，货币只起交换媒介的作用。古典宏观经济理论坚持货币数量论，认为人们持有货币的唯一动机就是满足交易的需要，持有闲置货币而损失利息是一种“非理性”行为。因此，货币数量的增减只是同方向同比例地决定价格总水平，而不对国民经济的实物量产生任何影响。简单货币数量论的基本表达式，即

$$MV=PY$$

其中，M 为货币供给量，V 为货币流通速度，P 为价格总水平，Y 为国民收入。

综上所述，古典宏观经济理论认为，产品和要素市场都会在市场机制的调节下达到均衡，同时由于市场机制具有充分弹性，均衡必然是实现充分就业的均衡。

12.1.2 凯恩斯宏观经济理论

1936 年,凯恩斯的《就业、利息和货币通论》一书出版,标志着现代宏观经济学的产生,凯恩斯也因此被誉为"宏观经济学之父"。在该书中,凯恩斯从以下四个方面对以马歇尔为代表的市场自动均衡理论进行否定。

(1)工资不一定是调节就业的有效机制。首先,工资的运动往往遵循所谓的"棘轮原理",也就是说,在绝大多数情况下,工资只能上升,不能下降。因为工资的下降会引起工薪阶层的强烈反对,带来社会冲突;其次,即使降低工资可行,其结果也不是想象中的增加就业而是减少就业,因为工资的普遍下降意味着消费者收入的下降,收入的下降将导致消费需求的减少,从而引起生产过剩和企业解雇工人。

(2)均衡不一定是充分就业的均衡。市场自动均衡论者主要从市场机制具有充分弹性的角度来证明均衡必定是充分就业均衡。他们认为只要存在资源闲置,市场机制的调节作用就会通过降低资源价格来实现充分就业。而凯恩斯提出"有效需求"原理来否定这一看法。他认为,一个经济社会在一定时期的国民收入水平是由有效需求决定的。所谓有效需求是指产品的总供给价格与总需求价格相一致时的总需求,它包括消费需求和投资需求。当有效需求足够大时,经济的均衡就有可能达到甚至超过充分就业的资源状态。但在大多数情况下,有效需求往往是不足的,此时,即使经济已处于均衡状态,也是一种非充分就业的均衡状态,生产资源的闲置依然存在。

在这里,应该区分潜在的国民收入与均衡的国民收入,所谓潜在的国民收入又称为充分就业的国民收入,是指一国的所有资源(包括人力和物力)都得到充分利用时的国民收入;而均衡的国民收入是指总需求与总供给达到均衡时的国民收入,它不一定等于潜在的国民收入。

(3)货币在经济运行过程中起积极作用。凯恩斯反对货币对实际经济总量的决定不起任何作用的观点,而认为货币在决定国民收入和就业水平上有实质性的影响。其理由是:货币的供求变化影响利率,利率的变化影响投资,从而影响总需求,影响产出和就业水平。同时,利率的变化也会影响储蓄,储蓄的变动直接影响消费,进而影响总需求以及产出和就业水平。在其他条件不变的情况下,增加货币供给会降低利率,刺激消费和投资,提高产出与就业水平;反之,减少货币供应量则会提高利率,抑制消费和投资,降低产出与就业水平。

(4)储蓄和投资的动机是不同的,所以利率机制不一定使资本市场达到均衡。凯恩斯正是在对上述古典宏观经济理论批评的基础上,建立起自己的理论体系,以此说明宏观经济运行在有效需求不足的基础上,只会处于非充分就业的均衡状态,这时，为了解决失业，克服萧条，必须引入政府干预。

现代宏观经济理论的基本命题是：一个经济社会国民收入的大小和就业水平的高低，取决于有效需求的大小，有效需求主要由消费需求和投资需求构成。因此，下面介绍凯恩斯的消费理论。

12.2 均衡产出与凯恩斯的消费理论

12.2.1 均衡产出

宏观经济运行是一个复杂的系统，在市场经济中，总支出的各种支出量往往直接或间接地受到货币因素的影响。为了简化分析，本章中主要讨论没有货币因素的产品市场，说明消费和投资等支出量使国民收入在什么水平下达到均衡状态，如何达到均衡状态，因此，需要从分析最简单的经济关系开始。

12.2.1.1 三点假设

(1)假设所分析的经济中不存在政府，也不存在对外贸易，只有家庭部门(即居民户)和企业部门，消费行为和储蓄行为都发生在家庭部门，生产和投资行为都发生在企业部门，还假定企业投资是自主的，即不随利率和产量而变动。

(2)假设整个经济的生产是由需求来决定的。不论需求量为多少，经济制度均能以不变的价格提供相应的供给量。这就是说，社会总需求变动时，只会引起产量变动，不会引起价格变动。这在西方经济学中有时被称为凯恩斯定律。由于凯恩斯写作《就业、利息和货币通论》时，面对的是 1929—1933 年的大萧条，工人大批失业，资源大量闲置。在这种情况下，社会总需求增加时，只会使闲置的资源得到利用，使生产增加，而不会使资源的价格上升，从而产品成本和价格能保持不变。这条所谓凯恩斯定律被认为适用于短期分析，即分析的是短期中收入和就业如何决定，由于在短期中，价格不易变动，或者说具有黏性，当社会需求变动时，企业首先考虑的是调整产量，而不是改变价格。换句话说，就是假定经济中的价格水平不变。

(3)假定折旧和公司未分配利润为零。这样，GNP、NNP、NI 和 PI 就都相等。即：

$$GNP=NNP=NI=PI \tag{12-1}$$

12.2.1.2 均衡产出的概念

均衡在经济学中的一般含义是，所考察的经济系统处在一种相对静止、相对平稳的状态上。在这里均衡意味着，当经济中的产出水平等于总支出(即总需求)水平时，经济中企业的生产就会相对稳定下来。若生产(供给)超过需求，企业所不愿意有过多的存货会增加，企业就会减少生产；若生产低于需求，企业库存会减少，企业就会增加生产。总之，通常企业要根据产品销路来安排生产，一定会把生产定在和产品需求相一致的水平上。在本章的假定下，均衡产出被定义为：与总支出相一致的产出。而总支出是指经济中各个部门对物品和劳务的支出总和。因为总产出既可以从收入方面，也可以从支出方面来考察，也可以理解为每元的支出就是某个人所得到的收入，所以有：

总产出＝总支出＝总收入

由于两部门经济中没有政府和对外贸易，总需求由居民消费和企业投资构成。这样，均衡产出可用公式表示为：

$$Y=C+I \tag{12-2}$$

在国民收入决定理论分析中，Y、C、I 分别代表剔除了价格变动的实际产出或收入、实际消费和实际投资，而不是上一章表示的名义产出、消费和投资。还要指出的是，公式中的 C 和 I 代表的是居民和企业实际想要有的消费和投资，即意愿消费和意愿投资的数量，而不是国民收入核算构成公式中实际已经发生的消费和投资。举例来说，假定企业部门由于错误估计形势，生产了 1 200 亿元产品，但市场实际需要的只是 1 000 亿元的产品，于是就有 200 亿元产品成为企业中非意愿存货投资或称非计划存货投资。这部分存货投资在国民收入核算中是投资支出的一部分，但不是计划投资的部分，因此，在国民收入核算中，实际发生的产出就等于计划支出（或称计划需求）加非计划存货投资。但均衡产出是指和计划需求相一致的产出，因此，在均衡产出水平上计划支出和计划产出正好相等，这时，非计划存货投资等于零。

均衡产出是和总需求相一致的产出，也就是社会经济收入正好等于全体居民和企业想要的支出。假定企业生产 100 亿元产品，居民和企业要购买产品的支出也是 100 亿元，则此 100 亿元的生产就是均衡产出或者说均衡收入。换句话说，社会经济要处于均衡收入水平上，就有必要使实际收入水平引起一个相等的计划支出量。因为只有这样才能使这一收入水平继续被维持下去。若用 AE 代表总支出，Y 代表收入，则经济均衡的条件是 $AE=Y$，这个关系可用图 12-1 表示。

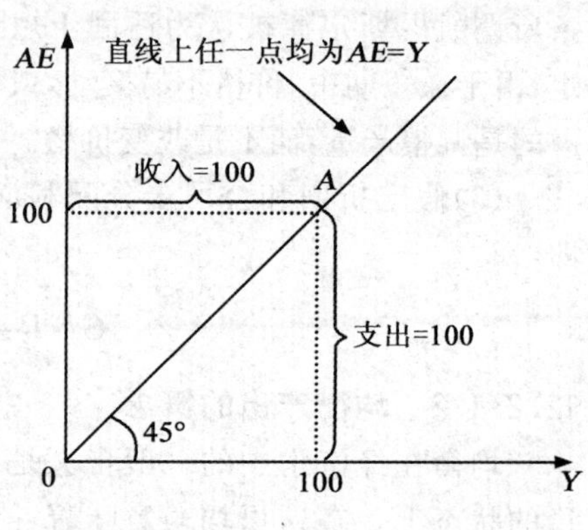

图 12-1　支出等于收入的 45°线

图中，纵轴表示支出，横轴表示收入，从原点出发的 45°线上各点都表示支出和收入相等。例如，A 点表示支出和收入各为 100 亿元。

12.2.1.3 投资等于储蓄

均衡产出或收入的条件 $AE=Y$，也可用 $I=S$ 表示，因为这里的计划支出等于计划消费加计划投资，即 $AE=C+I$。而生产创造的收入等于计划消费加计划储蓄，即 $Y=C+S$，这里的 Y、C、S 都是相对于名义收入而言，剔除了价格变动的实际收入、实际消费和实际储蓄。因此，$AE=Y$，就是 $C+I=C+S$，等式两边同时消去 C，则得：

$$I=S \tag{12-3}$$

需要再次说明，这里的投资等于储蓄，是指经济要达到均衡，计划投资必须等于计划储蓄，而国民收入核算中的 $I=S$，则是指实际已经发生的投资（包括计划和非计划存货投资在内）始终等于实际储蓄。前者为均衡的条件：计划投资不一定等于计划储蓄，只有二者相等时，收入才处于均衡状态；而后者所指的实际投资和实际储蓄是根据定义而得到的实际数字，从而必然相等。

12.2.2 凯恩斯的消费理论与消费函数

12.2.2.1 消费函数

均衡产出既然是指与总需求相一致的产出，则分析均衡产出如何决定时，就要分析总需求各个组成部分是如何决定的。这里，首先要分析消费是如何决定的，这不仅是因为消费是总需求中最主要的部分，还因为经济均衡的条件是计划投资等于计划储蓄。要找出储蓄量的大小，必须先找出消费量的大小，一旦明确了消费的数额，便可从国民收入中减掉这一数额求得储蓄量。

消费量由什么决定呢？在现实生活中，影响各个家庭消费数量的因素有很多，如收入水平、商品价格水平、利率水平、收入分配状况、消费者偏好、家庭财产状况、消费信贷状况、消费者年龄构成以及制度、风俗习惯等。但凯恩斯认为，对消费行为影响最大的因素是收入水平，更确切地说是可支配收入，收入的变化直接决定消费的变化。为此，可从诸多因素中抽出这一因素单独分析。在其他因素保持不变的情况下，消费函数反映的是消费支出水平与可支配收入水平之间的依存关系。

关于收入和消费的关系，凯恩斯认为存在一条基本心理规律：在其他条件不变的情况下，消费与收入同方向变动，即随着收入的增加，消费也会增加，但是消费的增加不及收入增加得多，消费和收入的这种关系称作消费函数（consumption function）或消费倾向。

(1)消费函数的形式。如果用 C 表示消费支出水平，Y 表示收入，那么消费函数可以表示为：

$$C=C(Y) \tag{12-4}$$

一个家庭消费水平的高低受收入大小变动的影响，收入越大，消费水平就越高。因此，上述函数被称为消费倾向或消费函数，表示消费随收入的增加而递增。

在短期中，如果消费和收入之间存在线性关系，则消费函数可以写成的一般公式为：

$$C=a+bY,\quad (a>0, 0<b<1) \tag{12-5}$$

其中：a 为自主性消费，即现实生活中当人们收入为零时，消费也要进行，对一个家庭来说，通常是为了生存而必需的消费，对一个国家来说，这一部分代表为了维持该国的基本国计民生所需要的消费，它是个常数，不随收入的变化而变化的消费，它不受收入变动的影响；b 为边际消费倾向；bY 为引致消费，它随着收入的增加而增加。因此，$C=a+bY$ 的经济含义是：消费是自主性消费和引致消费之和，随着收入的增加，消费按一个固定不变的比例 b 增加。例如，当已知 $a=100$，$b=0.8$，则 $C=100+0.8Y$，这就是说，若收入增加 1 单位，其中就有 80%用于增加消费，只要 Y 为已知，就可以计算出全部消费量。

(2)边际消费倾向和平均消费倾向。消费函数又称为消费倾向，能够描述消费在收入中的比重，可以用边际消费倾向和平均消费倾向来加以说明。

边际消费倾向(marginal propencity to consume，简称 MPC)是指在收入增量中消费增量所占的比重。如果用 ΔC 代表增加的消费，用 ΔY 代表增加的收入，则有：

$$MPC=\frac{\Delta C}{\Delta Y}=b \tag{12-6}$$

如果收入与消费增量极小，上述公式可以写成：

$$MPC=\frac{\mathrm{d}C}{\mathrm{d}C} \tag{12-7}$$

由于消费增量只是收入增量的一部分，因此边际消费倾向通常为正值，总是大于 0 而小于 1，即 $0<MPC<1$。

平均消费倾向(average propensity to consume，简称 APC)是指消费支出在收入中所占的比重。用公式表示为：

$$APC=\frac{C}{Y} \tag{12-8}$$

平均消费倾向说明了家庭的既定收入在消费和储蓄之间分配的状况。由于经济中通常要维持一个基本的消费水平，即消费支出总大于零，因而平均消费倾向为正数，但它并不是一个常数，平均消费倾向可能大于、等于或小于1，因为消费可能大于、等于或小于收入。参见表12-1第5列所示。

表12-1　某家庭消费函数　　单位：元

	收入	消费	边际消费倾向（MPC）	平均消费倾向（APC）
A	9 000	9 110		1.01
			0.89	
B	10 000	10 000		1
			0.85	
C	11 000	10 850		0.99
			0.75	
D	12 000	11 600		0.97
			0.64	
E	13 000	12 240		0.94
			0.59	
F	14 000	12 830		0.92
			0.53	
G	15 000	13 360		0.89

假定某家庭的消费和收入之间有表12-1所示关系，从中可以看到收入、消费、边际消费倾向和平均消费倾向的变动情况。

表12-1的数字表明：当收入是9 000元时，消费为9 110元，入不敷出。当收入为10 000元时，消费为10 000元，收支平衡。当收入依次增至11 000元、12 000元、13 000元、14 000元和15 000元时，消费依次增加到10 850元、11 600元、12 240元、12 830元和13 360元。这就是说，收入增加时，消费随着增加，但增加得越来越少。在表中，收入依次增加1 000元时，消费依次增加890元、850元、750元、640元、590元和530元，能够看出平均消费倾向和边际消费倾向呈现递减趋势。

(3)消费曲线。根据表12-1可以得出消费曲线，如图12-2所示。

图12-2中$C=C(Y)$曲线是消费曲线，表示消费和收入之间的函数关系。E点是消费曲线和45°线交点，表示这时候消费支出和收入相等。

当消费和收入之间呈线性关系时，消费函数就是一条向右上方倾斜的直线，直线上每一点的斜率都相等，并且大于 0 而小于 1，如图 12-3 所示，$APC > MPC$ 这一点更易看清，因为消费函数上任一点与原点相连所成射线的斜率都大于消费曲线（这里是直线）的斜率。

图 12-3 中，横轴表示收入（Y），纵轴表示消费（C），直线方程 $C=a+bY$ 表示消费函数。消费曲线与纵轴的截距 a 表示自主性消费，45°线上任一点到纵横轴的垂直距离都相等，表示收入全部用于消费。E 点是消费曲线与 45°线的交点，表示收支相抵。在 E 点左边，表示消费大于收入，E 点右方，表示消费小于收入。随着消费曲线向右延伸，这条曲线和 45°线的距离越来越大，表示消费随收入增加而增加，但增加的幅度越来越小于收入增加的幅度。消费曲线上任一点的斜率，就是与这一点相对应的边际消费倾向，而消费曲线上任一点与原点相连而成的射线的斜率，则是与这一点相对应的平均消费倾向。

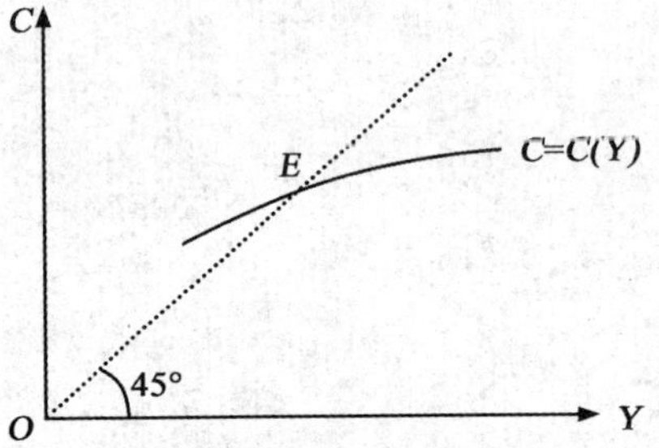

图 12-2　消费函数

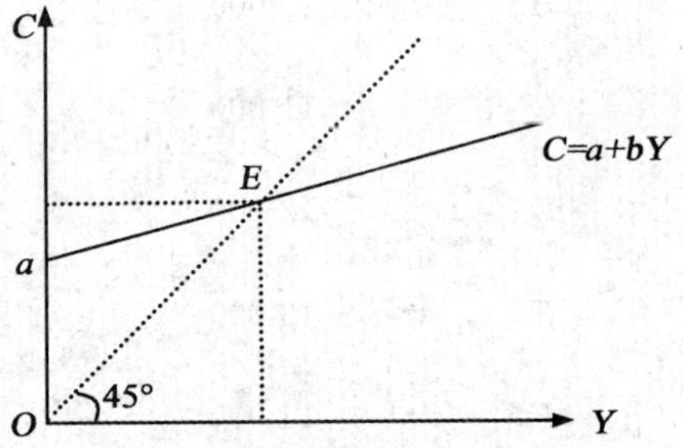

图 12-3　线性短期消费函数

在长期中，没有自发消费，所以长期消费函数表示为：$C=C(Y)=bY$。

长期消费函数可用图 12-4 表示。

在图 12-4 中，长期消费曲线 $C=bY$ 从原点出发，表明没有自发消费。长期消费曲线的斜率为 b，而 $0<b<1$，所以该曲线在 45°线（即收支相抵线）之下。

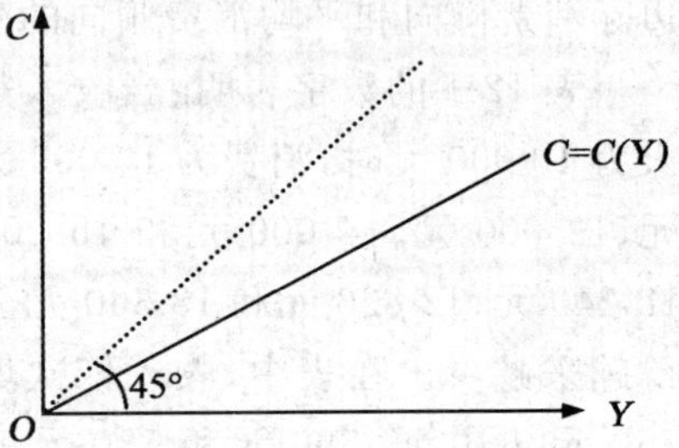

图 12-4　长期消费函数

由于总需求分析是一种短期分析，因此，消费函数一般是指短期消费函数。

(4)边际消费倾向递减。关于边际消费倾向的变动，凯恩斯认为，在短期内，由于人们爱好储蓄的天性和消费习惯的相对稳定性，当人们收入增加时，消费也会随之增加，但是消费增长的速度没有收入增长的速度快。即随着收入的增加，人们的消费支出也增加，但消费支出增加的速度慢于收入增加的速度，因此，随着收入的增加，每增加的单位收入中增加的消费支出所占的比例越来越小，这就是凯恩斯著名的“边际消费倾向递减规律”。

边际消费倾向递减规律的意义：

①凯恩斯把边际消费倾向递减看成是经济危机的根源之一。由于收入增加时增加的消费所占比例逐步减少，所以经济扩张会带来消费需求不足，从而形成生产过剩的经济危机。

②一些西方学者利用该规律为资本主义制度辩护。他们认为，既然收入增加时增加的消费所占比例减少，表明高收入的资本家会比工人拿出更大比例的收入用于储蓄。他们的结论是，分配有利于资本家是合理的，可以促进资本循环，促进经济发展。

③还有一些西方学者认为，边际消费倾向递减体现出经济制度的稳定性功能。经济衰退时人们收入水平较低，在增加的收入中将较大的比例用于消费；经济繁荣时人们收入水平较高，在增加的收入中将较小的比例用于消费。这样，该规律在衰退时有利于扩大总需求，在繁荣时有利于缩小总需求，具有使经济自动趋向稳定的作用。

12.2.2.2 储蓄函数

在国民收入中，与消费对应的一个变量是储蓄，它是指居民户中不进行消费的那部分收入。描述储蓄与收入之间关系的函数称为储蓄函数(the saving function)。也就是说，在其他条件不变的情况下，储蓄与收入同方向变动，即收入增加时，储蓄增加；收入减少时，储蓄也减少。随着收入的增加，消费的增加幅度越来越小，而储蓄的增加幅度则越来越大。

(1)储蓄函数的形式。储蓄是收入中未被消费的部分，也是收入的函数。一般可以表示为：

$$S=S(Y) \tag{12-9}$$

由于 $Y=C+S$，所以，$S=Y-C$。

在线性条件下，能够推导出储蓄函数的形式为：

$$S=Y-(a+bY)=-a+(1-b)Y \tag{12-10}$$

(2)边际储蓄倾向和平均储蓄倾向。储蓄函数又称储蓄倾向，同样能够用边际储蓄倾向和平均储蓄倾向来说明。

边际储蓄倾向(marginal propensity of saving，简写为 MPS)是指在收入增量中储蓄增量所占的比重，其公式表示为：

$$MPS=\frac{\Delta S}{\Delta Y} \tag{12-11}$$

如果收入与储蓄增量极小，上述公式可写成：

$$MPS=\frac{dS}{dY} \quad (0<MPS<1) \tag{12-12}$$

平均储蓄倾向(average propensity of saving，简写为 APS)是指储蓄在收入中所占的比重，其公式为：

$$APS=\frac{S}{Y} \tag{12-13}$$

从表 12-2 中，可以看到边际储蓄倾向和平均储蓄倾向的变动情况。即随着收入的增加，储蓄、边际储蓄倾向和平均储蓄倾向都增加。

表 12-2 某家庭储蓄函数 单位：元

	收入	消费	储蓄	边际储蓄倾向 (MPS)	平均储蓄倾向 (APS)
A	9 000	9 110	−110		−0.01
				0.11	
B	10 000	10 000	0		0
				0.15	
C	11 000	10 850	150		0.01
				0.25	
D	12 000	11 600	400		0.03
				0.36	
E	13 000	12 240	760		0.06
				0.41	
F	14 000	12 830	1 170		0.08
				0.47	
G	15 000	13 360	1 640		0.11

(3)储蓄曲线。根据表 12-2 可以得到储蓄曲线，如图 12-5 所示。

在图 12-5 中，$S=S(Y)$曲线表示储蓄和收入之间的函数关系。E 点是储蓄曲线和横轴交点，表示这时收支平衡，E 点以右有正储蓄，E 点以左有负储蓄，随着储蓄曲线向右延伸，它和横轴的距离越来越大，表示储蓄随收入的增加而增加，且增加的幅度越来越大。储蓄曲线上任一点的斜率是边际储蓄倾向，储蓄曲线上任一点与原点相连而成射线的斜率是平均储蓄倾向。图 12-6 为线性储蓄函数的图形：

在 12-6 图中，E 点是储蓄曲线与横轴交点，即收支平衡，在该点 S 为 0，表示收入全部用于了消费，此时没有储蓄；在收入为 0 时，S 为 $-a$。

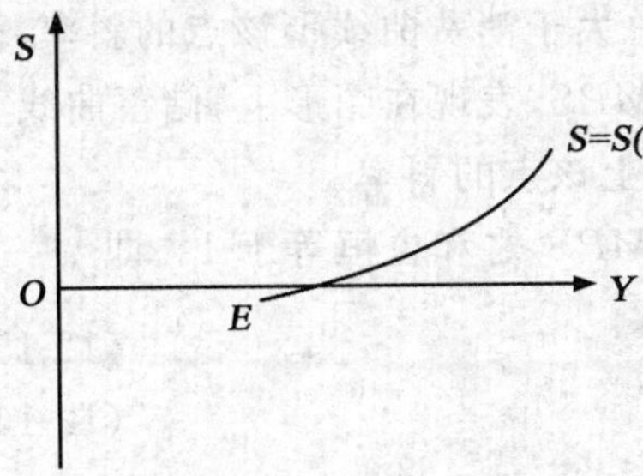

图 12-5　储蓄曲线

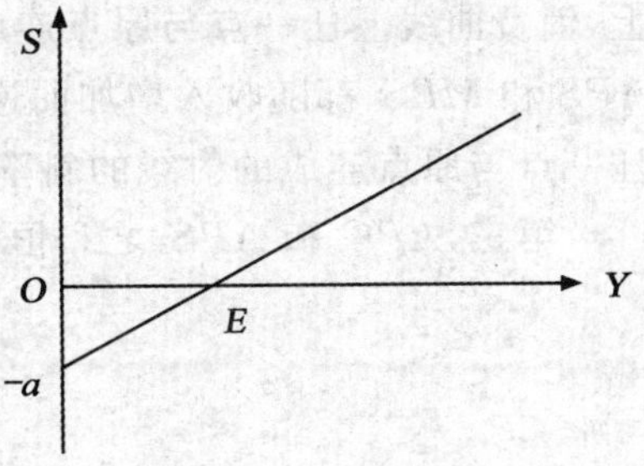

图 12-6　线性储蓄曲线

12.2.2.3　消费函数和储蓄函数的关系

由于储蓄被定义为收入和消费之差，因此：

第一，消费函数与储蓄函数互为补数，二者之和等于收入，从公式看：

已知
$$C=a+bY$$
$$S=-a+(1-b)Y$$

所以
$$C+S=a+bY-a+(1-b)Y=Y \qquad (12\text{-}14)$$

两函数的互补关系可以通过图 12-7 来反映。当收入为 Y_0 时，消费支出等于收入，储蓄为零，表示收支平衡。E 点是 45°线和消费曲线 C 的交点，表示收支相抵。在 E 点左方，消费曲线 C 位于 45°线之上，表明消费大于收入，因此，储蓄曲线 S 位于横轴下方，储蓄为负值；在 E 点右方，消费曲线 C 位于 45°线之下，表明消费小于收入，因此，储蓄曲线 S 位于横轴上方，储蓄为正值。

从图 12-7 能够看出，消费曲线 C 与 45°线的夹角，并不等于储蓄曲线 S 和横轴的夹角。

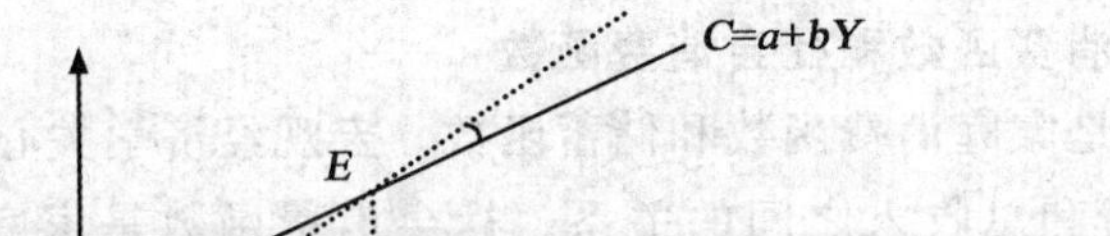

图 12-7　消费曲线和储蓄曲线的关系

第二，若 APC 和 MPC 都随收入增加而递减，且 $APC > MPC$，表现在图形上，消费曲线上任一点与原点连成的射线的斜率总大于消费曲线上该点的斜率；而 APS 和 MPS 都随收入增加而递增，且 $APS < MPS$，表现在图形上，储蓄曲线上任一点与原点连成的射线的斜率总小于储蓄曲线上该点的斜率。

第三，APC 和 APS 之和恒等于1，MPC 和 MPS 之和也恒等于1。即

$$APC+APS=1 \tag{12-15}$$

$$MPC+MPS=1 \tag{12-16}$$

可证明如下：

因为 $$C+S=Y$$

所以 $$APC+APS=\frac{C}{Y}+\frac{S}{Y}=\frac{C+S}{Y}=\frac{Y}{Y}=1$$

由此可知：

$$1-APC=APS$$

$$1-APS=APC$$

再看 MPC 和 MPS 的情况：

因为 $$\Delta C+\Delta S=\Delta Y$$

所以 $$MPC+MPS=\frac{\Delta C}{\Delta Y}+\frac{\Delta S}{\Delta Y}=\frac{\Delta C+\Delta S}{\Delta Y}=1$$

因此，由式(12-15)和式(12-16)可知：$1-MPC=MPS$；$1-MPS=MPC$。

根据以上性质，消费函数和储蓄函数中只要有一个确立，另一个随之确立。当消费函数已知时，就可求得储蓄函数；反之，当储蓄函数已知时，就可求得消费函数。

12.2.2.4　家庭消费函数和社会消费函数

以上分析的是家庭消费函数和储蓄函数。宏观经济学关心的是整个社会的消费函数，即总消费和总收入之间的关系。社会消费函数是家庭消费函数的总和。然而，西方经济学家认为，社会消费函数并不是家庭消费函数的简单加总。由家庭消费函数求取社会消费函数时，还要考虑一系列限制条件。

一是国民收入的分配。人们越是富有，越有能力储蓄，因此，不同收入阶层的边际消费倾向不同。富有者边际消费倾向较低，贫穷者边际消费倾向较高。有时候一些西方经济学家断言，将一部分国民收入从富有者转给贫穷者，将提高总收入水平。因此，国民收入分配越不均等，社会消费曲线就越是向下移动，反之亦然。

二是政府税收政策。如政府实行累进个人所得税，将富有者原来可能用于储

蓄的一部分收入征收过来，以政府支出形式花费掉，而按西方经济学者的说法，这些支出通常成为公众的收入，最终用于消费。这样，社会中的消费数量增加，社会消费曲线会向上移动。

三是公司未分配利润在利润中所占比例。公司未分配利润无形中是一种储蓄，如分给股东，则必定有一部分会被消费掉，因此，公司未分配利润在利润中所占比例大，消费就少，储蓄就多。反之，则消费就多，储蓄就少，即社会消费曲线就会向上移动。

影响社会消费函数的因素还有其他一些，因此，社会消费曲线并非家庭消费曲线的简单加总，但在考虑了种种限制条件后，社会消费曲线的基本形状仍和家庭消费曲线相似。

以上所述消费函数只是凯恩斯消费理论所提出的一种消费函数。它假定消费是人们收入水平的函数，这是西方消费函数最简单的形式。凯恩斯的《就业、利息和货币通论》出版以后，这一简单的消费函数得到了补充、修改，许多经济学家提出了其他一些理论，下面将对主要的假说进行说明。

12.2.3 其他消费理论

凯恩斯的消费函数理论强调了收入和消费支出之间的关系，并提出了著名的边际消费倾向递减规律，在经济学界产生了巨大的影响。短期的数据分析无论是在个体还是在总体上都似乎支持了这一理论，即高收入的家庭消费多，但储蓄更多。然而，美国著名经济学家西蒙·库兹涅茨在对美国 1869—1933 年间的收入和消费的实际资料进行分析时发现，无论是边际消费倾向还是平均消费倾向在长期中都是相当稳定的，并不存在边际消费倾向递减规律。他还研究发现，收入中消费支出的比例，还取决于消费者的类别：年轻人和老人、白人和黑人、城市人和乡村人的收入中消费支出所占的比例是存在差别的。这种与凯恩斯消费函数理论不一致的现象被称为“消费之谜”(pozzles of consumption)。

库茨涅茨的发现推动了战后对消费函数理论的研究，产生了一系列新的消费函数理论。其中最有影响的有美国经济学家詹姆斯·杜森贝利(J. S. Duesenberry)提出的相对收入假说，弗里德曼提出的持久收入假说和弗朗科·莫迪利安尼(Franco Modigliani)提出的生命周期假说。20 世纪 70 年代后，理性预期学派经济学家罗伯特·霍尔(Robert E. Hall)提出了理性预期的随机游走假说，对现代消费函数理论的发展也产生了重要影响。

12.2.3.1 杜森贝利的相对收入假说

消费函数理论的相对收入假说是由美国经济学家杜森贝利在 1949 年提出来

的。这种理论认为,人们的消费行为具有强烈的“模仿”和追求更高生活水平的倾向。即人们的消费支出,不仅受自身收入的影响,也要受到其他人的收入和消费的影响。如果某消费者的收入增加了,但周围的人或与自己处于同一阶层的人的收入也同比例地增加了,则他并不会改变其消费支出在总收入中所占的比例。反之,如果他周围的人或与他处于同一层次的人的收入和消费增加了,则即使他自己的收入并没有增加,但顾及到自己在社会上的相对地位,他也会提高其消费在收入中的比例。这就是消费中的“示范效应”。杜森贝利认为,消费“示范效应”的存在,使得消费者的消费支出不是取决于消费者的绝对收入水平,而是取决于他的相对收入水平(即与其他人相比的收入水平)。

相对收入假说消费函数理论还认为,人们的消费支出不仅取决于目前的收入,还要受过去收入和消费习惯的影响。如果消费者的当前收入高于以前高峰期的收入,则消费者当前的消费与当前收入有关;但如果消费者当前的收入低于以前高峰期的收入,则消费者为了维持已有的生活水平,不会相应降低其消费支出,从而导致消费倾向提高。因此,消费者的消费支出易随收入的增加而增加,但不易随收入的下降而减少,即上去容易下来难,这就是所谓的消费的“棘轮效应”。

12.2.3.2 莫迪利安尼的生命周期假说

莫迪利安尼的生命周期假说强调了消费与个人生命周期阶段之间的关系和收入与财产之间的关系,该理论与凯恩斯消费函数理论的区别在于,凯恩斯消费函数理论强调当前消费支出与当前收入的相互联系,而生命周期假说则强调当前消费支出与家庭整个一生的全部预期收入的相互联系。该理论认为,每个家庭都是根据一生的全部预期收入来安排自己的消费支出的,即每个家庭在每一时点上的消费和储蓄决策都反映了该家庭希望在其生命周期各个阶段达到消费的理想分布,以实现一生消费效应最大化的企图。因此,各个家庭的消费取决于他们在整个生命期内所获得的总收入和财产。这样,消费就取决于家庭所处的生命周期阶段。

莫迪利安尼认为,理性的消费者要根据一生的收入来安排自己的消费与储蓄,使一生的收入与消费相等。家庭的收入包括劳动收入和财产收入,所以,家庭的消费函数是:

$$C=a \cdot WR+c \cdot YL \tag{12-17}$$

在上式中,C 为消费支出,WR 为财产收入,YL 为劳动收入,a 为财产收入的边际消费倾向,c 为劳动收入的边际消费倾向。

生命周期假说将人的一生分为年轻时期、中年时期和老年时期三个阶段。中青年阶段是学习和工作的主要时期,老年时期是退休以后的阶段。一般来说,在年轻时期，家庭收入低，但因为未来收入会增加，因此，在这一阶段，往往会把家庭收入的绝大部分用于消费，有时甚至举债消费，导致消费大于收入。进入中年阶段后，家庭收入会增加，但消费在收入中所占的比例会降低，收入大于消费，因为一方面要偿还青年阶段的负债，另一方面还要把一部分收入储蓄起来用于防老。退休以后，收入下降，消费又会超过收入。因此，在人的生命周期的不同阶段，收入和消费的关系，消费在收入中所占的比例不是不变的。

根据上述生命周期假说，莫迪利安尼建立了下述总消费函数：

$$C_t = b_1 Y_t + b_2 \overline{Y} + b_3 A_t \tag{12-18}$$

式中：C_t、Y_t、$\overline{Y}$、A_t 分别为现期消费、现期收入、未来收入和现期财产，用 b_1、b_2、b_3 分别为现期收入、未来收入和现期财产的边际消费倾向。

莫迪利安尼认为，可以把未来收入作为现期收入的一个倍数，即

$$\overline{Y} = \beta Y_t$$

则总消费函数可以变为：

$$C_t = (b_1 + b_2 \beta) Y_t + b_3 A_t \tag{12-19}$$

生命周期假说理论认为，由于组成社会的各个家庭处在不同的生命周期阶段，所以，在人口构成没有发生重大变化的情况下，从长期来看边际消费倾向是稳定的，消费支出与可支配收入和实际国民生产总值之间存在一种稳定的关系。但是，如果一个社会的人口构成比例发生变化，则边际消费倾向也会变化，如果社会上年轻的和老年人的比例增大，则消费倾向会提高，如果中年人的比例增大，则消费倾向会降低。

12.2.3.3 弗里德曼的持久收入假说

持久收入的消费函数理论是由美国著名经济学家弗里德曼提出来的。该理论认为，消费者的消费支出不是由他的现期收入决定的，而是由他的持久收入决定的。也就是说，理性的消费者为了实现效应最大化，不是根据现期的暂时性收入，而是根据长期中能保持的收入水平即持久收入水平来作出消费决策的。这一理论将人们的收入分为暂时性收入和持久性收入，并认为消费是持久收入稳定的函数，用公式表示即：

$$C_t = c \cdot YP_t \tag{12-20}$$

式中：C_t 为现期消费支出，c 为边际消费倾向，YP_t 为现期持久收入。

弗里德曼认为，所谓持久收入，是指消费者可以预期到的长期收入，即预期在

较长时期中(3 年以上)可以维持的稳定收入流量。持久收入大致可以根据所观察到的若干年收入的数值的加权平均数来计算。估算持久收入的计算公式是：

$$YP_t = Y_{t-1} + \theta(Y_t - Y_{t-1}) = \theta Y_t + (1-\theta)Y_{t-1} \quad (0<\theta<1) \tag{12-21}$$

式中：YP_t 为现期持久收入，Y_t 为现期收入，Y_{t-1} 为前期收入，θ 为加权数。该公式说明，现期的持久收入等于前期收入和两个时期收入变动的一定比率，或者说等于现期收入和前期收入的加权平均数。加权数 θ 的大小取决于人们对未来收入的预期。这种预期要根据过去的经验进行修改，称为适应性预期。如果人们认为，前期和后期收入变动的时间较长，θ 就大；反之，前期和后期收入变动的时间较短，θ 就小。

根据持久收入的估算公式，持久收入假说的消费函数可以写为：

$$C_t = cYP_t = c\theta Y_t + c(1-\theta)Y_{t-1} \tag{12-22}$$

弗里德曼认为，持久收入不仅包括劳动收入，而且还包括财产收入，因此，持久收入假说理论认为，消费不仅取决于收入，而且还取决于财产，这一点与生命周期假说理论相同。

把收入分为持久性收入和暂时性收入，从而把收入变动分为持久性收入变动和暂时性收入变动是持久收入函数理论假说的贡献。这一区别既解释了短期消费函数的波动，又解释了长期消费函数的稳定性。这一理论认为，在长期中，持久性收入是稳定的，所以消费函数是稳定的。暂时性收入变动通过对持久性收入变动的影响而影响消费，所以短期中暂时性收入的变动会引起消费波动。

12.2.3.4 消费函数理论的创新与发展

产生于 20 世纪 60 年代的理性预期学派进一步提出和强调了预期对消费的重要影响。1978 年霍尔(Robert E. Hall)把理性预期的方法应用到消费者行为理论，将“不确定性”引入消费函数，融合持久收入假说、生命周期假说和理性预期，提出了具有重大理论创新意义的理性预期生命周期模型，即随机游走假说(random walking hypothesis)。霍尔认为，如果财富或永久性收入的估计和今后的消费都以理性预期为基础，那么，由消费或收入过去的变化反映出来的过时信息对现期的消费变化不应有任何影响。霍尔是从作为生命周期假说和永久性收入假说之基础的跨时最优化消费模型中敏锐地觉察到这一点的。理性预期的消费函数理论，预期也会发生变化，但预期的变化只与信息的变化相关，这种引起预期变化的信息就是以前所没有掌握的新信息。信息的获得是随机的，因此，人们对未来收入和财产的估计也会发生随机性变化，由于消费计划是根据对未来收入和财产的预期作出的，所以，消费计划也会发生随机性变动，这就是短期消费函数波动的原因。

此后，经济学家们在对随机游走假说进行实证检验的研究中却发现，消费与劳动收入的变化呈显著的正相关性，进而提出了有关消费对劳动收入具有“过度敏感性”以及实际消费变化小于理论估计值（基于消费与劳动收入变化正相关性模型计算的估计值）即所谓的消费“过度平滑性”。上述两个实证检验结果对随机游走假说提出挑战，说明了该假说与实证研究结果之间的矛盾。

由于随机游走假说不能完全解释消费者的消费行为，为了弥补消费理论的缺陷，经济学家们又提出了许多假说，其中最著名的是流动性约束假说（liquidity constraints，LC）、预防性储蓄假说（precautionary savings，PS）和 λ 假说。

流动性约束假说和预防性储蓄假说都是在生命周期假说和持久收入假说基础上，对随机游走假说进行的修正。与这两种假说不同，坎贝尔（John Y. Campbell）和曼昆（N. Gregory Mankiw）从总消费入手，建立了一个所谓的“λ 模型”，被称之为“λ 假说”。λ 假说也可以对消费的“过度敏感性”和“过度平滑性”作出解释。

12.2.3.5 影响消费的其他因素

以上的分析，都只是强调了收入对消费的影响，而没有考虑其他因素对收入的影响。实际上，除收入外，还有其他一些因素的变化也会对消费者的消费支出从而对边际消费倾向产生影响。西方经济学认为，下述一些因素同样会对消费支出及边际消费倾向产生重要影响。

1. 利率

利率也被西方经济学者看成是影响消费的一个重要因素。传统经济学认为，利率的提高会导致储蓄增加，从而减少当前消费。但现代经济学家则认为，利率变化会同时对储蓄产生替代效应和收入效应，利率提高是否会增加储蓄，减少消费要视利率变动对储蓄的替代效应和收入效应而定。

利率变动对储蓄的替代效应是指，当利率提高时，人们会认为减少目前消费，增加将来消费是有利的，从而导致消费者改变消费计划，减少目前消费，增加储蓄，从而导致储蓄增加。利率变动对储蓄的收入效应是指，利率提高会使消费者将来的利息收入增加，使消费者感觉自己变得较为富有，从而增加目前的消费，导致储蓄减少。利率变化对储蓄变化的这种双重效应，使得利率变化对储蓄的影响，必须视利率变化对储蓄的替代效应和收入效应的总和来决定。

西方经济学者认为，对于处于不同收入层次的消费者来说，利率变化对储蓄的替代效应和收入效应是不同的。对低收入者来说，替代效应大于收入效应，利率变化产生的主要是替代效应。因为低收入者并没有多少储蓄来获得利息收入，利率提高对他将来收入的提高不会产生大的影响,因此,利率提高对低收入者主要产生替代效应,使低收入者减少目前消费,增加储蓄。但对于高收入者来说,情况则正好相反,利率提高的收入效应大于替代效应,利率变化产生的主要是收入效应,因此,在利率提高的情况下,高收入者会增加目前消费,减少储蓄。就整个社会来说,利率提高究竟是增加储蓄还是减少储蓄,则必须由这些人的储蓄增加额和储蓄减少额的总和来决定。

2. 价格水平

价格水平也被认为是影响消费的一个重要因素。价格水平的变化对消费支出的影响,主要是通过价格水平的变化对实际收入的影响来实现的。一般来说,在货币收入(名义收入)不变的情况下,实际收入的变化与价格水平的变化成反比,在价格水平提高时,如果货币收入不同比例提高,则消费者的实际收入水平会降低,消费者为了维持原有生活水平不下降,则必须增加消费支出,导致消费倾向提高。相反,如果价格水平下降,则消费者维持原有消费水平的消费支出可以减少,会导致消费倾向下降。

西方经济学还提出了"货币幻觉"的理论,这一理论认为,在货币收入与价格水平保持同比例提高的情况下,虽然消费者的实际收入并没有发生变化,但消费者往往只注意到了货币收入的增加,而忽视了物价水平的上涨,从而误以为自己的实际收入增加了,导致消费增加,使消费倾向提高。

3. 收入分配

西方经济学认为,不同收入水平消费者的边际消费倾向的高低是不相同的,低收入者边际消费倾向高,高收入者边际消费倾向低,因此,国民收入分配的均等状况对边际消费倾向有较大影响。一般来说,一国国民收入的分配状况越平均,则国家平均的边际消费倾向就越高,一国国民收入的分配状况越不平均,则全国平均的边际消费倾向就越低,因此,改善收入分配状况,有利于提高边际消费倾向。

12.3 两部门、三部门和四部门经济中的国民收入决定

12.3.1 两部门经济中的国民收入决定

我们首先研究只有家庭和厂商两个部门的简单模型。如前所述,国民收入可以从生产、收入、支出三个不同的角度加以分析。在两部门经济中,用 AE 表示总支出,Y 表示总收入,因此 $AE=C+I$,$Y=C+S$,如果 $Y=AE$,此时决定的国民收

入为均衡国民收入，这也意味着总供求相等。假设投资在这里是外生变量，所以两个部门的均衡国民收入可以用消费函数或储蓄函数得出。

12.3.1.1 使用消费函数决定收入

使用消费函数决定收入的方法又称为收入－支出法。因为国民收入是由总供给和总需求共同决定的，当总需求小于总供给时，社会需求不足，产品卖不出去，价格必然下降，生产势必收缩，从而总供给减少，国民收入也减少。反之，当总需求大于总供给时，社会供给不足，产品供不应求，价格必然上升，生产势必扩大，从而总供给增加，国民收入也增加。这就意味着，无论总供给大于还是小于总需求，都有自动走向均衡的趋势。这样，根据总需求的大小就可得出均衡收入。假定投资需求为自主投资，即不考虑利息率对投资的影响，设它为一个常数，则两个部门国民收入决定的简单模型可以表示为：

$$\begin{cases} Y=C+I \\ C=a+bY \end{cases}$$

联立方程，可以解得均衡收入：

$$Y=\frac{a+I}{1-b} \tag{12-23}$$

可见，如果知道了消费函数和投资量，就可得到均衡的国民收入，例如，假定消费函数 $C=100+0.8Y$，自发的计划投资始终为 100 亿元，则均衡收入为：

$$Y=\frac{a+I}{1-b}=\frac{100+100}{1-0.8}=1\,000(\text{亿元})$$

下面再用列表和作图形式说明两部门均衡国民收入的决定。

从表 12-3 中可以看出，当现实国民收入小于 1 000 时，例如是 600 时，总支出大于总收入，存在过度总支出 80，这意味着企业销售出去的产量大于它生产出来的产量，存货出现了减少，此时扩大生产是有利可图的。于是企业会雇佣工人，增加产量，使收入向均衡收入靠拢，国民收入有扩张的趋势；当现实的国民收入大于 1 000 时，比方说是 1 200 时，总支出小于总收入，存在过度总支出－40，这意味着企业生产出来的产量大于它的销售量，存货出现意外增加，此时企业会减少生产，使收入向均衡收入靠拢，国民收入有收缩的趋势；只有当国民收入等于 1 000 时，国民收入才实现均衡，此时产量正好等于销量，均衡的消费量和储蓄量分别为 900 和 100，二者之和正好等于均衡的国民收入，即 $Y=C+I$。

表 12-3 均衡国民收入的决定 单位:亿元

国民收入	计划消费	计划储蓄	计划投资	总支出	过度总支出	结果
600	580	20	100	680	80	国民收入扩张
800	740	60	100	840	40	国民收入扩张
1 000	900	100	100	1 000	0	国民收入均衡
1 200	1 060	140	100	1 160	−40	国民收入收缩
1 400	1 220	180	100	1 320	−80	国民收入收缩

均衡收入的决定也可用作图形式表示,如图 12-8 所示如何用消费加投资曲线和 45°线相交决定均衡收入。在图 12-8 中,横轴表示收入,纵轴表示支出(即消费加投资),45°线上任意一点都是总供给等于总需求,由此可知,总支出曲线($AE=C+I$)和 45°线的交点便为均衡点,它决定了均衡的国民收入,此时家庭部门想要有的消费支出与企业部门想要有的投资支出的总和,正好等于收入即产量,如果经济离开了均衡点,会引起生产的扩人和收缩,直到回到均衡点。

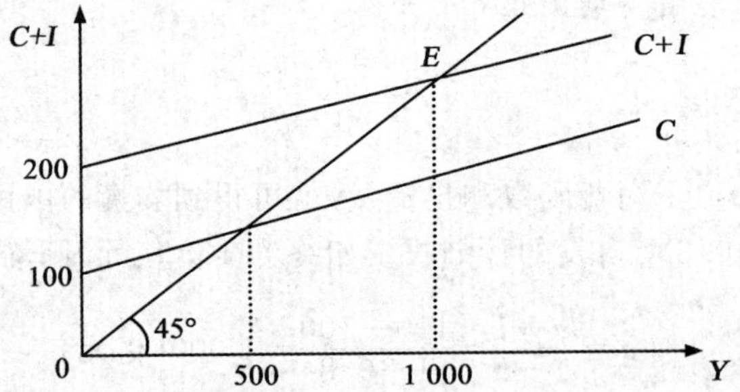

图 12-8 消费函数对均衡国民收入的决定

12.3.1.2 使用储蓄函数决定国民收入

使用储蓄函数决定国民收入的方法又称为储蓄一投资法。从总供给等于总需求的均衡条件出发,即 $AE=Y$,$AE=C+I$,$Y=C+S$ 中能够推导出 $I=S$,这样就可以用计划投资等于计划储蓄的方法求得均衡收入。同样假定投资为固定的,储蓄是收入的函数,联立两方程,则有简单模型:

$$\begin{cases} I=S=Y-C \\ S=-a+(1-b)Y \end{cases}$$

同样可得到均衡的国民收入: $Y=\dfrac{a+I}{1-b}$ (12-24)

仍以上例来说，当$C=100+0.8Y$时，$S=-a+(1-b)Y=-100+(1-0.8)Y$，$I=100$，由$S=I$，即$-100+(1-0.8)Y=100$，得到$Y=1\ 000$，用储蓄函数决定国民收入联立方程与用消费函数决定均衡国民收入的结论相同。因此，用储蓄函数决定均衡国民收入的两个部门收入决定模型($S=I$)也可以用图形来说明。

在图12-9中，横轴表示收入，纵轴表示储蓄和投资，S代表储蓄曲线，I代表投资曲线，储蓄曲线与横轴相交于A点，表示该点处收支相抵，储蓄$S=0$；另外，因为投资是作为自主投资，它不受模型内的利率因素影响，投资为常数，如果画一条与投资对应的曲线，那么它必然是一条水平线，它总是与横轴保持着相等的距离，它与储蓄曲线相交于E点，该点为均衡点，它表明均衡国民收入为1 000，投资I是100，即家庭部门想要储蓄的正好等于企业部门想要投资的数量。如果离开了E点，储蓄与投资之间处于失衡状态，企业部门销售量必然会大于或小于其产出量，从而进行存货负投资或存货投资。这必然引起生产的扩大或缩小，导致国民收入水平的提高或下降，直至回到均衡国民收入水平为止。由此可见，均衡收入也可以由储蓄函数决定。

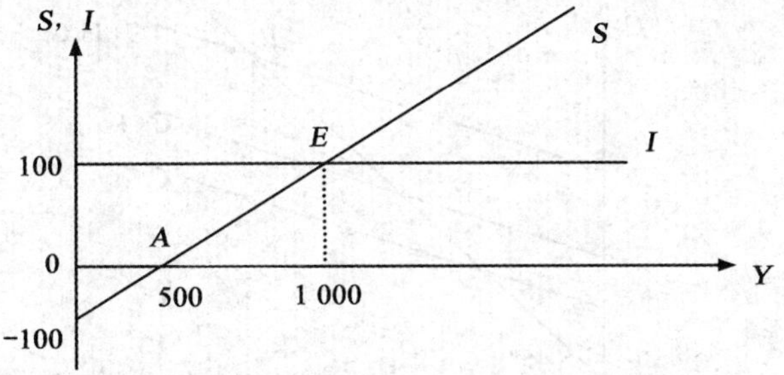

图12-9　储蓄函数对均衡国民收入的决定

以上用两种方法来说明两部门的国民收入决定，其实结果都是相同的，因为储蓄函数是从消费函数中派生出来的，所以无论用哪种方法所得出的均衡收入应是一致的。

12.3.2　三部门经济中的国民收入决定

三个部门经济是在两个部门的基础上，加上了政府部门。这里主要分析政府支出和政府税收对国民收入决定的影响。简单来说，政府部门的经济活动主要是支出和税收，对于政府支出的简单假设就是：政府支出是一个不依赖于国民收入的自发变量，主要指政府购买G；税收是指总税收减去政府转移支付后所得的净税收，在西方经济学中税收可以有两种，一种是定量税收，另一种是比例所得税，它是随着收入增减而增减的税收量，用 $T=T(Y)$ 来表示，在这里我们选用定量税来说明。那么，三个部门经济如何决定均衡收入呢？

事实上，在有政府起作用的三部门经济中，国民收入从总支出角度看，包括消费、投资和政府购买，用收入－支出法将总支出函数代入均衡产出的条件，即可求得均衡收入。也就是：

$$\begin{aligned} Y &= C+I+G \\ &= a+bY_d+I+G \\ &= a+b(Y-T)+I+G \end{aligned}$$

所以，求出均衡收入为：

$$Y=\frac{a+I+G-bT}{1-b} \tag{12-25}$$

上式是三部门均衡收入的表达式。根据这一公式，当知道了有关经济量和参数的数值时，就可求得均衡收入，如图 12-10 所示。

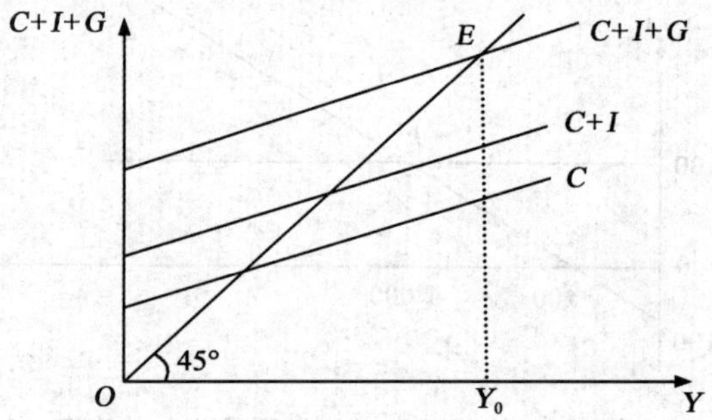

图 12-10　三部门经济收入的决定

现用一个例子来说明。假设某一经济中，消费函数为 $C=800+0.9Y_d$，投资为 $I=6\ 500$ 亿元，政府购买为 $G=7\ 500$ 亿元，定量税收为 $T=12\ 000$ 亿元。计算均衡收入和消费额。

由于均衡收入可以从支出角度来考察，也就是均衡收入 $Y=C+I+G$，又已知条件有 $a=800$，$b=0.9$，$I=6\ 500$，$G=7\ 500$，$T=12\ 000$，将其代入式 12-25，得到均衡收入为：

$$\begin{aligned} Y &= \frac{a+I+G-bT}{1-b} \\ &= (800+6\ 500+7\ 500-0.9\times 12\ 000)/(1-0.9) \end{aligned}$$

$$=40\ 000(亿元)$$

三个部门国民收入决定模型也可以用图形来说明，同两个部门分析相似，如图 12-10 所示。

将均衡收入代入到消费函数，得到消费为：

$$C=800+0.9\times(40\ 000-12\ 000)=26\ 000(亿元)$$

在图 12-10 中，横坐标表示总产出（或总收入），纵坐标表示总支出，假设投资和政府购买都是外生变量，那么，由消费曲线、投资曲线与政府支出曲线垂直相加构成的支出曲线为 $Y=C+I+G$，它同 45°线相交于点 E，其所决定的收入水平 Y_0 为均衡收入。如果经济实际运行离开了该均衡点，则会出现供求失衡的不同情况，社会经济就会经过增加或减少产量和就业量，使国民收入水平提高或降低，直至达到均衡国民收入为止。

另外，根据均衡条件 $AE=Y$，即储蓄－投资法，同样能够求解出三部门经济中的均衡收入，可以得到下面的恒等式：

$$C+I+G=C+S+T$$

化简为：

$$I+G=S+T \tag{12-26}$$

也就是说，当计划储蓄与计划税收之和等于计划投资与计划政府支出之和时，经济处于均衡状态，此时得到的国民收入就是均衡国民收入。为简单起见，我们这里仍只分析定量税收下的均衡收入决定。

在定量税收下，均衡收入的公式为：$I+G=S+T$，同样可以推导出均衡收入 Y 的表达式：

$$I+G=S+T$$
$$I+G=-a+(1-b)Y_d+T=-a+(1-b)(Y-T)+T$$
$$I+G=-a-T+bT+Y-bY+T$$
$$(1-b)Y=a+I+G-bT$$

得到

$$Y=\frac{a+I+G-bT}{1-b} \tag{12-27}$$

可以看出用两种方法得到的均衡收入是相等的，同样通过作图能够得到均衡收入。如图 12-11 所示。

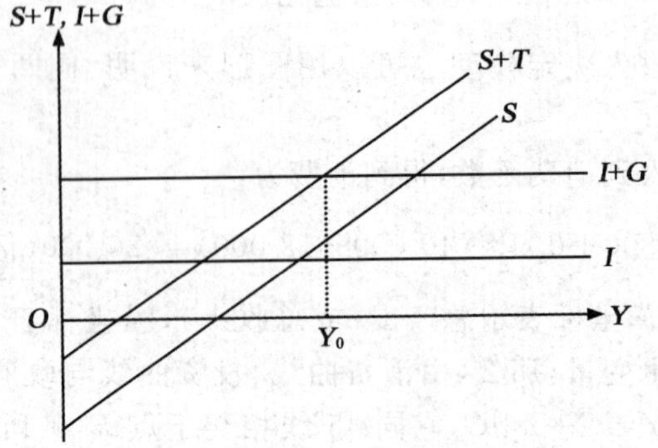

图 12-11　定量税决定的均衡国民收入

在图中，横轴为收入，纵轴为储蓄加定量税，投资加政府购买，S 为储蓄曲线，I 为投资曲线，$I+G$ 是固定不变的，T 为固定值，E 点为均衡点，即均衡收入 Y_0 由 $S+T$ 线与 $I+G$ 线相交得到。

12.3.3　四部门经济中的国民收入决定

12.3.3.1　国民收入的决定

四部门经济是在家庭、厂商、政府三个部门之外，再加上对外贸易。现阶段，世界经济呈现一体化的趋势，任何一个国家都不可能闭关自守，因此，必须把国外部门引入模型，使其成为开放经济。简单来说，国外部门的经济活动主要是进口和出口，因此，包括国外部门的总需求和总供给可以表示为：

总需求＝消费＋投资＋政府支出＋(出口－进口)

总供给＝消费＋储蓄＋税金

即

$$AE=C+I+G+(X-M) \tag{12-28}$$

$$Y=C+S+T \tag{12-29}$$

其中，X 为出口，代表国外对本国商品的需求，是由外国的购买力和购买要求决定的，本国难以控制，所以一般假定为外生变量；M 为进口，会随国民收入的提高而增加，它是国民收入的函数，常用 $M=M_0+mY$ 来表示，M_0 为自发性进口，它不依赖于本国的国民收入，m 为边际进口倾向，即每增加一个单位的国民收入所引发的进口增量，$X-M$ 为计划净出口。

利用收入-支出法，从总支出角度决定国民收入，有如下表达方式：

$$\begin{aligned} Y &= C+I+G+(X-M) \\ &= a+bY_d+I+G+(X-M_0-mY) \\ &= a+b(Y-T)+I+G+(X-M_0-mY) \end{aligned}$$

可以得出：

$$Y=\frac{a+I+G-bT+X-M_0}{1-b+m} \tag{12-30}$$

或根据储蓄－投资法，即

$$C+I+G+X-M=C+S+T \tag{12-31}$$

同样可以得到均衡收入：

$$Y=\frac{a+I+G-bT+X-M_0}{1-b+m} \tag{12-32}$$

四个部门均衡国民收入决定可以用图 12-12 和图 12-13 来表示。在图 12-12 中，横轴表示收入，纵轴表示总支出，曲线 $C+I+G+(X-M)$ 与 45°线的交点 E 决定了均衡国民收入水平。当经济运行偏离该点时，会出现生产和就业的增加或减少，直至达到 E 点经济才能处于稳定状态。

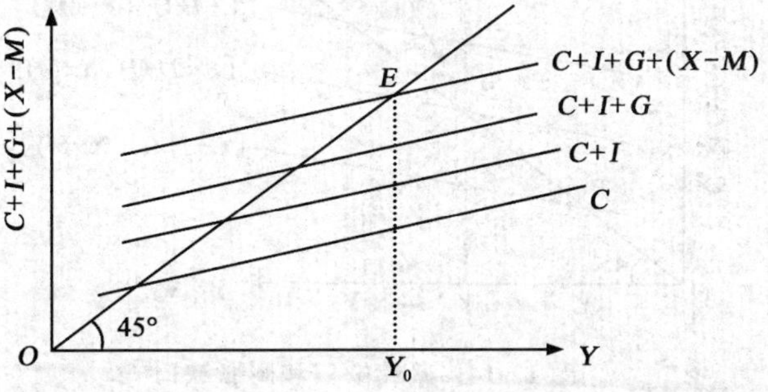

图 12-12　四部门经济收入-支出法决定的均衡国民收入

同样根据公式 $C+I+G+X-M=C+S+T$，可以画出用储蓄－投资法决定的均衡国民收入图形（图 12-13）。在图中横轴为国民收入，纵轴为投资、政府购买、出口、储蓄、税收、进口，由于 X 为外生变量，$I+G+X$ 线与横轴平行，根据供求相等的均衡条件，该直线与 $S+T+M$ 线相交于均衡点 E，得到均衡收入 Y_0。

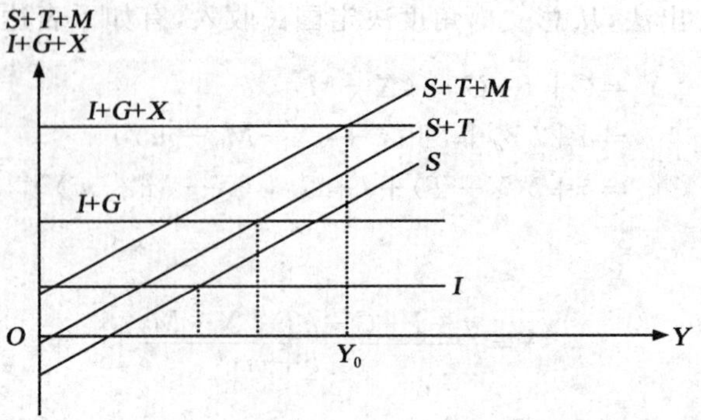

图 12-13　四部门经济储蓄-投资法决定的均衡国民收入

12.3.3.2　紧缩缺口与膨胀缺口

无论两部门、三部门还是四部门的简单模型，只要满足总需求等于总供给的条件，都可以决定国民收入的水平。但是，这种均衡的国民收入水平未必就是充分就业的国民收入，即潜在的国民收入水平。在一定时期内，一国充分就业的国民收入水平是既定不变的，而均衡的国民收入水平却应以总需求而定，它可能小于、大于或等于充分就业的国民收入水平，如图 12-14 所示。

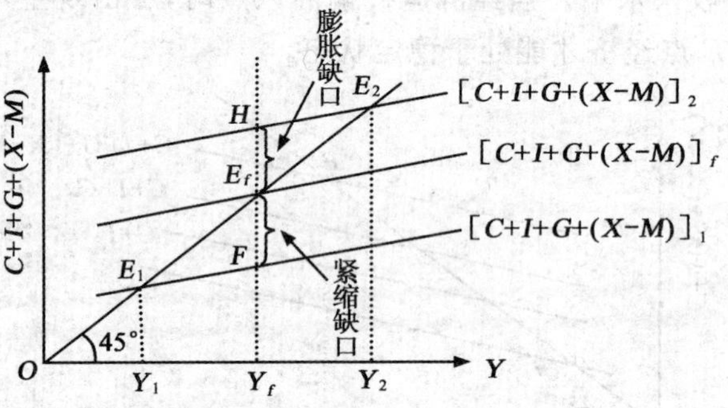

图 12-14　紧缩缺口和膨胀缺口

图 12-14 中的 Y_f 表示充分就业的国民收入水平。当总需求为 $[C+I+G+(X-M)]_f$ 时，均衡的国民收入水平等于充分就业的国民收入水平；当总需求为 $[C+I+G+(X-M)]_1$ 时，均衡的国民收入水平 $Y_1<Y_f$，这时就有相当于 Y_1Y_f 的资源未被利用，存在着失业，这是由于总需求不足，低于充分就业的总需求所造成的。低于充分就业水平的总需求与充分就业水平的总需求的差额 FE_f，叫作紧缩缺口。这时，必须采取扩张政策，增加 C、I、G 或 $(X-M)$，以提高总

需求，消除紧缩缺口，达到充分就业水平。

相反，当总需求为$[C+I+G+(X-M)]_2$时，均衡国民收入水平$Y_2>Y_f$。由于资源充分利用以后能够达到的最高收入水平为Y_2，Y_f必然是通货膨胀的结果，这是由于总需求过旺，高于充分就业的总需求所造成的，高于充分就业水平的总需求与充分就业水平的总需求的差额E_fH，叫作膨胀缺口。这时，必须采取紧缩政策，减少C、I、G或$(X-M)$，以降低总需求，消除膨胀缺口，达到充分就业的目的。

12.4 乘数理论

通过对国民收入决定理论的介绍，可以知道支出的变动会引起总需求的变动，从而引起均衡国民收入的变动。那么，一定量的支出变动会引起国民收入多大的变动呢？本节的乘数理论将要回答这一问题。

乘数理论是现代西方经济学中的重要理论之一。乘数的概念最早是英国经济学家卡恩(R. F. Kahn)在1931年所发表的《国内投资与失业的关系》中提出来的。卡恩在该文中论述了就业乘数，即初级就业(公共工程支出增加引起的最初就业的增加)与就业总量之间的比例关系，提出了$K'N_2=N$的公式(N_2为初级就业，N为就业总量，K'为乘数)。凯恩斯正是在这一基础上完善了乘数理论。凯恩斯的工作主要是把乘数与边际消费倾向联系起来，并把乘数作为国民收入决定理论的一个重要组成部分，使之成为宏观经济学重要的分析工具。

12.4.1 乘数的概念

乘数即“倍数”，是指国民收入的变动量与引起这种变动的支出变动量的比率。由于投资、政府支出、出口等支出的变动是通过引起总需求的变动从而引起国民收入的变动的，且在其他条件不变的情况下，总需求的变动量等于引起其变动的支出的变动量，所以乘数又通常定义为国民收入的变动量与引起这种变动的总需求变动量的比率。例如投资量增加时，会引起宏观经济一系列的连锁反应，从而引起比初始投资量更大的国民收入的增加，这就是乘数原理。

如果以ΔAD代表总需求变动量，以ΔY代表国民收入变动量，用K代表乘数，则乘数公式可以表述为：

$$K=\frac{\Delta Y}{\Delta AD} \tag{12-33}$$

如果假定总需求和国民收入以极其微小的比率变动时，则上式也可以写成：

$$K=\frac{\mathrm{d}Y}{\mathrm{d}AD} \tag{12-34}$$

在现实经济生活中，乘数总是大于1的，这是因为国民收入增加中必然有一部分用于支出，从而使总需求又一次增加，这种总需求的增加又会使国民收入增加。乘数具有双重作用：总需求增加时，可以引起国民收入成倍地增加，同样，总需求减少时，也会引起国民收入成倍地减少。因而，西方经济学家把乘数喻为一把“双刃的剑”。

12.4.2 乘数公式的数学推导

下面以投资变动为例来推导乘数的公式。投资乘数是指国民收入的变动量与引起这种变动的投资变动量的比率。以 K_I 表示投资乘数，则有：

$$K_I=\text{收入的改变量}/\text{投资的改变量}=\frac{\Delta Y}{\Delta I}$$

假设该社会的边际消费倾向 b 是 0.8，当社会增加 100 元的投资用于购买资本品时，会引起生产资本品的生产者得到 100 元的收入，他们按边际消费倾向把这 100 元收入中的 80 元用于购买消费品，这 80 元就会流入其他部门的生产者手中，而其他部门生产者又按边际消费倾向拿出 80 元中的 64 元用于消费……

如此进行下去，最终必然使国民收入成倍增加。

用支出法来加以说明：

$$\begin{aligned}\Delta Y &=100+0.8\times100+0.8\times0.8\times100+0.8^3\times100+0.8^4\times100+\cdots\\&\quad+0.8^{n-1}\times100\\&=100\times(1+0.8+0.8^2+0.8^3+0.8^4+\cdots+0.8^{n-1})\\&=100\times\frac{1-0.8^n}{1-0.8}=100\times\frac{1}{1-0.8}=500\end{aligned}$$

上式表明，当投资增加 100 元时，国民收入最终会增加 500 元。可见，当总投资增加时，收入的增量将是投资增量的数倍。如果用 ΔY 代表增加的收入，用 ΔI 代表增加的投资，则可以推导出一般的公式，表示为：

$$\begin{aligned}\Delta Y &=\Delta I+b\Delta I+b^2\Delta I+b^3\Delta I+\cdots+b^{n-1}\Delta I\\&=\Delta I(1+b+b^2+b^3+\cdots+b^{n-1})\\&=\Delta I\,\frac{1-b^n}{1-b}\end{aligned}$$

由于 $0<b<1$，所以当 $n\to\infty$ 时，$b^n\to 0$，可得到：

$$\Delta Y=\Delta I\,\frac{1}{1-b} \tag{12-35}$$

如上所述，投资增加之所以会引起国民收入成倍地增加变化，是因为投资增加量的变化会引起资本品生产的变化，从而会引起投资品生产者的收入增加，而收入增加又会引起消费的部分增加。消费的这种增加必然会再次引起物质生产增加，从而又一次引起人们的国民收入的增加，不断如此，直至国民收入达到新的均衡水平。因此，一笔投资带来的收入变化量必将是投资的若干倍，具有乘数作用。

因此，能够得到投资乘数的表达式为：

$$K_I=\frac{\Delta Y}{\Delta I}=\frac{1}{1-b}=\frac{1}{1-MPC}=\frac{1}{MPS} \tag{12-36}$$

由此公式可以看出，乘数的大小取决于边际消费倾向，与其同向变动，即边际消费倾向越大，乘数越大；边际消费倾向越小，乘数越小。这是因为，边际消费倾向越大，所增加的国民收入中就有更多的部分用于消费，从而使下一轮总需求和国民收入增加更多。从乘数的公式还可以看出，由于 $0<b<1$，所以乘数一定是大于1的。

12.4.3 乘数理论的运用条件

一般说来，乘数理论反映了现代经济的特点，即由于国民经济各部门之间存在密切的联系，某一部门支出（即需求）的增加必然在经济中引起其他部门的连锁反应，从而使国民收入有更大的增加。从这种意义上说，乘数理论是适用于各种经济的一般规律。

但是，乘数发挥作用是需要一定条件的。这些条件是：首先，经济中存在没有充分利用的资源。这样，总需求的增加才会使国民收入增加，否则，国民收入的增加将会受到资源条件的限制，总需求起不到刺激经济的作用。应该指出，有时经济中大部分资源没有得到充分利用，但由于某一种或几种重要资源处于“瓶颈状态”，也会限制乘数发挥作用。这种资源的“瓶颈状态”使利用其他闲置资源不可能。而且乘数效应是需要时间的，只有经过一段时期国民收入的成倍增加才能表现出来。其次，要假定投资和储蓄相互独立，否则，乘数作用将减弱。因为增加投资所引起的对货币资金需求的增加会使利率上升，而利率上升会鼓励储蓄，削弱消费，从而部分地抵消由于投资增加引起收入增加进而使消费增加的趋势。第三，货币供给量增加要能适应支出增加的需要。如果货币供给受到限制，投资和消费增加时所增加的货币需求就得不到货币供给相应的支持，会导致利率上升，则会抑制消费和投资。

12.4.4 乘数的种类

西方学者认为，加入政府部门以后，不仅投资支出变动有乘数效应，政府购买、税收和政府转移支付的变动，同样有乘数效应，三者的变动都会影响消费，进而影响国民收入。那么，怎样求得这些乘数呢？

由于三部门经济中总支出为：

$$Y=C+I+G=a+bY_d+I+G=a+b(Y-T+TR)+I+G \tag{12-37}$$

这里，假设 T 是定量税，在这种情况下，均衡收入为：

$$Y=\frac{a+I+G-bT+bTR}{1-b} \tag{12-38}$$

通过这一公式，就可以求得上述其他几个乘数。

12.4.4.1 政府购买乘数

所谓政府购买乘数也称为政府支出乘数，是指收入的变化与引起这种变化的政府购买支出变化的比率，以 ΔG 表示政府购买支出变动，ΔY 表示收入变动，K_g 表示政府购买乘数。根据上述推导投资乘数计算公式的方法，可以求得政府购买乘数：

$$K_G=\frac{\Delta Y}{\Delta G}=\frac{1}{1-b} \tag{12-39}$$

式中 b 为边际消费倾向，可见，政府购买乘数与投资乘数相等。这可说明如下：

在 $Y=\dfrac{a+I+G-bT+bTR}{1-b}$ 的公式中，如果其他条件不变，只有政府购买支出 G 变动，则政府购买支出从 G_0 变为 G_1 时的收入改变情况如下：

$$Y_0=\frac{a_0+I_0+G_0-bT_0+bTR_0}{1-b}$$

$$Y_1=\frac{a_0+I_0+G_1-bT_0+bTR_0}{1-b}$$

$$Y_1-Y_0=\Delta Y=\frac{G_1-G_0}{1-b}=\frac{\Delta G}{1-b}$$

$$\therefore \quad \frac{\Delta Y}{\Delta G}=K_G=\frac{1}{1-b}$$

由此可知,K_G为正值,它等于1减去边际消费倾向的倒数。举例来说,若边际消费倾向 b 为 0.8,则 $K_G=5$,因此,政府购买支出若增加 100 元,则国民收入可增加 500 元;政府购买支出减少 100 元,则国民收入也要减少 500 元。

12.4.4.2 税收乘数

税收乘数是指收入变动与引起这种变动的税收变动的比率。税收乘数有两种:一种是税收绝对量的变动对总收入的影响,即定量税对总收入的影响,另一种是比例税率对总收入的影响。这里先考查定量税的情况。以 ΔT 表示政府税收变动,ΔY 表示国民收入变动,以 K_T表示税收乘数,则有

$$K_T=-\frac{b}{1-b} \tag{12-40}$$

假设其他条件不变,在 $Y=\dfrac{a+I+G-bT+bTR}{1-b}$的公式中,只有定量税收额 T 发生变动,当税收从 T_0 变为 T_1 时的国民收入改变情况如下:

$$Y_0=\frac{a_0+I_0+G_0-bT_0+bTR_0}{1-b}$$

$$Y_1=\frac{a_0+I_0+G_0-bT_1+bTR_0}{1-b}$$

$$Y_1-Y_0=\Delta Y=\frac{b(T_1-T_0)}{1-b}=-\frac{b\Delta T}{1-b}$$

$$\text{所以}\quad K_T=\frac{\Delta Y}{\Delta T}=-\frac{b}{1-b}$$

由于边际消费倾向 b 介于 0 和 1 之间,故税收乘数为负值,这表示收入随税收额增加而减少,随税收额减少而增加。其原因在于,政府税收额增加意味着人们可支配收入减少,从而消费支出会相应减少,在其他条件不变的情况下,会导致经济社会的总支出减少,进而导致产出或收入的减少,税收增加或减少将引起国民收入以倍数的形式减少或增加。

例如,若边际消费倾向 b 为 0.8,则 $K_T=-\dfrac{0.8}{1-0.8}=-4$,因此,如果政府增税 100 元,则国民收入减少 400 元;政府减税 100 元,则国民收入增加 400 元。

12.4.4.3 政府转移支付乘数

政府转移支付乘数是指收入变动与引起这种变动的政府转移支付变动的比率。政府转移支付增加时,人们的可支配收入增加,从而消费会增加,总支出和国民收入会增加,因此,政府转移支付乘数为正值,用 K_{TR} 表示政府转移支付乘数,则

有

$$K_{TR}=\frac{\Delta Y}{\Delta TR}=\frac{b}{1-b} \tag{12-41}$$

这是因为有了政府转移支付后，可支配收入表示为：

$$Y_d=Y-T+TR$$

因此，国民收入的表达式如下：

$$Y=C+I+G=a+bY_d+I+G=a+b(Y-T+TR)+I+G$$

$$\therefore \quad Y=\frac{a+I+G+bTR-bT}{1-b}$$

假设其他条件不变，只有政府转移支付 TR 发生变动时，考察对国民收入的影响，则转移支付为 TR_0 和 TR_1 时的国民收入分别为：

$$Y_0=\frac{a_0+I_0+G_0+bTR_0-bT_0}{1-b}$$

$$Y_1=\frac{a_0+I_0+G_0+bTR_1-bT_0}{1-b}$$

$$Y_1-Y_0=\Delta Y=\frac{b}{1-b}(TR_1-TR_0)=\frac{b}{1-b}\Delta TR$$

$$\therefore \quad K_{TR}=\frac{\Delta Y}{\Delta TR}=\frac{b}{1-b}$$

由此可知，政府转移支付乘数为正值，它与税收乘数的绝对值相等，但符号相反。例如，若边际消费倾向 b 为 0.8，则 $K_{TR}=\frac{0.8}{1-0.8}=4$，因此，如果政府增加转移支付 100 元，则国民收入增加 400 元；转移支付减少 100 元，则国民收入减少 400 元。

12.4.4.4 平衡预算乘数

平衡预算乘数是指政府增加等量的支出与税收时，所引起的国民收入变动的倍数。用 K_b 表示平衡预算乘数。用 ΔY 表示政府购买和税收各增加同一数量（即 $\Delta G=\Delta T$）时收入的变动量，能够推导出平衡预算乘数。

$$\Delta Y=K_G\Delta G+K_T\Delta T=\Delta G(K_G+K_T)=\frac{1-b}{1-b}\Delta G=\Delta G$$

所以有：

$$K_B=\frac{\Delta Y}{\Delta G}=\frac{\Delta Y}{\Delta T}=K_G+K_T=1 \tag{12-42}$$

这表明，在采用定量税的条件下，平衡预算乘数恒为1。平衡预算乘数为1有如下含义：①对收入的影响而言，当政府购买和税收变动同一数额时，政府购买对收入的影响要大于税收对收入的影响；②给出了政府购买与税收同时变动同一数额时，对收入影响的净效果。具体而言，当政府购买与税收同时增加某一数额，比如说200亿元时，从理论上讲，经济社会调整的最终结果是，收入也将增加200亿元，即与政府购买增加的数额完全相等。

比较以上政府支出乘数，税收乘数和转移支付乘数，可以看到，$K_G>K_T$，$K_G>K_{TR}$，为什么会是这样呢？西方经济学家的看法是，政府支出（这里专指政府购买，因为政府支出中另一项为转移支付，这已另有讨论）增加1美元，一开始就会使总支出即总需求增加1美元，继而影响消费，但是，减税1美元，只会使可支配收入增加1美元，这1美元中一开始只有部分（在$b=0.8$时，是80美分）用于增加消费，剩下的（20美分）是用来增加储蓄的。因此，减税1美元只是使总需求增加80美分，由于总生产或者总收入由总支出即总需求决定，因此，减税1美元对收入变化的影响没有增加政府购买支出1美元对收入变化的影响大。

由于政府购买支出乘数大于税收乘数以及转移支付乘数，因此，西方学者认为，改变政府购买水平对宏观经济活动的效果要大于改变税收和转移支付的效果，改变政府购买水平是财政政策中最有效的手段。同时，也正是政府购买乘数大于税收乘数，因此，如果政府购买和税收各同样地增加一定数量，也会使国民收入增加。这就是所谓平衡预算乘数的作用。

12.4.4.5 几种乘数的进一步说明

应当指出，以上所讨论的四种乘数，都要假设一个变量的变动不引起另一些变量的变动。例如，讨论政府支出乘数时，假设G的改变不会引起利率或消费行为的变动，但事实上，政府购买增加时，如果通过发行或出售公债筹集经费（这在西方国家是常事），则债券价格下降意味着市场利率上升，就会抑制私人投资和消费（利率上升会刺激储蓄），从而使总支出水平下降，因而使政府购买支出乘数大打折扣。

还要指出的是，平衡预算乘数为1，不只限于定量税收而言，如果税收是比例税，即税收随收入变化，平衡预算乘数仍等于1。可以求证如下，假定税收为收入的函数为：

$$T=T_0+t(Y-T_0+TR) \tag{12-43}$$

这里，T_0是常数，为固定税收或征收个人所得税的税基，t是边际税率，TR是政府转移支付（此时不为0），于是，可支配收入可写成：

$$\begin{aligned} Y_d &= Y - T + TR \\ &= Y - T_0 - t(Y - T_0 + TR) + TR \\ &= (1-t)(Y - T_0 + TR) \end{aligned}$$

将其代入消费函数 $C=a+bY_d$，则有

$$C = a + b(1-t)Y - b(1-t)T_0 + b(1-t)TR$$

由于均衡时 $Y=C+I+G$，即

$$Y = a + b(1-t)Y - b(1-t)T_0 + b(1-t)TR + I + G$$

则均衡收入为：

$$Y = \frac{a + I + G - b(1-t)T_0 + b(1-t)TR}{1 - b(1-t)}$$

因此，能够按照本节计算乘数的方法得出政府购买乘数、税收乘数和政府转移支付乘数分别等于 $\frac{1}{1-b(1-t)}$、$\frac{-b(1-t)}{1-b(1-t)}$ 和 $\frac{b(1-t)}{1-b(1-t)}$。

在这种情况下，政府购买和税收各增加同一数量（即 $\Delta G=\Delta T$），可以计算平衡预算乘数：

$$\begin{aligned} \Delta Y &= K_G \Delta G + K_T \Delta T \\ &= (K_G + K_T)\Delta G \\ &= \left[\frac{1}{1-b(1-t)} + \frac{-b(1-t)}{1-b(1-t)}\right]\Delta G \\ &= \Delta G \end{aligned}$$

所以有：

$$K_B = \frac{\Delta Y}{\Delta G} = \frac{\Delta Y}{\Delta T} = K_G + K_T = 1$$

由此可知，当税收为收入的函数时，收入中要有一定比例作为税收上缴给政府，因而可支配收入减少了，如果 $0<t<1$，则此时这一消费函数的斜率是 $b(1-t)$，将小于原消费函数（即税收是固定税时的消费函数）的斜率 b，假定投资 I，政府购买 G 和政府转移支付 TR，仍都是外生变量，不随收入而变化，则总支出曲线的斜率也就等于新的消费函数的斜率 $b(1-t)$，这一斜率小于原消费函数的斜率，意味着由此决定的国民收入要相对小一些，各种乘数值变小了，但平衡预算乘数仍等于一。

以投资乘数、政府购买支出乘数来说，$\frac{1}{1-b(1-t)}<\frac{1}{1-b}$，也就是说，当存在边际税率 t 时，增加投资和政府购买所引起的国民收入增加的倍数要低于只存在定量税时的倍数；同理可知，税收乘数 $\left|\frac{-b(1-t)}{1-b(1-t)}\right|<\left|\frac{-b}{1-b}\right|$，转移支付乘数 $\frac{b(1-t)}{1-b(1-t)}<\frac{b}{1-b}$。

拿上面例子来说，假定边际消费倾向 $b=0.8$，则

投资乘数和政府购买支出乘数为：

$$K_I=K_G=\frac{1}{1-b}=\frac{1}{1-0.8}=5$$

税收乘数为：

$$K_T=\frac{-b}{1-b}=\frac{-0.8}{1-0.8}=-4$$

转移支付乘数为：

$$K_{TR}=\frac{b}{1-b}=\frac{0.8}{1-0.8}=4$$

平衡预算乘数为：

$$K_B=K_G+K_T=5-4=1$$

若加进边际税率 $t=0.25$，则上述乘数分别为：

$$K_I=K_G=\frac{1}{1-b(1-t)}=\frac{1}{1-0.8(1-0.25)}=2.5$$

$$K_T=\frac{-b(1-t)}{1-b(1-t)}=\frac{-0.8(1-0.25)}{1-0.8(1-0.25)}=-1.5$$

$$K_{TR}=\frac{b(1-t)}{1-b(1-t)}=\frac{0.8(1-0.25)}{1-0.8(1-0.25)}=1.5$$

$$K_B=K_G+K_T=2.5-1.5=1$$

延伸阅读

1. 古典宏观经济模型——萨伊定律“错”在哪里

萨伊理论是建立在物物交换的基础上。在资本主义条件下，直接的物物交换早为以货币为媒介的发达的商品流通所代替。为了追求更多的利润，买和卖由原

来统一的过程分裂为两个独立的过程。某些人卖后长期不买，则另一些人的商品长期卖不出去而大量积压，这就有产生危机的可能。另外，资本家为在竞争中战胜对手，盲目扩大生产规模，为降低成本，获得更多的利润而残酷压榨工人，必然产生生产无限扩大的趋势和受资本剥削的劳动者购买力相对缩小之间的矛盾，使市场的扩张赶不上生产的扩张，最终不可避免地会发生全面的生产过剩。萨伊理论已被19世纪以来的各次经济危机所粉碎，危机到来时，资本家根本不会增加生产扩大需求，而是采取减少投资、缩小生产的措施。

20世纪30年代危机刚爆发不久，胡佛还根据萨伊理论，多次劝企业在自愿的基础上维持现有生产水平。他相信生产自创销路。但现实是，大量商品找不到销路，存货堆满仓库，订货急剧减少，迫使资本家缩小生产。当时，工业生产的下降幅度是历史上前所未有的，整个资本主义世界工业生产下降了36%，而美国工业生产更下降了48.2%，退到1905—1906年的水平。如果“供给创造需求”成立，美国当时就会加大生产、加大供给，但当时美国是以大量减少生产和供给来应对危机。在这次危机中，西方国家房屋开工量下降，许多汽车生产线、家电生产线等停止生产，这些情况也表明，应对当时危机的办法是大量减少生产和供给。

在我国，房地产业会加大开工量，增大房屋供给来解决需求不足吗？大量裁人、关厂并减少生产，使上千万的农民工失业返乡的企业，绝大多数是符合“产权制度”的企业，这也说明大量企业用裁人（乃至关厂）减少生产来应对市场需求不足，这些企业不会用扩招工人、增加生产来应对他们所面临的销路困难的问题。

资料来源：叶劲松．供给能自动创造需求吗？——与张维迎先生商榷．中国社会科学院报．2009.4.7 http://sspress.cass.cn/news/2323.htm.

2.投资与储蓄——不能“妖魔化”中国的储蓄率和投资率

改革开放30年来，中国的GDP平均增长速度为9.7%，这个速度主要是投资带来的，而这个投资的钱哪里来的？是储蓄。高储蓄率必然有高投资率，目前我国的高储蓄是一种正常合理现象，储蓄比例高，经济增速也就快。

“节约的中国人储蓄过多，而挥霍的美国人已消费至负债程度。”摩根士丹利的史蒂芬·罗奇曾这样描述过中美储蓄与消费的巨大差异。2008年中国的储蓄率已达51.3%，较1992年上升了15个百分点。而数据显示，当年美国的储蓄率仅为12%。

研究发现，储蓄率增幅与收入水平呈反向变动趋势，即收入越高的国家，储蓄率增幅越小。1970—2003年间，低收入国家、中低收入国家和中高收入国家的平均储蓄率分别上升了8.5、6.8和0.4个百分点，而高收入国家的平均储蓄率则下降了6.1个百分点。

改革开放以来，我国的储蓄率总体上呈现波动上升态势。其中1978—1993年，储蓄率都维持在30%左右，但这一阶段储蓄率普遍低于投资率；而1993—2007年的多数年份，储蓄率更高达40%以上，这一阶段储蓄率大于投资率。2007年，储蓄率和投资率的差额已经扩大到8.9个百分点。

从历史经验上看，如果一个经济体储蓄率能占到GDP的30%或者更多，那么它不可避免地会达到8%的平均经济增速。

资料来源：包兴安·不能“妖魔化”中国储蓄率和投资率.金融博览，2009.9.

3.其他消费理论——库兹涅茨之谜

库兹涅茨以10年为单位进行计量的结果表明，消费与收入的比率是稳定的，其与凯恩斯消费函数理论并不完全符合。“库兹涅茨之谜”是指库兹涅茨(Simon Kuznets)等人发现了有关消费的三个基本事实。第一，截面数据分析表明，边际消费倾向小于平均消费倾向。这说明在某一时点上，社会中收入越高的人，其消费占其收入的比重越小；第二，在短期内，比如一个经济周期内，也是边际消费倾向小于平均消费倾向；第三，在长期内，平均消费倾向稳定不变，基本上是一个常数，因此必定有边际消费倾向等于平均消费倾向。

库兹涅茨等人总结的三大消费现象具有非同寻常的意义，任何新的假说，都必须同时解释这三个现象。凯恩斯的理论能解释前两个现象，但无法解释第三个现象。“库兹涅茨之谜”也引发了其他经济学家对消费理论的研究，这一时期的研究在解释宏观消费现象的同时，也试图为消费理论寻求微观基础，并运用实证数据对消费理论进行了计量检验。

随着宏观经济学的进一步发展，尤其是理性预期的发展，消费理论也引入了理性预期的概念，同时计量技术的发展也进一步促进了消费理论的研究。以后消费理论进一步发展，出现了过度敏感性、流动性约束、预防性储蓄理论、损失厌恶假说、有限理性假说与λ假说等。这些假说经过一段时间的发展，目前还未完全定型，消费理论还仍处于不断向前的发展之中。

资料来源：百度百科，http://bike.baidu.com/view/1523035.html? fromTaglist.

4.乘数理论——大萧条中出现的相反的乘数效应

自动支出的增加导致均衡实际GDP的增加，反过来同样成立，自动支出的减少导致实际GDP的减少。许多美国人对20世纪30年代自动支出缩减所导致的数倍的实际GDP的减少记忆犹新。

1929年8月，经济已经达到了经济周期的顶峰，生产已经开始缩减。10月，股票市场崩盘，数十亿美元财富蒸发，悲观情绪在家庭和企业间蔓延。消费支出和计划投资支出下降。美国国会1930年6月通过的斯穆特-霍利关税法案(Smoot-Hawley Tariff)引发了贸易战,并导致净出口减少。1930年秋一系列的银行危机限制了家庭和企业消费及投资的能力。当总支出下降时,许多企业的销售随之减少,以至于不得不解雇工人。生产和收入水平的下降进一步引致了消费支出的减少,反过来又使得生产和就业的减少,更进一步减少收入,循环如此。

到1933年,美国钢铁产量下降了90%,通用汽车公司的产量下降了超过75%。居高不下的失业率使得千万家庭陷入贫困,不得不为生存奋斗。从1933年开始的经济周期的恢复非常缓慢,直到1936年,实际GDP才重新达到1929年的水平,而增长的劳动力使得失业率直到1941年美国加入第二次世界大战才下跌至10%以下。

资料来源:R·格伦·哈伯德,安东尼·P·奥布赖恩.宏观经济学.北京:机械工业出版社,2007.281.

5.政府购买——国防支出与经济

通过分析美国国防预算对经济的影响,可以看出政府购买与经济运行存在着一定的关系。20世纪80年代前期里根执政时,美国国防开支急剧扩张,国防预算从1979年的2 710亿美元飞速增长到1987年的4 090亿美元,相当于GDP的7.5%,国防建设对经济增长起了很强的刺激作用,帮助经济走出了1981—1982年的衰退,并且推动了80年代中期经济景气的形成。

从1990年开始,美国加快了对国防开支的削减。到20世纪90年代中期,国防开支已经被削减到低于GDP的5%水平。这时乘数的作用就相反了,削减国防开支导致90年代初产出增长缓慢,从飞机制造业来说,从1990—1993年,至少损失掉170 000个工作机会。

资料来源:刘凤良.西方经济学(宏观经济学部分)[M].北京:中国人民大学出版社,2005.372.

6.凯恩斯的消费理论——节俭悖论

节俭是美德,还是祸根?这一问题是颇有争议的。按照传统的经济学理论,节俭导致储蓄,而后者又是促进积累形成资本存量的关键因素,这将导致一国经济增长。然而,按照凯恩斯《通论》的观点,节俭意味着消费的减少,因而使得国民收入和就业量降低。如果把就业考虑在内,节俭是否是美德就值得商榷了。在充分就业的状态下,节俭当然是美德,但是在存在失业的状态下,节俭却未必是美德,有时甚至是祸根。用凯恩斯的话来说,"如果你储蓄了5先令,那将使一个人失业一天。"在这里,节俭被看成是危险的自我毁灭过程,因为它减少了用于购买最终商品的支出,并且使得生产过程必然进一步加重经济萧条。这种观点在20世纪30年代的经济萧条时期得到发展。与把节俭视为社会美德的观点相对立,认为节俭成为经济萧条祸根的观点逐渐占上风。

早在1714年,伯纳德·曼德维尔就在他在英国出版的而在当时又马上被英国政府列为禁书的《蜜蜂的寓言》一书中提出了节俭悖论。曼德维尔以勤劳的蜜蜂作为例子说明,尽管储蓄这种节俭的行为是增加私人财富的方法,但对一个国家而言,如果普遍地使用这种方法则不能得到相同的结果。后来,凯恩斯主义者为这种观点提供了总需求决定的理论基础。现代西方经济学家倾向于认为,以经济存在失业的状态下,储蓄并不是改善经济状况的良好行为。

资料来源:刘凤良.西方经济学(宏观经济学部分)[M].北京:中国人民大学出版社,2005:372.

概念与习题

1.解释下列概念:均衡产出;消费函数;边际消费倾向和平均消费倾向;储蓄函数;边际储蓄倾向和平均储蓄倾向;库兹涅茨之谜;相对收入假说;生命周期假说;持久收入假说;投资乘数;政府购买乘数;税收乘数;政府转移支付乘数;平衡预算乘数;紧缩缺口和膨胀缺口。

2.在均衡产出水平上,是否计划存货投资和非计划存货投资都必然为零?

3.能否说边际消费倾向和平均消费倾向都总是大于0而小于1?

4.西方经济学家一般认为,将一部分国民收入从富者转给贫者,将提高总收入水平,你认为他们的理由是什么?

5.在凯恩斯收入决定理论中,收入水平是如何决定的?利息率的变动对它有什么作用?

6.增加储蓄会对均衡国民收入产生什么影响?请解释“节俭悖论”。

7.在两部门经济中,消费函数与储蓄函数之间的关系是什么?这种关系在三部门经济中是否会发生改变?

8.税收、政府购买和政府转移支付变化时对总支出的影响方式有何区别?

9.以投资乘数为例说明凯恩斯的乘数理论,并指出其发挥作用的条件。

10.假设欧洲经济的繁荣导致美国净出口增加了750亿美元。如果MPC是0.8,则均衡GDP的变动会是多少?

11.假定某经济社会的消费函数为$C=100+0.8Y_d$,投资为50(单位:10亿美元)。

(1)求均衡收入、消费和储蓄;

(2)如果当时实际产出(即收入)为800,试求企业非自愿存货积累为多少?

(3)若投资增至100,试求增加的收入。

(4)若消费函数变为$C=100+0.9Y_d$,投资仍为50,收入和储蓄各为多少?投资增至100时收入增加多少?

(5)消费函数变动后,乘数有何变化?

12.假设某经济的消费函数为$C=100+0.8Y_d$,投资$I=50$,政府购买性支出$G=200$,政府转移支付$TR=62.5$(单位均为10亿美元),税率$t=0.25$。

(1)求均衡收入。

(2)试求投资乘数、政府支出乘数、税收乘数、转移支付乘数、平衡预算乘数。

(3)假定该社会达到充分就业所需要的国民收入为1 200,试问:①增加政府购买;②减少税收;③增加政府购买和税收同一数额(以便预算平衡)实现充分就业,各需多少数额?

13.某国边际消费倾向为0.75,国民收入紧缩缺口为100亿美元,充分就业的国民收入水平为2 000亿美元。试问:

(1)国民收入均衡水平是多少?

(2)若政府减税40亿美元。此时,政府支出还需增加多少才能实现充分就业的国民收入均衡?

13　产品市场与货币市场同时均衡

宏观经济失调给社会造成了严重困难。……精神上和物质上的双重折磨，使得社会政治秩序十分紧张。

——托马斯·F·德尔别尔格

IS-LM 模型是现代宏观经济分析的核心工具之一，该模型分析作为一种一般均衡分析，分析了一个市场变动对另一个市场的影响。*IS-LM* 模型是 20 世纪 30 年代由英国经济学家 J·希克斯最早提出的，后经美国经济学家汉森补充发展，所以该模型又称为"希克斯-汉森模型"。

IS-LM 模型的思想最先是由凯恩斯提出的，被认为是对凯恩斯学说的重要补充和修正。凯恩斯是按照下述思路把产品市场和货币市场联系起来的：产品市场上总产出或总收入的增加，需要使用货币的交易量的增加，货币需求的增加会带来利率的上升，利率上升又会导致投资的减少，而投资减少将会影响到产品市场的总需求，进而改变收入，收入变化又会影响到货币需求……因此，在产品市场和货币市场中，只要有一个市场没有实现均衡，国民收入就不会稳定。只有产品市场和货币市场同时实现均衡时的国民收入才是均衡的国民收入。

本章就是综合考察产品市场和货币市场同时均衡的问题，并通过建立 *IS-LM* 模型把商品市场与货币市场结合起来，分析研究这两种市场的同时均衡及国民收入的决定，以对宏观经济的总体均衡进行研究。本章依次分析了反映产品市场均衡的 *IS* 曲线、反映货币市场均衡的 *LM* 曲线，以及两大市场同时均衡的 *IS-LM* 模型，最后再分析了财政政策和货币政策对 *IS-LM* 曲线与国民收入的影响。

13.1　产品市场的均衡：*IS* 曲线

13.1.1　投资的决定

13.1.1.1　投资函数

关于国民收入决定的简单模型中，投资和消费以及政府支出都被看做为总需求的组成部分，而且投资只是作为一个外生变量参与总需求的决定。但在现实生活中，投资并不是一个外生变量，而是一个应当放到模型中来分析的内生变量。因此，要研究国民收入如何决定，就必须研究投资本身如何决定。

凯恩斯认为，是否要进行投资，取决于投资的预期利润率与必须借入的款项所要求的利率的比较，前者大于后者时，投资是值得的；前者小于后者时，投资就不值得。因此，在决定投资的诸因素中，利率是首要因素。正确理解宏观经济学中利率的含义非常重要，这需要注意以下两点：第一，宏观经济学中的利率指的是实际利率，而不是名义利率；第二，宏观经济学中的利率不是指某一具体的利率，如半年期的储蓄存款利率或者一年期的贷款利率等，而是指市场利率，即针对某一时期，在整个货币市场上，当货币需求和货币供给相等时的利率。宏观经济学认为，利率水平的高低，会影响到私人部门投资支出的多少，具体而言，当利率上升时，投资需求就会减少；当利率下降时，投资需求就会增加。即投资被看做是利率的减函数。这是因为，企业用于投资的资金多半是借来的，利息是投资的成本。即使投资的资金是自有的，投资者也会把利息看成是投资的机会成本，从而把利息当作为投资的成本。因此，利率上升时，投资者自然就会减少投资品（如机器设备等）的购买。投资与利率之间的这种关系称为投资函数。

如果假定投资函数是线性方程，则有：

$$I=e-dr \tag{13-1}$$

式中：I 为私人部门投资支出；r 为利率；e 为自发投资，即利率为零时的投资支出；d 为投资支出的利率弹性，即当利率变化一单位时（如 1%）投资的变化量，这里的是 d 正值。

相应地，投资曲线可表示为一条向右下方倾斜的曲线。如图 13-1 所示。

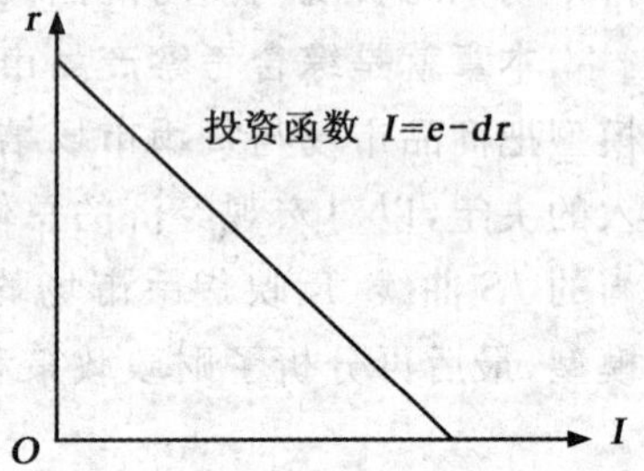

图 13-1　投资曲线

投资支出和利率的变化方向相反，是符合经济现实的。对于一个企业来说，它有多个备选的投资项目。各个投资项目的收益率有高有低，企业总是先投资那些收益率比较高的项目，然后再投资那些收益率比较低的项目。企业的投资支出是要支付利息成本的，即使使用企业的自有资金也存在利率的机会成本。企业在制定投资决策时，总是要投资那些内部收益率高于利率的项目，因为只有这些项目才能够盈利。当利率比较高时，企业盈利的项目就会减少，企业的投资支出也就比较少；反之，当利率比较低时，企业盈利的项目就会增加，企业的投资支出也就比较多。因此，对于一个企业来说，投资支出和利率是反方向变化的。

就整个国民经济来说，投资支出和利率之间也是反方向变动的关系。原因是：当利率水平上升时，每个企业的投资支出额减少，发生投资支出的企业数目也减少，因而整个国民经济中的总投资减少；反之，当利率水平下降时，每个企业的投资支出额增加，发生投资支出的企业数目也增加，因而整个国民经济中的总投资也会随之增加。

13.1.1.2 资本的边际效率

资本边际效率（marginal efficiency of capital）是凯恩斯提出的一个概念，用 *MEC* 表示。按其定义，资本边际效率是一种贴现率，这种贴现率正好是一项物品的使用期内各预期收益的现值之和等于这项资本品的供给价格或者重置成本。

先来介绍贴现。投资品是现在购买的，产品却在未来销售，收益在未来才能得到。不同时点上的支付与收益不能直接比较。只有把投资的未来收益转化为现期的收益才能与现期的投资成本进行比较。把未来收益转化为现期收益称为贴现。

贴现根源于资源的稀缺性。企业用来购买资本品的资金同其他经济资源一样是稀缺的。稀缺资源的使用总是有一定的代价。这种代价由机会成本来衡量。企业使用资金购买资本品的机会成本是按市场利率计算的利息。若用 R_0 表示现值或本金，R_n 表示第 n 年的未来收入或终值的本利和，r 表示是市场利率，则有：

$$R_1=R_0(1+r)$$

$$R_2=R_1(1+r)=R_0(1+r)(1+r)=R_0(1+r)^2$$

$$\vdots$$

$$R_n=R_0(1+r)^n$$

已知终值 R_n 和利率 r，求现值 R_0 的过程就是计算贴现，r 也称为贴现率。将第 n 年后的收入转化为现期收入的贴现公式为：

$$R_0=\frac{R_n}{(1+r)^n}$$

举例说明，设有一项资本品按年利率 r 增值 n 年，每年都有收益流回。设 R_1、R_2，…，R_n 依次表示该项资本品在第 1 年、第 2 年……第 n 年的预期收益，则未来所有收益的贴现值 R 为：

$$R=\frac{R_1}{(1+r)}+\frac{R_2}{(1+r)^2}+\cdots+\frac{R_n}{(1+r)^n}$$

当企业进行投资决策时，必须将投资的未来收益通过贴现率转化为现期投资成本同一时点上的价值，以便进行投资成本与投资收益的比较。将投资的未来收益转化为现值的贴现率不是市场利率，而是投资的预期利润率。这是因为投资收益不是通过将资金存入银行以利息形式得到的，而是通过生产以利润的形式得到的。

凯恩斯称投资的预期利润率为资本边际效率。如果用 R 表示资本品的供给价格，MEC 表示资本边际效率，R_1，R_2，…、R_n 表示投资从第 1 期到第 n 期各期末流回的未来收益，则有：

$$R=\frac{R_1}{(1+MEC)}+\frac{R_2}{(1+MEC)^2}+\cdots+\frac{R_n}{(1+MEC)^n}$$

上式意味着在资本品供给价格既定的条件下，如果该资本品每年能带来 R_i 的收益，则投资的预期利润率即资本边际效率为 MEC。可见，资本边际效率取决于资本品的供给价格与投资的预期收益两个因素。若资本品的供给价格不变，资本边际效率随着投资的预期收益的增加而提高；若投资的预期收益既定，资本边际效率随着资本品供给价格的提高而降低。

在资本边际效率既定的条件下，企业的投资量取决于市场利率相对于资本边际效率的高低。如果资本边际效率大于市场利率，则投资就值得；否则，就不值得。实际生活中，每一个投资项目的资本边际效率是不一样的，每一个企业都会面临一些可供选择的项目，假定这些项目的资本边际效率如图 13-2 所示。

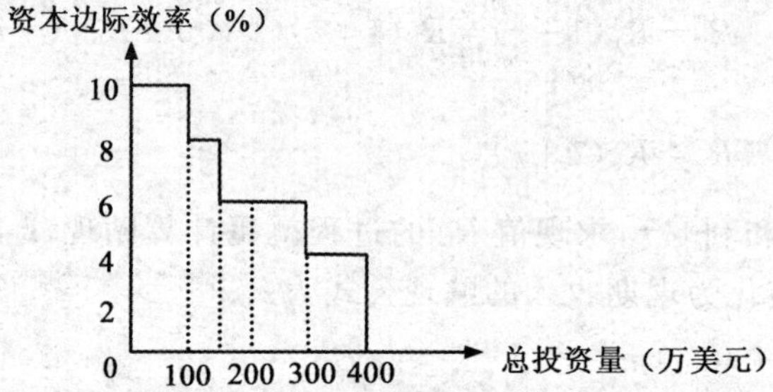

图 13-2　某企业可供选择的投资项目

图 13-2 表示某企业有可供选择的 4 个投资项目：项目 A 的投资量为 100 万美元，资本边际效率为 10%；项目 B 投资量为 50 万美元，资本边际效率为 8%；项目 C 投资量为 150 万美元，资本边际效率为 6%；项目 D 投资量为 100 万美元，资本边际效率为 4%。显然，如果市场利率为 10%，只有 A 项目值得投资，如果市场利率为 8%或者稍微低一些，则项目 A 和 B 都值得投资，投资总额可达到 150 万美

元，如果市场利率降到4%或者4%以下，则项目C和D也值得投资，投资总额达到400万美元。可见，对这个企业来说，利率愈低，投资需求量会越大。图中各个长方形顶端所形成的折线就是该企业的资本边际效率曲线。

一个企业的资本边际效率曲线是阶梯形的，但经济社会中所有企业的资本边际效率曲线如果加总在一起，分阶梯的折线就会逐渐变成一条连续的曲线，因为总合过程中所有起伏不平会彼此抵消而转为平滑，这条曲线就是凯恩斯所讲的资本边际效率曲线。如图13-3中的*MEC*曲线。

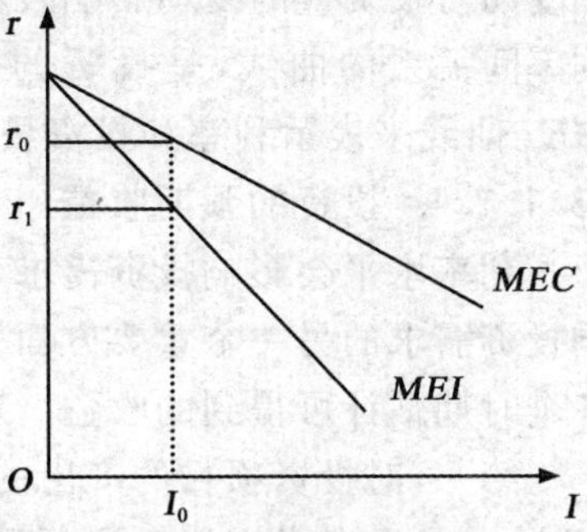

图13-3 资本边际效率曲线(*MEC*)和投资边际效率曲线(*MEI*)

这条资本边际效率曲线表明，投资量(*I*)和利率(*r*)之间存在反方向变动关系：利率越高，投资量越小；利率越低，投资量越大。

13.1.1.3 投资边际效率曲线

投资边际效率(marginal efficiency of investment)是指由于利率下降引起每个企业增加投资，进而引起资本品价格上升时的资本边际效率，用*MEI*来表示。因为，当利率下降时，如果每个企业都增加投资，资本品的价格会上涨，就是说资本品供给价格上升，在相同的预期收益的情况下，资本边际效率必然缩小。由于资本品供给价格上升而被缩小了的资本边际效率的值被称为投资边际效率。在相同的预期收益下，投资的边际效率要小于资本的边际效率。

例如，在图13-3中，一笔投资量I_0，所带来的预期收益量，其资本边际效率为r_0，但投资边际效率只为r_1，$r_1<r_0$。因此按资本的边际效率，市场利率为r_0时就可以有I_0的投资量，但按投资的边际效率，市场利率要降到r_1时才可以有I_0的投资量。

例如，在图13-2中所讲到的，当市场利率从10%降到6%时，按资本的边际效率计算，投资量将会从100万美元增加到300万美元。但是考虑投资的边际效率，则因为投资量的增加，会导致资本品价格的上升，企业预期利润率会下降，也就是项目*C*因为资本品价格的上升，预期利润率将下降到6%以下，在市场利率为6%的时候，项目*C*的投资就不会发生，只有在市场利率继续下降才有可能达到300万美元的投资量。

由于投资的边际效率要小于资本的边际效率，因此，投资边际效率曲线较资本边际效率曲线更为陡峭。尽管如此，*MEI*曲线和*MEC*曲线一样也能表示利率和投资量之间存在的反方向变动的关系，只是在使用投资的边际效率曲线情况下，利率变动对投资量的变动影响较小一些而已。西方学者认为,更精确地表示投资和利率间关系的曲线,是投资的边际效率曲线。因此,西方经济学著作一般都用 *MEI* 曲线来表示利率和投资量之间的关系,投资需求曲线指的就是 *MEI* 曲线。

13.1.1.4 投资的预期收益

利率水平会影响投资需求,是从投资使用的资金成本角度探讨投资需求。影响投资需求的另一个重要方面是上面所讲到的预期收益,即一个投资项目在未来各个时期估计可得到的收益。影响这种收益的因素也是多方面的,这里举例如下:

第一,对投资项目的产出的需求预期。企业决定对某项目是否投资及投资多少时,首先会考虑市场对该项目的产品在未来的需求情况,因为这种需求情况,不但会决定产品能否销售出去,还会影响产品价格的走势。如果企业认为投资项目产品的市场需求在未来会增加,就会增加投资,假设一定的产出量会要求有一定的资本设备量来提供,则预期市场需求增加多少,就会相应要求增加多少投资,因此,对产出的需求预期会影响投资的预期收益进而影响投资意愿。

第二,投资税抵免。在一些国家,政府为鼓励企业投资,会采用一种投资税抵免的政策,即政府规定,投资的厂商可从他们的所得税当中扣除其投资总值的一定百分比。例如,假定某企业在某一年投资 1 亿美元,若规定投资抵免税是 10%,则该企业就可少交所得税 1 000 万美元,这 1 000 万美元等于是政府为企业支付的投资项目的成本。如果该企业在这一年的所得税不足 1 000 万美元,只有 600 万美元,则所余 400 万美元还可到来年甚至第三年再抵扣,这种投资抵免政策对投资的影响,在很大程度上取决于这种政策是临时的,还是长期的。如果是临时性采取的,则此政策的效果也是临时的,过了政策期限,投资需求可能反而下降,比方说,政府为刺激经济,如果宣布在某一年实行投资抵免,则该年的投资可能大幅度增加,甚至本来准备来年投资的项目也可能提前到该年进行投资,但来年投资需求会明显下降,或政策实行的前一年,企业会把一些项目推迟到有政策鼓励时进行投资。

第三,产品成本。投资的预期收益在很大程度上也取决于投资项目的产品的生产成本,尤其是劳动者的工资成本。因为工资成本是产品成本中最重要的构成部分,在其他条件不变时,工资成本上升会降低企业利润,减少投资预期收益,尤其是对那些劳动密集型产品的投资项目而言,工资成本上升显然会降低投资需求。然而,对于那些可以用机器设备代替劳动力的投资项目,工资上升又意味着多用设备比多用劳动力更有利可图,因而实际工资的上升又等于是投资的预期收益增加,从而会增加投资需求。可见,工资成本的变动对投资需求的影响具有不确定性。但就多数情况来说,随着劳动成本的上升,企业会越来越多地考虑采用新的机器设备，从而使投资需求增加，新古典经济学之所以认为投资需求会随工资的上升而上升，理由就在这里。

13.1.2 *IS* 曲线的形成

分析了投资函数后，我们进一步用 *IS* 曲线来说明产品市场均衡的条件。*IS* 曲线中的 I 代表投资，S 代表储蓄。在两部门经济中，产品市场均衡要求投资和储蓄相等，即 $I=S$。于是，*IS* 曲线就被用来反映产品市场的均衡条件。下面可以通过图 13-4 来说明 *IS* 曲线的形成过程。

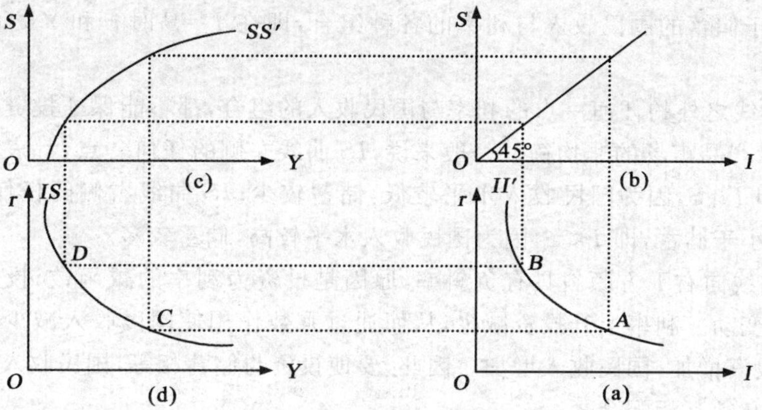

图 13-4 *IS* 曲线的形成

图 13-4 分为四个部分。在图(a)中纵轴代表利率 r，横轴代表投资量 I。因为投资量与利率成反方向变动，所以投资曲线 II' 是一条向下倾斜的曲线。

图(b)中纵轴代储蓄量 S，横轴代表投资量 I，从原点画一条与横轴呈 45°的直线，在这一直线上的任何一点都表示储蓄和投资相等。

图(c)中纵轴代表储蓄量 S，横轴代表国民收入 Y。因为储蓄与国民收入成正方向变化的，所以储蓄曲线 SS'，是一条向上倾斜的曲线。图(d)中纵轴代表利率 r，横轴代表国民收入 Y，这一部分曲线组成，由以下过程所决定。

先从(a)中的投资曲线 II' 选择一点 A，然后自 A 点画一条与纵轴平行的直线，在(b)中与 45°线相交；又自该点画一条与横轴平行的直线，与(c)中的储蓄曲线相交，再自该点画一条与纵轴平行的直线，于是在(d)中与从 A 点向左方延伸并与横轴平行的直线相交于 C 点。依照同样方法，在(a)中的投资曲线上任选一点 B，又画出一矩形，并在(d)中决定点 D。照此下去还可以有其他各点，把这些点联结起来，便描绘出一条新的曲线，该曲线便是 *IS* 曲线。

IS 曲线是一条反映利率和收入之间相互关系的曲线。这条曲线上任何一点都代表一定的利率和收入的组合，在这样的组合下，产品市场是均衡的，同时满足投资与储蓄相等的条件，故称这条曲线为 IS 曲线。

13.1.3 *IS* 曲线的含义

IS 曲线是一条投资——储蓄均衡的曲线，在 IS 曲线上的任何一点，都代表投资与储蓄相等，都表示产品市场的均衡。要满足或实现这一均衡条件，必须使国民收入与利率的变动相互配合。因此 IS 曲线表示的是使产品市场达到均衡时也就是投资等于储蓄的国民收入与利率的各种组合，即在 $I=S$ 时 r 和 Y 之间的函数关系。

IS 曲线之外的任何一点的利率与国民收入的组合，都不能保证投资与储蓄相等，都表示产品市场的非均衡。一般来说，IS 曲线左侧的任何一点，都表示投资大于储蓄，即 $I>S$，因为国民收入水平较低，储蓄较少；IS 曲线右侧的任何一点，都表示投资小于储蓄，即 $I<S$，因为国民收入水平较高，储蓄较多。

IS 曲线向右下方倾斜具有负斜率，原因是投资为利率的减函数，投资与利率呈反方向变动。利率上升投资减少，从而通过乘数作用使国民收入减少，相反，利率降低，投资增加，国民收入增加。因此，要使投资与储蓄相等，国民收入变动与利益率变动必须互相配合。

IS 曲线方程的推导：在宏观经济学中，三部门、四部门经济中的产品市场均衡条件都习惯性地被称作 IS 曲线。当投资受到利率的影响时，三部门经济的产品市场均衡模型可以用线性方程表示为：

$$Y=C+I+G \tag{13-2}$$

$$C=a+bY_d \tag{13-3}$$

$$Y_d=Y-T+TR \tag{13-4}$$

$$T=T_0\text{（假设税收固定）} \tag{13-5}$$

$$I=e-dr \tag{13-6}$$

$$G=G_0 \tag{13-7}$$

采用代入法，可以得到：

$$Y=\frac{a-bT_0+bTR+e-dr+G_0}{1-t} \tag{13-8}$$

也即：

$$r=\frac{a-bT_0+bTR+e+G_0}{d}-\frac{1-b}{d}Y \tag{13-9}$$

这就是所谓的 IS 曲线方程。它是产品市场均衡时，利率和国民收入组合的轨迹。在其他条件不变的情况下，当利率下降后，投资需求增加，总需求增加，均衡国民收入也会随之增加；反之，当利率上升后，投资需求减少，总需求减少，均衡国民收入减少。由于 IS 曲线的斜率为负，因此它是一条向右下方倾斜的曲线。如图 13-4(d)所示。

13.1.4 *IS* 曲线的移动

政府通过财政政策的调整即政府在税收和政府支出发生变动时，IS 曲线的位置会发生相应的移动。不仅如此，边际消费倾向 b、投资支出的利率弹性 d 以及边际税率 t 的大小也会影响到 IS 曲线的位置。

(1)在其他条件不变的情况下，当政府购买支出 G_0 或者转移支付 TR 增加，或者自发税收 T_0 减少时，IS 曲线在利率轴上的截距就会增加，但是利率不变。这时，IS 曲线向右上方平行移动。一般来说，若政府支出增加，社会投资增大，会通过乘数作用使与每一利率相对应的国民收入增加，则 IS 曲线会向右移动；政府税收会从供给方面引起收入变动，当政府减少税收时，会引起个人可支配收入的增加，即用于消费和储蓄的收入增加，进而国民收入增加，因此 IS 曲线向右移动；反之，则 IS 曲线向左下方平行移动。如图 13-5 所示。

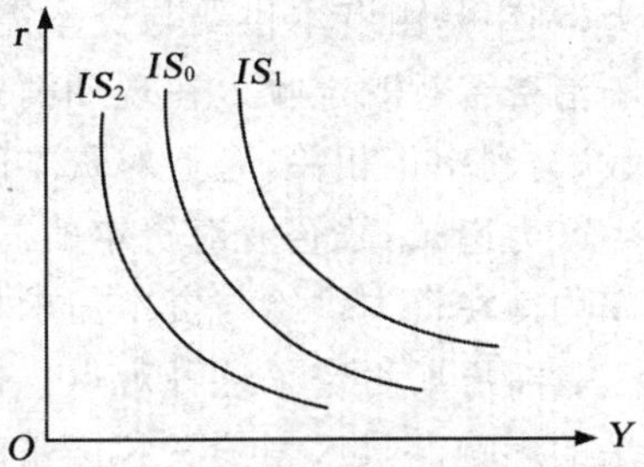

图 13-5　*IS* 曲线的移动

(2)在其他条件不变的情况下，如果基于可支配收入的边际消费倾向 b 上升，IS 曲线斜率的绝对值减小，IS 曲线变得更加平缓。反之，IS 曲线将更加陡峭。一般来说，边际消费倾向 b 越大，则乘数效应越大，相同条件下，将会带来国民收入水平更快水平的变化，即 IS 曲线更加平缓。同时，边际消费倾向 b 的变化也影响到 IS 曲线的截距，这是通过影响 IS 曲线截距表达式中的 $b(TR-T_0)$ 项来发生作用的，如果政府部门转移支付 TR 大于自发税收 T_0，即 $TR-T_0>0$，b 的增大会使 IS 曲线的截距上升；反之，若 $TR-T_0<0$，则 b 的增大会使 IS 曲线的截距下降。

(3)IS 曲线的位置还要受到投资支出的利率弹性 d 的影响。在其他条件不变的情况下，如果 d 上升，IS 曲线斜率的绝对值减小，即 IS 曲线变得更加平缓，同时，IS 曲线的截距上升。

(4)在其他条件不变的情况下,税率 t 上升,IS 曲线斜率的绝对值上升,换言之,IS 曲线变得更加陡峭;反之,税率 t 下降,IS 曲线斜率的绝对值减小,换言之,IS 曲线变得更加平缓。

增加政府支出和减税,都属于增加总需求的扩张性财政政策,而减少政府支出和增税,都属于降低总需求的紧缩性财政政策。因此,政府实行扩张性财政政策,就表现为 IS 向右上方移动,实行紧缩性财政政策,就表现为 IS 曲线向左下方移动。实际上西方经济学家提出 IS 曲线的重要目的之一,就在于分析财政政策如何影响国民收入的变动。

13.2 货币市场的均衡:LM 曲线

IS 曲线表明,均衡国民收入随利率的变动而变动。一旦利率被决定,国民收入也就被决定下来。然而利率本身又是怎么决定的呢?微观经济学的利率理论认为,利率是由资本供给与资本需求共同决定的。资本的供给就是储蓄或节俭,取决于消费者对既定收入在现期消费与未来消费之间的权衡与分配。储蓄是利率的函数,与利率正相关;企业对资本的需求取决于资本的边际生产力。由于资本的边际生产力递减,故企业对资本的需求与利率负相关,即资本需求是利率的减函数。利率均衡在资本供给与资本需求相等的水平上。

凯恩斯否定了这种观点。他认为,储蓄不仅决定于利率,更重要的是受收入水平的影响。收入是消费和储蓄的源泉,只有收入增加了,消费和储蓄才会增加。如果收入不增加,即使利率提高,储蓄也无从增加。故储蓄是收入的函数。凯恩斯提出,利率不是由储蓄与投资决定的,而是由货币供给与货币需求共同决定的。

13.2.1 货币的含义

在宏观经济学中,货币的定义是根据它的功能来做出的。货币主要有以下四个功能:①货币是交易媒介。在现代经济中,通过货币这种交易媒介,人们在寻找交易伙伴方面所花费的成本被减低到最小限度。②货币是财富贮藏手段。由于货币被社会普遍接受,人们可以随时用货币交换其他商品和劳务,所以,人们就可以用持有货币的方式来贮藏财富。③货币是核算单位。任何商品和劳务的价值都可以用货币来衡量,因此,人们才可以对各种不同的商品和劳务的价值进行比较。④货币是延期支付的手段。人们可以用货币来偿还债务,包括债务的本金和利息。

在货币的这四种功能中,最主要的是货币的交易媒介功能。其他三种功能都可以看做是货币交易媒介功能的延伸。人们接受货币不是因为货币本身,而是因为用货币能够购买商品和劳务。因此，不论它是贵金属、纸币，还是在银行的活期存款(在发达的货币经济中，个人也可以根据自己在银行的活期存款开具支票进行支付)，只要这种事务能够被普遍接受，它就可以充当交易媒介。换言之，这种事务就可以成为货币。在宏观经济学中，货币被定义为在银行体系外流通的通货(包括纸币和硬币)和在商业银行的活期存款(支票账户存款)。这二者的共同特点是：第一，它们都是被接受的交易工具；第二，它们的收益率都很低。通货的收益率为零。活期存款虽然有很低的收益率，但考虑到通货膨胀和银行的管理费，也几乎为零。在宏观经济学中，除货币以外的其他流动性资产，统称为债券。它们带来收益，但不能直接作为交易中介。于是，所有的流动性资产，不是货币就是债券。

13.2.2 货币的需求

货币需求又称为"流动性偏好"，是指由于货币具有使用上的灵活性，人们宁肯牺牲利息收入而储存不生息的货币来保持财富的心理倾向。这一概念首先是由凯恩斯提出的。

既然流动性资产中的债券可以带来收益，而货币没有收益，那么，人们为什么还要持有货币呢？在宏观经济学中，一般把人们需要货币的原因或者动机归结为以下三个，即交易性动机、预防性动机和投机性动机。

(1)交易性需求。货币的交易性需求是指人们为了进行日常的交易所需要持有的货币数量。根据剑桥学派的古典货币数量理论，人们的货币支出行为随时都可能发生，但是，人们要间隔一段时间之后，才能得到一笔收入。获得收入的时间间隔长短决定于社会的支付习惯和制度。因此，人们不能把全部流动性资产都转换成债券，而需要持有一定数量的货币。交易性货币需求是国民收入的增函数，也就是说，当收入水平比较高时，交易性货币需求也比较高；反之，当收入水平比较低时，交易性货币需求也比较少。假定交易性需求是国民收入水平的一个既定比例，于是，我们可以采用线性方程，把交易性货币需求表示为：

$$\frac{L_T}{P}=k_1\times Y \quad (0<k_1<1) \tag{13-10}$$

式中：L_T 为名义的交易性货币需求，Y 为实际国民收入，P 为价格水平。这样，$P\times Y$ 就是名义国民收入。k_1 为交易性货币需求的收入弹性。它反映当名义国民收入变动一单位时，名义交易性货币需求的变动量；或者当实际国民收入变动一单位时，实际交易性货币需求的变动量。

(2)预防性需求。货币的预防性需求是指人们为了应付意外事件，如失业或长期生病，所需要持有的货币数量。预防性货币需求也是国民收入的增函数，也就是说，当收入水平比较高时，预防性货币需求也比较多；反之，当收入水平比较低时，预防性货币需求也比较少。假定预防性需求是国民收入水平的一个既定比例，于是也可以采用线性方程，把预防性货币需求表示为：

$$\frac{L_P}{P}=k_2\times Y \quad (0<k_2<1) \tag{13-11}$$

式中：L_P 为名义的预防性货币需求，Y 为实际国民收入，P 为价格水平。这样，$P\times Y$ 就是名义国民收入。k_2 为预防性货币需求的收入弹性。它反映当名义国民收入变动一单位时，名义预防性货币需求的变动量；或者当实际国民收入变动一单位时，实际预防性货币需求的变动量。

(3)投机性需求。货币的投机性需求是凯恩斯最早提出的。这种货币需求是指人们持有的准备用于购买债券，进行投机活动的那部分货币。人们的金融资产有两种持有形式，即货币和债券。持有货币没有收益，而持有债券可以获得收益。债券能够给资产持有者带来的收益包括两个部分：第一，持有债券的利息收益；第二，出售债券的价格大于购买债券的价格时带来的潜在的资本收益。如果债券的总收益率大于零，投机者就会以债券的形式持有他的全部的金融资产；相反，如果债券的总收益率小于零，投机者就会以货币的形式持有他的全部的金融资产；如果债券的总收益率等于零，投机者就会或者以货币的形式，或者以债券的形式，或者同时以这两种形式持有他全部的金融资产。这里需要指出的是，人们的交易性货币需求和预防性货币需求应该被看做是本期花费的，换言之，到本期期末，它们将等于零。所以，投机者的金融资产中不应该包括货币的这两种需求。

在实际生活中，债券价格与利率成反比例的关系。其公式为：

$$\text{债券市场价格}=\frac{\text{利息}}{\text{市场利率}}$$

由于债券市场价格是经常波动的，凡预计债券价格上涨（即预期利率将下降）的人，就会用货币买进债券以备日后以更高的价格卖出；反之，凡预计债券价格将下降（预期利率将上升）的人，就会卖出债券保存货币以备日后债券价格下跌时再买进。这种预计债券价格下跌而把货币保留在手中的情况，就是对货币的投机性需求，可见，利率越高，即有价证券价格越低，人们若认为这一价格已经降低到正常水平以下，预计很快会回升，就会抓住机会及时买进有价证券，于是人们手中持有的货币量就会减少，更进一步地，如果认为利率水平达到最高的临界值，也即，有价证券价格达到了最低的水平，这时，投机者就以债券的形式持有他的全部金融资产，对货币的投机性需求为零；相反，利率越低，即有价证券价格越高，人们若认为这一价格已经涨到正常水平以上，预计就要回跌，于是，人们就会抓住时机卖出有价证券，这样人们手中出于投机动机而持有的货币量就会增加，更进一步地，如果认为利率水平达到最低的临界值，也即，有价证券价格达到了最高的水平，这时，投机者就以货币的形式持有他的全部金融资产，对货币的投机性需求无穷大。

经济中的总投机性货币需求曲线是所有投机者的个别投机性货币需求曲线的水平加总得到的。由于每个人都有一个独立的利率预期，因此，每个人都有一个独立的临界利率最高值。这样，当利率水平足够高时，所有人的临界利率最高值都比利率低，这时，所有的投机者都以债券的形式持有其全部金融资产，因此，这时的投机性货币需求为零。当利率降低到最低的临界利率水平之下，就开始有人以货币的形式持有其全部的金融资产。随着利率的进一步降低，越来越多的人的最低临界利率水平高于实际利率水平，因此，越来越多的人以货币的形式持有其全部的金融资产。当利率降低到足够低时，所有人都以货币的形式持有其全部的金融资产，这时的投机性货币需求量和经济中的金融资产总量相等。因此，我们可以在市场利率和实际货币需求的空间上，得出一条总的投机性货币需求曲线。显然，投机性货币需求曲线是向右下方倾斜的，意味着投机性货币需求和利率反方向变动。

当利率为零时，投机性货币需求量为 W_0/P，它等于最低临界利率水平下的全部实际金融资产。采用线性方程，投机性货币需求可以表示为：

$$\frac{L_S}{P}=\frac{W_0}{P}-h\times r \quad (h>0) \tag{13-12}$$

式中：L_S 为投机性货币需求；W_0 为经济中的金融资产的名义值；h 为货币需求的利率弹性，它反映当利率变动一单位时，投机性货币需求的变动量；r 为市场利率；P 为价格水平。

在宏观经济学中，人们的货币需求是对实际货币存量（即余额）的需求。名义货币需求要在实际货币余额需求的基础上乘以价格水平。把货币的交易性需求函数、预防性需求函数和投机性需求函数加总，就可以得到总的货币需求函数。用 L 代表货币的总需求。即：

$$\begin{aligned}\frac{L}{P}&=\frac{L_T}{P}+\frac{L_P}{P}+\frac{L_S}{P}=k_1\times Y+k_2\times Y+\frac{W_0}{P}-h\times r\\&=(k_1+k_2)\times Y-h\times r+\frac{W_0}{P}\\&=k\times Y-h\times r+\frac{W_0}{P}\\&=L_1(Y)+L_2(r)\end{aligned} \tag{13-13}$$

由于交易性货币需求和预防性货币需求都是国民收入的增函数，我们把这二者合在一起，记为 $L_1(Y)$，并把 k 称作货币需求的收入弹性，反映当收入变动一单位时，货币需求的变动量。

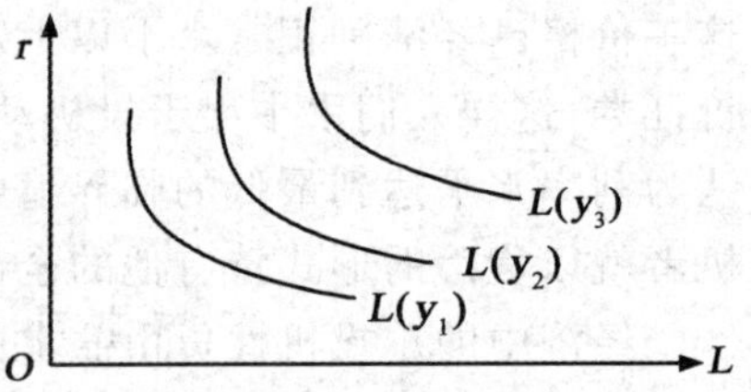

图 13-6　货币需求曲线

在图 13-6 中，纵轴代表利率 r，横轴代表货币总需求 L。由于投机性货币需求(记为 $L_2(r)$)与利率成反方向变化，因此货币需求曲线为向下倾斜的一条曲线。但需求又与国民收入成同方向变化，当国民收入自 Y_1 增至 Y_2、Y_3 的水平时，货币需求曲线 $L(Y_1)$ 便向右推移为 $L(Y_2)$、$L(Y_3)$。

13.2.3　流动偏好陷阱

上面说明了投机货币需求量与利率反方向变动的关系。对利率的预期是人们调节货币和债券配置比例的重要依据，利率越高，货币需求量越小。现在来考虑两个极端的情况：利率特别高和特别低时候的投机货币需求。当利率极高时，这一需求量等于零，因为人们普遍认为这时利率不大可能再上升，或者说有价证券价格不大可能再下降，此时购买债券最有利可图，因而将所持有的货币全部换为有价证券，货币的投机性需求为零。此时，货币需求就完全取决于交易性需求和预防性需求，成为与利率水平无关的垂直线。如图 13-7 所示。

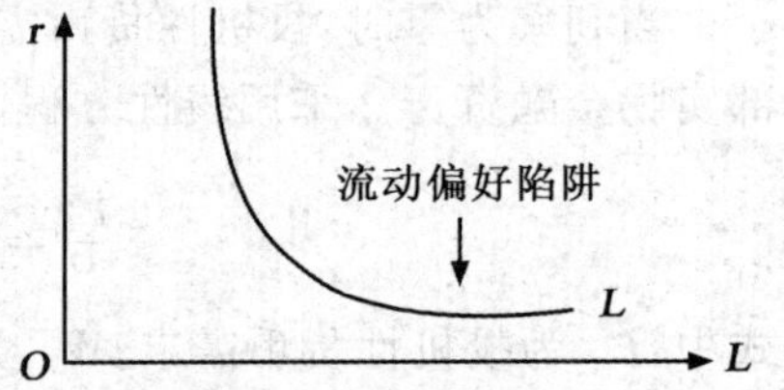

图 13-7　流动偏好陷阱

反之，当利率极低时，人们会认为这时利率不大可能再下降，或有价证券价格不大可能再上升而只会跌落，此时持有货币最为安全，因而会将所持有的有价证券全部换成货币。人们有了货币也决不肯再去买有价证券，以免证券价格下跌时遭受损失。不管有多少货币都愿意持在手中，投机货币需求量为无穷大，货币需求曲线成为一条水平线，这种情况称为“凯恩斯陷阱”或“流动偏好陷阱”。流动偏好是指人们持有货币的偏好。人们之所以产生对货币的偏好，是由于货币是流动性或灵活性最大的资产，货币随时可以作交易之用，随时可以应付不测之需，随时可以做投机用，因而人们对货币的偏好就成为流动偏好。货币需求关于利率的函数也称为流动性偏好的利率函数。当利率极低时，人们手中无论增加多少货币，都不会再去购买有价证券，都会尽量留在手中，因而流动偏好趋向无限大，这时即使银行增加货币供给，也不会再使利率下降。

13.2.4 货币的供给与均衡利率

为了便于分析，在本章中，我们暂时假定名义货币供给是由中央银行单方面决定的，是一个固定不变的值，设为 M。通常把实际货币供给记为 $m=M/P$。因为货币供给是一个外生变量，其大小与利率高低无关，因此货币供给曲线(M)是一条垂直于横轴的直线。如图 13-8 所示。

货币供给曲线(M)和货币需求曲线(L)相交的点(E)决定了利率的均衡水平(r_0)，它表示，只有当货币供给等于货币需求时，货币市场才达到均衡状态。如图 13-9 所示。用公式表示，货币市场的均衡条件就是：

$$\frac{M}{P}=\frac{L}{P}=k\times Y-h\times r+\frac{W_0}{P}=L_1(Y)+L_2(r) \tag{13-14}$$

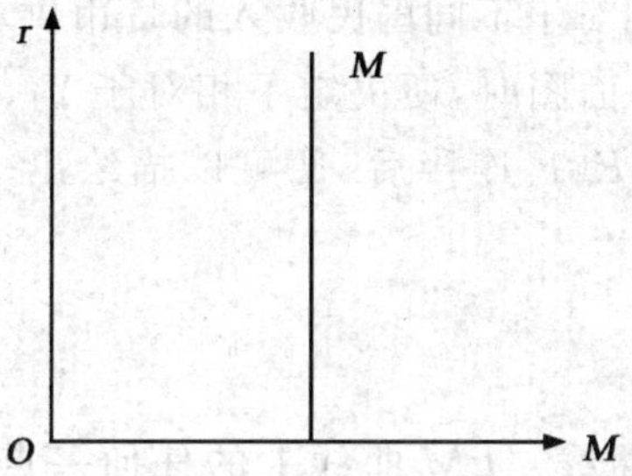

图 13-8 货币供给曲线

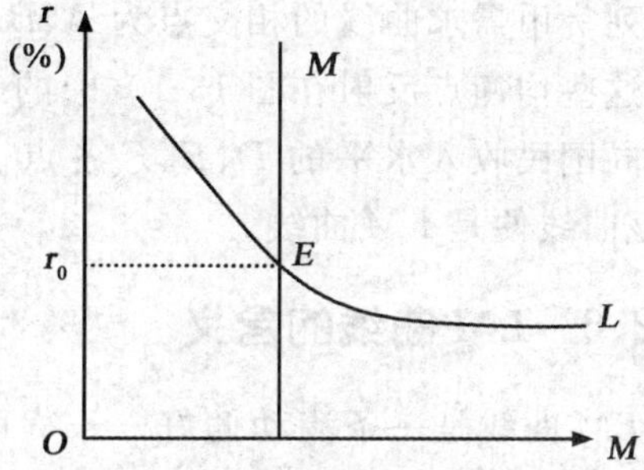

图 13-9 货币市场的均衡

显然，在其他条件保持不变的情况下，如果中央银行增加货币供给，货币供给曲线就会向右平行移动，均衡利率水平就会降低；反之，如果中央银行减少货币供给，货币供给曲线就会向左平行移动，均衡利率水平就会升高。在其他条件不变的情况下，如果货币需求因为收入增加而增加，货币需求曲线就会向右移动，均衡利率水平就会升高；反之，如果货币需求减少，货币需求曲线就会向左移动，均衡利率水平就会下降。

13.2.5 *LM* 曲线的形成

用 L 代表流动偏好即货币需求，M 代表货币供给数量，$L=M$ 则表示货币市场均衡的曲线，通常称之为 LM 曲线。可以用图 13-10 来说明 LM 曲线的形成过程。

在图 13-10(a)中，纵轴代表利率 r，横轴代表货币总需求 L 及货币供给 M。国

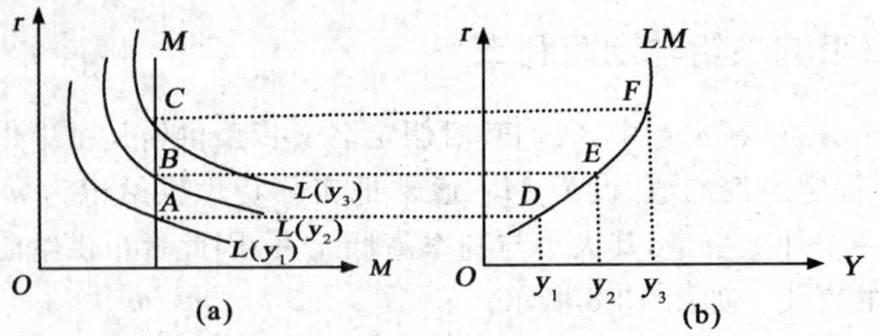

图 13-10　*LM* 曲线的形成

民收入自 Y_1 增加到 Y_2、Y_3 等水平时，货币需求曲线 $L(Y_1)$ 便向右推移为 $L(Y_2)$、$L(Y_3)$。

假定货币供给量不变，不受利率影响，则货币供给量为一垂直的直线 M，它与一系列货币需求曲线的相交点为 A、B、C，即相对于不同国民收入的货币供求均衡点。这些均衡点反射在图 13-10(b)的(r-Y)平面图时，便决定了相对于 Y_1、Y_2、Y_3 的不同国民收入水平的 D、E、F 各点。将 D、E、F 连接后，便可以描绘出一条曲线，该曲线便是 LM 曲线。

13.2.6　*LM* 曲线的含义

LM 曲线是一条流动偏好——货币供给曲线。LM 曲线上的任何一点，即利率与国民收入的任一组合，都保证货币需求与货币供给相等，都表示货币市场的均衡。因此，它所表示的是使货币市场达到均衡即货币需求等于货币供给的利率与国民收入的各种组合。要使货币需求与供给相等，国民收入变动与利率变动必须相互配合。

LM 曲线一般向右上方倾斜具有正斜率，原因是在货币供给量保持不变的情况下，国民收入的增加使货币需求增加，货币需求增加必然导致利率上升，或者，随着国民收入的增加，货币需求量也增加，在货币供给为既定的情况下，为保证货币供求相等即货币市场均衡，利率必须相应提高。因此，在 LM 曲线上，较高的国民收入总是对应着较高的利率；反之，在国民收入下降时，货币需求将减少，为使货币市场保持均衡，市场利率必须相应下降。

LM 曲线之外的任何一点的利率与国民收入的组合，都不能保证货币需求与货币供给相等，都表示货币市场的非均衡。一般来说，LM 曲线左侧的任何一点，都表示货币需求小于货币供给，即 $L<M$，因为国民收入水平较低，货币需求较小；LM 曲线右侧的任何一点，都表示货币需求大于货币供给，即 $L>M$，因为国民收入水平较高，货币需求较大。在这些非均衡条件下，政府通过调节货币政策可促使货币市场趋向均衡。

13.2.7 *LM* 曲线的推导

下面用代数方法进行 *LM* 曲线的推导。*LM* 曲线中的 *L* 代表名义货币需求，*M* 代表名义货币供给。在货币市场实现均衡的情况下，货币需求等于货币供给，即 $L=M$。利用线性方程，货币市场的均衡条件可以描述为：

$$\begin{cases}\dfrac{L}{P}=kY-hr+\dfrac{W_0}{P}\\ \dfrac{M}{P}=m\\ \dfrac{L}{P}=\dfrac{M}{P}=m\end{cases}$$

采用代入法，可以得到：

$$m=kY-hr+\frac{W_0}{P}$$

即：
$$r=\frac{W_0-M}{Ph}+\frac{k}{h}Y \tag{13-15}$$

这就是所谓的 *LM* 曲线方程。它是在货币供给和价格水平保持不变的情况下，货币市场均衡时，利率和国民收入组合的轨迹。在宏观经济学中，习惯上用横轴代表收入，用纵轴代表利率。由于 *LM* 曲线的斜率为正值，因此它是一条向右上方倾斜的曲线。如图 13-10(b)所示，在货币市场保持均衡的情况下，利率与国民收入呈同方向变化。

13.2.8 *LM* 曲线的移动

政府货币政策的调整即货币供给量的变动，会使 *LM* 曲线的位置发生变动，即 *LM* 曲线向右或向左移动，因为货币供给量的变动会使国民收入发生变动。

一般来说，若货币供给量增加，其他条件不变，国民收入增加，则 *LM* 曲线向右移动；若货币供给量减少，其他条件不变，国民收入减少，则 *LM* 曲线向左移动，如图 13-11 所示。

图 13-11 中，货币供给量增加，使 *LM* 曲线由原来的 LM_0 右移至 LM_1，而货币供给量的减少，则使 *LM* 曲线由原来的 LM_0 左移至 LM_2。

价格水平的变化同样也会导致 *LM* 曲线的位置发生变动。一般来说，价格水

平 P 上升，则意味着实际货币供给量减少，其他条件不变，国民收入减少，则 LM 曲线向左移动；价格水平 P 下降，则意味着实际货币供给量增加，其他条件不变，国民收入增加，则 LM 曲线向右移动。

LM 曲线在$(r-Y)$空间上的位置是由它的截距和斜率共同决定的。因此，LM 曲线还受到货币需求的收入弹性 k 和货币需求的利率弹性 h 的影响。

在其他条件不变的情况下，货币需求的收入弹性 k 越大，LM 曲线的斜率越大，LM 曲线变得更加陡峭。因为，在各种国民收入水平上，货币需求的收入弹性 k 变大，货币的交易性需求和预防性需求都会增加。于是，为使货币市场保持均衡，就只有提高利率，使得既定国民收入水平下的投机性货币需求就会减少；反之，货币需求的收入弹性 k 越小，LM 曲线的斜率越小，LM 曲线变得更加平缓。

在其他条件不变的情况下，货币需求的利率弹性 h 越大，LM 曲线的斜率越小，LM 曲线变得更加平缓。因为，如果货币需求的利率弹性 h 上升，既定利率水平上的投机性货币需求就会减少，为了保持货币市场均衡，就要求货币的交易性需求和预防性需求增加，这就相应要求国民收入水平上升，因此，LM 曲线变得更加平缓；反之，LM 则曲线更加陡峭。

这里需要说明两个极端情况：

从 LM 曲线的代数表达式(13-15)中可以看出，LM 曲线的斜率是 k/h，当 $h=0$ 时，k/h 为无穷大，因此 LM 曲线是一条垂直线，称为"古典区域"；h 为无穷大时，k/h 为零，因此，LM 曲线是一条水平线，称为"凯恩斯区域"；而当 h 介于零和无穷大之间时，由于 k 一般为正值，因此 k/h 为正值，LM 曲线向右上方倾斜，称为"中间区域"。如图 13-12 所示。

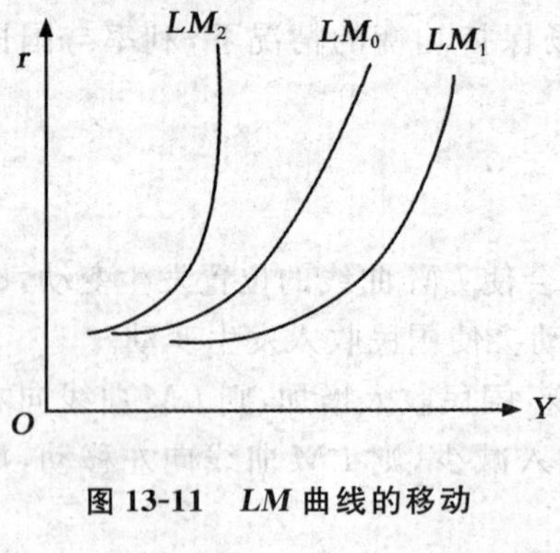

图 13-11　LM 曲线的移动

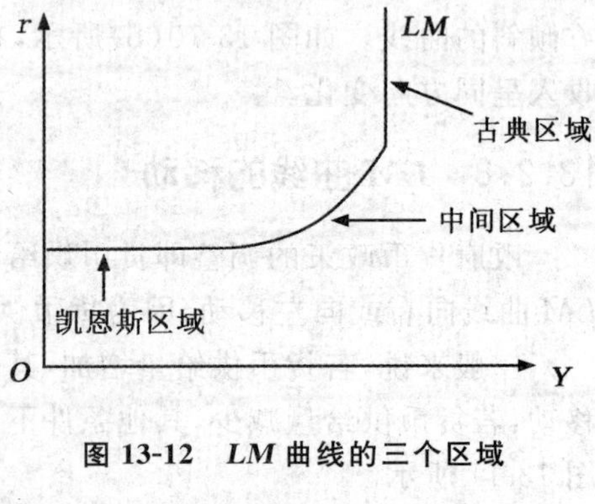

图 13-12　LM 曲线的三个区域

"古典区域"：若利率上升到最高的临界值时，货币的投机性需求将等于零，这时人们除了为完成交易还必须持有一部分货币外，再不会为投机而持有货币。因此，*LM* 曲线就成为和利率无关的一段垂直线。西方学者认为，此时若实行扩张性的财政政策使 *IS* 曲线向右上移动，只会提高利率而不会使收入增加，但若实行扩张性的货币政策，则不但会降低利率，还会提高收入水平。因此，这使财政政策无效而货币政策有效，这符合"古典学派"即货币主义者的观点，故 *LM* 曲线呈垂直状态的这一区域被称为"古典区域"。

"凯恩斯区域"：利率一旦下降到最低的临界值，投机者就会以货币的形式持有他的全部金融资产，对货币的投机性需求无穷大，因此，*LM* 曲线呈一段水平线，与货币需求曲线中的"流动偏好陷阱(凯恩斯陷阱)"相对应。此时，政府实行扩张性的货币政策，增加货币供给，不能降低利率也不能增加收入，因而货币政策在这时失效。相反，扩张性的财政政策，使 *IS* 曲线向右移动，收入水平会在利率不变的情况下提高，因而财政政策有很大效果。凯恩斯认为 20 世纪 30 年代大萧条时期的经济就是这样，故人们将这一区域称为"凯恩斯区域"，或"萧条区域"。

13.3　产品市场与货币市场同时均衡

宏观经济的总体均衡不仅要求产品市场均衡，也要求货币市场达到均衡，只有产品市场与货币市场两个市场同时均衡时，整个经济才能达到均衡。前面已分别考察了两个市场的均衡，这里要用 *IS-LM* 模型考察两个市场的同时均衡，即产品市场与货币市场的一般均衡。

IS-LM 模型是现代宏观经分析的核心工具之一，在运用它分析宏观经济问题时，要注意它的适用条件。本章中的 *IS-LM* 模型建立在以下五个假设前提基础之上。

(1)假定价格水平是前定变量。如果价格水平发生变动，是由于 *IS-LM* 模型外部的因素引起的。另外，*IS-LM* 模型考察的是经济变量的实际值，而不是名义值。

(2)假定消费仅仅受收入水平的影响。虽然事实上，消费要受到财富存量和利率等多种因素的影响，但是在本章开始时暂不考虑。

(3)假定投资仅仅是市场利率的函数。虽然投资要受到利润预期和资本设备成本的影响，但在本章暂不考虑。

(4)假定经济资源，包括人力资源，存在着大量的闲置和失业。在既定的价格水平上，产出水平具有无限的伸缩性。于是，*IS-LM* 模型中的收入水平会随着需求的变动而变动，并引起资源利用水平的变动。

(5)暂时不考虑外贸部门，即不考虑进口和出口的影响。

13.3.1 *IS-LM* 模型

前面通过引进投资函数的概念能够知道，在产品市场上，要决定均衡收入，必须先决定利率，否则投资水平无法确定；另外，利率是在货币市场上决定的，而在货币市场上，如果不先确定一个特定的收入水平，利率就无法确定，收入水平又是在产品市场上决定的，因此利率的决定又依赖于产品市场。这样，在将产品市场和货币市场孤立地考察时，会出现这样的困境：在产品市场上，利率通过投资影响收入；在货币市场上，利率又依赖于收入。显然，需要将产品市场和货币市场结合起来，考察两个市场的共同均衡。将两个市场结合起来，通过考察产品市场和货币市场的共同均衡来说明均衡收入和均衡利率的决定的理论，被称为"*IS-LM* 模型"。

由于 *IS* 曲线与 *LM* 曲线都是由两个共同的变量——利率 r 和国民收入 Y 所构成，我们可以把这两条曲线结合在一个坐标图中，对产品市场与货币市场的同时均衡进行分析，可以得到均衡国民收入和均衡利率，如图 13-13 所示。

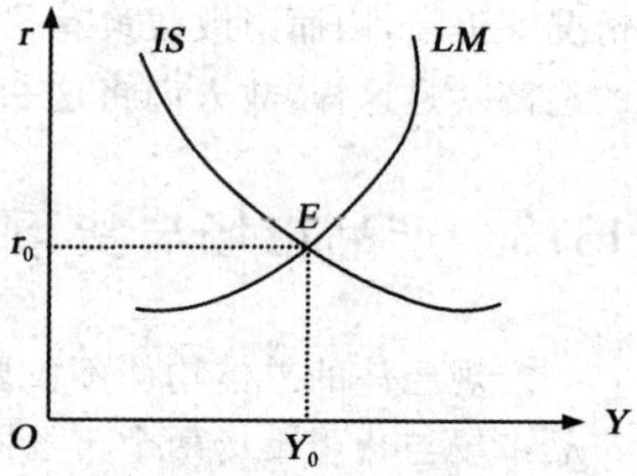

图 13-13　*IS-LM* 模型

在图 13-13 中，纵轴代表利率 r，横轴代表国民收入 Y。*IS* 曲线与 *LM* 曲线相交于 E 点。E 点为均衡点，它既是 *IS* 曲线上的一点，也是 *LM* 曲线上的一点。因此，该点所代表的利率与国民收入的组合(r_0,Y_0)是唯一能保证产品市场与货币市场同时达到均衡的利率与国民收入的组合。即当利率为 r_0，国民收入为 Y_0 时，产品市场与货币市场同时达到均衡，因此，r_0 和 Y_0 分别是两种市场同时均衡条件下的均衡利率和均衡国民收入。

IS-LM 模型将产品市场与货币市场结合起来，运用 *IS* 曲线与 *LM* 曲线分析研究两种市场如何同时达到均衡，以说明或确定两种市场同时均衡时的利率与国民收入的组合。借助这一模型，可以清楚地看出财政收支和货币供给量变动各自对宏观经济所产生的影响，也可以更容易地理解有关的宏观经济理论和宏观经济政策。

13.3.2 *IS-LM* 模型的求解

从图 13-12 中可以看出，*IS* 曲线和 *LM* 曲线的交点决定了产品市场和货币市场同时均衡的均衡利率水平和均衡收入水平。均衡利率和均衡收入的确定也可以通过联立求解 *IS* 曲线方程和 *LM* 曲线方程来得到。在 *IS* 曲线方程和 *LM* 曲线方程为线性的情况下，*IS-LM* 模型可以表示为：

$$r=\frac{a-bT_0+bTR+e+G_0}{d}-\frac{1-b}{d}Y \qquad (IS\text{ 曲线方程})$$

$$r=\frac{W_0-M}{Ph}+\frac{k}{h}Y \qquad (LM\text{ 曲线方程})$$

在上述方程组中，当其他参数或变量数值已知时，未知变量只有收入 Y 和利率 r，求解这个方程组，即可得到模型的解，即均衡的收入和利率水平。这就是使两个市场同时达到均衡时的收入和利率数值。

13.3.3 产品市场与货币市场从不均衡到均衡的调整

在图 13-13 中，*IS* 曲线与 *LM* 曲线在平面坐标图中形成四个区域：Ⅰ、Ⅱ、Ⅲ和Ⅳ。从产品市场情况看，第Ⅰ、Ⅱ区域位于 *IS* 曲线的右方，意味着投资小于储蓄，即消费支出加投资支出的和小于国民收入；第Ⅲ、Ⅳ区域位于 *IS* 曲线左方，意味着投资大于储蓄，即消费支出加投资支出之和大于国民收入。如果从货币市场情况看，第Ⅱ、Ⅲ区域位于 *LM* 曲线的右方，意味着货币需求大于货币供给，而第Ⅰ、Ⅳ域位于 *LM* 曲线的左方，意味着货币需求小于货币供给。因此，在 E 点之外的这四个区域内的所有的利率与国民收入的组合都是非均衡组合。

产品市场与货币市场的非均衡状态会引起国民收入和利率变动，使其趋向均衡。产品市场不均衡会导致国民收入变动：若 $I<S$，则国民收入趋于减少；若 $I>S$，则国民收入趋于增加。货币市场不均衡会导致利率变动；若 $L<M$，则利率趋于下降；若 $L>M$，则利率趋于上升；图 13-14 可以说明产品市场与货币市场从不均衡到均衡的调整过程。

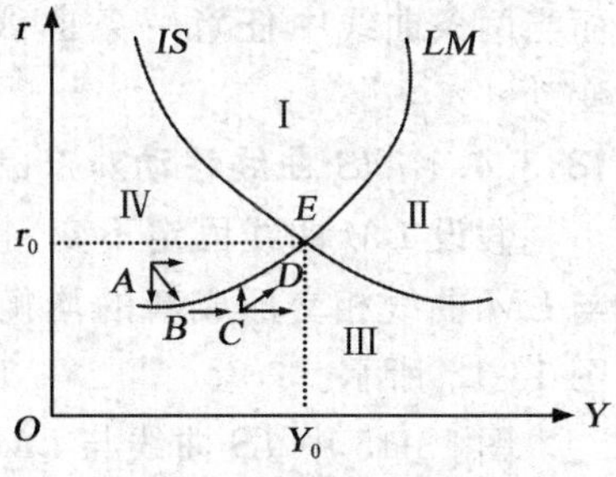

图 13-14 *IS-LM* 模型

图 13-14 中，假设经济中的利率与国民收入的组合为 A 点。A 点仅位于区域Ⅳ内，此时，产品市场与货币市场都处于非均衡状态。由上面的分析可知，此时商品市场上 $I>S$，货币市场上 $L<M$。$I>S$ 趋于使国民收入增加，国民收入从 A 点沿平行于横轴的箭头向右移动增加；$L<M$ 趋于使利率下降，利率从 A 点沿平行于纵轴的箭头向下移动降低。

$I>S$ 与 $L<M$ 的共同作用，引起利率与国民收入的组合沿着对角线的箭头向右下方移动到 B 点。B 点位于 *LM* 曲线上，此时货币市场暂时达到均衡，但产品市场仍不均衡，仍然是 $I>S$。于是，国民收入继续增加，利率与国民收入的组合沿着平行于横轴的箭头向右移动到 C 点。

C 点位于区域Ⅲ，此时产品市场 $I>S$，而货币市场 $L>M$，这使得国民收入趋于增加，利率趋于上升，结果，利率与国民收入的组合由 C 点沿对角线的箭头向上移动到 D 点，如此下去利率与国民收入的组合最终移动到能使产品市场与货币市场同时达到均衡的 E 点，于是，实现了产品市场与货币市场从不均衡到均衡的调整。其他三个区域内任何一个非均衡点，从非均衡到均衡的调整过程和原理与 A 点相似。表 13-1 概括了两个市场非均衡状态及其变动情况。

表 13-1　两个市场非均衡状态及其变动情况

区域	产品市场 IS	国民收入 Y	货币市场 LM	利率 r
Ⅰ	$I<S$	Y 减少	$L<M$	r 下降
Ⅱ	$I<S$	Y 减少	$L>M$	r 上升
Ⅲ	$I>S$	Y 增加	$L>M$	r 上升
Ⅳ	$I>S$	Y 增加	$L<M$	r 下降

13.3.4　产品市场与货币市场均衡的变动

产品市场和货币市场各变量发生变动，都会引起 IS、LM 两条曲线发生移动，而当两条曲线中任意一条曲线移动或两条曲线同时移动时，会引起均衡点发生变动。

13.3.4.1　*IS* 曲线移动对产品市场与货币市场均衡的影响

假设 LM 曲线固定不变，投资增加，引起 IS 曲线向右移动，从而新的 IS 曲线与 LM 曲线相交形成新的均衡点，此时，均衡国民收入和均衡利率同时提高。如图 13-15 所示。

图 13-15 中 IS 曲线与 LM 曲线的原始均衡点在 E_0，相应的均衡利率为 r_0，均衡国民收入为 Y_0，当投资增加后，引起 IS 曲线向右移至 IS_1，IS_1 与 LM 曲线在较高处相交，新的均衡点为 E_1，相应地均衡利率和均衡国民收入为 r_1 与 Y_1；反之，如果投资减少，会使 IS 曲线向左下方移动，与 LM 在较低处相交。

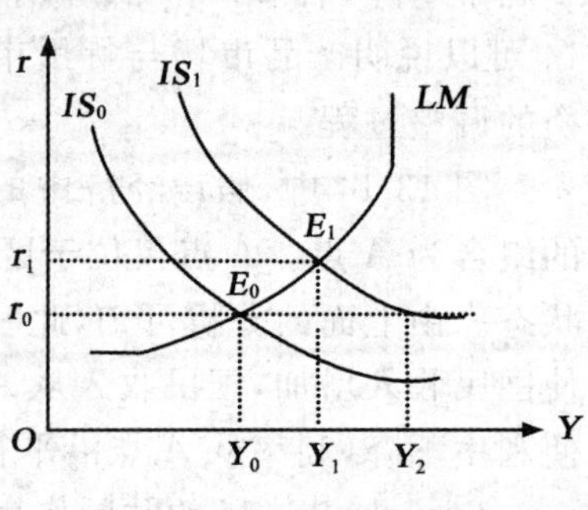

图 13-15　*IS* 曲线移动的影响

在 IS-LM 模型中，自发总需求的乘数作用会因为货币市场利率的变动而受到限制。自发总需求增加时，国民收入不是按某一倍数增加，而是按小于某一倍数的比例增加。这是因为，在货币供给不变的情况下，自发总需求的增加在引起国民收入增加的同时，又引起利率的上升，而利率的上升会因阻碍投资的增加从而阻碍国民收入的增加。同样，自发总需求的减少，也使国民收入按小于某一倍数的比例减少，而不是按某一倍数减少。因为，在货币供给不变的情况下，自发总需求的减少在引起国民收入减少的同时，又引起利率的下降，而利率的下降会因阻止投资的减少而阻止国民收入的减少。

例如，在图 13-15 中，自发总需求增加使 *IS* 曲线右移而形成新的国民收入 Y_1，小于不考虑货币市场即假定利率不变时的、或乘数作用得以充分发挥时的国民收入 Y_2。因为利率的上升阻碍了投资的增加。而自发总需求减少使 *IS* 线左移而形成新的国民收入，则大于不考虑货币市场即假定利率不变时的、或乘数作用得以充分发挥时的国民收入，因为利率的下降阻止了投资更大幅度的减少。

13.3.4.2 *LM* 曲线移动对产品市场与货币市场均衡的影响

假设 *IS* 曲线固定不变，货币供给增加，使 *LM* 曲线向右移动，右移的 *LM* 曲线会与 *IS* 曲线在较低处相交，此时，均衡国民收入提高，而均衡利率下降。如图 13-16 所示。

图 13-16 中 *IS* 曲线与原 LM_0 曲线相交于 E_0 点，均衡利率为 r_0，均衡收入为 Y_0，当货币供给增加时，LM_0 曲线右移至 LM_1，与 *IS* 交于 E_1 点，由于货币供给增加引起利率下降，引起投资增加，进一步引起国民收入增加，所以此时均衡利率降至 r_1，均衡国民收入增至 Y_1。相反，如果 *LM* 曲线左移，新的均衡点将会提高均衡利率，降低均衡国民收入。

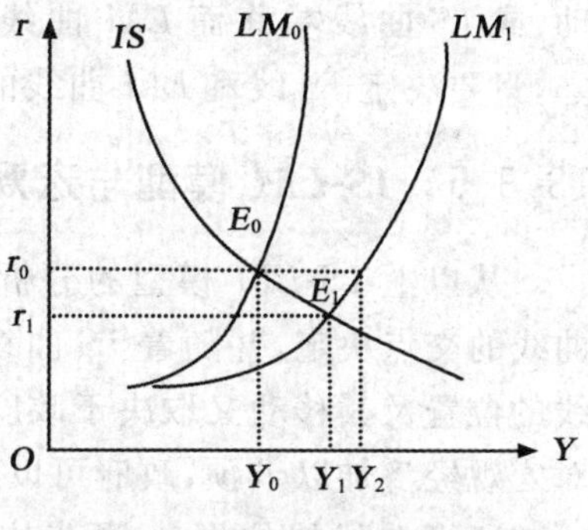

图 13-16　*LM* 曲线移动的影响

在 *IS-LM* 模型中，变动货币供给量对国民收入的影响会因利率变动引起的货币投机需求的变动而受到限制。在货币需求不变的情况下，货币供给量的增加通过降低利率增加投资而使国民收入增加，国民收入增加又引起货币交易需求增加。但是，货币供给量的增加在引起国民收入和货币交易需求增加的同时，又有限制国民收入和货币交易需求增加的影响。这是因为，货币供给增加引起的利率下降会使货币投机需求增加。在货币供给量已定时，货币投机需求增加限制货币交易需求的增加，削弱了货币供给量增加对国民收入增加的作用。

如图 13-16 所示：货币供给量增加使利率由 r_0 下降到 r_1，较低的利率增大了货币投机需求，限制了货币交易需求的增加，结果国民收入只从 Y_0 增加到 Y_1 而不是更高水平的 Y_2；相反，货币供给量减少时，利率上升又减少货币投机需求，从而又对国民收入的减少起到了抑制作用，较高的利率减少了货币投机需求，支持了货币交易需求，结果使国民收入减少的程度较低。

13.3.4.3 *IS* 曲线与 *LM* 曲线同时移动对产品市场与货币市场均衡的影响

如果决定 *IS* 曲线和 *LM* 曲线的各变量同时变化，会引起两条曲线同时移动。假定经济处于不断扩张的过程中，投资增加使 *IS* 线右移，同时货币供给增加使 *LM* 曲线也向右移动，这时两条新的曲线会形成新的均衡点，新的均衡点决定的国民收入会以更大幅度增长。

如图 13-17 所示：E_2 点即为新的均衡点，r_2 和 Y_2 便是新的均衡利率和均衡国民收入。*IS* 曲线和 *LM* 曲线的同时移动也可以出现其他不同情况，例如在投资减少，货币供给减少的紧缩情况下，*IS* 曲线和 *LM* 曲线同时向左移动。也不排除可能出现的 *IS* 曲线向右移动而 *LM* 曲线向左移动，或 *IS* 曲线左移而 *LM* 曲线右移等情况。总之，只要决定 *IS* 线和 *LM* 曲线的有关变量发生变动，就会引起曲线的相应移动。

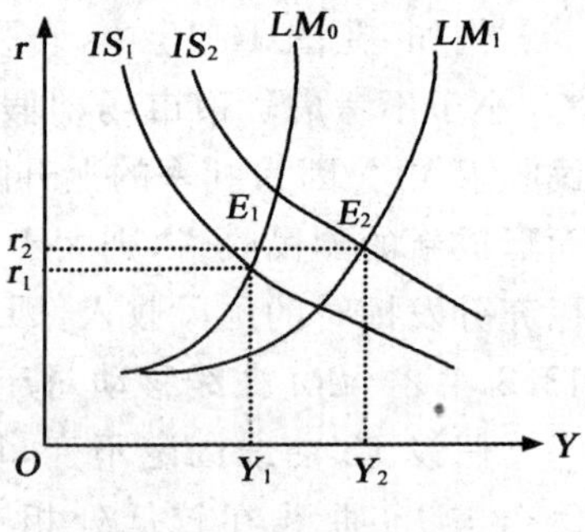

图 13-17 *IS-LM* 曲线同时移动的影响

13.3.5 *IS-LM* 模型与宏观经济政策

从以上 *IS-LM* 模型的分析可知，均衡利率和均衡国民收入由 *IS* 曲线与 *LM* 曲线的交点决定，并随着 *IS* 曲线与 *LM* 曲线的移动而变动，而 *IS* 曲线与 *LM* 曲线的位置及其移动又取决于政府的有关经济政策。因此，在现实经济活动中，为了对宏观经济加以干预，政府可以运用有关的财政政策和货币政策，通过改变 *IS* 曲线与 *LM* 曲线的位置来调节均衡利率与均衡国民收入，进而调整国民经济的运行。

13.3.5.1 财政政策的影响

政府采取扩张性的财政政策，例如减少税收或增加政府支出，会使 *IS* 线向右移动，结果使得均衡利率上升，均衡国民收入提高，就业增加，政府若采取紧缩性的财政政策，例如增加税收或减少政府支出，会使 *IS* 曲线向左移动，结果造成均衡利率下降，均衡国民收入降低，就业减少。但财政政策效果的大小取决于 *LM* 曲线斜率的大小。一般来说，*LM* 曲线的斜率越小即越平坦，财政政策的效果越大；相反，*LM* 曲线的斜率越大即越陡峭，财政政策的效果越小，如图 13-18(a)、(b)所示。

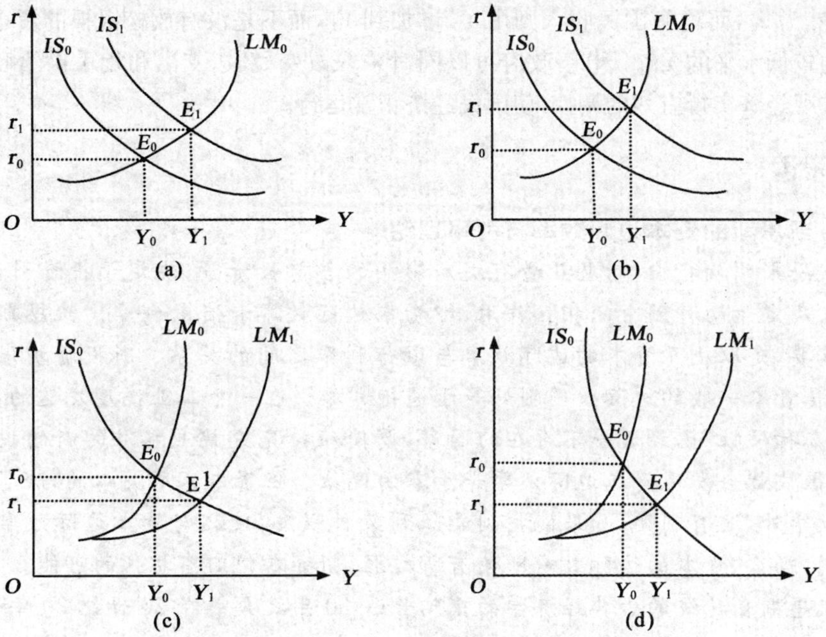

图 13-18 财政政策和货币政策的效果

13.3.5.2 货币政策的影响

政府采取扩张性的货币政策，例如增加货币供给量，会使 LM 曲线向右移动；结果是均衡利率下降，均衡国民收入提高，就业增加；若政府采取紧缩性的货币政策，例如减少货币供给量，会使 LM 曲线向左移动，结果会使均衡利率上升，均衡国民收入降低，就业减少。但货币政策效果的大小取决于 IS 曲线的斜率的大小。一般来说，IS 线的斜率越小即越平坦，货币政策的效果越大，IS 曲线的斜率越大即越陡峭，货币政策的效果越小，如图 13-18(c)、(d)所示。

13.3.5.3 财政政策与货币政策的相互配合

财政政策与货币政策的适当配合，会增强财政政策与货币政策的效果。例如，政府实行扩张性财政政策的同时，中央银行也相应放松银根，则利率趋于保持稳定，而国民收入则趋于按完全乘数增加，即乘数作用得以充分发挥。如图 13-19 所示，扩张性的财政政策使 IS_0 曲线向右移动到 IS_1，同时，放松银根使 LM_0 曲线也向右移动到 LM_1，结果，均衡利率不

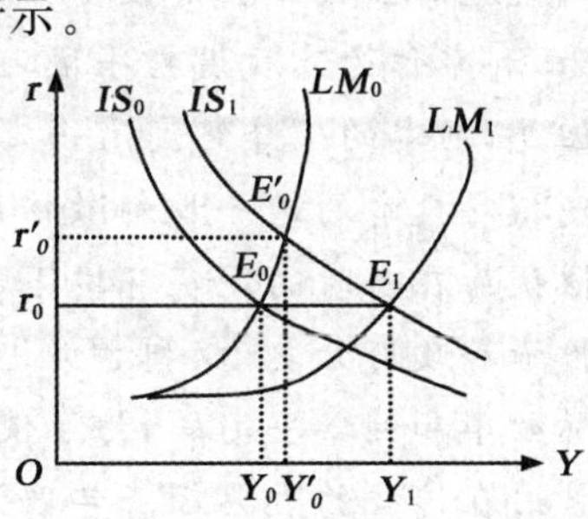

图 13-19 财政政策与货币政策的相互配合

变，依然为 r_0，而均衡国民收入则由 Y_0 增加到 Y_1，而不是没有放松银根的货币政策配合时的较低水平的 Y'_0。因此，政府可以同时采取改变税收、支出和货币供给政策来达到对宏观经济实行有效的调控，使国民经济正常运行。

延伸阅读

1. 凯恩斯的资本边际效率与利率理论

凯恩斯明确指出：对就业量有决定影响的当前投资量，决定于投资引诱，投资引诱又决定于两种因素的相互作用，即资本边际效率和贷款利率。凯恩斯认定投资的需要，是取决于资本的边际效率与现行利率之间的关系。新投资扩张的可能程度，是资本一般的边际效率刚好等于通行利率。在一个工业高度发达的国家，即在"资本稀缺性"已经近乎不存在的国家，要使维持充分就业水准的新的投资继续进行，很快就会发现资本边际效率等于零的现象。但资本家所关心的，除了资本的边际效率外，还有利率，如果能把利率降到某种程度，使之与资本边际效率保持一定比例，那么，资本的边际效率即使有所减弱，新资本仍旧有扩张的可能。

凯恩斯受传统的古典经济学的熏陶长达 20 年之久。在 20 世纪 20 年代之前，凯恩斯曾经把第一次世界大战前的资本主义视为黄金时代，他认为收入分配不均可以造成高水平的储蓄，从而促进资本储备的增长，因为有利的投资机会是不会缺乏的。20 年代以后英国经济的持续萧条，出现大量失业人口。在一段时间内，凯恩斯的各种有关改进就业水平的建议，几乎都涉及货币控制政策，因为他充分相信在资本主义体系内，可以利用某种适当的货币政策来解决失业问题。这种观点直到 1929 年劳埃德·乔治在竞选中作出以公共工程支出减少失业的诺言时才有改变。凯恩斯对这一公共工程计划建议表示乐观。因为他确信投资会产生诱发效果，这将抵消原本多余的储蓄（近年来我国政府向国有商业银行发行国债，用于基础设施等公共工程建设支出，就是为了把一部分银行储蓄转化为投资）。凯恩斯认为，利率作为宏观调控手段之一，虽然可以由中央银行增加货币供应量使之下降，但是，利率的下降终究有一定限度，其下降到一定程度将不可能再下降，从而无法发挥对投资的进一步刺激作用。因此凯恩斯对货币政策的作用是持怀疑态度的。他认为在当时的现实环境下（即经济处于萧条时期），必须采取财政政策，增加公共投资和政府开支，以利于促进就业和产出的增加。但是，既然投资的规模由资本边际效率和利率决定的，为了使就业理论更加完整，就必须研究利率的决定问题。

在传统的古典经济学理论中，利息是"等待"和"抑制消费"的报酬。利率是由储蓄（资本的供给）与投资（资本的需求）共同决定的。而储蓄又会自动转化为投资。假设在某一利率下，人们自愿储蓄的金额超过资本家愿意进行的投资，即资本的供给大于需求，利率将会下降，且伴随利率下降将会刺激投资的增加。这样，通过利率的伸缩变化，势必使投资需求始终等于储蓄供给。就是说，不管国民收入和储蓄金额有多么大，总会有足够的投资需求来填补收入与消费之间的差额（储蓄），因而当总需求与总供给达到平衡的时候，就业量就必然稳定在充分就业的水平上。凯恩斯否定了上述传统的、由他的老师马歇尔提出的利息和利率理论，并提出了自己的利息和利率理论。在凯恩斯看来，利率的伸缩性并不是如上所说的使得储蓄与投资趋向一致，而是使得货币的供给与需求趋向一致。凯恩斯认为，利息是放弃货币流动性的报酬，利率则是衡量人们对放弃货币的流动性的不愿意程度。因此，利率是平衡现有货币数量和以现金形式持有财富的愿望这两者的“价格”，而不是平衡人们对投资的需求与人们抑制目前的消费的意愿这两者的“价格”。

人们以现金形式持有财富的愿望，凯恩斯称之为流动性偏好。他将人们持有现金（保持流动性）的动机分为三类：交易动机、预防动机和投机动机。因交易动机和预防动机所决定的货币需求，主要决定于人们的货币收入，而不是决定于利率。投机动机则和利率有一定关系，即呈反向函数关系。利率的高低决定于货币的供给和货币的需求。货币的供给一般是由中央银行的货币政策决定的。凯恩斯主张国家货币当局用增加货币供应量的办法使利率下降，以利于刺激投资。但凯恩斯又认为，即使中央银行大量增加货币供应，也不一定能够达到充分就业的目的。这是因为，当利率下降到一定水平，人们认为利率太低，以后必然会上升，与此相适应债券价格太高，以后必定会下跌，这就会引诱人们增加货币持有量。这时如果中央银行增加货币供应量，将全部被人们所吸收。而利率则保持不变，出现所谓流动性陷阱。与此同时，如果长期的经济萧条使投资获利前景黯淡，这时即使国家货币当局能够成功地使利率下降，也难以使投资增加到足以恢复充分就业的程度。由此，凯恩斯认为，在20世纪30年代大萧条情况下，政府的财政政策（直接增加政府开支）比货币政策（增加货币供应量、降低利息以刺激私人投资）更为有效、更为必要。

凯恩斯的上述论断，有其合理性的一面。由于市场机制在经济运行中必然产生种种自发性弊端（与经济周期相联系的经济萧条就是其中的一种表现），诸多领域必须借助市场以外的外在力量，来弥补市场机制的缺陷，矫正自发性可能带来的负面效应，以保证经济发展的质量和速度。这种外生力量的历史使命无疑落到国家身上，国家必须在资源配置领域发挥其特殊作用。财政作为以国家为主体的分配，责无旁贷地应当承担起这一任务。应当充分运用财政政策等工具解决好市场失败所可能引发的结构性矛盾，以保证经济发展中的结构转变在合理化的轨道上逐步实现有序升级。

资料来源：许经勇．论凯恩斯经济学说及其内在联系[J]．贵州财经学院学报，2000(2)：1-7.

2.关于 *IS-LM* 简单模型的评述及改进

IS-LM 模型通过产出和利率之间的关系描述了整个宏观经济。

首先关注商品市场。在一定的收入水平条件下，利率的提高将会导致商品需求量的降低。在所有模型方程式中，均假定投资需求 I 将伴随利率 r 的上升而降低；除此以外，利率高还会减少人们对于耐用品的消费，从而拉低整体消费水平 C。在开放经济中，若一国实行浮动汇率制度，利率的提高还会带来本国货币的升值，从而削减净出口额 NX。因此，总体而言，在供给等于需求的情况下，高利率必将减少需求，从而产出和利率之间存在负相关关系，在图形上即表现为 *IS* 曲线。值得一提的是，*IS* 曲线源自封闭经济体，在这里，商品需求量与供给量相等，同比于投资量与储蓄量相等，即 $I=S$。

接着考察货币市场。货币需求量——即对流动性的需求，将随着收入的增加而增加、利率的提高而减少。流动性偏好与央行供给的货币量一同决定货币市场的均衡水平。当货币供给给定时，总收入的提高将会增加对流动性的需求；在货币供给量等于需求量的前提下，将会导致利率水平的提高。简而言之，利率水平和货币供给量之间存在的正相关关系，反映在图中，便是曲线 *LM*。

IS 曲线和 *LM* 曲线的相交点指代的是：在产品市场和货币市场均达到均衡时，为产出和利率两者的唯一组合。而政府购买的增加或是税收的减少，都会使得 *IS* 曲线向右移动。那么，沿着 *LM* 曲线，我们可以观察到：产出和利率都将提高。这种效应的大小取决于两条曲线的斜率以及 *IS* 曲线向右偏离的幅度。相类似而言，货币供给的增长将使得 *LM* 曲线向下移动，从而产出和利率都将下降，其下降的幅度同样受两条曲线的斜率及 *LM* 曲线向左偏离幅度的影响。凯恩斯学派和货币学派之间的许多争论便是围绕着影响两条曲线的各种参数而展开的。

简单模型假定存在固定的价格水平，因而不能用来分析通货膨胀问题。由此可以看出：设计一个良好的模型，必须弄清模型本身所要解决的问题。通胀在20世纪50年代至60年代初并不是社会关注的焦点，从而基本的 *IS-LM* 模型在当时有着重要的意义。但当通胀在60年代末至70年代愈显重要时，模型便亟须进行转变。通胀问题的引入导致了模型的扩展，并融合了总供给变量，生成了我们现在使用的 *IS-LM-AS* 模型。

改良后的模型，其关键特征在于凸显了高产出会带来高物价。而形成上述效应，则有许多不同路径：产出之于价格，可以简单经由企业自身的定价决策而得。名义价格缺乏完全流动性(从而 *AS* 曲线向上倾斜，不呈垂直状)源自成本的逐步调整、不完全信息以及契约合同等假设。当长期均衡产出由理性预期、适应性预期抑或两者的某种形式的结合所决定时，价格因素便更须注意。虽然目前有多种加入 AS 因子的模型方程式,但这些“变形”均在于指明产出和价格水平的正关联。

IS-LM-AS 模型包含了 3 个待定方程式,涉及产出、利率和价格水平。要同时解决三个方程确有难度。通常情况下,我们先由 *IS* 曲线和 *LM* 曲线得到产出和价格水平之间的某种关系:在假定货币供给一定的情况下,价格水平的提高将降低实际货币供给量。在收入水平给定的情况下,货币市场上的利率必将有所上升,从而 *LM* 曲线向上移动。而价格和产出的这种逆向移动,便形成了总需求函数(*AD*)。总供给和总需求曲线的相交点便决定了所谓的产出和价格水平。也即我们后面的 *AD-AS* 模型。

资料来源:David Romer. 关于 *IS-LM* 简单模型的评述及改进. 陈宇,译. 经济资料译丛,2009(3):1-7.

3. 案例:*IS-LM* 模型与我国宏观经济政策选择

人们通常运用 *IS-LM* 模型来分析宏观经济政策的效力,并以该模型所体现的经济思想作为政府宏观经济政策选择的理论依据。

IS-LM 模型的形状取决于 *IS* 曲线和 *LM* 曲线的斜率。以我国投资的利率弹性对 *IS* 曲线斜率的影响看,由于市场经济体制在我国还没有完全确立,政府在企业投资中还起着一定的作用,企业自身还不能自觉地按市场经济原则办事,这必然导致企业投资对利率的反应没有一般市场经济国家敏感,从而导致我国的 *IS* 曲线比一般市场经济国家的 *IS* 曲线陡峭。从边际消费倾向变化对 *IS* 曲线的影响看,储蓄的超常增长表明,我国的边际消费倾向已经远远低于在目前收入水平应具有的水平,收入与消费之间已出现了严重的失衡,这种失衡必然导致我国的 *IS* 曲线比在正常情况下陡峭。

那么,我国的 *LM* 曲线的斜率如何呢?首先,我国正处于新旧体制交替的过程中,我国居民对货币的预防性需求急剧膨胀,从而打破了收入与消费之间的稳定关系,使我国的货币交易需求的收入弹性不再稳定,导致 *LM* 曲线不断趋向平坦。其次,从货币投机需求的利率弹性对我国 *LM* 曲线斜率的影响看,在目前的我国,由于金融市场、资本市场尚不十分完善,广大居民缺乏多种投资渠道,利率的变化对人们的投机性货币需求影响并不大,投机需求的利率弹性较小,其对 *LM* 曲线的影响是使 *LM* 曲线比较陡峭。

第一,政策的有效性和确定性。*IS* 曲线陡峭,*LM* 曲线平坦,这时,财政政策效果十分有效,货币政策效果有限。近几年,利率连续下调对消费和投资的刺激十分有限。因此,在运用扩张性经济政策以刺激需求时,应把重点放在财政政策上。在运用扩张性财政政策时,必须注意不同措施的效果。在政策措施选择上,应加大政府开支和用于失业、养老等方面的转移支付和直接投资。基于此,我们认为政府通过举办公共工程以刺激需求的政策是明智的，而在通过增加居民收入以刺激消费上，应把重点放在增加边际消费倾向较高的低收入阶层身上。

第二，政策的效力与市场完善程度的关系。宏观经济政策作用的发挥，取决于市场经济制度的完善程度，在制度尚不完善的条件下，货币政策的作用自然受到限制；而财政政策是通过税收和政府支出的变化直接影响经济的运行，尤其是政府支出的变化带有强烈的行政色彩，对市场制度的要求没有货币政策那么高，因此，在市场制度尚不十分完善的情况下，扩张性政策的作用应主要通过财政政策来实现。

资料来源：任太增．*IS-LM* 模型与宏观经济政策选择．社会科学辑刊，2000(04)：77-79.

概念与习题

1. 解释下列概念：资本边际效率；投资边际效率；货币；流动性偏好；货币的交易性需求；货币的投机性需求；两个市场的均衡；*IS* 曲线；*LM* 曲线。

2. 什么是 *IS-LM* 模型？如何用 *IS-LM* 模型来说明商品市场和货币市场同时均衡？

3. 试用图示说明商品市场和货币市场均衡的变动；掌握商品和货币两个市场非均衡的调整？

4. 说明 *IS-LM* 模型与宏观经济政策的关系；解释政策的影响和相互配合。

5. 假定：①消费函数为 $c=50+0.8Y$，投资函数为 $I=100-5r$；②消费函数为 $c=50+0.8Y$，投资函数为 $I=100-10r$；③消费函数为 $c=50+0.75Y$，投资函数为 $I=100-10r$。

(1)求①、②、③的 *IS* 曲线。

(2)比较①和②，说明投资对利率更敏感时，*IS* 曲线的斜率发生什么变化？

(3)比较②和③，说明边际消费倾向变动时，*IS* 曲线的斜率发生什么变化？

6. 假定货币需求为 $L=0.2Y-5r$

(1)画出利率为 10%、8% 和 6% 而收入为 800、900 和 1 000（单位：亿美元）时的货币需求曲线。

(2)若名义货币供给量为 1 500 亿美元，找出货币需求与供给达到均衡时的收入和利率，并据此画出 *LM* 曲线。

(3)若名义货币供给量为 2 000 亿美元，再画一条 *LM* 曲线，这条 *LM* 曲线与(2)中的 *LM* 曲线相比，有何区别？

(4)对于(3)中的 *LM* 曲线，若 $r=10\%$，$Y=11\ 000$ 亿美元，货币需求与货币供给是否均衡？利率会怎样变动？

7. 假定货币供给量用 M 表示，货币需求用 $L=kY-hr$ 表示。

(1)写出 LM 曲线与 LM 曲线斜率的代数表达式。

(2)找出 $k=0.20, h=10$；$k=0.20, h=20$；$k=0.10, h=10$ 时 LM 斜率的值。

(3)根据(2)说明，当 k 变小而其他情况不变时，LM 曲线斜率如何变化；当 h 增加而其他情况不变时，LM 斜率如何变化，并说明原因。

(4)若 $k=0.20, h=0$，LM 曲线形状如何？

8. 假定货币需求为 $L=0.2Y-4r$，货币供给为 200（单位：10 亿美元）。

(1)写出 LM 方程。

(2)若货币供给从 200 增加到 210，LM 曲线如何变动？

14　总供给曲线和总需求曲线

宏观经济调整的一个关键问题是总供给曲线不是一条直线。

——B·L·杰非

在20世纪30年代经济大萧条背景下出现的凯恩斯经济学认为危机的根源在于“有效需求不足”。而凯恩斯经济学把总支出(即总需求)变动对总收入的影响作为对需求问题讨论的主要内容。这实际上暗含着这样的假定:在未达到充分就业之前,总供给具有充分的弹性,总产出水平完全由有效总需求决定,并且总支出的变动并不影响物价水平。这与当时的社会经济状况相吻合,做出这样的假定也是非常自然的。因此,传统的凯恩斯主义宏观经济学主要侧重于总支出的讨论,而很少涉及总供给理论。

20世纪70年代以来,滞胀并存的出现和社会经济的不断发展,越来越多地暴露出传统凯恩斯经济学仅仅关注总需求问题的缺陷和弊端。西方经济学界转而加强了对总供给理论的研究,并构成宏观经济学的重要组成部分。目前,总供给曲线和总需求曲线经常用来研究产量变动以及价格水平和通货膨胀率的决定,成为宏观经济学的重要分析工具。

本章将就总供给曲线和总需求曲线进行分别的讨论与研究,并在此基础上分析产量与一般价格水平的相互关系及其决定。

14.1　总供给曲线

14.1.1　总供给、总供给函数和总供给曲线

总供给(aggregate supply)是经济社会的总产量(或总产出),是经济社会的基本资源用于生产时可能有的产量。整个社会的总供给取决于经济社会的生产性投入的数量和投入的效率两方面因素。

总供给函数是表示总产量与一般价格水平之间的关系。

总供给曲线描述的是社会经济在每一价格水平上提供的总的产出数量,总供给曲线表明了商品市场和货币市场同时达到均衡时价格水平同供给总量之间的关

系。总供给曲线是总供给函数的几何表示。

价格水平影响总供给水平的过程是:价格水平变化影响实际工资水平,在名义工资水平不变的情况下,实际工资与价格变化方向相反,即负相关。而实际工资水平又进一步影响劳动市场供求关系。即实际工资增加,劳动供给增加,而劳动需求减少,劳动供求决定实际的就业量。劳动市场就业量变化会引起产量的变化,在其他条件不变时,就业量增加,总供给量(产量)随之增加,反之亦然。从这个过程可以看出,一般价格水平通过影响实际工资、劳动市场供求关系以及就业量而最终影响总产量。所以,总供给分析要通过宏观生产函数、劳动市场均衡来进行,其中,宏观生产函数是总供给分析的核心。

14.1.2 宏观生产函数

在西方经济学中,通常使用生产函数来表示投入与产出之间的技术关系。生产函数有微观与宏观之分,第 4 章描述的是微观生产函数。宏观生产函数又称总量生产函数,它表示总量投入和总产出之间的关系。

经济社会的供给能力取决于整个社会的就业量、资本存量、技术水平和自然资源。在这里,技术水平和自然资源被假定为既定的外生变量。对于资本存量,其规模和数量通常被认为是由经济社会以前各年的投资决定的,并且资本存量通常比较大,而新投资流量对资本存量的影响非常有限。所以,在不涉及长期经济增长研究时,也把资本存量视为既定的外部变量。这样,宏观生产函数可以表示为:

$$Y=f(N)$$

式中:Y 为总产出,N 为整个社会的就业水平或者就业量。宏观生产函数表示,在一定的资本存量、技术水平和自然资源条件下,经济社会产出 Y 取决于就业量,即总产量是就业量的函数。如图 14-1 所示。

这样,确定了就业量 N,也就决定了总产出 Y。假定就业量取决于实际工资水平(W/P),而实际工资取决于名义工资 W 与一般价格水平 P,当一般价格水平 P 变动时,即使名义工资保持不变,实际工资(W/P)也要变动。但是,当一般价格水平变动时,均衡就业量如何变动,尤其是对工资行为的决定,不同的经济学流派存在着巨大的差异,进而形成了不同的总供给曲线。在后面的分析中,本书主要分析

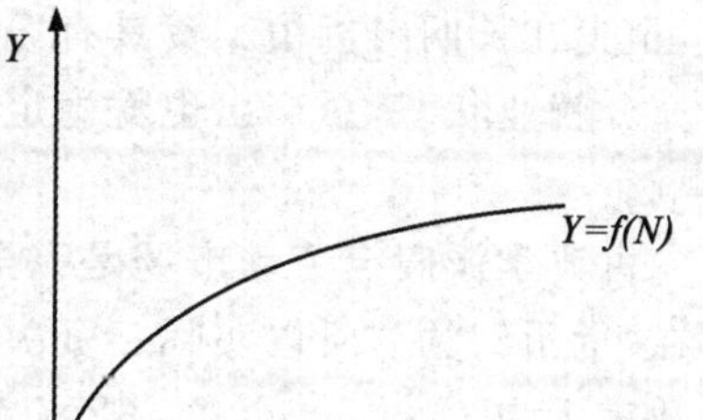

图 14-1　总产量与就业量的函数关系

古典学派总供给曲线和凯恩斯主义总供给曲线。

在这里，我们至少可以确定，一般价格水平 P 影响到实际工资 (W/P)，实际工资 (W/P) 决定了就业量 N，而正是就业量 N 最终决定了经济社会的总产出 Y，这样我们就在总产出 Y 和一般价格水平 P 之间建立起了联系。

14.1.3 潜在产量

潜在产量(potential output)的概念与潜在就业量或者充分就业量有关。潜在就业量或者充分就业量是指一个社会在现有激励条件下所有愿意工作的人都参加生产时所达到的就业量。对于充分就业，将在本书第 15 章中进行进一步的分析和表述。在宏观经济学中，潜在就业量与一般价格水平、产量等宏观经济变量无关，通常被看做是既定的外生变量。但是，这并不意味着一个社会的潜在就业量是固定不变的，它随着人口的变化而变化。

潜在产量或者充分就业的产量，是指在现有资本、技术条件和自然资源条件下，经济社会的潜在就业量所能生产的产量。表示为：

$$Y^* = f(N^*)$$

式中：N^* 为潜在就业量，Y^* 为潜在产量。因为潜在就业量不受一般价格水平等宏观经济变量的影响，所以，潜在产量也是一个不受宏观经济变量影响的外生变量。当经济达到潜在产量或者充分就业的产量时，意味着在现有的资本、技术条件和自然资源条件下，社会经济中所有的资源都已经被充分利用，或者已经无法再提高产量。

14.1.4 古典学派总供给曲线

古典学派总供给曲线表现为一条垂直于横轴的直线。因为古典经济学家相信，至少在长期内货币工资具有完全的伸缩性，通过劳动市场的调节，经济总能处于充分就业状态，总产出也就稳定在充分就业的水平上，完全不受价格水平变动的影响。

古典学派假定劳动市场是完全竞争市场，社会经济生活的人都是理性的人，不存在“货币幻觉”，所以实际工资决定了劳动的供求状况。在劳动市场上，劳动供给函数表示为：

$$N_S = f\left(\frac{W}{P}\right)$$

式中：N_S 为劳动供给，W 为名义工资，P 为一般价格水平，W/P 为实际工资。实际工资上升，劳动供给增加；反之，劳动供给减少。

在劳动市场上，厂商对劳动的需求可以用劳动需求函数表示：

$$N_d=f\left(\frac{W}{P}\right)$$

式中：N_d 为劳动需求，W 为名义工资，P 为一般价格水平，W/P 为实际工资。实际工资上升，劳动需求减少；反之，劳动需求增加。

当劳动的供给与需求相等时，劳动市场达到均衡。此时所决定的就业量，便是社会就业量；相应实际工资水平，就是均衡实际工资。劳动市场均衡的条件表示为：

$$N_d\left(\frac{W}{P}\right)=N_S\left(\frac{W}{P}\right)$$

古典学派假定价格和工资具有完全伸缩性，即实际工资可以适应劳动市场上供求的变动而迅速变动。如果存在劳动供给大于劳动需求，实际工资就会降低。这样，一方面厂商会增加雇佣劳动量，另一方面社会会减少劳动供给量。这一调整过程直到消除失业，实际工资稳定在充分就业水平上。相反，如果劳动供给少于劳动需求，实际工资就会上升，劳动供求关系进行相应调整，直到实现充分就业。因此，在古典学派的劳动市场假设条件下，劳动市场均衡决定的就业量将稳定在充分就业的状态上。此时，经济社会的总产量也将位于潜在的产量或者充分就业的产量上，而不受价格变动的影响。这样，古典学派的总供给曲线是一条位于社会经济的潜在产量水平上的垂直线。如图 14-2 所示。

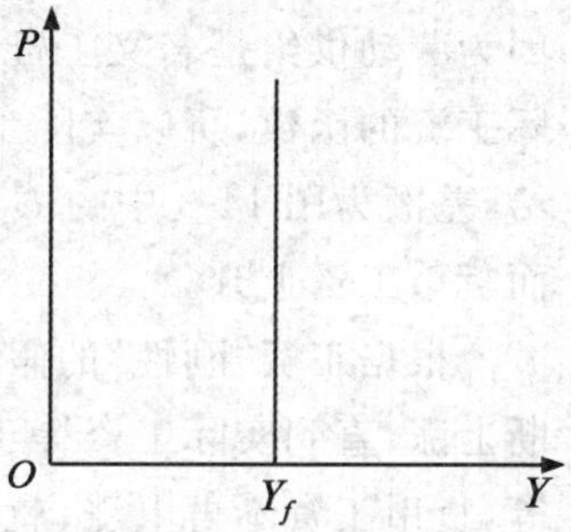

图 14-2　古典学派的总供给曲线

另外，古典学派关于价格和工资具有完全伸缩性的假定，适合长期分析的情况，因此这条垂直的总供给曲线又被称为长期总供给曲线。它表明了，在长期中经济的产出主要由充分就业的劳动力数量决定，而和价格水平无关。

14.1.5　凯恩斯主义总供给曲线

凯恩斯主义总供给曲线(aggregate supply curve)是一种短期总供给曲线，其主要依据为凯恩斯提出的货币工资具有“刚性”的假定，其含义是：第一，货币工资具有“刚性”。即工人们欢迎货币工资的上升，却会抵制货币工资的下降，从而使得工资只能上升，不能下降。现实经济生活中，工会作为垄断力量的存在，使得劳动市场不再是完全竞争市场，并使得上述情况成为可能。第二，劳动供给是名义货币工资的函数，或者说工人具有“货币幻觉”。即工人更加关心工资的票面价值，而不注意这些货币的实际购买力。因此，对于实际工资出现下降的时候，工人会抵制价格水平不变时货币工资的下降，却不会抵制货币工资不变时价格水平的上升，尽管两者的后果是相同的。

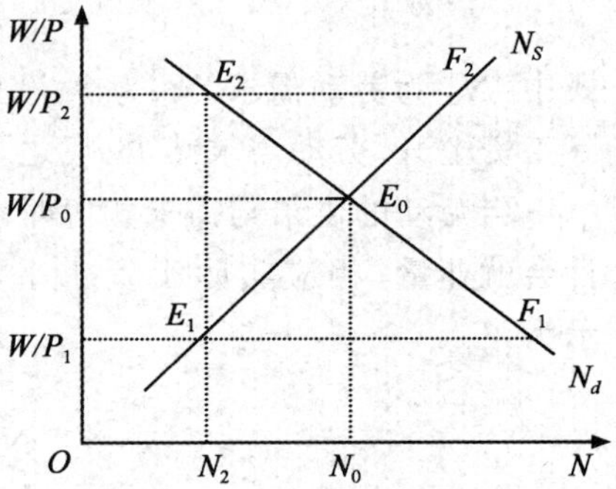

图 14-3　劳动市场的供给曲线和需求曲线

如图 14-3 所示，N_S 和 N_d 分别表示劳动市场的供给曲线和需求曲线。两条曲线相交于均衡点 E_0，此时充分就业的实际工资和就业量分别为 W/P_0 和 N_0，此时的产出为 $Y_0=f(N_0)$。假定货币工资保持不变为 W，而价格水平上升为 P_1，则实际工资下降为 W/P_1，因为劳动供给是名义工资的函数，所以此时的劳动供给不变，而劳动需求仍然是实际工资的函数，所以实际工资下降时，厂商对劳动的需求将会增加并且大于劳动供给，差额为图 14-3 中的 E_1-F_1 部分。厂商会提高货币工资来争购更多的劳动，从而货币工资上升。

根据工资“刚性”的假定，工人并不会阻挠货币工资的上升，因而货币工资将不断上涨，直到实际工资等于原来的均衡实际工资 W/P_0 为止。此时劳动的供求相等，货币工资不再上涨，就业量为 N_0。进一步分析表明，在货币工资不变的情况下，只要价格水平 P 的任何大于 P_0 的变动都不会使得就业量 N_0 变动，从而产出也不会变动，始终保持为 Y_0。

假定货币工资仍然为原来的 W，而价格水平下降为 P_2，则实际工资上升为 W/P_2，因为劳动供给是名义工资的函数，所以此时的劳动供给不变，而劳动需求是实际工资的函数，所以实际工资上升时，厂商对劳动的需求将会减少并且小于劳动供给，差额为图 14-3 中的 E_2-F_2 部分。此时若要继续维持原来的充分就业量 N_0，货币工资必须降低，从而使得实际工资降低为 W/P_0。

根据工资“刚性”的假定，工人会阻挠货币工资的下降，货币工资 W 将维持不变，实际工资则会停留在 W/P_2 上不会下降。而在这样的实际工资水平上，厂商只能雇佣 N_2 数量的劳动。此时的产出函数为 $Y_2=f(N_2)$，小于充分就业的产出 N_0。进一步分析可以发现，当 P 从 P_2 的水平逐渐上升时，而货币工资一直保持不变，此时实际工资 W/P 将不断下降，而厂商会不断增加雇佣劳动的数量，就业量将沿着劳动需求曲线 N_d 不断增加，一直增加到 N_0 为止。在此过程中，产出 Y 也会不断增加，一直增加到 Y_0 为止。根据上述两种不同情况的分析，可以得到凯恩斯主义供给曲线，如图 14-4 所示。

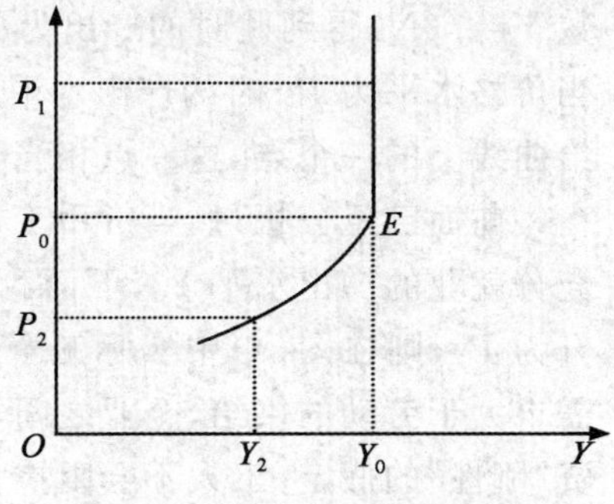

图 14-4　凯恩斯主义总供给曲线

此外，西方经济学还用图形转变的方法来描述以上推导凯恩斯主义总供给曲线的过程，如图 14-5 所示。

图 14-5 中，(a)图表示劳动市场的均衡，在劳动供给和劳动需求的共同作用下，决定了充分就业的实际工资水平和就业量分别为 W/P_0 和 N_0。

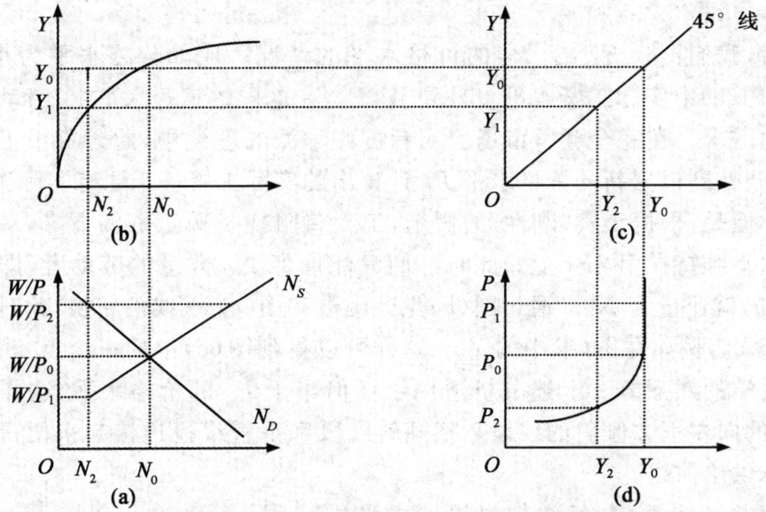

图 14-5　凯恩斯主义总供给曲线的推导

(b)图为生产函数，表示就业量与产出之间的关系。该图表明，当就业量为 N_0 时，相应的产出为 Y_0。

(c)图中的斜线为一条 45°线。因为 45°线上的任何一点到纵轴和横轴的垂直距离总是相等的，所以这条斜线的作用是把 Y_0 的数值从纵轴转换到横轴。

(d)图表示一般价格水平 P 和产出 Y 之间的关系，即总供给曲线。如在价格为 P_0 时，实际工资水平为 W/P_0，此时劳动市场的就业量为 N_0，把 N_0 带入生产函

数 $Y=f(N)$ 得到此时的产出为 Y_0，因此 P_0 和 Y_0 之间存在着一一对应的关系，即当价格水平为 P_0 时的产出水平为 Y_0。根据两者的数值可以在(d)图中得到总供给曲线上的一个点，这一点相当于垂直线段部分的底端。

前面已经分析过，当货币工资 W 不变时，任何大于 P_0 的价格水平都只能得到充分就业的产出水平 Y_0，下面我们来分析一下这种情况。例如价格水平由 P_0 上升为 P_1，则在图(a)中实际工资水平下降到 W/P_1，在这样的工资水平上，劳动的需求大于劳动的供给，企业之间争相雇佣劳动者而使得货币工资 W 上升。根据工资"刚性"的假定，工人不会阻挠货币工资的上升，所以货币工资很快上升到根据新的价格水平 P_1 计算出的实际工资等于原有实际工资 W/P_0 的水平，此时的就业量仍然为 N_0。通过图(b)和图(c)的转换，此时的产出水平仍然为 Y_0。这样可以得到图(d)中的另外一个点。与(P_0，Y_0)点相比，该点的价格更高，而产量与之相等。上述分析适用于任何大于 P_0 的价格水平，这样就得到了图(d)中的垂直线段。

然后，我们再分析小于 P_0 的价格水平的情况。比如价格水平为小于 P_0 的 P_2，则在图(a)中实际工资水平上升到 W/P_2，在这样的工资水平上，劳动的供给大于劳动的需求。在完全竞争市场上或者古典学派的理论中，此时货币工资将会下降，一直调整到根据新的价格水平 P_2 计算出的实际工资等于原有实际工资 W/P_0 的水平。但是，根据工资"刚性"的假定，工人将阻挠货币工资的下降，从而使得实际工资水平维持在 W/P_2 上。此时厂商只能雇佣 N_2 数量的劳动者，即价格水平为 P_2 时的就业量为 N_2。通过图(b)生产函数和图(c)45°线的转换，此时的产出水平将低于 Y_0，例如在图(d)中的 Y_2。这样可以得到图(d)中的一个点，该点位于垂直线段底端的左下方。上述分析适用于任何小于 P_0 的价格水平，这样就得到了图(d)中的向左下方倾斜的线段。把倾斜线段和垂直线段连接起来便得到凯恩斯主义的总供给曲线。

在西方经济学中，经常把凯恩斯主义供给曲线中向左下方倾斜的部分简化为一条水平线，如图 14-6 所示。这条反 L 形的总供给曲线的意义是：在达到充分就业的国民收入 Y_0 之前，经济社会能够以不变的价格水平提供任何数量的国民收入；而在 Y_0 之后，不论价格水平提高到何种程度，国民收入也不会增长，而且可能出现通货膨胀。

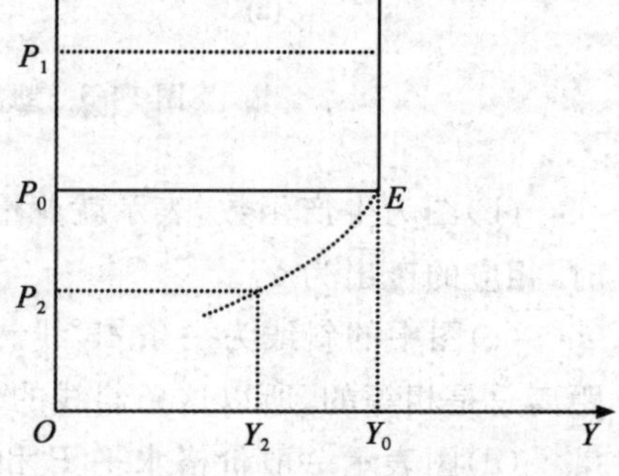

图 14-6　反 L 形的总供给曲线

该曲线经常用来说明社会经济严重萧条

的状态。在这种状态下，社会上存在着大量闲置不用的劳动力和资本设备。此时厂商可以不提高工资水平的情况下得到任何数量的劳动力，并愿意提供任意产量的产品。这样，整个社会的生产量或国民收入增长时，价格水平和货币工资也可以基本保持不变。所以，总供给曲线是一条水平线，直到实现充分就业时为止。特别的，西方经济学中把图 14-6 中水平的 P_0E 这一部分称为凯恩斯的总供给曲线，而把图 14-4 的总供给曲线称为凯恩斯主义的总供给曲线。

14.1.6 总供给曲线的移动

总供给曲线的移动表示在同一价格水平下的总生产水平的高低。这种移动可以由劳动市场和总生产函数发生变动而产生。

14.1.6.1 劳动市场上劳动的供求发生变动引起 *AS* 曲线移动

劳动需求的变动，会引起总供给变动。比如在强大的工会组织的要求下提高工资，从而引起产品的工资成本上升，迫使厂商减少对劳动的需求，导致总产量减少，则 *AS* 曲线向左移动。相反，如果货币工资水平下降，则引起总供给曲线向右移动。

在实际工资率不变，厂商对劳动需求不变的情况下，劳动供给发生变动(如个人对劳动和闲暇的偏好发生变化)时，同样会引起 *AS* 曲线移动。劳动供给增加，导致 *AS* 曲线右移，劳动供给减少，导致 *AS* 曲线左移。

此外，失业救济和社会福利制度的变化也会影响劳动供给变化，比如失业救济金增加或救济时间延长，工人会减少劳动供给，使 *AS* 曲线向左移动。同样个人所得税变化也会对劳动供给产生影响，降低所得税使人们从劳动中得到的更多的可支配收入。在其他条件不变的情况下，劳动供给会增加，从而使 *AS* 曲线向右移动。

14.1.6.2 生产函数变化引起 *AS* 曲线移动

生产函数变化主要是指同样劳动投入实现了不同产出的情况。使生产函数发生变化的原因很多，其中主要有：

(1)政府制度中影响生产效率的部分发生变化。比如，制度变革推动了生产效率的进一步提高，从而使生产投入不变时产量有所提高，将使总供给曲线向右移动。

(2)生产成本变动。无论是工资上涨还是原材料价格的上升都会引起生产成本提高，在生产成本上升的情况下，无论是产品销售价格不变而减少产量，还是产出水平不变而提高价格，都意味着总供给的减少，从而导致总供给曲线向左移动；反之，如果生产成本降低，则总供给曲线就会向右移动。

(3)生产技术变化。若生产技术提高,将推动总供给水平上升,引起 AS 曲线向右移动。

14.2 总需求曲线

14.2.1 总需求、总需求函数与总需求曲线

总需求(aggregate demand)是指经济社会在一定价格水平下对产品和劳务的需求总量。它由消费需求、投资需求、政府需求和国外需求构成。

按照总需求的定义,用 AD 代表总需求,总需求由以下四个部分构成:

$$AD=C+I+G+NX$$

式中:C 为消费需求,是指国内居民对产品和服务的需求;I 为投资需求,是指企业购买资本品的需求;G 为政府需求,是指政府采购产品和服务的需求;NX 为净出口需求,是指外国购买本国产品和服务的净需求。总需求衡量的是经济中各种行为主体的总支出,总需求的四个构成部分实际上也是总支出的四个组成部分。

总需求函数是指国民产出(收入)和与一般价格水平之间的关系。它表示在某个特定的价格水平下,经济社会需要多高水平的收入。

总需求函数的几何表示就是总需求曲线。总需求曲线表明了商品市场和货币市场同时达到均衡时价格水平同需求总量之间的关系。与总供给曲线相比,经济学各流派在总需求曲线上并无太大分歧。总需求曲线的形状如图 14-7 所示:横轴代表国民收入,纵轴代表一般价格水平,总需求曲线 AD 为向右下方倾斜的曲线,这种形状表明,在其他因素不变的情况下,国民收入(总需求或均衡总支出)与价格水平呈反方向变动的关系。

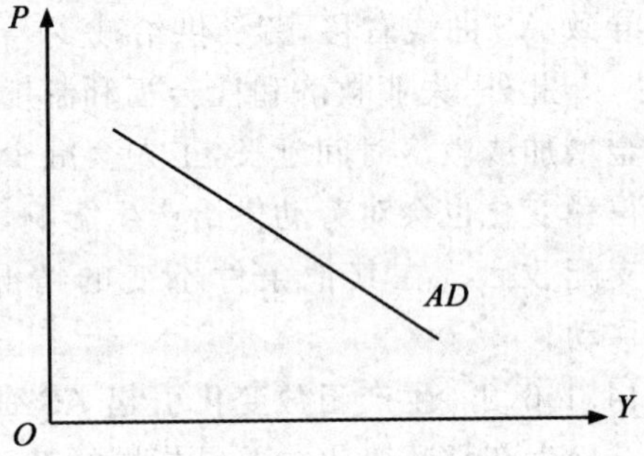

图 14-7 总需求曲线

14.2.2 总需求函数与总需求曲线的推导

14.2.2.1 总需求函数的推导

由消费函数:$C=\alpha+bY$

可以得到储蓄函数:$S=-\alpha+(1-b)Y$

又由投资函数:$I=e-dr$

根据产品市场均衡条件：$I=S$

可得到 IS 曲线的函数式：$r=\frac{\alpha+e}{d}-\frac{(1-b)}{d}Y$ (14-1)

为了简便，设实际货币需求函数：$L/P=kY-hr$

实际货币供给函数：$m=\frac{M}{P}$

根据货币市场均衡条件：$L/P=m$

得到 LM 曲线函数式：$r=-\frac{M}{hP}+\frac{k}{h}Y$ (14-2)

将式(14-2)代入式(14-1)，可得到总需求函数：$Y=\frac{h(\alpha+e)}{kd+h(1-b)}+\frac{d}{kd+h(1-b)}\frac{M}{P}$

14.2.2.2 总需求曲线的推导

当价格为 P_0 时，均衡的总支出或国民收入为 Y_0，在图 14-8(b)中把价格 P_0 和对应的 Y_0 标出来即得到图中的 A 点。A 点为总需求曲线的上一点。当价格发生变动，如从 P_0 上升为 P_1 时，以货币表示的现金、存款等资产的购买力下降，人们实际拥有的财富减少；税负增加，可支配收入减少，都使得消费水平也会下降；利率相应上升，投资水平下降；此外，国内物价水平上升，本国公民增加购买外国商品，外国公民减少购买本国商品，致使净出口减少。这些因素都将导致国民收入减少。这在图 14-8(a)中表现为总支出(总需求)从原来的 AE_0 下降到 AE_1，从而均衡的国民收入 Y_0 从下降到 Y_1，这样在图 14-8(b)中把价格 P_1 和对应的 Y_1 标出来即得到 B 点，B 点亦为总需求曲线上的一点。这样继续下去，可以得到更多的类似的点，把这些点连接起来就可以得到图中的总需求曲线 AD。

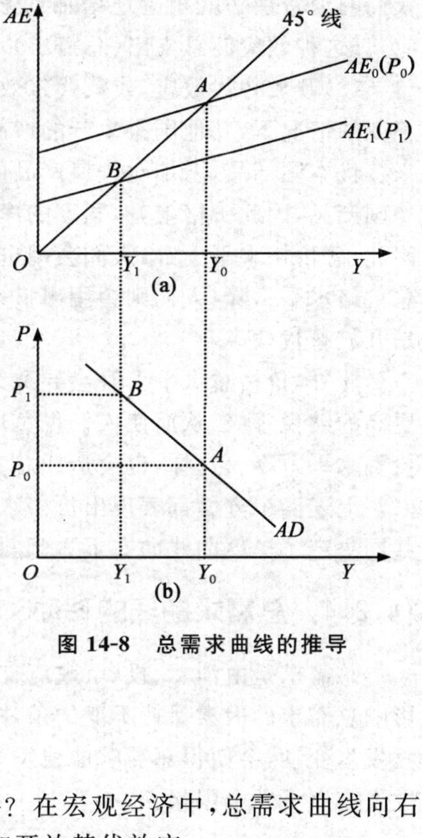

图 14-8 总需求曲线的推导

14.2.3 总需求曲线的决定因素

是什么原因导致总需求曲线向右下方倾斜？在宏观经济中，总需求曲线向右下方倾斜主要取决于利率效应、实际资产效应和开放替代效应。

(1)利率效应。一般来讲,在其他条件不变的前提下,价格水平上升,将导致利率上升,进而导致投资和总支出水平下降。价格水平上升时,人们需要更多的货币进行交易。通常情况下,价格水平越高,商品和劳务的价格就越昂贵,所需交易的现金就越多,支票的金额就越大。可见,货币的名义需求是价格水平的增函数。如果货币供给没有变化,价格上升使货币需求增加时,利率就会上升。利率上升,会使投资水平下降,因而,总支出水平和收入水平下降。在宏观经济学中,将价格水平变动引起利率同方向变动,进而使投资和产出水平反方向变动的情况,叫做利率效应。

(2)实际资产效应,或财富效应。价格水平上升,表示人们实际所有财富减少了,他们的消费和投资支出就会下降;价格水平下降了,表示人们的财富增加了,他们的消费和投资支出水平就会上升。价格水平变动会使人们所持有的货币及其他以货币固定价值的资产的实际价值提高或降低,人们会变得相对富有或贫穷,于是人们的消费水平就相应地增加或减少,这种效应称为实际资产效应(或者财富效应)。这种效应使总支出(总需求)水平和物价总水平成反向变化。

(3)开放替代效应,或蒙代尔效应。当一个国家价格水平上升时,在其他因素不变的情况下,其他国家生产的产品就会变得相对便宜,本国居民就会用外国产品来替代本国产品,增加对进口产品的需求;而外国居民就会用他们本国产品来替代外国产品,因此价格上升,国家的净出口需求量减少,从而导致商品总需求量减少。因此,总价格水平上升,人们会用进口替代出口从而减少对国内商品的需求量;而总价格水平下降,人们则会用出口来替代进口从而增加对国内商品的需求量,这就是开放替代效应。

此外,价格总水平上升会导致人们名义收入增加,名义收入增加会使人们进入更高的纳税等级,从而使人们税负增加,实际可支配收入下降,进而使人们消费和投资水平下降。这样,也会造成总支出水平和物价水平成反方向变化。

上述四个方面都表现出价格水平与总支出水平反方向变动的影响关系,它们共同决定了 AD 曲线向右下方倾斜的趋势。

14.2.4 总需求曲线的移动

总需求是由消费、投资、政府支出和净出口构成的,总需求曲线表达了在各种影响总需求的因素保持不变的条件下,价格水平与总需求之间的关系。若这些因素发生变动,会使得总需求曲线发生移动。在宏观经济学中,造成总需求曲线移动主要有以下几个因素:

1. 预期

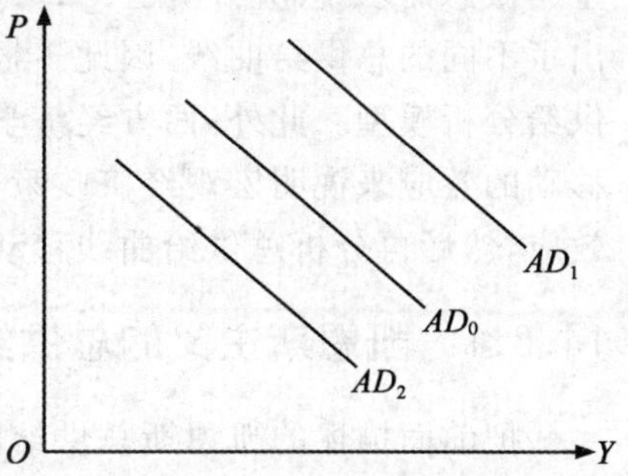

图 14-9 AD 曲线的移动

预期包括预期收入、预期利润率、预期通货膨胀等。人们预期未来收入提高时会增加他们当前的个人消费需求，从而增加总需求，使总需求曲线向右移动，如图 14-9 所示，总需求曲线由 AD_0 向右移至 AD_1，表示在任一价格水平下，消费者的需求量都增加了。而人们预期收入下降的作用正好相反，总需求曲线由 AD_0 向左移至 AD_2，表示总需求的减少。预期利润率的提高会扩大企业的投资需求，其作用与预期收入相同。预期通货膨胀上升会使当前商品的价格变得相对便宜，而未来商品价格变得相对昂贵从而扩大对当前商品的总需求。预期通货膨胀下降则相反。

2. 政府宏观经济政策

政府的宏观经济政策是影响总需求的一个十分重要的因素。政府实行扩大政府购买支出的财政政策会直接增加总需求，总需求曲线就会向右移动；而缩减政府开支就会使总需求下降，总需求曲线向左移动。货币政策对总需求曲线的影响比较间接。当政府采取扩大货币供应量的货币政策时，利率水平会下降从而导致投资需求增加，总需求曲线向右移动。而减少货币供应量的结果恰好相反。

3. 世界经济

世界经济会通过各种途径来影响一国的总需求，其中主要体现在两个方面：汇率和外国收入的变动。汇率上升意味着本国商品的相对价格上升，外国商品相对价格下降，本国将扩大对进口的需求而外国将减少对本国出口的需求，本国净出口将减少，总需求下降；汇率下降的作用相反。外国收入增加会扩大对本国商品的需求，在进口不变的情况下增加净出口需求，总需求上升；反之则相反。

14.3 总供给与总需求分析

总需求曲线为我们展示了在商品市场和货币市场同时均衡的条件下，价格水平与国民收入之间的关系；总供给曲线为我们展示的是在劳动市场均衡或非均衡时价格水平与国民收入之间的关系，把总需求曲线和总供给曲线结合起来，就可以用于分析在商品市场、货币市场和劳动市场都达到均衡状态时的国民收入与价格水平之间的关系。我们把这种三大市场均衡条件下分析总供给和总需求均衡的模型叫做总需求-总供给模型（AD-AS 模型）。由于经济学家对总供给所做的分析得出了不同的总供给曲线，因此。根据不同的总供给曲线构成了不同的总需求—总供给分析模型。此外，西方经济学中更多地是通过分析总供给曲线与总需求曲线移动的效应来说明宏观经济政策中的有关问题。下面将先分析总需求曲线移动的效应，然后再分析总供给曲线移动的效应。

14.3.1 凯恩斯主义的总供给与总需求分析

把前面描述的凯恩斯总供给曲线与总需求曲线结合起来，分析社会经济严重萧条的状况。如图 14-10 所示，AS 曲线为凯恩斯总供给曲线，AD 曲线为总需求曲线。

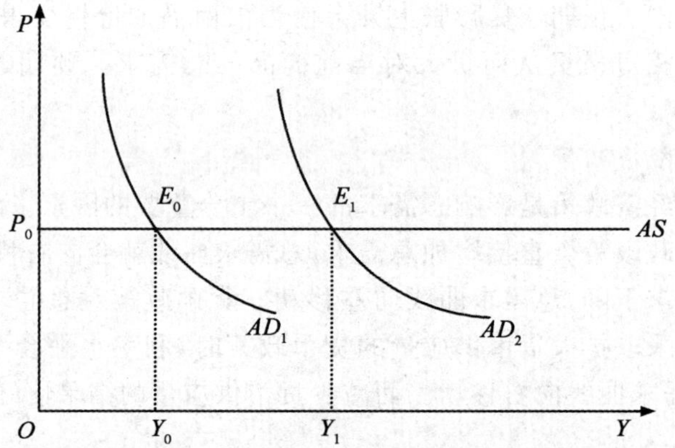

图 14-10　经济严重萧条时的凯恩斯总供求曲线

经济严重萧条时，总供给曲线 AS 与 AD_1 相交于 E_0 点，此时的价格水平为 P_0，产量为 Y_0。如果政府采取扩张性的财政政策或扩张性的货币政策，或者同时采取扩张性的财政政策和扩张性的货币政策，拉动总需求，使得总需求曲线由 AD_1 向右移动到 AD_2。面对上升的总需求，因为此时社会存在大量闲置未被利用的资源，厂商不必提高工资水平就可以购买到任意多劳动力，所以物价水平保持为 P_0 不变，而产出水平由 Y_0 增加到 Y_1。达到了增加产出的目标，而又不会影响物价水平。

下面把凯恩斯主义的总供给曲线与总需求曲线结合起来，分析总需求曲线移动的不同效应。如图 14-11 所示。

在总供给曲线比较平坦的部分，社会经济中存在着过剩的生产能力。总需求增加时，厂商为了追求更高的利润将会增加要素投入量，但是不需要大幅度提高工资水平和生产成本，所以价格水平只会发生轻微的波动。此时总需求增加所带来产量的增加幅度大于价格水平的上升幅度。如图 14-11 所示，总需求曲线从 AD_1 移动到 AD_2，产量的增加大于价格的上升幅度 P_0P_1。

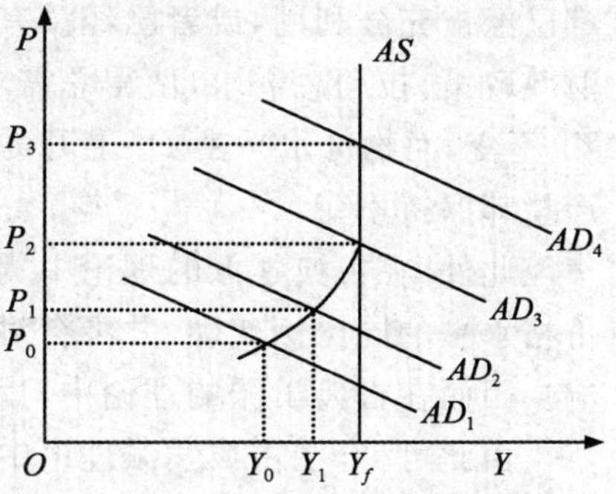

图 14-11　总需求曲线移动的不同效应

在总供给曲线相对比较陡峭的部分，社会经济中并没有太多剩余的生产能力，总需求增加时，厂商为了追求更高的利润需要增加要素投入量，但是为了争夺有限的资源，不得不大幅度提高工资水平和生产成本，所以价格水平将大幅度上升。总需求增加所带来产量的增加幅度小于价格的上升幅度。如图 14-11 所示，总需求曲线从 AD_2 移动到 AD_3，产量的增加 Y_1Y_f 小于价格水平的上升幅度 P_1P_2。

在达到充分就业以后，社会经济中所有的生产能力已经被充分利用，或者没有剩余资源。此时总需求的增加只会提高价格水平而不会提高产量水平。如图 14-11 所示，总需求曲线从 AD_3 移动到 AD_4，价格水平从 P_2 上升到 P_3，而产出水平保持为 Y_f 不变。

上面的分析表明了凯恩斯主义对宏观经济运行的观点：在实现充分就业之前，采取扩张性的宏观经济政策将会增加总需求，这可以提高产出水平，同时因为工资水平提高而使物价水平上升。在实现充分就业之后，采取扩张性的宏观经济政策增加总需求，不会继续提高产量，只会提高价格水平，出现通货膨胀。

14.3.2　古典学派的总供给与总需求分析

古典学派的总供给曲线是在充分就业的产量水平上的一条垂线，这就意味着无论价格水平如何变化，全社会的产量始终保持 Y_f 不变。下面把古典学派的总供给曲线与总需求曲线结合起来，分析宏观经济政策对社会经济的影响，如图 14-12 所示。

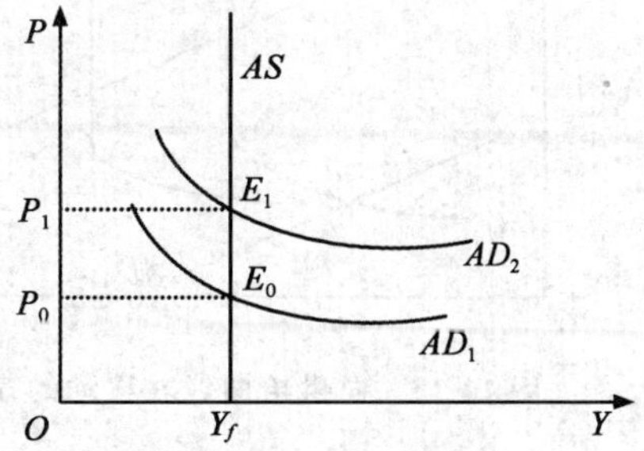

图 14-12　古典学派的总供给曲线与总需求曲线

在图 14-12 中，AS 是古典学派的总供给曲线，AD_1 为总需求曲线，两条曲线相交于 E_0 点，此时的价格水平为 P_0，产量水平已经达到充分就业的产量 Y_f，此时，社会经济中所有的资源都已经被充分利用,或者已经没有可以增加的闲置资源。如果政府采取扩张性的财政政策,拉动总需求,使得总需求曲线由 AD_1 向右移动到 AD_2,产出水平保持为 Y_f 不变,而物价水平由 P_0 上升为 P_1。显然,财政政策的结果是价格水平上升,而产量却保持不变。

此外,在古典学派的理论中货币是中性的,即名义货币供应量的变动只会引起价格水平的同比例变动,并不会对就业量、产出水平、国民收入等实际变量发生影响。因而在古典学派的理论中,货币政策也是无效的。

由此可见,在古典学派理论中,任何经济政策只会使价格水平发生波动,而不会对宏观经济运行产生实质性影响。

14.3.3 总供给曲线移动的效应

前面分析了总需求曲线移动的效应,下面将分析总供给曲线移动的效应。

首先,分析总供给曲线向右移动的情况。如果由于经济中的技术创新使得技术水平提高,或者企业设备投资增加使得资本存量增加,都将增加社会生产能力。这会使得总供给增加,总供给曲线向右移动,如图 14-13 所示。总供给曲线由 AS_0 移动到 AS_1,从而提高产出水平并且降低价格水平。若经济最初运行在总供给曲线的平坦部分,如图 14-13 中的 AD_0,此时经济中原来就存在着过剩的生产能力,生产能力提高对社会经济的影响不大,总供给曲线移动所产生的效果并不明显。反之,若经济最初运行在总供给曲线的陡峭部分或者充分就业水平上,如图 14-13 中的 AD_1,此时生产能力成为社会经济的瓶颈,生产能力的提高和总供给曲线的移动可以大幅度提高产量水平和降低价格水平。

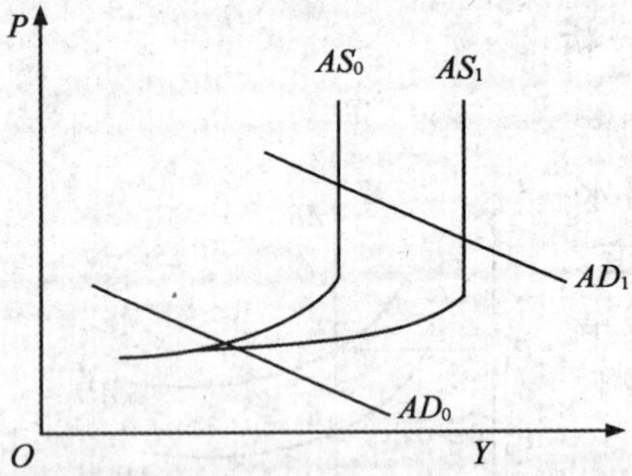

图 14-13 总供给曲线右移动的效应

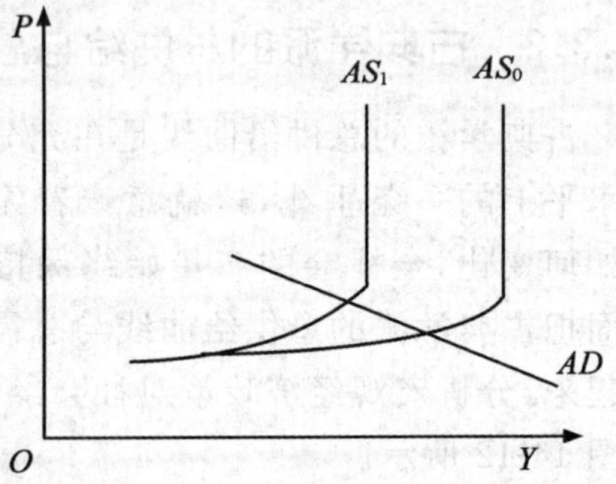

图 14-14 总供给曲线左移动的效应

现在,分析总供给曲线向左移动的情况。在社会经济中出现原料价格或者工资水平的大幅度提高时,厂商若要提供的产量保持不变,必然要得到更高的产品价格;或者同样的产品价格上,厂商将减少产品和劳务的供给。即使这时存在着剩余生产能力,价格水平也会上升,从而使得总供给曲线向左移动。如图 14-14 所示,总供给曲线由 AS_0 向左移动到 AS_1。此时产出水平下降,并且价格水平上升。这种产量或收入减少与价格上升(通货膨胀)相伴而生的经济现象称为滞涨,即经济停滞和通货膨胀相结合状态。20 世纪 70 年代初期,美国经济受到石油价格大幅度上升的冲击,形成了经济衰退和通货膨胀并存的局面,就属于这种情况。

延伸阅读

总需求-总供给模型(*AD-AS* 模型):将总需求与总供给结合在一起放在一个坐标图上,用以解释国民收入和价格水平的决定,考察价格变化的原因以及社会经济如何实现总需求与总供给的均衡。

总需求-总供给模型是凯恩斯主流派——新古典综合派用于分析国民收入决定的一个工具,这个模型是在凯恩斯的收入-支出模型和希克斯的 *IS-LM* 模型的基础之上,进一步将总需求和总供给结合起来解释国民收入的决定及相关经济现象,是对前两个模型仅强调总需求方面的片面性进行的补充和修正。所以,总需求-总供给模型所依据的理论已经不是标准的或纯粹的凯恩斯理论。

1. 凯恩斯主义的总供给曲线——3 种形态的统一

总供给曲线反映的是总产量与价格水平的关系,总供给曲线与宏观经济中资源利用的情况密切相关,并随着资源利用状况的不同而呈现不同的形态。

长期总供给曲线又称古典总供给曲线,那个时代的人们信奉供给创造需求,崇尚经济自发调节的能力,认为价格水平的变化能够保证经济始终处于充分就业的状态,从而实现潜在的产出水平,相应得出的总供给曲线就是垂直的。

凯恩斯总供给曲线又称超短期总供给曲线。由凯恩斯在 20 世纪 30 年代的大萧条时期提出,当时生产能力严重过剩,大量的资本和劳动力闲置,只要有足够的需求,总产出就可以在价格水平不变的前提下无限扩大,得出的总供给曲线是完全平坦的。

短期总供给曲线又称凯恩斯主义的总供给曲线。现代主流经济学家提出的介于长期总供给曲线和凯恩斯总供给曲线之间的一种总供给曲线,他们认为,随着价格水平的上升,总产出也会相应的增加。这种短期总供给曲线是向右上方倾斜的。

总供给曲线的这 3 种形态并非对立的,它们分别解释了宏观经济在长期、很短时期和较短时期内所发生的情况,可以把这 3 种形态统一起来。如图 14-15 所示,将总供给曲线统一起来以后,总供给曲线就形成了 3 个阶段或 3 种形态。第一个阶段,凯恩斯总供给曲线是完全平坦的,表明此时资源大量闲置,价格、工资完全不具备伸缩性，给定价格水平，企业愿意提供无限多的产出。这种情况在现实生活中较少出现，但作为一种分析工具，还是具有一定的理论上的意义。第二个阶段，总供给曲线是一条与价格相关的向右上方倾斜的曲线，这是现实经济生活中常见的情况，价格、工资在一定程度上不具备伸缩性，在需求拉动下，价格水平和产出一起增长。第三个阶段，总供给曲线就是一条与价格无关的垂直的曲线，在此阶段，价格、工资完全具备伸缩性，资源被充分利用起来，总产出达到了潜在的水平，这是长期中的状态。

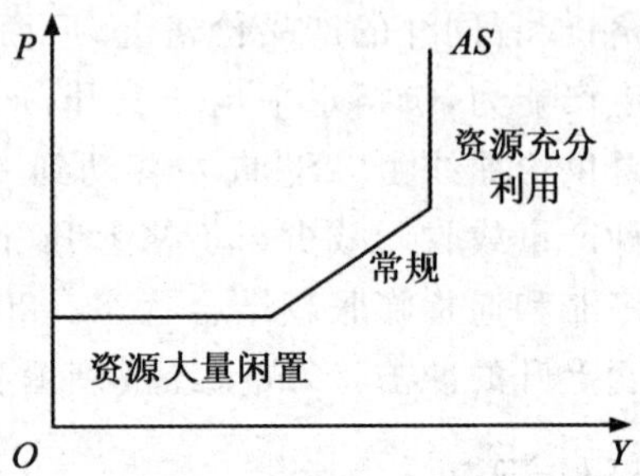

图 14-15　总供给曲线的三种形态

总供给曲线以上 3 个阶段分别代表了宏观市场机制完全失灵、部分失灵和完全有效的 3 种情况。大部分经济学认为，第一种情况是在特定背景下短暂的状态，第二种情况在很大程度上反映了宏观经济的短期均衡，第三种情况代表了宏观经济的长期趋势。

2.美元贬值对世界经济的影响

作为世界上最主要的货币美元，近几年来一直在贬值，而且幅度相当大。据统计，5 年来美元对欧元贬了 43.9%，对英镑贬了 30.6%，对人民币则贬了 10.2%，对日元算是贬得最少的，但也贬了 5.6%。最近一段时间，美元贬值的势头不但没有放缓，反而有加速的趋势，而且在分析人士看来，这种趋势还没有到头。

由美国次级房屋贷款所引发的危机对美国经济的影响似乎远超过人们的预料。专家们分析，美国 2011 年的经济增长很可能会放缓，美元的贬值趋势一时还不会扭转。国际货币基金组织总裁拉托日前就表示，市场对美元缺乏信心，使美元面临急剧贬值风险。曾担任过克林顿总统经济顾问的罗伯特里奇对美元更加悲观，甚至说“美元会垮”。

对美国老百姓来说，他们日常生活所必需的商品大多依赖进口，美元贬值使进口商品价格上涨，人们的生活质量也因此下降。同时，许多投资者把投资转向币值高的欧元、英镑等货币，或者回报率高的新兴市场国家，而对美国的投资减少。投资大师罗杰斯曾经表示，由于美联储促使美元贬值，他正在转移旗下所有美元资产，买入人民币资产。

美元贬值虽然能增加美国商品的出口，减少其贸易赤字，但专家们分析，其效果有限。美国 40%赤字来自石油进口，而近来美元贬值以及产油区局势的紧张使得石油价格暴涨，一度突破每桶 90 美元大关。除了石油，其他如黄金等以美元计价的大宗商品都因美元贬值而价格大涨。

美元贬值对其他国家的影响也很大。一方面,因为欧元对美元升值很快,商品出口竞争力受到影响,欧元国家对美国意见非常大,贸易摩擦不可避免。另一方面,由于美国是世界上很多国家最主要的出口市场,各国货币相对美元的升值严重打击了本国出口,影响了经济增速。因此近来,国际货币基金组织和世界银行相继调低了对全球经济前景的预期。从微观层面来说,对主要以美国为市场的出口企业打击更加沉重,日本丰田汽车的股价就在美元持续贬值预期下于一周内跌到了14个月以来的最低价位。大企业尚且如此,中国很多低附加值的出口小企业更是已经难以维系。

另外,外国所持有的以美元计价的资产高达5万亿美元,美元贬值使各国的损失很大。美国财政部的最新统计显示,2010年8月,美国统计的27个主要海外经济体中有15个净减持了美国国债。其中,日本净减持比例达到4%,为7年来最大减幅。当月,海外官方和个人对美国股票、债券及其他票据的总投资净流出为693亿美元,为1998年美国长期资本管理公司破产危机以来首次。

3. 石油危机的冲击

典型的也是最具影响力的总供给冲击应该是来自20世纪70年代初期的石油输出国组织的限产提价政策。在这一政策支配下,世界石油市场的石油供给急剧减少,油价大幅度上涨,如1971—1974年间石油的实际价格上涨了4倍,从而导致企业成本增加,使短期总供给曲线向左移动。这种通货膨胀与经济衰退并存的现象也称为"滞胀"。1974年石油提价后,美国的通货膨胀率达到了11%,失业率也达到了5.6%,第二年继续上升至8.5%,出现了典型的滞胀局面。

石油提价会促使人们采取节能措施和寻找替代能源,以减少对石油的依赖。例如:石油危机后,一方面,日本生产的小型省油汽车开始风靡美国,使美国的汽车耗油量大大下降;另一方面,核能、太阳能和水能也得到更快的发展,在更大范围内实现了对石油的替代。这样,人们对石油的需求量将不断减少,从而促使世界市场上石油价格逐步下降。石油价格的下降导致企业成本的下降,企业会扩大生产使总供给增加,表现为短期总供给曲线沿着总需求曲线逐步地向原先长期均衡点移动。但是,这个过程相当漫长,因为节能和开发新能源都需要时间,因此整个经济将会面临一段较长时期的衰退。

概念与习题

1. 解释下列概念:宏观生产函数;总需求曲线;总供给曲线;货币工资刚性;潜

在产量；*AD-AS* 模型；长期总供给；短期总供给；财富效应；利率效应；开放替代效应。

2. 试解释总需求曲线向右下方倾斜的原因。

3. 在何种情况下，*AS* 曲线是水平的、垂直的、向上倾斜的？

4. 试说明主流学派经济学家是怎样用总供求模型来说明经济的“滞胀”状态？

5. 试述 *AD-AS* 模型的内容和意义。它与 *IS-LM* 模型有何关系？

6. 已知：总需求曲线为 $Y_d=1\,000-20P$，总供给曲线为 $Y_S=20P$，单位为亿元。试求：

(1)供求平衡点。

(2)总需求增加 10%时的新的总需求曲线。

(3)如果总需求曲线不变，总供给下降 10%，求新的总供给曲线及新的供求均衡点。

15 失业与通货膨胀理论

据说列宁曾断言，捣毁资本主义制度的最有效办法是破坏它的货币。不断地借助通货膨胀，政府可以秘而不宣地没收其公民的大部分财富。

——J·M·凯恩斯

失业和通货膨胀是当代经济中存在的主要问题，尤其是 20 世纪 70 年代以来西方国家曾一度出现了高失业率与高通货膨胀率并存的“滞胀”(stagflation)局面。因此，如何解决失业和通货膨胀问题，就成为政府调控经济的根本任务和现代西方宏观经济学的重要组成部分。本章重点阐述失业与通货膨胀的基本理论，失业与通货膨胀的关系以及政府对付失业与通货膨胀的政策。

15.1 失业理论

失业(unemployment)问题一直是宏观政策制定者和公众关注的焦点。对整个社会而言，失业意味着人力资源的浪费，如果能够充分利用这部分生产要素，全社会的产出水平就能够得以提高。对失业者个人而言，失业意味着生活质量的下降，因此失业也是一个重要的社会问题。降低失业率一直以来都是宏观政策的主要目标之一。

15.1.1 失业的定义与衡量

一个国家的就业量首先是由这个国家的劳动人口决定的，但是在市场经济中，并不是所有的劳动人口都能就业，一国经常会有一部分失业人口存在。

1. 失业的定义

并不是每一个没有工作的劳动者都称为失业者。国际劳工组织指出：就业(employment)就是一定年龄阶段内的人们所从事的为取得报酬或赚取利润所进行的活动，失业(unemployment)则是就业的相对，即是指有劳动能力并愿意就业的劳动者找不到工作的现象。

2. 失业的衡量

衡量一个经济社会中失业状况的最基本指标是失业率。失业率是劳动力中失业者所占的百分比，用公式表示为：

$$失业率=\frac{失业人数}{劳动力}\times 100\%$$

劳动力是指失业人数与就业人数之和。各国失业率的统计方法也略有不同。例如，美国的劳工统计局逐月公开发布失业数据，这些数据均基于一项名为“当前人口”的家庭调查。

一个经济中的总人口可以划分为劳动年龄人口和非劳动年龄人口。世界上大多数国家把年龄在16～60周岁之间的人口定义为劳动年龄人口。但是，面对人口老龄化，世界各国有推迟劳动年龄上限的趋势。例如，在美国，劳动年龄是16～65岁。劳动年龄人口又可以划分为劳动力和非劳动力，即

$$劳动年龄人口=劳动力+非劳动力$$

根据各国劳动就业统计的惯例，下列人员一般不被列入劳动力：①军队人员；②在校学生；③家务劳动者；④退休或因病退职人员以及丧失劳动能力、服刑犯人等不能工作的人员；⑤不愿工作的人员；⑥在家庭农场或家庭企业每周工作少于15个小时的人员。在劳动年龄人口中减去以上6类人员，余下的部分就称为劳动力。

劳动力占劳动年龄人口的百分比即为劳动力参与率，即

$$劳动力参与率=\frac{劳动力}{劳动年龄人口}\times 100\%$$

劳动力参与率决定了一定人口规模下一个经济体内可得的劳动力数量。劳动力参与率越高，可得的劳动力也就越多，一国的*GDP*和人均*GDP*水平也会越高。

美国的家庭调查：美国人口统计局每个月都会进行当期人口调查（经常所指的就是家庭调查），收集计算失业率所需的信息。统计局就基本上要能代表美国人口的6万个家庭样本中的成人，计算每一位16岁及其以上的家庭成员的就业状况。劳动部的劳工统计局（*BLS*）使用这些来计算每月的失业率。如果人们在受调查以前的1周是在工作，或者是因生病、休假、罢工和其他原因短暂地离开工作，他们被认为是就业的：如果人们在受调查之前的1周并不处于工作状态，并且他们有工作能力以及在受调查之前4周里积极寻找工作，那么他们被认为是失业的。

没有工作并且没有积极寻找工作的人，并不是劳动力当中的一员。依据*BLS*的统计，不属于劳动力的人主要包括退休者、家庭生产者、全日制学生、在军队中服役者、在监狱里服刑者以及精神病患者。那些有工作能力并且在受调查之前12个

月的某些时期里积极寻找工作的,但在受调查之前4周里没有寻找工作的人,同样不属于劳动力的成员。有些人在最近没有积极寻找工作,诸如有交通困难或照顾孩子的责任之类的原因。另外一些没有积极寻找工作的人被称为消极工人。消极工人是那些有工作能力却没有在4周内积极寻找工作的人,因为他们相信自己现在根本找不到工作。

图15-1显示了美国2005年6月处于工作年龄阶段的居民的就业状况。我们可以使用图中的信息来计算两个重要的宏观经济指标——失业率和劳动力参与率。

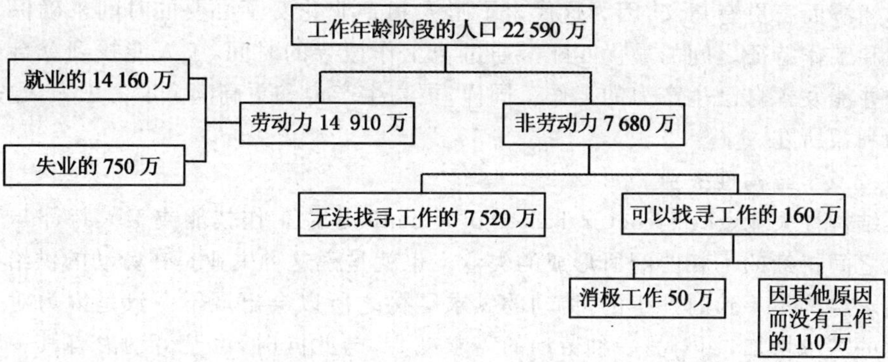

图15-1 美国2005年6月处于工作年龄阶段的居民的就业状况

使用图15-1中的数字,我们可以计算2005年6月的失业率:

$$\frac{750\text{万}}{14\ 910\text{万}}\times 100\%=5.0\%$$

对于2005年6月,劳动力参与率是:

$$\frac{14\ 910\text{万}}{22\ 590\text{万}}\times 100\%=66.0\%$$

(资料来源:U. S. Department of Labor,"Employment Situation Summary," July 2005.)

15.1.2 失业的分类

经济学中常将失业分为三种类型,即摩擦性失业、结构性失业以及周期性失业。

15.1.2.1 摩擦性失业

摩擦性失业(the frictional unemployment)就是工人和工作岗位在匹配过程

中所形成的短期性失业。一定程度的摩擦性失业是不可避免的。工人们有不同的技能、兴趣和能力，同样工作岗位也有不同的技能要求、工作条件和技术水平。一个刚进入劳动力市场的新手或者刚失去工作的人，可能无法在很短的时间内找到合适的工作。大多数人总要在工作搜寻中花费一点时间，这就如企业需要花一定的时间为它的岗位寻找工人一样。工作搜寻需要时间，因而总有一些人会处于摩擦性失业中。

摩擦性失业被认为在任何时候都存在，但对任何个人或家庭来说，它是过渡性的。因此，摩擦性失业不被认为是严重的经济问题。事实上，一定程度的摩擦性失业对经济而言更有意义，因为这代表了工人和企业花费了必要的时间来确保工人特性和工作特征之间的最优匹配。通过花工作搜寻的时间，工人能找到令自己满意的并能发挥自己生产力的工作。同样，更高生产力和更高满意度的工人，也是企业的利益所在。

15.1.2.2 结构性失业

结构性失业(the structural unemployment)是指工作技能或工人特征与工作要求之间持续的不相匹配所形成的失业。也就是说这种失业是在劳动的供给结构与需求结构不一致时产生的，劳动的供求结构之所以会出现不一致是因为对某种劳动的需求增加，而对另一种劳动的需求减少，与此同时，由于劳动力有其一时难以改变的技术结构、地区结构和性别结构，这样劳动的供给不能迅速地做出调整，从而出现失业。在这种情况下，往往是“失业与空位”并存。例如 2004 年，相比于传统的手绘二维动画，用于《怪物史莱克》和《超人特工队》等影片的由计算机生成的三维动画变得越来越流行。很多在手绘动画方面拥有过人才智的人，失去了他们在迪斯尼、梦工场和其他电影工作室的工作。又为了能再就业，这些人中的许多人要么苦攻电脑生成的动画技术，要么另谋高就。这一期间，他们的失业就属于结构性失业。

结构性失业的工人通常需要进行再就业的岗位培训或技术培训后，才能重新就业，因此，结构性失业的时间一般较长，属于长期性失业，而摩擦性失业是短期的。比如，一个被商场辞退的营业员几周后去另一家商场上班，他所经历的是摩擦性失业；一个汽车装配工失去了工作，在漫长的寻找后，最终当上保险推销员，他所经历的则是结构性失业。

15.1.2.3 周期性失业

周期性失业(the cyclical unemployment)是指经济周期中的衰退所导致的失业。当经济步入衰退期，很多企业就会发现它们的销售不畅，转而缩减产出。伴随产出下降的又是雇佣减少。因为经济衰退而失去工作的工人，就会经历周期性失业。需要着重指出的是，在摩擦性失业和结构性失业中，工作机会的数量和失业工人的数量是相当的，仅仅是由于双方没有及时地找到对方。周期性失业则不同。当周期性失业水平较高的时候，工作机会的数量要低于失业人口。无论人们怎样努力地寻找，也无法全部找到工作。

除了上述三种失业类型外，在宏观经济学中还有一种关于失业的分类，即所谓的自愿失业和非自愿失业。自愿失业是指虽然有就业机会，但工人不愿接受现行工资水平或工作性质不合兴趣等原因而形成的失业。经济发展水平越高，自愿失业的现象就会越多。非自愿失业是指由于经济社会没有提供足够的劳动需求，导致许多人愿意接受现行工资但仍找不到工作的失业。

15.1.2.4 充分就业

充分就业（the full employment）并非指人人都有工作。当经济步入扩张期，周期性失业最终会下降至零。尽管如此，因为摩擦性失业的普遍性和结构性失业经常性存在的缘故，总的失业率仍然不为零。当失业只包含摩擦性失业和结构性失业时，我们称此时经济处于充分就业状态。

充分就业下的失业率称为自然失业率，即为经济社会在正常情况下的失业率水平，它由结构性失业和摩擦性失业构成。自然失业率不是一个常数，随时间的变化而变化，因为随着时间的推移，摩擦性失业和结构性失业是变动的。以美国为例，20 世纪 50～60 年代的自然失业率为 3.5％～4.5％，70 年代的自然失业率为 4.5％～5.5％，80 年代的自然失业率为 5.5％～6.5％。但目前，大多数经济学家对自然失业率的估算是 5％。

美国的失业率：美国劳工统计局关于劳动市场的数据使经济学家和决策者可以监测经济中一定时期内的变动。图 15-2 显示了美国 1960 年以来的失业率。

该图表明，经济中总是存在某种失业，并且失业量逐年变动。失业率围绕正常失业率波动，正常失业率即为自然失业率。图中显示的自然失业率是由美国国会预算办公室的经济学家估算的一系列数字。2007 年，他们估算出自然失业率为 4.8％，接近于实际失业率 4.6％。（资料来源：曼昆．经济学原理．5 版．梁小民，译．北京：北京大学出版社，2009.）

15.1.3 失业的原因分析

15.1.3.1 有效需求不足失业论

凯恩斯在 1936 年出版的名著《就业、利息与货币通论》一书中，系统分析了失业产生的原因。凯恩斯认为，经济运行过程中之所以会出现失业，根本原因就在于有效需求不足。所谓有效需求不足就是指社会总需求小于充分就业总需求时的

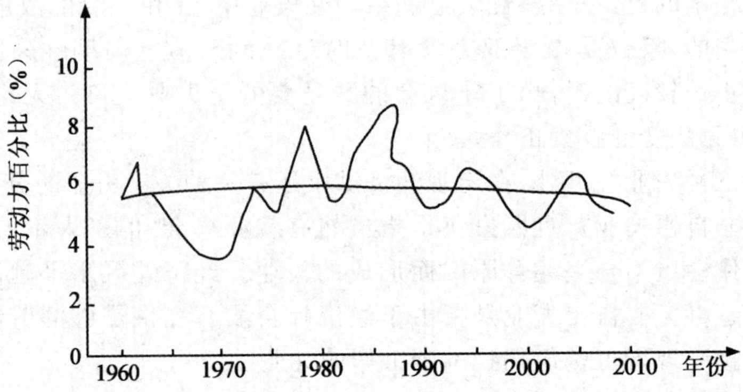

图 15-2 美国 1960 年以来的失业率变动情况

状态。

1. 有效需求决定社会实际就业量

凯恩斯认为决定社会实际就业量大小的是有效需求。有效需求是指商品的总供给价格和总需求价格达到均衡状态时的总需求。总供给价格是社会全体厂商雇佣一定量工人进行生产时所要求得到的商品总量的最低卖价；总需求价格是全体厂商雇佣一定量工人进行生产时预期社会对商品总量所愿意支付的总价格。社会就业量取决于总供给价格和总需求价格的均衡。总供给价格小于总需求价格时，厂商就会扩大生产，增雇工人；相反，当总供给价格大于总需求价格时，厂商就会压缩生产减雇工人，只有在总供给价格等于总需求价格时，厂商才不扩大生产，也不压缩生产，不增雇工人也不减雇工人，社会生产在这时达到均衡状态。这时的社会总需求就是有效需求，它决定了一定时期内社会就业的数量。

凯恩斯采取的是短期均衡分析方法。他假定社会结构不变，并假定现有的劳动力的数量和技能不变，现有的资本设备的数量和质量不变，现有的生产技术、竞争程度不变，以及消费者的消费习惯和偏好不变等。这就是说，凯恩斯除了假定社会结构不变以外，还假定社会总供给量是不变的。由于总供给短期不变，所以，社会就业量就取决于总需求或有效需求。

2. 有效需求不足是失业存在的原因

凯恩斯认为，总供给价格与总需求价格达到均衡时的就业量不一定是充分就业量。均衡可以是充分就业的均衡，也可以是小于充分就业的均衡。这可用图 15-3 来说明。

图 15-3 中，D 表示总需求价格，S 表示总供给价格，N 表示就业量，D_1D_1 和

D_2D_2 分别代表两条不同水平的总需求曲线，SS 是总供给曲线。图中，总需求曲线 D_2D_2 与总供给曲线 SS 相交于 F 点，在 F 点上总供给价格与总需求价格相等，达到均衡，决定社会就业量为 ON_2，那么，F 点所代表的均衡就达到了充分就业的均衡。但是，如果社会上实际水平的总需求曲线是 D_1D_1，而不是 D_2D_2，那么 D_1D_1 与 SS 相交于 E 点，决定社会实际就业量为 ON_1，ON_1 小于 ON_2，由 E 点所代表的均衡就是小于充分就业的均衡。此时社会上存在着失业（ON_2-ON_1）。D_1D_1 所代表的总需求水平低于 D_2D_2 所代表的总需求水平，即 $D_1D_1<D_2D_2$，意味着有效需求不足。如果社会实际总需求水平是 D_2D_2 而不是 D_1D_1，就不会有失业的存在。由此得出结论，失业存在的原因就在于有效需求不足。

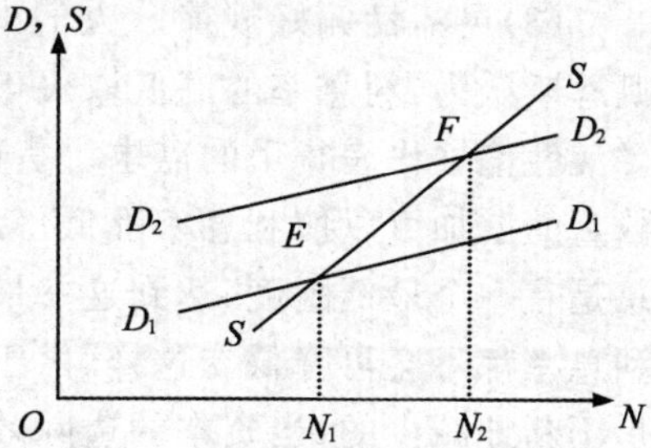

图 15-3　有效需求决定就业量

3. 导致有效需求不足的三个基本心理规律

凯恩斯认为，失业的产生是由于有效需求不足，有效需求不足是由消费需求不足和投资需求不足造成的，而消费需求不足和投资需求不足又是由边际消费倾向递减、资本边际效率递减和灵活性偏好三个基本心理规律决定的。

(1)边际消费倾向递减规律。凯恩斯认为，依据人们的心理法则，随着国民收入的增加，消费也要增加，但在新增加的国民收入中，用作消费的部分所占的比例会越来越小，而用作储蓄的部分所占的比例将越来越大。这就是边际消费倾向递减规律，它是人类社会普遍存在的消费规律。在边际消费倾向递减规律的作用下，当生产和收入增加后，人们增加的消费小于生产和收入的增加量，如果这时储蓄没有全部转化为投资，就会使一部分产品销不出去，导致有效需求不足，进而引起就业的减少和生产的萎缩。

(2)资本边际效率递减规律。资本边际效率递减规律是指资本的预期利润率随着投资的增加呈递减趋势，即投资越增加厂商预期利润率越低。造成资本边际效率递减的原因主要有两个：一是在增加投资的情况下，所增添的机器设备的成本会不断提高，因而投资的预期利润率会减少；二是由于投资增加后，所生产出来的产品数量也会增加，这样就会使这些产品市场价格下跌，在这种情况下，投资的预期利润率也会减少。凯恩斯认为在厂商进行投资时，他不仅要考虑投资品的现有数量，而且更要考虑到将来的市场竞争情况、技术变革和需求变动等因素。因此，厂商对投资的前景往往缺乏信心，而对投资前景的信心不足使得资本边际率不断下降，从而引起投资需求不足。

(3)灵活性偏好规律。人们对货币持有的这种特殊偏好就叫做灵活性偏好。凯恩斯认为,利息率的高低取决于货币的供给和需求。货币数量代表货币的供给,灵活性偏好代表货币的需求。货币数量的多少由中央银行的货币政策控制,货币数量的增加可以使利息率降低。但是由于灵活性偏好规律的作用,利息率的降低总是有一个最低限度,达到这一最低限度以后,无论中央银行怎样增加货币数量,利息率都不会再降低。这样,由于利息率不能无限制地降低,而资本的边际效率却是不断地减少的,当资本的边际效率越来越接近于利息率时,厂商就不再愿意增加投资了,这就导致了投资不足,进而引起有效需求不足。

凯恩斯认为,三大心理规律决定有效需求不足,有效需求不足导致大量失业存在,单纯依靠市场自行调节,无法解决有效需求不足和失业问题。因此,国家有必要实行经济干预。凯恩斯就业理论证明了市场自行调节的有限性和国家干预宏观经济的合理性。

15.1.3.2 高工资失业论

这一理论主要出自于新古典学派,首推英国剑桥大学教授庇古。庇古的主要观点是:就业人数与工资水平成反比,工资越高,就业人数就越少;工人之间的自由竞争能使工资建立在接近于充分就业的水平上;工会的力量会导致大量失业;为了达到充分就业,必须降低工资。

15.1.3.3 技术失业论

这一理论认为,技术进步、新技术的采用会引起对劳动力需求的减少,因而产生失业。技术失业论最著名的代表人物是美国麻省理工学院的梅多斯。该理论认为:生产自动化的进一步发展必然会减少对劳动力的需求,因此,现代资本主义社会的任务并不在于保障就业,而是使全体社会成员得到“有保障的最低失业”。

15.1.3.4 货币失业论

第二次世界大战以后,英国出版的论文集《充分就业和国家规制》的作者之一华特曾经断言,失业的原因在于流通中的货币量不足,因此,消除失业的办法只能是增加货币量。因此,为了医治失业,政府应当时刻准备增发没有黄金保证的钞票或纸币。

15.1.4 失业的影响

失业带来经济、社会甚至政治方面的后果。因而,几乎所有宏观经济政策都需要考虑对失业率的影响。高失业率通常使政府受到批评,低失业率则使政府得到赞许。失业的危害是多方面的,主要表现为:

(1)国民经济产出减少。当失业率上升时,经济中本由失业工人生产出来的产品和劳务就损失了，国民产出也随之减少。20世纪60年代，美国经济学家阿瑟·奥肯(Arther Okun)利用美国从1947年第二季度至1960年第四季度失业率变化和实际国民生产总值变化的数据，通过回归分析方法，对上述两个变量之间的数量关系进行估算，提出了经济周期中失业变动与产出变动的经验关系，即奥肯定律。

奥肯定律的内容是，失业率每高于自然失业率1个百分点，实际*GDP*将低于潜在*GDP* 2个百分点。也就是说实际*GDP*相对潜在*GDP*每下降2%，失业率就上升1个百分点。

西方学者认为，奥肯定律揭示了产品市场和劳动市场之间极为重要的联系。它描述了实际*GDP*的短期变动与失业率变动的联系。根据奥肯定律，可以通过失业率的变动推测或估计*GDP*的变动，也可以通过*GDP*的变动预测失业率的变动。例如，如果实际失业率为8%，高于6%的自然失业率2个百分点，则实际*GDP*就将比潜在*GDP*低4%左右。

奥肯定律可以用更一般的表达式表述为：

$$\frac{Y-Y_f}{Y_f}=-\alpha(u-u^*)$$

其中Y为实际产出，Y_f为潜在产出，u为实际失业率，u^*为自然失业率，α为大于零的参数。在理解奥肯定律时应该注意：第一，它表明了失业率与实际*GDP*增长率之间是反向变动的关系；第二，失业率与实际*GDP*增长率之间1∶2的关系只是一个平均数，是根据经验统计资料得出来的，在不同的时期是不一样的；第三，奥肯定律主要适用于没有实现充分就业的情况。在实现了充分就业的情况下，自然失业率与实际*GDP*增长率的相关性就要弱得多，一般估算在1∶0.76左右。

奥肯定律的一个重要结论是：实际*GDP*必须保持与潜在*GDP*同样快的增长，以防止失业率的上升。如果政府想让失业率下降，那么，该经济社会的实际*GDP*的增长必须快于潜在*GDP*的增长。

(2)人力资本流失。失业有时会损害失业者的事业发展，并侵蚀人力资本。人力资本指的是个人所受的教育和所掌握的技能的价值。举例来说，一个在失业高峰期毕业的法律系学生迫于生计，不得不找了份银行信贷员的工作。一年后，他便发现自己已无法与新一届的法律系毕业生竞争了，而只能继续停留在原先的岗位上，他作为一个律师的人力资本也就流失了。

(3)犯罪率上升。高失业率常常导致高犯罪率，形成这种联系有两方面的原因：一是当人们无法通过合法途径赚钱时，往往会转而采用非法的手段，诸如偷窃或抢劫；二是低收入带来的家计困难易于诱发家庭暴力，诸如殴打孩子、虐待妻子、自杀等。

(4)人格尊严丧失。长期失业给个人带来的挫折感和经济窘困是难以承受的，会极大地损伤个人的自尊，这种无法以数字衡量的损伤同样是十分严重的。可能正是因为这一点，失业问题才具备了如此高度的政治性和社会重要性。

15.1.5 解决失业的方法

造成不同类型失业的原因不同，其解决的方法也不相同。例如，解决需求不足性失业的方法是运用宏观财政政策和货币政策。政府通过增加政府支出，减少税收或增加货币供给量来刺激总需求，从而达到增加生产，提高就业水平的目的。摩擦性失业和结构性失业不是因总需求不足造成的，所以使用宏观经济政策不能解决这两种失业。对此，经济学家们又提出了一项人力政策。这一政策的目的是要解决劳动市场的失衡，使劳动者与就业机会更相适应，从而降低失业水平。它包括三方面的内容：①提供职业培训。政府举办或鼓励其他机构举办各种学校，通过它们使工人们能够适应技术要求更高的工作；②提供就业信息。政府建立各种就业服务机构，向失业工人提供就业机会的信息，甚至资助他们迁移；③反对就业歧视。种族歧视、宗教歧视、性别歧视也是导致失业人数增加的重要因素，政府可以通过立法的手段逐步消除这些就业歧视。

15.2 通货膨胀理论

通货膨胀(inflation)是宏观经济运行中经常出现的一种现象，也是宏观经济运行过程中的一种病态。西方经济学家对通货膨胀的成因及其对经济运行的各种效应做了大量研究，本节分析通货膨胀的种类、成因和影响，研究菲利普斯曲线，介绍对付通货膨胀的一些主要办法。

15.2.1 通货膨胀的含义、测定与种类

关于通货膨胀，西方经济学界有各种各样的定义。J·托宾认为："通货膨胀是指物品与劳务货币价格的普遍上升。"P·萨缪尔森和W·诺德豪斯的《经济学》教科书也持类似的观点。他们说："当物价水平普遍上升时，通货膨胀就产生了。…… 我们称之为通货膨胀的正是这种物价的普遍上升趋势。"也有人把通货膨胀视为货币量膨胀，如F·哈耶克认为："通货膨胀一词的原意和真意是指货币数量的过度增长，这种增长会合乎规律地导致物价的上涨。"M·弗里德曼认为：

"无论何时何地大规模的通货膨胀总是个货币现象。"

15.2.1.1 通货膨胀的定义

通货膨胀一种最常见的定义是指一般物价水平普遍、持续和显著地上涨。在理解这一定义时,必须把握以下四点:

第一,反映通货膨胀的物价水平是各种物品的平均价格水平。不是指某一种或某几种物品的价格,而是所有商品和劳务的总物价水平。

第二,物价是有"相当幅度"的上涨。如果每年的物价水平尽管是持续上涨,但上涨幅度很小,那就不能说是通货膨胀。这就有一个"临界值"的问题,究竟物价上涨多少才算是通货膨胀?有人提出每年物价上涨2.5%以下不属于通货膨胀,超过2.5%则是通货膨胀,还有人认为是4%。

第三,物价是"普遍"上涨。物价上涨不是局部地区、某种或某几种物品,而是全局性的,全社会性的,所有地区的所有物品都在上涨。

第四,物价是"持续"上涨。一般以年为单位观察,如果一年内上半年上升了5%,下半年又下降了4%,则不属于通货膨胀;如果上半年上涨了5%,下半年又上涨了6%,则属于通货膨胀。

15.2.1.2 通货膨胀的测定

目前各国通常采用三个指标来衡量价格水平的变动:消费物价指数、生产物价指数和 GDP 折算指数。

1. 消费物价指数(CPI)

消费物价指数(CPI)亦即零售物价指数或生活费用指数,它表示居民的代表性商品平均价格变化的指数。如以 P 表示商品价格,Q 表示商品数量,i 表示商品序号,m 表示商品种类数,0 表示基期,t 表示现期,则有

$$CPI = \frac{\sum_{i=1}^{m} P_i^t Q_i^0}{\sum_{i=1}^{m} P_i^0 Q_i^0} \times 100$$

其中乘以100表示将基期的物价水平设为100。若现期 $CPI<100$,则表示价格水平下降了;若现期 $CPI=100$,则表示价格水平没有变化;若现期 $CPI>100$,则表示价格水平上升了。

2. 生产物价指数(PPI)

生产物价指数(PPI)表示生产商购买的代表性商品平均价格变化的指数。PPI的计算方法和表达形式与CPI完全相同,不同之处在于PPI包括棉花、煤炭和

原油之类的原材料以及如面粉、棉线、纱线、钢铁和木材这样的中间产品。如果这些产品的价格增加，企业生产最终产品和服务的成本也就相应增加，这会导致企业上调消费者购买的产品和服务价格。这使得 PPI 成为表示一般价格水平变化的一个信号，被当成经济周期的指示性指标之一，受到政策制定者的密切注视。

3. GDP 折算指数

GDP 折算指数(GDP deflator)表示全部社会产品及劳务价格水平变化的指数。如前所述，国内生产总值通常还有名义国内生产总值与实际国内生产总值之分。前者是以现期价格计算出来的国内生产总值；后者是以某个基期的价格计算的国内生产总值。

$$\text{GDP 折算指数}=\frac{\text{名称 GDP}}{\text{实际 GDP}}\times 100$$

通货膨胀的程度通常用通货膨胀率来衡量。通货膨胀率被定义为从一个时期到前一个时期价格水平变动的百分比，用公式表示就是①：

$$\pi_t=\frac{P_t-P_{t-1}}{P_{t-1}}\times 100\%$$

式中：π_t 为 t 时期的通货膨胀率；P_t 和 P_{t-1}，分别为 t 时期和 $t-1$ 时期的价格水平。如果用上面介绍的消费物价指数来衡量价格水平，则通货膨胀率就是不同时期的消费物价指数变动的百分比。

15.2.1.3 通货膨胀的分类

西方经济学家按照不同的标准，对通货膨胀作了不同的分类：

1. 按物价上涨速度划分

按照一般物价水平上涨速度的差异，可以把通货膨胀分为以下四种类型：

(1)潜行通货膨胀(crawling inflation)。又称爬行通货膨胀。其一般物价水平上涨率在 1%～3%(有的认为在 1%～5%)，而且不会引起通货膨胀预期的出现。

(2)温和通货膨胀(moderate inflation)。一般物价水平上涨率为 3%～6%或 3%～10%。温和通货膨胀与爬行通货膨胀并没有严格的区别，所以有的经济学家也把它们归为一类。这两种通货膨胀的特点，一是通货膨胀率低，二是相当稳定。从而对经济没有多大不利影响，甚至可以作为经济增长的“润滑剂”。但也有经济学家认为，从长期看，这种通货膨胀的积累也会引起不良后果，尤其是加速通货膨胀的步伐。

①价格水平 P 随时间连续变动时，则通货膨胀率可以被表示为 $\pi=\frac{\dot{P}}{P}$，式中 $\dot{P}=\frac{dP}{dt}$。

(3)奔腾式通货膨胀(galloping inflation)。又称飞奔的通货膨胀。在较长时期所发生的一般物价水平以较大幅度的上涨,物价上涨幅度为10%~100%。

(4)恶性通货膨胀(vicious inflation)。又称超级通货膨胀。流通中货币数量的增长速度大大超过货币需求增长速度,货币迅速贬值,物价上涨率呈现加速度状态。年物价上涨率超过100%。这种通货膨胀有两个特征:一是物价水平的飞速上升使人们对本国货币完全失去了信任,本国货币完全失去作为价值贮藏的功能,同时也基本丧失了交易功能;二是不仅严重破坏货币体制与正常经济生活,而且导致经济崩溃以及政权更迭。

2.按对价格影响的差别划分

按照对不同商品的价格影响的大小加以区分,存在着两种类型的通货膨胀。

(1)平衡的通货膨胀。即每种商品的价格都按相同比例上升。这里的商品价格包括生产要素以及各种劳动的价格,如工资率、租金、利率等。

(2)非平衡的通货膨胀。即各种商品价格上升的比例并不完全相同。如甲商品价格上涨幅度大于乙商品,或者,利率上升的比例大于工资上升的比例等。

3.按照人们对物价上涨的预期划分

按照人们对物价上涨预期程度不同,通货膨胀可分为以下两种类型:

(1)未预期到的通货膨胀。指一般物价水平上涨的速度出乎人们预料之外,或者人们根本没想到价格会上涨,这种情况称为未预期到的通货膨胀。

(2)预期到的通货膨胀。指人们可以正确地预期物价上涨率的通货膨胀。这种通货膨胀一般在相当长时期较为稳定,因此,人们可以根据过去的经验而对未来的通货膨胀率做出相当正确的预期。

4.按通货膨胀的表现形式划分

按经济生活中通货膨胀的表现形式划分,通货膨胀可分为以下几种类型:

(1)公开的通货膨胀。指完全通过一般物价水平上升的形式表现出来的通货膨胀。这种情况下通货膨胀率完全等于公开的物价上涨率。在政府对价格不进行干预的情况下,通货膨胀基本居于这种类型。

(2)隐蔽的通货膨胀。指物价水平的上升没有完全在官方零售物价指数上升中表现出来的通货膨胀。在这种情况下,物价水平实际已经上升了,但在官方公布的物价指数中并没有得到反映。

(3)抑制的通货膨胀。指在经济生活中存在着通货膨胀的压力,但由于政府实行物价管制,物价并没有上升。在这种情况下,由于价格水平低,经济中总需求过度,会出现商品严重短缺现象。这种通货膨胀没有以物价上升的形式表现出来,也被称为“潜在的通货膨胀”。

15.2.2 通货膨胀的原因

关于通货膨胀的原因，西方经济学家提出了种种解释，可分为三个方面：第一个方面为货币数量论的解释，这种解释强调货币在通货膨胀过程中的重要性；第二个方面是用总需求与总供给来解释，包括从需求的角度和供给角度的解释；第三个方面是从经济结构因素变动的角度来说明通货膨胀的原因。下面依次加以说明。

15.2.2.1 作为货币现象的通货膨胀

在 20 世纪初期，一位耶鲁的经济学家欧文·费雪，通过数量等式公式化了货币与价格之间的联系：

$$M \times V = P \times Y \tag{15-1}$$

式中：M 为货币供给量；V 为货币流通速度，它被定义为名义收入与货币量之比，即一定时期（如一年）平均一元钱用于购买最终产品与劳务的次数；P 为价格水平；Y 为实际收入水平。式(15-1)左边的 $M \times V$ 反映的是经济中的总支出，右边的 $P \times Y$ 为名义收入水平。由于经济中对商品和劳务支出的货币额即为商品和劳务的总销售价值，因而方程的两边相等。由式(15-1)可以得到如下关系式①：

$$\pi = \hat{m} - \hat{y} + \hat{v} \tag{15-2}$$

式中：π 为通货膨胀率；$\hat{m}$ 为货币增长率；$\hat{v}$ 为货币流通速度变化率；$\hat{y}$ 为产量增长率。根据式(15-2)，通货膨胀来源于三个方面，即货币流通速度的变化、货币增长和产量增长。如果货币流通速度不变且收入处于其潜在的水平上，则显然可以得出，通货膨胀的产生主要是货币供给增加的结果。换句话说，货币供给的增加是通货膨胀的基本原因。

15.2.2.2 需求拉动的通货膨胀

需求拉动的通货膨胀（demand-pull inflation），又称超额需求通货膨胀，是指总需求超过总供给所引起的一般价格水平的持续显著的上涨。需求拉动的通胀理论是一种比较传统的通胀理论，这种理论把通胀解释为“过多的货币追求过少的商品”。图 15-4 常被用来说明需求拉动的通货膨胀。

在图 15-4 中，横轴 Y 表示总产量（国民收入），纵轴 P 表示一般价格水平。AD 为总需求曲线，AS 为总供给曲线。总需求是全社会对产品和劳务的需求总

---

①这个关系式的推导如下：将式(15-2)中的变量动态化，并取自然对数有：$\ln M + \ln V = \ln P + \ln Y$ 对上式关于时间 t 求微分，并整理得：$\frac{\dot{P}}{P} = \frac{\dot{M}}{M} + \frac{\dot{V}}{V} - \frac{\dot{Y}}{Y}$。若记 $\pi = \frac{\dot{P}}{P}$，$\hat{m} = \frac{\dot{M}}{M}$，$\hat{v} = \frac{\dot{V}}{V}$，$\hat{v} = \frac{\dot{V}}{V}$，$\hat{y} = \frac{\dot{Y}}{Y}$，则有 $\pi = \hat{m} - \hat{y} + \hat{v}$。

量，由消费需求、投资需求、政府需求和国外需求构成。总需求必须要有货币供给来支持。总需求曲线表示全社会的需求总量与一般价格水平之间的关系。总供给是全社会的供给总量，总供给曲线表示全社会的供给总量与一般价格水平之间的关系。总供给曲线 AS 起初呈水平状，这表示，当总产量较低时，总需求的增加不会引起价格水平的上涨（可认为此时资源充足，总需求增加时，总供给会相应增加）。当总产量达到 Y_1 以后，继续增加总供给，就会遇到生产过程中的瓶颈现象，即由于劳动、原料、生产设备等的不足而使成本提高，从而引起价格水平的上涨。当总产量达到最大，即为充分就业的产量 Y_f 时，整个社会的经济资源全部得到利用。价格水平从 P_1 上涨到 P_2 和 P_3 的现象叫做瓶颈式的通货膨胀。价格水平从 P_3 上涨到 P_4，就是我们所说的需求拉动通货膨胀。

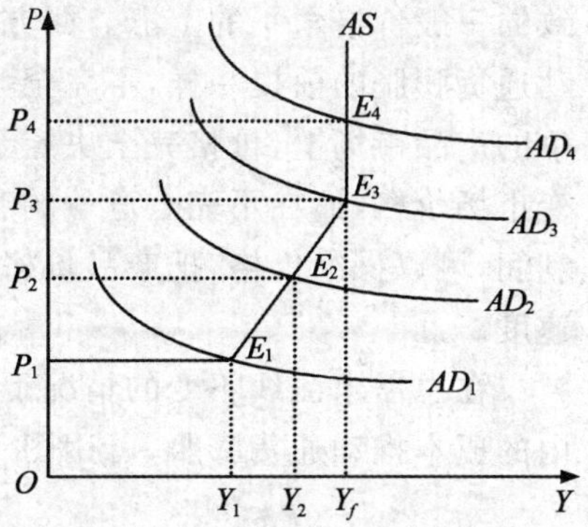

图 15-4　需求拉动的通货膨胀

西方经济学家认为，不论总需求的过度增长是来自消费需求、投资需求，或是来自政府需要、国外需求，都会导致需求拉动通货膨胀。需求方面的原因或冲击主要包括财政政策、货币政策、消费习惯的突然改变，国际市场的需求变动等。

15.2.2.3　成本推动通货膨胀

成本推动通货膨胀(supply-push inflation)，是西方学者试图从供给方面说明为什么会发生一般价格水平的上涨的一种理论。成本推动通货膨胀又称成本通货膨胀或供给通货膨胀，是指在没有超额需求的情况下，由于供给方面成本的提高，所引起的一般价格水平的持续和显著的上涨。

成本推动通货膨胀主要是由工资的提高造成的，因而把这种成本推动通货膨胀叫工资推动通货膨胀，以区别于利润提高造成的成本推动通货膨胀。

工资推动通货膨胀是指不完全竞争的劳动市场造成的过高工资所导致的一般价格水平的上涨。在不完全竞争劳动市场上，由于强大的工会组织的存在，工资不再是竞争的工资，而是工会和雇主集体议价的工资，且工资的增长率超过生产率增长。工资的提高，导致成本提高，从而导致一般价格水平上涨(通胀率＝工资增长率－劳动生产增长率)，这就是所谓的工资推动通货膨胀。工资提高引起价格上涨，价格上涨又引起工资提高。这样，工资提高和价格上涨形成了螺旋式的上升运动，即所谓工资－价格螺旋。

利润推动通货膨胀是指垄断企业和寡头企业利用市场势力谋取过高利润所导

致的一般价格水平的上涨。西方学者认为:就像不完全竞争的劳动市场是工资推动通货膨胀的前提一样,不完全竞争市场是利润推动通货膨胀的前提。在完全竞争的产品市场上,价格完全决定于商品的供求,任何企业都不能通过调控产量来改变市场价格,而在不完全竞争的产品市场上,垄断企业和寡头企业为了追求更大的利润,可以操纵价格,把产品价格定得很高,致使价格上涨的速度超过成本增长的速度。

在总需求曲线不变的情况下,包括工资推动通货膨胀和利润推动通货膨胀在内的成本推动通货膨胀,可用图 15-5 说明。

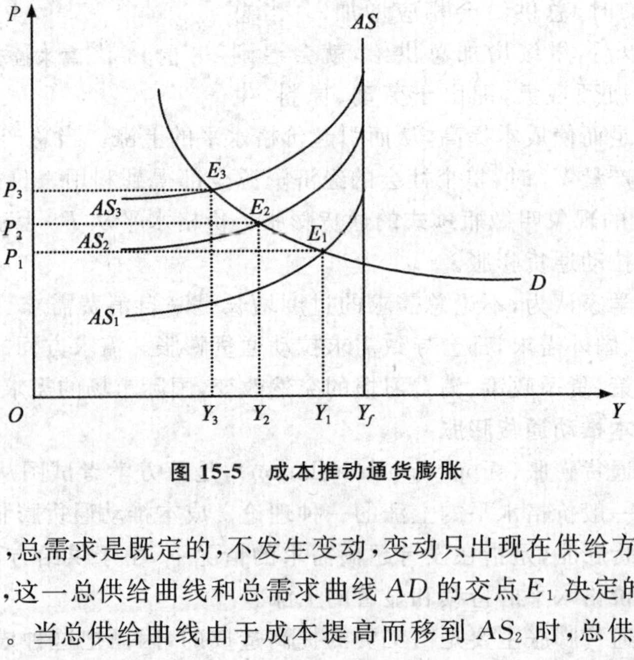

图 15-5　成本推动通货膨胀

图 15-5 中,总需求是既定的,不发生变动,变动只出现在供给方面。当总供给曲线为 AS_1 时,这一总供给曲线和总需求曲线 AD 的交点 E_1 决定的总产量为 Y_1,价格水平为 P_1。当总供给曲线由于成本提高而移到 AS_2 时,总供给曲线与总需求曲线的交点 E_2 决定的总产量为 Y_2,价格水平为 P_2。这时,总产量比以前下降,而价格水平比以前上涨。当总供给曲线由于成本进一步提高而移动到时 AS_3,总供给曲线和总需求曲线的交点 E_3 决定的总产量为 Y_3,价格水平为 P_3。这时的总产量进一步下降,而价格水平进一步上涨。

厂商成本由不同部分构成,因而成本推动通货膨胀同样可能有不同种类。例如,由于自然灾害,农业大幅度减产,会使农产品供给曲线向左上方移动和价格上涨。对于一个农产品在经济中占有很大比例的不发达经济来说,农产品价格上升会直接或间接推动一般物价上涨,引入通货膨胀压力。20 世纪 70 年代以后的世界经济史表明,石油价格上升导致的成本上升,是成本推动通货膨胀的最重要因素之一。西方国家70年代前期和80年代初发生两次较大通货膨胀，都与国际石油市场价格飙升有关。

一些西方学者认为，单纯用需求拉动或成本推动都不足以说明一般价格水平持续上涨，而应当同时从需求和供给两个方面以及二者的相互影响说明通货膨胀。于是又有人提出了从供给和需求两个方面及其相互影响说明通货膨胀的理论，即混合通货膨胀理论。

15.2.2.4 结构性通货膨胀

结构性通货膨胀(structural inflation)是指在没有需求拉动和成本推动的情况下，只是由于经济结构因素的变动，也会出现一般价格水平的持续上涨。他们把这种价格水平的上涨叫做结构性通货膨胀。

结构性通货膨胀理论把通货膨胀的起因归结为经济结构本身所具有的特点。据西方学者解释，从生产率提高的速度看，社会经济结构的特点是，一些部门生产率提高的速度快，另一些部门生产率提高的速度慢；从经济发展的过程看，社会经济结构的特点是，一些部门正在迅速发展，另一些部门渐趋衰落；从同世界市场的关系看，社会经济结构的特点是，一些部门(开放部门)同世界市场的联系十分密切，另一些部门(非开放部门)同世界市场没有密切联系。现代社会经济结构不容易使生产要素从生产率低的部门转移到生产率高的部门，从渐趋衰落的部门转移到迅速发展的部门，从非开放部门转移到开放部门。但是，生产率提高慢的部门、正在趋向衰落的部门以及非开放部门在工资和价格问题上都要求"公平"，要求向生产率提高快的部门、正在迅速发展的部门以及开放部门"看齐"，要求"赶上去"，结果导致一般价格水平的上涨。

假定A、B分别为生产率提高快慢不同的两个部门，二者的产量相等。部门A的生产增长率$(\Delta Y/Y)_A$为4.5%，工资增长率$(\Delta W/W)_A$也为4.5%。这时全社会的一般价格水平不会因部门A工资的提高而上涨。但是，当部门B的生产增长率$(\Delta Y/Y)_B$是0.5%，而工资增长率$(\Delta W/W)_B$，因向部门A看齐也达到4.5%时这就使全社会的工资增长率超过生产增长率。

全社会的工资增长率为：

$$\frac{\Delta W}{W}=\left[\left(\frac{\Delta W}{W}\right)_A+\left(\frac{\Delta W}{W}\right)_B\right]\div 2\times 100\%=4.5\%$$

全社会的生产增长率为：

$$\frac{\Delta Y}{Y}=\left[\left(\frac{\Delta Y}{Y}\right)_A+\left(\frac{\Delta Y}{Y}\right)_B\right]\div 2\times 100\%=2.5\%$$

这样全社会工资增长率超过生产增长率2%，工资增长率超过生产增长率的百分比就是价格上涨率或通货膨胀率。西方学者认为，上述说明同样适用于在工资问题上渐趋衰落的部门向正在迅速发展的部门看齐、非开放部门向开放部门看齐的情况。

15.2.3 通货膨胀对社会经济的影响

通货膨胀会给社会经济生活各方面带来影响，可称之为通货膨胀效应。在分析通货膨胀的经济效应时首先要区分可以完全预期的通货膨胀与无法完全预期的通货膨胀，它们的经济效应是不同的。在前一种情况下，通货膨胀率在相当长的时期是稳定的，人们可以根据过去的经验对未来做出准确的预期，并根据这一预期来调整自己的经济行为，从而通货膨胀并不影响各种实际变量，只是引起名义变量与通货膨胀率同比例变动。在后一种情况下，通货膨胀率较大，人们无法准确地做出预期并调整自己的经济行为，从而通货膨胀就要影响实际变量。我们所要分析的主要是后一种情况。

15.2.3.1 对收入分配的影响

就社会的各个阶层或集团来说，通货膨胀对其收入的影响是不同的，有些人将遭受损失，有些人将从中获利。

(1)在债务人与债权人之间，通货膨胀将有利于债务人而不利于债权人。因为债务契约根据签约时的通货膨胀率来确定名义利息率。当发生了没有预期到的通货膨胀之后，债务契约无法更改，从而使实际利息率下降，债务人受益，债权人受损。

(2)在雇主与工人之间，通货膨胀将有利于雇主而不利于工人。因为在不可预期的通货膨胀之下，工资不能迅速地根据通货膨胀率来调整，从而名义工资不变或略有增长的情况下使实际工资下降。实际工资的下降就会使利润增加，而利润的增加有利于刺激投资。

(3)在政府与公众之间，通货膨胀将有利于政府而不利于公众。因为在不可预期的通货膨胀之下，名义工资总会有所增加(尽管并不一定保持原有的实际工资水平)，随着名义工资的提高，达到纳税起征点的人增加了，还有许多人进入了更高的税率等级，这样，政府的税收增加，而公众的纳税额增加，实际收入减少。所以，有些西方经济学家认为，很难希望政府会努力去制止通货膨胀。

15.2.3.2 对国民产出的影响

通货膨胀对国民经济产出水平的影响，主要存在着三种情况。

第一种情况是随着通货膨胀出现，产出增加，收入增加。许多经济学家认为温和或爬行的需求拉动通货膨胀对产出和就业将有扩大的效应。假设总需求增加，经济复苏，造成一定程度的需求拉动的通货膨胀，在这种情况下，产品的价格的上涨速度会快于工资和其他资源价格的上涨，由此而增加了企业的利润。利润的增加就会刺激企业扩大生产，从而产生减少失业，增加国民产出的效果。这种情况意味着通货膨胀的再分配后果会由更多的就业和增加产出所获得的收益所抵消。例如，对于一个失业工人来说，如果他唯有在通货膨胀条件之下才能得到就业机会，显然，这受益于通货膨胀。

第二种情况是由通货膨胀引起产出和就业的下降。价格持续上升，居民户和企业会产生通货膨胀预期，即估计物价会再度升高。这假定在原总需求水平下，经济实现了充分就业和物价稳定。如果发生成本推动通货膨胀，则原来总需求所能购买的实际产品的数量将会减少。也就是说，当成本推动的压力抬高物价水平时，既定的总需求只能在市场上支持一个较小的实际产出。所以，实际产出会下降，失业会上升。美国 20 世纪 70 年代的情况就证实了这一点。1973 年末，石油输出国组织把石油价格翻了两番，成本推动通货膨胀的后果使 1973—1975 年的物价水平迅速上升，与此同时，美国失业率从 1973 年不到 5%上升到 1975 年的 8.5%。

第三种情况是恶性通货膨胀导致经济崩溃。首先，随着价格持续上升，居民户和企业会产生通货膨胀预期，即估计物价会再度升高。这样，人们都不愿用货币储蓄，以免将来受到损失，而宁愿在价格上升前把它花掉，从而产生过度的消费购买。这样，储蓄和投资都会减少，使经济增长率下降。第二，随着通货膨胀而来的生活费用的上升，劳动者会要求提高工资，不但会要求增加工资以抵消过去价格水平的上升，而且要求补偿下次工资谈判前可以预料到的通货膨胀带来的损失。于是企业增加生产和扩大就业的积极性就会逐渐丧失。第三，企业在通货膨胀率上升时会力求增加存货，以便在稍后按高价出售以增加利润，这种通货膨胀预期除了会鼓励企业增加存货外，还可能鼓励企业增加新设备。然而，企业这些行为到无法筹措到必需的资金（增加存货和购买设备都需要资金）时就会停止，银行会在适当时机拒绝继续为企业扩大信贷，银行利率也会上升，企业得到贷款会越来越难。企业被迫要减少存货，生产就会收缩。第四，通货膨胀会干扰信用制度的正常运行，一方面，在通货不断贬值的情况下，提供信用，尤其是向银行提供信用是不利的。因为较为固定的存款和金融债券利率，将受到物价上涨率的抵消。所以通货膨胀会阻塞正常的融资渠道，尤其会大大削弱银行的信贷能力；另一方面，在通货膨胀下融资，必须以高利率为融资代价，而在价格波动不定的条件下，高利率并非是所有的投资者都能接受的，这也会造成金融萎缩。第五，当出现恶性通货膨胀时，情况会变得更糟。当人们完全丧失对货币的信心时，货币就不能再执行它作为交换手段和储藏手段的职能。这时，任何一个有理智的人将不愿再花精力去从事财富的生产和正当的经营，而会把更多的精力用在如何尽快把钱花出去，或进行种种投机活动。等价交换的正常买卖，经济合同的签订和履行，经营单位的经济核算，以及银行的结算和信贷活动等，都无法再实现，市场经济机制也无法再正常运行，将会不可避免地出现大规模的经济混乱。

15.2.4 通货膨胀的治理

当通货膨胀上升到较高水平时，则需要采用不同手段加以应对和治理。从经济学分析和各国反通货膨胀政策实践看，主要有以下几类方法。

15.2.4.1 用衰退来降低通货膨胀率

相当多的西方学者认为：逆转通货膨胀的最有效的方法是人为地制造一次经济衰退。例如，货币主义的领袖人物弗里德曼说："我还没有看到任何例子，能够表明不需要通过一个增长缓慢和失业的过程而医治了相当大程度的通货膨胀。"

要降低通货膨胀，可通过使动态总需求曲线向左移动的办法来达到。在政策上，这可以通过实施紧缩性的财政政策和货币政策来实现。在实践上，存在着两种不同的政策选择：渐进主义式的途径与激进主义式的途径。

(1)渐进主义式的途径。渐进主义的基本特征是以较小的失业和较长的时间来降低通货膨胀率。图 15-6 显示了渐近主义降低通货膨胀率的情况。

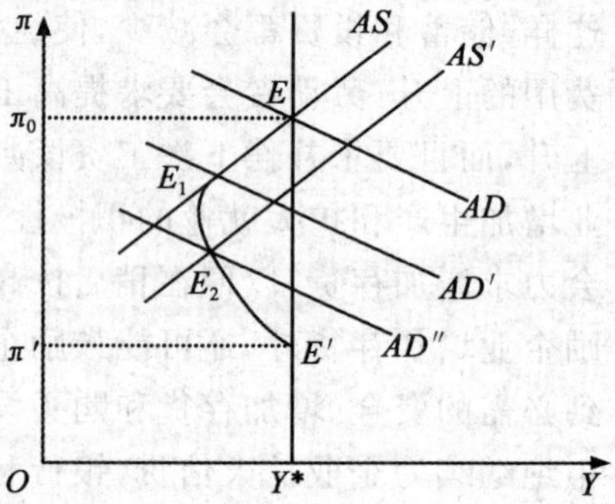

图 15-6 渐进主义的选择

图中，经济最初处于动态总需求曲线 AD 和总供给曲线 AS 的交点 E 的状态上，这时通货膨胀率为较高的 π_0，政府用紧缩性的经济政策使总需求曲线由 AD 下移至 AD'，使经济沿着总供给曲线 AS 从 E 点移动较小距离至 E_1 点。与 E_1 点较低的通货膨胀率相对应，短期总供给曲线下移到 AS'。接着随着紧缩性政策的进一步实施使经济运行到 E_2 点，总供给曲线再次下移，这个过程不断持续下去。最后，经济运行到 E' 点时，产量回到其潜在水平。而在该点处，通货膨胀率达到了预期的目标，即为较低的 π'。在这一调整过程中，尽管失业始终处在正常水平之上，但并没有大规模的经济衰退。

(2)"冷火鸡"式(激进主义式)的途径。与渐进主义的特征相反，激进主义是以较高的失业率和较短的时间来降低通货膨胀率。图 15-7 显示了激进主义降低通货膨胀率的情况。

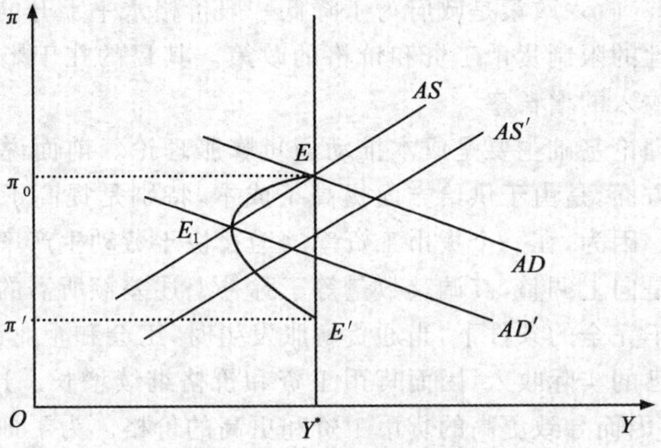

图 15-7 激进主义的选择

图 15-7 中，经济最初处在 E 点所对应的状态上。这时的通货膨胀率为 π_0，为使通货膨胀率回落到 π' 的目标水平上，政府用力度较大的紧缩性的经济政策使总需求曲线下移至 AD'，经济由 E 点移动到 E_1 点。由图可见，由此造成的迅速衰退程度要远大于渐进主义的情形。

通过比渐进主义政策造成更大程度的通货膨胀的降低，激进主义策略使得短期总需求曲线下移更大的距离。随着这种紧缩性政策的实施，经济较迅速地回落到充分就业及较低的通货膨胀率的 E' 点上。与渐进主义的策略不同，激进主义政策造成了较大规模的经济衰退，但通货膨胀率的下降也迅速得多。

15.2.4.2 其他对付通货膨胀的方法

除了通过衰退来反通货膨胀以外，经济学者也提出一些其他的措施。这些措施虽然被认为是次要的，但仍有加以论述的必要。

(1)指数化。所谓指数化就是以条文规定的形式把工资和某种物价指数联系起来，当物价上升时，工资也随之上升。这样，经济学者认为，可以部分地消除通货膨胀在收入分配上所造成的影响。

指数化被区分为两种：一种为百分之百的指数化，即工资按物价上升的比例增长，当物价上升 5%时，工资也上升同一比例。另一种为部分指数化，即工资上涨的比例仅为物价上升的一个部分。例如，物价上升 10%，而工资却仅上升 5%。

不论是全部还是部分指数化，它只能减轻通货膨胀在收入分配上的后果，但却不能消除通货膨胀本身。因此，严格说来，指数化并不能构成一种反通货膨胀的方法。指数化虽然在一定限度内可以消除在收入分配上的影响，但如果不当，它也会造成加剧通货膨胀的不良后果。

(2)收入政策。收入政策是政府为了降低一般价格水平上升的速度,而采取的强制性或非强制性的限制货币工资和价格的政策。其目的在于影响或控制价格、货币工资和其他收入的增长率。

收入政策的理论基础主要是成本推动通货膨胀理论。前面说过,成本推动通货膨胀来自供给方面,是由于供给方面提高了成本,特别是提高了工资,从而引起价格水平的上涨。因为,在一个货币工资率的增长快于劳动生产率增长的经济中,价格水平的趋势是向上调整,其调整数量等于弥补上述差额所需的数量。

在市场竞争不完全的条件下,当通货膨胀发生时,工会和企业又会利用自己的垄断力量保持自己的实际收入,因而货币工资和价格继续增长。这种增长威胁到他人的实际收入,因而导致更高的货币工资和更高的价格。为了抑制工资和价格,特别是当通货膨胀难以遏制时,有必要采取收入政策。第二次世界大战后,美国、英国、法国、荷兰、瑞典、加拿大、意大利等国,都实行过收入政策。

(3)恶性通货膨胀通常是由战乱或其他特殊原因引起的,对于陷于恶性通货膨胀的经济来说,政府需要依据"重病用猛药"的方针,采取各种收入和价格管制措施,引入物品数量配给制,极端情况下甚至需要进行货币改革,通过废除旧货币和引入新货币来摆脱危机。当然,如果恶性通货膨胀与战争环境相联系,上述治理手段必须与结束战争、有效恢复生产秩序这一"治本"措施相结合,才能收到预期效果。

15.3 失业与通货膨胀的关系

失业与通货膨胀是经济运行中的两个主要问题,那么,这两者之间有什么关系呢?这是许多经济学家所关心的问题。不同学派的经济学家对这一问题作出了不同的回答。

15.3.1 凯恩斯的观点:失业与通货膨胀不会并存

凯恩斯认为,在未实现充分就业,即资源闲置的情况下,总需求的增加只会使国民收入增加,而不会引起价格水平上升。这也就是说,在未实现充分就业的情况下,不会发生通货膨胀。在充分就业实现,即资源得到充分利用之后,总需求的增加无法使国民收入增加,而只会引起价格上升。这也就是说,在发生了通货膨胀时,一定已经实现了充分就业。这种通货膨胀是由于总需求过度而引起的,即需求拉动的通货膨胀。

15.3.2 菲利普斯曲线:失业与通货膨胀之间的交替关系

菲利普斯曲线(Phillips curve)是用来表示失业与通货膨胀之间交替关系的曲线,由新西兰经济学家菲利普斯提出。

1958 年,在英国任教的新西兰籍经济学家菲利普斯在研究了 1861—1957 年的英国失业率和货币工资增长率的统计资料后,提出了一条用以表示失业率和货币工资增长率之间替换关系的曲线,在以横轴表示失业率,纵轴表示货币工资增长率的坐标系中,画出一条向右下方倾斜的曲线,这就是最初的菲利普斯曲线。该曲线表明:当失业率较低时,货币工资增长率较高;反之,当失业率较高时,货币工资增长率较低,甚至为负数。

以萨缪尔森为代表的新古典综合派随后便把菲利普斯曲线改造为失业和通货膨胀之间的关系,并把它作为新古典综合理论的一个组成部分,用以解释通货膨胀。新古典综合派对最初的菲利普斯曲线加以改造的出发点在于如下所示的货币工资增长率、劳动生产率和通货膨胀率之间的关系:

通货膨胀率=货币工资增长率-劳动生产增长率

根据这一关系,若劳动生产的增长率为零,则通货膨胀率就与货币工资增长率一致。因此,经改造的菲利普斯曲线就表示了失业率与通货膨胀率之间的交替关系,即失业率高,则通货膨胀率低;失业率低,则通货膨胀率高。菲利普斯曲线如图 15-8 所示。

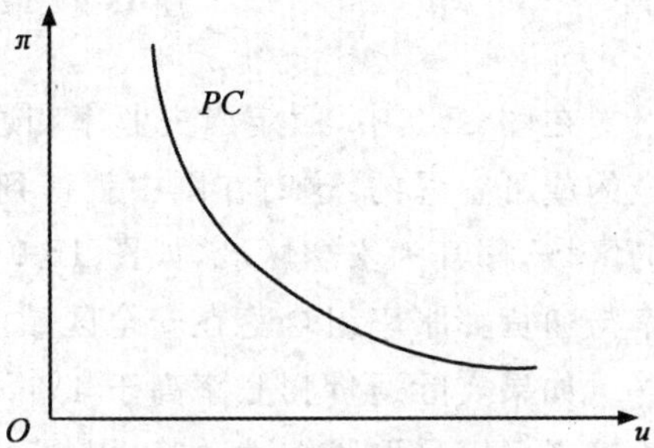

图 15-8 菲利普斯曲线

图 15-8 中,横轴代表失业率 u,纵轴代表通货膨胀率 π,向右下方倾斜的曲线 PC 即为菲利普斯曲线。若设 u^* 代表自然失业率,则可以将简单形式的菲利普斯曲线表示为:

$$\pi = -\varepsilon(u - u^*)$$

式中:参数 ε 衡量价格对于失业率的反应程度。举例来说,如果 ε 是 2,上述方程表示,实际失业率相对于自然失业率每增加一个百分点,则通货膨胀率下降两个百分点。总之,上述方程描述的是,当失业率超过自然失业率,即 $u > u^*$ 时,价格水平就下降,当失业率低于自然失业率时,价格水平就上升。

菲利普斯曲线为政策选择提供了理论依据。这就是可以运用扩张性宏观经济政策，以较高的通货膨胀率来换取较低的失业率；也可以运用紧缩性宏观经济政策，以较高的失业率来换取较低的通货膨胀率。这也是菲利普斯曲线的政策含义。

具体而言，一个经济社会先确定一个社会临界点，由此确定一个失业与通货膨胀的组合区域。如果实际的失业率和通货膨胀率组合在组合区域内，则社会的决策者不用采取调节行动，如在区域之外，则可根据菲利普斯曲线所表示的关系进行调节。现用图 15-9 来说明。

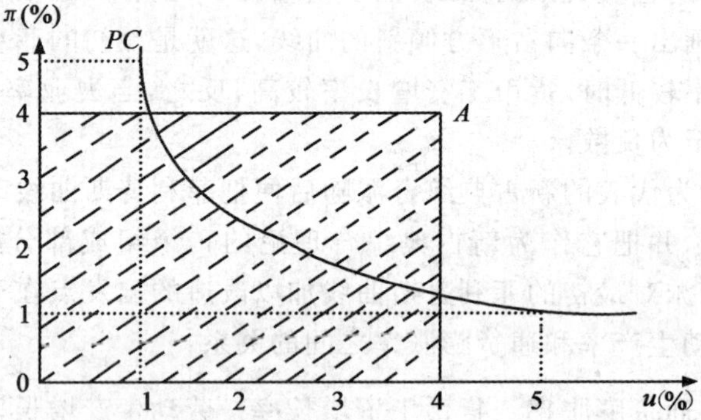

图 15-9　菲利普斯曲线与政策运用

在图 15-9 中，假定当失业率和通货膨胀率在 4%以内时，经济社会被认为是安全的或可容忍的，这时在图中就得到了一个临界点，即 A 点，由此形成一个四边形的区域，称其为安全区域，如图 15-9 中的阴影部分所示。如果该经济的实际失业率与通货膨胀率组合落在安全区域内，则决策者无须采取任何措施（即政策）调节。

如果实际通货膨胀率高于 4%，例如达到了 5%，这时根据菲利普斯曲线，经济决策者可以采取紧缩性政策，以提高失业率为代价降低通货膨胀率。从图中可以看到，当通货膨胀降到 4%以下时，经济的失业率仍然在可忍受的范围内。如果经济社会的失业率高于 4%，例如为 5%，这时根据菲利普斯曲线，决策者可以采取扩张性政策，以提高通货膨胀率为代价降低失业率。从图 15-9 中看到，当失业率降到 4%以下时，经济的通货膨胀率仍然在可忍受的范围内。

菲利普斯曲线所反映的失业与通货膨胀的交替关系与西方国家 20 世纪 50～60 年代的实际情况基本符合。20 世纪 70 年代末期，由于滞胀的出现，失业与通货膨胀之间又不存在这种交替关系了。于是对失业与通货膨胀之间的关系又有了新的解释。

15.3.3 货币主义与理性预期学派的分析

15.3.3.1 货币主义的观点

1968 年，货币主义的代表人物，美国经济学家弗里德曼指出了菲利普斯曲线分析的一个严重缺陷，即它忽视了工人对通货膨胀的预期。货币主义者在解释菲利普斯曲线时引入了适应性预期的概念，即人们根据过去的经验来形成并调整对未来的预期。他们根据适应性预期，把菲利普斯曲线分为短期菲利普斯曲线与长期菲利普斯曲线。

短期菲利普斯曲线就是预期通货膨胀率保持不变时，表示通货膨胀率与失业率之间关系的曲线。据此，为了显示预期通货膨胀的重要性，将菲利普斯曲线方程 $\pi=-\varepsilon(u-u^*)$ 式改写为：

$$\pi-\pi^e=-\varepsilon(u-u^*)$$

$$即，\pi=\pi^e-\varepsilon(u-u^*)$$

式中：π^e 为预期通货膨胀率。方程 $\pi=\pi^e-\varepsilon(u-u^*)$被称为现代菲利普斯曲线，或附加预期的菲利普斯曲线。注意，附加预期的菲利普斯曲线有一个重要性质，这就是当实际通货膨胀等于预期通货膨胀时，失业处于自然失业率水平。这意味着，附加预期的菲利普斯曲线在预期通货膨胀水平上与自然失业率相交。具体如图 15-10 所示。

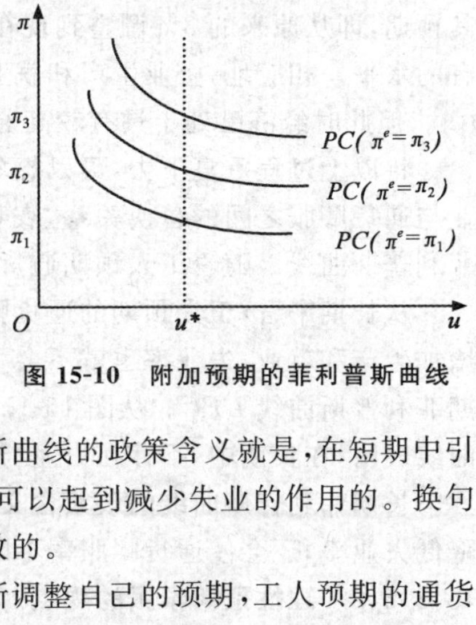

图 15-10 附加预期的菲利普斯曲线

附加预期的短期菲利普斯曲线表明，在预期的通货膨胀率低于实际的通货膨胀率的短期中，失业率与通货膨胀率之间仍存在着替换关系。由此，向右下方倾斜的短期菲利普斯曲线的政策含义就是，在短期中引起通货膨胀率上升的扩张性财政与货币政策是可以起到减少失业的作用的。换句话说，调节总需求的宏观经济政策在短期是有效的。

在长期中，工人将根据实际发生的情况不断调整自己的预期，工人预期的通货膨胀率与实际的通货膨胀率迟早会一致，这时工人要求改变名义工资，以使实际工资不变，从而较高的通货膨胀就不会起到减少失业的作用。因此，货币主义者认为，在以失业率为横坐标，通货膨胀率为纵坐标的坐标中，长期中的菲利普斯曲线是一条垂直线，表明失业率与通货膨胀率之间不存在交替关系。而且，在长期中，经济社会能够实现充分就业，经济社会的失业率将处在自然失业率的水平。

下面用图 15-11 来说明菲利普斯曲线不断移动，进而形成长期菲利普斯曲线的过程。图中，假定某一经济处于自然失业率 u^*，通货膨胀率为 3%的 A 点。若这时政府采取扩张性政策，以使失业率降低到 u_1。由于扩张性政策的实施，总需求增加，导致价格水平上升，使通货膨胀率上升为 6%。因为在 A 点处，工人预期的通货膨胀率为 3%，而现在实际的通货膨胀率为 6%，高于预期的通货膨胀率，使实际工资下降，从而会增加生产，增加就业，于是失业率减少为 u_1。于是就会发生图中短期菲利普斯曲线 $PC_1(\pi^e=3\%)$所示的情况，失业率由 u^* 降为 u_1，而通货膨胀率则从 3%上升到 6%。

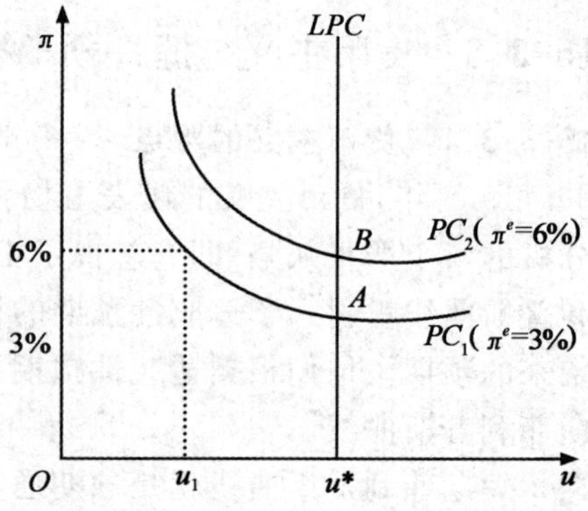

图 15-11　短期和长期菲利普斯曲线图

但这种情况只能是短期的。经过一段时间，工人们会发现价格水平的上升和实际工资的下降，这时他们便要求提高货币工资。与此同时，工人们会相应地调整其预期，即从原来的 3%调整到现在的 6%。伴随着这种调整，实际工资回到了原有的水平。相应地，企业生产和就业也都回到了原有的水平，失业率又回到原来的 u^*。但此时经济已处于具有较高通货膨胀率预期(即 6%)的 B 点。

将以上过程重复下去，可以想象，在短期，由于工人不能及时改变预期，存着失业与通货膨胀之间的替换关系，表现在图形上，便有诸如 PC_1，PC_2…的各条短期菲利普斯曲线。随着工人预期通货膨胀率的上升，短期菲利普斯曲线不断上升。

从长期来看，工人预期的通货膨胀与实际通货膨胀是一致的。因此，企业不会增加生产和就业，失业率也就不会下降，从而便形成了一条与自然失业率重合的长期菲利普斯曲线 LPC。从图 15-11 可知，垂直于自然失业率水平的长期菲利普斯曲线表明，在长期中，不存在失业与通货膨胀的交替关系。

长期菲利普斯曲线的政策含义是，从长期来看，政府运用扩张性政策不但不能降低失业率，还会使通货膨胀率不断上升。

15.3.3.2　理性预期学派的观点

理性期学派的预期概念不同于适应性预期，强调的是合乎理性的预期，而不是适应性预期。理性预期学派更为彻底地否定了菲利普斯曲线的交替关系，认为即使在短期内菲利普斯曲线也是不存在的，无论是在短期内还是在长期内得到的都是一条垂直于自然失业率的垂线，理性预期学派认为人们对未来的预期是理性的，无论在短期内还是长期内，他们都能准确地预期未来的通货膨胀。他们对通货膨胀率的预期和实际通货膨胀率是一致的。在理性预期的情况下，无论在短期内还是长期内不可能有预期通货膨胀低于实际的通货膨胀的错误，也不可能有货币幻觉存在。因此，菲利普期曲线是垂直于自然失业率的一条垂直线，即失业率与通货膨胀率之间不存在交替关系。由此得出的推论就是：无论是在短期还是长期中，宏观经济政策都是无效的。

失业与通货膨胀关系理论的发展，是对西方国家经济现实的反映。凯恩斯的论述反映了20世纪30年代大萧条时的情况，菲利普斯曲线反映了20世纪50～60年代的情况，而货币主义和理性预期学派的论述，反映了20世纪70年代以后的情况。凯恩斯主义、货币主义与理性预期学派，围绕菲利普斯曲线争论，表明了它们对宏观经济政策的不同态度。凯恩斯主义者认为，无论在短期与长期中，失业率与通货膨胀率都存在交替关系，从而认为宏观经济政策在短期与长期中都是有用的。货币主义认为，短期中失业率与通货膨胀率存在交替关系，而长期中不存在这种关系，从而认为宏观经济政策的只在短期中有用，而在长期中无用。理性预期学派认为，无论在短期或长期中，失业率与通货膨胀率都没有交替关系，因此，宏观经济政策就是无用的。

延伸阅读

1.失业的理论——美国高失业时期的经济损失

美国经济衰退期间的损失，就好像是将众多的汽车、房屋、衣物和其他物品都销毁掉了一样。表15-1给出了20世纪中的高失业期间，美国实际产出相对潜在*GDP*的减少量。

表15-1　高失业时期的经济损失额

时期	平均失业率(%)	产出损失 *GDP*损失 (10亿美元，2003年价格)	占该时期*GDP*百分比
大危机时期(1930—1939年)	18.2	2 560	27.6
石油危机和通货膨胀时期(1975—1984年)	7.7	1 570	3.0
新经济跌落后的时期(2001—2003年)	5.5	220	0.2

数据来源：Samuelson and Nordhaus，Macroeconomics，Eighteenth Edition，McGraw-Hill/Irwin，2005.313.

从表15-1中可知，美国最大的经济损失发生在大萧条时期。而20世纪70年代和80年代的石油危机与通货膨胀也使产出损失高达1万多亿美元。相比之下，

2001—2003 年这一时期,经济周期的损失非常小。

资料来源:高鸿业.西方经济学(宏观部分).4 版.北京:中国人民大学出版社,2007.

2.美国劳工统计局如何计算消费物价指数和通货膨胀率

在美国,当劳工统计局计算消费物价指数和通货膨胀率时,它要使用成千上万种物品与劳务的价格数据。为了简化计算,假定消费者只购买两种物品——热狗和汉堡包。表 15-2 显示了劳工统计局所遵循的五个步骤。

表 15-2 计算消费物价指数和通货膨胀率的一个例子

第一步:调查消费者以确定固定的一篮子物品

4 个热狗,2 个汉堡包

第二步:找出每年每种物品的价格

年份	热狗的价格(美元)	汉堡包价格(美元)
2008	1	2
2009	2	3
2010	3	4

第三步:计算每年一篮子物品的费用

年份	一篮子物品的费用
2008	(每个热狗 1 美元×4 个热狗)+(每个汉堡包 2 美元×2 个汉堡包)=8 美元
2009	(每个热狗 2 美元×4 个热狗)+(每个汉堡包 3 美元×2 个汉堡包)=14 美元
2010	(每个热狗 3 美元×4 个热狗)+(每个汉堡包 4 美元×2 个汉堡包)=20 美元

第四步:选择一年作为基年(2008 年)并计算每年的消费物价指数

年份	消费物价指数
2008	(8 美元/8 美元)×100 =100
2009	(14 美元/8 美元)×100 =175
2010	(20 美元/8 美元)×100 = 250

第五步:用消费物价指数计算自上一年以来的通货膨胀率

年份	通货膨胀率
2009	(175−100)/100 ×100% =75%
2010	(250−175)/175 ×100% =43%

第一步,固定篮子。确定哪些物价对普通消费者是最重要的。如果普通消费者买的热狗比汉堡包多,那么热狗的价格就比汉堡包的价格重要。因此,在衡量生活费用时就应该给热狗更大的权数。劳工统计局通过调查消费者并找出普通消费

者购买的一篮子物品与劳务来确定这些权数。在表 15—2 的例子中，普通消费者购买的一篮子物品包括 4 个热狗和 2 个汉堡包。

第二步，找出价格。找出每个时点上篮子中每种物品与劳务的价格。表 15-2 显示了三个不同年份的热狗和汉堡包价格。

第三步，计算这一篮子东西的费用。用价格数据计算不同时期一篮子物品与劳务的费用。该表显示了对三年中每一年的这种计算。要注意的是，在这种计算中只有价格变动。通过使这一篮子物品与劳务相同(4 个和 2 个汉堡包)，我们可以把同时发生的价格变动的影响与任何数量变动的影响区分开来。

第四步，选择基年并计算指数。指定一年为基年，即其他各年与之比较的基准。(在用指数衡量生活费用的变动时，基年的选择是任意的)一旦选择了基年，指数的计算如下：

$$\text{消费物价指数}=\frac{\text{当年一篮子物品与劳务的价值}}{\text{基年一篮子的价值}}\times 100$$

即用每一年一篮子物品与劳务的价格除以基年这一篮子物品与劳务的价格，然后再用这个比率乘以 100。所得出的数字就是消费物价指数。

在表 15-2 的例子中，2008 年是基年。在这一年，一篮子热狗和汉堡包的费用是 8 美元。因此，各年的消费物价指数等于各年的一篮子物品价格除以 8 美元并乘以 100。2008 年的消费物价指数是 100(基年的指数总是 100)。2009 年的消费物价指数是 175。这意味着，2009 年一篮子物品的价格是基年的 175%。换个说法，基年价值 100 美元的一篮子物品在 2009 年值 175 美元。同样，2010 年的消费物价指数是 250，表示 2010 年的物价水平是基年物价水平的 250%。

第五步，计算通货膨胀率。用消费物价指数计算通货膨胀率。计算连续两年之间通货膨胀率的方法如下：

$$\text{第二年的通货膨胀率}=\frac{\text{第二年}\,CPI-\text{第一年}\,CPI}{\text{第一年}\,CPI}\times 100\%$$

正如表 15-2 所表明的，在我们的例子中 2009 年的通货膨胀率是 75%，2010 年是 43%。

虽然这个例子通过只包括两种物品把现实世界简化了，但它说明了劳工统计局如何计算消费物价指数和通货膨胀率。劳工统计局每月收集并整理成千上万种物品与劳务的价格数据，遵循上述五个步骤，确定普通消费者的生活费用上升的速率。

资料来源：曼昆. 经济学原理. 5 版. 梁小民，译. 北京：北京大学出版社，2009.

3.德国在20世纪20年代早期的超级通货膨胀

德国在第一次世界大战战败后，一场革命推翻了威廉二世的统治，成立了魏玛共和国。在1919年的和谈时，协约国——美国、英国、法国和意大利——迫使新的德国政府签订赔款条约。所谓的赔款，就是要求德国就战争中导致的对协约国的损害进行赔偿。对于德国政府而言，要想用税收收入来支付正常的政府开支和赔款是十分艰难的。

德国政府决定向中央银行(德国国家银行)出售债券来弥补开支和税收收入之间的差额。几年之后，德国的赔款远未能按照协议进行。德国政府向国家银行出售债券，因此增加了货币供给。

货币供给增加导致的通货膨胀率十分惊人：流通中的马克(德国的货币)从1922年1月的1.15亿元增长到了1923年1月的13亿元，而在1923年12月，这一数字达到了惊人的497×10^{18}元，也就是497 000 000 000 000 000 000元。正如货币数量理论所预言的，其结果必然是极高的通货膨胀率。德国物价指数在1914年为100，1922年1月为1 440，而在1923年12月这已经上升到了126 160 000 000 000，德国马克变得一文不值。德国政府以此结束了这场超级通货膨胀：①与协约国重新谈判，削减战争赔款；②减少其他政府支出，增加税收来平衡预算；③发行新币替代旧币，新的1马克相当于1万亿旧马克。德国中央银行也将新的马克发行量控制在了32亿元。

这些措施足以结束这场超级通货膨胀，但使用旧马克的人的积蓄没有了。大多数的德国中产阶级对这一结果极度厌恶。很多历史学家相信这次超级通货膨胀极大地削弱了德国人对魏玛共和国政府的信任，而为希特勒和纳粹分子10年后的上台打下了基础。

资料来源：Thomas Sargent. “The End of Four Big Hyperinflations” in Rational Expectations and Inflation, New York: Harper and Row, 1986.

4.治理通货膨胀——20世纪80年代的通胀是如何被征服的

美国通货膨胀率曾在20世纪70年代末达到两位数，在1980年达到13.5%，然而在1983年它却一路降到了3.2%，在这之后的10年一直保持在2%～5%。到了90年代，通货膨胀率下降到更低水平，大多数年份都在2%～3%。20世纪80年代的通胀是如何被征服的？

最直接对这次胜仗负责的人是当年美联储的主席保罗·沃尔克。在1979年10月6日他召开了一场非常秘密的周六会议。会上联邦公开市场委员会同意采取强有力的降低货币供给增长率的反通胀货币政策。这次政策变化对美国经济的影响表示在表15-3中，包括1978—1985年的部分宏观数据。

表 15-3 美国宏观经济数据(1978—1985 年) %

年份	实际 GDP 增长率	失业率	通货膨胀率	名义利率	实际利率
1978	5.5	6.1	7.6	8.3	0.7
1979	3.2	5.8	11.4	9.7	−1.7
1980	−0.2	7.1	13.5	11.6	−1.9
1981	2.5	7.6	10.3	14.4	4.1
1982	−2.0	9.7	6.2	12.9	6.7
1983	4.3	9.6	3.2	10.5	7.3
1984	7.3	7.5	4.3	11.9	7.6
1985	3.8	7.2	3.6	9.6	6.0

数据来源:《总统经济报告》(http//www.gpoaccess.gov/eop)。

从表 15-3 中数据看到,短期内(1979—1982 年)美联储采取紧缩的货币政策导致了经济的衰退。从 1979 年采取措施之后,紧接着的是两次衰退:1980 年较短的一次和 1981—1982 年较严重的一次。注意到 1980 年和 1982 年的实际 GDP 增长率是负的,同时失业率上升得非常显著,在 1982 年达到顶点,高达 9.7%。名义利率和实际利率也上升了,这是紧缩货币政策变化的直接影响。但是,1979—1981 年,通胀率却没有对这个措施有什么明显的反应。可见,紧缩性的反通货膨胀货币政策的短期影响——降低产出、增加失业率,而对降低通货膨胀率却作用不大——这些结果让人失望,这也解释了为什么这样的政策措施在初期总是不受欢迎。

但是,到了 1983 年,情况却显著地变化了。由于 1983—1985 年实际 GDP 的强劲增长,经济得到复苏(表 15-3)。到了 1984 年,可能会阻碍复苏的失业率也开始下降。利率仍然相对较高,可能反映了除货币政策之外的一些因素的影响。最重要的是,通胀率在 1982—1983 年下降,并稳定于一个相对低的水平。从那时开始,美国的通胀率一直保持在较低水平。

资料来源:Robert H. Frank,Ben S. Bernanke. 宏观经济学原理. 3 版. 李明志,等译. 北京:清华大学出版社,2008.

概念与习题

1. 解释下列概念:自然失业率;摩擦性失业;结构性失业;周期性失业;奥肯定律;消费物价指数;生产物价指数;菲利普斯曲线。

2. 什么是自然失业率?能否说有劳动能力的人都有工作才是充分就业?

3.什么是通货膨胀？谈谈通货膨胀的类型及其对社会经济的影响。

4.试述失业与通货膨胀的原因是什么？

5.在失业与通货膨胀问题上，凯恩斯主义、货币主义和理性预期学派的观点有何不同？

6.假设某经济某一时期有 1.9 亿成年人，其中 1.2 亿人有工作，0.1 亿人在寻找工作，0.45 亿人没有工作但也没在找工作。试求：(1)劳动力人数；(2)劳动力参与率；(3)失业率。

7.假设某经济统计部门选用 A、B、C 三种商品来计算消费价格指数，所获数据如表 15-4 所示。

表 15-4　A、B、C 三种商品

产品	数量	1999 年价格(元)	2006 年价格(元)	2007 年价格(元)
A	1.00	50.00	100.00	85.00
B	20.00	10.00	15.00	14.00
C	20.00	25.00	25.00	27.50

以 1999 年为基期，试计算各年的 *CPI* 以及 2006 年与 2007 年的通货膨胀率。

8.假设某经济有以下菲利普斯曲线

$$\pi=\pi_{-1}-0.5(u-0.06)$$

问：(1)该经济的自然失业率为多少？(2)为使通货膨胀减少 5 个百分点，必须有多少周期性失业？

9.说明短期菲利普斯曲线与长期菲利普斯曲线的关系。非凯恩斯主义对菲利普斯曲线有何不同的解释？

16 开放经济理论

有一些国际贸易的好处是众所周知的，例如，没有人会建议挪威自己生产柑橘。

——保罗·克鲁格曼

前面对宏观经济理论的论述都以封闭经济为假设前提，即假定一国经济不与国外进行任何经济联系。但在现实经济学中，完全封闭的经济是不存在的，任何一国经济都在不同程度上是开放经济。西方学者认为，各国之间的经济联系正在日益加深，全球经济一体化进程日益加快。基于这些考虑，开放经济的宏观经济学分析在开放经济中，即与其他国家进行贸易活动的经济中的基本联系，并介绍一些基本的分析方法。

16.1 开放经济的基础知识

为了更好地理解开放经济的宏观经济理论，本节先介绍有关开放经济方面的一些基本知识。

16.1.1 国际贸易理论概述

16.1.1.1 绝对优势理论

早期的国际贸易理论是绝对优势理论(the absolute advantage theory)，其代表人物是18世纪的英国经济学家亚当·斯密。亚当·斯密认为，要是两个国家自愿进行贸易，两个国家必须都能通过贸易获得利益，他认为两国间的贸易基于绝对优势。当一国相对于另一国在某种商品的生产上有更高效率(或有绝对优势)，但在另一种商品的生产上有更低效率(或有绝对劣势)，那么两国就可以专门生产自己有更高效率(或有绝对优势)的产品并用其中的一部分来交换其有绝对劣势的商品。这样，资源可以被最有效地使用，而且两种商品的产出会有很人的增长。这种增长可用来测度两国专门化生产所产生的收益，这种收益通过国际贸易在两国间进行分配。

该理论认为，各国所存在的生产技术上的差别以及由此造成的劳动生产率和生产成本的绝对差别，是国际贸易和国际分工的基础。各国应该集中生产并出口其具有"绝对优势"的产品，进口其不具有"绝对优势"的产品，其结果比自己什么都生产更有利。他用一国中不同的职业分工和交换来解释国际贸易，认为国际贸易的产生就是都用自己的产品去交换自己不擅长生产的东西。一个国家之所以要进口别国的产品，是因为该国的生产技术处于劣势，自己生产成本太高，购买别国产品反而便宜。而一国之所以能够向别国出口产品，是因为该国在这一产品的生产技术上比别国先进，或者说是有绝对优势，因为该国能够用同样的资源生产比别国更多的产品，从而使每单位产品的生产成本低于别国。

下面假设以美国和英国的小麦和布匹的劳动生产率数据举例说明，如表 16-1 所示。

表 16-1　美国和英国的小麦和布匹的劳动生产率

商　品	国别	
	美国	英国
小麦(千克/劳动小时)	6	1
布匹(米/劳动小时)	4	5

表 16-1 表明，美国在生产小麦上有绝对优势，英国在布匹上的劳动生产率更高，有绝对优势。美国可以专业生产小麦，英国可以专业生产布匹。如果美国以 6 千克小麦换取英国 6 米布匹，美国获利为 2 米布匹(比国内交易多得 2 米布匹)，或节约 1/2 劳动小时。英国用 6 米布匹换得国内 6 小时劳动的小麦产品，国内 6 小时劳动可以生产 30 米布匹，贸易获利 24 米布匹，相当于节约 5 个劳动小时。只要两个地方的商品的价格之间差异大于其间的运输成本，就存在着套利机会，就可以通过贸易获利。

绝对优势理论解释了产生国际贸易的部分原因，但局限性很大。因为在现实中，有些国家比较先进发达，有可能在各种产品的生产上都具有绝对优势，而一些国家可能不具有任何生产技术上的绝对优势，但贸易仍然在这两种国家之间发生。

16.1.1.2　比较优势理论

鉴于斯密绝对优势理论的局限性，英国另一经济学家李嘉图提出了比较优势贸易理论(the comparative advantage theory)。1817 年，李嘉图发表了《政治经济学及赋税原理》一书，其中他提出了比较优势贸易理论。根据比较优势原理(law of comparative advantage)，即使一国在两种商品的生产上较之另一国均处于劣势(即无绝对的优势)仍有可能存在互利贸易。一个国家可以专门生产、出口他的绝对劣势相对小的商品(即具有比较优势的商品)，同时进口其绝对劣势相对大的商品(即具有比较劣势的商品)，从中获利。

比较优势理论认为，国际贸易的基础并不限于生产技术上的绝对差别，只要各国之间存在着生产技术上的相对差别，就会出现生产成本和产品价格的相对差别，从而使各国在不同的产品上具有比较优势，使国际分工和国际贸易成为可能。

按照比较优势理论，在机会成本上的差异给世界生产提供了一个互利的重新组合的可能性。如果一个国家在本国生产一种产品的机会成本（用其他产品来衡量）低于在其他国家生产该产品的机会成本的话，则这个国家在生产该种产品上就拥有比较优势。如果每个国家都出口本国具有比较优势的商品，则两国间的贸易能使两国都受益。李嘉图将国际贸易的基础由各国都拥有绝对优势放宽到各国拥有相对优势，将贸易理论向前推进了一步。比较优势理论不仅在理论上更广泛地论证了国际贸易的基础，在实践上也部分地解释了先进国家与落后国家之间贸易的原因。

下面用假设的美国和英国的小麦和布匹的劳动生产率数据来说明，数据见表 16-2。

表 16-2　美国和英国的小麦和布匹的劳动生产率

商　品	国别	
	美国	英国
小麦（千克/劳动小时）	6	1
布匹（米/劳动小时）	4	2

表 16-2 表明，美国在生产小麦和布匹上相对于英国都有更高的劳动生产率，都具有绝对优势。由于美国小麦劳动生产率是英国的 6 倍，布匹上是英国的 2 倍，相对来说，美国小麦劳动生产率优势更大［(6∶1)＞(4∶2)］，即具有相对优势。英国劳动生产率在生产小麦和布匹上相对于美国均具有绝对劣势，然而，英国劳动生产率在小麦上仅是美国的 1/6，而在布匹上是美国的 1/2，英国在布匹生产上的绝对劣势要小些(2∶4＞1∶6)，具有在布匹生产上的相对优势。美国可以多生产小麦，英国可以专业生产布匹。如果美国以 6 千克小麦换取英国 6 米布匹，美国获利为 2 米布匹（比国内交易多得 2 米布匹），或节约 1/2 劳动小时。英国用 6 米布匹换得国内 6 小时劳动的小麦产品，国内 6 小时劳动可以生产 12 米布匹，获利 6 米布匹，节约 3 个劳动小时。两国均可获得效益。当然，这不是唯一的交换比率，只要美国以 6 千克小麦换取英国的布匹多于 4 米，美国就会获利；只要英国换取美国 6 千克小麦付出的英国布匹少于 12 米，英国就会获利。互惠贸易交换比率的范围是：

英国的布匹 4 米＜美国 6 千克小麦＜英国布匹 12 米

12 米布匹与 4 米布匹相差的 8 米布匹，就是交换 6 千克小麦时两国可以分配的总利益。

在考虑货币的情况下，假设美国的工资率是每小时 6 美元，英国的工资率是每小时 1 英镑。而美元与英镑之间的汇率为 1 英镑＝2 美元。根据表 16-2，则有表 16-3。

表 16-3 以美元计价的小麦和布匹在美国和英国的价格

商品	国别	
	美国	英国
1 千克小麦	1.00 美元	2.00 美元
1 米布匹	1.50 美元	1.00 美元

从表 16-3 可以看出，小麦（美国有比较优势的产品）的价格在美国比在英国低，布匹（英国有比较优势的产品）的价格在英国比在美国低。商人会把美国小麦卖到英国，获取每千克 1.00 美元的差价，在英国买来布匹卖到美国，获取 0.50 美元的差价。贸易使得两地的商品的国际价格发生变化，低价商品的价格会因为国际需求增加而价格提高，高价商品会因为国外商品进入供给增加而价格降低，国际贸易会逐渐使得两个独立国家的价格比率趋向新的国际均衡水平，该水平处于两地的商品的原来价格之间的某一水平。

16.1.1.3 赫克歇尔-俄林理论

1919 年，瑞典经济学家埃利·赫克歇尔发表了题为《国际贸易对收入分配的影响》的论文，在这篇文章中，他对现代国际贸易理论作了一个概括性的说明。这篇文章发表后并没有引起人们的注意，直到十年以后，他的学生，另一位瑞典经济学家伯尔蒂尔·俄林才在这篇文章的基础上作了进一步的研究。他在 1933 年出版了著名的《区际贸易与国际贸易》一书。

因为俄林的文章包含了赫克歇尔的所有工作，并作了进一步的研究，因此，这里我们只讨论俄林所做的工作。由于这一理论的核心思想是由赫克歇尔提出的，为纪念其贡献，我们把这一理论称为赫克歇尔-俄林理论（Hechscher-Ohlin theorem）。俄林由于其在国际贸易方面的贡献，他与詹姆斯·米德（James Mead）分享了 1977 年度的诺贝尔经济学奖。

我们可以这样表述赫克歇尔-俄林定理：一国应当出口该国相对丰裕和便宜的要素密集型的商品，进口该国相对稀缺和昂贵的要素密集型的商品。简而言之，劳动相对丰裕的国家应当出口劳动密集型的商品，进口资本密集型的商品。

赫克歇尔和俄林认为：国际贸易的基础是生产资源配置或要素储备比例上的

差别。赫克歇尔、俄林克服了斯密和李嘉图贸易理论中的某些局限，认为生产商品需要多种不同的生产要素而不仅仅是劳动力。资本、土地以及其他生产要素也都在生产中起了重要作用并影响到生产率和生产成本。他们注意到了不同的商品生产需要不同的生产要素配置。资本密集型产品的生产需要大量的机器设备和资本投入。劳动密集型产品的生产则需要大量的劳动力。另外，各国生产要素的储备比例也是不同的。有的国家资本相对雄厚，有的国家劳动力相对充足。因此，产品生产的相对成本，不仅可以由技术差别决定，也可以由要素比例和稀缺程度的不同而决定。一般来说，劳动力相对充裕的国家，劳动力价格会偏低，因此劳动密集型产品的生产成本相对低一些。而在资本相对充足的国家里，资本的价格会相对低，生产资本密集型产品可能会有利。因此，根据赫克歇尔-俄林理论，各国应该集中生产并出口那些能够充分利用本国充裕要素的产品，以换取那些需要密集使用其稀缺要素的产品。

在所有可能造成国家之间相对商品价格差异和比较优势的原因中，赫-俄定理认为各国的相对要素丰裕度即要素禀赋（factor endowments）是国际贸易中各国具有比较优势的基本原因和决定因素。正是因为这个原因，赫-俄定理又常被称为要素比例或要素禀赋理论（factor-proportions or factor-endowment theory），即每一国家都应分工生产并出口该国相对丰裕和便宜的要素密集型的商品，进口该国相对稀缺和昂贵的要素密集型商品。

这样一来，赫-俄定理解释了比较优势产生的原因，而不像古典经济学家只是假设其成立。赫-俄定理认为相对要素丰裕度和相对要素价格之间的差异是导致两国贸易前相对商品价格不同的原因。这种相对要素价格和相对商品价格之间的差异可以转化成为两国间绝对要素价格和绝对商品价格的差异。这种绝对价格差异才是两国之间发生贸易的直接原因。

在无贸易的情况下，资本丰裕国家的资本密集型商品价格较低，劳动丰裕国家的劳动密集型商品价格较低。两国商品价格比率差异构成了贸易的直接基础。国际贸易使得资本丰裕国家的资本密集型商品价格提高，劳动丰裕国家的劳动密集型商品价格提高，资本丰裕国家的劳动密集型商品价格降低，劳动丰裕国家的资本密集型商品价格降低，商品价格趋近国际均衡价格。在由无贸易向自由贸易的转变过程中，各国要素优势商品价格提高刺激各国增加要素优势商品生产，进口使得要素劣势商品国内价格下降，各国的总福利水平提高。

绝对优势、比较优势和生产要素在相对数量上的优势（即赫克歇尔—俄林）理论代表着已经被西方普遍接受了的国际贸易理论。这些理论确实在一定限度内可以解释国际贸易存在的原因。即使如此，关于这些理论，仍存在着两种局限性：

正和西方经济学的其他理论一样，这三种外贸理论也建立在为数众多的远离事实的假设条件之上。具体地说，这三种理论具有至少六个假设条件：①不存在货物的运输费用；②完全竞争；③贸易国一切生产要素都处于充分就业状态；④生产要素的规格和质量完全相同；⑤生产技术不变，而且贸易国的生产技术相同；⑥任何生产要素都不能在国际间流动。在这六个假设条件中，任何一个又可以被分解成为更多的假设条件。这三种贸易理论不但要求为数众多的假设条件，而且假设条件还远离现实。例如，上述第五个条件要求贸易国的技术不变，而且它们的生产技术完全相同。然而在事实上，人所共知，不但生产技术日新月异，而且没有任何两个贸易国使用完全相同的生产技术。由此可见，这个有关技术的假设条件不但远离事实，而且还和事实恰恰相反。虽然不能据此推翻这些国际贸易理论，但表明这三种理论的应用受到很大的限制。

16.1.1.4 规模经济理论

20世纪60年代以来，国际贸易出现了新的倾向，主要是：第一，发达的工业国家之间的贸易量大大增加；第二，同类产品之间的贸易量大大增加。许多国家不仅出口工业产品，也大量进口相似的工业产品，工业国家传统的“进口初级产品——出口工业产品”的模式逐渐改变，出现了许多同一行业既出口又进口的双向贸易或行业内贸易。这些新倾向引起了对传统贸易理论，尤其是对赫克歇尔—俄林理论的挑战。这种新的贸易倾向显然是不能用资源配置的论点来解释的，因为发达国家的资源结构是相似的，都属于资本相对充裕的国家，而同类工业产品的生产技术更具有相似的要素密集性。为了解释相似资源储备国家之间和同类工业产品之间的双向贸易，美国经济学家克鲁格曼提出了规模经济（economies of scale）的贸易学说，并形成了当代贸易理论。

传统贸易理论（从斯密到赫克歇尔-俄林）都假定产品的规模报酬不变，而规模经济贸易学说认为这一假设是不符合实际的。在现代化社会大生产中，许多产品的生产具有规模报酬递增的特点，即扩大生产规模，每单位生产要素的投入会有更多的产出。尤其是现代化的工业，大规模的生产反而会降低单位产品成本。另外，传统贸易理论假设各国生产的产品都是同质的，国际市场是完全竞争的。克鲁格曼则认为，工业产品类似但不是同质的，因此，大多数工业产品的市场是所谓不完全竞争市场，更多情况下表现为垄断竞争市场。

规模经济对每个公司来说可以是内部规模经济（internal scale economies），也可以是外部规模经济（external scale economies）。如果公司自身规模的扩大会使其平均成本下降，则产生内部规模经济。大型公司可以通过使工人在更大程度上专业化、采用更为专业化的机器、将一些固定成本分摊到更多单位的产出等降低平均成本。厂商的外部规模经济与位于特定地区的整个产业的规模有关。当某个地区的产业产出扩大时，典型厂商的平均成本下降。如果企业在地理上的聚集导致了更良好的投入品市场，包括产业所需的专业化服务或专业化劳动力市场，便会产生外部规模经济。当产品和生产技术知识通过企业的直接接触或高技能劳动力在企业间的流动而在某一地区的公司中迅速扩散时，也会产生外部规模经济。

当有许多产品具有规模经济时，为了利用规模经济，每个国家必须集中生产有限类别的产品。如果每个国家都只生产几类产品，那么每种产品的生产规模均能比各国什么都生产时更大，世界也生产出更加丰富多样的产品。如果产品是差异化的，存在规模经济时，便会产生垄断竞争。在这类市场结构中，大量的厂商在基本产品的不同品种的生产和销售中进行激烈竞争。由于各个厂商的产品之间都存在一些差异，每个厂商便可以对其产品的价格进行某种程度的控制，从而获得更多的利益。如果大量生产的规模经济收益潜力巨大，便可能出现少数公司发展得很大，形成寡头垄断，以便获取这一规模收益。在寡头垄断情况下，厂商可以控制或影响价格，可能获得大于正常投资收益的利润。在极端情况下，一家厂商在全球范围控制了某一产业。规模经济形成的低成本优势、产品差异化造成的价格控制优势形成出口的推动力；另一方面，消费者希望能消费花色繁多的商品形成进口的需求拉动力。规模经济、产品差异化和需求多样化，形成了产业内贸易(intra-industry trade)的发展动力。国际贸易在这一过程中起了重要作用：它使各国既能利用规模经济来生产有限类别的产品，同时又不牺牲消费的多样性。

一国某一产业的贸易分为产业间贸易(interindustry trade)部分和产业内贸易部分。产业间贸易指某产业进口与出口之差，或称净贸易。产业内贸易，即进口与出口相抵消的那一部分贸易，是相同或相似产品(相同产业生产的产品)的双向贸易(出口及进口)。产业内贸易在工业发达国家和高收入国家占有较大比重，并有上升趋势；在发展中国家和低收入国家占有较小比重。如欧美国家之间的产业内贸易比重较发展中国家高得多。产业内贸易比重的提高反映了经济水平的提高、规模经济的发展。

16.1.2 国际贸易组织

包括区域贸易集团在内的国际贸易组织很多，这里有选择地介绍其中的三个，其目的在于为读者提供贸易方面的实际背景。

16.1.2.1 世界贸易组织

世界贸易组织(World Trade Organization，WTO)，是世界上最大的多边贸易组织，截至 2004 年 4 月 23 日已经拥有 147 个成员，成员的贸易量占世界贸易的

95%以上。世界贸易组织与世界银行、国际货币基金组织，被并称为当今世界经济体制的“三大支柱”。世界贸易组织成立于1995年，它取代二战末期成立的关贸总协定，是目前世界上最年轻的国际机构之一。WTO虽然年轻，但自关贸总协定(General Agreement on Tariffs and Trade，英文缩写为GATT)以来就建立的多边贸易体系却已有了50年的历史，并于1998年5月19日在日内瓦庆祝了它的五十周年大庆，许多国家的政府领导人都参加了这一庆典。

世界贸易组织(WTO)的前身关税及贸易总协定(简称关贸总协定)是第二次世界大战之后成立的关于关税和贸易准则的多边国际协定和组织，为全球唯一一个负责处理国与国之间的贸易协定的国际性组织。第二次世界大战之后，国际经济严重萧条，国际贸易秩序混乱，1944年7月在美国的布雷顿森林召开的国际货币与金融会议(44个国家参加)建议成立国际货币基金组织、国际复兴开发银行(即世界银行)和国际贸易组织，作为支撑全球经济的三大支柱来调节世界经贸关系，推动全球经济的复苏和发展。1946年，联合国经社理事会决定召开一次国际贸易与就业会议，并成立了一个筹备委员会着手起草国际贸易组织章程。1947年联合国贸易及就业会议签署的《哈瓦那宪章》同意成立世贸组织，后来由于美国的反对，世贸组织未能成立。1947年4月至10月，美国发起拟订了关贸总协定作为推行贸易自由化的临时契约，在日内瓦召开的第二次筹委会会议同意将正在起草中的国际贸易组织宪章草案中涉及关税与贸易的条款抽取出来，构成一个单独的协定，并把它命名为《关税及贸易总协定》，23个国家和地区签署了这份“临时适用”议定书。它于1948年1月1日起正式生效，并根据该文件成立了相应机构，其总部设在日内瓦，成员最后发展到130多个。

关贸总协定的基本准则是：非歧视原则、以关税作为保护国内工业的手段、贸易壁垒递减原则、公平竞争原则及一般禁止数量限制原则。关贸总协定从1947年至1994年共举行了8轮多边贸易谈判。据不完全统计，前7轮谈判中达成关税减让的商品就近10万种。第8轮谈判(即乌拉圭回合)1986年关贸总协定乌拉圭回合谈判启动后，取得更为重大的进展，不仅就逐步取消进口许可证或配额、减让关税等方面达成了一系列多边协议，而且欧共体和加拿大于1990年分别正式提出成立世贸组织的议案，1994年4月在摩洛哥马拉喀什举行的关贸总协定部长级会议才正式决定成立世贸组织。最终于1994年4月15日在摩洛哥签署了《世界贸易组织协定》。1995年1月1日，世界贸易组织正式成立，关贸总协定的历史使命随即宣告结束。

世贸组织是一个独立于联合国的永久性国际组织，在法律上与联合国等国际组织处于平等地位。该组织的基本原则和宗旨是通过实施市场开放、非歧视和公平贸易等原则，来达到推动实现世界贸易自由化的目标。世贸组织是具有法人地位的国际组织，它在调解成员争端方面具有更高的权威性和有效性。

世贸组织的基本职能有：管理和执行构成世贸组织的多边贸易协定；作为多边贸易谈判的讲坛；寻求解决贸易争端；监督各成员贸易政策，并同其他制定全球经济政策有关的国际机构进行合作。它的最高决策权力机构是部长会议，至少每两年召开一次会议。决议经合议(consensus)做出，每一成员享有一票。这保证了世贸组织在不经成员国同意的情况下不能通过任何约束成员国的决议。部长会议下设总理事会和秘书处，负责世贸组织日常会议和工作。总理事会设有货物贸易、服务贸易、知识产权 3 个理事会和贸易与发展、国际收支、行政预算等委员会。总理事会还下设贸易政策核查机构，它监督着各个委员会并负责起草国家政策评估报告。对美国、欧盟、日本、加拿大每两年起草一份政策评估报告，对最发达的 16 个国家每 4 年一次，对发展中国家每 6 年一次。上诉法庭负责对成员间发生的分歧进行仲裁。秘书处设总干事一人。世贸组织于 1995 年 11 月 29 日还成立了争端解决机构，该机构负责对世贸组织成员之间分歧进行仲裁。

世贸组织有创始成员和新成员之分，创始成员必须是关贸总协定的缔约方，新成员必须由部长会议以 2/3 多数票通过方可加入。中国于 2001 年底正式成为 WTO 的一员。加入 WTO 后中国在承担相应的义务的同时，可享受的权利包括：享有多边的、无条件的和稳定的最惠国待遇，这将使中国产品在最大范围内享受有利的竞争条件，从而促进出口的发展；享有“普惠制”待遇及其他给予发展中国家的特殊照顾，对中国扩大出口、提高出口效益都有一定好处；充分利用争端解决机制，比较公平地解决贸易争端，维护中国的贸易利益；获得在多边贸易体制中“参政议政”的权利，享有采取例外与保护措施的权利。

16.1.2.2 欧洲联盟

欧洲联盟(European Union，EU)是当今世界一体化程度最高的区域政治、经济集团组织。欧盟总部设在比利时首都布鲁塞尔，其前身是欧洲共同体，简称欧共体(European Community，EC)，即欧洲经济共同体、煤钢共同体和原子能共同体的统称。

1951 年，法国、德国、意大利、荷兰、比利时、卢森堡在巴黎签署了《欧洲煤钢共同体条约》。1952 年成立欧洲煤钢共同体，是为了集中管理法国、前联邦德国、荷兰、意大利、比利时和卢森堡等六国的煤和钢铁资源。通过促进成员国之间煤钢自由贸易和对非成员国实行贸易保护，这个共同体使这六国受到战争打击的工业恢复了活力。1957 年，上述六国在罗马签署了《欧洲经济共同体条约》和《欧洲原子能共同体条约》，统称《罗马条约》。1958 年，欧洲经济共同体和欧洲原子能共同体宣告成立。欧洲原子能共同体成立的目的是促进核工业的发展和原子能的和平利用。欧洲经济共同体组织试图通过消除成员国之间对商品、资本和人员自由流动的所有限制,建立一个“共同市场”。通过拆除成员国间工业品贸易的关税壁垒和对非成员国实行共同的关税税率,欧洲经济共同体变成了一个有保护的自由贸易区或者“关税同盟”。1965 年,上述六国在布鲁塞尔达成协议,将以上三个共同体合并,统称“欧洲共同体”。为了推动欧洲一体化建设,1986 年,欧共体各成员国政府首脑在卢森堡签署了旨在建立欧洲统一大市场的《欧洲单一文件》。1991 年,欧共体政府间会议在荷兰的马斯特里赫特签订了旨在使欧洲一体化向纵深发展和成立政治及经济货币联盟的《欧洲联盟条约》,也称《马斯特里赫特条约》。1992 年,欧洲联盟和欧洲自由贸易联盟的七个国家(冰岛、挪威、瑞典、芬兰、瑞士、奥地利和列支敦士登)达成协议,并于 1993 年 1 月 1 日建立“欧洲经济区”。欧洲经济区由 19 个国家组成,它们构成一个强大、富裕的贸易集团。通过上述协议,欧盟把它在商品、服务、人员和资本方面的自由流动,扩展到欧洲自由贸易联盟。在此之前,19 个国家已经通过其他协议,把它们间的工业品关税率降至 0。1992 年协议提出进一步削减农产品关税。1993 年 11 月,《欧洲联盟条约》(又称《马斯特里赫特条约》)生效,欧共体演化为欧洲联盟。

欧盟的主要机构有:①理事会:决策机构,分为欧洲理事会(即欧盟首脑会议)和欧盟理事会(即部长理事会)。前者负责确定大政方针,每半年举行一次例会,必要时召开特别首脑会议;后者负责日常决策,拥有欧盟立法权。理事会实行主席国轮值制,任期半年,对外实行“三驾马车”(即现任、下任主席国和欧盟共同外交与安全政策高级代表兼理事会秘书长)代表制。②欧盟委员会:常设执行机构,负责实施欧共体条约和理事会作出的决定,向理事会和欧洲议会提出报告和立法动议,处理欧盟日常事务,代表欧盟对外联系及负责经贸方面的谈判。③欧洲议会:监督、咨询机构,具有部分立法权。此外还有欧洲法院(仲裁机构)、欧洲审计院和经社委员会(咨询机构)等机构。

目前,欧盟有 25 个成员国:法国、德国、意大利、荷兰、比利时、卢森堡(创始国)、英国、丹麦、爱尔兰(1973 年加入)、希腊(1981)、西班牙、葡萄牙(1986)、奥地利、芬兰和瑞典(1995)、爱沙尼亚、拉脱维亚、立陶宛、波兰、捷克、匈牙利、斯洛伐克、斯洛文尼亚、马耳他和塞浦路斯(2004)。欧盟的总面积是 3 892 685 平方千米。如果欧盟是一个国家的话,她将会是世界上第七大国家。欧盟 25 国区域共有人口大约 4.55 亿。

欧盟作为一个单位,是世界上第二大经济实体。它 2002 年的国内生产总值达到 8.628 万亿美元,仅次于美国(10.383 万亿美元)。欧盟的经济预测在接下来的几十年内将会随着更多的国家加入而有较快的增长——虽然新加入的国家的国内生产总值都低于欧盟的平均水平，并将使得欧盟在短期内平均总数有一定的下降。欧盟的公民人口(根据马斯特里赫特条约，所有欧盟成员国的公民都是欧盟的公民)位居世界第三位(在中国和印度之后)。

经过几十年的建设，欧盟已建立了关税同盟，实行共同外贸、农业和渔业政策，创立了欧洲货币体系，建立了总预算制度。1993 年 1 月统一大市场正式启动，基本实现了商品、人员、资本和服务的自由流通。随着 1995 年《申根协定》和 1997 年 10 月《阿姆斯特丹条约》的签署，欧盟在加强共同外交与安全政策及内政司法合作方面取得了进展。1999 年 1 月 1 日欧元如期启动。首批欧元国为德国、法国、意大利、西班牙等 11 国。2002 年 1 月 1 日，欧元现钞开始流通。2002 年 7 月 1 日，欧元完全取代 11 国货币，成为欧元区统一货币。英国、丹麦、瑞典、希腊作为非欧元国也在积极向欧元区靠拢。

1992 年 2 月 7 日，欧盟当时的 12 个成员国于荷兰的马斯特里赫特签署了欧洲联盟条约(又称马斯特里赫特条约)。马斯特里赫特条约使欧盟不再仅仅是经济组织，而使它向政治、经济和社会的全面联盟方向发展。其中的一些主要目标为：①通过建设“没有内部边境的区域”和经济货币联盟，促进经济和社会进步；②制定“可能形成共同防卫”的共同外交安全和防御政策；③创设“联盟公民”。这一条约的签订，代表着欧盟自成立以来发生的最具根本性的变化之一。虽然从法律角度看，它仅仅是罗马条约的一个扩充和修正，但对成员国来说是很重要的飞跃。

作为一个区域性的组织，欧盟涉及的政策领域很广，包括竞争政策、农业政策、结构政策、贸易和国际收支政策、货币政策、工商业政策等。

16.1.2.3 北美自由贸易区

北美自由贸易区(North American Free Trade Area，NAFTA)的产生和发展可以分成两个阶段。第一阶段主要是美国与加拿大之间自由贸易的发展。第二阶段，美、加之间的自由贸易又进一步扩大到包括墨西哥在内的整个北美地区。从 1965 年美国、加拿大的“汽车自由贸易协定”，到 1992 年 12 月 17 日加、美、墨 3 国签署的“北美自由贸易协定”，这一自由贸易区的产生历经了将近 30 年的时间。

第一阶段：美加自由贸易。美国和加拿大都是发达国家，语言相通，边界接壤，自由贸易很有基础。但是，长期以来两国间一直没有能够像西欧那样朝自由贸易努力，全面的自由贸易直到 1988 年才正式达成协议。

1965 年，为了降低汽车生产成本，提高两国汽车在国际市场上的竞争力，加拿大与美国签订了在汽车及其零部件方面实行自由贸易的协议，其结果是，加拿大的汽车生产获得规模经济的好处，效益大大提高。通过两国的专业化分工和同类产品的双向贸易,加拿大汽车工人的工资提高了将近30%,而汽车价格则从原来高于美国汽车10%左右的水平降低到与美国汽车价格接近的程度。

但是,这一局部的自由贸易在20世纪70年代并没有进一步扩大与发展。直到80年代后期,美加双方才开始全面自由贸易的谈判。一方面加拿大朝野寻求经济文化独立的意识有所改变;另一方面,激烈的国际竞争,美、加在国际上经济地位的相对减弱使得双方都认识到进一步发展双边贸易的需要。美国1984年通过的《贸易关税法案》授权总统进行双边自由贸易谈判的权力。

从1986年5月开始进行的美、加自由贸易谈判,在1988年签订了两国间自由贸易的协定。在1989年1月1日生效的美、加"自由贸易协定"提出了10年内(即到1999年)彻底消除双方贸易壁垒的目标。同时,美、加两国还建立一套解决相互间贸易纠纷的制度和机构。在服务业和投资方面,协议也提出了逐步降低与取消限制的规定。

第二阶段:北美自由贸易区。在美加自由贸易生效一年之后,美国决定将这一自由贸易区扩大到南部的墨西哥。在1990年6月美、墨最高会晤时,美国总统布什提出了这一建议。从经济上说,美国看到了墨西哥的潜在市场。当时的墨西哥已是美国第三大出口国,购买了美国7%的出口商品。而且,墨西哥是一个理想的投资地区,劳动力便宜,生产成本低,又是美国邻国,商品的自由贸易能够使美国在墨西哥的投资更加有利可图。从政治上说,当时在美国执政的是共和党政府,在经济政策中,共和党比较信奉"自由放任""市场调节"和"自由贸易"的原则。这对于推动北美自由贸易区的建立有促进作用。

美、墨的正式谈判始于1991年,一年后的1992年12月17日,美国、墨西哥和加拿大三国政府首脑签署了"北美自由贸易协定"从1994年1月1日起,这个"自由贸易区"开始运转。北美自由贸易区的建立扩大了成员国之间的贸易,使三国的资源配置更加有效,从而对经济发展更加有利。

16.1.3 国际金融体系的演变

开放经济不仅涉及国家间的贸易,而且还涉及国际金融体系。

16.1.3.1 金本位制

第一次世界大战以前,世界经济是在金本位制这样一种国际金融体系下运转的。在金本位体制下,大多数国家的通货可以直接兑换成黄金。把各国通货用黄金联系在一起,形成了各国通货之间固定汇率。只要各国遵守金本位制下的规则,保持各自的通货用黄金来担保并可兑换黄金,汇率就可以保持固定。

金本位制具有以下的优点:首先,由于汇率固定,从而消除了汇率波动所产生的不确定性，有助于促进世界贸易；其次，由于金本位制内在的对称性，该体系中没有一个国家拥有特权地位，都必须承担干预外汇的义务；最后，由于世界各国的中央银行必须固定其货币的黄金价格，所以它们不会允许其货币供给比实际货币需求增长得更快，因为过快的货币增长最终会抬高包括黄金在内的所有产品和劳务的货币价格。因此，金本位制天然地能够对中央银行通过扩张性货币政策引起国内价格水平上涨的做法予以限制。这种限制使一国货币的实际价值更加稳定和更具有可预测性。

金本位制具有以下的局限性：第一，它大大限制了使用货币政策对付失业等问题的能力；第二，只有当黄金与其他产品和服务的相对价格是稳定的，将货币与黄金挂钩的做法才能确保总体价格水平的稳定；第三，当各国经济增长时，除非能不断地发现新的黄金，否则中央银行无法增加其持有的国际储备；最后，金本位制给了主要的黄金产出国通过出售黄金来影响世界宏观经济状况的巨大的能力。

16.1.3.2 布雷顿森林体系和国际货币基金组织

随着第一次世界大战的到来，贸易受到极大挫伤，各国不再能把各自的货币兑换成黄金。金本位制崩溃了。在两次世界大战期间，尽管人们曾试图使它复活，但始于1929年的世界性经济萧条使这一企图归于失败。

1944年7月，44国的代表在美国新罕布什尔州的布雷顿森林召开会议，起草并签署了《国际货币基金组织协定》。在布雷顿森林协议下所建立的国际货币体系要求各国货币对美元保持固定汇率，并且把美元与黄金的比价固定为每盎司黄金35美元。成员国官方的国际储备以黄金或美元资产的形式持有，并有权向美国的中央银行，即联邦储备银行以官方价格兑换黄金。

布雷顿森林协定创立了国际货币基金组织（International Monetary Fund，英文缩写为IMF）。IMF的职责是：制定保持固定汇率的规则并向国际收支发生困难的国家贷款，以促进世界贸易的增长；为监督成员国遵守规则，IMF承担着收集和统一国际经济数据资料的工作。它在1945年有30个创始成员国，而目前成员国已经超过了170个。

布雷顿森林协定也建立了世界银行（全称是国际复兴和开发银行），它提供长期贷款以支持发展中国家修建水坝、道路和对其经济发展有作用的其他实物资本。世界银行这些贷款的资金主要是通过发行世界银行债券筹集的，这些债券在发达国家的资本市场上出售。

16.1.3.3 欧洲货币体系

1979年3月，欧洲经济共同体的八个成员国（联邦德国、法国、意大利、荷兰、比利时、卢森堡、丹麦和爱尔兰）建立了欧洲货币体系（European Monetary System,英文缩写为 EMS),这些国家同意固定任意两国之间的汇率,并对美元联合浮动。此后,西班牙、英国和葡萄牙也先后加入了 EMS。EMS 创立了新的货币单位 ECU,其价值与一揽子欧洲货币的特定数额相连。EMS 的每一成员国都需将其持有的黄金及美元的 20%交给欧洲货币合作基金组织,换回等额 ECU。

欧洲货币体系的汇率机制运作如下:每两个参与国货币之间的汇率只能在固定的汇率上在一个窄幅内波动(过去通常范围为±2.25%,但 1992 年 9 月外汇危机后升至±15%)。当两国货币间的汇率超出这一范围时,两国中央银行必须干预外汇市场。当一国货币贬值超出了下限时,欧洲货币体系要求进行对称干预,即软货币国家放弃国际储备,而硬货币国家获得国际储备。即使汇率变动处于可允许范围之内,中央银行通常也进行干预,但在这种情况下,如果一国中央银行进行干预的话,不要求其他国家中央银行也同时进行干预。

16.1.4 国际收支平衡表

一国国际收支的状况反映在该国的国际收支平衡表中。国际收支平衡表是在一定时期内,对于一国与他国之间所进行的一切经济交易加以系统记录的报表。

16.1.4.1 国际收支平衡表的构成

表 16-4 是一张简化了的国际收支平衡表。

表 16-4 2009 年中国国际收支平衡表

亿美元

项目	贷方	借方
一、经常项目	14 846	11 874
A. 货物和服务	13 333	11 132
a. 货物	12 038	9 543
b. 服务	1 295	1 589
B. 收益	1 086	653
1. 职工报酬	92	21
2. 投资收益	994	632
C. 经常转移	426	89
1. 各级政府	0	3
2. 其他部门	426	86
二、资本和金融项目	7 464	6 016
A. 资本项目	42	2
B. 金融项目	7 422	6 014
1. 直接投资	1 142	799
2. 证券投资	981	594
3. 其他投资	5 299	4 620

续表 16-4

项 目	贷 方	借 方
三、储备资产	0	3 984
3.1 货币黄金	0	49
3.2 特别提款权	0	111
3.3 在基金组织的储备头寸	0	4
3.4 外汇	0	3 821
3.5 其他债权	0	0
四、净误差与遗漏	0	435

数据来源：http://www.safe.gov.cn/model_safe/tjsj/tjsj_detail.(2009 年中国国际收支平衡表)。

根据国际货币基金组织的规定，国际收支平衡表中的项目分为四大类：经常项目、资本项目、官方储备项目、差错和遗漏。应该指出，国际收支平衡表是一个“复式计账”的会计报表。所谓“复式计账”，就是报表有一个“信贷”入口，还有一个“借欠”入口。一个国家的任何交易，如果挣了外汇，那么在国际收支平衡表上就记入“信贷”入口，给一个正号(通常可忽略不写出来)。反之，如果任何交易是支出外汇，就记入“借欠”入口，给一个负号。在国际收支平衡表中，差错和遗漏是指国际收支统计上的误差和遗漏，该项作为补误的手段，用来填补统计报表的差额。

16.1.4.2 国际收支平衡表的项目

国际收支平衡表的主要项目包括经常项目、资本项目和官方储备项目。

经常项目是指一定时期内经常发生的支付事项。它反映商品、劳务和单方向的转让的情况。经常项目包括货物的进口和出口、劳务项目和转移支付项目。劳务项目又可细分为投资收入(利息、红利)、旅游收入以及交通业收入等。转移支付项目是指国际间的个人、企业、基金会或政府组织所提供的无需偿还的款项。由于同商品和劳务的进口额和出口额相比，投资收入和转移支付的数额一般都较小，因此，宏观经济学通常就用净出口来大致反映经常项目的情况。

资本项目主要是记录国际间的资本流动。凡是外国对本国居民的贷款、外国购买本国的实物资产和金融资产的交易都是资本流入。凡本国居民对国外的贷款、购买外国的实物资产或金融资产的交易都是资本流出。资本账户记录着一国资本的输入输出情况，如政府、国际金融机构、商业银行和跨国公司的投资等。资本流动又分为长期和短期两种。前者指一年以上到期的国际资本的流动，后者指一年或不足一年到期的国际资产和负债的变化。

官方储备项目是指本国金融当局就拥有的官方黄金和外汇储备进行买进和卖出，抵消对外汇的过量供求。官方储备，又可称官方的外汇和黄金储备。是由一个国家官方的货币机构所持有的。黄金和外汇通常被称为储备资产。从宏观经济学的角度看,官方储备项目的作用在于使国际收支平衡表平衡。

16.2 汇率与对外贸易

16.2.1 汇率及其标价

正如前面所讲的,在开放的经济中,汇率和对外贸易都是十分重要的概念。

汇率又称汇价,是一个国家的货币折算成另一个国家货币的比率。汇率表示的是两个国家货币之间的互换关系。

汇率有多种标价方法,这里介绍两种。一种是直接标价法,它是用一单位的外国货币作为标准,折算为一定数额的本国货币来表示的汇率。用这种标价法,一单位外币折算的本国货币量减少,表示汇率上升,即外国货币贬值或本国货币升值。反之,若一单位外币折算的本国货币量增加,表示汇率下跌,即外国货币升值或木国货币贬值。另一种是间接标价法,它是用一单位的本国货币作为标准,折算为一定数额的外国货币来表示的汇率。用这种标价法,一单位本国货币折算的外国货币量增加,表示汇率上升,即本国货币升值或外国货币贬值。反之,如果一单位的本国货币作为标准,折算的外国货币量减少,表示外汇汇率下跌,即本国货币贬值或外国货币升值。按照上述说明,显然,如果人们得到了某种外币的直接标价,只要取其“倒数”,即用1除以这个标价,就马上得到了该外币的间接标价。反之亦然。

世界上的汇率制度主要有固定汇率制与浮动汇率制。固定汇率制是指一国货币同他国货币的汇率基本固定,其波动限于在一定的幅度之内。浮动汇率制是指一国的中央银行不规定本国货币与他国货币的官方汇率,听任汇率由外汇市场的供求关系自发地决定。浮动汇率制又分为自由浮动与管理浮动,前者指中央银行对外汇市场不采取任何干预措施,汇率完全由外汇市场的供求力量自发地决定。后者指实行浮动汇率制的国家,对外汇市场进行各种形式的干预活动,主要是根据外汇市场的供求情况售出或购入外汇,以通过对外汇供求的影响来影响汇率。

从第二次世界大战后的情况看,西方各国在20世纪70年代之前是实行固定汇率制,即按照以美元为中心的国际货币体系(又称“布雷顿森林体系”)所实施的固定汇率制。此后,由于美元危机,布雷顿森林体系崩溃,西方各国相继放弃了固定汇率制而采用了浮动汇率制。目前,世界上有80多个国家仍然采用固定汇率制,60多个国家则是采取不同程度的浮动汇率制。

货币增值率或贬值率就是时间终点汇率相对于起点汇率的变化百分比。采用直接标价时，如果外币升值，外币在终点时可换的本币比起点时的多，这时百分比比值应为正值；如果外币贬值，外币在终点时兑换的本币比起点时要少，则百分比值为负值。

16.2.2 自由浮动制度下汇率的决定

从经济学观点看，货币也是一种商品。汇率既然是两种商品之间的兑换率，当然就是货币市场买、卖双方交易的市场价格。这一价格正好使货币市场上对货币的需求和供给达到均衡。这里以两个国家的两种货币为例，来说明自由浮动制度下汇率的决定。

假设货币市场上只有德国和美国两个国家进行美元和德国马克的兑换活动。从德国人的角度看，他们感兴趣的是用1德国马克可换多少美元。图16-1给出了德国马克兑换美元的需求曲线和供给曲线。

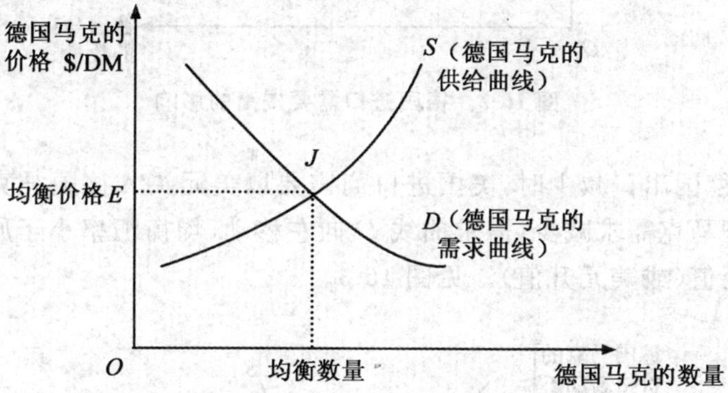

图16-1 汇率的决定

图16-1中，供给曲线S向右上方倾斜。这说明，如果德国马克可以兑换更多的美元，将有更多的德国马克持有者愿意供给德国马克，构成对德国马克的更多的供给。相反，需求曲线D向右下方倾斜。这说明，德国马克的价格越低，就会有越多的美元持有者愿意将美元兑换成德国马克。两条曲线的交点J即为市场均衡点，该点给出了供求双方在均衡时的德国马克的数值和德国马克以美元所表示出来的价格，即汇率E。

利用比较静态分析的方法可知，若由于某种原因，对德国马克的需求增加，即需求曲线D向右上方移动，则均衡汇率大于原来的汇率，这时德国马克升值（或美元贬值）；另一方面，若由于某种原因，对德国马克的供给增加，即供给曲线向右移动，则均衡汇率小于原来的汇率，这时德国马克贬值(或美元升值)。

影响外汇供求的因素有进出口的供给与需求、国际间的借贷和投机。下面以进出口的供给与需求为例说明。

例如，当德国进口需求增加时，德国进口商需要以德国马克买入美元，外汇市场上德国马克供给增加，供给曲线 S 向右移动，均衡汇率小于原来的汇率，这时德国马克贬值(或美元升值)。见图 16-2。

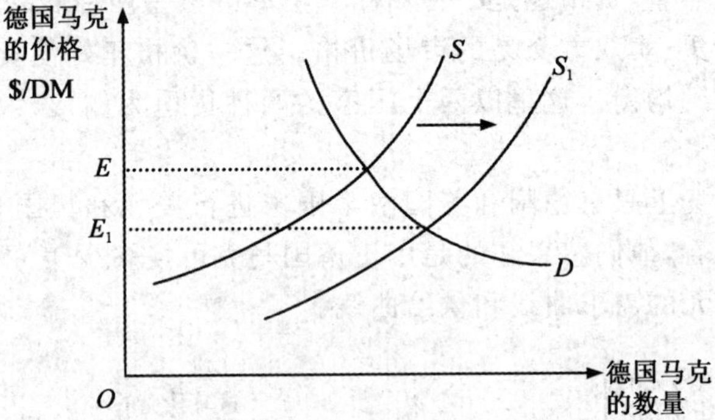

图 16-2　德国进口需要提高的影响

又如，当德国出口减少时，美国进口商需要以美元买入德国马克数量减少，外汇市场上德国马克需求减少，需求曲线 D 向左移动，均衡汇率小于原来的汇率，这时德国马克贬值(或美元升值)。见图 16-3。

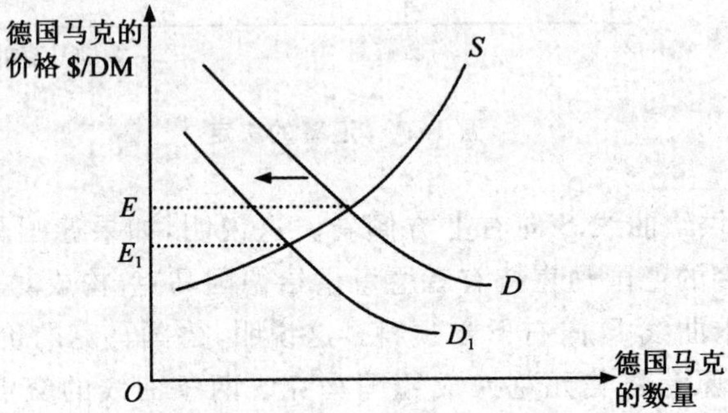

图 16-3　德国出口减少的影响

16.2.3　实际汇率

前面所提到的汇率是没有涉及到两国价格因素的所谓名义汇率。为了引出考虑到价格因素的实际汇率，宏观经济学通常把世界其他国家(ROW)当作一个单独的国家来处理。它是用单一的货币单位来度量的国外与国内价格水平的比率。实际汇率是衡量某一特定国家和 ROW 之间的购买力变化调整后的汇率指标，是衡量该国产品和 ROW 产品的相对价格的指标，可表示为

$$\text{实际汇率}\ E_{\mathrm{a}}=E\cdot\frac{P_f}{P} \tag{16-1}$$

式中：E 为名义汇率；P 为该国价格水平，P_f 为外国价格水平。

按照这一定义，当实际汇率上升时，对于外国人来说，该国产品相对于外国产品的价格变贵了。应该指出，为了求得某种产品的国外价格，是用该国国内价格乘以汇率得到的。同样地，在计算实际汇率公式的分子中，是以名义汇率 E 乘以 P_f 来衡量该国产品在 ROW 中的平均价格的。如不作特别说明，后面所说的汇率均指实际汇率 E_{a}。

16.2.4 汇率和利率

从需求和供给的角度看，如果把利率作为本国货币在本国货币市场上的价格，那么汇率便可以作为本国货币在国际货币市场(外汇市场)上的价格。因此，利率和汇率 E 之间应该有一种对应关系。为了揭示出这种对应关系，需要说明利率平价理论和购买力平价理论。

16.2.4.1 利率平价理论

该理论认为，在资金能在各国之间自由流动的情况下，一国的国内利率等于另一国的利率与本国货币汇率的预期变化率之差。据解释，在资金能自由流动的假定下，投资者会在投资于本国金融资产与外国金融资产之间作选择。哪个国家利率高，投资于该国证券的收益率高，资金就会向哪个国家流动。资金流动的结果，使各个国家的利率趋于一致。换句话说，本国利率等于外国利率减去本国货币汇率的预期变化率，即

$$r=r_w-\Delta E_e$$

式中：r_w 为外国利率；ΔE_e 为本国货币汇率的预期变化率。将上式改写为

$$r_w-r=\text{预期的本国货币的贬值率} \tag{16-2}$$

例如，若美国利率为 8%，德国利率为 10%，则按照利率平价理论，人们预期美元会升值 2%。总之，在资金可以自由流动的前提下，哪国利率高，资金就向哪国流去。结果是各国的利率逐渐趋于一致，投资于本国和外国资产的收益率趋于

一致。

16.2.4.2 **购买力平价理论**

该理论认为,两个国家的货币之间汇率的变化取决于两国之间价格水平的相对变化。因此,购买力平价表示A、B两国汇率可用两国一篮子商品的价格做比较,即 $E_{A/B}=\dfrac{\sum P_A}{\sum P_B}$。如果一个国家的通货膨胀率高,其货币的实际购买力相对于另一国的货币来说下降了,那么该国的货币就会贬值,相应地,另一国的货币就会升值。两国间价格之比变动,两种货币之间的汇率也就会随之变动。西方学者认为,购买力平价论尽管在短期内并不准确,但在长期内却能为汇率的变化趋势提供合理的方向。从某种意义上讲,购买力平价理论还指出了货币间兑换的实质,即购买力的比较。按照购买力平价理论,预期的货币贬值率和汇率水平之间存在着这样的关系:汇率越高,预期的汇率贬值也越大;反之,汇率越低,预期的汇率升值就越大。

假如汇率以每年 $\alpha(0<\alpha<1)$ 的速度回复到正常水平,则有关系式

$$\text{预期的货币贬值率}=\alpha\times(\text{汇率}-\text{平价}) \tag{16-3}$$

式中:"平价"为购买力平价的汇率水平 $E_{A/B}$。若 $\alpha=0.10$,汇率为1.3,平价为1.0,则由上式知,预期的货币贬值就是0.03,即每年3%。

将式(16-3)代入式(16-2)有

$$r-r_w=\alpha\times(\text{汇率}-\text{平价})=\alpha\times(E_a-E_{A/B}) \tag{16-4}$$

式(16-4)说明,当本国的利率相对高于外国的利率时汇率也相对地高于平价。

另一方面,在开放经济中,一国的利率会影响其他国家的利率,但并不是百分之百地都传递过去。当本国的货币紧缩使本国利率升高某一个某分数时,其他国家的利率上升只是这个百分数的一部分。假定利率传递的比例系数为 $i(0<i<1)$,那么,表示外国利率和本国利率关系的式子可以写为

$$r_w=l+ir \tag{16-5}$$

式中:l 为常数。按照式(16-5),当 $l=0.025$,$i=0.5$ 且本国利率为10%时,其他国家的利率为7.5%。根据式(16-4)我们还可将式(16-5)变形为

$$r-r_w=(1-i)r-l \tag{16-6}$$

式(16-6)表明,当本国的利率升高时,利率差也上升。将式(16-6)代入到式(16-4)中,并整理有

$$汇率\ E_a=\xi r+\eta \tag{16-7}$$

式中：$\xi=\frac{(1-i)}{\alpha}$，$\eta=E_{A/B}-\frac{l}{\alpha}$，其中，$E_{A/B}$为评价。

式(16-7)给出了汇率和利率之间的关系。这一关系表示，汇率是与利率正相关的。这种关系是由于投资者为取得最大收益而在国与国之间转移资金得到实现的。例如，当A国的利率明显地高于B国的利率时，B国的投资者就会愿意把钱借给A国的企业和政府以获取更大的利润，此外，A国的投资者也会认为到B国去投资不如在A国合算。于是人们都会愿意持有更多的A国货币而不是B国的货币。由于对A国货币需求的上升，就会使得A国货币汇率上升。式(16-7)中的汇率是考虑到价格因素的实际汇率，而不是名义汇率。

16.2.5 净出口

一国的对外贸易分为出口和进口，出口是向其他国家销售产品和提供劳务，进口则是从其他国家购买产品和劳务。净出口被定义为出口与进口的差额。当出口大于进口时，即当净出口为正时，存在贸易顺差；反之，当出口小于进口时，即当净出口为负时，存在贸易逆差。

影响净出口的因素有很多，在宏观经济学中，汇率和国内收入水平被认为是两个最重要的因素。

对于出口，若汇率降低，即本币升值，会使本国出口商品变得相对昂贵，从而使出口变得困难。一般来说，本国汇率提高，出口减少。对于进口，若汇率提高，则本国货币换成的外币就多，国外的货物就相对地便宜，进口增加。由于净出口为出口与进口之差，故一般地，净出口正向地取决于实际汇率。

除了汇率以外，进口还取决于一国的实际收入。当收入提高时，消费者用于购买本国产品和进口产品的支出都会增加。一般认为，出口不直接受一国实际收入的影响。因此，净出口反向地取决于一国的实际收入。

基于以上考虑，在宏观经济学中，常将净出口简化地表示为

$$NX=g-mY+nE_a \tag{16-8}$$

式(16-8)被称为净出口函数，式中，g，m和n均为参数。参数m被称为边际进口倾向，即净出口变动与引起这种变动的收入变动的比率。

16.2.6 J曲线

对于经常账户，如果出口商品和劳务的总额加上外国向本国的转移支付大于

进口物品和劳务的总额加上本国向外国的转移支付，那么在经常账户上将出现顺差。反之，则出现逆差。由经常账户的收支产生的差额叫做经常账户差额。与商品和劳务的进出口额相比，转移支付的数额一般较小。如果在经常账户中略去国际间的转移支付，则经常账户的差额就可以大致看做进出口差额。

当一国货币贬值或升值时，该国贸易收支状况往往并不能立即改善或恶化，因为进出口变动速度往往慢于价格变动速度。本国货币贬值后，在新的进出口合同还未签约前，进出口数量仍按照旧合同执行。本国货币贬值，即外币升值后，一国出口数量仍按照旧合同执行。本国货币贬值，即外币升值后，一国出口金额反而就减少。在贬值初期，一国出口收入可能减少，进口支出可能增加，因而经常账户收支状况可能恶化。只有经过一段时间以后，一国出口收入才会增加，进口支出才会减少，从而使经常账户收支状况得以改善。同样地，当本国货币升值时，经常账户收支状况的变动则往往先有改善，随着时间的推移，才会逐步恶化。由于这种经常账户收支变动的轨迹呈现英文字母J的形状，故被称为J曲线。如图16-4所示。

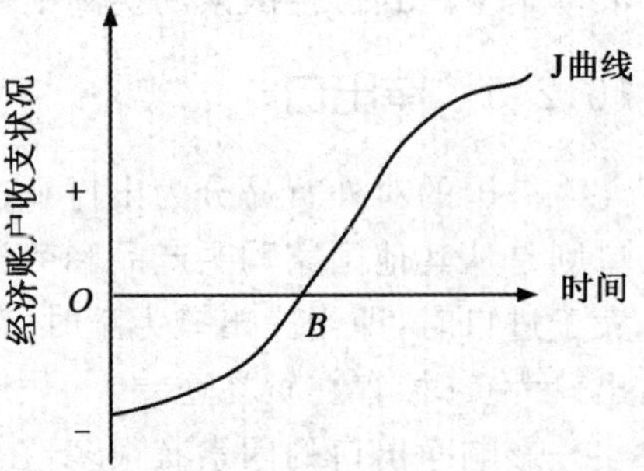

图16-4　J曲线

16.2.7　净资本流出函数

资本账户主要记录国际投资和借贷。国际投资包括本国的个人、企业和政府在国外购买房地产、外国企业的股票、外国政府债券，同时也包括外国的个人、企业和政府购买本国房地产、企业股票和政府债券。国际借贷包括本国企业和政府从国外银行、基金会、政府所获得的贷款，同时也包括外国企业和政府从本国拆借的款项。从经济学的角度看，国际投资和借贷的目的都是盈利。追逐较高的利润回报的动机是形成国际间资本流动的根本原因。从直观上看，国际资本的流向是由利率低的国家向利率高的国家流动。

为分析方便，将从本国流向外国的资本量与从外国流向本国的资本量的差额定义为资本账户差额或净资本流出，并用F表示。即

$$F=\text{流向外国的本国资本量}-\text{流向本国的外国资本量}$$

如果本国利率高于国外利率，外国的投资和贷款就会流入本国，这时净资本流出减少。反之，如果本国利率低于国外水平，则本国的投资者就会向国外投资，或向国外企业放贷，资本就要外流，使净资本流出增加。一般地，净资本流出是本国

利率 r 与国外利率 r_w 之差的函数。假定这一函数是线性的，有：

$$F=\sigma(r_w-r) \tag{16-9}$$

式中：$\sigma>0$ 为常数。根据式(16-9)，在国外利率水平既定时，本国利率越高，流出的资本就越少，流入的资本就越多，即净资本流出越少；反之亦然。故 F 是 r 的减函数。称式(16-9)为净资本流出函数。在以利率 r 为纵坐标，净资本流出 F 为横坐标的坐标系中，净资本流出函数的图形如图 16-5 所示。

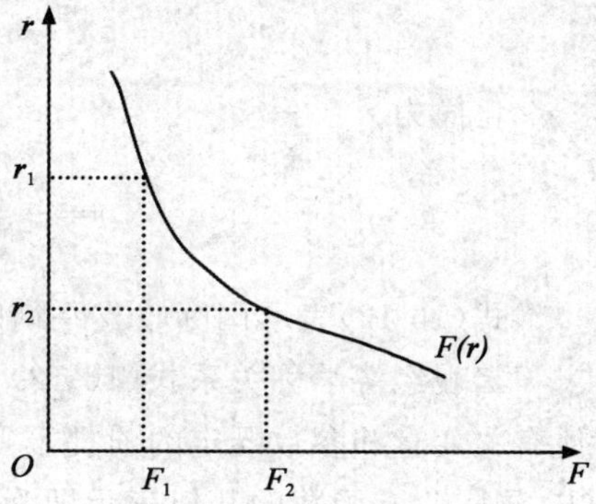

图 16-5 净资本流出函数

由图 16-5 可知，净资本流出与国内利率成反向关系，当国内利率为 r_1 时，净资本流出额为 F_1，当利率上升为 r_2 时，净资本流出减少为 F_2。

16.3 *IS-LM-BP* 模型

在开放经济中，一国与外国的经济往来包括两个方面的内容：①商品与劳务的进出口和各种转移支付的进出；②为购买实物资产和金融资产而发生的资本流入和流出。前者反映在国际收支平衡表的经常项目上，后者反映在资本项目上。

16.3.1 *BP* 曲线

净出口和净资本流出的差额称为国际收支差额，其变动以 BP 曲线反映。每个国家在一定时期内都可能产生经常项目的顺差或逆差，以及资本项目的顺差或逆差。当然这两个项目也可能分别出现平衡，但这种情况大多是偶然的。

将净出口和净资本流出的差额称为国际收支差额，并用 BP 表示，即

国际收支差额＝净出口－净资本流出

或者

$$BP-NX-F \tag{16-10}$$

按照宏观经济学的定义，一国的国际收支平衡也称外部均衡，是指一国国际收支差额为零，即 $BP=0$。如果国际收支差额为正，即 $BP>0$，称国际收支出现顺差，也称国际收支盈余。如果国际收支差额为负，即 $BP<0$，则称国际收支逆差，也称国际收支赤字。

当国际收支平衡时，即 $BP=0$ 时，有

$$NX=F \tag{16-11}$$

将净出口函数式(16-8)和净资本流出函数式(16-9)代入式(16-11)中，有

$$g-mY+nE_a=\sigma(r_w-r)$$

化简为

$$r=\frac{m}{\sigma}Y+\left(r_w-\frac{n}{\sigma}E_a-\frac{g}{\sigma}\right) \tag{16-12}$$

式(16-12)表示国际收支平衡时收入 Y 和利率 r 的相互关系。

宏观经济学称关系式(16-12)为国际收支均衡函数，简称国际收支函数。在其他有关变量和参数既定的前提下，在以利率为纵坐标，收入为横坐标的直角坐标系内，国际收支函数的几何表示即为国际收支曲线，或称 BP 曲线。从式(16-12)知，BP 曲线的斜率为正，即 BP 曲线向右上方倾斜。

BP 曲线还可以用图形的方法推导出来，如图 16-6 所示。(a)图为净资本流出曲线，它是向右下方倾斜的。(b)图是横纵坐标的转换线，即 45°线，它表示净资本流出额与净出口额相等，两个项目的差额正好互相补偿，国际收支达到平衡。(c)图为净出口曲线，它是与收入成反方向变化的。在(a)图中，当利率从 r_1 上升到 r_2 时，净资本流出量从 F_1 减少到 F_2。假如资本项目原来是平衡的，这时将出现顺差。为了保持国际收支平衡，根据 45°线，净出口必须从 NX_1 减少到 NX_2，按照净出口曲线，国民收入要从 Y_1 增加到 Y_2。这样，在保持国际收支平衡的条件下，利率和收入有两个对应点 C 和 D，同理也可以找到其他对应点，把这些对应点连接起来便得到国际收支曲线，如(d)图中的 BP 线所示。BP 曲线上的每一点，都代表一个使国际收支平衡的利率和收入的组合。而不在 BP 曲线上的每一点都是使国际收支失衡的利率和收入组合。具体而言，在 BP 曲线上方的所有点均表示国际收支顺差，即 $NX>F$；在 BP 曲线下方的所有点均表示国际收支逆差，即 $NX<F$。

另外，从上述 BP 曲线的推导中容易看到，净出口减少使 BP 曲线左移，净出口增加使 BP 曲线右移。

从式(16-12)还可以看出，作为 BP 曲线的截距项，汇率提高时，BP 曲线向左移动。反之，汇率降低时，BP 曲线向右方移动。

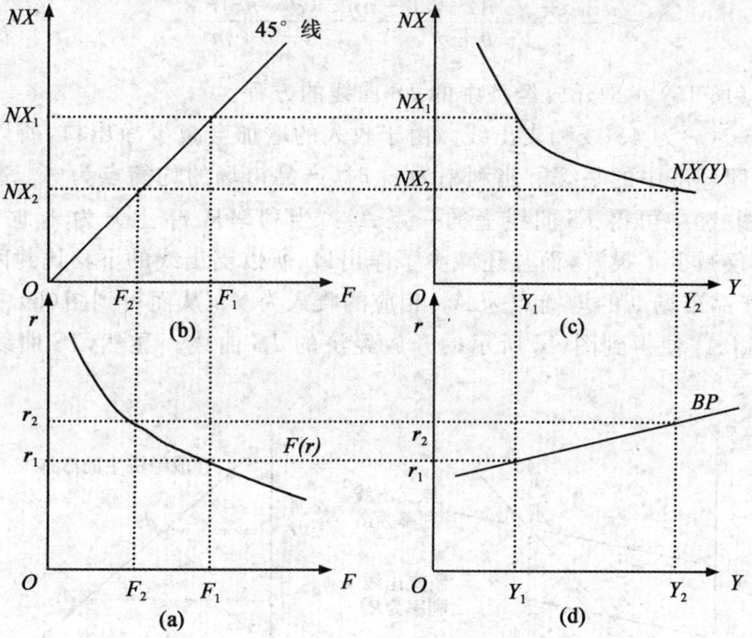

图 16-6 *BP* 曲线的推导

16.3.2 开放经济的 *IS* 曲线

已经知道，*IS* 曲线描述了满足收入恒等式和支出行为方程的利率 r 和收入 Y 的各种组合。在开放经济条件下，收入恒等式变为

$$Y=C+I+G+NX \tag{16-13}$$

式中：NX 为净出口。

在开放经济条件下，支出行为方程除了消费函数和投资函数外，还包括净出口函数式(16-8)。将消费函数、投资函数和净出口函数代入收入恒等式(16-13)，有

$$Y=[a+b(Y-T)]+[e-dr]+G+[g-mY+nE_a]$$

经整理，得到

$$Y=\frac{a+e+g+G-bT}{1-b+m}-\frac{dr-nE_a}{1-b+m} \tag{16-14}$$

这里为简便和明确起见，仍假定这些函数为线性函数。

将汇率与利率的关系式(16-7)代入式(16-14)中，有

$$Y=\frac{a+\alpha+g+G-bT+n\eta}{1-b+m}-\frac{(d-n\xi)r}{1-b+m} \tag{16-15}$$

公式(16-15)就是开放经济中的 IS 曲线的方程。

图 16-7(a)为 45°线和支出线。由于收入的增加会减少净出口,所以这时的支出线比封闭经济中的平缓。当利率为 r_1 时,产品市场的均衡点为 A_1,这时收入为 Y_1,故在图(b)中可得 IS 曲线上的一点 A_1。当利率从 r_1 上升为 r_2 时,由于利率的上升不仅减少了投资,而且还减少了净出口,所以支出线的下移比封闭经济中的多,假定产品市场新的均衡点为 A_2,相应的收入为 Y_2,从而得到图(b)中的 A_2 点。连接 A_1 和 A_2 便得到图(b)所示的开放经济的 IS 曲线。显然,IS 曲线是向右下方倾斜的。

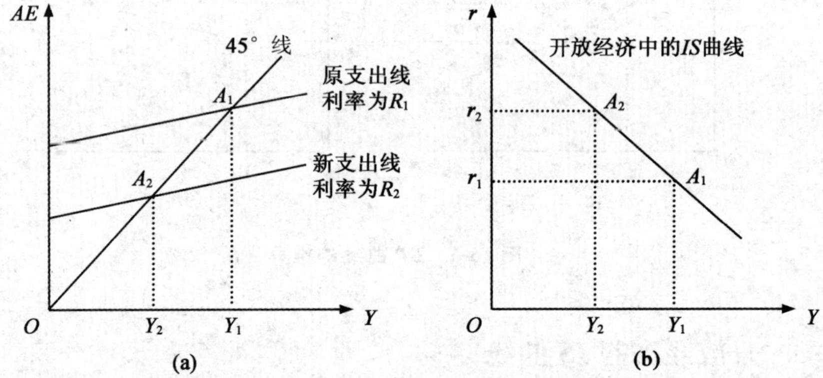

图 16-7　开放经济中的 IS 曲线的推导

从上述推导中还可以得出,净出口的增加扩大了总支出,从而使总支出线向上移动,于是在其他条件不变时,使 IS 曲线向右方移动,反之,净出口减少可使 IS 曲线向左移动。进一步地,由于汇率与净出口呈反方向变动,故当汇率提高时,则可使 IS 曲线向左移动;反之,当汇率降低时,使 IS 曲线向右移动。

宏观经济学在考察开放经济时,通常假定货币需求函数保持不变。这意味着,LM 曲线在开放经济条件下不用修正。

16.3.3　内部均衡和外部均衡

从以前的讨论中知道,由 IS 曲线和 LM 曲线的交点所决定的均衡是产品市场和货币市场共同的均衡。这种均衡在开放经济条件下又被称为内部均衡。

在宏观经济学中,若一国在国际经济往来中实现了国际收支平衡,则称该国实现了外部均衡。很自然地，在开放经济条件下，为了使一国经济全面和协调地发展，人们更为关注内部均衡和外部均衡的同时实现。这种状态反映在以利率为纵坐标、收入为横标的坐标系中，就是 *IS* 曲线、*LM* 曲线和 *BP* 曲线相交于一点。如图 16-8 所示。

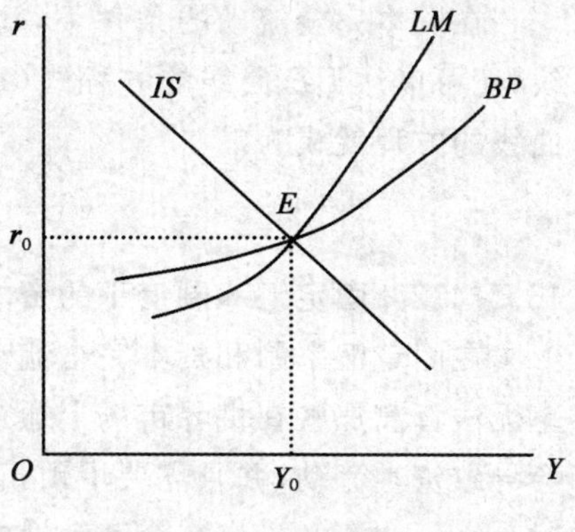

图 16-8 *IS-LM-BP* 曲线

图 16-8 中的 *E* 点既在 *IS* 曲线和 *LM* 曲线上，又在 *BP* 曲线上，这说明 *E* 点所决定的收入和利率既是使产品市场和货币市场同时均衡的收入和利率，也是使国际收支达到平衡时的收入和利率。换句话说，*E* 点是使内部均衡和外部均衡同时实现的一点。

16.3.4 蒙代尔—弗莱明模型

下面我们把产出决定的分析扩展到资本完全流动条件下的开放经济中。在资本完全流动条件下把 *IS-LM* 模型扩展到开放经济中，这一分析在宏观经济学中被称为蒙代尔—弗莱明模型(Mundell-Fleming Model)，简称 *MF* 模型。

16.3.4.1 资本完全流动时的 *BP* 曲线

从式(16-15)知，*BP* 曲线的斜率项中有一个很重要的参数 σ，又从式(16-12)中看出 σ 实际反映国际间资本流动的难易程度，σ 值越大，表示很小一点的国内和国外的利率差都会引起大量的资金流动。反之，如果 σ 值较小，则表示该国的金融市场还不太成熟，资本流动还有一定的限制或困难，从而国内利率和国外利率不相等也不会造成多大的资金流动。

在资本完全流动的假定下，如果国外利率 r_W 是既定的，则当国内利率高于国外水平时，资本就会无限地流入本国，就会出现大量的资本项目以及国际收支的盈余。反之，若本国的利率低于国外水平时，资本就会无限外流，就会出现国际收支赤字。以上分析表明，$BP=0$ 一定是位于国外利率水平 r_W 上的水平线。如图 16-9 所示，在水平线以上的点对应国际收支盈余，以下的点对应国际收支赤字。

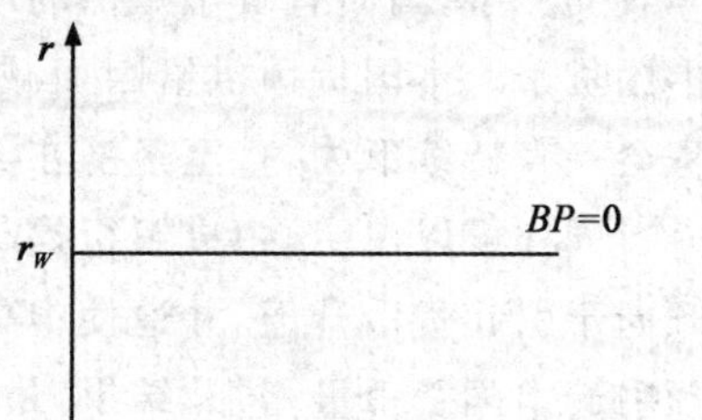

图 16-9 资本完全流动条件下的 *BP* 曲线

在资本完全流动的条件下，BP 曲线为一条位于国外利率水平 r_W 上的水平线，还可以从 BP 曲线的方程式(16-15)中得到。在式(16-15)中，令 $\sigma\to\infty$，则 BP 曲线的方程就成为

$$r=r_W \tag{16-16}$$

16.3.4.2 固定汇率制度下的资本完全流动

在固定汇率制和资本完全流动的情况下，一国无法采取独立的货币政策。利率无法背离那些在世界市场上通行的利率水平。实施独立货币政策的任何尝试都会导致资本流动，并且需要干预，直至利率重新回到与世界市场上的利率水平一致时为止。在资本具有完全流动性的固定汇率制下，财政政策高度有效。以财政政策为例，财政扩张会提高利率，从而使中央银行增加货币存量，以保持汇率的固定不变，加强了扩张性财政政策的效应。

第一，货币扩张。图 16-10 中，由于资本的完全流动，BP 曲线为一条水平线，这意味着，只有在利率水平等于国外利率，即 $r=r_W$ 时，该国才能实现国际收支平衡。在其他任何利率水平上，都有大量的资本流动，以至于国际收支无法达到平衡，而中央银行则必须进行干预，以维持利率不变。这种干预使 LM 曲线发生移动。

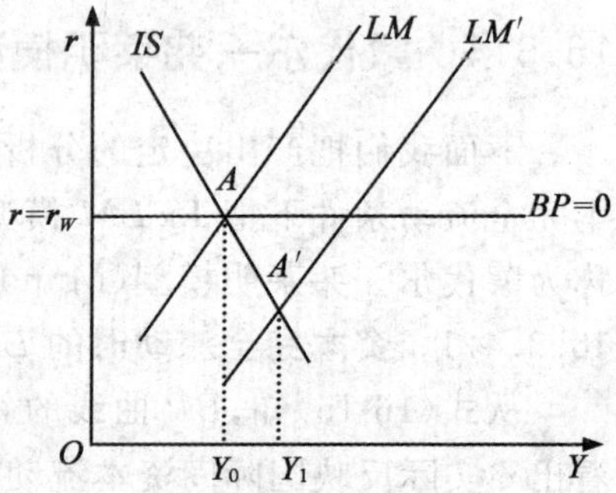

图 16-10 固定汇率制度下资本完全流动的货币效应

图 16-10 中，具体考虑一个从 A 点开始的货币扩张。LM 曲线向右下方移动到 LM'，均衡移动到 A' 点。但在 A' 点，出现了大量的国际收支赤字，因而有货币贬值的压力。中央银行必须进行干预，售出外币，并购进本国货币。本国货币供给因而减少了。结果是，LM 曲线向左上方移动。这个过程会一直持续下去，直至经济在 A 点回复初始均衡为止。

同样可以说明，中央银行提高利率紧缩货币将导致大规模的国际收支盈余，这倾向于引起货币升值，并迫使中央银行进行干预以保持汇率稳定。中央银行的干预引起本国货币量增加，结果，最初的货币紧缩被抵消了。

第二，财政扩张。如图 16-11 所示，扩张性的财政政策会使 IS 曲线向右移动到 IS' 的位置，导致产出的增加和利率的上升，暂时达到 A' 点。由于资本是完全流动的，利率上升将会产生资本的流入，从而导致货币由升值压力。中央银行为保持

汇率不变将会通过增加货币供给量来对此做出回应，这又将导致 LM 曲线向右移动，直到国内利率水平同国际利率水平一致，到达点 A'' 点，从而增加了产出。由于资本完全流动和汇率固定，此过程会非常短。在这种情况下，由于有了内在的货币供给，利率被有效地固定了，从而没有挤出效应，将会产生完全乘数效应。所以，当汇率固定，如资本完全流动时，财政扩张使产出增加，利率不变。

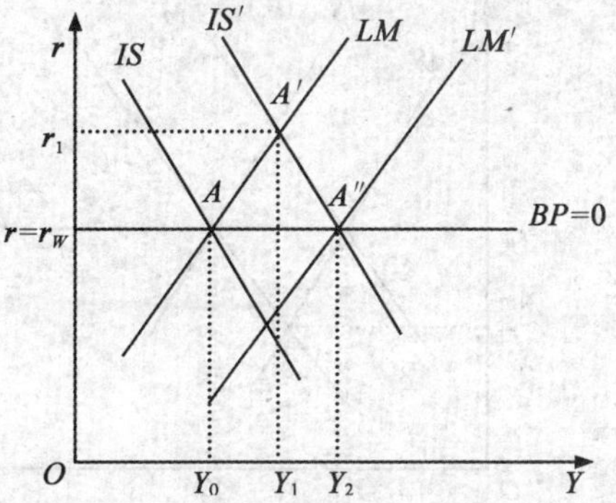

图 16-11　固定汇率制度下资本完全流动的财政扩张效应

16.3.4.3　浮动汇率制度和资本完全流动

在完全浮动汇率情况下，一国的货币当局不干预外汇市场。汇率必须调整以使外汇市场出清，从而保持外汇的供求平衡。

第一，浮动汇率和资本完全流动下的货币政策。在浮动汇率和资本完全流动下扩张性货币政策的效应如图 16-12 所示。最初经济在 A 点实现内部和外部的共同均衡。货币扩张首先影响 LM 曲线，使其向右移动到 LM'，并与 IS 曲线相交于 A' 点，在该点经济虽处于内部均衡，但其位于 BP 曲线下方，这意味着国际收支处于赤字状态。国际收支的赤字推动汇率进行调整，本国货币贬值，汇率上升。随着汇率上升，例如从 e_0 上升到 e_1，IS 曲线向右移动，这个过程将会不断进行下去，直到经济达到一个新的一般均衡的位置，如图中的 A'' 点。从图中可以看出，货币扩张的效果是使汇率提高，使收入水平提高，其效果大于封闭经济的情形，本币贬值。

总之，在浮动汇率制下，当资本完全流动时，扩张性的货币政策会使收入上升，本币贬值，对利率无影响。可见，此时的货币政策是非常有效的。

第二，浮动汇率和资本完全流动下的财政政策。在浮动汇率和资本完全流动下扩张性财政政策的效应如图 16-13 所示。最初经济在 A 点实现内部和外部的共同均衡。财政扩张首先影响 IS 曲线，使其向右移动到 IS'，并与 LM 曲线相交于点 A'，在该点经济虽处于内部均衡，但其位于 BP 曲线上方，这意味着国际收支处于盈余状态。这种情况下，本币就会升值，这将会推动该 IS' 曲线向左移动，直至返回原有位置，利率水平重新与国际利率水平相等为止。此时与期初相比，利率不变，本币升值，收入不变。需要指出的是，此时收入的内部结构发生变化，财政政策通过本币升值对出口产生了完全挤出效应，即财政支出增加造成了等量的出口下降。

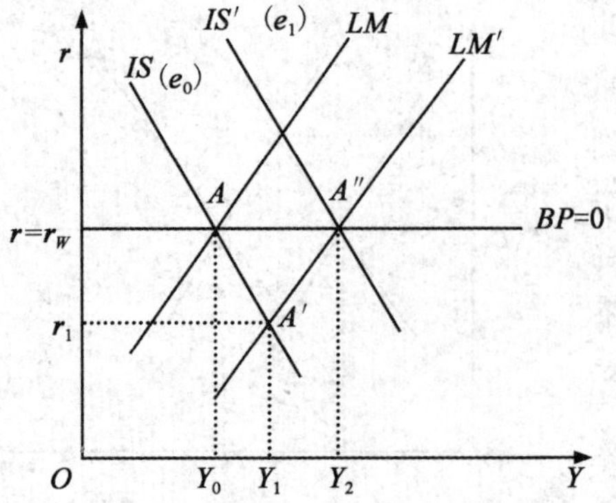

图 16-12 浮动汇率制度下资本完全流动的货币扩张效应

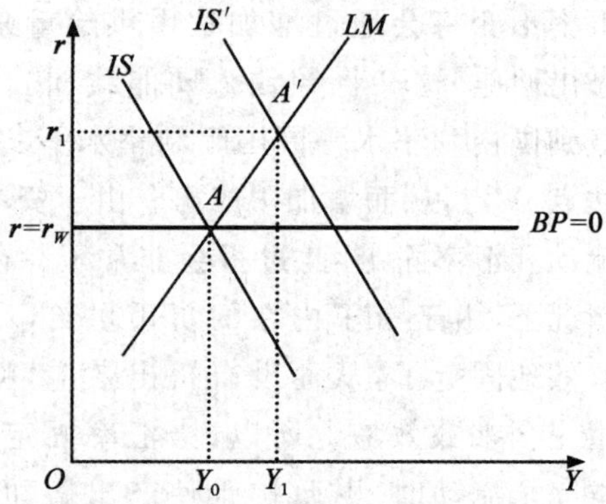

图 16-13 浮动汇率制度下资本完全流动的出口需求变动效应

总之，在浮动汇率制下，当资本完全流动时，扩张性的财政政策会造成本币升值，对收入、利率均不能产生影响。此时的财政政策是完全无效的。

16.3.4.4 “三元悖论”理论

三元悖论也称三难选择，它是美国经济学家保罗·克鲁格曼就开放经济下的政策选择问题，在蒙代尔—弗莱明模型的基础上提出的，其含义是：本国货币政策的独立性、汇率的稳定性、资本的完全流动性不能同时实现，最多只能同时满足两个目标，而放弃另外一个目标。本国货币政策的独立性是指一国执行宏观稳定政策进行反周期调节的能力，这里主要是指一国是否具有使用货币政策影响其产出和就业的能力；汇率的稳定性是指保护本国的汇率免受投机性冲击、货币危机等的冲击，从而保持汇率稳定；资本的完全流动性，即不限制短期资本的自由流动。它主要包括以下三种情况：①保持本国货币政策的独立性和资本的完全流动性，必须牺牲汇率的稳定性，实行浮动汇率制；②保持本国货币政策的独立性和汇率的稳定，必须牺牲资本的完全流动性，实行资本管制；③维持资本的完全流动性和汇率的稳定性，必须放弃本国货币政策的独立性。

三种选择只能实现两种是国际货币体系三元悖论的根本特性。根据三元悖论，在资本流动、货币政策的有效性和汇率制度三者之间只能进行以下三种选择：

(1)保持本国货币政策的独立性和资本的完全流动性，必须牺牲汇率的稳定性，实行浮动汇率制。实行浮动汇率制，发挥汇率的调节作用，实际上是以牺牲稳定的汇率为代价，来达到货币政策的独立性与资本的完全流动性。这是由于在资本完全流动的条件下，频繁出入的国内外资金带来了国际收支状况的不稳定，如果本国的货币当局不进行干预，亦即保持货币政策的独立性，那么本币汇率必然会随着资金供求的变化而发生频繁的波动。利用汇率调节，将汇率调整到真实反映经济现实的水平，可以改善进出口收支，影响国际资本流动。虽然汇率调节自身具有缺陷，但实行汇率浮动确实较好地解决了“三难选择”。但对于发生金融危机的国家来说，特别是发展中国家，信心危机的存在会大大削弱汇率调节的作用，甚至起到了恶化危机的作用。当汇率调节不能奏效时，为了稳定局势，政府的最后选择是实行资本管制。

(2)保持本国货币政策的独立性和汇率稳定，必须牺牲资本的完全流动性，实行资本管制。在金融危机的严重冲击下，在汇率贬值无效的情况下，唯一的选择是实行资本管制，实际上是政府以牺牲资本的完全流动性，来维护汇率的稳定性和货币政策的独立性。大多数经济不发达的国家，就是实行的这种政策的组合。这一方面是由于这些国家需要实行相对稳定的汇率制度来维持对外经济的稳定；另一方面是由于它们的监管能力较弱，无法对自由流动的资本进行有效的管理。

(3)维持资本的完全流动性和汇率的稳定性，必须放弃本国货币政策的独立性。根据蒙代尔—弗莱明模型，资本完全流动时，在固定汇率制度下，本国货币政策的任何变动都将被所引致的资本流动的变化而抵消其效果，本国货币政策丧失自主性。在这种情况下，本国或者参加货币联盟，或者更为严格地实行货币当局的汇率制度，基本上就很难根据本国经济情况来实施独立的货币政策对经济进行调整，最多是在发生投机冲击时，短期内被动地调整本国利率以维护固定汇率。可见，为实现资本的完全流动与汇率的稳定，本国经济将会付出放弃货币政策的巨大代价。

如果以三角形的三个顶点分别表示构建国际货币体系旨在实现的三个目标，那么每一条边都代表一类可能的国际货币体系安排。克鲁格曼将此三角形称作“永恒的三角形”，其妙处在于它提供了一个一目了然地划分各种国际货币体系的方法。事实上，在国际货币体系的发展过程中，三角形的三条边所代表的不同的国际货币体系安排都曾经在现实中实施过。比如，在 1944—1973 年的布雷顿森林体系中，各国货币政策的独立性和汇率的稳定性得到实现，但资本流动受到严格限制。而在 1973 年以后，布雷顿森林体系解体，各国汇率开始自由浮动，因而货币政策独立性和资本自由流动得以实现，但汇率稳定不复存在。今天的欧洲货币联盟、货币制度和历史上的金本位制均选择汇率稳定和资本自由流动，从而牺牲本国货币政策的独立性。

延伸阅读

1. 开放经济理论前沿——新开放经济宏观经济学

开放经济理论是指在一国封闭的国民经济中加入对外贸易因素，国民经济是由居民消费、投资、政府消费或投资以及净出口组成的。在开放经济条件下，一国的国民经济不仅受到国内诸因素(居民消费，私人投资，政府消费或投资)的影响，而且还会受到国外生产和消费的影响。外贸因素的加入还会对封闭经济下的三个部门都产生影响。因为本国居民消费者和政府已经不是仅仅面对本国的市场，而是整个国内外市场，因此消费者选择的机会增多，当生产者同样面对国际市场时，生产者的决策就会与封闭经济下的生产者决策不同，需要考虑更多不确定性因素和更复杂的市场条件。

"从 20 世纪 80 年代末起，开放经济宏观经济学开始摆脱以往的短期或长期购买力平价的假设，开始从不完全竞争、价格差异的角度研究相对价格变动问题。"从 1995 年至今的新开放经济宏观经济学大致经历了三个阶段：在第一阶段中，有三个宏观经济理论模型：一是蒙代尔—弗莱明模型；二是多恩布什模型；三是克鲁格曼的"市场定价"理论。蒙代尔—弗莱明模型是在开放经济条件下对 *IS-LM* 模型的延伸，它继承了凯恩斯黏性价格的思想，假定价格不变，进口产品的价格以外国货币形式表示，假定资本流动是国内和国外利差的函数。这样，货币政策的效果取决于汇率制度和资本流动的程度。但它有三个主要缺陷：价格黏性、对资本流动的流量分析方法以及对汇率的静态预期处理方法。多恩布什模型继承了蒙代尔—弗莱明模型中固定价格的分析，假定短期内商品市场价格黏性，但一价定律在长期成立。由于货币市场可以瞬时出清，短期内调整速度快于商品市场。因此，扩张性的货币政策在短期内会导致利率上升和汇率贬值。克鲁格曼的"市场定价"理论产生的核心观点是指当市场处于分割状态时，出口商可以根据进口地点的不同而制定不同的价格。这一阶段开放经济宏观经济学的一个主要缺陷是缺乏微观基础，或许"卢卡斯批判"是能够用来做出恰当评价的最佳论述。

"新开放经济宏观经济学(New Open Economy Macroeconomics)指的是以美国著名的国际经济学家奥布茨菲尔德和罗高夫等学者开创的新一代开放经济的研究方法，以 1995 年奥布茨菲尔德的和罗高夫著述的《汇率动态回转》一文为标志。在这部书中，他们创造性地将名义黏性和不完全竞争纳入动态一般均衡模型中，并建立了分析经济主体行为的微观基础，通过求解效用最大化和利润最大化，可以对宏观政策进行明确的福利分析。这较之传统的蒙代尔—弗莱明模型大大前进了一步，并成为目前国际经济学研究的主导方法。"

“新开放经济宏观经济理论既涵盖了前一阶段开放经济宏观经济学的分析结论，同时又超越了静态的分析方法，为分析经常账户、汇率问题和财政货币政策的冲击效应等提供了分析框架。它的价值不在于给出了诸如明确的最优货币政策和汇率制度安排等结论——因为结论总会依赖于参量的改变而改变的，而在于给出了分析国际经济问题的正确方法。”

资料来源：节选自《从凯恩斯到宏观经济理论演变》. 2009-12-07，www. thldl. org. cn/news/0912/28103. html.

2. 1999 诺贝尔经济学奖得主蒙代尔的经济思想介绍

瑞典皇家科学院 10 月 13 日宣布，将 1999 年诺贝尔经济学奖授予美国哥伦比亚大学加拿大籍教授罗伯特·蒙代尔，以表彰他对“不同汇率体制下的货币与财政政策”以及对“最佳货币区域”所进行的分析。

蒙代尔的研究解答了关于货币与财政政策如何影响国际资本市场的融合、内外部平衡等问题。他认为货币与财政政策如何影响取决于有关国家是否实行固定汇率，或是否允许其货币自由浮动，或有关国家是否有自己的货币。他在几十年前的研究已成为今天我们制定宏观经济政策的理论基础，并构成了国际宏观经济学教材的核心部分。下面，我们具体介绍蒙代尔的主要学术成就——开放条件下宏观稳定政策的理论。

(1)蒙代尔-弗莱明模型

蒙代尔在一篇开拓性的文章《Mundell R. A. (1963). Capital Mobility and Stabilization Policy under Fixed and Flexible Exchange Rates Canadian Journal of Economics 29:475-485》中阐述了开放经济条件下货币和财政政策的短期效应。这篇文章的分析是简练的，但其结论是深远和有影响力的。蒙代尔将外贸和资本流动引进封闭条件下的 *IS-LM* 模型(最初是由 1972 年的诺贝尔经济学奖获得者希克斯建立的)，分析得出稳定政策的效果是与国际资本的流动程度紧密相连的。而且，他论证了汇率制度的重要性，即在浮动汇率下，货币政策效果明显，财政政策软弱无力，而在固定汇率下，结果与此相反。蒙代尔-弗莱明模型的结论也可以概括为：在固定汇率和资本完全流动条件下，一国无法实行独立的货币政策，或者说单独的货币政策基本上是无效的。

蒙代尔-弗莱明模型的政策含义十分明确：在固定汇率和资本完全流动条件下，由于利率和汇率保持相对稳定，货币政策的传递机制，即通过利率变动影响投资，进而影响产出水平的机制，其功能自然会遭到比较严重的削弱，从而货币政策无效；同样道理，利率稳定即可以基本消除财政政策引起的挤出效应，从而实现财政政策的最佳效果。因此，当一国面临的外部冲击，主要是国际金融和货币因素的冲击时，则固定汇率制应该是较为理想的汇率制度。毕竟在固定汇率制下，国际资本套利活动可以自发化解货币因素的外部冲击，并且使财政政策纠正经济失衡的效果达到最优。

虽然蒙代尔-弗莱明模型作为战后布雷顿森林体系有关汇率安排的指导思想，曾经在第二次世界大战结束至20世纪70年代中期石油危机爆发的较长一段时间内，促进了世界汇率体系的稳定，为世界经济和贸易发展提供了良好的国际金融和货币条件，不过我们应该看到，蒙代尔-弗莱明模型政策主张的应用，仍然存在严格的限制条件，这是该模型的内在不足所导致的必然结果。该模型的不足主要表现在如下3个方面：①蒙代尔-弗莱明模型只分析固定汇率制下的开放经济平衡，缺乏对浮动汇率下的开放经济平衡的研究。②蒙代尔-弗莱明模型假定价格水平不变，可见该模型从方法论上讲，属于短期分析范畴。短期分析的主要弱点在于仅仅考虑国际收支调节和内部平衡实现的政策效应，忽略了自动调节机制（如价格水平变动）对国际收支和内部平均的影响。③蒙代尔-弗莱明模型的资本完全流动假定与现实世界差距较大，该模型忽略了交易成本、预期等因素对汇率决定和国际收支的重要影响，因而削弱了模型的理论解释能力。后来许多学者从以上三个方面发展了蒙代尔-弗莱明模型。

(2)最佳货币区域

蒙代尔早在20世纪60年代初就提出了在当时被视为"激进的""最佳货币区域"分析理论。他分析了在一定区域内取消货币主权而使用统一货币的利与弊，进而对实行统一货币表示肯定。目前，研究人员正是根据他的理论来分析欧洲经济货币联盟及欧元的利与弊。

蒙代尔的文章《Mundell R. A. (1961). A Theory of Optimum Currency Areas, American Economic Review 51:657-665》简要阐述了共同货币的优势，如降低了贸易中货币结算的交易成本，消除了相关价格的不确定性；同时他也详细分析了共同货币的劣势，最大的不足在于：当需求的改变或遇到其他不对称冲击要求某一特定地区的实际工资下降时，很难保持充分就业。蒙代尔强调了劳动力高度流动性的重要性，只有劳动力高度流动性才能弥补以上不足。

蒙代尔将最优货币区定义成这样一系列地区：当其中一个地区面对不对称冲击时，劳动力迁移的偏好足以确保充分就业。其他学者在其研究的基础上扩展了其理论，加入了其他标准，像资本流动、地区专业和共同的税收交易体系。可以说蒙代尔最初提出的问题引起了一代又一代经济学家的研究兴趣。

实际上，蒙代尔观点中的关键因素是一国各地区之间或各国之间的要素流动程度。如果要素流动性很低，那么汇率不应是固定的，可能意味着中止现存的货币同盟。为说明这一点，假设在一个大国中，需求由A地区生产的商品转向B地区生产的商品。于是,A地区出现超额供给,B地区出现超额需求。如果劳动力具有高度流动性,那么劳动力会从A地区移往B地区;失业不会成为问题。但是,如果要素缺乏地理上的流动性,则需要这两个地区间出现实际汇率的变动。

为消除A地区超额供给和B地区出现超额需求,如果价格是柔性的,这可通过A地区价格水平下降和B地区价格水平上升来完成。但是,如果价格是非柔性的(可能产生于该国工资谈判、长期合同或难对付的通货膨胀预期),那么非均衡将持续下去。人们不应等待衰退来降低A地区的价格水平,而应当中止货币同盟,让两个地区之间的名义汇率下降。

该分析的长处是指出了考虑加入货币同盟的国家可能面临的问题。劳动力在国际间缺乏流动性、黏性的工资-价格和放弃汇率工具等因素可能使一国出现A地区那样的长期失业。

蒙代尔几十年前考虑的这个问题与我们今天高度相关。随着经济金融全球化的发展,由于资本的流动性提高,暂时固定却可调整的汇率制度已变得更加脆弱。蒙代尔文章讨论的货币联盟或浮动汇率制度在经济金融全球化的今天,一国必择其一。蒙代尔的分析更是与欧洲货币联盟密切相关,许多学者已采用他的最佳货币区域理论分析欧洲货币联盟的优势和劣势。

资料来源:http://www.sina.com.cn 1999年10月29日 10:42 光明日报。

概念与习题

1. 解释下列概念:绝对优势;比较优势;倾销;进口关税;进口配额;未抵消影响的外汇干预;汇率;浮动汇率制;净出口函数;J曲线;国际收支平衡;*BP*曲线。

2. 简述绝对优势理论与比较优势理论。

3. 简述规模经济的贸易理论。

4. 简述布雷顿森林体系。

5. 简述金本位制的优缺点。

6. 简述“三元悖论”理论。

7. 均衡汇率是怎样决定的。

8. 说明浮动汇率制度下国际收支逆差的调整过程。

9. 推导开放经济条件下的政府购买乘数的表达式。

10. 假设一国的边际进口倾向为0.2,边际储蓄倾向为0.1,求当政府支出增加100亿元时,对该国进口的影响。

11. 汇率变动和净出口变动有何相互影响?

17 宏观经济政策

在宏观经济学这门学科得到发展之前，各国一般都在不断变化的宏观经济潮流中随波逐流。今天，各国政府有许多工具可用来驾驭经济。

——保罗·萨缪尔森

西方经济学者认为，经济政策是指国家或政府为了增进社会经济福利而制定的解决经济问题的指导原则和措施。它是政府为了达到一定的经济目的而对经济活动有意识的干预。因此任何一项经济政策的制定都是根据一定的经济目标而进行的。按照西方经济学的解释，宏观经济政策的目标有：充分就业、价格稳定、经济持续均衡增长和国际收支平衡。此外，宏观经济政策的目标还包括资源优化配置、收入均等化、环境保护等。宏观经济政策就是为了达到这些目标而制定的手段和措施。

一般认为，经济政策可以分为财政政策、货币政策、收入政策和对外贸易政策等，每一种政策作用原理、方式、效率等均不同。西方学者认为，要实现既定的经济政策目标，政府运用的各种政策手段，必须相互配合，协调一致。如果财政当局与货币当局的政策手段和目标发生冲突，就难以达到理想的经济效果，甚至可能偏离政策目标更远。其次，政府在制定目标时，不能追求单一目标，而应该综合考虑，否则会带来经济上和政治上的副作用。因为经济政策目标相互之间不但会存在互补性，也存在一定的冲击，如充分就业与价格稳定间就存在两难选择。此外，还要考虑到政策本身的协调和对时机的把握程度。上述这些都影响政策有效性，即关系到政府经济目标实现的可能性和实现的程度。因此，政府在制定经济目标和经济政策时应该作整体性的宏观战略考虑和安排。

西方宏观经济政策可以被区别为两种类型。一种类型可以说是计划类型，即通过行政命令手段予以执行。例如，对公用事业产品的定价，对企业兼并政策的制定及实施，对金融机构的管理等。另一种类型可以说是市场调控类型，即对市场机制进行干预并通过该机制的作用来达到政策目标。一般说来，各个具体政策往往不能完全脱离行政命令手段或市场机制的作用，各个经济政策只能说是主要属于某一类型的。

本章论述在较大的程度上利用市场机制的作用的财政政策和货币政策。

17.1 宏观财政政策

财政政策(fiscal policy)是国家干预经济的主要政策之一。财政政策的一般定义是:为促进就业水平提高,减轻经济波动,防止通货膨胀,实现稳定增长而对政府支出、税收和借债水平所进行的选择,或对政府收入和支出水平所作的决策。要了解财政政策的内容,先必须了解现代西方财政的基本构成。

17.1.1 财政的构成与财政政策工具

西方国家经济是市场经济,但政府也直接参与经济活动,并在经济生活中起着十分重要的作用。这种作用与西方国家的财政直接有关。在西方国家中,近几十年来政府参与经济活动的规模有了显著增长。拿政府支出来说,在法国和德国,政府支出接近 *GDP* 的一半,美国政府支出大约占 *GDP* 的 1/3。国家财政由政府收入和支出两个方面构成,其中政府支出包括政府购买和转移支付,而政府收入则包含税收和公债两个部分。政府以增加收入或减少收入、增加支出或减少支出作为财政政策工具来调节社会总需求的增减,实现政策目标。

政府购买支出(the government expenditures)是决定国民收入大小、调节社会总需求的增减的财政政策工具。政府支出是指整个国家中各级政府支出的总和,主要可分为政府购买和政府转移支付两类。政府购买是指政府对商品和劳务的购买。如购买军需品、机关公用品、政府雇员报酬、公共项目工程所需的支出等都属于政府购买。政府购买是一种实质性支出,有着商品和劳务的实际交易,因而直接形成社会需求和购买力,是国民收入的一个组成部分。因此,政府购买支出是决定国民收入大小的主要因素之一,其规模直接关系到社会总需求的增减。购买支出对整个社会总支出水平具有十分重要的调节作用。在总支出水平过低时,政府可以提高购买支出水平,如举办公共工程,增加社会整体需求水平,以此减缓经济衰退。反之,当总支出水平过高时,政府可以采取减少购买支出的政策,降低社会总体需求,以此来抑制通货膨胀。因此,变动政府购买支出水平是财政政策的有力手段。

政府转移支付(transfer payments)也是一项重要的财政政策工具。政府支出中另一部分是转移支付。政府转移支付是指政府在社会福利保险、贫困救济和补助等方面的支出。这是一种货币性支出,政府在付出这些货币时并无相应的商品和劳务的交换发生，因而是一种不以取得本年生产出来的商品和劳务作为报偿的支出。因此，转移支付不能算作国民收入的组成部分。它所作的仅仅是通过政府将收入在不同社会成员之间进行转移和重新分配，全社会的总收入并没有变动。据此，政府对农业的补贴也被看做是政府转移支付。在前面乘数分析中我们已经知道，它同样能够通过转移支付乘数作用于国民收入，但乘数效应要小于政府购买支出乘数效应。一般来讲，在总支出不足时，失业会增加，这时政府应增加社会福利费用，提高转移支付水平，从而增加人们的可支配收入和消费支出水平，社会有效需求因而增加；在总支出水平过高时，通货膨胀率上升，政府应减少社会福利支出，降低转移支付水平，从而降低人们的可支配收入和社会总需求水平。除了失业救济、养老金等福利费用外，其他转移支付项目如农产品价格补贴也应随经济风向而改变。

税收(taxations)可作为实行财政政策的有力手段。税收是政府收入中的最主要部分，它是国家为了实现其职能按照法律预先规定的标准，强制地、无偿地取得财政收入的一种手段，因此税收具有强制性、无偿性、固定性三个基本特征。正因为如此，税收可作为实行财政政策的有力手段之一。西方国家财政收入的增长，在很大程度上来源于税收收入的增长。税收依据不同标准可以作不同的分类。根据课税对象，税收可分为三类：财产税、所得税和流转税。财产税是对不动产或房地产即土地和土地上建筑物等所征收的税。遗产税一般包含在财产税中。所得税是对个人和公司的所得征税。在西方政府税收中，所得税占有很大比重。因此所得税税率的变动对经济活动会产生重大影响。流转税则是对流通中商品和劳务买卖的总额征税。增值税是流转税的主要税种之一。根据收入中被扣除的比例，税收可以分为累退税、累进税和比例税。累退税是税率随征税客体总量增加而递减的一种税。比例税是税率不随征税客体总量变动而变动的一种税，即按固定比率从收入中征税，多适用于流转税和财产税。累进税是税率随征税客体总量增加而增加的一种税。西方国家的所得税多属于累进税。这三种税通过税率的高低及其变动来反映赋税负担轻重和税收总量的关系。因此税率的大小及其变动方向对经济活动如个人收入和消费直接会产生很大影响。税收作为政府收入手段，既是西方国家财政收入的主要来源，也是国家实施财政政策的一个重要手段。与政府购买支出、转移支付一样，税收同样具有乘数效应，即税收的变动对国民收入的变动具有倍增作用。由于税收乘数有两种：一种是税率的变动对总收入的影响，另一种是税收绝对量的变动对总收入的影响，因此税收作为政策工具，它既可以通过改变税率来实现，也可以通过变动税收总量来实现，如一次性减税来达到刺激社会总需求增加的目的。对税率而言，由于所得税是税收的主要来源，因此，改变税率主要是变动所得税的税率，一般来说，降低税率，减少税收都会引致社会总需求增加和国民产出的增长。反之，提高税率，增加税收都会引致社会总需求减少和国民产出的减少。因此在需求过旺时。可采取增税措施抑制通货膨胀；在需求不足时，可采取减税措施来抑制经济衰退。

供给学派认为，减税不仅不会引起预算赤字的增大，反而会使预算赤字缩小甚至完全消除。其理论基础就是所谓的拉弗曲线。

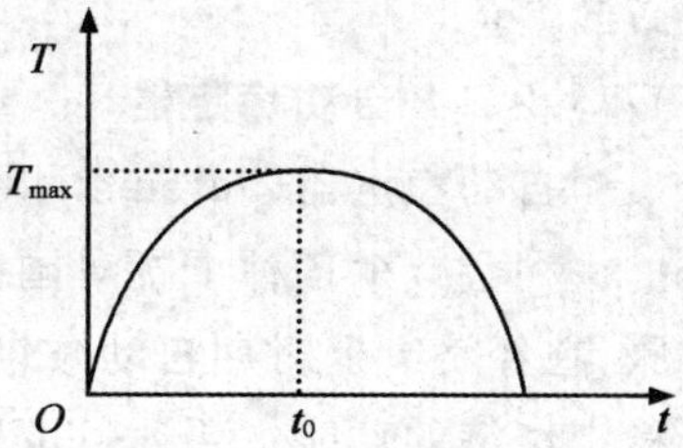

图 17-1　拉弗曲线

在图 17-1 中，横轴代表边际税率，纵轴代表税收总额。显然，当税率为零时，政府的税收总额为零。当税率为 100%，政府的税收总额也为零。供给学派认为，当税率水平比较低时，随着税率的上升，国民收入中越来越大的比例成为税收，税收总额也会随之增加。但是，当税率比较高时，随着税率的上升，人们的工作积极性、储蓄的积极性以及厂商投资的动力都会下降，于是会引起经济活动水平的下降。结果，虽然税率上升，但是税收总额会因为税收基数的减少而下降。这意味着，存在着某一个能够使政府税收总额最大的税率水平，即图 17-1 的 t_0。供给学派认为减税可以使政府税收增加，是以假定原来的税率水平过高、处于 t_0 右边为前提的。

公债(public debt)也是实施宏观调控的经济政策工具。当政府税收不足以弥补政府支出时，就会发行公债，使公债成为政府财政收入的又一组成部分。公债是政府对公众的债务，或公众对政府的债权。它不同于税收，是政府运用信用形式筹集财政资金的特殊形式，包括中央政府的债务和地方政府的债务。中央政府的债务称国债。政府借债一般有短期债、中期债和长期债三种形式。短期债一般通过出售国库券取得，主要进入短期资金市场（货币市场），利息率较低，期限一般为 3 个月、6 个月和 1 年 3 种。中长期债一般通过发行中长期债券取得，期限 1 年以上 5 年以下的为中期债券，5 年以上的为长期债券。美国长期债券最长的为 40 年。中长期债券利息率也因时间长、风险大而较高。中长期债券是西方国家资本市场（长期资金市场）上最主要交易品种之一。因此，政府公债的发行，一方面能增加财政收入，影响财政收支，属于财政政策，另一方面又能对包括货币市场和资本市场在内的金融市场的扩张和紧缩起重要作用，影响货币的供求，从而调节社会的总需求水平。因此，公债也是实施宏观调控的经济政策工具。

17.1.2 自动稳定与相机抉择

政府的财政收支及其变动会直接、间接地影响宏观经济的运行。战后，西方财政制度与财政政策对经济发挥了自动调节与主动调节作用，西方国家经济虽然仍有周期性波动，但同20世纪30年代大危机相比，波动幅度大为减小，衰退持续时间也大为缩短。自动调节指西方财政制度本身有着自动地抑制经济波动的作用，即自动稳定器；主动调节指政府有意识地进行所谓反周期的相机抉择的积极的财政政策。

17.1.2.1 自动稳定器

自动稳定器(automatic stabilizers)，亦称内在稳定器，是指经济系统本身存在的一种会减少各种干扰对国民收入冲击的机制，能够在经济繁荣时期自动抑制通胀，在经济衰退时期自动减轻萧条，无须政府采取任何行动。财政政策的这种内在稳定经济的功能主要通过下述三项制度得到发挥。

首先是政府税收的自动变化。当经济衰退时，国民产出水平下降，个人收入减少；在税率不变的情况下，政府税收会自动减少，留给人们的可支配收入也会自动地少减少一些，从而使消费和需求也自动地少下降一些。在实行累进税的情况下，经济衰退使纳税人的收入自动进入较低纳税档次，政府税收下降的幅度会超过收入下降的幅度，从而可起到抑制衰退的作用。反之，当经济繁荣时，失业率下降，人们收入自动增加，税收会随个人收入增加而自动增加，可支配收入也就会自动地少增加一些，从而使消费和总需求自动地少增加一些。在实行累进税的情况下，繁荣使纳税人的收入自动进入较高的纳税档次，政府税收上升的幅度会超过收入上升的幅度，从而起到抑制通货膨胀的作用。由此西方学者认为，税收这种因经济变动而自动发生变化的内在机动性和伸缩性是一种有助于减轻经济波动的自动稳定因素。

其次是政府支出的自动变化。这里主要是指政府的转移支付，它包括政府的失业救济和其他社会福利支出。当经济出现衰退与萧条时，失业增加，符合救济条件的人数增多，失业救济和其他社会福利开支就会相应增加，这样就可以抑制人们收入特别是可支配收入的下降，进而抑制消费需求的下降。当经济繁荣时，失业人数减少，失业救济和其他福利费支出也会自然减少，从而抑制可支配收入和消费的增长。

最后是农产品价格维持制度。经济萧条时，国民收入下降，农产品价格下降，政府依照农产品价格维持制度，按支持价格收购农产品，可使农民收入和消费维持在一定水平上。经济繁荣时，国民收入水平上升，农产品价格上升，这时政府减少对农产品的收购并抛售农产品，限制农产品价格上升，也即抑制农民收入的增长，从而减少了总需求的增加量。总之，政府税收和转移支付的自动变化、农产品价格维持制度对宏观经济活动都能起到稳定作用，它们都是财政制度的内在稳定器和对经济波动的第一道防线。

17.1.2.2 相机抉择使用的财政政策

相机抉择使用的或权衡性的财政政策，即为确保经济稳定，政府要审时度势，主动采取一些财政措施，即变动支出水平或税收以稳定总需求水平，使之接近物价稳定的充分就业水平。当认为总需求非常低，即出现经济衰退时，政府应通过削减税收、降低税率、增加支出或双管齐下以刺激总需求。反之，当认为总需求非常高，即出现通货膨胀时，政府应增加税收或削减开支以抑制总需求。前者称为扩张性（膨胀性）财政政策，后者称为紧缩性财政政策。这种交替使用的扩张性和紧缩性财政政策，被称为补偿性财政政策。采取扩张性财政政策还是采取紧缩性财政政策，要由政府对经济发展的形势加以分析权衡，相机抉择使用。这样一套经济政策就是凯恩斯主义的相机抉择的"需求管理"。由于凯恩斯分析的是需求不足型的萧条经济，因此他认为调节经济的重点要放在总需求的管理方面。凯恩斯主义者认为，当总需求水平过低，产生衰退和失业时，政府应采取刺激需求的扩张性财政措施；当总需求水平过高，产生通货膨胀时，政府应采取抑制总需求的紧缩性财政措施。简言之，要"逆经济风向行事"。

由于政府支出中转移支付乘数和税收乘数所产生的效果都比一般自发性支出（如投资支出和政府购买支出）所能产生的效果要小，因此虽然各种自动稳定器一直在起作用，但作用毕竟有限，特别是对于剧烈的经济波动，自动稳定器更难以扭转，政府必须采取相机抉择使用的财政政策才能实现政策目标。

从 20 世纪 30 年代初美国罗斯福的"新政"到 60 年代初肯尼迪的繁荣，在一定的限度内，都是运用这套财政政策来提高有效需求的结果。但是 60 年代后期以来"滞胀（stagflation）"局面的出现，即经济停滞，物价上涨，人们对这种政策提出了怀疑。这说明相机抉择使用的财政政策的作用同样具有局限性。因为在实际经济活动中存在各种各样的限制因素影响这种财政政策作用的发挥。首先是时滞。认识总需求的变化，变动财政政策以及乘数作用的发挥，都需要时间。其次是不确定性。实行财政政策时，政府主要面临两个方面的不确定：第一，乘数大小难以准确地确定；第二，政策必须预测总需求水平通过财政政策作用达到预定目标究竟需要多少时间。而在这一时间内，总需求特别是投资可能发生戏剧性的变化，这就可能导致决策失误。最后，外在的不可预测的随机因素的干扰，也可能导致财政政策达不到预期结果。此外还存在财政政策的“挤出效应”问题。政府增加支出，会使利息率提高，私人投资支出减少，即发生挤出效应。所以实行积极的财政政策时必须全面考虑这些因素的影响，尽量使其效果接近预期目标。

17.1.3 功能财政

功能财政就是政府为实现无通货膨胀的充分就业水平，在财政方面采取积极政策，当实现这一目标时，预算可以是盈余，也可以是赤字。

预算赤字是政府财政支出大于收入的差额。实行扩张性财政政策，即减税和扩大政府支出就会造成预算赤字。预算盈余是政府收入超过支出的余额。实行紧缩性财政政策，即增税和减少政府支出，会产生预算盈余。

功能财政思想是凯恩斯主义者的财政思想。他们认为应从反经济周期的需要来利用预算赤字和预算盈余，而不能机械地用财政预算收支平衡的观点来对待预算赤字和预算盈余。当国民收入低于充分就业的收入水平（即存在通货紧缩缺口）时，政府有义务实行扩张性财政政策，增加支出或减少税收，以实现充分就业；反之存在通货膨胀时，则政府有义务实行紧缩性财政政策，增加税收或减少支出，以实现经济增长和物价稳定需要。功能财政思想认为，政府为了实现充分就业和消除通货膨胀，需要赤字就赤字，需要盈余就盈余，而不应为实现财政收支平衡妨碍政府财政政策的正确制定和实行。可见功能财政是相机抉择使用的财政政策的指导思想，而相机抉择使用的财政政策是功能财政思想的实现和贯彻。它的提出，是对原有财政平衡预算思想的否定。

西方学者认为原有财政预算平衡思想主要是年度平衡预算和周期平衡预算两种。

年度平衡预算，要求每个财政年度的收支平衡。这是在20世纪30年代大危机以前普遍采取的政策原则。后来这个原则遭到凯恩斯主义者的攻击。他们认为，衰退时，税收必然会随收入的减少而减少。如果坚持年度平衡预算的观点，那么为了减少赤字，只有减少政府支出或提高税率，其结果会加深衰退；当经济过热，出现通货膨胀时，税收必然随收入的增加而增加，为了减少盈余，只有增加政府支出或降低税率，其结果反而会加剧通货膨胀。这样，坚持年度平衡预算只会使经济波动更加严重。

周期平衡预算，是指政府在一个经济周期中保持预算收支平衡。在经济衰退时实行扩张政策，有意安排预算赤字，在繁荣时期实行紧缩政策，有意安排预算盈余，以繁荣时的盈余弥补衰退时的赤字，使整个经济周期的盈余和赤字相抵而实现预算平衡。这种思想在理论上似乎非常完整，但实行起来非常困难。这是因为在一个预算周期内，很难准确估计繁荣与衰退的时间与程度，两者更不会完全相等，因此连预算也难以事先确定，从而周期预算平衡也无法实现。

虽然功能财政思想否定了原有的预算观点，主张预算目标不应是追求政府收支平衡，而应是无通货膨胀的充分就业，这一思想与机械地追求政府收支平衡目标相比，是一大进步，然而这种政策的实施也存在一定的困难。这不仅是由于经济波动难以预测，经济形势难以估计，而且决策也需要时间，效果也滞后，因此这种预算也难以充分奏效。

17.1.4 充分就业预算盈余

所谓充分就业预算盈余指既定的政府预算在充分就业的国民收入水平即潜在的国民收入水平上所产生的政府预算盈余。如果这种盈余为负值，就是充分就业预算赤字。它不同于实际的预算盈余，实际的预算盈余是以实际的国民收入水平来衡量预算状况的，因此二者的差别就在于充分就业的国民收入与实际的国民收入水平的差额。一般来讲，当实际国民收入水平高于充分就业国民收入水平时，则充分就业预算盈余小于实际预算盈余；若实际国民收入水平低于充分就业的国民收入水平，则充分就业预算盈余大于实际预算盈余。当然，也会出现实际国民收入和潜在的国民收入相等，因而充分就业预算盈余与实际预算盈余相等的情况。

如果用 t、$\overline{G}$、$\overline{TR}$分别表示边际税率、既定的政府购买支出和政府转移支付支出，用 Y 和 Y_f 分别表示实际收入和潜在收入，则充分就业预算盈余（用 BS^* 表示）和实际预算盈余（用 BS 表示）分别为 $BS^*=tY_f-\overline{G}-\overline{TR}$和 $BS=tY-\overline{G}-\overline{TR}$，二者差额为 $BS^*-BS=t(Y_f-Y)$。

西方学者认为，充分就业预算盈余的概念的提出具有两个十分重要的作用。第一，把收入水平固定在充分就业的水平上，消除经济中收入水平周期性波动对预算状况的影响，从而就能更准确地反映财政政策对预算状况的影响，并为判断财政政策是扩张性的，还是紧缩性的，提供了一个较为准确的依据。若充分就业预算盈余增加了或赤字减少了，财政政策就是紧缩的，反之，则政策是扩张的。第二，使政策制定者充分注重充分就业问题，以充分就业为目标确定预算规模从而确定财政政策。因此，这一概念得到较为广泛的运用。但这一概念同样存在一定的缺陷，因为充分就业的国民收入或潜在国民收入本身就是难以准确估算的。

按照功能财政的思想，实施扩张性财政政策，即增加政府支出或降低税率会使国民收入增加的同时也会减少政府的预算盈余或增加预算赤字。同样,实施紧缩性财政政策,减少政府支出或提高税率降低国民收入时,也会增加政府的预算盈余或减少预算赤字。这样,一般容易把预算盈余的减少或预算赤字的增加当作扩张性财政政策的结果,把预算盈余的增加或预算赤字的减少看成是紧缩性财政政策的结果。但是,预算盈余或赤字变动有时并不是由财政政策主观变动引起的,而是由经济高涨或经济衰退的经济情况变动引起的。在经济衰退时期,由于收入水平下降,税收自动减少,政府转移支付自动增加,这就会引起预算盈余减少或预算赤字的增加。而在经济高涨时期,由于收入水平上升,税收自动增加,政府转移支付自动减少,就会引起预算盈余增加或预算赤字减少。这种预算盈余或预算赤字的变动与财政政策本身无关,不能简单地把预算盈余或预算赤字的变动当作判断财政政策是扩张性还是紧缩性的标准。预算盈余或赤字的变动,可能有两方面原因,一是经济情况本身的变动,即经济趋向繁荣会使盈余增加或赤字减少,经济趋向衰退会使盈余减少或赤字增加;二是财政政策的变动,即扩张政策趋向增加赤字,减少盈余,紧缩政策趋向增加盈余,减少赤字。因而,单凭盈余或赤字的变动还难以看出财政政策的扩张或紧缩性质。要使预算盈余或赤字成为衡量财政政策扩张还是紧缩的标准就必须消除经济周期波动本身的影响,于是美国经济学家 C · 布朗(Brown)在 1956 年提出了充分就业预算盈余的概念。

17.1.5 赤字与公债

财政赤字是预算开支超过收入的结果。按功能财政的思想,战后西方国家普遍实行了干预经济的积极的财政政策。这种政策从理论上说是逆经济风向行事的“相机抉择”,但事实上多数是搞扩张性财政,结果是财政赤字的上升和国家债务的积累。

弥补赤字的途径有:借债和出售政府资产。政府借债又可分两类,一类借债是向中央银行借债,这实际上就是叫中央银行增发货币或者说增加高能货币,这可称为货币筹资,其结果是通货膨胀,它本质上是用征收通货膨胀税的方式来解决赤字问题。在许多发展中国家,弥补赤字常常用这种方式,但发达国家较少采用这种方式。另一类借债是向国内公众(商业银行和其他金融机构、企业和居民)和外国举债,这可称为债务筹资。一般说来,向国内公众举债,不过是购买力向政府部门转移,并不立即直接引起通货膨胀,因为基础货币并没有增加,然而,当政府发行公债时往往会引起利率上升,中央银行如果想稳定利率,则必然要通过公开市场业务买进债券,从而增加货币供给。这样,预算赤字增加也会引起通胀。

公债作为政府取得收入的一种形式可以为预算赤字融资，使赤字得到弥补。然而，政府发行了公债要还本付息，未清偿的债务会逐渐累积，所要支付的利息又构成政府预算支出中一个部分。一国政府预算的总赤字等于非利息赤字和利息支出的总和，因此，即使非利息赤字不变，只要利息支出增长，总赤字也会增加。可见，在其他条件不变时，赤字增长引起债务增长，债务增长引起利息负担增长，使赤字进一步增长，循环往复，公债利息支出本身成为赤字和公债逐步增长的重要因素。一国债务与GDP之比率称债务一收入比率，这一比率的变动主要取决于公债的实际利息率、实际GDP的增长率和非利息预算盈余的状况。在非利息预算盈余不变时，如果公债利率越高，产出增长率越低，债务—收入比率就越有可能上升。如果非利息预算能不断有盈余，实际利率有所下降，实际GDP不断有所增长，则债务收入比就会逐步下降。

面对政府债务，西方经济学家提出了各自的看法。一些经济学家认为，公债无论是内债还是外债，与税收一样，都是政府加在公民身上的一种负担。这是因为公债和私债一样要还本付息，这样就必须用征税和多发行货币办法来解决，其结果必然是公众负担增加。因为老债往往是用发行新债来偿还的，公债的债务负担会代代传下去，造成下代人的负担。另一些经济学家认为，外债必须用本国的产品来偿还外债的利息，对一国公民来说是一种负担；但内债则不同，因为内债是政府欠本国人的债，也就是“自己欠自己的债”，因而不构成负担。况且，政府是长期存在的，会用发新债的办法还旧债；即使用征税办法来偿还公债，也只是财富再分配而已，对整个国家而言，并未有财富损失。至于公债对子孙后代的影响，他们认为也不构成负担。理由是发行公债可以促使资本更多地形成，加快经济增长的速度，从而给子孙后代带来更多的财富和消费。当然，在充分就业时期增加的公债且又没有相应的资本形成，或者，公债的增加引起私人投资下降，就会成为公民的一种负担。

17.1.6 西方财政的分级管理模式

任何财政政策的制定和实施都是在一定的财政预算管理体制下进行的。一国政府通过财政政策所进行的一切干预活动，都必须以其本国的财政管理体制为基础。因此，财政管理体制对政府调控宏观经济具有十分强烈的制约作用。下面对西方财政管理体制中的分级管理体制作简单介绍。

根据财权和事权相一致的原则，西方国家普遍采取分级管理的财政体制。在财政分级管理体制下，税收被划分为中央税、地方税和中央与地方共享税三种，分别规定为中央政府和地方政府的财政收入来源；支出也同样被划分为中央政府支出和地方政府支出，并各自规定了相应的支出范围。至于中央政府对地方政府的调节，则主要依靠税收返还制度和中央政府支出对地方政府的财政补助形式进行，中央政府财政预算与地方财政预算各自分开，自求平衡。美国是这种财政分级管理体制的典型代表。它实行联邦、州和地方的三级财政预算管理体系。就税收种类而言，联邦税主要包括个人所得税、财产税、社会保险税等。地方税包括财产税、公共设施税等。其中财产税为地方、州、联邦三级共同分享。联邦政府财政收入约占全部收入的60%，主要来自于个人所得税、公司所得税、社会保险税这三项税收，州和地方约占40%。在联邦政府的预算支出中，约有10%用于补助州与地方。这样联邦政府既可以凭借其财力，对州和地方的发展进行干预和影响，并可在一定程度上，促进全国经济较平衡的发展，调动地方理财的积极性，克服一切依赖中央的倾向。1932年前，州与地方政府来自联邦政府的补贴仅占总收入的3%，但自1934年后，开始上升到13%，现在一般维持在10%左右。就支出而言，联邦政府的支出，主要用于国防和国际关系，其次是社会保险。州与地方政府的财政支出则主要用于教育、道路、公共福利及公共设施等。在这种财政分级管理体制下，政府的预算收入与支出，所制定的税制结构与累进所得税制、失业保险等，都成为美国政府调控宏观经济、调整中央与地方关系以及帮助政府实施经济政策目标的重要手段。

17.2 宏观货币政策

17.2.1 商业银行和中央银行

要了解货币政策，必须先具备一些西方银行制度的知识，因为货币政策要通过银行制度来实现。在银行制度方面，西方主要国家的金融机构并不完全相同。但是，大致说来，它们的金融机构包括金融媒介机构和中央银行两类。金融媒介机构中最主要是商业银行，其他还有储蓄和贷款协会、信用协会、保险公司、私人养老基金等。

商业银行之所以称为商业银行，是因为早先向银行借款的人都经营商业，但后来工业、农业、建筑业、消费者也都日益依赖商业银行融通资金，故其客户遍及经济各部门，业务也多种多样。商业银行的主要业务是负债业务、资产业务和中间业务。负债业务主要是吸收存款，包括活期存款、定期存款和储蓄存款。资产业务主要包括放款和投资两类业务。放款业务是为企业提供短期贷款，包括票据贴现、抵押贷款等。投资业务就是购买有价证券以取得利息收入。中间业务是指代为顾客办理支付事项和其他委托事项，从中收取手续费的业务。

中央银行是一国最高金融当局，它统筹管理全国金融活动，实施货币政策以影响经济。当今世界除了少数地区和国家，几乎所有已独立的国家和地区都设立了中央银行。它在美国是联邦储备局，在英国是英格兰银行，在法国是法兰西银行，在德国是联邦银行，在日本是日本银行。一般认为，中央银行具有三个职能：

(1)作为发行的银行，发行国家的货币。

(2)作为银行的银行，既为商业银行提供贷款(用票据再贴现、抵押贷款等办法)，又为商业银行集中保管存款准备金，还为商业银行集中办理全国的结算业务。

(3)作为国家的银行，第一，它代理国库，一方面根据国库委托代收各种税款和公债价款等收入作为国库的活期存款，另一方面代理国库拨付各项经费，代办各种付款与转账；第二，提供政府所需资金，既用贴现短期国库券等形式为政府提供短期资金，也用帮助政府发行公债或直接购买公债方式为政府提供长期资金；第三，代表政府与外国发生金融业务关系；第四，执行货币政策；第五，监督、管理全国金融市场活动。

17.2.2 存款创造和货币供给

下面说明货币是由谁供给以及怎样供给的。狭义的货币供给(M_1)是指现金(C)和活期存款(D)的总和。因为在西方经济学中，货币可被定义为在商品和劳务的交换及债务清偿中作为交换媒介或者支付工具而被法定为普遍接受的物品，最符合这个定义的是现金(C)和活期存款(D)。现金(C)被称为通货，而活期存款(D)同通货一样随时可用来支付债务，因而也可看做是严格意义上的货币，而且是最重要的货币。因为货币供给量中的大部分是活期存款，同时通过活期存款的派生机制还会创造货币。

$$\text{货币供给量 } M_1 = \text{现金}(C) + \text{活期存款}(D)$$

所谓活期存款，是指不用事先通知就可随时提取的银行存款。虽然活期存款可随时提取，但很少会出现所有储户在同一时间里取走全部存款的现象。因此，银行可以把绝大部分存款用来从事贷款或购买短期债以获取利差，只需要留下一部分存款作为应付提款需要的准备金就可以了。这种经常保留的供支付存款提取用的一定金额，称为存款准备金。在现代银行制度中，这种准备金在存款中最低的比率是由中央银行规定的。这一比率称为法定准备率。按法定准备率提留的准备金是法定准备金。法定准备金一部分是银行库存现金，另一部分存放在中央银行的存款账户上。由于商业银行都想赚取尽可能多的利润，它们会把法定准备金以上的那部分存款当作超额准备金贷放出去或用于短期债券投资。正是这种比较小的比率的准备金来支持活期存款的能力，使得银行体系得以创造货币。下面举例说明。

假定法定准备率为10%，再假定银行客户会将其一切货币收入以活期存款形式存入银行。在这种情况下，甲客户将1 000万美元存入自己有账户的A银行，银行系统就因此增加了1 000万美元的准备金。A银行按法定准备率保留100万美元作为准备金存入中央银行，其余900万美元全部贷出，假定是借给一家公司乙，公司乙得到这笔从A银行开来的支票又全部存入与自己有往来的B银行，B银行得到这900万美元支票存款后留下90万美元作为准备金存入中央银行，然后再贷放出810万美元，得到这笔贷款的丙厂商又会把它存入与自己有业务往来的C银行，C银行留其中81万美元作准备金存入自己在中央银行的账户上，然后再贷出729万美元。由此，不断存贷下去，各银行的存款总和是：

$$1\,000+900+810+729+\cdots=1\,000(1+0.9+0.81+0.729+\cdots)$$
$$=\frac{1\,000}{1-0.9}=10\,000(\text{万美元})$$

而贷款总和是：

$$900+810+729+\cdots=1\,000(0.9+0.9^2+0.9^3+\cdots)=9\,000(\text{万美元})$$

可见，存款总和（用D表示）同这笔原始存款（用R表示）及法定准备率（用r_d表示）之间的关系为：$D=\frac{R}{r_d}$。

上例中这笔原始存款假定来自中央银行增加的一笔原始货币供给，则中央银行新增一笔原始货币供给将使活期存款总和（亦即货币供给量）扩大为这笔新增原始货币供给量的$\frac{1}{r_d}$倍。

上例中就是10倍，这$\frac{1}{r_d}$称为货币创造乘数，用k表示的话，则是：$k=\frac{1}{r_d}$，它是法定准备率的倒数。若法定准备率是0.1，则是$k=10$。

上述例子中的派生存款及贷款情况可列表如表17-1所示。

分析可知，货币的供给要看到中央银行起初投放的货币数量，更要重视派生存款或者说派生货币，即由于货币创造乘数作用而增加的货币供给量。而货币创造乘数的大小和法定准备率有关，法定准备率越大，乘数就越小。

表 17-1 银行存款的派生存款 万美元

存款人 (1)	银行存款 (2)=(3)+(4)	银行贷款 (3)=(2)×0.9	存款准备金 (4)=(2)×0.1
甲	1 000	900	100
乙	900	810	90
丙	810	729	81
⋮	⋮	⋮	⋮
合计	10 000	9 000	1 000

货币创造乘数为法定准备率的倒数必须满足以下条件。

第一，商业银行得到的存款扣除法定准备金后会全部贷放出去，即商业银行没有超额储备。但是，如果银行找不到可靠的贷款对象，或厂商由于预期利润率太低不愿借款，或银行认为给客户贷款的市场利率太低，而不愿贷款，诸如此类原因都会使银行的实际贷款低于其本身的贷款能力。这部分没有贷放出去的款额就形成了超额准备金，即超过法定准备金要求的准备金(可用 ER 表示)。

超额准备金对存款的比率可称超额准备率(可用 r_e 来表示)，法定准备加超额准备是银行的实际准备金。法定准备率加超额准备率是实际准备率。考虑到有超额准备金时，货币创造乘数就不再是 $k=\frac{1}{r_d}$，而应当是 $k=\frac{1}{r_d+r_e}$，即是实际准备率的倒数。派生存款总额 $D=\frac{R}{r_d+r_e}$。例如，上例中这笔 1 000 万美元的原始存款在法定准备率 $r_d=10\%$ 时本来可派生出 10 000 万美元的存款，但如果超额准备率 $r_e=10\%$ 的话，则只能派生出 5 000 万美元的存款，由于超额准备金的漏出，于是货币创造乘数从 10 变成了 5，货币创造乘数就变为 $k=\frac{1}{r_d+r_e}$。可见，货币创造乘数不但和法定准备有关，和超额准备也有关。

一般说来，市场贷款利率(用 r 表示)越高，银行越不愿多留超额准备金，因为准备金不能生利。因此，市场利率上升，超额准备率下降，从而实际准备率会下降，货币乘数就会增大。货币乘数除了和法定准备率、市场利率有关，还和商业银行向中央银行借款的利率或者说再贴现率有关。再贴现率或者说贴现率上升，表示商业银行向中央银行借款的成本上升，这会促使商业银行自己多留准备金，从而会提高实际准备率。可见，当贴现率上升时，货币创造乘数就会变小。

第二，银行客户将一切货币收入存入银行，支付完全以支票形式进行。假若客户将得到的贷款不全部存入银行，而抽出一定比例的现金，又会形成一种漏出。

例如，在上面例子中，假定银行客户(甲、乙、丙、丁等)在每一轮存款中抽出

10%的现金，则A银行能贷出的款项将不再是1 000万美元（仍假定超额准备率r_e=10%）而是700万美元（700=1 000−100−100−100），B银行贷出的款项将是490万美元（490=700−70−70−70），如此继续下去最后形成的派生存款将是$\frac{1\ 000}{1-0.7}=3\ 333$（万美元）。现金和准备金一样不能形成派生存款。因此，若用r_c表示现金在存款中的比率，则有超额准备和现金漏出时，货币创造乘数就为：$k=\frac{1}{r_d+r_e+r_c}$。

从上式中可以看到，货币创造乘数除了和法定准备率、超额准备率有关，还和现金与存款比率有关。这一比率上升时，货币创造乘数会变小。

上面说过，客户甲把1 000万美元存入银行时，这笔原始存款成为以后一轮一轮派生存款的来源或者说基础。可见，若非银行部门（个人或企业）缩减其持有的货币，并将它存入银行，商业银行的超额准备金就会增加。这就为存款扩张或者说货币创造提供了基础。存款扩张的基础是商业银行的准备金总额（包括法定的和超额的）加上非银行部门持有的通货，可称为基础货币或货币基础。由于它会派生出货币，因此是一种高能量的或者说活动力强大的货币，故又称高能货币或强力货币。如果用C_u表示非银行部门持有的通货，用R_d表示法定准备金，用R_e表示超额准备金，用H表示基础货币，则有$H=C_u+R_d+R_e$。这是商业银行借以扩张货币供给的基础。考虑到货币供给（严格意义的货币M_1）$M=C_u+D$，即为通货和活期存款的总和，则：

$$\frac{M}{H}=\frac{C_u+D}{C_u+R_d+R_e}$$

再将上式中右端的分子分母都除以D，则得：

$$\frac{M}{H}=\frac{\frac{C_u}{D}+1}{\frac{C_u}{D}+\frac{R_d}{D}+\frac{R_e}{D}}=\frac{r_c+1}{r_c+r_d+r_e}$$

这里，$\frac{M}{H}$就是货币创造乘数，它等于$\frac{r_c+1}{r_c+r_d+r_e}$。它之所以和上面例子说过的$k=\frac{1}{r_d+r_e+r_c}$不同，是因为上面例子中仅把活期存款总和当成货币供给量，而这里已把活期存款和通货合在一起当成货币供给量。在这里，由于$\frac{M}{H}=\frac{r_c+1}{r_c+r_d+r_e}$，即

$M=\frac{r_c+1}{r_c+r_d+r_e}\cdot H$。又如上述，而货币创造乘数$\frac{r_c+1}{r_c+r_d+r_e}$和法定准备率、中央银行贴现率、市场借款利率及现金对存款的比率有关，因此整个说来，货币供给可看做是基础货币供给、法定准备率、贴现率、市场利率和现金—存款比率的函数。所有这些影响货币供给的因素，都可以归结到准备金变动时货币供给变动的作用上来，因为准备金是银行创造货币的基础。中央银行正是通过控制准备金的供给来调节整个货币供给的。

上述银行存款的多倍扩大的连锁反应也会发生相反的作用。例如，当客户甲从他的银行中取走 1 000 万元的存款时，他的银行 A 必须支付 1 000 万元的现款，其中的 100 万元可由原有的准备金抵消，但为了弥补其中的 900 万元，A 银行必须收回贷款 900 万元。这样，乙为了偿付这 900 万元，又必须从 B 银行取出存款 900 万元，如此类推。读者可以自行计算出整个银行体系缩小的存款总额为 10 000 万元。换言之，相反的连锁反应会使整个银行体系按乘数来缩小存款总额。此外还必须强调指出，这种多倍扩大或缩小，只有通过一国的整个的银行体系才能做到。例如，在表 17-1 中的合计为 10 000 万元的银行存款是存款人甲、乙、丙等在各自存入的不同银行的存款总和。这些不同银行意味着一国的整个银行体系。

据《扬子晚报》(陈春林)报道：2010 年，新年第一周国内各家银行疯狂放贷 6 000 亿元终于招来央行的打压，1 月 13 日，中国人民银行决定，从 2010 年 1 月 18 日起，上调存款类金融机构人民币存款准备金率 0.5 个百分点。这一速度出乎了最大胆的预测，“货币政策要紧缩”的疑虑顿时蜂起。不过业内人士认为，央行此举主要目的是收缩商业银行的信贷资金，属温和调控。但也有相当多的专家认为，这次出乎意料的突然上调直接针对的目标就是房市泡沫，属密集出台的房价调控政策。

这次央行上调存款准备金率没有采取一刀切，为增强支农资金实力，支持春耕备耕，农村信用社等小型金融机构暂不上调。也就是说，只有大型存款类金融机构，即各大国有银行、股份制银行和城市商业银行等机构的存款准备金率上调了 0.5％，之前他们的存款准备金率为 14.5％，因此上调后他们的存款准备金率为 15％。

存款准备金是指金融机构为保证客户提取存款和资金清算需要而准备的在中央银行的存款，中央银行要求的存款准备金占其存款总额的比例就是存款准备金率。通常提高存款准备金率预示着紧缩性货币政策的到来，是货币政策中的“猛药”。上调存款准备金率是央行收紧流动性的三大传统措施之一，其他两个是加息和公开市场操作。此时国内金融机构存款高达 59 万多亿元，按此计算，上调存款准备金率0.5%，将减少商业银行信贷资金近2 100亿元，对于新年伊始即开始大肆放贷的商业银行来说，无异于是来一次釜底抽薪。此前一天，央行还在公开市场操作中展开了2 000亿元28天期限的正回购操作，回收资金2 000亿元，创历史最高。

（资料来源：http://www.sina.com.cn 2010年1月13日07:04。）

17.2.3　货币政策及其工具

货币政策（monetary policy）就是中央银行通过控制货币供应量以及通过货币供应量来调节利率进而影响投资和整个经济以达到一定经济目标的行为。这主要是凯恩斯主义者的观点，大致也是在其后的货币主义者的观点。他们认为，货币政策和财政政策一样，也是调节国民收入以达到稳定物价、充分就业的目标，实现经济稳定增长。二者的区别是，财政政策直接影响总需求的规模，而货币政策要通过利率的变动来对总需求发生影响，因而是间接地发挥作用。

货币政策一般也分为扩张性的和紧缩性的。前者是通过增加货币供给来带动总需求的增长。货币供给增加时，利息率会降低，取得信贷更为容易。经济萧条时多采用扩张性货币政策。反之，紧缩性货币政策是通过削减货币供给的增长来降低总需求水平，在这种情况下，取得信贷比较困难，利率也随之提高。在通货膨胀严重时，多采用紧缩性货币政策。

中央银行变动货币供给量的政策工具主要有再贴现率政策、公开市场业务、变动法定准备率等。

17.2.3.1　再贴现率政策

再贴现率（discount rate）是中央银行对商业银行及其他金融机构的放款利率。这是美国中央银行最早运用的货币政策工具。本来，这种贴现是指商业银行把商业票据出售给当地的联邦储备银行（美国中央银行），联邦储备银行按贴现率扣除一定利息后再把所贷款项加到商业银行的准备金账户上作为增加的准备金。但当前美国采用的主要办法已经是银行用自己持有的政府债券作担保向联邦储备银行借款。所以现在都把中央银行给商业银行的借款称“贴现”。在美国，中央银行作为最后贷款者，主要是为了协助商业银行及其他存款机构对存款备有足够的准备金。如果一家存款机构（主要指商业银行）的准备金临时感到不足，该银行就可用它持有的政府债券或合格的客户票据向当地的联邦储备银行的贴现窗口办理再贴现或申请借款。当这种贴现或借款增加时，它意味着商业银行准备金增加，进而引起货币供给量多倍增加。当这种贴现减少时，会引起货币供给量多倍减少。贴现率政策是中央银行通过变动给商业银行及其他存款机构的贷款利率来调节货币供应量。贴现率提高，商业银行向中央银行借款就会减少，准备金从而货币供给量就会减少；贴现率降低，向中央银行借款就会增加，准备金从而货币供给量就会增加。但实际上，美国联储不经常使用贴现率来控制货币供给，因为贴现窗口的主要作用是允许商业银行和其他金融机构对其短期的现金压力做出反应，对临时发生的准备金不足作适当调整。目前变动贴现率在货币政策中的重要性和早先相比已大大减弱。事实上，银行和其他存款机构也尽量避免去贴现窗口借款，只将它作为紧急求援手段，平时少加利用，以免被人误认为自己财务状况有问题。每个储备银行的贴现窗口也执行联储关于银行和存款机构可以借款的数量和次数的规定。还需指出，通过变动贴现率控制货币供给本身也存在一些问题。当银行十分缺乏准备金时，即使贴现率很高，银行依然会从联储贴现窗口借款。可见，通过贴现率变动来控制银行准备金效果是相当有限的。事实上，再贴现率政策往往作为补充手段而和公开市场业务政策结合在一起执行。当公开市场业务成功地把利息率提高或降低到某一水平时，中央银行也必须把贴现率提高或降低到与该水平相协调的数值。

再贴现率政策不是一个具有主动性的政策。因为，中央银行只能等待商业银行向它借款，而不能要求商业银行这样做。如果商业银行不向中央银行借款，那么，贴现率政策便不能发挥作用了。

17.2.3.2 公开市场业务

公开市场业务(open market operation)是指中央银行在金融市场上公开买卖政府债券以控制货币供给和利率的政策行为。这是目前中央控制货币供给最重要也是最常用的工具。在美国，货币政策也包括公开市场业务是由联邦储备系统中的公开市场委员会 (FOMC)决定，由公开市场办公室具体实施的。政府证券是政府为筹措弥补财政赤字资金而发行支付利息的国库券或债券。这些被初次卖出的证券在普通居民、厂商、银行、养老基金等单位中反复不断被买卖。联储可通过买进或卖出政府证券来扩大和收缩货币供给。当联储在公开市场上购买政府证券时，商业银行和其他存款机构的准备金将会以两种方式增加：如果联储向个人或公司等非银行机构买进证券，则会开出支票，证券出售者将该支票存入自己的银行账户，该银行则将支票交联储系统作为自己在联储账户上增加的准备金存款；如果联储直接从各银行买进证券，则可直接按证券金额增加各银行在联储系统中的准备金存款。当联储售出政府证券时，情况则相反，准备金的变动就会引起货币供给按乘数发生变动。准备金变动了，银行客户取得信贷变得容易或困难了，就会影响经济，同时，联储买卖政府债券的行为，也会引起证券市场上需求和供给的变动，因而影响到债券价格以及市场利率。有价证券的市场是一个竞争性的市场，其证券价格由供求关系决定。当中央银行要购买证券时，对有价证券的市场需求就增加，证券价格会上升,从而利率下降;反之亦然。显然,联储买进证券就是增加货币供应量。因此,联储有可能根据自己意愿增加或减少货币供应量。

公开市场业务之所以能成为中央银行控制货币供给最主要的手段,是因为运用这种政策手段有着比用其他手段更多的优点。例如在公开市场业务中,中央银行可及时地按照一定规模买卖政府证券,从而比较易于准确地控制银行体系的准备金。如果联储希望大量地变动货币供给,就要大量地买进或卖出政府证券;如果联储只希望少量地变动货币供给,只要少量买进或卖出政府证券即可。由于公开市场操作很灵活,因而便于为中央银行及时用来改变货币供给变动的方向。中央银行可以连续地、灵活地进行公开市场操作,自由决定有价证券的数量、时间和方向,而且即使有时出现某些政策失误,也可以及时得到纠正,这是公开市场业务的长处。公开市场业务的优点还表现在这一业务对货币供给的影响可以比较准确地预测出来,一旦买进或卖出一定数量金额的证券,就可以大体上按货币乘数估计出货币供给增加或减少了多少。

17.2.3.3 变动法定准备率

中央银行有权决定商业银行和其他存款机构的法定准备率(reserve ratio),如果中央银行认为需要增加货币供给,就可以降低法定准备率,让同量的准备金可支撑更多的存款。降低法定准备率,实际上等于增加了银行准备金,而提高法定准备率,就等于减少了银行准备金。从理论上说,变动法定准备率是中央银行调整货币供给最简单的办法。然而,中央银行一般不愿轻易使用变动法定准备率这一手段。这是因为,银行去向中央银行报告它们的准备金和存款状况时有一个时滞,因此今天变动的准备率一般要过一段日子以后(比方说 2 周以后)才起作用。再说,变动法定准备率的作用过于猛烈,一旦准备率变动,所有银行的信用都必须扩张或收缩。因此,这一政策手段很少使用,一般几年才改变一次准备率。如果准备率变动频繁,会使商业银行和所有金融机构的正常信贷业务受到干扰而感到无所适从。

上述三大货币政策工具常常需要配合使用。例如,当中央银行在公开市场操作中出售政府债券使市场利率上升(即债券价格下降)后,再贴现率必须相应提高,以防止商业银行增加贴现。于是,商业银行向它的顾客的贷款利率也将提高,以免产生亏损。相反,当中央银行认为需要扩大信用时,在公开市场操作中买进债券的同时,也可同时降低再贴现率。贴现率政策和公开市场业务虽然都能使商业银行准备金变动,但变动方式和作用不同。当中央银行在市场出售证券时,能减少银行准备金,但会给哪些银行造成严重影响也无法事先知道。原来超额准备金多的银行可能使超额准备金减少一些。而那些本来就没有超额准备金的银行马上会感到准备金不足,准备金可能就降到法定准备率以下。在这种情况下,中央银行之所以还大胆地进行公开市场业务，就是因为有再贴现政策作补充。当中央银行售卖证券使一些银行缺乏准备金时，这些银行就可向中央银行办理贴现以克服困难。

货币政策除了以上三种主要工具，还有一些其他工具，如道义劝告。所谓道义劝告，是指中央银行运用自己在金融体系中的特殊地位和威望，通过对银行及其他金融机构的劝告，影响其贷款和投资方向，以达到控制信用的目的。如在衰退时期，鼓励银行扩大贷款；在通货膨胀时期，劝阻银行不要任意扩大信用，也往往会收到一定的效果。但由于道义劝告没有可靠的法律地位，因而并不是强有力的控制措施。

17.2.4 货币政策起作用的其他途径

以上所述货币政策作用是通过货币供给量影响利率进而影响投资和产出的途径实现的，这基本上是凯恩斯主义的观点。但一些经济学家认为，货币供给对产出的影响是存在的，但这种影响并不一定是通过利率这座桥梁来实现的。经济学家提出了货币政策起作用的其他一些理论途径。

第一种理论认为，货币政策影响产出，并不是因为改变了利率就改变了投资的成本从而改变了投资的需求，而是因为利率的变动会影响人们的资产组合，较低的利率会使人们把他们的财产转移到股票上，因为他们感到投资于股票会比从银行储蓄获得更多的收益。于是股票价格会上升，根据托宾的“q 理论”，当股票价格更高时，企业就会进行更多的投资。

第二种理论是上面第一种理论的扩展，认为扩张的货币政策造成的较低利率所带来的股票价格和长期债券价格上升，会使人们感觉更富有了，于是他们会消费得更多，从而使总需求增加了。

第三种理论认为，政府实行扩张的货币政策时，比方说中央银行通过公开市场操作购买了一笔债券，债券出售者将从银行得到的支票存入银行，银行的准备金增加了，超额准备金会被用来贷款给企业或购买债券（国库券）。银行要吸引企业借款，就会降低贷款利率，要购买国库券又会使国库券价格上升即利率下降，利率下降又会使股票价格和债券价格上升，这些都会使企业投资增加。

第四种理论认为，在开放经济中，货币政策还可通过汇率变动影响进出口从而对总需求发生作用，尤其在实行浮动汇率情况下，当银行收紧银根时，利率上升，国外资金会流入，于是，本币会升值，净出口会下降，从而使本国总需求水平下降，但在固定汇率情况下，央行为维持本币不升值，势必抛出本币，按固定汇价收购外币，本国货币市场上货币供给增加，使原本想达到的货币政策目标受到影响。

第五种理论注重可利用的信用规模，认为中央银行的行动可促使银行发放更多或更少的贷款，或者以更宽松或更严格的条件发放贷款。例如，当央行想促使银行更多地贷款或更宽松的条件贷款时，可以通过公开市场业务买进国库券，或降低法定准备率，使银行有超额准备金，给企业更多的贷款。

西方宏观经济政策除了财政政策、货币政策、收入政策，还有其他一些政策。例如，为降低失业率，政府除实行扩张性财政政策和货币政策以外，还常常实行一种所谓的人力政策，包括重新培训工人，提高工人技术等级和能力，帮助工人改变居住地点，加强劳动力的流动性，向寻找工作的工人和寻找工人的雇主提供信息等，使工人和工作机会之间得到更好的"配合"，据说这些政策措施有助于减少失业尤其是结构性失业和摩擦性失业。为了减少和消除失业造成的社会不安定，西方国家还大力推行社会保障制度的政策措施，给失业人员和贫困人员发放救济金。

17.3 宏观经济政策的影响及效果

17.3.1 宏观经济政策的目标

充分就业是宏观经济政策的第一目标。它在广泛的意义上是指一切生产要素(包含劳动)都有机会以自己愿意的报酬参加生产的状态。西方经济学家通常以失业率高低作为衡量充分就业与否的尺度。失业率指失业者人数对劳动力人数的比率。按照凯恩斯的解释，失业一般分为三类：摩擦失业、自愿失业和非自愿失业。摩擦失业是指在生产过程中由于难以避免的摩擦造成的短期、局部性失业，如劳动力流动性不足、工种转换的困难等所引致的失业。自愿失业是指工人不愿意接受现行工资水平而形成的失业。非自愿失业是指愿意接受现行工资但仍找不到工作的失业。除了上述这几类失业外，西方学者还有所谓"结构性失业"、"周期性失业"等说法。结构性失业指经济结构变化等原因造成的失业，特点是既有失业，又有职位空缺，失业者或没有适当技术，或居住地点不当，因此无法填补现有的职位空缺，因而也可看做是摩擦性失业的较极端的形式。周期性失业指经济周期中的衰退或萧条时因需求下降而造成的失业。一些经济学家还用所谓奥肯法则来描述 *GDP* 变化和失业率变化之间存在的一种相当稳定的关系。降低失业率，实现充分就业，常常成为西方宏观经济政策的首要的或重要的目标。然而，什么是充分就业呢？凯恩斯认为，如果"非自愿失业"已消除，失业仅限于摩擦失业和自愿失业的话，就是实现了充分就业。另外一经济学家则认为，如果空缺职位总额恰好等于寻找工作的人数，就是充分就业。而货币主义针对凯恩斯"非自愿失业"，提出了"自然失业率"的概念。自然失业率是指在没有货币因素干扰的情况下，让劳动市场和商品市场自发发挥供求力量作用时，总需求和总供给处于均衡状态的失业率。虽然对于充分就业存在不同的看法，但他们都认为充分就业不是百分之百就业，充分就业并不排除像摩擦失业这样的失业情况存在。在目前，大多数西方经济学家认为存在4%～6%的失业率是正常而自然的，此时社会经济处于充分就业状态。

价格稳定是宏观经济政策的第二个目标。价格稳定是指价格总水平的稳定，它是一个宏观经济概念。由于各种商品价格变化的繁杂的统计的困难，西方学者一般用价格指数来表达一般价格水平的变化。价格指数是表示若干种商品价格水平的指数，可以用一个简单的百分数时间数列来表示不同时期一般价格水平的变化方向和变化程度。价格指数有消费物价指数、批发物价指数和国内生产总值折算指数三种。价格稳定成为宏观经济政策的目标，是由于通货膨胀对经济有不良影响。为了控制通货膨胀对经济的冲击，西方国家把价格稳定作为宏观经济政策的另一目标。值得注意的是，价格稳定不是指每种商品的价格固定不变，而是指价格指数的相对稳定，即不出现通货膨胀。实践表明，西方国家的通货膨胀已经无法完全消除，因此大部分西方国家已把一般的轻微的通货膨胀的存在，看做是基本正常的经济现象。

宏观经济政策的第三个目标是经济持续均衡增长。经济增长是指在一个特定时期内经济社会所生产的人均产量和人均收入的持续增长。通常用一定时期内实际国内生产总值年均增长率来衡量。战后西方国家的经济增长经历了一个从高速增长到低速增长的过程。经济增长和失业常常是相互关联的。如何维持较高的增长率以实现充分就业，是西方国家宏观经济政策追求的重要目标之一。

随着国际间经济交往的密切，如何平衡国际收支已成为一国宏观经济政策的第四个重要目标。国际收支对现代开放型经济国家是至关重要的。西方经济学家认为，一国的国际收支状况不仅反映了这个国家的对外经济交往情况，还反映出该国经济的稳定程度。当一国国际收支处于失衡状态时，就必然会对国内经济形成冲击，从而影响该国国内就业水平、价格水平及经济增长。

17.3.2 宏观经济政策的影响

前面说明均衡收入和利率的变动时曾经说到，*IS* 和 *LM* 相交所决定的均衡收入不一定是充分就业收入，而且依靠市场的自发调节无法实现充分就业均衡，需要依靠国家运用财政政策和货币政策进行调节，具体地说，需要运用财政和货币政策来改变 *IS* 和 *LM* 曲线的位置，使它们相交于充分就业的国民收入。

财政政策是政府变动税收和支出以便影响总需求进而影响就业和国民收入的政策。变动税收是指改变税率和税率结构。例如：经济萧条时，政府采用减税措施,给个人和企业多留下可支配收入,以刺激消费需求从而增加生产和就业。尽管这又会增加对货币的需求,使利率上升、私人投资受到一些影响、削弱减税措施对增加总需求的作用,但总的说来国民收入还是增加了。改变所得税结构,使高收入者增加些赋税负担,使低收入者减少些负担,同样可起到刺激社会总需求的作用。变动政府支出指改变政府对商品与劳务的购买支出以及转移支付。例如,在经济萧条时,政府扩大对商品和劳务的购买,多搞些公共建设,就可以扩大私人企业产品销路,还可以增加消费,刺激总需求。尽管这样做也会增加对货币的需求,从而使利率上升,影响一些私人投资,但总的说来,生产和就业还是会增加。政府还可以用减税或加速折旧等办法给私人投资以津贴,直接刺激私人投资,增加生产和就业。以上所有这些措施,都是扩张性的财政政策。在经济高涨、通货膨胀率上升太高时,政府可以采用增税、减少政府支出等紧缩性财政的措施以控制物价上涨。

货币政策是政府货币当局即中央银行通过银行体系变动货币供给量来调节总需求的政策。例如,在经济萧条时增加货币供给,降低利息率,刺激私人投资,进而刺激消费,使生产和就业增加。反之,在经济过热、通货膨胀率太高时,可紧缩货币供给量以提高利率,抑制投资和消费,使生产和就业减少些或增长慢一些。前者是扩张性货币政策,后者是紧缩性货币政策。

可见,无论是财政政策还是货币政策,都是通过影响利率、消费、投资进而影响总需求,使就业和国民收入得到调节。这些影响都可以在 *IS*-*LM* 图形中看出。如果 *LM* 曲线不变,政府实行扩张性财政政策,会使 *IS* 曲线向右上方移动,它和 *LM* 相交所形成的均衡利率和收入都高于原来的利率和收入,而实行紧缩性财政政策,则会使 *IS* 曲线向左下方移动,使利率和收入下降。相反,如果 *IS* 曲线不变,政府实行扩张性的货币政策,会使 *LM* 曲线向右下方移动,它和 *IS* 相交所形成的均衡利率低于原来的利率,而收入则高于原来的收入。而实行紧缩性货币政策,则会使 *LM* 曲线向左上方移动,使利率上升,收入减少。上述扩张性的政策结果可以列出如表 17-2 所示。

表 17-2　财政政策和货币政策的影响

政策种类	对利率的影响	对消费的影响	对投资的影响	对 *GDP* 的影响
财政政策(减少所得税)	上升	增加	减少	增加
财政政策(增加政府开支,包括政府购买和转移支付)	上升	增加	减少	增加
财政政策(投资津贴)	上升	增加	增加	增加
货币政策(扩大货币供给)	上升	增加	增加	增加

17.3.3 财政政策效果

虽然实行扩张性的财政政策和货币政策都能产生增加国民收入的效果，然而，政策效果的大小却因 *IS* 曲线和 *LM* 曲线的斜率不同而大有差别。

17.3.3.1 财政政策效果的 *IS*-*LM* 图形分析

从 *IS*-*LM* 模型看，财政政策效果的大小是指政府收支变化（包括变动税收、政府购买和转移支付等）使 *IS* 变动对国民收入变动产生的影响。显然，从 *IS* 和 *LM* 图形看，这种影响的大小，随 *IS* 曲线和 *LM* 曲线的斜率不同而有所区别。在 *LM* 曲线不变时，*IS* 曲线斜率的绝对值越大，即 *IS* 曲线越陡峭，则移动 *IS* 曲线时收入变化就越大，即财政政策效果越大。反之，*IS* 曲线越平坦，则 *IS* 曲线移动时收入变化就越小，即财政政策效果越小。如图 17-2(a)和(b)所示。

图 17-2(a)和(b)中，假定 *LM* 曲线即货币市场均衡情况完全相同，并且起初的均衡收入 Y 和利率 r 也完全相同，政府实行一项扩张性财政政策，它可以是增加政府支出，也可以是减少税收，现在假定是增加同样一笔支出为 ΔG，则会使 *IS* 右移到 IS'，右移的距离都是 EE''，EE''为政府支出乘数和政府支出增加额的乘积，即 $EE''=k_G\times\Delta G$，这就是说，一笔政府支出能带来若干倍国民收入的增加。

在图形上，就是指收入由 Y_0 增加到 Y_3，$Y_0Y_3=\Delta Y=k_G\Delta G$。但实际上收入不可能增加到 Y_3，因为如果收入要增加到 Y_3，则必须假定利率 r_0 不上升。可是，利率不可能不上升，因为 *IS* 向右上移动时，国民收入增加了，因而对货币的交易需求增加了，但货币供给未变动（*LM* 未变），(a)财政政策效果小，(b)财政政策效果大（图 17-2）。财政政策效果因 *IS* 斜率而异，因而人们用于投机需求的货币必须减少，这就要求利率上升。因此，无论是在图 (a)还是图(b)中，均衡利率都上升了，利率的上升抑制了私人投资，这就是所谓“挤出效应”。由于存在政府支出“挤出”私人投资的问题，因此，新的均衡点只能处于 E'，收入不可能从 Y_0 增加到 Y_3，而分别只能增加到 Y_1 和 Y_2。

从图 17-2 (a)和(b)可见 $Y_0Y_1<Y_0Y_2$，就是说图(a)表示的政策效果小于图(b)，原因在于图(a)中 *IS* 曲线比较平坦，而图(b)中 *IS* 曲线较陡峭。前面已说过，*IS* 斜率大小主要由投资的利率系数所决定，*IS* 越平坦，表示投资的利率系数越大，即利率变动一定幅度所引起的投资变动的幅度越大。若投资对利率变动的反应较敏感，一项扩张性财政政策使利率上升时，就会使私人投资下降很多，就是“挤出效应”较大，因此，*IS* 越平坦，实行扩张性财政政策时被挤出的私人投资就越多，从而使国民收入增加得就越少，即政策效果越小。

图 17-2(a)中 Y_1Y_3 即由于利率上升而被挤出的私人投资所减少的国民收入，

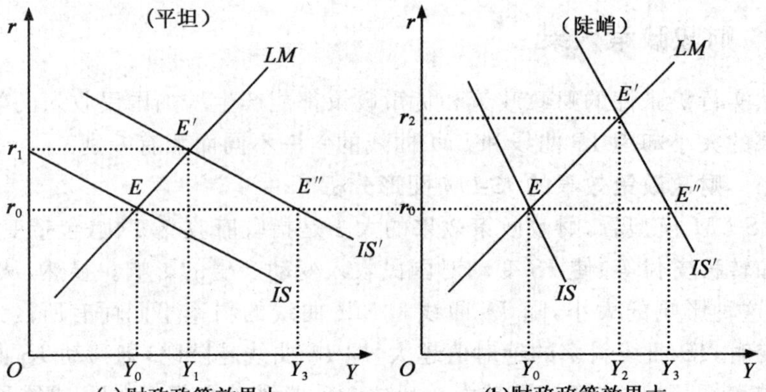

(a) 财政政策效果小　　(b)财政政策效果大

图 17-2　财政政策效果因 *IS* 曲线斜率而异

Y_1 是这项财政政策带来的收入。图(b)中 *IS* 曲线较陡,说明政府支出的"挤出效应"较小,因而政策效果较大。

在 *IS* 曲线的斜率不变时,财政政策效果又随 *LM* 曲线斜率不同而不同。*LM* 斜率越大,即 *LM* 曲线越陡,则移动 *IS* 曲线时收入变动就越小,即财政政策效果就越小,反之,*LM* 越平坦,则财政政策效果就越大,如图 17-3 所示。

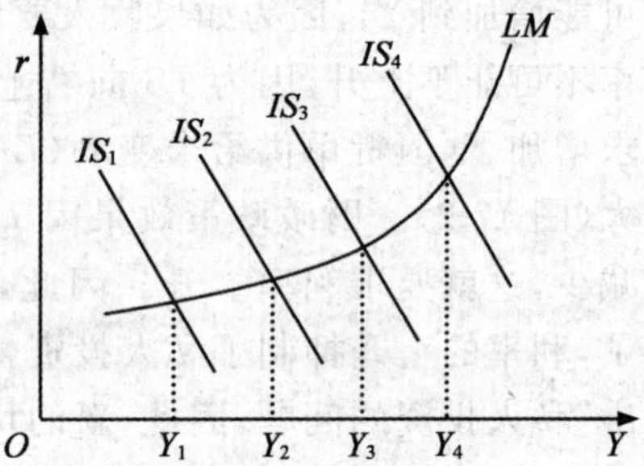

图 17-3　财政政策效果因 *LM* 曲线斜率而异

在图 17-3 中,有一条斜率逐渐变陡的 *LM* 曲线,*LM* 曲线有三个区域,一般说来,在经济萧条,收入和利率较低时,*LM* 曲线较平缓,财政政策效果就较大,而在收入水平较高,接近充分就业水平时,*LM* 曲线较陡峭,财政政策效果就较小,表现在图中,政府支出同样增加 ΔG,使 *IS* 曲线右移同样距离,即 IS_1 到 IS_2 的水平距离和 IS_3 到 IS_4 的水平距离是相同的,但国民收入增加的情况 Y_1Y_2 明显大于 Y_3Y_4。政府增加同样大一笔支出,在 *LM* 曲线斜率较大即曲线较陡时,引起的国民收入增量较小,即政策效果较小;相反,在 *LM* 曲线较平坦时,引起的国民收入增量较大,即政策效果较大。这是因为,*LM* 曲线斜率较大即曲线较陡,表示货币需求的利率系数较小,或者说货币需求对利率的反应较不灵敏;这意味着一定的货币需求增加将使利率上升较多,从而对私人部门投资产生较大的挤出效应,结果使财政政策效果较小。相反,当货币需求利率系数较大(从而 *LM* 曲线较平坦)时,政府由于增加支出,即使向私人部门借了很多钱(通过出售公债券)，也不会使利率上升很多，从而不会对私人投资产生很大影响，这样，政府增加支出就会使国民收入增加较多，即财政政策效果较大。

财政政策效果也可用财政政策乘数来表示和计量。所谓财政政策乘数是指，在实际货币供给量不变时，政府收支的变化能使国民收入变动多少，比方说增加一美元的政府购买能使国民收入增加多少，用公式表示是：

$$\frac{\mathrm{d}Y}{\mathrm{d}G}=\frac{1}{1-b(1-t)+\frac{k}{h}d}$$

式中：b 为边际消费倾向；t 为税收函数中的边际税率；d 为投资需求函数 $I=e-dr$ 中投资对利率的敏感程度；k 和 h 分别为货币需求函数中货币需求对收入和利率的敏感程度。

上述财政政策乘数表达式可由 IS-LM 均衡方程推知，当 b、t、d、k 既定时，h 越大，即货币需求对利率变动越敏感，LM 曲线越平缓，财政政策乘数就越大，即财政政策效果越大。如果 $h\to\infty$，LM 线成为一水平线，财政政策效果就极大。相反，若 h 越小，财政政策乘数就越小，即财政政策效果就越小。

同样，若其他参数既定，d 越大，即投资对利率变动越敏感，IS 曲线越平缓，财政政策乘数就越小，即财政政策效果越小。

边际消费倾向 b，边际税率 t 以及货币需求对收入的敏感程度 k 这些参数的大小，也会影响上述乘数，即影响财政政策效果。

需要指出，财政政策乘数和前面说过的政府购买支出乘数、政府转移支付乘数及税收乘数是不同的概念。拿政府购买支出乘数来说，可用公式表示为 $k_G=\frac{1}{1-b}$ 或 $\frac{1}{1-b(1-t)}$ 这是一种简单的支出乘数，是指没有考虑政府支出对利率的影响的前提下分析政府购买如何影响国民收入变动。而财政政策乘数则是考虑加进货币市场均衡以后政府支出对利率会有影响的情况下分析支出影响国民收入变动的程度。

一般说来，由于存在下面要讲到的挤出效应，财政政策乘数小于简单的政府支出乘数。只有在流动性陷阱的特殊情况下，即 LM 曲线呈水平状的情况下，财政政策乘数才等于政府支出乘数。

上面说明投资需求的利率系数和货币需求的利率系数对财政政策效果的影响。同时表明，支出乘数也会影响政策效果。这是因为，较大的支出乘数意味着一笔政府支出会带来较多收入增加，从而有较大的政策效果。然而，如果经济处于投资对利率高度敏感而货币需求对利率不敏感的状态，则即使支出乘数很大也无法使财政政策产生强有力的效果。只有当一项扩张性财政政策不会使利率上升很多，或利率上升对投资影响较小时，它才会对总需求有较强大的效果。

17.3.3.2 凯恩斯主义的极端情况

如上所述，如果 LM 越平坦，或 IS 越陡峭，则财政政策效果越大，货币政策效果越小，如果出现一种 IS 曲线为垂直线而 LM 曲线为水平线的情况，则财政政策将十分有效，而货币政策将完全无效。这种情况被称为凯恩斯主义的极端情况。如图 17-4 所示。

如图 17-4 中的情况，财政政策就十分有效而货币政策完全无效。其原因是：

一方面，如图 17-4 所示。如果 LM 是水平的，IS 是垂直的，必然是财政政策完全有效，而货币政策完全无效，这种情况之所以称凯恩斯极端，是因为凯恩斯认为，当利率较低，而投资对利率反应又不很灵敏时，只有财政政策才能对克服萧条、增加就业和收入产生效果，货币政策效果很小。水平的 LM 和垂直的 IS 模型只是把凯恩斯的这一看法推到了极端而已。

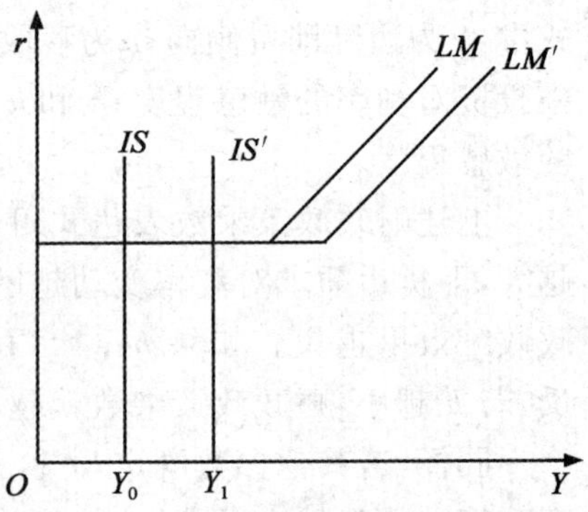

图 17-4 凯恩斯极端

另一方面，如图 17-5 所示。LM 为水平线，说明当利率降到像 r_0 这样低水平时，货币需求的利率弹性已成为无限大。这时候，人们持有货币而不买债券的利息损失是极小，可是，如果去买债券，则资本损失的风险极大（由于利率极低时债券价格极高，人们会认为这样高的债券价格只会下跌不会再涨，从而买债券的资本损失风险极大）。因此，这时人们不管有多少货币都只想保持在手中，这样，如果国家货币当局想用增加货币供给来降低利率以刺激投资，是不可能有效果的。水平的 LM 即前面说过的“凯恩斯陷阱”，这时候政府用增加支出或减税的财政政策来增加总需求，则效果十分大，因为政府实行这类扩张性财政政策向私人部门借钱（出售公债券），并不会使利率上升，从而对私人投资不产生“挤出效应”。这就是说，在凯恩斯陷阱中，即使 IS 不垂直而向右下倾斜，政府实行财政政策也会十分有效。

图 17-6 中的 IS 为垂直线，说明投资需求的利率系数为零，即不管利率如何变动，投资都不会变动，在投资需求呆滞时期，利率即使发生了变化，也不能对投资发生明显的影响。经济比较萧条的 20 世纪 30 年代早期英国商业行情的研究也说明，信贷成本对投资决策没有什么作用。垂直的投资需求曲线产生垂直的 IS 曲

线,这时,即令货币政策能改变利率,但对收入仍没有作用。

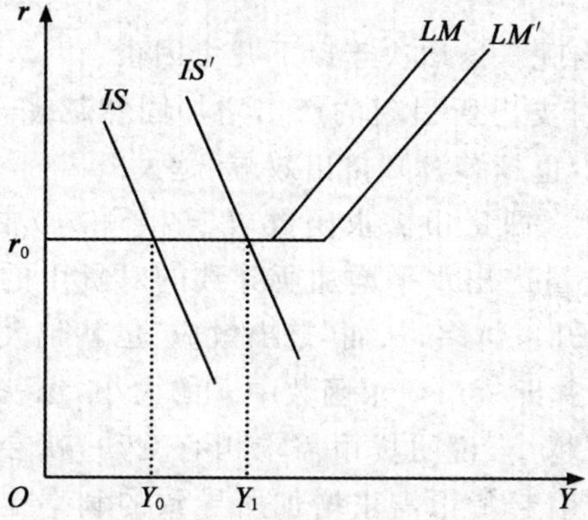

图 17-5 *IS* 曲线在凯恩斯陷阱中移动

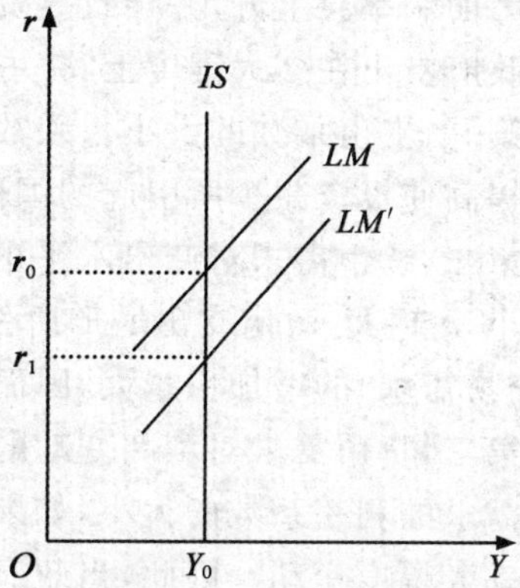

图 17-6 *IS* 曲线垂直时货币政策完全无效

17.3.3.3 挤出效应

为了进一步认识财政政策的作用,有必要对上面曾一再提到的“挤出”效应作进一步说明。根据前几节的分析可知,所谓“挤出效应”是指政府支出增加所引起的私人消费或投资降低的作用。在一个充分就业的经济中,政府支出增加会以下列方式使私人投资出现抵消性的减少:由于政府支出增加,商品市场上购买产品和劳务的竞争会加剧,物价就会上涨,在货币名义供给量不变的情况下,实际货币供给量会因价格上涨而减少,进而使可用于投机目的货币量(即 m_2)减少。结果,债券价格就下跌,利率上升,进而导致私人投资减少。投资减少了,人们的消费随之减少。这就是说,政府支出增加“挤占”了私人投资和消费。

在政府支出增加而引起价格上涨时,如果工人由于存在货币幻觉即人们不是对实际价值做出反应,而是对用货币来表示的价值做出反应,例如,物价上涨了,名义工资虽未变,但实际工资下降了,工人如仍像物价未变时一样提供劳动,就是只对用货币表示的价值做出反应,因而可被称为患上了货币幻觉的毛病,或受工资合同约束等原因未能与价格上涨同步调整工资,那么,在短期内,由于企业对劳动需求增加,因此,就业和产量将会增加。然而在长期内,如果经济已经处于充分就业状态,则增加政府支出就会完全地挤占私人的投资和消费支出。

在非充分就业的经济中,政府推行增加支出的扩张性财政政策,同样对私人投资有“挤出效应”,但一般说来,不可能对私人投资支出产生完全的“挤出”,因而这种政策多少能使生产和就业增加一些。在非充分就业的经济中,政府支出增加会对私人投资有“挤出效应”,是因为政府支出增加使总需求水平提高,产出水平相应提高，从而使货币需求大于货币供给（货币交易需求增加了，但货币名义供给量未变），因而利率会上升，并导致投资水平下降。

政府支出在多大程度上“挤占”私人支出呢？这取决于以下几个因素：

第一，支出乘数的大小。乘数越大，政府支出所引起的产出增加固然越多，但利率提高使投资减少所引起的国民收入减少也越多，即“挤出效应”越大。

第二，货币需求对产出水平的敏感程度。即货币需求函数（$L=kY-hr$）中 k 的大小，k 越大，政府支出增加所引起的一定量产出水平增加所导致的对货币的需求（交易需求）的增加也越大，因而使利率上升也越多，从而“挤出效应”也就越大。

第三，货币需求对利率变动的敏感程度。即货币需求函数中 h 的大小，也就是货币需求的利率系数的大小，如果这一系数越小，说明货币需求稍有变动，就会引起利率大幅度变动。因此，当政府支出增加引起货币需求增加所导致的利率上升就越多，因而对投资的“挤占”也就越多。相反，如果 h 越大，则“挤出效应”就越小。

第四，投资需求对利率变动的敏感程度。即投资的利率系数的大小，投资的利率系数越大，则一定量利率水平的变动对投资水平的影响就越大，因而“挤出效应”就越大；反之，则“挤出效应”就越小。

这四个因素中，支出乘数主要决定于边际消费倾向。而边际消费倾向一般被认为是比较稳定的。货币需求对产出水平的敏感程度主要取决于支付习惯和制度，一般也被认为比较稳定。因此“挤出效应”大小的决定性因素是货币需求及投资需求对利率的敏感程度，即货币需求的利率系数及投资需求的利率系数的大小。

在凯恩斯主义极端情况下，货币需求利率系数为无限大，而投资需求的利率系数等于零。因此，政府支出的“挤出效应”为零，财政政策效果极大。反之，在古典主义极端情况下，货币需求利率系数为零，而投资需求的利率系数极大。因此，“挤出效应”是完全的，即政府支出增加多少，私人投资支出就被挤了多少，因而财政政策毫无效果。可见，在 *IS-LM* 模型中，政府支出增加时，*LM* 曲线越陡，*IS* 曲线越平，则“挤出效应”就越大，财政政策效果就越小。这是因为，第一，*LM* 越陡，货币需求利率系数越小。因此，同样一笔政府支出的增加所引起的实际货币需求的增加所导致的利率上升就越大，因而“挤出效应”就越大。第二，*IS* 越平缓，表示投资的利率系数越大，从而利率上升所导致的投资减少就越多，从而使“挤出效应”更大些。

17.3.4 货币政策的效果

17.3.4.1 货币政策效果的 *IS-LM* 图形分析

货币政策的效果指变动货币供给量的政策对总需求的影响，假定增加货币供给能使国民收入有较大增加，则货币政策效果就大；反之，则小。货币政策效果同

样取决于 IS 曲线和 LM 曲线的斜率。

在 LM 曲线形状基本不变时，IS 曲线越平坦，LM 曲线移动(由于实行变动货币供给量的货币政策)对国民收入变动的影响就越大；反之，IS 曲线越陡峭，LM 曲线移动对国民收入变动的影响就越小，如图 17-7 所示。

图 17-7 中有两条 IS 曲线，IS_0 较陡峭，IS_1 较平坦，当货币供给增加使 LM 从 LM_0 右移到 LM_1 时，IS 较陡时，国民收入增加较少，即货币政策效果较小，而 IS 较平缓时，国民收入增加较多，即货币政策效果较大，这是因为，IS 较陡，表示投资的利率系数较小(当然，支出乘数较小时也会使 IS 较陡，但 IS 斜率主要决定于投资的利率系数)，即投资对利率变动的敏感程度较差，因此，LM 曲线由于货币供给增加而向右移动使利率下降时，投资不会增加很多，从而国民收入也不会有较大增加；反之，IS 较平坦时，表示投资利率系数较大，因此，货币供给增加使利率下降时，投资和收入会增加较多。

当 IS 曲线斜率不变时，LM 曲线越平坦，货币政策效果就越小，反之，则货币政策效果就越大，如图 17-8 所示。

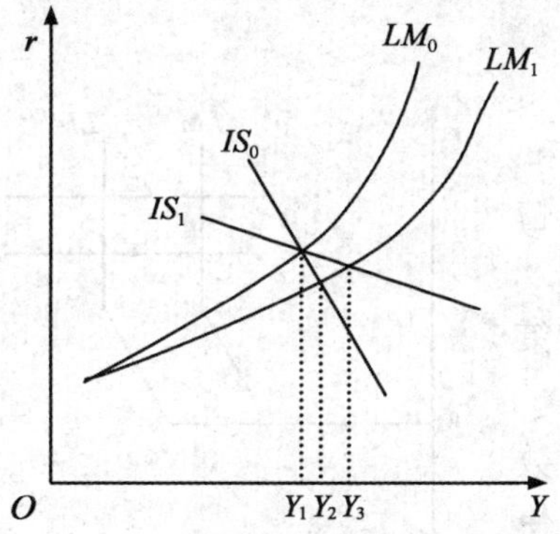

图 17-7　货币政策效果因 *IS* 斜率而异

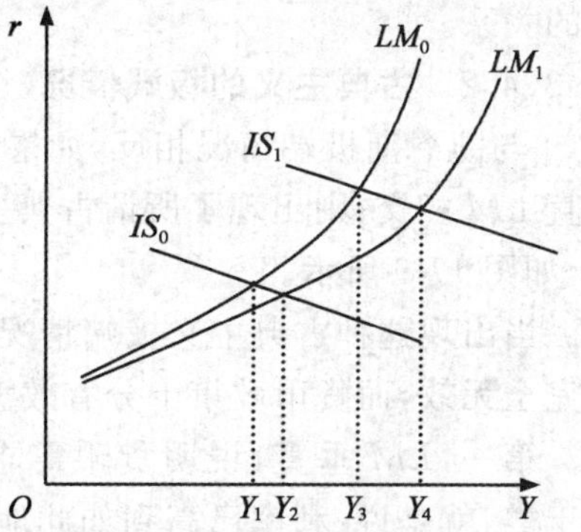

图 17-8　货币政策效果因 *LM* 斜率而异

在图 17-8 中，IS_0 和 IS_1 的斜率相同，货币供给增加使 LM 从 LM_0 右移到 LM_1 时，LM 曲线较平坦时，收入增加甚少，而 LM 较陡峭时，收入增加较多。其原因是，LM 较平坦，表示货币需求受利率的影响较大，即利率稍有变动就会使货币需求变动很多，因而货币供给量变动对利率变动的作用较小，从而增加货币供给量的货币政策就不会对投资和国民收入有较大影响。反之，若 LM 曲线较陡峭，表示货币需求受利率的影响较小，即货币供给量稍有增加就会使利率下降较多，因而对投资和国民收入有较多增加，即货币政策的效果较强。

总之，一项扩张的货币政策如果能使利率下降较多(LM 较陡时就会这样)，并且利率的下降能对投资有较大刺激作用(IS 较平坦时就会这样),则这项货币政策的效果就较强。反之,货币政策的效果就较弱。

货币政策效果也可用货币政策乘数来表示和计量。所谓货币政策乘数是指,当 IS 曲线不变或者说产品市场均衡情况不变时,实际货币供给量变化能使均衡收入变动多少,以 m 表示实际货币供应量,用公式表示是:

$$\frac{\mathrm{d}Y}{\mathrm{d}m}=\frac{1}{[1-b(1-t)]\frac{h}{d}+k}$$

上式可由 IS-LM 模型求解。如果 b、t、k 既定时,h 越大,即货币需求对利率越敏感,亦即 LM 越平缓,则货币政策效果越小;而当其他参数既定时,d 越大,即投资需求对利率越敏感,亦即 IS 曲线越平缓,则货币政策效果越大。同样,b、t、k 的大小也会影响 $\mathrm{d}Y/\mathrm{d}m$ 的大小,即货币政策效果。

这里也需指出,货币政策乘数和货币创造乘数是两个不同的概念。后者是指通过派生存款机制,一笔准备金(高能货币)的变动能带来若干倍存款的最终变动量的关系。

17.3.4.2 古典主义的极端情况

与凯恩斯极端情况相反,如果水平的 IS 和垂直 LM 相交,则出现了所谓古典主义的极端情况,如图 17-9 所示。

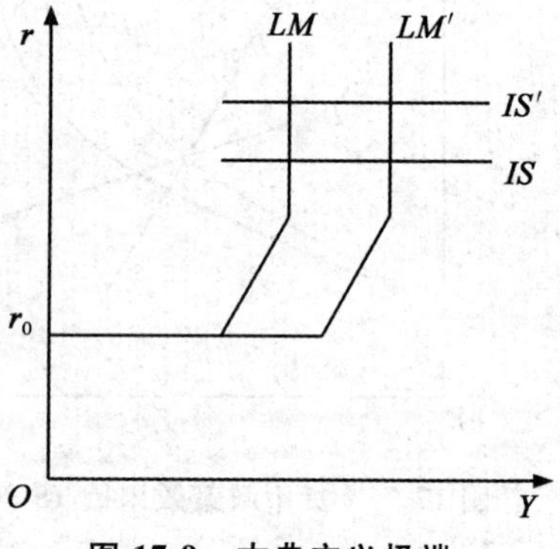

图 17-9 古典主义极端

当出现这种古典主义极端情况时,财政政策就完全无效,而货币政策十分有效。原因是:

第一,LM 垂直,说明货币需求的利率系数等于零,就是说,利率已高到如此地步,一方面使人们持有货币的成本或者说损失极大;另一方面又使人们看到债券价格低到了只会上涨而不会再跌的程度。因此,人们再不愿为投机而持有货币。这时候,政府如推行一项增加支出的扩张性财政政策而要向私人部门借钱的话,由于私人部门没有闲置货币,所以只有在私人部门认为把投资支出减少一个等于政府借款数目是合算的时候,政府才能借到这笔款项。为此利率(政府借款利率)一定要上涨到足以使政府公债产生的收益大于私人投资的预期收益。在这种情况下,政府支出的任何增加都将伴随有私人投资的等量减少。显然,政府支出对私人投资的"挤出"就是完全的,扩张性财政政策并没有使收入水平有任何改变。

第二,IS 呈水平状,说明投资需求的利率系数达无限大,利率稍有变动,就会使投资大幅度变动。因此，政府因支出增加或税收减少而需要向私人部门借钱时，利率只要稍有上升，就会使私人投资大大减少，使“挤出效应”达到完全的地步。

总之，在古典主义极端情况下，财政政策完全无效，可是，如果实行增加货币供给的政策，则效果会很大。这是因为，当政府货币当局准备用购买公债办法增加货币供给量时，公债价格必须上升到足够的高度，人们才肯卖出公债以换回货币。由于人们对货币没有投机需求，他们将用这些出卖公债而所得的货币购买其他生息资产，这些其他生息资产可以是新的资本投资（新证券），也可以是购买现有的生息证券。新的资本投资将提高生产或者说收入水平，从而提高货币的交易需要量，人们手中只要还有超过交易所需的闲置货币，总会竞相争购生息资产，于是，公债价格将继续上升，即利率继续下跌，直到新投资（购买生息资产）把收入水平提高到正好把所增加的货币额全部吸收到交易需求中。

假定政府货币当局增加的货币供给量是 Δm，k 是交易所需货币占收入的比例，即：$k=m/Y$，则均衡收入水平必定要增加到 $\Delta Y=\Delta m/k$，上述货币供给量增加所带来的实际经济生活的变化其实只是说明，由于 LM 垂直，人们对货币没有投机需求，因此，增加的货币供给将全部用来增加交易需求，为此，它要求国民收入增加 Δm 的 $1/k$ 倍。

IS 呈水平状，也可用来说明货币政策效果极大。因为 IS 的斜率为零，说明投资对利率极为敏感，因此，当货币供给增加使利率哪怕稍有下降，就会使投资极大地增加，从而使国民收入有很大增加。

图 17-9 所示情况之所以称为古典主义的极端情况，是因为古典学派认为，货币需求只同产出水平有关，同利率没有多大关系。货币需求对利率极不敏感，货币需求的利率系数几乎近于零。因此，LM 是一垂直线，因此，货币供应量的任何变动都对产出有极大影响，因此货币政策是唯一有效的政策。

西方学者认为，无论是上一节所讲的凯恩斯主义极端，还是本节所讲的古典主义极端，在现实生活中都极少见，真正常见的是 LM 曲线向右上方倾斜而 IS 曲线向右下方倾斜，水平的和垂直的 LM 和 IS 充其量只是这些曲线斜率变化过程中的一个极端的阶段或者说区域。而介于这两种极端情况之间的是中间区域。在大多数情况下，IS 和 LM 的交点是在中间区域。现在许多西方经济学家都同意，无论是财政政策还是货币政策，都可以对经济起一定的稳定作用。在衰退时期，要多用些财政政策，而在通货膨胀严重时期，应多用些货币政策。

西方经济学家还认为，尽管凯恩斯主义极端和古典主义极端并不常见，但这两个模型有一定的理论价值，它为分析财政政策和货币政策效果提供了工具。有些经济学家看重财政政策，另一些经济学家看重货币政策，就是由于他们对 LM 和

IS 可能有的形状有着不同的看法。

17.3.4.3 **货币政策的局限性**

西方国家实行货币政策，常常是为了稳定经济，减少经济波动，但在实践中也存在一些局限性。

第一，不同条件下货币政策效果不同。在通货膨胀时期实行紧缩的货币政策可能效果比较显著，但在经济衰退时期，实行扩张的货币政策效果就不明显。那时候，厂商对经济前景普遍悲观，即使中央银行松动银根，降低利率，投资者也不肯增加贷款从事投资活动，银行为安全起见，也不肯轻易贷款。特别是由于存在着流动性陷阱，不论银根如何松动，利息率都不会降低。这样，货币政策作为反衰退的政策，其效果就相当微弱。进一步说，即使从反通货膨胀看，货币政策的作用也主要表现于反对需求拉动的通货膨胀，而对成本推进的通货膨胀，货币政策效果就很小。因为物价的上升若是由工资上涨超过劳动生产率上升幅度引起或由垄断厂商为获取高额利润引起，则中央银行想通过控制货币供给来抑制通货膨胀就比较困难了。

第二，从均衡的情况看，增加或减少货币供给要影响利率的话，必须以货币流通速度不变为前提。如果这一前提并不存在，货币供给变动对经济的影响就要打折扣。在经济繁荣时期，中央银行为抑制通货膨胀需要紧缩货币供给，或者说放慢货币供给的增长率，然而，那时公众一般说来支出会增加，而且物价上升快时，公众不愿把货币持在手上，而希望尽快花费出去，从而货币流通速度会加快，在一定时期内本来的 1 美元也许可完成 2 美元交易的任务，这无异在流通领域增加了 1 倍货币供给量。这时候，即使中央银行把货币供给减少 1 倍，也无法使通货膨胀率降下来。反过来说，当经济衰退时期，货币流通速度下降，这时中央银行增加货币供给对经济的影响也就可能被货币流通速度下降所抵消。货币流通速度加快，意味着货币需求增加；流通速度放慢，意味着货币需求减少。如果货币供给增加量和货币需求增加量相等，LM 曲线就不会移动，因而利率和收入也不会变动。

第三，货币政策作用的外部时滞也影响政策效果。中央银行变动货币供给量，要通过影响利率，再影响投资，然后再影响就业和国民收入，因而，货币政策作用要经过相当长一段时间才会充分得到发挥。当市场利率变动以后，投资规模并不会很快发生相应变动。利率下降以后，厂商扩大生产规模，需要一个过程，利率上升以后，厂商缩小生产规模，更不容易。总之，货币政策即使在开始采用时不要花很长时间，但执行后到产生效果却要有一个相当长的过程，在此过程中，经济情况有可能发生和人们原先预料的相反变化，比方说，经济衰退时中央银行扩大货币供给，但未到这一政策效果完全发挥出来经济就已转入繁荣，物价已开始较快地上升，则原来扩张性货币政策不是反衰退，却为加剧通货膨胀起了火上加油的作用。

第四，在开放经济中，货币政策的效果还要因为资金在国际上流动而受到影响。例如，一国实行紧缩的货币政策时，利率上升，国外资金会流入，若汇率浮动，本币会升值，出口会受抑制，进口会受刺激，从而使本国总需求比在封闭经济情况下有更大的下降。若实行固定汇率，中央银行为使本币不升值，势必抛出本币，按固定汇率收购外币，于是货币市场上本国货币供给增加，使原先实行的紧缩货币政策效果大打折扣。在下节中，我们将结合开放经济理论进行深入的政策分析。

货币政策在实践中存在的问题远不止这些，但仅从这些方面看，货币政策作为平抑经济波动的手段，作用也是有限的。

17.3.5 宏观经济政策的滞后性问题

综上所述，无论是财政政策还是货币政策在宏观经济调控过程中都有各自的适用条件和有效发挥作用的机制，但是作为局限性，一个突出的问题是两种政策都存在时滞。对于这一现象我们常称之为“经济政策的滞后性”。如图 17-10 所示，表现为宏观经济政策对经济起作用的效果与随时间的经济波动幅度变化上的时滞。

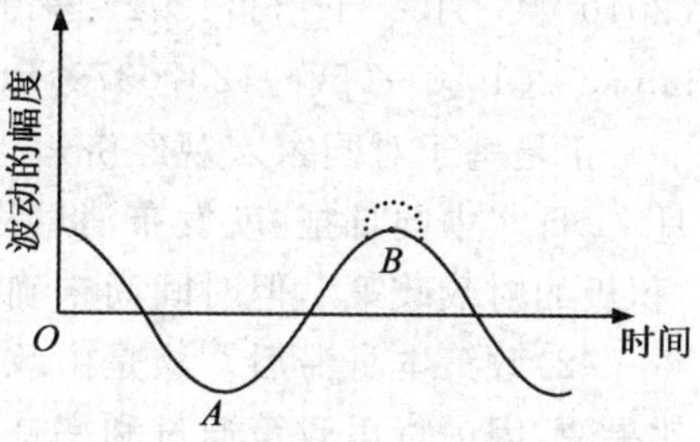

图 17-10 经济政策的滞后性

一般地说，货币政策内部时滞较短，财政政策要长些。相反货币政策外部时滞较长，财政政策则短些。内部时滞也称决策时滞，货币政策由央行决策，属于一个部门内部的操作过程；而财政政策由财政提案还要经权力机关讨论表决，决策期长。所以内部时滞货币政策比财政政策短。外部时滞是执行的效果所需的时间，财政政策通过税收和投资可以立竿见影地影响经济，货币政策通过利率，货币供求影响经济的过程较慢，所以财政政策的外部时滞比货币政策短。这或许能够说明我国目前的宏观经济政策采取的是“积极的财政政策，适度宽松的货币政策”的主要原因之一。

我国根据国情制定执行的积极财政政策是指适时适度地扩大财政举债规模和财政支出，增加投资，刺激消费，扩大出口，通过改革克服制约有效需求的体制和政策因素，促进国民经济增长的政策。而所谓适度宽松的货币政策，主要是指实行低利率政策，减轻企业贷款、融资成本负担，释放居民储蓄，鼓励和扩大消费；实行低存款准备金率政策，向市场释放流动性；放开商业银行信贷规模控制，促使信贷资金快捷、顺畅地支持经济发展的政策。

宏观经济政策产生时滞的原因一般体现在两方面：

(1)时间上的滞后。即从发现经济问题到研究相应的对策，再到确定政策，再到实施政策，最后到政策产生效果，这都需要时间，而在这段时间里，宏观经济形势已经发生变化，已实施的政策往往产生相反的效果。如图 17-10 所示，一个经济从 A 点探底开始回升，理应采取积极刺激经济增长的宏观经济政策，当经济复苏达到一定水平，特别是经济进入繁荣而又存在经济过热接近 B 点的时候，宏观经济政策就可能加速过热，造成通胀。例如当前我国的经济调控就面临一个“宏调政策两难齐聚下半年，警惕滞后性下滑”的局面。据 2010 年 7 月 25 日《瞭望》新闻周刊的报道称，“进入 6 月份以来，中国经济出现减速态势，一些先行指标连续回落，引发人们对经济是否会出现‘二次探底’的担忧”。具体体现为：“保增长”与“调结构”，稳定通胀预期与物价上涨压力，“控房价”与“保经济”，加息与引导民间投资，工人加薪与制造业发展，人民币升值与稳定出口等六大方面存在政策抉择上的“两难”。(2010 年 7 月 25 日 11:13:27. 来源：瞭望新闻周刊，http://news.xinhuanet.com/house/2010-07/25/c_12370379.htm.)

正是基于对国家宏观经济运行的预期和经济政策的执行情况，早在 2010 年 3 月 21 日，《中国日报》就发布消息称，财政部副部长王军表示，中国正考虑逐步退出“积极的财政政策”，但时间尚未确定。中央今后将更大加快转移支付力度。

(2)政策本身滞后。这是由政策的局限性决定的，比如财政政策就较货币政策效果快，因为货币政策通过利率杠杆来影响投资，再通过投资来影响经济，而财政政策则直接作用于经济。

宏观经济政策从制定到实施有一定的时间差。尤其是货币政策起作用的市场机制更为复杂，具有明显的滞后性或者惯性。货币政策时滞是指从需要采取货币政策行动的情况出现，经过制定政策过程，直至政策部分乃至全部发挥效力的时间分布间隔。

货币政策时滞可以分为内部时滞和外部时滞两个阶段。内部时滞，指从需要采取政策行动的情况出现，直至货币当局采取该行动之间的一段时间。内部时滞的长短取决于货币当局对经济形势的把握程度、推行货币政策的主动程度，以及它的信息和决策系统运行效率的高低。这种时滞可以是短的，但实际上却往往很长。外部时滞，指从货币当局采取政策行动到国民收入发生变动的时滞分布。它指的并不是一个特定的时间间隔，而是指货币政策渐次发挥效力的一个时间分布序列。因此，对于某一项货币政策行动的外部时滞，一般只应说该政策行动在(比如)4 个月后产生了 30% 的效应，12 个月后产生了 60% 的效应，18 个月后则全部产生效应。

货币政策时滞时间长的原因很多，如果对于利率变动比较敏感，即货币政策效应较强，则在经济的发展中还会存在一种惯性。主要原因是对各行业货币政策的传导机制不尽相同，从而影响到货币政策产生效果的时间长短不一。例如，对汽车制造和房地产等行业时滞就比较长，而对中小企业来说，这个过程就比较短。研究货币政策时要提高前瞻性和预见性，以减少盲目性和不确定性。我国在采取适度宽松的货币政策时，在货币政策实施的过程中，要加强对有关项目进行预测和对发展情况进行跟踪监测，以增强调控的预见性、针对性和实效性。

17.3.6 两种政策的混合使用

根据以上几节分析可知，如果某一时期经济处于萧条状态，政府既可采用扩张性财政政策，也可采用扩张性货币政策，还可以将两种政策结合起来使用。如图 17-11 示。

假定经济起初处于图 17-11 中的 E 点，收入为 Y_0，利率为 r_0，而充分就业的收入为 Y_f。为克服萧条，达到充分就业，政府可实行扩张性财政政策，将 IS 右移，也可实行扩张性货币政策，将 LM 右移。采用这两种政策虽都可以使收入达到 Y_f，但会使利率大幅度上升或下降。如果既想使收入增加到 Y_f，又不使利率变动，则可采用扩张性财政政策和货币政策相混合使用的办法。如图中所示，为了将收入从 Y_0 提高到 Y_f，可实行扩张性财政政策，使产出水平上升，但为了使利率不由于产出上升而上升，可相应地实行扩张性货币政策，增加货币供应量，使利率保持原有水平。从图 17-11 中可见，如果仅实行扩张性财政政策，将 IS 移到 IS'，则均衡点为正，利率上升到 r_0 之上，发生“挤出效应”，产量不可能达到 Y_f；如果采用“适应性的”货币政策，即按利率不上升的要求，增加货币供给，将 LM 移到 LM'，则利率可保持不变，投资不被挤出，产量就可达到 Y_f。

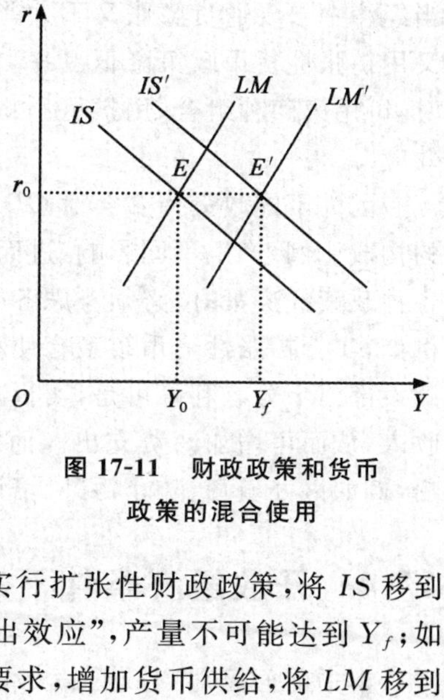

图 17-11 财政政策和货币政策的混合使用

财政政策和货币政策可有多种混合，这种混合的政策效应，有的是事先可预计的，有的则必须根据财政政策和货币政策何者更强有力而定，因而是不确定的。例如，图 17-11 中，IS 和 LM 移动幅度相同，因而产出增加时利率也不变，若财政政策影响大于货币政策，IS 右移距离超过 LM 右移距离，则利率就会上升。反之，则会下降。可见，这两种政策结合使用时对利率的影响是不确定的。表 17-3 就给出了各种政策混合使用的效应。

表 17-3 财政政策和货币政策混合使用的政策效应

	政策混合	产出	利率
1	扩张性财政政策和紧缩性货币政策	不确定	上升
2	紧缩性财政政策和紧缩性货币政策	减少	不确定
3	紧缩性财政政策和膨胀性货币政策	不确定	下降
4	扩张性财政政策和膨胀性货币政策	增加	不确定

政府和中央银行可以根据具体情况和不同目标,选择不同的政策组合。例如,当经济萧条但又不太严重时,可采用第一种组合,用扩张性财政政策刺激总需求,又用紧缩性货币政策控制通货膨胀;当经济发生严重通货膨胀时,可采用第二种组合,用紧缩货币来提高利率,降低总需求水平,又紧缩财政,以防止利率过分提高;当经济中出现通货膨胀又不太严重时,可用第三种组合,用紧缩财政压缩总需求,又用扩张性货币政策降低利率,以免财政过度紧缩而引起衰退;当经济严重萧条时,可用第四种组合,用扩张财政增加总需求,用增加货币降低利率以克服"挤出效应"。

因为不同政策措施会对 *GDP* 的组成比例(投资、消费和政府购买在 *GDP* 中的构成比例)产生不同影响,进而影响不同人群的利益,因此,政府在做出混合使用各种政策的决策时,必须考虑各行各业、各个阶层的人群的利益如何协调的问题。例如,实行扩张性货币政策会使利率下降,投资增加,因而对投资部门尤其是住宅建设部门十分有利。可是,实行减税的扩张性财政政策,则有利于增加个人可支配收入,从而可增加消费支出。而同样是采用扩张性财政政策,如果是增加政府支出,例如兴办教育、防止污染、培训职工等,则人们受益的情况又不相同。

17.4 开放经济条件下的宏观经济政策

本书前面已对财政政策与货币政策作了较为系统的论述,本节利用 *IS-LM-BP* 模型考察在开放经济条件下这两种政策的效应。

17.4.1 浮动汇率下的财政政策

在浮动汇率制下的经济中,一国货币当局不会通过干预去稳定汇率。在 *IS-LM-BP* 模型中,假定政府的财政政策表现为政府购买水平提高。下面用图 17-12 讨论这一政策变动的效果。

图 17-12 中，假定 LM 曲线比 BP 曲线陡。如果政府购买从 G_0 提高到 G_1，在汇率 r 为的初始条件下，IS 曲线将向右移动，IS 曲线的移动使经济在 B 点达到内部均衡，但国际部门的收支在 B 点处于盈余状态，这种情况下，本币就会升值或使汇率下降。尽管通常不会回复到原来的位置，但 BP 曲线和 IS 曲线均会向左移动。经济的新的均衡假定为图中的 C 点。从图 17-12 中看到，这时收入的提高与封闭经济时的情形相比要小一些。

当 BP 曲线比 LM 曲线陡时，与封闭经济的情形相比，扩张性财政政策对实际收入的影响将会被放大而不是被抑制。如图 17-13 所示。

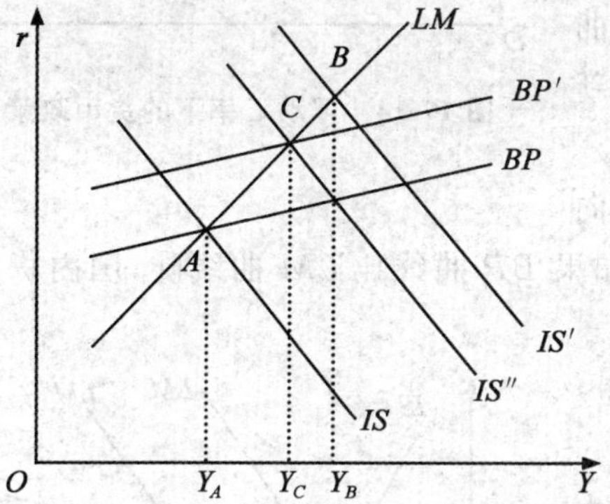

图 17-12　浮动汇率下的财政政策(Ⅰ)

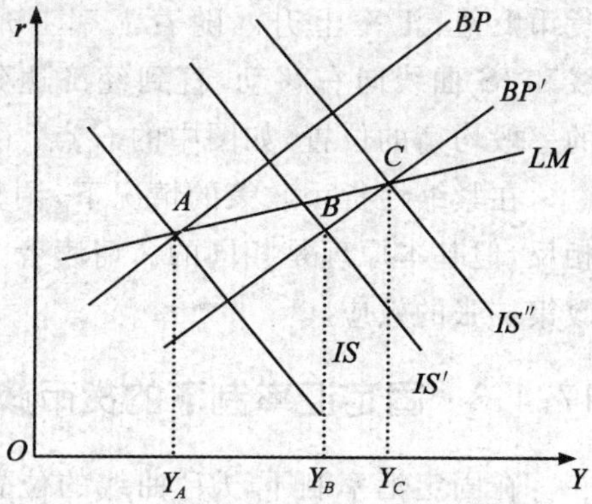

图 17-13　浮动汇率下的财政政策(Ⅱ)

政府购买的增加使 IS 曲线向右移动，由于经济的内部均衡点 B 位于 BP 曲线的右方，使国际收支处于赤字状态而不是盈余状态。这意味着本国货币贬值或汇率提高。例如汇率从原有的 e_0 提高到 e_1，伴随着汇率提高，使 IS 曲线和 BP 曲线进一步向右移动，经济的均衡点最终变为 C 点，使收入水平 Y_C 超过了 Y_B，即超过了收入在封闭经济情形下的相应水平。

由此可见，在浮动汇率制下的开放经济中，扩张性财政政策的效应有时低于封闭经济下的财政政策效应，有时则高于封闭经济下的财政政策效应。其结果依赖于 LM 曲线与 BP 曲线斜率的关系。

17.4.2　浮动汇率制下的货币政策

接着讨论浮动汇率制下的货币政策。这里以扩张性的货币政策为例说明。假定 LM 曲线比 BP 曲线陡，货币扩张的效应可用图 17-14 说明。从图中可以看出，货币扩张的效果是使汇率提高，从而收入水平提高，其效果大于封闭经济的情形。

但对利率水平的影响不很明确。

图 17-14 中,最初经济在 A 点表现为内部和外部的共同均衡。货币扩张首先影响 LM 曲线,使其向右移动,并与 IS 曲线相交于 B 点。在 B 点经济虽处于内部均衡,但 B 点在 BP 曲线的右端,这意味着国际收支处于赤字状态。

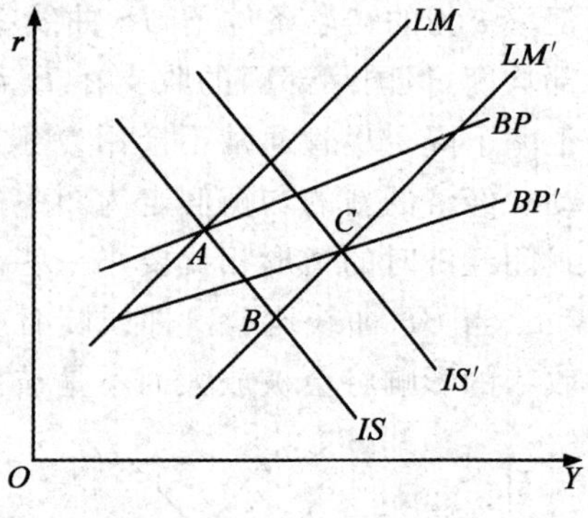

图 17-14　浮动汇率下的货币政策

国际收支的赤字推动汇率进行调整,本国货币贬值,汇率上升。随着汇率上升,BP 曲线和 IS 曲线向右移动,直到经济达到一个新的一般均衡的位置,如图中的 C 点。

在紧缩性货币政策的情况下,调整的方向相反,但基本原理是相同的。请读者分析,如果 BP 曲线比 LM 曲线陡,国内货币政策扩张的效应。

17.4.3　固定汇率制下的货币政策

在固定汇率制下,BP 曲线的位置不发生变化,假定经济最初处于图 17-15 所示的 A 点。这时,经济同时处于内部均衡和外部均衡。若政府实施扩张性的货币政策,其结果是 LM 曲线向右移动,导致经济的内部均衡为 A' 点。因 A' 点位于 BP 曲线的下方,故国际收支出现赤字。这时,为稳定本国货币的汇率,货币当局会用其外汇储备在外汇市场上购买本国货币以阻止其贬值。只要本国货币当局一直用其外汇储备来稳定国际市场上的本国货币的汇率,赤字就会继续存在。

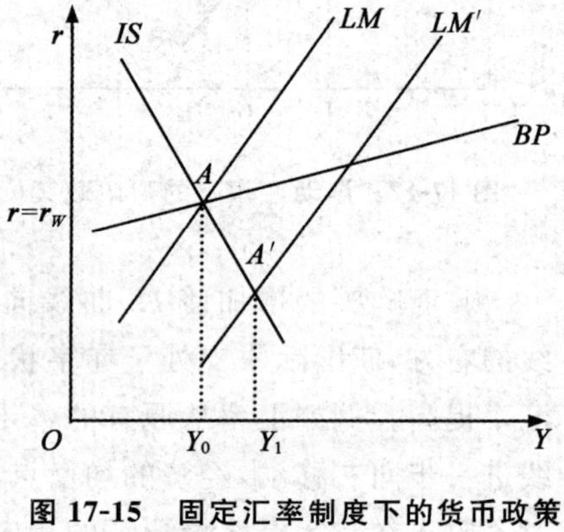

图 17-15　固定汇率制度下的货币政策

在有关参数给定的前提下,汇率固定,则 BP 曲线的截距就确定,从而在这种情况下,内部均衡和外部均衡之间就存在着不可调和的矛盾。失去了汇率的伸缩性、扩张性的货币政策的结果尽管提高了收入水平,但导致了国际收支的赤字。产生赤字的原因是利率下降导致资本外流和收入提高引起净出口的减少。一般地,这种情况下货币政策扩张的效果同 BP 曲线与 LM 曲线斜率的关系不大。

17.4.4 固定汇率制下的财政政策

固定汇率制下，在 *LM* 曲线比 *BP* 曲线陡的情况下，政府实行扩张性财政政策，导致国际收支出现盈余；当 *BP* 曲线比 *LM* 曲线陡时，财政扩张会引发国际收支赤字。

图 17-16 描述了固定汇率下，在 *LM* 曲线比 *BP* 曲线陡的情况下，政府实行扩张性财政政策的效果。

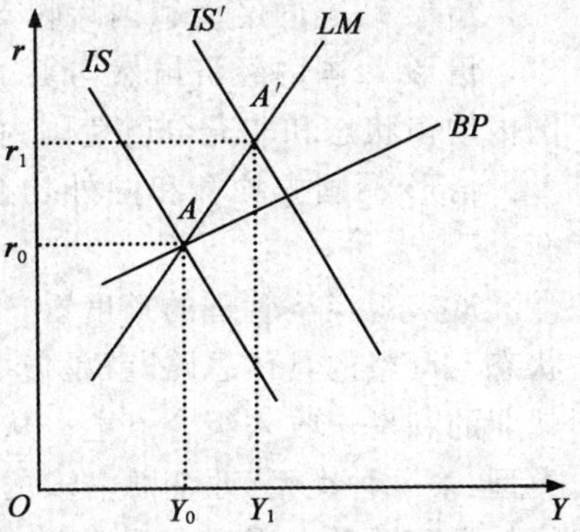

图 17-16 固定汇率制度下的财政政策

图 17-16 中，*A* 点为最初的经济均衡点，伴随着政府实行扩张性的财政政策，*IS* 曲线向右移动到 *IS′*，从而形成新的内部均衡为 *A′* 点。由于 *A′* 点位于 *BP* 曲线上方，故产生国际收支盈余。此时，本币升值或汇率下降的市场压力由于本国货币当局用本国货币购买外币而被阻止。在这种情况下，尽管收入的提高引起经常账户的恶化，但国内利率上升势头如此之强，以至于更多的资本流入，最终导致国际收支出现盈余。

读者可以自己分析，当 *BP* 曲线比 *LM* 曲线陡时，扩张性财政政策会引发国际收支赤字。

17.4.5 实现内部均衡和外部均衡的政策

本节用 *IS-LM-BP* 模型论述实现内部均衡和外部均衡的政策取向。

在开放经济中，宏观经济的理想状态是实现内部与外部同时均衡：内部均衡，即国内实现充分就业的均衡；外部均衡，即实现国际收支平衡。这种理想状态反映在以利率为纵坐标、收入为横坐标的坐标系中，就是 *IS* 曲线、*LM* 曲线和 *BP* 曲线相交于一点。如图 17-17 所示。

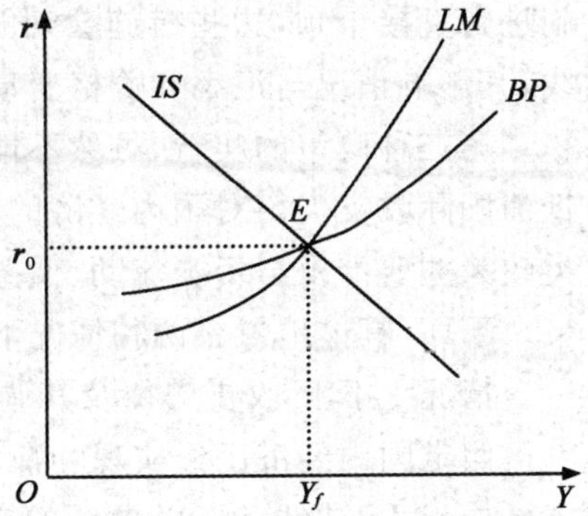

图 17-17 国内均衡和国外均衡

图 17-17 中的 Y_f 为充分就业的收入水平，r_0 为均衡的利率，*IS* 曲线和 *LM* 曲线的交点 *E* 则是实现了充分就业的国内均衡，由于 *BP* 曲线亦通过 *E* 点，从而国际收支也处于平衡状态。但是，这种理想状态很少出现，经常出现的情况则是：

情形 1:国内经济和国际收支都不均衡。

情形 2:国内经济虽然均衡了,但国际收支却是失衡状态,又分为是充分就业国内均衡状态和非充分就业国内均衡状态。

情形 3:国内均衡和国外均衡虽然都实现了,但国内均衡不是充分就业的均衡。

从宏观经济管理的角度看,上述 3 种情形都需要进行调整,以实现理想的均衡状态。调整的具体思路,就是使 *IS*、*LM* 和 *BP* 3 条曲线相交于一个能够实现充分就业的利率—收入组合点上。从而调整国内均衡和国外均衡的政策可以分为 3 种类型:第一种类型:改变总需求的政策,例如财政和货币政策,这些政策直接影响一国的经济活动水平。在理论上,即为移动 *IS*、*LM* 曲线的政策。第二种类型:调整支出结构的政策,例如贸易政策和汇率政策,这些政策旨在改变经济活动的模式。在理论上,即为移动 *BP* 曲线的政策;第三种类型:抵消国际收支盈余或赤字的其他金融政策。在这 3 类政策中,第一类政策已经在前面加以论述,此不赘述。仅对第二类和第三类政策的内容作概要说明。

关于第二类政策,可以分为经济政策和直接干预手段两类。经济政策有改变汇率、升降国内价格和利息率等措施。汇率提高和国内价格的上升,会抑制出口,鼓励进口;利息率的下降,则使资本净流出额增加,这些都会消除国际收支顺差,在图形上表现为 *BP* 曲线向左移动。如果汇率和国内价格下降,则进口受到抑制,出口受到鼓励;利息率提高,资本净流出额减少,这些便会消除国际收支逆差,即 *BP* 曲线向右移动。需要指出,汇率和价格变动在对 *BP* 曲线产生影响的同时,也会使 *IS* 曲线出现移动,而利息率的变动更会使 *IS* 曲线和 *LM* 曲线都受到一定的影响,这些影响除了使 *BP* 曲线需要移动的幅度更大或更小些外,还会产生其他的枝节问题。除了上述经济政策外,政府还可以采取出口津贴、进口关税和限额等措施进行直接干预,这些措施会对进出口产生很有力的影响,因而可以影响 *BP* 曲线,其影响情况与汇率和价格变动的影响相类似。

第三种政策的实行,虽然不能改变国际收支函数,即移动 *BP* 曲线,但却可以抵消国际收支失衡对国内经济的影响,从而收到与实现国外均衡相同的效果。这类政策主要涉及与资本流动、债务管理以及一国国外净资产的规模有关的金融政策。下面,具体地考察两种情况下的调整。

情况 1:国际收支失衡及其调整。

假定国内经济已经实现均衡,但国外经济却处于失衡状态。换句话说,国内经济已处于 *IS* 曲线和 *LM* 曲线的交点位置,但这一交点却并不在 *BP* 曲线上。

例如,如图 17-18 所示。内部均衡由 *IS* 曲线与 *LM* 曲线的交点 *A* 所决定,这时，收入为 Y_1，利率为 r_1。但由 Y_1 和 r_1 所决定的 A 点位于 BP 曲线的上方(或左方)，因而存在着外部失衡，存在着国际收支顺差。此时，要消除国际收支顺差，应要求 IS 曲线和 LM 曲线的交点 BP 曲线上。或者说，调整要求 BP 曲线在 IS 曲线和 LM 曲线交点上。要做到这一点，要求三条曲线中的一条或一条以上移动，以便产生在同一个 Y 和 r 组合上的三条曲线的交点。应该指出，这类使一条或一条以上的曲线发生移动的调整过程，取决于国际支付制度是固定汇率制度还是浮动汇率制度。下面着重说明浮动汇率制度下国际收支顺差的调整过程。

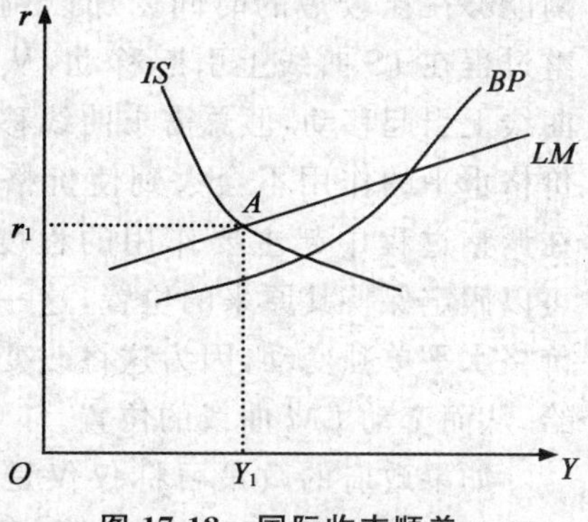

图 17-18 国际收支顺差

考察图 17-19 所示的 LM、IS_1 和 BP_1 曲线所表示的国际收支顺差的情况。

在该时期中，该国通过经常项目交易和资本项目交易，外汇量收大于支，结果引起外汇总量的增加，造成外汇的过剩供给。在浮动汇率制度下，外汇的过剩供给将促使外汇价格下降，汇率上升。汇率上升表示该国商品相对于外国商品更加昂贵，于是出口减少，进口增加，即净出口减少。净出口减少会使得 IS 曲线左移和 BP 曲线左移，例如从 IS_1 和 BP_1 移动到 IS_2 和 BP_2。由于这两种移动，IS、LM 和 BP 曲线都相交于 Y_2 和 r_2 组合，在这一收入水平和利率水平上，存在着内部均衡和外部均衡。应该指出，在浮动汇率制度下，中央银行不会改变本国货币供给量，因此，LM 曲线不会发生移动。简而言之，在浮动汇率制度下，国际收支顺差的调整是通过 BP 曲线和 IS 曲线的移动来实现的。

图 17-19 浮动汇率制度下的国际收支顺差的调整

情况 2：同时实现国际收支平衡和充分就业均衡的调整。

我们从低于充分就业均衡以及同时国际收支失衡(以国际收支逆差为例)的状态开始。

参见图 17-20。充分就业收入水平由 Y_f 表示。初始状态为：IS_1、LM_1、BP_1，由于 IS_1 与 LM_1 的交点位于 Y_f 外直线左边，故这是低于充分就业均衡；由于 IS_1 与 LM_1 的交点不在 BP_1 上，故这是国际收支失衡，更具体地说，这是国际收支逆差。

这里假定在浮动汇率制度下，国际收支失

衡能够在比较短的时间内加以调整。虽然调整过程在 IS 曲线上引起移动，从而在总需求曲线上引起移动，但总需求曲线移动时对国内价格水平的作用不会大到使价格水平的变动在调整过程中起主要作用的程度。LM 曲线可以假定保持其原来的位置，这一假定不允许价格水平单独变动，因为这将改变实际货币供给，从而变动 LM 曲线的位置。

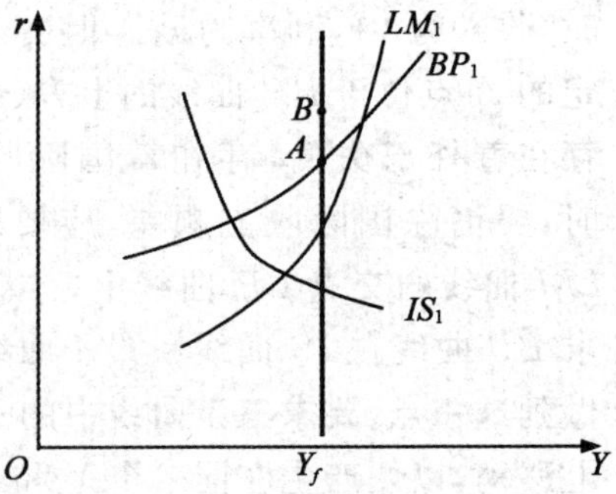

图 17-20　内部失衡和外部失衡

如果政府的政策目标仅仅是实现充分就业或仅仅是实现国际收支均衡，只需单独使用货币政策或单独使用财政政策即可实现。为达到充分就业，可以通过扩张性财政政策把 IS 曲线沿 LM_1 右移到 LM_1 线与 Y_f 垂直线的交点处，也可以通过扩张性货币政策把 LM 曲线沿 IS_1 右移到 IS_1 与 Y_f 的交点处。为达到国际收支均衡，可以通过紧缩性货币政策把 LM 曲线沿 IS_1 左移到 IS_1 与 BP_1 相交的位置。

如果政府政策目标是同时实现充分就业和国际收支平衡，则需要将财政政策和货币政策协调使用。方法如下：已知 BP_1 曲线与 Y_f 垂线相交于 A 点。与 IS_1、LM_1 的交点相比，A 意味着更高的收入和更高的利率。可以通过扩张性财政政策达到更高的收入，使 IS 曲线沿 LM_1 右移；可以通过紧缩性货币政策来达到更高的利率，使 LM 曲线沿 IS_1 左移。这种政策配合的结果将使 IS、LM 交点不断接近 A 点。如果 BP 曲线保持在 BP_1 不变，则 IS 与 LM 的交点最终会达到 A。但是，IS 与 LM 的变动会引起总需求曲线从而价格水平的变动。在这里，由于 IS 与 LM 变动的结果是交点向右上方移动，总需求曲线亦向右移动，价格水平上升。价格水平上升造成净出口的下降，从而使 BP 曲线左移。

BP 曲线与 Y_f 的交点上移。假定 BP 与 Y_f 的交点由于价格水平上升而上移到 B 点。这意味着应当采取更加扩张的财政政策和更加紧缩的货币政策，才能使 IS 与 LM 的交点达到 B。

总之，在低于充分就业和国际收支逆差同时出现时，可以通过紧缩性货币政策提高利率以减少资本净流出，从而实现外部均衡；通过扩张性财政政策扩大总需求以提高收入，从而实现内部均衡。虽然这两项目标有可能达到，但为做到这一点，政策的实施又会带来一些其他问题。作为在一个封闭经济中实现充分就业的手段，财政政策和货币政策的功效是有限度的，而在一个开放经济中，作为实现充分就业和外部均衡这两个重要目标的手段，财政政策和货币政策的功效就更加有限。

17.4.6 政府调节国际经济往来的措施

17.4.6.1 国际贸易政策简述

国际贸易理论体现的基本思想是，各国都能从国际贸易中获益。从理论上讲，由于进行贸易的各个国家之间在资源禀赋、生产条件各方面千差万别，当它们各自从事自己擅长的生产或服务活动时，就能取长补短，从市场交易中获益。然而，在现实中，自由贸易却受到许多国家各种政策的干预。其中最主要、最普遍的是限制进口和鼓励出口。就宏观经济分析而言，国际贸易政策的意义在于调节一国的国际收支。

限制进口的贸易政策是指一国（或地区）对产品进口水平所设定的一系列措施。限制进口的最主要政策工具有两个：进口关税和进口配额。进口关税是指产品运抵一国时所需缴纳的税款。进口配额则是一国对特定产品进口数量和金额的限制。两者的区别在于控制的内容，进口关税着重于控制进口产品的价格，进口配额则侧重于控制进口数量。进口关税的形式很多，但大体上可分为从量税和从价税。前者根据数量征收税款，而后者按照进口商品价值征收税款。进口配额的方式也很多，有在全球范围内的配额，也有分国别的配额，有进口国单方面设置的，也有双方协议的。

限制进口的贸易政策还有其他非关税壁垒，包括苛刻的技术标准、烦琐的海关手续、歧视性的政府购买、进出口的垄断经营、外汇管制等，从不同程度上直接或间接地起着限制进口的作用。

鼓励出口的贸易政策是指一国（或地区）为提高产品出口水平所设定的一系列措施。这些措施可以降低出口商品的成本，提高出口商的实际收益，提高出口商品的国际竞争力。政府刺激出口最常见的做法是对出口进行补贴。补贴的方法，既可以是直接的现金支付，也可以是间接通过降低出口商品的成本来实现。美国和西欧对某些农产品就采取直接补贴的方法，政府保证支付这些农产品国际市场与国内市场的差价。间接补贴的办法包括低利贷款和外销退税等。政府通过银行系统给予用于出口商品生产和销售的贷款以优惠利率，在商品出口以后，政府允许企业申请退回进口原材料时支付的关税，对于出口商品，免征各种国内税。

政府促进出口的另一项贸易政策是低价外销。由于低价，因此又常常被称为“倾销”。倾销包括两种情况，一是出口国以低于其国内市场的价格向国外销售，二是出口国以低于生产成本销售。如果倾销只是将同样的商品在别国以低价销售的话，那么倾销实际上是一种国际间的价格歧视。由于倾销的目的不同，对其评价不能一概而论，如果倾销的目的是为了将进口国的生产者挤出市场，这种倾销对进口国会有伤害。如果只是将同样的商品在别国以低价销售,如果倾销是持续的,那么对出口国和进口国都没有坏处。

17.4.6.2 外汇市场干预

汇率又称汇价,是一个国家的货币折算成另一个国家货币的比率。汇率表示的是两个国家货币之间的互换关系。

世界上大多数国家都有自己的货币。国与国之间的贸易涉及了不同货币之间的兑换。例如,当一家美国公司购买德国的商品、劳务或金融资产时,美元必须兑换成德国的货币。汇率在国际经济交往中是很重要的,它不仅影响着国内商品与国外商品之间的相对价格,而且还影响着一国的国际收支。国际货币的交易场所被称为外汇市场。外汇市场的主要交易者包括商业银行、从事国际贸易的公司、非银行金融机构和中央银行。出于某些情况的考虑,一国政府有时会对外汇市场进行干预。一国政府对外汇市场干预主要是通过该国的中央银行来实施的。

外汇市场中的中央银行干预会对汇率产生影响。中央银行出售本国货币以购买国外资产,这种未抵消影响的干预会导致国际储备增加、货币供给增加以及本国货币贬值。出售国外资产以购买本国货币的同类干预则产生相反的结果。而已抵消影响的外汇干预一般对汇率没有影响。从宏观经济分析的角度看,政府对外汇市场干预旨在影响汇率,改善一国的国际收支状况。

未抵消影响的外汇干预是指中央银行在外汇市场上出售国外资产购入本国货币,使国际储备和基础货币等值减少,或购买国外资产出售本国货币,使国际储备和基础货币等值增加,从而允许本国货币的买卖对基础货币产生影响的干预。中央银行在外汇市场上出售所持有的以外币计值的资产(称为国际储备)可以影响基础货币的数量。假定中央银行出售100亿美元外汇资产,以取得100亿美元通货,会产生两种影响:一是使中央银行持有的国际储备减少了100亿美元;二是使通货从公众手中回笼,流通中货币减少了100亿美元。这意味着基础货币减少了100亿美元。

如果中央银行不希望本国货币的买卖影响基础货币的数量,它所需做的就是对政府债券市场采取相反的公开市场操作,来抵消外汇干预的影响。这种有了相反的公开市场操作而不影响基础货币的外汇市场干预,被称为已抵消影响的外汇干预。例如,中央银行出售100亿美元国外资产相应购入100亿美元,这将减少100亿美元的基础货币,同时可以在公开市场购买100亿美元的政府债券,这将增加100亿美元基础货币。

延伸阅读

1. 中国近年来的宏观经济形势

当前金融危机情况下，出口受阻，内需不足，我国面临着严重经济衰退的危险，我国应该采取财政政策和金融政策的“双松”搭配，也就是采取扩张性财政政策和扩张性金融政策的组合。也就是，通过减少税收和扩大政府支出规模等扩张性财政政策增加社会需求，通过降低存款准备金率和降低利率等扩张性货币政策，扩大信贷支出规模，增加货币供给，防止因国债发行推动利率上升而对社会投资引起的“挤出效应”。“双松”政策的结果必然使社会总需求扩大，在当前出口需求减少，扩大内需成为主要目标的情况下，这样的政策组合，可以刺激经济的增长，扩大就业，使我国安然度过金融危机，恢复经济的快速增长。

据新华社北京 2008 年 11 月 9 日电(记者：车玉明，张旭东)在世界金融危机日趋严峻、我国经济遭受冲击日益显现的背景下，中国宏观调控政策做出了重大调整，将实行积极的财政政策和适度宽松的货币政策，并在今后两年多时间内安排 4 万亿元资金强力启动内需，促进经济稳定增长。

5 日召开的国务院常务会议提出，为抵御国际经济环境对我国的不利影响，必须采取灵活审慎的宏观经济政策，以应对复杂多变的形势。当前要实行积极的财政政策和适度宽松的货币政策，确定出台进一步扩大内需的十项措施，涉及加快民生工程、基础设施、生态环境建设和灾后重建，提高城乡居民特别是低收入群体的收入水平，促进经济平稳较快增长。

9 日公布的这十大举措力度大，出手快，发出了保持经济平稳较快发展的强烈政策信号。国务院发展研究中心研究员张立群说，以投资为例，中国去年的固定资产投资总规模为 13.7 万亿元，而这次新安排的扩大内需投资规模到 2010 年底仅两年多时间内达 4 万亿元，对经济的拉动作用将十分明显。

综合各方专家判断看，这次席卷全球的国际金融危机，对我国经济不利影响大于 1998 年的亚洲金融危机。当前外需减弱，一些企业出现经营困难，投资下滑，内需不振，如果不及时采取有力措施，中国经济存在下滑的风险。此时重新启用积极的财政政策，配合实施适度宽松的货币政策，扩大投资规模启动国内需求，是应时之需、必要之策。

积极的财政政策，就是通过扩大财政支出，使财政政策在启动经济增长、优化经济结构中发挥更直接、更有效的作用。这一政策曾在 1998 年后应对亚洲金融危机、国内遭遇特大洪灾等冲击，发挥了重要的作用，有效拉动了经济增长。2005 年，鉴于国内社会投资明显加快，经济活力充沛，积极的财政政策实施 7 年后正式退场，转为稳健的财政政策。

这次也是中国10多年来货币政策中首次使用“宽松”的说法。适当宽松的货币政策意在增加货币供给，在继续稳定价格总水平的同时，要在促进经济增长方面发挥更加积极的作用。1998年在我国实行积极的财政政策的同时，实行稳健的货币政策。2007年下半年，针对经济中呈现的物价上涨过快、投资信贷高增等现象，货币政策由“稳健”转为“从紧”。如今，货币政策转为“适当宽松”，意味着在货币供给取向上进行重大转变。经济学家贾康认为，国务院常务会议提出的扩大内需、促进经济增长的十项措施，充分表明了这一轮宏观调控措施的鲜明特点，显示了保持经济平稳较快发展的信心和决心。

（资料来源：http://www.house365.com/news/shtml/79285.html）

2.2010年3月中国宏观经济回升势头向好

宏观调控成效显著，实体经济持续回暖。2010年一季度，我国*GDP*达80 577亿元，同比增长11.9%，比上年同期加快5.7个百分点。其中，三次产业增速分别为3.8%、14.5%、10.2%，与2009年四季度相比第二产业增速提高较大。在宏观经济政策实施保持稳定性及连续性的背景下，我国经济回升的良好势头得到进一步发展。

全国物价*CPI*小幅回落，*PPI*继续加快增长。3月，我国居民消费价格指数(*CPI*)同比上涨2.4%，相比2月小幅回落0.3个百分点。工业品出厂价格指数(*PPI*)同比上涨5.9%，相比2月增幅扩大0.5个百分点。一季度，*CPI*同比上涨2.2%，*PPI*同比上涨5.2%。

固定资产投资延续小幅回落态势。2010年一季度，我国城镇固定资产投资总计29 793亿元，累计增长26.4%，相比2月末增幅减少0.2个百分点；房地产投资总额为6 594亿元，累计增长35.1%，相比前两月增幅提高了4个百分点。

2010年2月，我国各项景气指数基本呈上升趋势，部分指数有小幅下降。具体来看，2月消费者信心指数为104.2%，相比1月下降了0.5个百分点，表明消费者对总体宏观经济回暖的信心微幅动摇。

工业生产增速保持快速增长。一季度，全国规模以上工业增加值同比增长19.6%，比上年同期加快14.5个百分点。3月当月，我国工业总产值为55 255.2亿元，同比增长33.1%，相比2月增幅上升8个百分点。另外，39个大类行业中，35个行业已实现利润同比增长，表明我国工业生产快速回升，企业效益大幅提高。工业生产的强劲增长主要得益于内外需的持续回暖。同时，工业品出厂价格的持续上涨也进一步刺激了工业企业的生产。

金融机构人民币新增贷款显著回落。3月，我国人民币各项存款增加1.57万亿元，相比2月增加6 111亿元；新增贷款5 107亿元，相比2月减少1 894亿元。一季度，人民币新增信贷2.6万亿元，人民币存款增加4万亿元。

进口超预期，出口低于预期，70个月来外贸首现月度逆差。2010年3月，我国进出口总额达2 314.6亿美元，同比上升42.8%，相比2月增幅下滑2.4%。其中，出口总额1 121.1亿美元，同比上升24.3%，增幅收窄21.4个百分点；进口总额1 193.5亿美元，同比上升66%，增幅上升21.3个百分点。3月出现贸易逆差72.4亿美元，结束了2004年5月以来长达70个月贸易顺差的局面。

概念与习题

1.解释下列概念：自动稳定器；周期平衡预算；货币创造乘数；贴现率；斟酌使用的财政政策；充分就业预算盈余；基础货币；公开市场业务；年度平衡预算；功能财政；法定准备率。

2.选择题

(1)政府的财政收入政策通过哪一个因素对国民收入产生影响？(　　)。

①政府转移支付　②政府购买　③消费支出　④出口

(2)假定政府没有实行财政政策，国民收入水平的提高可能导致(　　)。

①政府支出增加　②政府税收增加　③政府税收减少　④政府财政赤字增加

(3)扩张性财政政策对经济的影响是(　　)。

①缓和了经济萧条但增加了政府债务

②缓和了萧条也减轻了政府债务

③加剧了通货膨胀但减轻了政府债务

④缓和了通货膨胀但增加了政府债务

(4)商业银行之所以会有超额储备，是因为(　　)。

①吸收的存款太多

②未找到那么多合适的贷款对象

③向中央银行申请的贴现太多

④以上几种情况都有可能

(5)市场利率提高，银行的准备金会(　　)。

①增加　②减少　③不变　④以上几种情况都可能

(6)中央银行降低再贴现率，会使银行准备金(　　)。

①增加　②减少　③不变　④以上几种情况都可能

(7)中央银行在公开市场卖出政府债券是企图(　　)。

①收集一笔资金帮助政府弥补财政赤字

②减少商业银行在中央银行的存款

③减少流通中基础货币以紧缩货币供给

④通过买卖债券获取差价利益。

3. 什么是自动稳定器？是否边际税率越高，税收作为自动稳定器的作用越大？

4. 什么是斟酌使用的财政政策和货币政策？

5. 平衡预算的财政思想和功能财政思想有何区别？

6. 假定某国政府当前预算赤字为 75 亿美元，边际消费倾向 $b=0.8$，边际税率 $t=0.25$，如果政府为降低通货膨胀率要减少支出 200 亿美元，试问支出的这种变化最终能否消灭赤字？

7. 什么是货币创造乘数？其大小主要和哪些变量有关？

8. 中央银行的货币政策工具主要有哪些？

9. 什么是公开市场操作？这一货币政策工具有哪些优点？

10. 假定现金存款比率 $r_0=\frac{C_u}{D}=0.38$，准备率（包括法定的和超额的）$r=0.18$，试问货币创造乘数为多少？若增加基础货币 100 亿美元，货币供给变动多少？

11. 假定法定准备率是 0.12，没有超额准备金，对现金的需求是 1 000 亿美元。

(1)假定总准备金是 400 亿美元，货币供给是多少？

(2)若中央银行把准备率提高到 0.2，货币供给变动多少（假定总准备金仍是 400 亿美元）？

(3)中央银行买进 10 亿美元政府债券（存款准备率仍是 0.12），货币供给变动多少？

12. 用 *IS-LM-BP* 模型论述实现内部均衡和外部均衡的政策取向。

13. 简述国际贸易政策。

18 经济增长理论

一个讲述得很好的模型必须能够再现发达工业经济增长的主要事实。

——罗伯特·M·索洛

人类要生存、要发展,其前提就是物质产品的增加。由于凯恩斯对宏观经济学的讨论都属于短期分析的范围,在短期分析的框架内,为了有重点地解释和分析一些宏观经济问题,一直假设经济的潜在生产水平是固定不变的。但从较长的时间范围看,这一假设显然是不合理的,而现代经济增长理论主要研究国民经济长期增长问题,这也是西方宏观经济学的一个重要内容。

18.1 经济增长的一般概念

18.1.1 经济增长的含义

考察国民经济长期发展问题常涉及两个既紧密相连又不完全相同的概念,即经济增长(economic growth)和经济发展(economic development)。美国经济学家S·库兹涅茨(Simon Smith Kuznets)认为:"一个国家的经济增长,可以定义为给居民提供种类日益繁多的经济产品能力的长期上升。这种不断增长的能力是建立在先进技术以及所需要的制度和思想意识的相适应的调整基础之上的。"在宏观经济学中,经济增长是指一个国家或地区生产能力的增长,或者实际产量的增加,该产量既可以表示为经济的总产量,也可以表示为人均产量。通常它以实际国内生产总值(GDP)的增加值来衡量,最直接的指标应当是人均国内生产总值的年增长率。

若用 Y_t 表示 t 时期的总产量,Y_{t-1} 表示 $t-1$ 期的总产量,则总产量意义下的增长率可表示为:

$$G_t=\frac{Y_t-Y_{t-1}}{Y_{t-1}}\times 100\% \qquad (18\text{-}1)$$

式中:G_t 为总产量意义下的增长率。

若用 y_t 表示 t 时期的人均产量,y_{t-1} 表示 $t-1$ 期的人均产量,则人均产量意义下的增长率可表示为：

$$g_t=\frac{y_t-y_{t-1}}{y_{t-1}}\times 100\% \qquad (18\text{-}2)$$

式中：g_t 为人均产量意义下的增长率。

如果说经济增长是个“量”的概念，那么经济发展就是一个比较复杂的“质”的概念，从宽泛的意义上说，经济发展不仅包括经济增长，而且还包括国民的生活质量以及整个社会经济结构和制度结构的总体进步。总之，经济发展是反映一个经济社会总体发展水平的综合性概念。在宏观经济学中，重点分析经济增长问题，特别是发达国家的经济增长问题。

18.1.2 经济增长的特征

库兹涅茨对各国经济增长的历史经验进行了高度概括，集中体现了经济增长最本质的内容，还总结了现代经济增长的六个基本特征。

第一，按人口计算的产量的高增长率，人口以及资本形成的高增长率。经济增长最显著的特点就在于产量增长率、人口增长率、人均产量增长率三个增长率都相当高，这在经济增长过程中十分明显，可以用统计资料得到证明。

第二，生产率本身增长的速度也是迅速的。生产率提高是技术进步的标志。

第三，经济结构的快速变革，如产业结构的变革模式的变化、消费结构的变化和生产国际化等。

第四，社会结构和意识形态的迅速改变。例如，城市化、教育与宗教的分离以及移风易俗等。

第五，经济增长具有向世界各地伸展的趋势。这就是发达国家通过和平或战争的形式向其他国家争取市场和原料，使世界都卷入全球化，成为一体。

第六，世界各国经济增长不平衡。在国际范围内，发达国家与发展中国家之间平均产出水平有悬殊的差距，而且还在拉大。

在这些特征中，前两个是数量特征，属于总量的比率，是从统计资料中归纳出来的；中间两个是结构特征，一个表现为数字，另一个则是社会特征；后两个是国际间扩散的特征，这六个特征互相联系，说明了“现代经济增长标志着一个特定的经济时代”，是对经济增长含义的进一步解释。

18.1.3 经济增长的源泉

经济增长源泉的分析所要说明的是，有哪些因素影响着一国的经济增长率。

宏观经济学考察经济增长的源泉常借助于生产函数来研究。宏观生产函数就是把一个经济中的产出与生产要素的投入及技术状况联系在一起进行经济分析。设宏观生产函数可以表示为：

$$Y_t = A_t f(L_t, K_t) \tag{18-3}$$

式中：Y_t、L_t 和 K_t 顺次为 t 时期的总产出、投入的劳动量和投入的资本量，A_t 表示 t 时期的技术状况，则可以得到一个描述投入要素增长率、产出增长率与技术进步增长率之间关系的方程，称其为增长率的分解式，即：

$$G_Y = G_A + \alpha G_L + \beta G_K \tag{18-4}$$

式中：G_Y 为产出的增长率；G_A 为技术进步增长率；G_L 和 G_K 分别为劳动和资本的增长率，α 和 β 为参数，它们分别是劳动和资本的产出弹性。

从增长率分解式知，产出的增加可以由三种力量（或因素）来解释，即劳动、资本和技术进步。换句话说，经济增长的源泉可被归结为劳动和资本的增长以及技术进步。

具体来讲：

(1)劳动是指劳动力。劳动力是数量与质量的统一，因此，劳动这一概念中实际上包括劳动力的人数与劳动力的文化技术、身体素质。由于劳动力的质量难以估算，因而，经济增长中的劳动概念一般指劳动力的数量，或者指劳动时间。劳动在经济增长中的作用是不言而喻的。劳动与资本之间在一定范围内存在着一种替代关系，当资本不足时可以通过增加劳动来弥补；同样，在劳动不足时也可以通过增加资本来弥补。在经济增长的不同阶段中，劳动的重要程度是不同的。

(2)资本可以分为物质资本和人力资本。物质资本又称有形资本，指厂房、设备、存货等的存量。人力资本又称无形资本，指体现在劳动者身上的投资，如劳动者的文化技术、健康状况等。人力资本在经济增长中的作用是十分重要的，但由于不易估计，所以，在研究经济增长时所说的资本一般是指物质资本。资本增加是经济增长的重要条件。现代经济学家认为，在经济增长中，一般的规律是资本的增加要大于劳动力的增加，从而每个劳动力所拥有的资本量，即人均资本量是提高的。只有人均资本量的提高，才有人均产量的提高。在经济增长的开始阶段，资本的增加是十分重要的，许多经济学家都把资本积累占国民收入的 10%～15%，作为经济起飞的先决条件，把增加资本作为实现经济增长的首要任务。在经济增长的以后阶段，资本的相对作用将会下降，但从西方各国的情况看，仍然是储蓄率高，资本增加快的国家经济增长率也较高。

(3)技术进步促进要素生产率的提高，即同样的生产要素投入能提供更多的产品。技术进步最终体现为要素生产率的提高，技术进步包括这样几方面的内容：第一，知识的进展，即知识增加、新技术的发明与创造对增长的作用；第二，资源配置的改善，即劳动力和资本从效率低的部门转移到效率高的部门；第三，规模经济，即扩大企业经营规模所引起的经济效益，也就是一般所说的大规模生产的经济效益；第四，管理水平的提高，即企业组织与管理水平提高所带来的经济效益。随着经济的发展，在经济增长的更高阶段上，技术进步将起越来越重要的作用。

有时，为了强调教育和培训对经济增长的潜在贡献，还把人力资本作为一种单独的投入写进生产函数。所谓人力资本是体现在个人身上的获取收入的潜在能力的价值，它包括天生的能力和才华以及通过后天教育训练获得的技能。当把人力资本作为一种单独投入时，生产函数可被写为：

$$Y_t = A_t F(L_t, K_t, H_t) \tag{18-5}$$

式中：H_t 为人力资本。

18.1.4 经济增长的成本与收益

“经济增长的好处并不是财富增加了幸福，而是财富增加了人们选择的范围。”随着经济的增长，商品与劳务的总量都在增加，人们就业的机会也随之增多，从而人们的收入也随之增长。因为经济的增长，收入的增多，使人们具有更多自由的空闲时间，人们所得到的服务也会增加。像其他任何事情一样，经济增长也是要付出代价的。“如果不付出代价就可以获得上述好处，几乎人人都会赞成。”人们在获得这些收益的同时，个人和社会都为此付出了一定的代价，如社会环境的污染，自然界的退化，以及人们精神上的高度紧张，人们对社会制度的变迁适应与否等，均可以看做是经济增长的成本。其中，主要体现在社会环境的污染方面。

因此，经济增长不可以回避环境成本。汪丁丁在《中国改革论坛》(2007.11)发表文章指出，无论是生产或消费过程，都不可避免地产生物质与能量废弃物。因此，经济产出总量增加的过程，必然是自然资源消耗增加的过程，也是环境污染和生态破坏的过程。*GDP* 只能表现出产出总量的情况，却没有反映背后的环境污染和生态破坏。因此，*GDP* 不能全面反映国家的真实经济情况，甚至在有些时候 *GDP* 核算出的一些数据非常荒谬，比如环境污染和生态破坏也可能提高 *GDP*。如为了预防洪灾要修防洪大坝，这造成投资增加和个人收入增加，*GDP* 数据也随之增加。再如，环境污染使病人增多，医疗产业大幅度增长，*GDP* 随之增加。由此看来，*GDP* 不能反映经济增长对环境造成的负外部性，经济产出仅是经济投入的结果，并不包括自然资源利用和环境投入。

例如，环境污染与生态恶化对中国有效经济增长有多大影响呢？根据世界银行的估算，1997 年中国仅大气和水污染造成的损失约为 540 亿美元，约占当年 *GDP* 的 8%。国家环保总局和国家统计局联合公布的“2004 年度绿色 *GDP* 核算报告”则认为，2004 年，全国环境退化成本（即因环境污染造成的经济损失）为 5 118 亿元，占 *GDP* 的 3.05%。中国环保总局副局长潘岳却认为，中国环境污染每年造成的损失估计占 *GDP* 增长的 8%～13%，这样夸张的数据表明中国经济增长已被环境污染完全抵消甚至为负。

18.1.5 研究经济增长问题的方法

经济增长问题实质上是讨论经济社会潜在生产能力的长期变化趋势，这种趋势可以用一条长期产出增长的趋势线来表示，如图 18-1 所示。

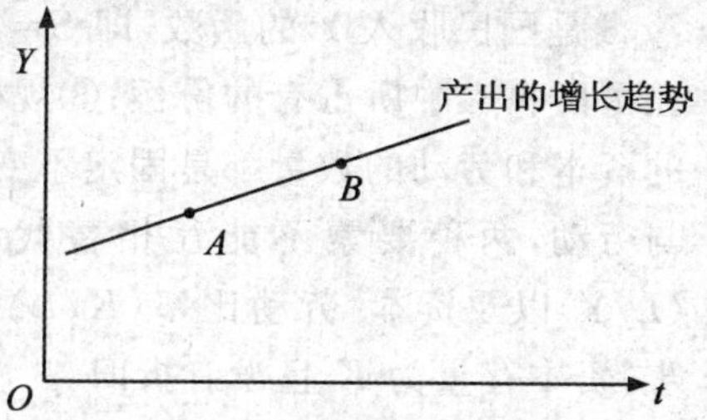

图 18-1 产出的增长趋势

图中，横轴为时间，纵轴为产出。向上倾斜的产出增长趋势线表示潜在生产水平不断增加的过程。经济增长问题的本质在于说明，是什么决定了长期中产量的增长率？换一个方式说，就是随着时间的流逝，产出增长的长期趋势是按照什么规律变化的？

在宏观经济学中，对这类问题的解答有两种互为补充的分析方法。一种是增长理论，它把增长过程中要素供给、技术进步、储蓄和投资的互动关系模型化。另一种是增长核算，它试图把产量增长的不同决定因素的贡献程度数量化。大致说来，这两种方法构成了分析增长问题的框架。

18.2 哈罗德-多马模型

哈罗德是英国牛津大学教授，他在 1939 年发表的论文“论动态理论”，试图以凯恩斯的“有效需求”论为基础，来考察一个国家的国民收入在长时期内保持稳定状态均衡增长的问题。又在 1948 年出版的《动态经济学导论》一书中进一步指出，凯恩斯对国民收入均衡的分析是短期的和静态的，没有说明长期的和动态的国民收入均衡是如何决定和变动的，因而要将这种静态分析动态化、长期化；在凯恩斯的理论中，投资只起到增加总需求的刺激作用，而且投资一旦实现，又能增加总供给的作用却未予考察，即忽视了投资的增加既会增加需求又会增加供给的双重效应，因而凯恩斯无法解决长期中经济均衡的实现问题，为此，哈罗德提出了一个稳定状态均衡增长的模型。

与此同时,美国经济学家多马也于 1946 年和 1947 年在其发表的《扩张与就业》和《资本积累问题》两篇论文中独立地提出了一个与哈罗德模型近似的增长模型。多马模型虽然在表述方式上与哈罗德模型有些不同,但他们的出发点都是凯恩斯的"有效需求原理",得出的结论相似,殊途同归。因而后来的经济学家一般总是将这两个模型合称为"哈罗德-多马模型",二者中的哈罗德模型被认为具有较丰富的内容,我们以哈罗德模型为主来介绍这一模型的基本内容。

18.2.1 哈罗德模型

哈罗德模型(the Harrod model)的假定前提是:①全社会只生产一种产品,这意味着全社会所有产品既可以用作消费品,也可以用作投资品,具有同质性;②储蓄 S 是国民收入 Y 的函数,即 $S=sY$,这里的 s 代表这个社会的储蓄比例,即储蓄在国民收入中所占有的份额;③规模报酬不变,也就是说,生产一单位产品所需要的资本和劳动的数量都是固定不变的;④社会生产过程只使用两种生产要素:资本与劳动,两种要素不能互相替代,而且资本-产量比率(K/Y)、劳动-产量比率(L/Y)以及资本-劳动比率(K/L)在增长过程中始终保持不变;⑤不存在技术进步,资本存量为 K 且没有折旧。

哈罗德认为,一个社会的资本(存量)和该社会的总产量或实际国民收入之间,存在着一定的比例,这一比例被称为资本—产量比,用 v 来表示,v 表示生产一单位的产品所需要的资本存量。若 K 和 Y 依次代表资本和产量(国民收入),则有:

$$K=vY \tag{18-6}$$

随着社会资本的增长,该社会的产量也会增长,假设二者的增长量依次为 ΔK 和 ΔY,二者之比被称为边际资本—产量比。如果原有的资本产量比等于边际的资本-产量比,那么有:

$$\Delta K=v\Delta Y \tag{18-7}$$

假设不存在折旧,资本增量 ΔK 因而全部来源于新的投资,也就是说,$\Delta K=I$,因此式(18-7)可以写成:

$$I=v\Delta Y \tag{18-8}$$

按照凯恩斯的理论,只有当 $I=S$ 时,也就是只有当投资等于储蓄或者说储蓄全部用于投资时,经济活动才能达到均衡状态。哈罗德以凯恩斯提出的这个均衡条件为基础,进一步提出,在经济增长过程中,同样只有实现了 $I=S$ 这一条件,经济才能实现均衡增长。根据式(18-8)和 $S=sY$ 可以得到：

$$v\Delta Y=sY$$

即
$$\frac{\Delta Y}{Y}=\frac{s}{v} \tag{18-9}$$

方程式(18-9)即为哈罗德模型的基本方程。它表明，要实现均衡的经济增长，国民收入增长率就必须等于社会储蓄倾向与资本-产量比二者之比。可以看到经济增长率 G 主要取决于两个因素，一个是储蓄率 s，它与经济增长率呈正相关关系；另一个是资本-产量比 v，它与经济增长率呈负相关关系。

哈罗德为说明经济长期稳定增长的条件及经济波动的原因，在经济增长理论中提出了三种经济增长率：实际增长率、有保证的增长率和自然增长率，并在此基础上论述了他的稳定增长的论点。

下面对这三个公式分别加以介绍并进行分析。

(1)实际增长率(G_A)。实际增长率也就是实际发生的经济增长率，它由实际发生的参数决定。即：

$$G_A=\frac{s}{v} \tag{18-10}$$

公式中，$G_A=\Delta Y/Y$，称为实际增长率，即任一年国民收入（产量）的增加量(ΔY)与上一年的国民收入(Y)的比率，$s=S/Y$ 即实际发生的储蓄率；$v=K/Y=\Delta K/\Delta Y$，即实际资本-产量比。该公式实际上是凯恩斯总量均衡基本公式 $I=S$ 的动态化表示，即把 $\Delta Y/Y$、S/Y 和 $\Delta K/\Delta Y$（其中 $\Delta K=I$）代入公式(18-10)，可以写成：

$$\frac{\Delta Y}{Y}=\frac{S}{Y}\Big/\frac{I}{\Delta Y}$$

$$\frac{\Delta Y}{Y}=\frac{\Delta Y}{Y}\cdot\frac{S}{I}$$

$$S=I$$

可见，上式在经济增长中反映了实际投资与实际储蓄之间的恒等关系，它是经济增长的基础。

(2)有保证的增长率(G_W)。有保证的增长率也称意愿的增长率，是指厂商感到合乎意愿或者为厂商所期望的经济增长率。如果把资本-产量比理解为企业家意愿中所需要有的资本-产量比，用 v_r 来表示；储蓄也是意愿的储蓄率，用 s_r 表示，

如果意愿的储蓄率 s_r 总是会实现的，故 $s_r=s$，那么基本方程就可以写为：

$$G_W=\frac{s}{v_r} \tag{18-11}$$

式中：G_W 为有保证的增长率。为了使资本得到充分利用，总产出 Y 与资本必须同步增长，这时的预期投资正好等于实际储蓄的供给，因此，按照哈罗德的说法，这一增长率被称为有保证的增长率。至此，已经建立了资本得到充分利用时经济增长的条件。它的政策含义是：要实现经济的稳定增长，必须使实际的增长率等于有保证的增长率。一旦二者背离，就必然会出现经济的周期变动。

如果现实经济活动出现的实际增长率 G_A 等于企业家感到满意的增长率，即有保证的增长率 G_W，或者说，如果国民收入按照 G_W 比率增长，那么与实际产量或实际收入的增长相联系的实际资本增量就会等于企业家感到满意的资本增量。由于在资本主义国家中的积累或资本增量取决于资本家的意愿，所以只要国民收入按照 G_W 这个增长率增长，就会使企业家保持"愿意进一步实现类似增长"的心理状态，从而国民收入就会年复一年地按照 G_W 增长下去。正是为此，哈罗德才把 G_W 称为"有保证的增长率"。这里的"有保证"就是指"由于资本家满意而得到保证"。

(3)自然增长率(G_N)。自然增长率是指人口增长和技术进步所允许达到的最适宜的，也是最大可能的长期增长率。通常用(G_N)表示，即

$$G_N=\frac{s_n}{v_r}=n \tag{18-12}$$

上式中的 n 为一国的人口增长率，s_n 是一定制度安排下最适宜的储蓄率，G_N 是考虑人口增长和技术进步条件下，所允许达到的最大可能的长期增长率。这一等式表明了实现充分就业均衡增长的必要条件。据说，这是社会所能达到的最大的、"最适宜的"增长率。即总产出的增长率等于人口或劳动力的增长率。

如果按照哈罗德的说法，国民收入要实现均衡增长就必须有增长率等于 G_W；而要实现充分就业的均衡增长，就必须满足：

$$G_A=G_W=\frac{s}{v}=\frac{s}{v_r}=n=G_N \tag{18-13}$$

哈罗德认为，如果 $G_A>G_W$，意味着实际储蓄率等于合意的储蓄率，则 $v<v_r$，会形成需求过大，经济扩张；如果 $G_A<G_W$，则意味着实际储蓄率等于合意的储蓄率，而 $v>v_r$，会形成投资缩减，从而导致经济萎缩；如果 $G_W>G_N$，意味着社会上储蓄或投资的增长率超过了人口增长与技术进步所能允许的程度，由于生产能力过

剩从而导致经济出现停滞的趋势；如果 $G_W < G_N$，则意味着储蓄或投资的增长率还没有达到人口增长和技术进步所能允许的程度，通过刺激投资，从而生产可以扩大，出现经济长期扩张的趋势；如果 $G_W = G_N$，意味着全部劳动力和生产设备在现实的技术水平下都得到了充分利用，这时，如果 G_A 也等于 G_W，则整个经济实现了充分就业的长期稳定均衡增长。所以，哈罗德认为，$G_A = G_W = G_N$ 是其增长模型中的理想境地，就是劳动力充分就业时经济增长的条件。这一条件的含义是，若要使经济实现充分就业的均衡增长，总产出的增长率必须等于劳动力的增长率。

因此，哈罗德认为，在资本主义条件下，实现充分就业均衡增长的可能性是存在的。但另一方面，由于储蓄比例，实际资本-产量比和劳动力增长率分别是由各不相同的若干因素独立地决定的，因此，除非偶然的巧合，这种充分就业的均衡增长是不会出现的。于是，哈罗德认为，虽然 $G_A = G_W = G_N$，这种理想的充分就业均衡增长途径是存在的，但是，一般说来，实现充分就业均衡增长的可能性是极小的，也就是说，在一般情况下，经济很难按照均衡增长途径增长。

在现实中，关于哈罗德模型的以上论述遇到了两个不容易解决的问题。第一个问题是经济沿着均衡途径增长的可能性是否存在，或者说，就具体的经济活动来说，是否存在一条均衡增长途径，这个问题又被称为“存在问题”。

第二个问题是，经济活动一旦偏离了均衡增长途径，其本身是否能够自动地趋向于均衡增长途径，这个问题又被称为“稳定性问题”。现在进一步考察一下公式 $G_A v = G_W v_r = s$，可见，只有当实际的资本-产量比 v 等于合意的资本-产量比 v_r 时，实际增长率 G_A 才会等于有保证的增长率 G_W。如果 G_A 大于(或小于)G_W，那么 v 就会小于(或大于)v_r。也就是说，一旦实际增长率大于(或小于)有保证的增长率，企业的固定资产和存货就会少于(或多于)企业家所需要的数量。这种情况促使企业家增加(或减少)订货，增加(或减少)投资，从而使实际产量水平进一步提高(或降低)，使实际增长率 G_A 与有保证的增长率 G_W 之间出现更大的缺口。现有的实际经济增长就会在市场上的企业中产生相应的反应，使得 G_A 进一步大于(或小于)G_W。因此，哈罗德得出结论，实际增长率与有保证的增长率之间一旦发生了偏差，经济活动不仅不能自我纠正，而且还会产生更大的偏离。这个结论被称为哈罗德的“不稳定原理”。这意味着，资本主义经济发展很难稳定在一个不变的发展速度上，不是连续上升，便是连续下降，呈现出剧烈波动的状态。

18.2.2 哈罗德-多马模型的意义

哈罗德-多马模型(the Harrod-Domar model)的意义表现在以下几个方面：第一，它将凯恩斯的理论动态化、长期化，并重点阐明了投资的双重作用，从而发展了凯恩斯的理论,并奠定了现代经济增长理论的基础。第二,它说明了经济波动的原因和实现经济长期、稳定、均衡增长的条件,并将复杂的经济增长理论简单化、模型化,为人们研究经济增长问题提供了新的思路。第三,它强调了资本积累(表现为储蓄率或投资率)在经济增长中的重要作用。第四,它阐明了国家干预和实现调控在促进经济增长中的必要性,为政府制定宏观经济政策及经济计划提供了理论依据、方法和手段。

18.3 新古典经济增长模型

哈罗德-多马模型作为一种早期的增长理论,虽然具有简单、明确的特点,但该模型关于劳动和资本不可相互替代以及不存在技术进步的假定也在一定程度上限制了其对现实的解释。一部分西方经济学者认为哈罗德的结论过于悲观,并且也不符合第二次世界大战后资本主义发展的事实。第二次世界大战后的西方各国的经济发展表明,各国的国民收入虽然存在着波动,但并没有出现像哈罗德模型所指出的那样大起大落的状态。基于此种情况,一些西方学者在 20 世纪 50 年代提出了不同的增长模型。美国经济学家罗伯特·索洛于 1956 年初发表的《经济增长的一个理论》一文中提出新古典经济增长模型,将凯恩斯经济理论与新古典经济学结合起来,同年 11 月英国经济学家斯旺在《经济增长与资本积累》一文中提出了类似的模型,故一般称其为"索洛—斯旺模型",强调总生产函数与经济增长的一致性。由于这种模型强调了"凯恩斯革命"的古典(和新古典)经济学充分就业的必然趋势,所以一般称之为新古典增长模型。这样,新古典经济增长模型既有外延式的经济增长,即经济增长取决于资本增长率、劳动增长率、资本和劳动对产量增长的权数;也有内涵式的经济增长,即取决于技术进步水平的提高。

18.3.1 新古典经济增长模型的假定

新古典经济增长模型(the neoclassical economic growth model)主要有以下的假定:①社会储蓄函数为 $S=sY$,式中,s 是作为参数的储蓄率;②劳动力按一个不变的比率 n 增长,且劳动与资本两种生产要素可以互相替代;③生产的规模报酬不变。

新古典经济增长模型是以柯布—道格拉斯生产函数为基础建立起来的。在上述假定和暂不考虑技术进步的条件下,柯布-道格拉斯生产函数可以表示为:

$$Y=F(K,L) \tag{18-14}$$

假定生产函数为一次齐次式，两边同时除以劳动力数量，可以将经济中的生产函数表示为人均形式：

$$y=f(k) \tag{18-15}$$

式中：y 为人均产量；k 为人均资本。图 18-2 表示了生产函数(18-15)的图形。

从图 18-2 中可以看出，随着每个工人拥有的资本量的上升，即 k 值的增加，每个工人的产量也增加，但由于报酬递减规律，人均产量增加的速度是递减的。

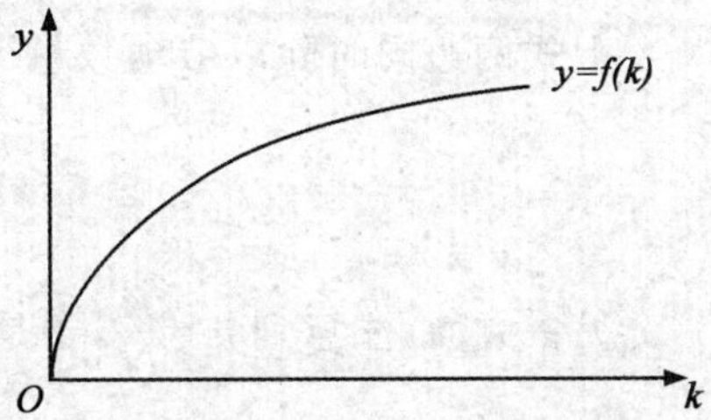

图 18-2 人均生产函数曲线

根据假定和不考虑技术进步条件下，产出增长率可以唯一地由资本增长率来解释。下面就来较细致地考察资本与产量的关系。

一般地，资本增长由储蓄(或投资)决定，而储蓄又依赖于收入，收入或产量又要视资本而定。于是，资本、产量和储蓄(或投资)之间建立了一个如图 18-3 所示的相互依赖的体系。

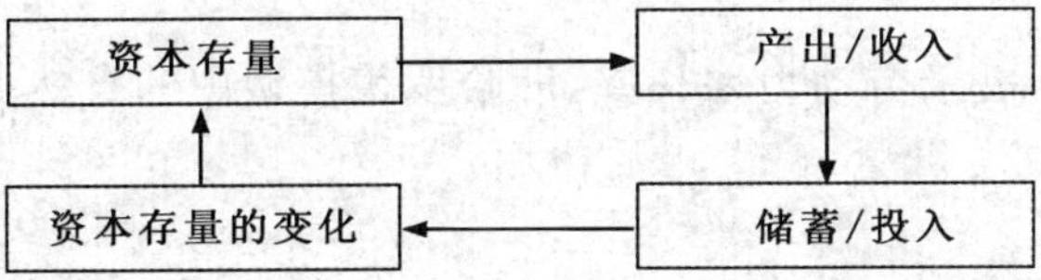

图 18-3 资本、产量和储蓄(投资)之间的相互依赖

在上述体系中，资本对产出的影响可由人均生产函数式(18-15)或图 18-2 来描述。资本存量变化对资本存量的影响是明显和直观的，无需进一步说明。产出对储蓄的影响可以用储蓄函数来描述。因此，在上述体系中，需着重说明的是储蓄对资本存量变化的影响。

18.3.2 新古典经济增长模型的基本方程

在一个只包括家庭部门和企业部门的简单经济中，经济的均衡为：

$$I=S$$

即投资或资本存量的总增加等于储蓄。资本存量的变化等于投资减去折旧。当资本存量为 K 时，假定折旧是资本存量 K 的一个固定比率 δK $(0<\delta<1)$，δ 表

示折旧率，则资本存量的变化 ΔK 为：

$$\Delta K = I - \delta K$$

根据 $I = S = sY$，上式可写为：

$$\Delta K = sY - \delta K$$

上式两边同时除以劳动数量 N，有：

$$\frac{\Delta K}{N} = sy - \delta k \tag{18-16}$$

另一方面，注意到 $k = \dfrac{K}{N}$，于是有

$$\frac{1}{k} \cdot \frac{\mathrm{d}k}{\mathrm{d}t} = \frac{1}{K}\frac{\mathrm{d}K}{\mathrm{d}t} - \frac{1}{L}\frac{\mathrm{d}L}{\mathrm{d}t}$$

这样 K 的增长率就可写为：

$$\frac{\Delta k}{k} = \frac{\Delta K}{K} - \frac{\Delta N}{N} = \frac{\Delta K}{K} - n$$

其中 $\dfrac{\Delta N}{N} = n$ 表示劳动力增长率，即哈罗德模型中的自然增长率 G_n。移项后上式可以写成：

$$\Delta \mathrm{K} = \frac{\Delta k}{k} K + nK$$

上式两端同除以 N，则有：

$$\frac{\Delta K}{N} = \Delta k + nk \tag{18-17}$$

将式(18-16)和式(18-17)合并，消去 $\dfrac{\Delta K}{\Delta N}$，则有：

$$\Delta k = sy - (n + \delta)k \tag{18-18}$$

式(18-18)是新古典增长模型的基本方程。这一关系式表明，人均资本的增加等于人均储蓄 sY 减去 $(n+\delta)k$ 项。$(n+\delta)k$ 项可以这样来理解：劳动力的增长率为 n，一定量的人均储蓄必须用于装备新工人，每个工人占有的资本为 k，这一用途的储蓄为 nk。另一方面，一定量的储蓄必须用于替换折旧资本，这一用途的储蓄为 δk。总计为 $(n+\delta)k$ 的人均储蓄被称为资本的广化，即每一增加的人口配备每

人平均应得的资本设备。人均储蓄超过$(n+\delta)k$的部分则导致了人均资本k的上升，即$\Delta k>0$，就是为每一个人配备更多的资本设备，这被称为资本的深化。因此，新古典增长模型的基本方程(18-18)可以表述为：

$$资本深化 = 人均储蓄 - 资本广化$$

这里的意思是：在投资等于储蓄的均衡条件下，每一时期整个社会的储蓄可以被用于两个方面：资本广化和资本深化。

18.3.3　稳态分析

在新古典增长模型中，把一种长期均衡状态称为稳态。在稳态时，人均资本达到均衡值并维持在均衡水平不变，在忽略了技术变化的条件下，人均产量也达到稳定状态。尽管人口在增长，但为使人均资本保持不变，资本必须和人口以相同的速度增长。因此，在稳态之下，k和y达到一个持久性的水平。

如上所述，要实现稳态，即$\Delta k=0$，则人均储蓄必须正好等于资本的广化。换句话说，新古典增长理论中的稳态的条件是：

$$sy=(n+\delta)k \tag{18-19}$$

需要注意，稳态虽然意味着y和k的值固定，但总产量和资本存量都在增长。实际上，在稳态中，总产量和总的资本存量的增长率均与劳动力的增长率相等，均为n。理解这一点，只需注意到劳动人口以速度n增长，因此，由于$k=K/N$固定，所以总资本存量K必须与劳动力按同比率n增长。又由于$y=Y/N$，且在稳态时y亦固定，因此总产量Y也必须按比率n增长。总之，在新古典增长理论的框架内，稳态意味着：

$$\frac{\Delta Y}{Y}=\frac{\Delta N}{N}=\frac{\Delta K}{K}=n$$

新古典增长模型的稳态可以用图形来分析。如图18-4所示。

图中$sf(k)$线为人均储蓄曲线。由于储蓄率s介于0和1之间，故人均储蓄曲线与人均生产函数曲线具有同样形状，位于生产函数的下方。在这一坐标系下，通过原点，且斜率为$(n+\delta)$的直线表示资本的广化，即$(n+\delta)k$项。

根据以上的分析，在稳态时，有$sy=(n+\delta)k$，因此，在图中，$(n+\delta)k$线和sy曲线必定相交。交点A所对应的人均资本为k_A，人均产量为y_A，这时人均储蓄恰好等于资本广化的需要，即$sy_A=(n+\delta)k_A$，或者说，人均储蓄恰好够为不断增长的人口提供资本(设备)和替换折旧资本而不会引起人均资本的变化。

在 A 点以左，sy 曲线比 $(n+\delta)k$ 线高，这表明储蓄高于资本广化的需要。结果，当经济运行在 A 点左侧时，就存在着资本深化。资本深化意味着每个工人占有的资本存量上升，即 $\Delta k>0$。因此，在 A 点以左，经济中的人均资本 k 有上升的趋势，如横轴上的箭头所示。随着时间推移，k 向 k_A 逼近，最终用于资本广化的所需的资本数量增加到这样一点，即是 A 点，在这一点上，所有的储蓄都仅用于保持人均资本 k 不变，经济达到稳定状态。在 A 点以右，情况正好相反，人均储蓄不能满足资本广化的需要，这时有 $\Delta k<0$。所以，在 A 点以右，人均资本 k 有下降的趋势，如图中横轴上的箭头所示。

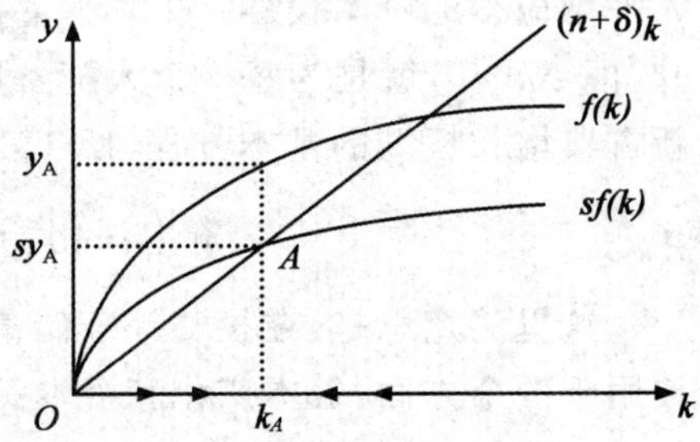

图 18-4　经济增长的稳态

下面考虑一下经济在向稳态过渡的时期里，经济增长的情况。当经济处于资本深化的阶段时，y 和 k 会逐步上升，就是说 Y/N 和 K/N 向其稳态值接近。如果 Y/N 上升，则 Y 就会增长得比 N 快。因而，$\Delta Y/Y>\Delta N/N=n$。这表明，在资本深化阶段，产量增长率高于其稳态值。这意味着，在其他条件相同的情况下，资本贫乏的国家的增长快于资本富裕的国家。随着资本存量的深化，即 k 接近于 k_A，增长率会慢下来。同样道理，如果资本富裕国家的人均资本下降时（即 $k>k_A$ 且向 k_A 逼近时），那么产量的增长率就会降低到 n 以下。

以上的论述表明，当经济偏离稳定状态时，无论人均资本过多还是过少，都存在着某种力量使其恢复到长期的均衡，人均资本总是趋向于其稳态值。这表明，新古典增长理论展示了一个稳定的动态增长过程。

18.3.4　储蓄率的增加

本节所论述的新古典增长理论还暗含着这样一点，即，如果国与国之间有着不同的储蓄率，则它们会在稳态中达到不同的产出水平。但如果它们的技术进步率和人口增长率都相同，那么它们的稳态增长率也将相同。这就是所谓的趋同论点。

图 18-5 显示了储蓄率的增加是如何影响产量增长的。在图中，经济最初位于 C 点的稳态均衡。现在假定人们想增加储蓄。这使储蓄曲线上移至 $s'f(k)$ 的位置。这时新的稳态为 C'，比较 C 和 C'，可知储蓄率的增加提高了稳态的人均资本和人均产量。

对于从 C 点到 C' 点的转变，这里需要指出两点。第一，从短期看，应该说，更高的储蓄率也导致了总产量和人均产量增长率的增加，这可以在人均资本从初始

稳态的 k_0 上升到新的稳态中的 k' 这一事实中看出。因为增加人均资本的唯一途径是资本存量比劳动力更快地增长，进而又引起产量的更快增长。第二，由于 C 点和 C' 点都是稳态，按照前面关于稳态的分析，稳态中的产量增长率是独立于储蓄率的，从长期看，随着资本积累，增长率逐渐降低，最终又回落到人口增长的水平。图 18-6 概括了以上分析。

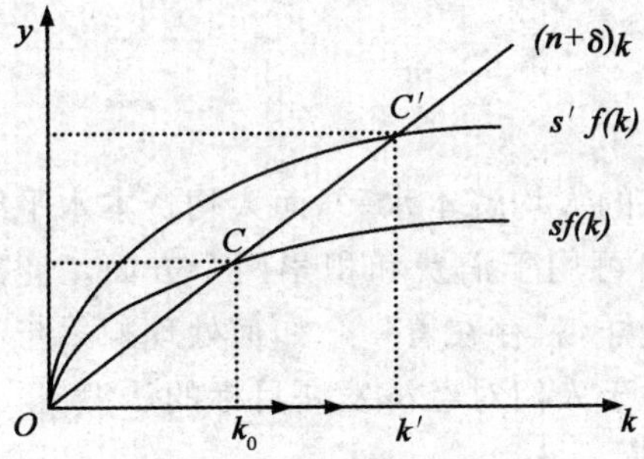

图 18-5　储蓄率增加的影响

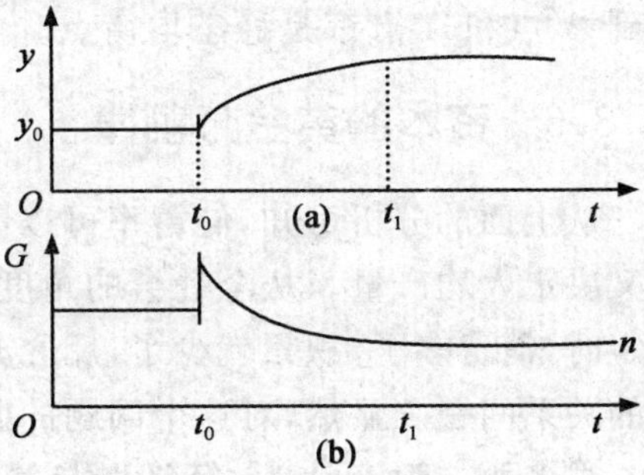

图 18-6　人均产出和增长率随时间变化的轨迹

其中图 18-6(a)显示了人均收入的时间路径。储蓄率的上升导致人均资本上升，从而增加人均产量，直到达到新的稳态为止。图 18-6(b)则显示了产量增长率的时间路径。储蓄率的增加导致资本积累，从而带动了产量的一个暂时性的较高增长。但随着资本积累，产量的增长最终会回落到人口增长率的水平上。

总之，新古典增长理论在这里得到的结论是，储蓄率的增加不能影响到稳态增长率，但确实能提高收入的稳态水平。

18.3.5　人口增长

新古典增长理论虽然假定劳动力按一个不变的比率 n 增长，但当把 n 作为参数时，就可以说明人口增长对产量增长的影响。如图 18-7 所示。

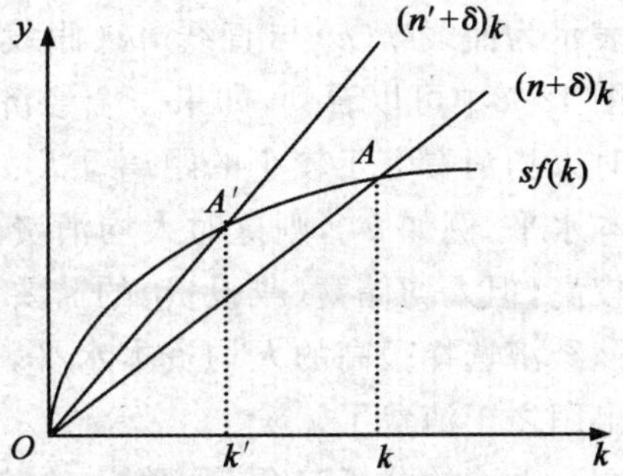

图 18-7　人口增长的影响

图 18-7 中，经济最初位于 A 点的稳态均衡。现在假定人口增长率从 n 增加到 n'，则图 18-7 中的 $(n+\delta)k$ 线便移动到 $(n+\delta)'k$ 线，这时，新的稳态均衡为 A' 点。比较 A' 点与 A 点，可知，人口增长率的增加降低了人均资本的稳态水平(从原来的 k 减少到 k')，进而降低了人均产量的稳态水平。这是从新古典增长理论得出的又一重要结

论。西方学者进一步指出,作为人口增长率上升产生的人均产量下降正是许多发展中国家面临的问题。两个有着相同储蓄率的国家仅仅由于其中一个国家比另一个国家的人口增长率高,就可以有非常不同的人均收入水平。

对人口增长进行比较静态分析的另一个重要结论是,人口增长率的上升增加了总产量的稳态增长率。理解这一结论的要点在于懂得稳态的真正含义,并且注意到 A' 点和 A 点都是稳态均衡点。

18.3.6 资本的黄金分割律

从上面的分析可知,储蓄率可以影响稳态的人均资本水平,而人均资本水平继而又决定人均产量。从全社会的角度看,产出可用于消费和积累两个方面。产出一定时,消费多了,积累就少了,反之亦然。这样,就存在着一个如何处理积累与消费的关系问题。显然,对这个问题的回答取决于人们对经济发展目标的认识。

很多西方学者认为,经济增长是一个长期的动态过程,因此,提高一个国家的人均消费水平是一个国家经济发展的根本目的。在这一认识下,经济学家费尔普斯于 1961 年找到了与人均消费最大化相联系的人均资本应满足的关系式,这一关系式被称为黄金分割律(图 18-8)。

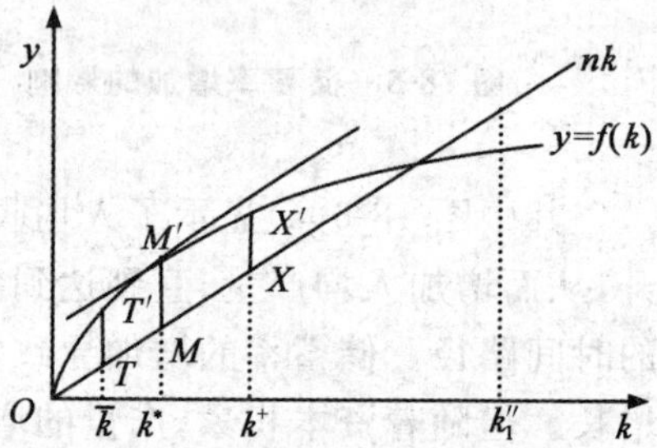

图 18-8 经济增长的黄金分割律

在新古典增长理论的框架中,可以容易地推导黄金分割律。

借助于图 18-8,可知,人均消费在图形上可表示为曲线 $f(k)$ 与直线 nk(假设 $\delta=0$,即不存在折旧的情况)之间的距离。从图 18-8中可以看到,如果一个经济中选定一个较低的人均资本水平,例如 $\bar{k}$,则这时人均消费等于较小的距离 TT'。另一方面,如果一个经济中选择较高的人均资本水平,例如 k^+,则这时人均消费仍然等于较小的距离 $X'X$,这时,虽然人均产出较高,但人均储蓄(或投资)的需要量也很大,因而人均消费仍然不高。最后,要是该经济选择很高的人均资本水平,如 k''_1,则图 18-8 表明,这时,根本就没有任何产出用之于消费了。

上面的分析暗含着这样一个有意义的问题,即,如果一个经济的发展目标是使人均消费最大化,那么在技术和劳动增长率固定不变时,如何选择人均资本量呢?对此,费尔普斯给出了明确的回答,就是黄金分割律,其基本内容是:若使人均消费达到最大,人均资本量的选择应使资本的边际产品等于劳动的增长率。用方程来表示,就是:

$$f'(k^*)=n \tag{18-20}$$

黄金分割律可以用图形的方式加以论证。借助于图 18-8，问题可化为在图中如何选择 k 使曲线 $f(k)$和直线之间的正向距离最大。从图中可知，应选择 k^*，这时人均消费等于线段 MM'的长度。从图中可以看出，在 k^* 处，曲线 $f(k)$的切线的斜率与直线 nk 的斜率应相等，由于直线 nk 的斜率为 n，而曲线 $f(k)$在 k^* 处的斜率为 $f'(k^*)$，故有式(18-20)成立。

从黄金分割律可知，如果一个经济中人均资本量多于黄金分割律的水平，则可通过消费掉一部分资本使平均每个人的资本下降到黄金分割律的水平，就能够提高人均消费水平。另一方面，如果一个经济拥有的人均资本少于黄金分割的数量，则该经济能够提高人均消费的途径是在目前缩减消费，增加储蓄，直到人均资本达到黄金分割律的水平。

从本节内容可以得出，哈罗德-多马模型只是索洛新古典模型的特例。在哈罗德-多马增长模型中，产量增长率仅仅与资本增长率之间有着固定的联系，与劳动增长率无关。而在索洛的新古典增长模型中，产量增长率不仅依赖资本和劳动力的两者的增长率，还依赖资本和劳动的产出弹性。新古典模型的含义是：

第一，决定经济增长的因素是资本的增加、劳动增加和技术进步。

第二，资本与劳动组合比率是可变的，从而资本-产量比也是可变的。这是对哈罗德模型的重要修正，因此，经济增长不仅可以通过改变储蓄率即资本增长率来实现，而且可以通过改变资本与劳动的组合比例，从而改变资本-产量比率来实现。

第三，资本和劳动配合比例的变动以及资本-产量比率的变动是通过市场上生产要素的价格调节来实现的。如果资本量大于劳动量，则资本的相对价格下降，劳动的相对价格上升，从而就使生产中更多地利用资本，更少地利用劳动，通过资本密集型技术来实现经济增长，反之，如果资本量小于劳动量，则资本的相对价格上升，劳动的相对价格下降，从而就使生产中更多地利用劳动、更少地利用资本，通过劳动密集型技术来实现经济增长。这样，通过价格的调节使资本与劳动都得到充分利用，经济得以稳定增长。

外延式的新古典经济增长模型的基本含义是：可以通过市场调节，即通过市场上生产要素价格的变动，来改变劳动和资本的配合比例或资本-产量比，从而实现稳定的经济增长。

18.3.7 内涵式的新古典经济增长模型

1957 年，索洛在《技术变化和总量生产函数》一文中提出全要素生产率分析方法，并运用这一方法检验新古典增长模型时发现：资本和劳动对总增长率的贡献大约为 12.5%，技术进步对总增长率的贡献约为 87.5 %。索洛据此确立了技术进步决定经济增长的观点。尔后，丹尼森等人的经济增长实证分析证实了索洛的观点，并获得一个新的重大发现：一些国家经济的总增长率远远大于资本和劳动等要素投入的增长率，产生了一个"余数"。这个"余数"无法用要素投入来解释，丹尼森只好将它归结为一个外生因子即技术进步。这个外生的"余数"恰恰是引起经济学家注意的焦点。它表明，资本和劳动投入对总增长率的贡献逐步减少，技术进步等因素已成为经济增长的主要源泉。技术进步论强调了技术因素对经济增长的关键作用，相对于单纯强调资本作用的"唯资本论"来说，这是一次巨大的进步。

内涵式的新古典经济增长模型将技术与资本、劳动等同起来看待。如果以 $\Delta A/A$ 代表技术进步率，则经济增长率可以表述为：

$$G=\alpha\frac{\Delta K}{K}+(1-\alpha)\frac{\Delta L}{L}+\frac{\Delta A}{A} \tag{18-21}$$

可以看出，式(18-21)中 A 是独立于 K 与 L 的外在变量，因此，该理论中，技术这一变量是外生的。

总之，新古典经济增长理论家的基本思想是：当经济中不存在技术进步时，经济最终会陷入停滞状态，但是，当存在外生的技术进步时，特别是在外生的技术进步采取哈罗德中性形式时，经济就能沿着一条平衡增长轨道移动。

新古典增长模型采用了新古典经济学的分析框架，迎合了当时逐步兴起的新自由主义思潮。正因为如此，这一理论一经提出，便很快取代了不太有利于粉饰资本主义市场经济的哈罗德—多马模型，成为西方正统经济理论——新古典综合的一个重要组成部分。

18.4 经济增长因素分析

在社会经济生活中，影响经济增长的因素十分复杂，正确地认识和估计这些因素对经济增长的作用，对于理解和认识现实的经济增长和制定促进经济增长的政策都是至关重要的。因此，经济增长因素分析成为现代经济增长理论的重要组成部分，很多西方学者都投入到这一研究中，来探讨提高经济增长率的途径。在本节中，我们简要介绍三位美国经济学家肯德里克、丹尼森和库兹涅茨对经济增长因素的分析。

18.4.1 肯德里克的全要素生产率分析

从 20 世纪 50 年代开始，库兹涅茨、索洛、J·肯德里克等人提出了全要素生产率的理论，其中肯德里克的分析具有代表性，他通过对美国的国民收入统计资料的整理，作了全要素生产率分析，来确定生产率提高与要素投入量增加对经济增长的贡献，并出版了《美国生产率发展趋势》(1961 年)、《美国战后 1948—1969 年生产率发展趋势》(1973 年)等书。

全要素生产率是指总产出量与全部生产要素投入量之比，即生产中所有投入要素的生产率之和。全要素生产率分析就是把总产量的增长率分解为各个投入要素的生产率进行单项分析。肯德里克将生产中的投入要素分为劳动和资本(包括土地在内)两项，再把劳动和资本的生产性服务的报酬分为工资和资本收益(包括利润、利息和地租)，将产量与全部投入要素量之比称为“全要素生产率”，产量与部分要素(如劳动投入量)之比称为“部分要素生产率”。以此为基础，肯德里克研究了 1889—1957 年间美国私人经济增长过程中的全要素生产率。他把总产量的增长率分解为投入要素的增加率和要素生产率(表现为单位投入要素的边际产出量)的增加率两大部分，并通过计算来确定二者在经济增长中各占的比重，以重点考察要素生产率提高对经济增长的贡献。分析结果表明：这期间美国实际年平均经济增长率是 3.5%，其中，1.7%归因于资本和劳动投入量的增加，其余 1.8%是要素生产率提高的结果。1971 年，肯德里克又分析了 1948—1966 年美国的经济增长率，计算出此间的经济增长率是 4%，其中 1.5%归因于要素投入量的增加，2.5%归因于要素生产率的提高，这说明要素生产率提高对经济增长的贡献逐年增大，作用日趋重要。

这一分析表明：在现代经济增长过程中，要素生产率的提高起着越来越重要的作用，而要素生产率的提高主要来自于技术进步。因此，技术进步在现代经济增长中起着决定性作用，是经济增长的主要动力和源泉。

肯德里克认为影响生产率提高的因素非常复杂，主要包括：对研究、发展、教育和训练投资的增加；合理有效配置各种资源，使其适应经济变化的速度；技术革新的扩散程度、应用规模；人力资源和自然资源固有的质量等。但在分析中，肯德里克并没有确定各种要素对全要素生产率提高的影响到底有多大，这项工作是由另一位经济学家丹尼森进行的。

18.4.2 丹尼森对经济增长因素的分析

经济增长因素的分类是经济增长因素分析中的关键问题。20 世纪 60 年代初，美国经济学家爱德华·丹尼森根据历史统计资料，运用定量方法，对美国和某些发达资本主义国家经济增长因素进行了估计和比较分析，他把影响经济增长的因素划分为两大类：生产要素投入量和生产要素生产率。关于生产要素投入量方面的因素，丹尼森把经济增长看成是劳动、资本和土地投入的结果，其中土地可以看成是不变的，其他两个则是可变的。关于要素生产率方面的因素，丹尼森把它看成是产量与投入量之比，即单位投入量的产出量。要素生产率主要取决于资源配置状况、规模经济和知识进展。长期经济增长的源泉固然来自于劳动人口的增长，但是更重要的源泉来自于人均劳动生产率的提高。劳动生产率的提高是决定一国经济增长的重要因素。具体而言，丹尼森把影响经济增长的因素归结为六个。即：①劳动；②资本存量的规模；③资源配置状况；④规模经济；⑤知识进展；⑥其他影响单位投入产量的因素。

丹尼森对于各种经济增长因素的分析，目的就是通过量的测定，考察各个增长因素在产量增长率中所做的贡献，来比较长期经济增长中各个因素的相对重要性。在1985年出版的《1929—1982年美国经济增长趋势》一书中，丹尼森根据美国国民收入的历史统计数字，对上述各个增长因素进行了考察和分析，计算出2.9%的年实际产量增长率中的1.9%应归功于要素投入的增加。其中劳动力增加对经济增长的贡献相当大，其原因可以部分地解释为，劳动的产出弹性相对较大，所以劳动的增长率就有相对大的权重。

通过研究可以看出要素生产率增加或每单位要素投入产量的源泉。令人震惊的事实是，知识的进展解释了技术进步对经济增长约2/3的贡献。此外，资源配置的改善对要素生产率增加的贡献也不可忽视，主要有两种类型，一种是人们从薪水少的工作"跳槽"到更好的工作，从而导致产量的增加或收入的增长；另一种是劳动力从农村到城市的就业而引起的生产要素的再配置。

另一个因素是规模经济。资料表明，收入年平均增长中超过10%的部分要归功于经济中运作规模的扩大。当经济运作的规模扩大时，每单位产量要求的投入更少，这主要是因为在小规模水平上使用技术在经济上可能效率不高，但在更大的生产规模上则产生节约，带来规模经济效应。

据此，丹尼森得出结论，知识进展是发达资本主义国家最重要的增长因素。丹尼森所说的知识进展包括的范围很广，它包括技术知识、管理知识的进步和由于采用新的知识而产生的结构和设备的更有效的设计在内，还包括从国内的和国外的有组织的研究、个别研究人员和发明家，或者简单的观察和经验中得来的知识。丹尼森所谓的技术知识是，关于物品的具体性质和如何具体地制造、组合以及使用它们的知识。他认为，技术进步对经济增长的贡献是明显的，但是只把生产率的增长看成大部分是采用新的技术知识的结果则是错误的。他还强调管理知识的重要性。管理知识就是广义的管理技术和有关企业组织方面的知识。在丹尼森看来，管理和组织技术知识的进步更可能降低生产成本，增加国民收入，因此它对国民收入的贡献比对改善产品物理特性的影响更大。总之，丹尼森认为，技术知识和管理知识进步的重要性是相同的，不能只重视前者而忽视后者。

18.4.3 库兹涅茨对经济增长因素的分析

美国经济学家西蒙·库兹涅茨是利用统计分析方法对经济增长因素进行分析的，通过对国民生产总值及其组成部分的长期估量、分析与研究，对各国经济增长进行比较，从各国经济增长的差异中探索影响经济增长的因素，并从数量和结构方面对经济增长的趋势作了说明。库兹涅茨在一系列关于经济增长的著作中提出了影响经济增长的因素主要有三个：知识存量的增加、劳动生产率的提高和结构方面的变化。

第一，知识存量的增加。库兹涅茨认为，随着社会的发展和进步，人类社会已迅速增加了技术知识和社会知识的存量，当这种存量被利用的时候，能使经济高比率增长，能促进生产结构迅速变化。他还提出，知识本身不是直接生产力，需要经过科学发现、发明、革新、改良等一系列中间环节转化为现实的知识应用。在知识的转化过程中需要有一系列中介因素，例如，对劳动力的训练、对物质资本进行大量的投资；企业家要有能力克服一系列从未遇到的障碍；知识的使用者要对技术是否适宜运用作出准确的判断等。在这些中介因素作用下，经过一系列知识的转化过程，知识最终才能转化为现实的生产力。

第二，生产率的提高。库兹涅茨认为，现代经济增长的特征是人均产值的高增长率。为了弄清什么是导致人均产值的高增长率的主要因素，库兹涅茨对劳动投入和资本投入对经济增长的贡献进行了长期分析。他得出的结论是，以人均产值高增长率为特征的现代经济增长的主要原因是劳动生产率的提高。

第三，生产结构的变化。库兹涅茨认为，人均产值增长率越高，其生产结构的变换率越快。发达的资本主义国家在它们增长的历史过程中，经济结构转变加速。从部门来看，先是从农业活动转向于非农业活动，后又从工业活动转移到服务性行业。从生产单位的平均规模来看，是从家庭企业或独资企业发展到全国性，甚至跨国性的大公司。从劳动力在农业和非农业生产部门的分配来看，在美国，1870 年全部劳动力的 53.5%在农业部门，到了 1960 年则降低到 7%以下。在比利时，农业劳动力从 1846 年占全部劳动力的 51%减少到 1961 年的 7.5%。以前要把农业劳动力降低 50 个百分点，需要经过许多世纪的时间，现在在一个世纪中，农业劳动力占全部劳动力的百分比减少了30至40个百分点则是由于迅速的结构变化。库兹涅茨强调，发达国家经济增长时期的总体增长率和生产结构的转变速度都比它们在现代化以前高得多。库兹涅茨把知识力量因素和生产因素与结构因素相联系起来，以强调结构因素对经济增长的影响。不难看出，库兹涅茨对经济增长因素的分析与丹尼森分析的一个不同之处是他重视结构因素对经济增长的贡献。库兹涅茨认为，不发达国家经济结构变动缓慢，结构因素对经济增长的影响比较小，主要表现在，不发达国家传统结构束缚着被聚集在传统的农业部门中的60%以上的劳动力，而传统的生产技术和生产组织方式阻碍着经济增长；同时，制造业结构不能满足现代经济增长对它提出的要求，需求结构变化缓慢，消费水平低，不能形成对经济增长的强有力刺激。

关于经济增长与收入分配的关系，库兹涅茨提出了所谓的倒U字假说。他在1954年美国经济学会年会上所作的演说中，首次论述了如下一种观点，即：随着经济发展而来的"创造"与"破坏"改变着社会、经济结构，并影响着收入分配。库兹涅茨利用各国的资料进行比较研究，他得出的下述结论流传较广："在经济未充分发展的阶段，收入分配将随同经济发展而且趋于不平等。其后，经历收入分配暂时无大变化的时期，到达经济充分发展的阶段，收入分配将趋于平等。"

如果用横轴表示经济发展的某些指标（通常为人均产值），纵轴表示收入分配不平等程度的指标，则这一假说揭示的关系呈倒U字形，因而被命名为库兹涅茨的倒U字假说，又称库兹涅茨曲线。

库兹涅茨在说明这一倒U字形时，设想了一个将收入分配部门划分为农业、非农业两个部门的模型。在此情况下，各部门收入分配不平等程度的变化可以如下三个因素的变化来说明。这三个因素是：按部门划分的个体数的比率；部门之间收入的差别；部门内部各方收入分配不平等的程度。库兹涅茨推断这三个要素将随同经济发展而起下述作用：①在经济发展的初期，由于不平等程度较高的非农业部门的比率加大，整个分配趋于不平等。②一旦经济发展达到较高水平，由于非农业部门的比率居于支配地位，比率变化所起的作用将缩小。③部门之间的收入差别将缩小。④使不平等程度提高的重要因素财产收入所占的比率将降低，以及以收入再分配为主旨的各项政策将被采用等，各部门内部的分配将趋于平等，总的来说分配将趋于平等。

库兹涅茨假说提出后，一些西方学者曾就有关倒U字形形成的过程、导致倒U字形的原因以及平等化过程进行过较多的讨论。经济发展的资料表明：库兹涅茨曲线不符合第三世界国家的实际情况。换言之，随着经济发展的进程，第三世界国家的收入不平等越来越悬殊，并没有向平等方向转变。

18.5 经济增长理论的最新进展

18.5.1 新古典经济增长理论的评价

新古典经济增长理论家的基本思想是：当经济中不存在技术进步时，经济最终会陷入停滞状态，但是，当存在外生的技术进步时，特别是在外生的技术进步采取哈罗德中性形式时，经济就能沿着一条平衡增长轨道移动。

新古典模型较之先前的哈罗德—多马模型是个重大的创新与突破，这体现在以下两个方面：第一，索洛摒弃了先前的资本生产率与资本产量比率这样一对略显烦琐的变量，直接将资本与劳动引入增长模型，使模型更为简洁和直观。第二，索洛否定了哈罗德—多马模型提出的“生产是在不变的要素比例的前提下发生的”这一前提假设，提出了资本与劳动在市场调节的作用下可以相互转换的观点，通过调整资本与劳动的比例，就可实现经济的均衡增长，从而解决了实现经济稳定增长的途径像刃锋一样狭窄的历史性难题。

当然，新古典理论也存在着明显缺陷。主要表现在：首先，新古典增长模型一方面将技术进步看做经济增长的决定因素，另一方面又假定技术进步是外生变量而将其排除在考虑之外，这一假定无疑使该理论排除了影响经济增长的最重要因素；其次，新古典增长理论认为各国政府的经济政策对经济的长期增长没有影响，但是经济增长的事实告诉人们，政府的一些政策不仅影响收入水平，而且影响经济的长期增长，这说明新古典增长理论与经济现实存在严重脱节；第三，新古典增长理论认为发展中国家将比发达国家增长更快、各国增长率存在趋同倾向，而现实中各国的经济增长率却存在广泛的差异，并不存在增长率的趋同倾向。

18.5.2 新经济增长理论

新增长理论产生的现实背景是西方发达国家的经济自 20 世纪 70 年代起长期陷入滞胀，经济增长缓慢，通货膨胀居高不下。严峻的现实迫切要求经济学家开出相应的政策药方，以促进经济增长率的提高。从 70 年代开始，一些发展中国家和地区的经济相继取得了持续的高增长，这些国家与发达国家的差距在不断缩小。发达国家的增长率低下与发展中国家的高增长形成的鲜明反差引起了西方经济学界的警惕和关注，促使一些经济学家将注意力转到经济增长问题上来。而新古典经济增长理论虽然意识到了技术进步对经济增长的决定性影响，但是把它看做外生变量，对“索洛技术进步余数”是如何发生的，并未作出解释。20 世纪 80 年代中后期以来，围绕如何把“索洛余数”内生化这条主线，以罗默、卢卡斯、杨小凯和诺斯为代表的经济学家们分别从技术变化、人力资本积累、制度变迁、分工演进的角度，提出了新的经济增长模型，使经济增长理论研究的侧重点和方向发生了转移，因此被称为新经济增长理论。新经济增长理论自身正处于演化发展过程之中，不像新古典增长理论那样有一个为多数经济学家所共同接受的基本理论模型。确切地说，新经济增长理论是由一些持有相同或类似观点的经济学家所提出的不同增长模型组成的一个松散集合体。其中，下面四种新经济增长模型比较典型，它们基本可以反映新经济增长理论的概貌。

18.5.2.1 罗默内生技术进步的经济增长模型

罗默在其代表性论文《收益递增与长期增长》中指出，除考虑经济增长的两个因素——劳动与资本外，还应加进第三个因素——知识。罗默假定：①知识是追逐利润的厂商进行投资决策的产物，因此知识是经济系统决定的内生变量；②知识具有溢出效应，任何厂商生产的知识都能提高全社会的生产率。罗默认为，知识溢出对于解释经济增长是不可缺少的。他认为，首先，知识能提高投资收益，因而会带来一国长期收益的增长；知识也是生产要素，要增长必然要在知识上进行投资。其次，知识具有外部效应或溢出效应。技术进步、知识积累是其他经济活动的副产品，知识的运用具有共享性即非竞争性，这是导致收益递增的关键所在。

罗默后期在他的论文《内生的技术变化》一文中，提出了经济增长的另一个源泉——专业化的投入，即 R&D。他指出，专业化的投入不是企业投资的附加产品，而是一种需要特别付酬的活动。技术进步与创新应归结为厂商有意识的旨在获取垄断利益的活动，技术的非竞争性与排他性决定了生产的规模收益递增；同时，从事 R&D 的厂商也将获得激励。由此，以 R&D 为基础的增长模型主要有两类：一类是将技术进步理解为产品种类的增加（例如新行业的开辟），另一类是将其理解为产品质量的改进（例如同类产品的升级换代）。这两类模型的主要区别在于后者引入了“创造性破坏”的概念，即新产品的出现往往意味着旧产品被淘汰。

18.5.2.2 卢卡斯人力资本积累的经济增长模型

卢卡斯在其经典论文《论经济发展的机制》中，尝试用人力资本概念来解释持续的经济增长率。他指出：分析人力资本必须解决两个问题。一是人力资本的积累方式，二是人力资本水平对产出水平的影响。卢卡斯引入人力生产部门，提出了通过教育积累人力资本的内生模型。而人力资本水平则取决于已有的人力资本存量加上本期内对人力资本的投资。人力资本作为一种生产要素，有效地提高了经济中的实际投入，自然会相应提高产出水平。

18.5.2.3 杨小凯劳动分工演进的经济增长模型

劳动分工和专业化生产对国民财富增长的促进作用，早在亚当·斯密的《国富论》中就有较为深入的阐述。阿林·杨格(1928)提出了一个分工扩展与知识积累相互作用的经济增长模型。杨格所提出的分工与市场之间的关系，包含了内生增长的全部要义。一旦分工由市场容量决定，而市场容量反过来又由分工程度决定，一个内生的反馈机制即已形成，在这种情况下，分工自发演进，经济的增长并不需要任何外力的推动而自我实现。这是一种深刻的洞见。继杨格之后，杨小凯把产权和交易成本等新制度经济学的分析范畴引入对劳动分工演进的研究，提出了一个交易成本降低和劳动分工演进相互促进的经济增长模型。在杨小凯的模型中，分工是一个演进的过程，决定分工的是交易成本。杨小凯(1991，1996)认为，如果利用专业化分工，生产率会提高，但是，交易费用也会提高。这种两难冲突的结果，会产生最优分工水平。除自给自足、完全分工两种极端情况外，由于存在"干中学"和收益递增的因素，随着交易效率不断改进，劳动分工将逐渐演化，劳动分工决定了经济增长。

18.5.2.4 诺斯制度变迁的经济增长模型

新制度经济学深入研究了制度在经济增长中的作用。1968 年，诺斯在《1600—1850 年海洋运输生产率变化的原因》一文中，通过对海洋运输成本的统计分析发现，尽管这一时期海洋运输技术并没有大的变化，但由于海洋运输变得更安全和市场制度变得更完善，因而降低了海洋运输成本，最终使得海洋运输生产率大为提高。诺斯开拓性地把制度因素内生于经济增长模型，认为即使在技术没有发生变化的情况下，通过制度创新或变迁亦能提高生产率和实现经济增长。新制度经济学的经济增长理论的主要内容是：第一，经济增长的关键是制度创新或制度变迁。第二，排他性或竞争性产权制度的确立是经济增长的诱因和动力。第三，制度最基本的功能是降低交易费用。第四，经济发展的障碍在于国家的机会主义行为以及制度缺陷所带来的巨大的交易费用。诺斯在分析经济增长时，把制度因素内生化，并运用现代产权理论解释制度变迁与经济增长的关系。

18.5.3 新经济增长理论的缺陷

新增长理论突破了新古典增长理论单纯论述劳动与资本的局限性，突出智力投资，强调知识外溢、专业化的人力资本、有意识的劳动分工以及制度变迁，从全新的角度论述了经济增长的根源，无疑是经济增长理论的重大创新。但是新经济增长理论难以摆脱新古典窠臼和索洛残值纠缠以及增长要素分解法的羁绊，更为致命的是在经济增长要素分析中剔除了自然资本这一古典增长要素，这不仅是新古典增长理论的逻辑缺陷,还是新经济增长理论的盲区,由此引致新经济增长理论无法解说经济增长与生态失衡并存的现实,削弱了新经济增长理论的解释力。新经济增长理论的缺陷表现在以下几个方面。

18.5.3.1　新经济增长理论缺乏自然资源因素的分析

首先,新经济增长理论忽略自然资源的贡献作用。新经济增长理论对自然资源要素的关注日益减少甚至不予考虑,而更多地关注于技术和制度等要素。它们把"资源问题"演绎成单纯的"生产成本问题",这几乎是所有经济增长模型的前提。把自然资源看做是从自然界提取出的"独立的生产要素",即随着资源不断开采、利用,资源利用的成本增加;对经济发展而言,资源数量的减少,结果只是成本增加了。随着技术、知识的进步,"成本问题"相对于增长、资本积累、收益等,不足以成为经济增长和社会发展的障碍,因为技术进步可以提高"资源"的利用效率,相对降低成本。所以,经济增长依然是技术、资本及制度问题,而不是"资源"问题。这里隐含了技术进步、制度安排、人力资本等要素对自然资本的一种渐进替代的思想。

其次,新经济增长理论更缺乏对自然资源代际产权的分析。自然资源在相当程度上不仅是国际共有的,而且是代际共有的财产。对这种特殊的代际共有财产的制度安排,决定着它的使用效率,进而决定着这些资源的可持续利用问题。传统的经济增长的制度分析,仅仅是从资源的稀缺性角度出发,局限在代内产权分析,这样虽然可以在一定程度上提高资源的利用效率问题,但是对资源尤其是共有的自然资源的可持续利用问题未能给出制度分析和提供相应的制度安排,当然就无法解说经济增长与生态环境危机并存的矛盾困境问题。

18.5.3.2　新经济增长理论缺乏广义虚拟经济因素的分析

所谓虚拟经济,狭义上是指以金融系统为依托的虚拟资本的循环运动有关的经济活动,广义上则是指满足心理需求的生产(如音乐、传媒作品等)有关的经济活动,即广义虚拟经济。从经济增长理论已有的研究成果可以看出,古典经济增长理论和现代经济增长理论的学者们更加重视对经济增长的实体经济要素(如劳动、资本、技术等)的研究,而对那些通过实体经济要素间接作用于经济增长的非实体经济要素的重视则远远不够。经济转型理论虽然提出某些激进发展部门决定经济发展速度,但其视角停留在三次产业的宏观层次,没有深入揭示新经济增长的动力所在。林左鸣(2004)在其著作《看不见的心—虚拟经济时代的到来》中对当今经济增长本质进行了更加深刻的揭示。他认为人类社会正在迈向商品经济的新时代—广义虚拟经济时代。这个时代不只是物品的稀缺促进经济增长,而且差异化的生活也将拉动人们的心理需求,并推动经济的增长。与以知识、技术差距为关键词的"知识经济"概念相比,以生活、文化差异为关键词的"广义虚拟经济"概念更能揭示当今时代经济增长的本质。

18.5.3.3 新经济增长理论缺乏演化论的分析方法

首先,新增长模型采用动态一般均衡分析法偏离了经济现实。动态一般均衡方法的思想基础是瓦尔拉斯的一般均衡理论,该理论认为通过市场机制这只“看不见的手”的作用,分散经济可以达到均衡状态,并且经济均衡通常是帕累托最优状态。它主要表现为经济学家对市场机制这只“看不见的手”的一种信赖,而不是对经济现实的合理近似,无法解释经济的周期波动,一些突发事件(1973 年石油危机)和随机因素对经济增长的冲击,技术创新的不确定性现实。

其次,新经济增长理论忽略了技术进步的微观基础的分析。微观基础主要是指市场组织如企业等和非市场组织如大学和研究机构等。将技术进步视为经济增长源泉是新经济增长理论和演化论经济学的共同点。新经济增长理论只探寻到 *R&D* 活动这一层次,而对技术进步主体即微观基础或说经济增长的载体是什么并未作深入分析。企业、大学和科研机构是异质性的,其内部组织、技术进步效率以及知识产权对技术进步的影响是不同的。同等水平的技术进步运用到不同的组织内部产生的效益不同,其对经济增长的贡献是不同的。

再次,新经济增长理论忽略了决定增长各要素间的互补及互动产生的溢出效应。新经济增长理论分析经济增长因素的视野与新古典增长理论一样,都只强调某一个或某几个因素的独立作用,割裂了增长因素中内生的互动联系。各要素之间存在着明显的相互联系:它们显示出互补性和互动性,即任何一个要素的增长会提高其他要素的增长。这种互补、互动导致产出增长的溢出效应是通过资源再配置机制实现的。资源再配置实际上是指由技术进步引起的资源在产业部门之间的流动过程。

18.5.4 经济增长理论的重构

18.5.4.1 将自然资源因素纳入经济增长模型

首先,将自然资源作为一种要素投入纳入经济增长模型,研究在自然资源约束下的经济增长问题。经济增长固然存在诸多因素的制约,但自然资本始终都是最基本的制约因素。自然资源被利用、开发,数量不断减少;数量的减少是一个客观的现实。由于数量的变化,自然资源在生态系统中的总体特性也会发生相应的变化,进而影响其所在的自然资源系统的结构和功能。由于相互牵制的关系,经济系统所处的自然环境系统发生变化,变得脆弱,进而使得整个“经济增长、发展”的基础发生动摇。所以,从资源本身出发,经济发展、增长是受到自然资源限制的。而这种极限也不可能由知识、技术等得以突破或对资源进行替代。经济有效增长的真实基础，就在于补偿自然资源损耗以及维护其再生能力的前提下，人类剩余劳动的增加。在经济增长理论的构建上不仅应当关注制度、技术、人力资本等变量，更应当充分关注自然资本这一基础变量。

基于一个基本的自然资源约束下的经济增长模型，考虑一个存在自然资源(其实是可耗竭的自然资源)的经济体系，将耗竭性资源纳入生产函数，研究自然资源的作用和利用。探讨经济有效增长或发展问题的出发点和立足点就在于重新认识自然资源、生态和自然环境合理、持续利用问题。

其次，将自然资源代际产权内生到经济增长分析中。现有的经济增长理论虽然将产权等制度要素内生化了，但是并未能对自然资源产权进行详尽的分析。必须进一步地将自然资源产权，尤其是自然资源代际产权内生到经济增长分析之中，考察自然资源产权对经济有效增长的制约性。从而超越制度内生化经济增长理论的代内分析局限，将资源与环境立足在代际配置这样一个可持续发展的视角之上。

18.5.4.2 将广义虚拟经济因素纳入经济增长模型

实体经济发展到一定阶段以后，广义虚拟经济将逐渐成为经济增长的主要来源，而经济发展逐渐以广义虚拟经济带动实体经济发展为特征。广义虚拟经济的增长主要受到发展历史和社会制度的影响。发展历史体现了时间长短对价值形成的影响，历史越久远，文化积淀越深，潜在的题材越多，聚集人气的潜力越大，越容易形成虚拟价值；社会制度主要指能够影响广义虚拟经济发展的社会法规、政策等，尤其指信用体系的完善程度，社会制度会促进或制约广义虚拟经济的发展。广义虚拟经济的发展是以一定的实体经济基础为依托的。

将广义虚拟经济因素纳入经济增长模型可以采用虚拟经济系数作为经济指标。虚拟经济系数表示虚拟经济(包括许多第三产业)占经济总量的比率。

18.5.4.3 运用演化经济学的理论和分析方法研究经济增长

首先，在方法上采取演化论的非线性系统分析方法。因为大气层、海洋、土地、植物和动物系统都在以无数复杂的方式相互作用，人类对其中的一些方式还一无所知，对许多方式的理解尚不充分。大多数相互作用是非线性的，有些方式似乎很不稳定。人类可以创造出人造资本，却无法创造一个有着内在循环机制的生态系统。因此，自然资源在人类社会经济系统面前的脆弱性和自身的内在运行规律决定了它的变化以及它对经济增长的内生影响，并非是线性决定论的。

其次，在增长因素的分析上注重演化论经济学的系统综合分析。演化论经济学在广义要素分析法的基础上，除阐述了经济增长的宏观制度环境外，还关注新古典及新经济增长理论忽略的增长要素之间互补、互动的溢出效应。分析自然资源与劳动、人造资本及技术对经济增长的贡献，不仅要考虑每个因素对经济增长的作用,更应该分析彼此间互动的综合效应。自然资源既是各要素及经济增长的自然基础,更是衡量综合效应的基本指标。技术进步是诸要素中的关键因素。但技术进化路径受自然资本制约。技术进步、劳动及人造资本只有在有利于自然资源恢复及增长的路径上进化,经济增长才是可持续的。

再次,重视经济增长的微观基础——市场及非市场组织在技术进步和经济增长中的作用。打开经济增长微观基础的黑箱结构,探寻经济可持续增长的微观机制。政府必须重视经济增长的微观基础的构建,以市场需求为导向,重构技术进步激励机制和产学研结合方式,培育经济发展的技术进步增长级。

延伸阅读

一、经济增长的形势

1. 中国经济的自然增长率显著提高

根据罗林(中证网,2007-07-30)对中国经济近年来的资本积累、劳动投入和全要素生产率的变动考察,发现近10年来特别是最近5年来,中国经济的自然增长率显著提高了。目前,中国*GDP*高达11.5%的增长率并非经济过热的标志,资源价格偏低和外部需求的不确定性才是值得关注的问题。尽管最近30年来中国人均资本存量增长了20倍,但有充足证据表明,中国的资本积累还远低于达到稳定状态所要求的资本存量,因此资本积累和技术进步在今后较长时期内仍是推动中国经济增长的两大引擎。以最近5年中国人均资本增长率10%、劳动投入增长率1%、全要素生产率增长率4%以及最近5年资本劳动平均收入占比50%计算,中国经济的自然增长率是9.5%。

由此可见,2007年上半年11.5%的经济增长率确实超过了经济的自然增长率,但从核心通胀率保持稳定、工业品出厂价格指数稳中有降、煤电油运约束相对宽松等层面来看,还不能就此断言中国经济已经过热。但是,资源价格偏低推动经济增长率偏离自然增长率以及外部需求的不确定性是中国经济面临的主要风险,一旦成本上升太快而外部需求萎缩,中国经济必然面临调整。

2. 应用"黄金律"思考我国储蓄率

"黄金律"是一个价值判断标准,或者说是对最优增长路径的人为选择思路,而不是内生于客观经济生活的必然趋向。"黄金律"与大量经济学规律性原理的发现不同。例如:李嘉图关于"比较利益支配贸易行为"的发现,索洛关于"稳态增长率独立于储蓄率"的发现,以及费尔普斯教授本人关于"自然失业率是垂直线"的发现(构成其本次获奖的主要理由)等,都是经济生活必然趋向的发现。即使历史上不曾有李嘉图、索洛及费尔普斯,这些内生于经济活动的规律依然存在。而"黄金律"

则是对储蓄与消费比例关系的一种人为价值判断。它固然是迄今为止在新古典增长理论框架内,基于西方道德规范所提供的最有说服力、影响最为广泛的选择思路,但毕竟,并非内生于经济活动的必然选择和必然趋向。

新古典增长理论中的"稳定状态"是对经济长期状态的高度抽象(琼·罗宾逊夫人称之为"黄金时代"、现实难以企及的"神话境界"),而黄金律则是"关于黄金时代如何进行抉择的一个命题"。因此,其现实应用与实证检验总是极其困难和伴随大量争论,包括该理论所涉及的"长期"、"过渡期"以及是否进入稳态的界定。经济现实中趋向稳态的路径总是呈多样性和波动性,而非沿着某条路径稳定趋近。即使在诞生"黄金律理论"的美国,多年来其储蓄率依然如故的低于"黄金律"要求。可见,以大量假定为前提、高度抽象的理论境界与现实之间还有相当大的距离,而价值判断取向对经济活动趋向又是缺乏约束力的。

归根结底,储蓄率决定的微观基础在于国民"关于今日与未来消费的究际决策"。而影响这一决策的因素太多,对此,凯恩斯、费雪、莫迪利亚尼以及弗里德曼等都曾有专门而深入的讨论。我国的高储蓄率也受着大量正常和非正常因素的制约。如果我们相信好的市场能够解决好"消费与储蓄"这一经济生活中最基本的决策问题、并使储蓄率趋于最优的话,或许我们致力于完善市场制度环境的努力会更为有效、更为实际。相反,依据一个人为确定的"最优路径"去强行调整,后果却未必能天遂人愿。而且,恐怕也违背了费尔普斯的理论探讨初衷。

资料来源:程选.资本积累的"黄金律".http://www.ioi.org.cn/yjdt,2007-09-25.

3.美国什么原因导致经济增长放慢

从1959到1973年,按美国企业每工作小时产量衡量的生产率每年增长3.2%。从1973年到1994年,每年生产率增长只有1.3%。这种生产率增长放慢反映在实际工资和家庭收入增长的减少上。它也反映在一般人对经济的忧虑上。由于生产率放慢在这许多年中的积累,生产率增长下降1.9%对收入有严重的影响。如果没有发生这种放慢,平均美国人的收入现在应该高出50%左右。

究竟是什么原因导致经济增长放慢?有两个事实确定无疑。第一,经济增长放慢是一个世界性现象。在20世纪70年代中期,除美国外,包括加拿大、法国、德国、意大利、日本、英国在内的工业化国家,都发生了经济增长放慢。因此,为了解释美国经济增长放慢,必须超出美国来观察。第二,这种放慢不能追溯到那些最容易衡量的生产要素。经济学家可以直接衡量工人所得到的物质资本数量和以正规教育年限为形式的人力资本。显然,生产率放慢主要并不是由于这些投入增长的减少。

技术看来是剩下的少数几个可归咎的原因之一。事实正是,20 世纪 90 年代以来,计算机信息技术所带来的技术革命,使得生产率大大提高,技术和经济的融合,掀起了全球范围的经济增长浪潮。

资料来源:美国什么原因导致经济增长放慢. http://www.xfjjx.cn/article,2008-07-19.

4. 中国的制度变迁与经济增长

综观 30 年经济改革的历程,制度创新贯穿了整个中国经济发展的始终,并对经济增长起着加速推动的作用。1978 年以来,中国经济的波动实际上是一种"制度波动",其实质是制度创新的边际收益由递增到递减而最后为零的过程,制度变迁成为中国改革 30 年经济增长的主要动态原因。

然而制度因素不可能一直是经济增长的原动力,一旦制度变革的结果使生产关系已基本适应生产力的要求,也即制度已达到新的均衡时,起重要作用的已不再是制度,二是技术(生产力)。对目前的中国而言,制度不均衡仍然存在,中国的经济体制改革仍将深入进行下去,因而制度仍是中国经济增长的源泉之一;然而,又由于中国的制度创新已达到一定阶段,制度创新的效率递增趋势已经减缓,甚至可能出现效率不变或递减的状况,我们又必须加强对知识的重视程度,是知识和制度成为中国经济下一步腾飞的两大发动机。

资料来源:郭树山. 浅谈中国制度变迁与经济增长[J]. 财经界,2009(6).

二、经济增长理论

1. 经济增长的稳态存在吗

经济增长问题是经济学界一直十分关注的问题。但是,经济究竟能否稳定地增长也一直是一个颇具争议的论题。哈罗德模型给出了经济增长的一个基本途径,但是却否定了稳定增长的可能,也就是说,市场经济只能是大起大落的波动而无法稳定发展。但是,这个论断受到主流经济学界反对。新古典主义增长理论的著名代表人物索洛给出了令西方主流经济学界振奋的结论:增长不仅仅是可能的,而且是可以稳定的。

新古典增长理论代表稳态的交点的存在,完全依赖于一个基本方程的成立,也就是人均形式的生产函数 $y=y(k)$ 具有一个斜率递减的增函数形态。但事实上,这个前提恰恰是无法成立的。

索洛增长理论的一个基本假定是不存在技术进步,也就是说是对于一个确定的技术水平而言的。对于一个确定的技术水平来说,产量和资本投入量之间是具有确定关系的。比如,一个人一天可以缝制一件衣服,如果使用缝纫机,固然可以缝制 10 件,但是缝纫机和手工代表了两个不同的技术水平,这违背了技术水平不变的前提,如果使用电动或者电脑缝纫机,又会比脚踏的缝纫机效率提高许多,但是都是在技术水平提高的状态下的结果。使用固定的技术,只能得到固定的产出。另一方面,一定的技术对于劳动的吸纳也是固定的,比如一台缝纫机只能是一个人操作,一台汽车只能一个驾驶员驾驶,自动化的机床一个人可以看管若干台等,如果劳动和资本具有替代性,一个人可以在设备不变或减少的情况下生产出更多的产品,则只能解释为生产技术水平提高了,比如改进操作方法,改进工艺流程等。以上所要描述的产出和资本的关系,其实就是里昂惕夫生产函数所要表达的内容,亦即哈罗德所采用的生产函数形式。

因此,索洛的增长理论要想成立,首先面对的就是如何在技术进步不变这个前提下否定哈罗德所采用的这种生产函数形式的合理性。显然要做到这一点是不可能的,技术水平就代表着一定的劳动生产率,就代表着一定的资本—劳动数量比例,即代表着一定的投入产出比例。如果这种一定的比例被打破了,则只能解读为技术水平改变了。在企业中的现实是,没有什么生产函数存在,企业所具有的是$L=L(Q)$、$K=K(Q)$这种函数,前者叫做劳动定额,后者叫做消耗定额,是以生产指令Q来确定劳动使用量和资本投入量,其依据的理论都是一定的技术对应着固定的产出和劳动力数量这个原理。

索洛所给出的稳态,与其说是存在,不如说是假定,抑或希望它存在,是经济学家对危机四伏的货币经济体系的一番祈祷。

资料来源:张建平.经济增长的稳态存在吗.价值中国网,2006-07-12.

2.管理对经济增长贡献的现实认识

国内外众多知名人士对管理在经济增长中的现实作用都给予了充分的肯定,美国管理大师杜拉克在总结几十年历史时指出:"管理对推动经济发展所起的作用,与同一时期的任何技术突破相比都可谓有过之而无不及"。针对我国经济发展的现状,江泽民主席和朱镕基总理都曾分别指出:"向管理要效益","管理科学是提高效益的根本途径"。朱丽兰也指出"科技整体的发展和转化为生产力,有效地使用和流通,如果没有相应的管理跟上,那是没有结果的"。关于科学技术和管理在经济增长中的贡献,日本有"两个轮子"之说,美国有"三七开"之说,中国有把投资、科技、管理三者的作用按1∶3∶6比例划分的认同。有学者评价道,人类社会创造出的价值有50%以上来自知识,而知识的运用有80%是依靠管理,只有20%依靠工艺。或者说,企业创造的财富(价值)有50%来自技术创新,另外50%来自管理,而且在技术创新的有效发挥中,80%也来自管理。由此可见,管理对经济增长的贡献是客观存在的。

资料来源：聂锐.论管理对经济增长的贡献[J].中国矿业大学学报(社科版)，2001(2)：67-70.

3.经济增长与收入公平分配的关系

对各国收入分配公平程度的实际分析表明，经济增长并不是决定收入分配公平程度变化的最主要因素，更不是唯一的因素。反映一国收入分配公平程度的基尼系数是该国的历史、国情、制度、体制、经济发展水平、国内各阶层利益关系等一系列因素的函数。经济增长只是使可以分配的蛋糕增大，但这块增大的蛋糕如何公平地进行分配，并不是经济增长本身所能解决的问题。“蛋糕”增大虽然为社会成员各自从中得到更大的份额提供了必要的条件。但是，这不能成为实现“蛋糕”公平分配的充分必要条件，实现收入公平分配，根本保证不是经济发展水平本身的因素，而是其他因素，最重要的是制度和体制因素。

资料来源：顾钰民.社会主义经济市场论[M].上海：复旦大学出版社，2004.194.

4.异质型人力资本与经济增长

因为人力资本的边际收益呈现出从缓慢增长到快速增长，再到递减最后直至为零的动态发展变化过程。因此我们把人力资本在某个特定历史阶段中具有边际收益递增的部分称为异质型人力资本，边际收益具有递减的人力资本成为同质型(普通型)人力资本(丁栋虹，1999)。

作者指出：异质型人力资本是经济增长的内生变量，经济增长的主要动力不是一般的人力资本，而是具有报酬递增的异质型人力资本。在一切经济实体中，包括工商业企业、农业企业、家庭、科研机构和大学等组织和个人，所有人力资本都在创造价值。同质型人力资本是只具有报酬不变或报酬递减的生产力的人力资本，如果在没有新的人力资本数量增加的情况下，经济不会出现增长；异质型人力资本是具有边际报酬递增生产力的人力资本，即使在其数量不增加的情况下，递增的生产力会促进经济增长。所以经济增长与发展主要是异质型人力资本的实现其边际报酬递增的结果。

当然，异质型人力资本具有报酬递增生产力并意味着能自动实现报酬递增，报酬递增能力的实现必须与一定的同质型人力资本、物质资本和其他要素的结合，必须有一定的市场条件(如竞争机制和激励机制)和微观环境。有些国家，高学历的人口比重并不低，但经济增长并不理想，原因在于其人力资本中异质型人力资本含量不高或实现报酬递增生产力的条件不够；相反，有些国家，高学历人口比重并不高，但经济发展强劲，就是社会成员中异质型人力资本高含量的重要体现。韩国和中国台湾的经济增长放慢甚至衰退,显然不是他们的人力资本积累减少,而是异质型人力资本的减少。前苏联和当时的美国在人力资本积累方面差不多,然而他们在经济增长和人均收入方面差距非常大,原因就在于前苏联缺乏异质型人力资本实现其报酬递增能力的土壤。中国经济之所以出现持续高速增长,原因就在于培养和积累了大量的异质型人力资本,而改革开放又为异质型人力资本实现其边际报酬生产力创造了有利条件。

异质型人力资本促进经济增长,同时也正是异质型人力资本的更替造成了一个国家经济的起伏波动。异质型人力资本是人力资本的一种形态,它会经历边际报酬递增,边际报酬递减(异质向同质转变时期)和边际报酬为负(同质时期)三个时期。当整个社会稳定地出现大量的异质型人力资本时,经济表现出持续高速的增长;当异质型人力资本向同质型人力资本转变时,经济增长开始放慢,直到异质型人力资本的边际报酬递减为零,经济增长停止;如果异质型人力资本的边际报酬继续递减为负值,则经济出现负增长,经济表现衰退。经济波动就是异质型人力资本形态一轮又一轮的动态更替结果。

认识到人力资本的异质性无论对企业还是对国家都有非常重要的意义。企业是异质型人力资本与同质型人力资本的和约,企业的成长主要在于异质型人力资本,所以企业的关键在于如何拥有异质型人力资本并创造条件以实现其递增生产力,如按人力资本类型及贡献设计报酬体系。国家的经济增长不仅仅在于人均教育水平和人力资本的积累量,更重要的是人力资本中的异质型人力资本的含量以及实现异质型人力资本的环境。所以,国家仅仅重视教育(人力资本)投资是不够的,重要的是怎样培养出大量的异质型人力资本,怎样为异质型人力资本实现其报酬递增生产力营造良好的社会和制度环境,同时培植以市场为导向的竞争机制。

资料来源:admin. 人力资本、异质型人力资本与经济增长. http://www.dlzhifeng.com,2006-04-09.

5. 尹明善评晓林、秀生著《看不见的心——广义虚拟经济时代的到来》

整个世界都在创造、交换、分配虚拟价值。这一点,我是深有体会的。比如,品牌就是一种无形财富,它包含了大量的虚拟价值。我曾在许多场合讲过力帆集团收购足球俱乐部的事,"八年寒窗无人问,力帆一球天下闻",力帆斥巨资收购足球俱乐部,就是为了扩大品牌影响,增加力帆的虚拟价值。两位作者把商品中满足人们心理需要的价值统称为虚拟价值,这就为拓展一种全新的财富观念、定位新的财富源泉和本质奠定了基础。从商品这个最基本的概念出发,作者提出了一个上升到国家层面的财富观念。既然一个企业应该学会创造和交换虚假价值,一个国家同样需要创造和交换虚拟价值，因此就需要处理好实体经济与虚拟经济的关系。全世界范围内，虚拟价值已经并将不断地进入 GDP，中国不能错过这样的机会，要把虚拟经济做大做强。

更加难能可贵的是，两位作者提出，今天全球经济的“Party”是一个戴了面具的化装舞会，作者振聋发聩地提出——我们已经身处广义虚拟经济时代。这是一个深刻的提法。即便是美国，在看到它在高科技方面占有优势时，还要看到它是世界上股盘最大、文化产业最发达的国家，同时也是世界上最大的政府债券的输出国，每天都在上演着实物流入与虚物流出的游戏。它掌握着虚拟经济的主导权，享受着虚拟经济带来的极大好处。现在，我们的诸多转型研究中，都把知识经济作为一个基本的判断，我看就不如虚拟经济的提法更深刻。虚拟经济在一定程度上是对知识经济的解构和深化。这个道理，从一个企业的微观经营中也可以体现出来。对一个企业而言，如果不会做大品牌，不会打造虚拟价值，一定不是个大企业、好企业。

作者指出，一个以广义虚拟经济为主导的新经济时代已经到来了。一场场足球赛可以使万人空巷，一场场音乐会可以使无数的歌迷沉醉，它们也别样地创造了巨额财富，这就是广义虚拟经济的魅力所在。不管你认同不认同，这种新的经济形式正以不可阻挡之势主导着新的世界发展格局！研究它的内在实质，掌握它的运行规律，这是时代赋予我们的使命，这是贯彻落实科学发展观的内在要求。

资料来源：尹明善.为虚拟经济定位.人民日报，2007 年 11 月.

概念与习题

1.解释下列概念：经济增长；哈罗德-多马模型；经济发展；人力资本；内涵式经济增长。

2.试述库兹涅茨关于经济增长的定义与基本特征。

3.哈罗德的自然增长率为什么是一个国家可能实现的最大增长率？

4.政府的政策将如何消除哈罗德-多马模型的不稳定因素？

5.试比较“哈罗德-多马”模型与新古典增长模型的异同。

6.在新古典增长模型中，储蓄率变动对经济增长有什么影响？

7.决定经济增长的主要因素有哪些？它们如何影响经济增长？并结合我国情况论述劳动、资本和技术进步在经济增长中的作用。

8.已知平均储蓄倾向为 0.18，资本-产量比等于 3，求有保证的经济增长率。

9. 在资本-产量比 v 等于 4 保持不变的前提下，如果要使一国的经济增长率从 5%提高到 7%，根据哈罗德增长模型，储蓄率会有什么变化？

10. 在新古典增长模型中，假设生产函数为 $y=f(k)=2k-0.5k^2$，人均储蓄率为 0.3，人口增长率为 3%，折旧率忽略不计，试求：

(1)使经济均衡增长的 k 值。

(2)黄金分割律所要求的人均资本量。

11. 试论新经济增长理论的突破及其评价。

12. 试论自然资源约束下的经济增长理论与中国的经济可持续发展的实践。

19 经济周期理论

今天，大多数经济学者都相信，是内因和外因的结合推动了经济周期。

——约瑟夫·A·熊皮特

经济从繁荣、衰退、萧条到复苏的周而复始、交替出现，形成了经济周期。世界自从 1825 年英国爆发第一次席卷整个工业部门的经济危机以来，经济周期重复出现。在西方经济学界，在不同历史时期和背景下，不同的理论学派从不同的角度对经济周期发生的原因做出了不同的解释，构成了宏观经济学的重要内容，也为政府应对经济危机提供了政策依据。

19.1 经济周期的概念

19.1.1 经济周期的定义

经济周期(business cycle)是指总体经济活动的扩张和收缩反复交替出现的过程。一个时期的国民经济中有很多活动具有同向发展的特性，这些同向发展的经济活动初始时，相互推动使经济经历了一段时期的繁荣之后达到了增长的极限，持续的扩张过程遇到了障碍。原来推动经济高涨的各种力量开始向相反的方向发展，经济扩张让位于经济衰退。国民收入、就业水平和生产下降，价格和利润不断跌落。当经济达到最低点时，正向的推动力量又开始渐渐发挥作用，复苏出现了。需求逐渐转旺，失业率开始下降并且带动收入不断增长，新一轮的繁荣阶段又开始了。国民经济的这种不断由繁荣走向衰退，又从衰退走向繁荣的循环过程就是我们所要研究的经济周期。

西方经济学家一般认为经济周期可以分为四个阶段：①繁荣(prosperity)阶段，是指经济活动处于高峰水平而且继续增长的时期。②萧条(depression)阶段，是指经济活动处于低水平并且继续下降的时期。③衰退(recession)阶段，是整个经济由繁荣走向萧条的转折点。④复苏(recovery)阶段，是整个经济由萧条走向繁荣的转折点。经济周期的循环交替过程如图 19-1 所示。

第二次世界大战以后，随着资本主义经济的发展和政府干预措施的增多，经济

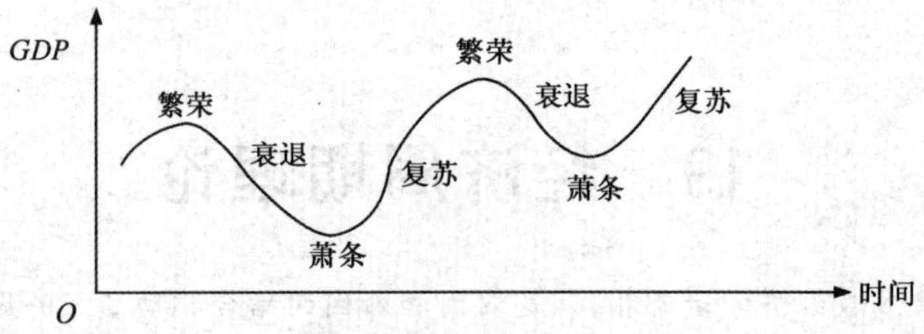

图 19-1　经济周期的循环过程示意图

周期的波动在一定程度上得到了缓解，波动幅度渐趋平缓，周期四个阶段的变化越来越难以区分。因此，西方经济学家逐渐用扩张和衰退两个阶段的划分代替了传统的四个阶段划分法。所以，经济周期也可以说是经济的扩张和衰退过程循环出现的过程。

19.1.2　经济周期的类型

对于经济周期类型的划分一般依据周期循环的时间长度而定。

1. 苏格拉周期

法国经济学家苏格拉(C. Juglar)在 1862 年出版的《法国、英国及美国的商业危机及其周期》一书中，提出了一种平均长度为 9～10 年的周期性循环波动。因为这一周期较其他发现的周期而言，长度居中，因而又被称为"中周期"或称"苏格拉周期"。

2. 基钦周期

美国经济学家基钦(J. Kitchen)于 1923 年指出经济周期有两种类型：一种是平均长约 40 个月的小周期，另一种是包含有两三个小周期在内的大周期。前者被称为"短周期"或"基钦周期"。

3. 康德拉季耶夫周期

康德拉季耶夫周期是一种长周期，平均长度为 50～60 年，这一周期是由前苏联经济学家康德拉季耶夫 (N. D. Condratieff)于 1925 年提出的。

4. 库兹涅茨周期

1930 年，美国经济学家库兹涅茨(Kuznets S.，1066)提出在主要资本主义国家存在着一种长度为 15～25 年不等的周期，而平均长度为 20 年的长波理论，这也是一个长周期。

在经济周期的划分上，习惯将 9～10 年的中周期看做是主周期，一个长周期可以包含若干主周期，而一个主周期又可以包含若干短周期。熊彼特在1939年综合了上述各种划分，认为经济周期存在长、中、短三种类型，长周期为48～60年，中周期为9～10年，短周期为40个月左右。这样，一个长周期实际包含了6个主周期，而一个主周期又包含了3个短周期。

19.1.3 经济周期的衡量与预测

由于经济周期表现为总体经济活动的周期性波动，因此对于经济周期的衡量必然要涉及多项指标，如工业总产量、就业量、物价水平、商品交易的货币流量、存货变动、投资变动、利息率、利润率以及股票价格指数等。这些指标都会随着经济的扩张和收缩呈现有规律的变动。例如，在繁荣时期，工业生产上升，失业率下降，物价攀升，商品交易的货币流量增加，存货减少，投资旺盛，利息率下降，利润率升高，股市乐观；而在萧条时期，情况则正好相反。因此，可以把这些变量作为衡量经济周期的重要指标。

由于上述所有的经济活动几乎都会对国民收入或*GDP*的决定产生影响，所有经济变量的周期性波动都最终涉及国民收入或*GDP*指标的升降。因此，通常把实际国民收入或实际的*GDP*指标作为衡量经济周期的最直接的工具。

用实际国民收入或实际*GDP*指标来衡量经济周期有两种不同的观点：一种观点认为经济周期是指国民收入或实际*GDP*绝对量的增减性循环波动；另一种观点则认为经济周期的衡量应当建议在经济增长率的基础之上，只要经济增长率下降了，即使国民收入或*GDP*的绝对量仍呈现正增长，也应当认为经济中存在衰退，因此又有增长性的衰退之说。有研究证明，使用第二种方法衡量的经济周期比使用第一种方法衡量的周期波动幅度大，且在相同的时期内包含的周期数目也多。

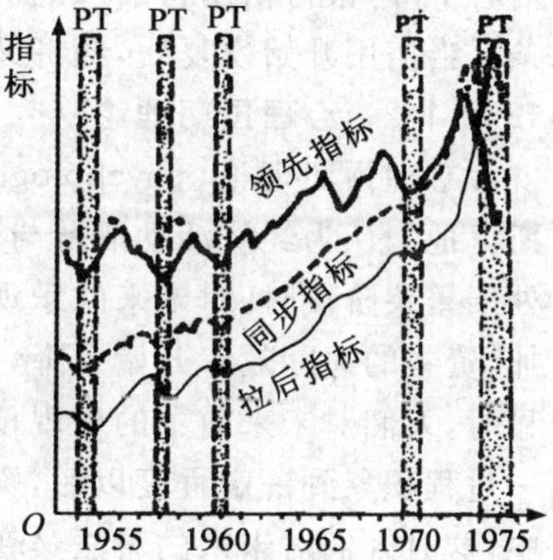

图 19-2 美国经济领先、同步和滞后指标的比较

在经济周期的研究过程中，人们发现并不是所有的经济指标都与国民收入或*GDP*同步变动，有些指标变化较早，属于领先指标，而有些指标则滞后于国民收入或*GDP*的变动，属于滞后指标。对于领先指标的研究有助于对经济周期做出事先的预测并及时实施缓冲危机的措施。根据长期的研究，领先指标主要包括个人收入、新机器设备的订单、建筑合同、股票价格等。美国商业部在1975年5月综合上述指标绘制了一

张旨在将领先指标、同步指标和滞后指标进行比较的图表。如图 19-2 所示，图中的阴影部分为经济走向衰退的年份。比较的结果表明，在经济由扩张走向衰退的过程中，领先指标的变动比实际 *GDP* 的变动要早好几个月。

19.2 经济周期理论回顾

西方经济学家除了对经济周期作了大量的实证分析以外，还将注意力集中于对周期原因的研究。关于这方面的理论大致可以分为两种类型，一种是将经济周期归因于经济制度以外的因素，如科学发明、技术改良、新资源的发现、气候的变化、战争、革命，以及政治事件等，被称之为"外部因素论"。另一种则是从经济制度本身寻找产生周期的原因，如用投资、消费、需求、货币供给、心理预期等解释周期产生的根源，被称之为"内部因素论"。下面我们就这些理论的主要内容作一简单回顾。

19.2.1 内部因素论

19.2.1.1 纯货币理论

纯货币理论(pure monetary theory)代表人物是英国经济学家霍特里(R. G. Hawerey)和美国经济学家弗里德曼。这一理论认为经济周期是因为银行体系交替不断地放宽和紧缩信用条件所造成的。当银行体系降低利率，放宽信贷时会刺激投资，导致生产扩大和收入水平的提高，经济出现繁荣。但是信用不能无限制地扩大，当信用过度膨胀时，利息率必然升高，投资受到抑制，贷款出现拖欠，存款人信心下降，银行信用将陷入危机。信用危机造成工商业活动急剧下降，形成经济萧条。当信用开始恢复后，经济又逐渐回升，开始由复苏走向新一轮的繁荣。

19.2.1.2 心理预期理论

心理预期理论(psychological expectation theory)的代表人物是庇古和凯恩斯。他们认为经济活动活跃与否取决于厂商对市场未来前景的心理预期。当经济处于繁荣阶段时，对未来的乐观情绪会促使厂商增加投资，而随着资本品数量的增加，资本的边际效率开始下降，生产成本上升。在繁荣阶段后期这一变化还不甚明显时，人们对未来前景的乐观预期不会受到太大影响，因而投资继续扩大。而当这一过程积累到一定程度以后，资本的边际效率骤然崩溃，经济立刻陷入一片恐慌之中，这时人们对未来的看法又变得十分黯淡，显得过度悲观，投资水平因此急剧减少，灵活偏好增大，利率上涨。恐慌过程经历一段时间以后，随着资本品逐渐被消耗和淘汰，资本的边际效率开始恢复，人们对市场的预期开始转好，投资的信心又增强了，经济又一次走向繁荣。

19.2.1.3 投资过度理论

投资过度理论(over-investment theory)意在强调造成经济危机的原因在于投资品生产过多，而不是消费品的供大于求。关于这一理论有两种解释，一种是以奥地利经济学家哈耶克(F. A. Hayek)和密塞斯(Lndaig E. von Mises)为代表的"货币投资过度理论"，另一派则是以德国经济学家斯庇索夫(A. Spiethoff)和瑞典的卡塞尔(G. Cassel)为代表的"资本品投资过度理论"。前一种理论认为充分就业条件下的信用扩张会引起投资的扩大和对资本品需求的增加，过多的生产要素从消费品的生产方面转向资本品的生产，消费品数量减少引起价格上升，人们被迫减少储蓄以便有更多的钱应付日益上涨的消费品价格。同时，银行信用也不可能无限扩张，因此，随着货币供给的减少，利息率逐渐攀升，抑制了投资的涨势，对资本品的需求逐渐减少，生产开始缩减。而后一种理论则是从非货币的角度来解释经济周期的原因，认为投资的扩大是由于新发明、新技术的出现以及新市场的开辟等原因引起的，投资的增长带动了对资本品需求的增加，资本品价格升高又进一步刺激了投资，投资与价格的相互推动作用使资本品的生产迅速扩展。但是，由于储蓄增长落后于资本品的增长，货币供给量对需求形成了限制，资本品的生产出现了过剩现象，经济便开始走向危机和萧条。

19.2.1.4 消费不足理论

消费不足理论(under-consumption theory)是一种传统理论，代表人物有早期的马尔萨斯、西斯蒙蒂和近代英国经济学家霍布森(J. A. Hobson)。他们认为消费不足或储蓄过度是造成经济危机的主要原因，由于国民收入分配不平均造成富人储蓄过度，引起对消费品的需求落后于消费品供给的增长，从而产生了生产过剩的现象。过剩引起价格下降，同时为了使供给和需求恢复平衡必须压缩消费品的生产，需求因此增加了。

19.2.2 外部因素论

19.2.2.1 创新理论

代表人物是美籍奥地利经济学家熊彼特(J. A. Schampeter)。他认为经济周期源自于企业的创新活动，其中包括引进新的产品；开辟新市场；采用新技术和新的生产方法；创造和使用新材料、新能源；创立新的企业组织等五个方面的内容。单个企业的创新活动给企业带来了丰厚的利润，从而吸引其他企业也竞相模仿，企业创新汇集起来形成了巨大的创新群，并有可能引起产业突变。创新的浪潮带动了需求的增长并促成整个经济的繁荣。随着创新活动的普及和创新功能的扩散，由创新带来的超额利润在竞争中逐渐消失了，经济开始收缩并逐渐变成萧条，直到另一次新的创新活动再度出现，经济才又再度繁荣。

19.2.2.2 太阳黑子论

太阳黑子论（sun-spot theory）代表人物是英国经济学家杰文斯（H. S. Jevens）。他认为太阳黑子的出现会造成农业的减产，并通过农业影响到工业、商业等其他经济部门，造成工资、货币购买力和投资等方面的变动，并由此引起整个经济的萧条。太阳黑子活动每 9～10 年为一个周期，因此，经济周期的长度也在 9～10 年有一次波动。

19.3 现代经济周期理论

这一节我们介绍几种主要的现代经济周期理论，其中包括汉森-萨缪尔森模型，希克斯的经济周期理论及卡尔多的经济周期模型等。

19.3.1 汉森-萨缪尔森模型

这一模型是由美国经济学家汉森和萨缪尔森提出来的。它是利用乘数和加速数的相互作用过程来解释经济周期现象的一种理论，因而该模型又被称之为乘数—加速数模型。

为了简化分析，我们设置一个只包括企业和家庭在内的两部门经济，这样决定国民收入 Q 的变量就只有两个，一个是消费 C，另一个是投资 I，则某一时期的国民收入可以写成：

$$Q_t = C_t + I_t \tag{19-1}$$

其中，消费量 C 可以分解成两个部分，一部分是不受国民收入影响的自发消费部分 $\bar{C}$，另一部分则表现为国民收入 Q 的函数，它随着国民收入的提高而不断扩大，称为引致消费部分。引致消费随国民收入变动的幅度取决于边际消费倾向 MPC。如果我们假定消费随收入的变化有一定的滞后性，今年的消费量是去年实际国民收入 Q_{t-1} 的函数，则消费函数可以写成

$$C_t = \bar{C} + MPC \times Q_{t-1} \tag{19-2}$$

另外，式(19-1)中的投资部分 I_t 也可以进行上述分解，分解成不受国民收入或消费制约的自发投资部分 $\bar{I}$ 和受国民收入或消费变化影响的引致投资部分。根据加速原理，引致投资或资本存量的增量取决于实际国民收入的增量 ΔQ 和加速数 ω 的乘积。如果我们假定投资也其有滞后性，令今年的投资是去年国民收入增

量 ΔQ_{t-1} 的函数，则投资函数可以写成：

$$I_t = \bar{I} + \omega \Delta Q_{t-1} \tag{19-3}$$

其中：$\Delta Q_{t-1} = Q_{t-1} - Q_{t-2}$。

因为去年国民收入的增加会引起今年消费量的增长，而今年的投资量又是去年国民收入增量的函数，因此，可以认为今年的投资水平是今年消费增长的函数，公式(19-3)可以写成：

$$I_t = \bar{I} + \omega(C_t - C_{t-1}) \tag{19-4}$$

将公式(19-2)和公式(19-4)代入公式(19-1)，则国民收入的决定公式为：

$$Q_t = \bar{C} + MPC \times Q_{t-1} + \bar{I} + \omega(C_t - C_{t-1}) \tag{19-5}$$

依据公式(19-5)，如果给定边际消费倾向 MPC 和加速数 ω，就可以演示出乘数和加速数相互作用下的经济周期。

下面我们通过表 19-1 的举例来看一下周期变化的整个过程。假定边际消费倾向 $MPC=0.6$，加速数 $\omega=1.5$。第 1 年的实际国民收入为 100，表中第(1)列为年份，第(2)列是自发消费，它始终保持在 10 的水平上不变，第(3)列是引致消费，第(4)列是自发投资，它在第 3 年增加到 40，这种变化与国民收入的变动无关，是外力作用的结果，可以认为是技术的变革或政策的引导所导致的。正是这一变化使整个经济开始由原来的稳定状态发生波动。第(5)列是引致投资部分，第(6)列是实际国民收入。

按照公式(19-5)我们可以对表中各项进行计算。

例如，在第 14 个年份上，自发消费 $\bar{C}=10$；引致消费 $=MPC \times Q_{13}=0.6 \times 120=72.0$；自发投资 $\bar{I}=40$；引致投资 $=\omega \times (C_{14}-C_{13})=1.5 \times [(10+72.0)-(10+67.2)]=7.2$，实际国民收入 $Q_{14}=C_{14}+I_{14}=(10+72.0)+(40+7.2)=129.2$。

通过表 19-1 可以看到，如果自发投资 $\bar{I}$ 不发生变化，则整个经济的各项指标都会维持在第 1 年的水平上不发生任何变化，经济处于稳定状态。而事实是自发投资 $\bar{I}$ 在第 3 年受外力作用增加到了 40，这一变化平行地反映到实际国民收入的值上来，Q_3 增加到了 110。国民收入的变动进而带动了消费的增长，并通过加速数扩大了其对投资的影响力。第 4 年的引致消费增加到 66.0，引致投资扩大到了 9；消费和投资的扩大又进一步提高了实际国民收入，第 4 年的实际国民收入增量达到了 13.5。从表 19-1 的整个计算结果看，21 年间经济波动经历了两个周期，第 2 年至第 6 年为第一个扩张期，第 7 年至第 11 年为第一个衰退期，因此第一个周期的长度是 10 年。第二个扩张期开始于第 12 年，并在第 17 年经济再次走向衰退，直至在第 21 年达到谷底后再次转向扩张，因此第二个周期长度也是 10 年。

表 19-1 乘数-加速数模型举例

(1) 第 t 年	(2) $\overline{C}$	(3) $\text{MPC}\cdot Q_{t-1}=0.6\cdot Q_{t-1}$	(4) $\overline{I}$	(5) $\omega(C_t-C_{t-1})=1.5\cdot(C_t-C_{t-1})$	(6) Q_t	(7) Q_t-Q_{t-1}	(8) Q_t-100
1	10	60.0	30	0	100.0		
2	10	60.0	30	0	100.0		
3	10	60.0	40	0	110.0	10.0	10.0
4	10	66.0	40	9.0	125.0	15.0	25.0
5	10	75.0	40	13.5	138.5	13.5	38.5
P6	10	83.1	40	12.1	145.2	6.7	45.2
7	10	87.1	40	6.1	143.2	−2.0	43.2
8	10	85.9	40	−1.8	134.1	−9.0	34.1
9	10	80.5	40	−8.2	122.3	−11.8	22.3
10	10	73.4	40	−10.7	112.7	−9.6	12.7
T11	10	67.6	40	−8.6	109.0	−3.7	9.0
12	10	65.4	40	−3.3	112.1	3.1	12.1
13	10	67.2	40	2.8	120.0	7.9	20.0
14	10	72.0	40	7.2	129.2	9.2	29.2
15	10	77.5	40	8.2	135.7	6.5	35.7
P16	10	81.4	40	5.9	137.3	1.6	37.3
17	10	82.4	40	1.5	133.9	−3.4	33.9
18	10	80.3	40	−3.1	127.2	−6.7	27.2
19	10	76.3	40	−6.0	120.3	−6.9	20.3
20	10	72.2	40	−6.2	116.0	−4.3	16.0
T21	10	69.6	40	−3.9	115.7	−0.3	15.7

从上述对经济周期的演示模型中可以看出，整个经济何时走向繁荣，又何时由繁荣逐渐衰退，或者换句话说，整个经济周期的长短与波动情况主要取决于乘数和加速数的值。又因为乘数作用的大小是通过边际消费倾向 MPC 间接反映出来的，所以边际消费倾向 MPC 和加速数 ω 值的不同组合直接决定了经济周期的长度、波幅和长期的变化趋势。萨缪尔森据此将 MPC 和 ω 在不同组合点时经济周期的演变情况划分成 5 种类型，如图 19-3 所示。

其中：①当 MPC 和 ω 的取值在(A)区时，实际国民收入是由某一稳定的值按递增的比率上升(或下降)的，直至达到另一新的稳定值。②当 MPC 和 ω 取值在(B)区时，实际国民收入从某一稳定值开始上下波动，但波动的幅度越来越小，最后在新的水平上恢复稳定。③当 *MPC* 和 ω 取值在(*C*)区时,实际国民收入离开最初的稳定状态后即以越来越大的幅度上下波动。在这种情况下,经济不可能再实现新的稳定。④当 *MPC* 和 ω 取值在(*D*)区时,实际国民收入按递增的比率上升(或下降)。⑤当 *MPC* 和 ω 取值在(*E*)区时,国民收入将以不变的幅度永远波动下去。

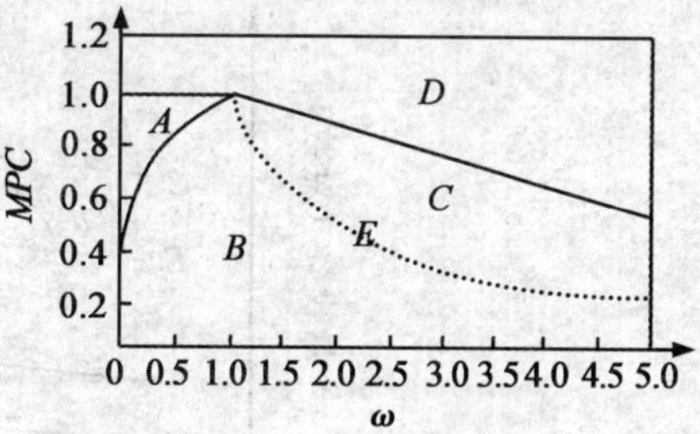

图 19-3 MPC、ω 在不同组合点时经济周期的演变

19.3.2 希克斯的经济周期理论

按照简单的乘数-加速数模型,当经济在某一稳定的状态下受到某种扩张力量的推动,促使投资迅速扩大时,乘数的作用会促使国民收入以数倍于投资增量的速度上升,而此时加速数的扩大效果又进一步推动了投资更大幅度地增长。在乘数和加速数的双重扩大效应影响下,经济将迅速升至增长的极限,即由资源和技术条件所决定的最大产量。触壁后经济出现反弹,开始向相反方向运动,投资和国民收入均迅速下降,自发投资量减至零,产量达到最低值。随着资本存量的逐渐消耗,新的投资需求才又引发新一轮的经济增长。

希克斯认为,简单的乘数-加速数模型使经济的周期性波动显示出非常暴烈的性质,这与实际情况不符。为此,希克斯对乘数-加速数模型进行了修正,引入了"时滞"和"自发投资"两个概念,以抑制周期性波动的暴烈性质。这一点在我们上面的乘数-加速数模型的例证中已得到了体现。另外,希克斯还借鉴了"哈罗德-多马"的经济增长理论,在模型中引入了增长率的概念。希克斯假定自发投资的增长率是不变的,即自发投资是一条直线,按照多马的经济增长模型,均衡国民收入的增长率应当与自发投资的增长率相等。若继续假定边际消费倾向 *MPC* 和加速数 ω 也不变,那么在不存在引致投资的情况下,实际国民收入表现为一条高过自发投资线且与之平行的直线。

在图 19-4 中,以 *AA* 代表自发投资,*EE* 为实际国民收入的均衡增长路线,直线 *CC* 为国民收入在资源和技术条件一定情况下的最大产量增长路线,*FF* 为国民收入的最低水平轨迹。实际国民收入将围绕均衡增长路线 *EE*,在由 *CC* 线和 *FF* 线所界定的上、下限范围内波动,产量和投资均取对数,以便使图中所给的直线将变量表现为一个不变的增长百分率。

当经济沿着均衡增长路线 *EE* 运动到 a 点时,由于自发投资受外力作用暂时激增,并在乘数和加速数的作用下迅速将经济推向直线 *CC* 所决定的生产力极限。

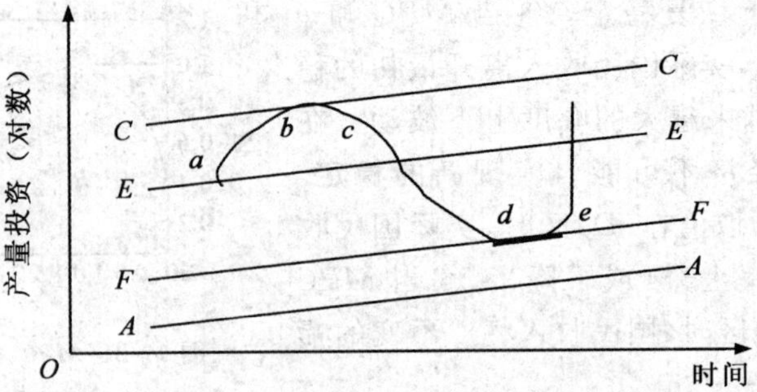

图 19-4　希克斯的经济周期

到 b 点时经济已达到充分就业，由于产量的增长率不可能超过生产力所规定的最高界限，生产继续的增长受到了限制，经济增长停止了。但是衰退不会立刻出现，由于投资和消费对于国民收入变化的反映要经历一段“时滞”，因此，整个经济将沿着 CC 线继续运动一段时间，即由 b 点运动到 c 点。随之衰退来临了，乘数和加速数的反向推动力量又将经济迅速推向低点，到达下限 d 点后，引致投资完全消失了，但是经济增长不会就此停止，由于自发投资的增长率不变，所以经济会沿着 FF 线段低速增长，由 d 点转动到 e 点。在这一段“时滞”过程中，人们的投资信心逐渐恢复，产量的增长重新启动了乘数和加速数的作用，经济离开 FF 重新上升，新一轮的增长又开始了。

19.3.3　卡尔多的经济周期模型

卡尔多是利用储蓄函数和投资函数对均衡国民收入的决定关系来解释经济周期现象的。根据凯恩斯的理论，储蓄 S 和投资 I 均是国民收入 Q 的函数。当国民收入达到均衡时，由于 $S=I$，因此，$MPS\times Q=MPI\times Q$，即边际储蓄倾向等于边际投资倾向，$MPS=MPI$。但是一旦均衡国民收入被打破，产量开始向上（或向下）移动时，就会出现 $MPS>MPI$ 或 $MPS<MPI$ 的情况。如果把收入分成高、正常和低三个水平段的话，当收入超过正常水平进入高水平区段时，由于资本品价格也高，较高的成本使投资无法扩大，造成 MPI 接近于 0。投资 I 曲线因而表现得较为平坦。相反，较高的收入使人们有足够的钱用于储蓄，边际储蓄倾向 MPS 上升，储蓄曲线 S 因此表现得较为陡峭。当收入低于正常水平，降至低水平区段时，由于生产能力过剩，边际投资倾向 MPI 不高，即使收入开始恢复正常，也不会立刻引起投资的增加或增加很少，因此 MPI 仍接近于 0，投资曲线 I 仍较为平坦。但是储蓄却由于收入的恢复而不断增加，增加速度超过正常水平下的储蓄增长速

度，边际储蓄倾向 MPS 较大，因此 S 曲线比一般情况下还要陡峭。所以，综合起来讲，储蓄曲线 S 在收入水平比正常情况高（或低）时，边际储蓄倾向 MPS 都高于正常值，造成曲线陡峭上升，如图 19-5 中的(a)；而投资曲线 I 在收入水平超出（或低于）正常情况时，边际投资倾向 MPI 均低于正常值，接近于 0，造成曲线平坦，如图 19-5 中的(b)所示。

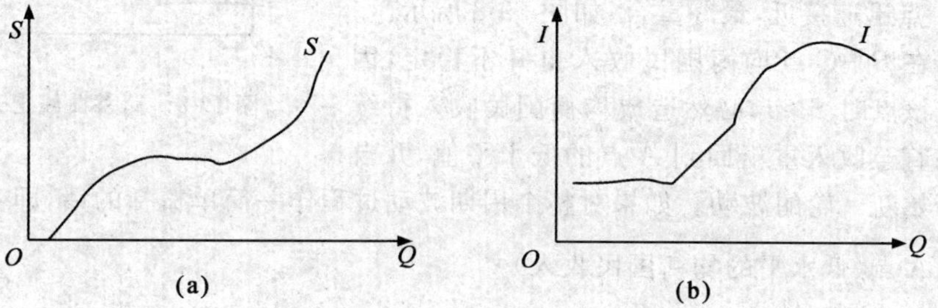

图 19-5　储蓄函数与投资函数对国民收入的关系

下面我们将 I 曲线和 S 曲线合在一张图上，如图 19-6 所示。图中可以看到，S 曲线和 I 曲线有 A、B、C 三处重合的点，因此决定出高、正常和低三种水平的均衡国民收入。

当经济从 A 点开始时，由于收入水平低于正常值，此时由于投资不足引起资本存量下降，会使资本的边际效率 MEI 升高，投资需求有所增强，I 曲线将作上升运动。与此同时，较低的资本存量意味着财富处于低水平，人们将动用储蓄以维持生活，储蓄曲线 S 因此作下降运动。I 曲线的上升运动和 S 曲线的下降运动促使 A 点和 B 点迅速接近，最终重合，如图 19-7 所示。

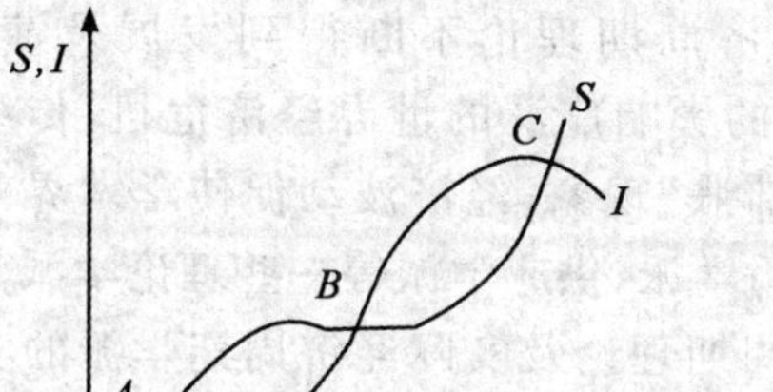

图 19-6　储蓄曲线与投资曲线的汇合

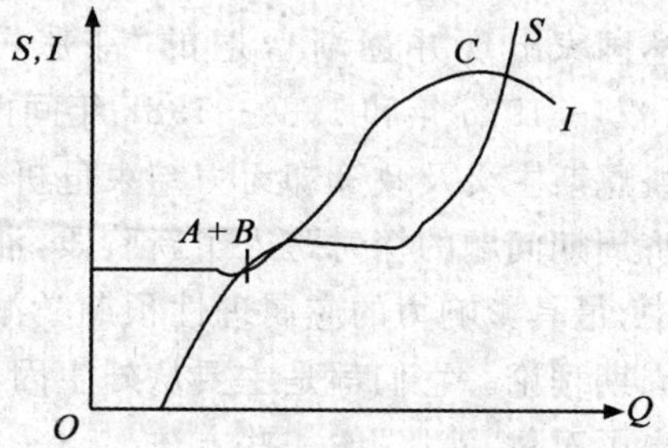

图 19-7　投资曲线上升的汇合

在 $A+B$ 点，由于 $I>S$，因此均衡国民收入并不稳定，会有向上的运动，运动的结果是在较高的水平点 C 上形成新的均衡。

在高收入点 C,大量的投资增大了资本存量,此时资本的边际效率 MEI 开始下降,投资需求减弱,I 曲线开始向下运动。与此相反,较高的收入带来了较多的储蓄,S 曲线向上运动。I 曲线的下降运动和 S 曲线的上升运动使 C 点和 B 点迅速接近,最终重合,如图 19-8 所示。

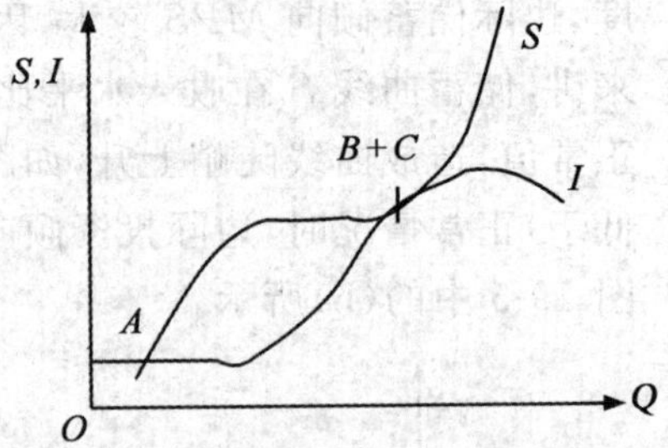

图 19-8　储蓄曲线上升的汇合

在 $B+C$ 点均衡国民收入也并不稳定,因为在该点时 $S>I$,必然造成均衡国民收入持续收缩直至收入重新回到 A 点的低水平值,并自此开始新一轮的波动。如果对整个周期波动过程作一简单概括的话,即:

A 点(低水平的均衡国民收入)

$$\left\{\begin{matrix}\Rightarrow 资本存量\downarrow\Rightarrow MEI\uparrow\Rightarrow I\uparrow \\ \Rightarrow S\downarrow\end{matrix}\right\}\Rightarrow A+B\ 重合,$$

形成不稳定的均衡,$I>S\Rightarrow Q\uparrow$,至 C 点。

C 点(高水平的均衡国民收入)

$$\left\{\begin{matrix}\Rightarrow 资本存量\uparrow\Rightarrow MEI\downarrow\Rightarrow I\downarrow \\ \Rightarrow S\uparrow\end{matrix}\right\}\Rightarrow B+C\ 重合,$$

形成不稳定的均衡,$I<S\Rightarrow Q\downarrow$,回至 A 点。

19.3.4　理性预期周期理论和实际经济周期理论

20 世纪 70 年代至今,现代经济周期理论因关注重点的转移,尤其是因西方发达国家出现并逐渐普遍的"滞胀"现象,经济周期理论不断得到发展及演变。1974—1975 年和 1980—1982 年间两次爆发的影响广泛的世界经济危机,传统的凯恩斯主义及政策却无力结束危机带来的"滞胀"现象,经济波动促使学术界对经济周期问题的探讨跨入了新阶段,涌现出货币学派、供应学派等一些理论学派。其中,最具影响力的应属理性预期学派的经济周期理论及实际经济周期学派的实际周期理论。它们都是主要从外生因素的角度来研究经济周期,反对政府干预,并提出了对付"滞胀"的一些方法。

理性预期学派也被称为新古典宏观经济学派,作为向凯恩斯主义挑战的重要的代表性学派成型于 20 世纪 70 年代,代表人物有美国经济学家卢卡斯等。理性预期学派批判凯恩斯主义经济学没有微观基础,他们继承了古典主义的市场出清、经济当事人追求利益最大化的假设,并引入理性预期,即经济主体根据当前可利用的一切信息形成对某个经济变量未来值的预期。在对经济周期的本质认识上，卢卡斯提出了不完全信息的货币幻觉理论，将货币供给变动看做外生的需求冲击的源泉，认为预料不到的货币供给的变化是价格和产量波动的驱动力(卢卡斯，1972)。他假定厂商收集经济中其他产品价格的信息有困难，存在暂时的信息障碍，以至于厂商不能清楚地了解其他市场正在发生什么。如果货币供给增加导致一般价格水平上涨，但是由于信息不完全，生产者无法区分是一般性价格水平还是他所生产的产品的相对价格上涨，可能误认为是市场对他所生产的产品的需求上升导致的相对价格水平的上升，于是会扩大生产、增加投资以增加供给。然而，当发现经济系统中其他商品价格都在上涨、生产成本等幅度上升时，厂商将减少投资到正常水平，恢复原来的生产规模，这样就产生了经济的波动。

20 世纪 80 年代初，理性预期学派的后期学者不赞成用货币冲击来说明宏观经济波动，而将一国的经济周期归结为以技术变动为代表的实际冲击，提出了实际经济周期(RBC)理论。基德兰德和普雷斯科特认为技术冲击是经济波动的主要原因，并且将“索洛剩余”的估计值作为对技术进步的测度指标。在他们的理论中，由技术冲击引起经济波动的核心传导机制是劳动供给的跨期替代。这个传导过程是这样的：假设新出现的一个技术进步冲击提高了产量、劳动需求和实际工资。如果预期冲击是暂时性的，现在的实际工资相对于未来的实际工资高，劳动者就会决定用未来的闲暇来替代现在的闲暇，在现期提供更多的劳动，从而引起现期的就业量和产量都上升，使经济出现繁荣。若预期冲击是永久性的，劳动者的劳动供给可能就不发生影响，但生产者将进行新的资本投资以便在将来增加生产。技术冲击本身是序列相关的，这样就造成了产量波动的某些持续性，而资本的扩大需要一定的时间。因此产量在初始冲击后相当长时间中增加，并且在一系列相关的冲击后的一段长时间中继续增加，直到冲击消失。在这一过程中，产量和就业会同资本一起波动。

19.3.5 新凯恩斯主义模型中对经济周期本质的阐释

新凯恩斯主义的主要贡献是指出不稳定的总需求和总供给都是产生经济周期的重要决定因素。对于总供给冲击导致经济周期波动，与古典经济学的解释相同，即劳动市场或生产函数的实际变化改变了企业在既定价格下愿意生产的产品数量。对于总需求的不稳定，新凯恩斯主义模型的论述和原来的凯恩斯主义模型很类似，都认为私人消费、投资支出的不稳定是总需求不稳定的主要来源。不过，与原来的凯恩斯主义模型显著不同的是，新凯恩斯主义还强调了货币需求，认为货币不稳定也是经济不稳定的原因之一。总需求的不稳定导致经济周期波动是因为短期中名义工资和价格的粘性。新凯恩斯主义经济学家认为，在非完全竞争市场条件下，厂商面对经济系统中的需求冲击，由于频繁改变产品售价具有菜单成本(menu cost)，通常并不会立即改变产品的销售价格，而是首先选择提高产量，因此，价格水平并非迅速调整而是缓慢变化，是具有黏性的。面临总需求冲击，小的菜单成本导致了大的经济周期波动(Mankiw，1985)。在劳动市场上，新凯恩斯主义者认为，对于某个给定时期，工人们面临着工资合同的约束，这决定了短期中工人们的名义工资变化缓慢。由于名义工资具有粘性，在产品市场出现需求冲击时，实际工资将偏离劳动市场均衡状态对应的实际工资水平，从而实际失业率偏离充分就业的自然失业率，实际产出也就当然偏离了潜在产出水平，即产生了经济波动。不过，在长期中，所有合同都可以重新签订，价格和名义工资都可以根据供给、需求状况灵活调整，因此，新凯恩斯主义模型认为，在长期中，价格和工资能够充分对总需求变化做出反应，保证经济系统的实际产出回到自然失业率水平。不过，菜单成本论只考虑了调整价格的成本，却忽视了调整产量的成本，而且，现实经济中的菜单成本太小，难以解释经济大萧条那样大的经济波动。

19.4 经济周期与经济危机

资本主义经济危机重复出现具有周期性，周期爆发使经济的发展一再被经济危机所打断，从而使经济再生产呈现出明显的周期性。周期是从一次危机到下一次危机间的时期，即两次经济低潮间经济运行轨迹及时间。周期性爆发在于资本主义经济基本矛盾运动过程本身的阶段性，基本矛盾有时趋向缓和，有时趋于激化。只有当资本主义经济基本矛盾发展到尖锐激化程度，社会再生产的比例严重失调时，才会爆发经济危机。随着经济生产的恢复和高涨，基本矛盾又重新激化，必然导致再一次经济危机的爆发。马克思曾经指出，危机永远只是现有矛盾的暂时的暴力的解决，永远只是使已经破坏的平衡得到瞬间恢复的暴力的解决，危机在把资本经济生产方式本身炸毁以前不能使矛盾得到解决，所以就成为周期性的。

经济危机的周期性爆发即资本主义经济再生产周期要经过危机、萧条、复苏、高涨四个发展阶段，周而复始不断循环。危机阶段是再生产周期的决定性阶段，既是上一个周期的终点，又是下一周期的起点，往往在经济最繁荣时爆发。一般特征是：商品销售困难，物价下跌，出现商业危机；商业危机迫使生产企业缩小规模或倒闭，引起大批工人失业，出现产业危机；商业和产业危机意味着职能资本周转困难，现金奇缺，资本家纷纷向银行提款或借款引起货币信用危机。至此，整个社会经济陷入瘫痪和混乱之中。

19.4.1 世界经济危机回顾

自从1825年英国爆发第一次席卷整个工业部门的经济危机以来，到第一次世界大战前，在1836年、1847年、1857年、1866年、1873年、1882年、1890年、1900年、1907年、1920年、1929年、1937年，欧洲和美洲的主要资本主义国家，都一再发生经济危机，平均每隔8～11年就爆发一次。经济危机周期重复出现。但每一次经济危机都不是前一次危机的简单重复。1929年爆发的经济危机是遍及资本主义各国和殖民地半殖民地国家的最强烈的一次世界经济危机，是自由竞争进入垄断时期后时间最长、生产下降最多和失业增长最高的一次危机。1932年，美国工业生产比危机爆发前下跌46.2%，德国下跌40.2%，法国下跌30.9%，英国下跌16.2%。危机中主要资本主义国家失业人数高达4 500万。第一次世界大战后的60多年中美国发生过12次经济危机，平均五年一次。同期日、德、英、法、意等分别发生9～12次。危机周期同战前相比显著缩短。美国12次危机生产连续下降的时间最短6个月，最长仅17个月。危机的严重程度较第一次世界大战前轻。因此，第一次世界大战后的经济危机往往被称为经济衰退。

2008年的美国金融危机已演变为经济危机，经济活动已全面萎缩，世界经济已进入全面的衰退。随着危机的愈演愈烈，各国政府救市举措一波接一波，并且进行联手合作，但全球救市的努力在一天蒸发数千亿美元的股市面前无济于事。美欧和亚太股市连续大幅下跌；南美、东欧股市也卷入其中，使得危机深不见底。随即危机又冲击到保险业、能源和制造业。银行纷纷破产，信用制度受到严重破坏，导致企业资金流动性不足，生产企业资金周转不灵。危机使大多数国家的货币贬值、资产缩水。股市暴跌不仅使生产企业从证券市场筹集资金成为不可能，并且生产企业本身的资产价格缩水，使企业持续生产的能力减弱。危机也导致百姓财富缩水，失业率上升，工资下降，购买力减弱，随之而来的是生产和生活资料需求疲软。

19.4.2 应对当前经济危机的策略

本次源于美国的全球金融危机警示我们，在经济全球一体化的今天，各国经济相互影响，甚至相互制约和相互锁定，各国经济周期波动的同步性也越来越明显。当危机爆发时，一国是否能走出危机，依赖于外部环境的变化和各国之间的国际合作。为此，我们在立足于中国改革的现实，积极探索经济周期运行规律的同时，要依据国际形势的变化，积极探索应采取的对策，减缓由于周期的相互影响而导致我国经济周期的剧烈波动。

1. 扩大内需

扩大内需不只是应对当前国际金融危机的短期措施，更是转换我国经济发展方式的长期战略措施。第一，内需是经济增长的最终动力。内需是拉动经济增长的基本动力，内需由投资和消费构成，其中消费是最终动力，而投资是派生的需求。扩大内需要立足于扩大消费，从我国的现阶段的情况来看，更应该以刺激消费为重点来扩大内需。第二，扩大内需是改善民生，增进福利的需要。扩大内需主要有三大领域：一是房地产、旅游等消费性产业群；二是教育、文化、卫生、社保等社会事业；三是城镇化建设。

2. 加快经济结构调整，转变经济发展方式

全球金融危机使以出口业务为主的企业受到了较大冲击，同时也为调整经济结构、进行产业升级提供了机遇。在及时向金融机构提供流动性支持的同时，应着力优化信贷结构，引导金融机构加大对重点项目建设、中小企业、技术改造、兼并重组和节能减排的信贷支持，同时继续限制对"两高"行业和产能过剩行业劣质企业的贷款，促进经济结构调整和发展方式的转变。

吴敬琏认为，近期货币政策的调整是解决上述矛盾的"治标"之策，其目的在于稳住局势，让大多数小企业都能生存下去。但要想从根本上解决问题，则必须通过改革，转变经济增长方式，扫清体制上制约经济发展的障碍。中国应该发挥经济大国的作用，与各国协商，构建新的国际金融体系，加强国际监管。

延伸阅读

1. 传统与现代经济周期理论的划分

自1825年英国爆发世界上第一次经济危机以来，经济中繁荣与萧条的交替现象引起了众人的注目。19世纪中叶以来至现在，西方经济学家提出了近百种关于经济周期的理论，其著述实可谓汗牛充栋。在整个经济周期理论研究演变过程中，有两位著名学者大约在同一时期所做的工作，实际上起到了划分周期理论研究阶段的作用，他们是哈伯勒和凯恩斯。哈伯勒的贡献主要是在《繁荣与萧条》一书中，对20世纪三四十年代以前的各种经济周期理论作了一次系统的总结。这本权威性的著作把当时所出现过的各种周期理论分为六个大的类别，每一类别之中又包含着不同的理论分支。这六大类别是：纯货币理论、投资过度论、成本改变论、消费不足论、心理理论和农作物收获论。凯恩斯在他的《通论》中虽然并没有提供一个系统的经济周期理论。但他的国民收入决定理论却为以后的经济周期理论奠定了基础，提供了新的方向。如果把凯恩斯主义宏观经济学的建立作为经济周期研究的分界线，那么，此前的学说和流派可以统称为传统经济周期理论，此后的则是现

代经济周期理论。也就是说，哈伯勒作过总结的那些学说和流派就是传统经济周期理论，此后的则是现代经济周期理论。

资料来源：http://hi.baidu.com/dingyixuan/blog. 陈乐一.西方传统经济周期理论述评.

2.实际经济周期理论的政策含义及应用

实际经济周期理论的政策含义：一是政府无须干预经济。资本主义经济本身是完善的和能够自行调节的，一切形式的政府干预不仅不必要，而且是非常有害的，政府的作用应该是为经济的最优增长提供良好的条件，如通过提供教育、卫生等公共物品来影响供给，进而影响经济的周期性表现或经济增长率。二是政府为熨平经济周期所采取的财政政策和货币政策都是无效的。

随着实际经济周期理论的产生与发展，实际经济周期理论在现实的应用也日益广泛，朗和普洛瑟(1983年)利用简化的6×6成本份额表示投入产出系数矩阵对美国和法国的经济进行了研究，发现两国具有许多相似的周期性数量特征，但每个变量相关数据的大小不尽相同，美国经济的波动比法国经济的波动大，在于两国在技术进步方面存在较大的差异。有的学者用实际经济周期理论解释了美国的新经济，认为美国20世纪90年代的持续繁荣得益于新技术在美国的应用。随着经济全球化及世界贸易的不断扩张，实际经济周期理论也被应用于研究开放经济，以同时解释封闭与国际经济实际变量共同变动的特征。在开放经济条件下，实际经济周期的国际传递是通过贸易及投资等途径来实现。

资料来源：李丽青. 真实经济周期理论、政策及其应用分析. 生产力研究，2004.

3.2010年是中国新一轮经济周期的开始

1999年以来的第十轮经济周期应该说是中国经济改革开放以来老百姓得益最多，实体经济变化最大，进步最显著的一段时期。中国经济增长率从1999年开始逐渐上升，并从2003年开始进入两位数增长，一直持续到2007年13%的增长。在2007年见顶之后，中国在金融危机和经济结构的调整需求下，经过了非常陡峭的回落。从最近的中央经济工作会议上可以看到，政府接下来的最主要的任务已经不再是“保八”的增长，而是使第十一轮经济周期的上升期持续长一些。2010年是经济周期的复苏阶段，上市公司业绩随着实体经济的改善会出现上升的局面。从几个方面的指标可以判断中国实体经济的复苏是非常强劲的，关键的指标就是*PMI*指标，这个指标被称为经理人采购指数。在中国这个指数统计的时间还不是很长，但是它的预警性却越来越明显。大家通常认为50以上为经济扩张，50以下为经济收缩。中国经济的*PMI*在冲击最严重的2008年降得非常低，但到了2009年

12 月份已经达到了 56.6。自从有了这个指数以来，超过 55 的只有七个月份，而这七个月的经济增长大概推算都在 11%与 13%之间。还有用电量逐渐恢复和信贷投放增长迅速等指标均显示实体经济复苏势头良好。

资料来源：巴曙松. www.chinanews.com.cn.2010.01.22.

概念与习题

1. 解释下列概念：经济周期；经济危机；加速数；实际经济周期。
2. 什么是经济周期？经济周期一般要经历哪几个阶段？
3. 按照波动时间的长短，经济周期可以分为哪几种类型？
4. 如何衡量经济周期？有哪些领先指标可以用于预测经济周期？
5. 内部因素论包括哪些主要理论？各理论的基本内容是什么？
6. 简述熊彼特的创新理论。
7. 请描述一下乘数-加速数模型。
8. 乘数-加速数模型的几种情况是由什么因素决定的？是如何决定的？
9. 希克斯经济周期理论中周期波动的上下限是由什么因素决定的？
10. 简要叙述一下卡尔多的经济周期模型。
11. 简述真实经济周期理论的基本模型及政策含义。
12. 结合我国实际情况，讨论分析经济危机对我国的影响以及应对策略。

参考文献

[1] Adam Smith. An Inquiry into the Nature and Causes of the Wealth of Nations. The University of Chicago Press,1976.

[2] Campbell R. McConnell & Stanley L. Brue. Economics. Higher Education Press and McGraw-Hill Companies,2002.

[3] Claude Menard. Transaction Cost Economics: Recent Development. Edward Elgar,1997.

[4] Hal R. Varian. Microeconomic Analysis. (second edition.) University of Michigan. New York:W. W. Norton & Company,1984.

[5] Jeffrey M. Perloff. Microeconomics. Third edition. Pearson Addison Wesley, 2004.

[6] John Maynard Keynes. The General Theory of Employment, Interest, and Money. Harcourt Brace & Company,1964.

[7] Joseph E. Stiglitz. Principles of Microeconomics. W. W. Norton & Company,1997.

[8] Joseph E. Stiglitz. Principles of Macroeconomics. W. W. Norton & Company,1997.

[9] Marilu Hurt McCarty. Introductory Economics. Scott, Foresman and Company,1988.

[10] N. Gregory Mankiw. Principles of Microeconomics. Forth edition. Thomson South-Western,2007.

[11] N. Gregory Mankiw. Economics. Third edition. Thomson South-Western, 2004.

[12] Richard H. Leftwich. The Price System and Resource Allocation. (Fifth edition.) Copyright © 1970,1973 by The Dryden Press Inc.

[13] Richard G. Lipsey & Peter O. Steiner. Economics. Harper International Edition,1981.

[14] Stanley L. Brue. The Evolution of Economic Thought. The Dryden Press, 2000.

[15] 巴内特,缪勒.遍及世界——跨国公司的势力.纽约:西蒙舒斯特公司,1975.

[16] 保罗·萨缪尔逊.经济分析基础[M].北京:经济学院出版社,1990.
[17] 保罗·萨缪尔逊,诺德豪斯.经济学[M],北京:华夏出版社,1999.
[18] 保罗·萨缪尔森,威廉·诺德豪斯.宏观经济学[M].17版.纽约:麦格劳—希尔公司,2001.
[19] 毕秀水.经济增长的演化论分析.当代经济研究[J],2004(9).
[20] 毕秀水.经济增长理论生态要素的缺失及其重构[J].学习与探索,2004(6).
[21] 毕秀水.经济增长理论的自然资本观述要[J].长白学刊,2006(2).
[22] 卜洪运,韩伟,等.宏观经济学[M].北京:机械工业出版社,2010.
[23] 陈荣耀,方胜春,徐莉萍.微观经济学[M].上海:东华大学出版社,2002.
[24] 崔巍.经济周期经济危机与危机治理理论的再研究[J].北华大学学报.2009(06).
[25] 迪克西特,奈尔伯夫.策略思维[M].北京:中国人民大学出版社,2002.
[26] 多恩布什,费希尔,斯塔兹.宏观经济学[M].7版.纽约:麦格劳—希尔公司,1998.
[27] 多恩布什,海尔默.如何开放经济——世界银行培训发展中国家干部教材[M].北京:经济科学出版社,1999.
[28] 丁冰.现代西方经济学说[M].北京:中国经济出版社,1995.
[29] 弗兰克·N·马吉尔.经济学百科全书.吴易风,主译.北京:中国人民大学出版社,2009.
[30] 傅殷才,等.当代西方经济学[M].北京:经济科学出版社,1995.
[31] 高鸿业.西方经济学[M].北京:中国经济出版社,1996.
[32] 高鸿业.西方经济学[M].北京:中国人民大学出版社,2000.
[33] 高鸿业.西方经济学[M].北京:中国人民大学出版社,2007.
[34] 高岚,马文超.经济学基础[M].北京:中国林业出版社,2001.
[35] [美] 格里菲斯,沃尔.应用经济学[M].北京:中国经济出版社,1998.
[36] [美] R·格伦·哈伯德,安东尼·奥布赖恩,等.经济学[M].张军,等译.北京:机械工业出版社,2007.
[37] 黄亚钧,姜纬.微观经济学教程[M].上海:复旦大学出版社,1995.
[38] 黄亚钧,郁义鸿.微观经济学[M].北京:高等教育出版社,2000.
[39] 黄亚钧,袁志刚.宏观经济学[M].北京:高等教育出版社,2000.
[40] 何骏.扩大内需应对国际金融危机,加快转变我国经济发展方式[J].经济研究参考,2009(61).
[41] 侯荣华.西方经济学[M].北京:中央广播电视大学出版社,2003.

[42] [美] 杰里夫·M·佩罗夫. 中级微观经济学[M]. 4 版. 谷宏伟，章爱民，等译. 北京：机械工业出版社，2009.
[43] [英] 凯恩斯. 就业、利息和货币通论[M]. 北京：商务印书馆，1988.
[44] [美] 克鲁格曼，奥伯斯法尔德. 国际经济学[M]. 北京：中国人民大学出版社，1998.
[45] 李汉君. 西方经济学[M]. 北京：中国商业出版社，1999.
[46] 李丽青，师萍. 真实经济周期理论、政策及其应用分析[J]. 生产力研究，2004. 11.
[47] 黎诣远. 微观经济学分析[M]. 北京：清华大学出版社，1987.
[48] 黎诣远. 西方经济学[M]. 北京：高等教育出版社，1999.
[49] 黎诣远. 西方经济学[M]. 北京：清华大学出版社，2001.
[50] 梁华廉. 西方经济学[M]. 南宁：广西人民出版社，2008.
[51] 梁小民. 西方经济学教程[M]. 北京：中国统计出版社，1997.
[52] 列宁. 再论实现问题. 载列宁全集第 4 卷. 北京：人民出版社，1984.
[53] 陆静超. 经济增长理论的沿革与创新[J]. 哈尔滨工业大学学报(社会科学版)，2004(5).
[54] 卢锋. 经济学原理[M](中国版). 北京：北京大学出版社，2003.
[55] 鲁明学，纪明山. 西方经济学说史概要[M]. 天津：南开大学出版社，1990.
[56] 卢特. 国际贸易和投资. 美国辛辛那提城[M]，重庆：西南出版社，1978.
[57] 罗伯特·吉本斯. 博弈论基础[M]. 北京：中国社会科学出版社，1999.
[58] 马克思. 关于自由贸易的演说. 载马克思恩格斯选集第 1 卷. 北京：人民出版社，1975.
[59] 曼昆. 经济学原理[M]. 纽约：德里顿出版社，1998.
[60] 曼昆. 经济学原理[M]. 2 版. 梁小民，译. 北京：北京大学出版社，2001.
[61] 曼昆. 经济学原理[M]. 5 版. 梁小民，梁砾，译. 北京：北京大学出版社，2009.
[62] [美] 米什金. 货币金融学[M]. 4 版. 北京：中国人民大学出版社，1998.
[63] 牛国良. 西方经济学[M]，北京：高等教育出版社，2002.
[64] (美)平狄克，鲁宾费尔德. 微观经济学[M]. 3 版. 北京：中国人民大学出版社，1997.
[65] [美] 琼斯. 现代经济增长理论导引. 北京：商务印书馆. 1994.
[66] [美] R·格伦·哈伯德，安东尼·P·奥布赖恩，等. 经济学[M]. 张军，等译. 北京：机械工业出版社，2007.
[67] Robert H. Frank，Ben S. Bernanke. 宏观经济学原理[M]. 3 版. 李明志，等译.

北京：清华大学出版社，2008.
[68] Robert S. Pindyck，Daniel L. Rubinfeld，等. 微观经济学（亚洲版）[M]. 刘启，王引，等译. 北京：清华大学出版社，2008.
[69] 萨缪尔森，诺德豪斯. 经济学[M]. 纽约：麦格劳—希尔公司，1998.
[70] 藏日宏. 经济学[M]. 北京：中国农业大学出版社，2002.
[71] 沈伟. 现代西方经济学原理[M]. 2 版. 沈阳：东北大学出版社，1999.
[72] 司春林，顾国章，郁义鸿. 现代微观经济学[M]. 上海：复旦大学出版社，1998.
[73] [美] 斯蒂格利茨. 经济学[M]. 北京：中国人民大学出版社，1997.
[74] 斯蒂格利茨. 公共部门经济学[M]. 2 版. 纽约：诺顿公司，1988.
[75] 宋承先. 现代西方经济学[M]. 2 版. 上海：复旦大学出版社，1997.
[76] 宋承先. 现代经济学（微观经济学）[M]. 2 版. 上海：复旦大学出版社，1999.
[77] 宋承先. 现代西方经济学[M]. 上海：复旦大学出版社，2002.
[78] 宋冬林，毕秀水. 新经济增长理论前提批判[J]. 经济评论，2005(2).
[79] 宋可为，赵峦. 广义虚拟经济时代的经济增长理论[J]. 厦门大学学报（哲学社会科学版），2009(1).
[80] 孙建中，等. 西方经济学[M]. 北京：电子工业出版社，2002.
[81] 谭化俊. 简明西方经济学教程[M]. 北京：中国铁道出版社，1999.
[82] 王健. 简明西方经济学[M]. 北京：中国农业出版社，1998.
[83] 王金明，高铁梅. 经济周期波动理论的演进历程及学派研究[J]. 首都经济贸易大学学报，2006(3).
[84] 王劲松. 开放条件下内生经济增长理论的研究进展[J]. 数量经济技术经济研究，2007(10).
[85] 王征. 论真实经济周期理论的源流、内涵及影响[J]. 山东财政学院学报，2006(4).
[86] 汪祥春. 微观经济学[M]. 大连：东北财经大学出版社，2002.
[87] 威廉斯：国际经济组织和第三世界，纽约：哈瓦斯特与惠特西夫出版社，2001.
[88] 魏埙，等. 现代西方经济学教程[M]. 天津：南开大学出版社，2002.
[89] 吴虹. 西方经济学[M]. 武汉：湖北科学技术出版社，2008.
[90] 吴敬琏. 转变经济增长方式是应对国际金融危机的根本对策[J]. 化工管理，2009，01 (13).
[91] 吴易风. 经济增长理论的历史辨析[J]. 学术月刊，2003(2).
[92] 吴易风，刘凤良，吴汉洪. 西方经济学[M]. 北京：中国人民大学出版社，1999.
[93] [美] 西蒙·库兹涅茨. 现代经济增长[M]. 北京：北京经济学院出版社，1989.

[94] 晓林,秀生.看不见的心——广义虚拟经济时代的到来[M].北京:人民出版社,2007.

[95] 谢赤.宏观经济学[M].长沙:湖南大学出版社,1999.

[96] 谢识予.经济博弈论[M].上海:复旦大学出版社,2002.

[97] 休曼,埃文斯.宏观经济学——凯恩斯、货币主义和马克思主义者的观点.纽约:哈珀与罗公司,1984.

[98] 徐世江,牛明显.西方经济学[M].武汉:武汉理工大学出版社,2008.

[99] 杨德明.当代西方经济学基础理论的演变——方法论和微观理论[M].北京:商务印书馆,1988.

[100] 尹伯成.现代西方经济学习题指南.上海:复旦大学出版社,2000.

[101] 尹伯成. 西方经济学简明教程[M].3 版.上海:上海人民出版社,2002.

[102] 虞锡君.宏观经济学[M].北京:中国广播电视出版社,2000.

[103] 虞晓红.经济增长理论演进与经济增长模型浅析[J].生产力研究,2005(2).

[104] 余永定,张宇燕,郑秉文. 西方经济学[M].3 版.北京:经济科学出版社,1997.

[105] 曾福生,龙方.西方经济学[M]. 长沙:湖南大学出版社,1999.

[106] 张广胜,等.微观经济学[M].北京:中国农业大学出版社,2003.

[107] 张景华.经济增长理论、自然资源与经济可持续增长[J].当代经济管理,2007,29:2.

[108] 张景华.资源约束下的经济增长研究[J].当代经济管理.2009,6.

[109] 张维迎.博弈论与信息经济学[M].上海:三联书店,上海人民出版社,1996.

[110] 赵英军.西方经济学[M].北京:机械工业出版社,2006.

[111] 周军,张伟.宏观经济学[M].武汉:武汉工业大学出版社,1999.

[112] 朱勇,吴易风.技术进步与经济的内生增长[J].中国社会科学,1999(1).